U0798229

科学出版社“十三五”普通高等教育本科规划教材

# 理论力学

阮诗伦　马红艳　主编

科学出版社

北　京

## 内 容 简 介

理论力学是研究机械运动及物体间相互机械作用的一般规律的学科，也称经典力学。作为现代力学体系的一部分，理论力学是大部分工程技术科学的理论基础。本书内容主要包括静力学(含静力学公理及物体的受力分析、力系的等效与简化、静力学平衡问题、摩擦)、运动学(含点的运动学、刚体的简单运动、点的合成运动、刚体的平面运动)、动力学(含质点动力学基本方程、动量定理、动量矩定理、动能定理、碰撞、达朗贝尔原理、虚位移原理、分析动力学与辛数学初步)三大部分。

本书可作为高等学校本科机械、土建、水利、航空、航天等专业理论力学课程的教材，亦可作为高职高专、成人高校相应专业的自学和函授教材。

**图书在版编目(CIP)数据**

理论力学/阮诗伦，马红艳主编. —北京：科学出版社，2019.1
科学出版社“十三五”普通高等教育本科规划教材
ISBN 978-7-03-060003-5

Ⅰ. ①理…　Ⅱ. ①阮…　②马…　Ⅲ. ①理论力学-高等学校-教材　Ⅳ. ①O31

中国版本图书馆 CIP 数据核字(2018)第 288654 号

责任编辑：朱晓颖 / 责任校对：郭瑞芝
责任印制：赵　博 / 封面设计：迷底书装

科学出版社 出版
北京东黄城根北街 16 号
邮政编码：100717
http://www.sciencep.com
北京市金木堂数码科技有限公司印刷
科学出版社发行　各地新华书店经销
*
2019 年 1 月第　一　版　开本：787×1092　1/16
2025 年 7 月第六次印刷　印张：21 3/4
字数：569 000

**定价：69.00 元**

(如有印装质量问题，我社负责调换)

# 前　言

理论力学是固体力学的一个分支，是工科大学生的一门重要的专业基础课，它既是后续力学课程的理论基础，又是一门具有完整体系并继续发展着的独立的学科，在机械、土木建筑、航空航天等许多工程技术领域中有着广泛的应用。本书内容主要包括静力学、运动学、动力学。通过该课程的学习，学生能够获得机械运动的理论知识，掌握解决工程中力学问题的一般方法。

本书内容和形式丰富全面，题材涉及很多的工程领域，题目的类型和训练的层次更加多样化，可满足不同层次读者的需求。特别是书中收录的部分题目由编者的科研实践和工程实践转化而来，这些题目体现了理论力学原理的创新性应用，也突出了对力学建模能力的培养。本书收录了大量贴近工程应用和实际生活的题目，并给出了详尽的解答以及深入的讨论，更集中地体现了本书内容的典型性、新颖性、趣味性和启发性等风格特色。这些特色将为在校大学生、社会不同层面的学习者提供重要的指导和帮助，也对工程技术界的读者提供有益的参考价值。

全书由阮诗伦、马红艳主编。参加本书编写工作的主要有阮诗伦（第 1 章）、张伟（第 2 章）、马红艳（第 3 章）、曾岩（第 4、13 章）、李明（第 5、6 章）、叶宏飞（第 7 章）、郑勇刚（第 8 章）、张永存（第 9 章）、赵岩（第 10、11 章）、韩啸（第 12 章）、王平（第 14、15 章）、周震寰（第 16 章）。

大连理工大学理论力学教学团队建设的在线开放课程于 2017 年 9 月 1 日在中国大学慕课“爱课程”平台开课，为学生开展理论力学课程的学习提供了丰富的资源，可直接在手机、电脑上观看相关授课视频、习题讲解、动画演示和习题训练。

本书得到了大连理工大学教务处教材出版基金的资助，也得到了大连理工大学运载工程与力学学部、工程力学系的大力支持。大连理工大学张锡成教授对本书给予了悉心的指导，在此表示诚挚的感谢！

由于编者水平有限，疏漏之处在所难免，恳请专家、读者给予批评指正。

编　者

2018 年 8 月

# 目 录

## 第一篇 静力学

# 第二篇 运动学



# 第三篇 动力学

# 第一篇

# 静力学

静力学研究物体在力系作用下的平衡规律，其主要内容包括力系的简化和平衡方程。静力学中关于力系简化和物体受力分析的结论，也可应用于动力学。静力学在工程技术中有广泛的应用。工程结构和机械设备设计建造过程中，一般须先进行受力分析，根据平衡条件计算未知力，然后再进行强度和刚度分析。静力学理论是后续课程及工程设计的重要基础。

# 第 1 章

# 静力学公理及物体的受力分析

**内容提要**

本章介绍静力学的一些基本概念、阐述静力学公理、研究物体的受力情况、根据工程中常见的约束类型及相应的约束力建立力学模型。

## 1.1 静力学基本概念

### 1. 刚体

刚体是指在力的作用下形状和大小都保持不变的物体，就是理想的受力不变形的物体。在静力学中所指的物体都是刚体。实际物体在力的作用下，都会不同程度地发生变形，但在工程中，大多数结构的变形通常被限制在微小范围之内，所以在分析物体的受力时，微小变形可忽略不计，研究对象可视为刚体。

### 2. 力

力是物体间的机械作用。这种作用有两种效应：一种是引起物体机械运动状态改变，称为外效应，平衡是外效应的特殊情况；另一种是使物体产生变形，称为内效应。力对物体的作用效应取决于三个要素：大小、方向和作用点，如图 1-1 所示。力是矢量，常用黑斜体字母 $\boldsymbol{F}$ 表示，而字母 $F$ 只表示力的大小。在国际单位制(SI)中，力的单位是牛顿(N)或千牛顿(kN)。

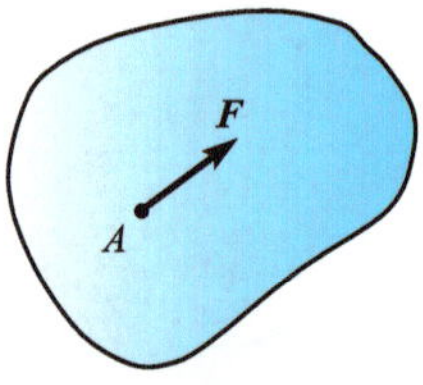

图 1-1

按照外力的作用形式，可分为表面力和体积力。作用在物体表面的力，称为表面力，如两物体间的接触压力；作用在物体各质点上的外力，称为体积力，如重力和惯性力。

表面力按照在物体表面的分布情况，又可分为分布力和集中力。作用在物体上的外力如果作用面积远小于物体尺寸，可以简化为集中力，如图 1-2(a)所示。

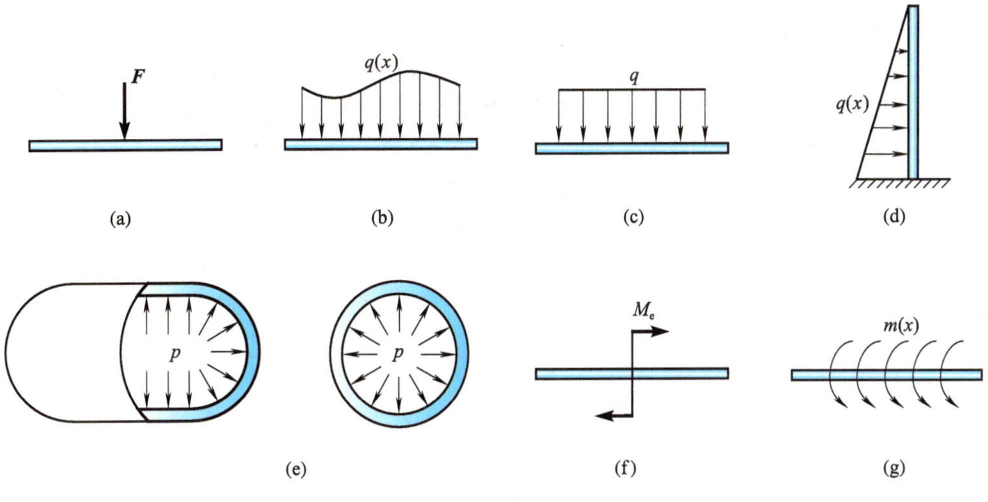


图 1-2

如果力的作用范围较大，则应简化为分布力。简化为一条线上的连续作用的力称为线分布力，如长杆的重力就可以简化为作用在杆的轴线上的线分布力，如图 1-2(b)所示，其单位长度上力的大小用线分布力集度 $q(x)$表示，单位为 N/m 或 kN/m。$q(x)$是常数时称为均布力，如图 1-2(c)所示。图 1-2(d)是水闸受到静水压力作用时沿深度方向的线性线分布力的简化图。静水压力可简化成在一个面上连续作用的力，称为面分布力，其单位面积上力的大小用 $p$ 表示，单位为 Pa(1Pa=1N/m$^2$)。压力容器内的压力也是典型的面分布力，如图 1-2(e)所示。

图 1-2(f)是集中力偶的示意图，单位为 N·m 或 kN·m，图 1-2(g)则为线分布力偶的示意图，其单位为 N·m/m。

### 3. 力系

作用在物体上的一群力称为力系，如图 1-3 所示。如果两个力系的作用效应相同，称为等效力系。在不改变力的作用效应的前提下，用简单力系代替复杂力系，称为力系的简化或力系的合成。

### 4. 平衡

物体相对于固结在地球表面的惯性坐标系处于静止或做匀速直线运动的状态称为平衡。物体平衡时加速度为零。要使物体处于平衡状态，作用在它上面的力系必须满足一定的条件，这些条件称为力系的平衡条件。使物体平衡的力系称为平衡力系。

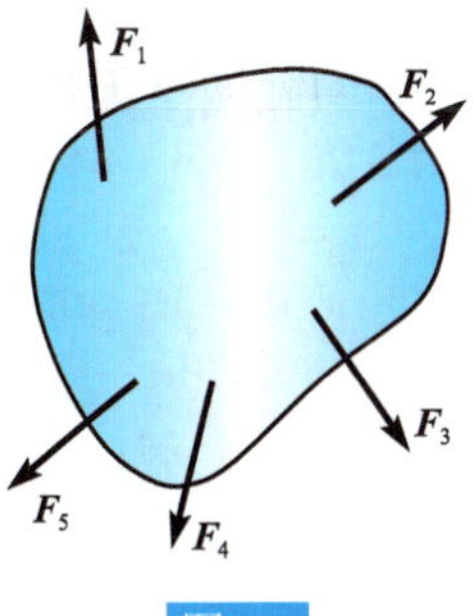


图 1-3

## 1.2　静力学公理

静力学公理是人们在长期生活和生产活动中积累经验的总结，又经过实践反复检验，证明是符合客观实际的普遍规律。它们是研究力系的等效、简化及平衡条件的依据。

**公理 1　力的平行四边形法则**

作用于物体同一点的两个力 $\boldsymbol{F}_1$、$\boldsymbol{F}_2$，可以合成为一个合力 $\boldsymbol{F}_R$。合力的作用点也在该点，合力的大小和方向由以这两个力为边构成的平行四边形的对角线确定，如图 1-4(a)所示，合力是这两分力的矢量和，即

$$\boldsymbol{F}_R = \boldsymbol{F}_1 + \boldsymbol{F}_2 \tag{1-1}$$

平行四边形法则可以简化成三角形法则：两个分力头尾相连，合力与第一个分力同起点，与另一个分力同终点，如图 1-4(b)所示。

这个公理是复杂力系简化的基础。

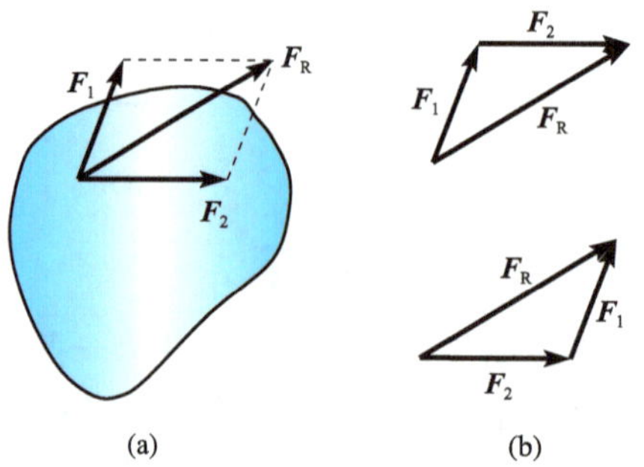


图 1-4

**公理 2　二力平衡条件**

作用在刚体上的两个力，使刚体处于平衡的充分必要条件是：这两个力大小相等，方向相反，且在同一条直线上，如图 1-5(a)所示。无论刚体是什么样的形状，如果只受两个力作用且平衡，则这两个力必然满足二力平衡条件。即

$$\boldsymbol{F}_1 = -\boldsymbol{F}_2 \tag{1-2}$$

只在两个力作用下处于平衡的受力物体称为二力构件或二力杆，如图 1-5(b)所示。

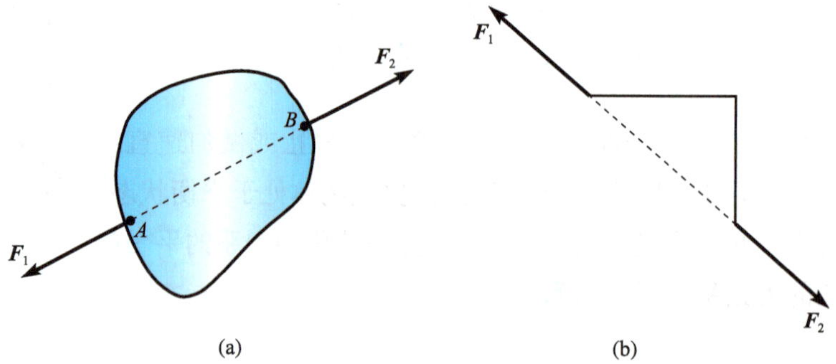


图 1-5

**公理 3　加减平衡力系原理**

在已知力系上加上或减去任意的平衡力系，并不改变原力系对刚体的作用。这是研究力系等效变换的重要依据。

根据公理 3 可以得出下列两个推论。

**推论 1　力的可传性**

作用于刚体上某点的力，可以沿着它的作用线移到刚体内任意一点，并不改变该力对刚体的作用。

证明：设力 $\boldsymbol{F}$ 作用于刚体上的 $A$ 点(图 1-6(a))。在力的作用线上任选一点 $B$，在 $B$ 点加上相互平衡的两个力 $\boldsymbol{F}_1$、$\boldsymbol{F}_2$(图 1-6(b))，且使

$$\boldsymbol{F}_1 = -\boldsymbol{F}_2 = \boldsymbol{F} \tag{1-3}$$

根据加减平衡力系原理，三个力 $\boldsymbol{F}_1$、$\boldsymbol{F}_2$、$\boldsymbol{F}$ 组成的力系与原力 $\boldsymbol{F}$ 等效。再从该力系中减去由 $\boldsymbol{F}$、$\boldsymbol{F}_2$ 组成的平衡力系后，留下 $\boldsymbol{F}_1$(图 1-6(c))，作用效应仍不变。这一过程可以看成是力 $\boldsymbol{F}$ 沿作用线可以任意移动，作用效应不变。所以对刚体而言，力的三要素变为：大小、方向和作用线。

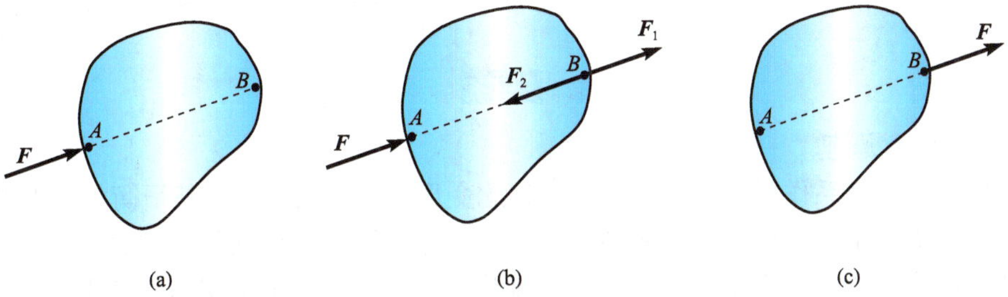


图 1-6

### 推论 2 三力平衡汇交定理

作用于刚体上的三个相互平衡的力，若其中两个力的作用线汇交于一点，则此三力必在同一平面内，且第三个力的作用线通过汇交点。

证明：设作用在刚体上的平衡力系由三个共面且不平行的力 $\boldsymbol{F}_1$、$\boldsymbol{F}_2$、$\boldsymbol{F}_3$ 组成(图 1-7(a))，根据力的可传递性，将力 $\boldsymbol{F}_1$、$\boldsymbol{F}_2$ 移到它们作用线的汇交点 $O$，再根据力的平行四边形法则，得到合力 $\boldsymbol{F}_{12}$(图 1-7(b))，这一过程力系的作用效应不变，刚体仍处于平衡状态。根据二力平衡条件，$\boldsymbol{F}_{12}$、$\boldsymbol{F}_3$ 必共线，且 $\boldsymbol{F}_3$ 的作用线通过交点 $O$。

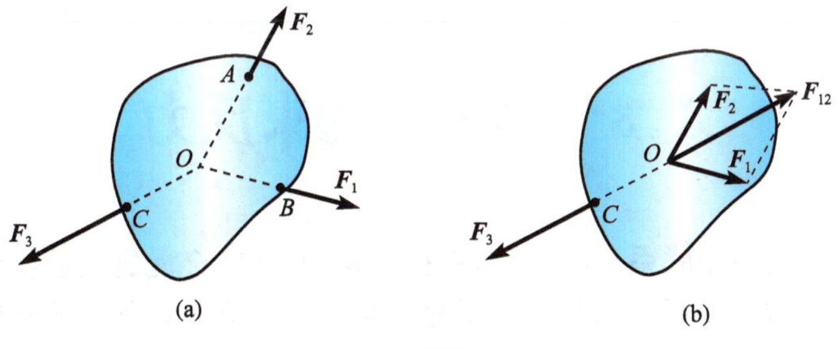


图 1-7

### 公理 4 作用与反作用定律

作用力和反作用力总是同时存在，两个力的大小相等，方向相反，沿着同一直线，分别作用在两个相互作用的物体上，如图 1-8 所示。

这个公理就是牛顿第三定律，不论物体是否平衡，该定理都成立。作用力和反作用力分别作用在两个不同的物体上，不是平衡力系。作用力和反作用力一般用相同的字母表示，区别是其中之一加“撇”。

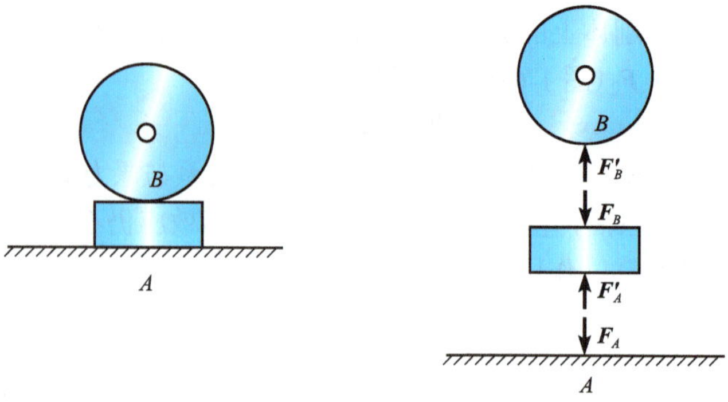


图 1-8

**公理 5　刚化原理**

变形体在某一力系作用下处于平衡，如将此变形体刚化为刚体，其平衡状态保持不变。

这个公理提供了把变形体抽象成刚体模型的条件，如图 1-9 所示，绳索在等值、反向、共线的两个拉力作用下处于平衡，如将绳索刚化成刚性杆，则平衡状态保持不变。而绳索在等值、反向、共线的两个压力作用下不能平衡，就不能将绳索刚化成刚体，如图 1-10 所示。

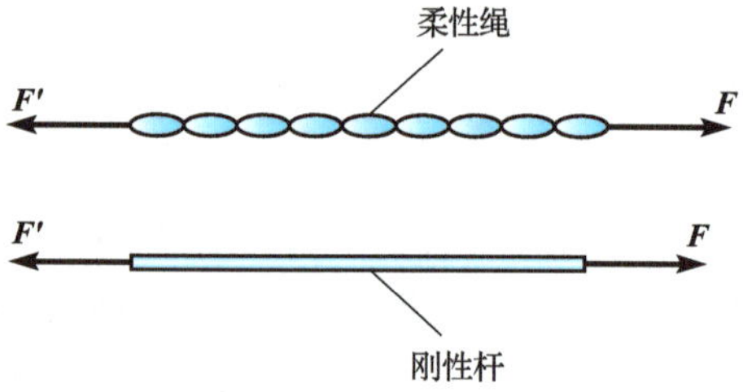


图 1-9

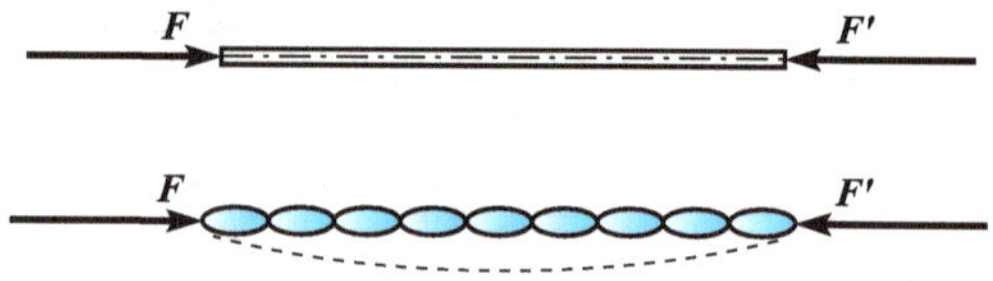


图 1-10

## 1.3　约束和约束反力

如果物体与其他物体相联系，其运动(包括平移和转动)会受到其他物体的限制。当选定一部分物体作为研究对象以后，那些限制研究对象运动的物体就称为该研究对象的约束。例如支座是桥梁的约束，轴承是转动轴的约束，起重钢索是起重物的约束等。约束对物体的作用力称为约束反力，简称反力。约束反力的作用点是物体与约束的接触点，约束反力的方向则与它能阻碍物体运动方向相反。常见的典型约束有以下几种。

**1. 柔索约束**

柔索约束的特点是只能承受拉力，不能承受压力或抵抗弯曲，如皮带(图 1-11(a))、绳子(图 1-11(b))、钢索(图 1-11(c))、链条、胶带等。柔索只能限制物体沿柔索伸长方向的运动，所以柔索约束反力为沿着其中心线而背离物体的拉力，用 $\boldsymbol{F}_{\mathrm{T}}$ 表示。

**2. 光滑接触面约束**

当忽略摩擦时，两物体之间的接触面就可视为光滑的。光滑接触面约束只能限制物体沿接触面公法线方向的运动，所以约束反力应通过接触点，沿着该点的公法线指向研究对象，用 $\boldsymbol{F}_{\mathrm{N}}$ 表示，如图 1-12 所示。

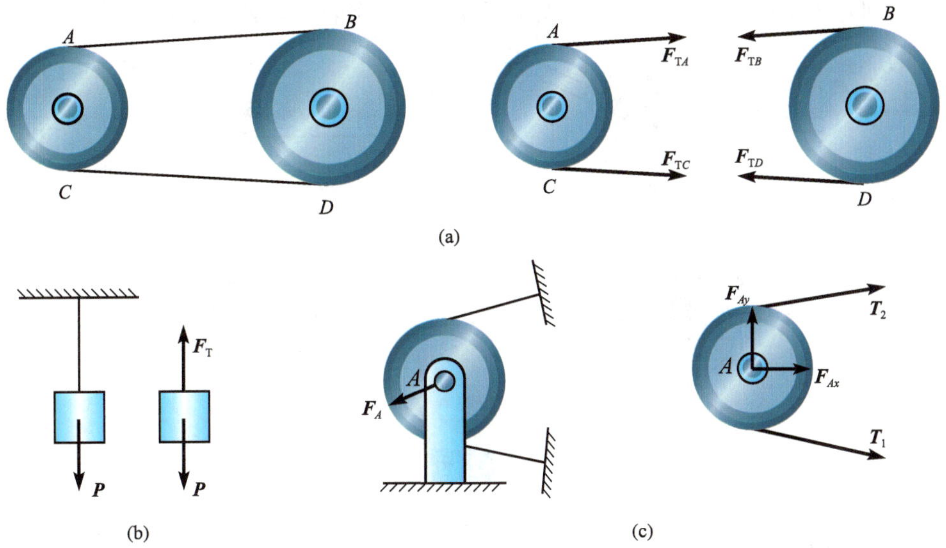


图 1-11

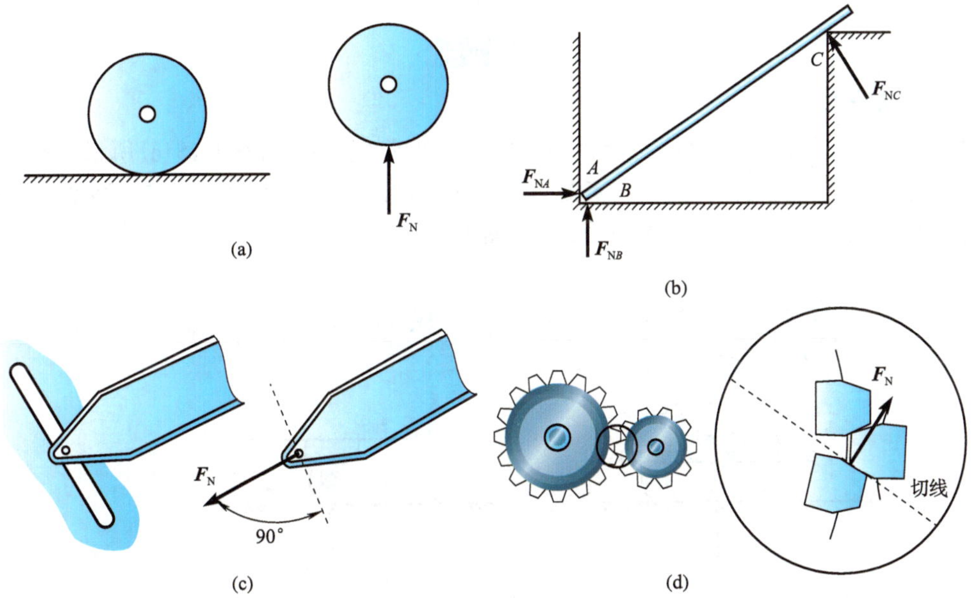


图 1-12

### 3. 光滑铰链约束

圆柱形铰链简称**圆柱铰**或**中间铰**，它用销钉将 $A$、$B$ 两个构件连接在一起而成，如图 1-13(a)所示。当忽略摩擦时，销钉只限制两构件的相对移动，不限制转动。具有这样性质的约束称为光滑铰链约束。图 1-13(b)为其力学简图。销钉给予构件的约束反力 $\boldsymbol{F}$ 应过接触点，沿公法线方向，通过销钉的中心，见图 1-13(c)。由于接触点的位置尚不能确定，故约束反 $\boldsymbol{F}$ 的方向不确定。一般用两个正交分量 $\boldsymbol{F}_x$ 和 $\boldsymbol{F}_y$ 来表示，如图 1-13(d)所示。

### 4. 固定铰支座

将构件与支座连接，支座固定于支承面上，称为固定铰支座，如图 1-14(a)所示。图 1-14(b)是它的力学简图。这种支座的特点是构件只能绕销钉的中心线转动而不能移动。约束反力的方向是未知的，通常用两个正交分量 $\boldsymbol{F}_x$ 和 $\boldsymbol{F}_y$ 来表示，如图 1-14(c)所示。

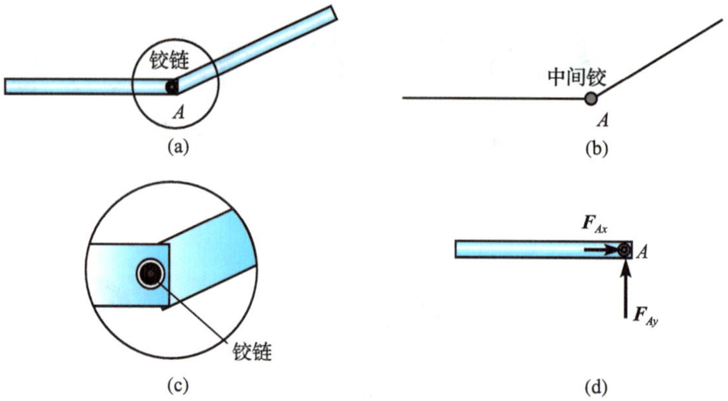


图 1-13

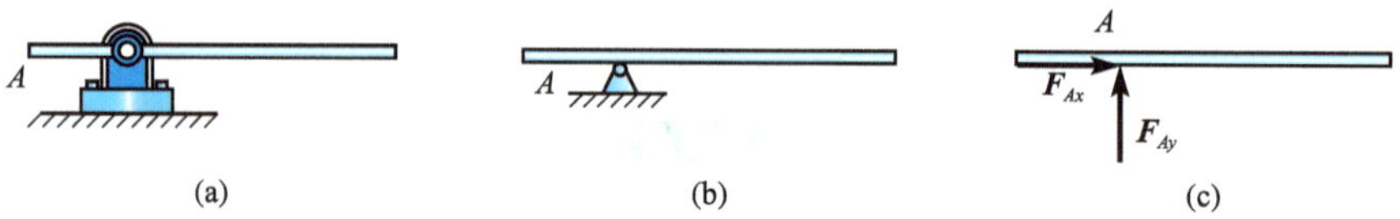


图 1-14

### 5. 可动铰支座

如果铰支座通过滚柱放置在支承面上，则称为可动铰支座，如图 1-15(a)所示。图 1-15(b)、(c)是它的力学简图。这种支座的特点是只能限制构件沿垂直于支承面方向的移动。约束反力的方向应垂直于支承面并通过销钉中心，如图 1-15(d)所示。

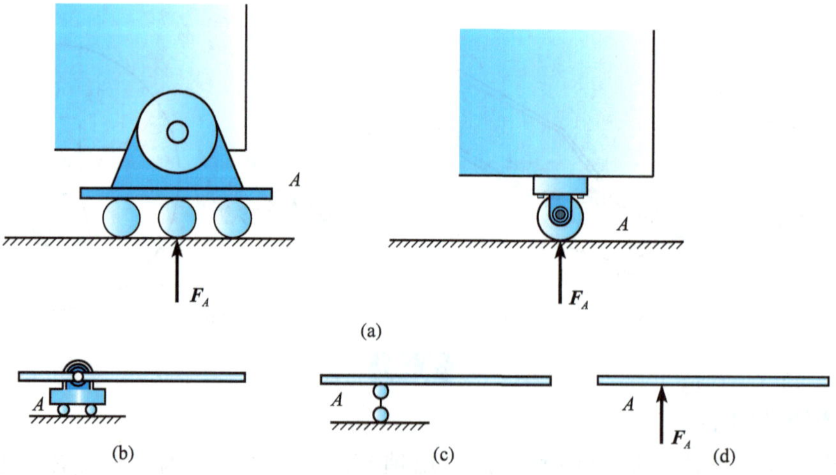


图 1-15

### 6. 径向轴承

径向轴承又称向心轴承，如图 1-16(a)所示，图 1-16(b)为其力学简图。轴可以在孔内任意转动，也可沿孔的中心线移动，但轴承阻碍轴沿径向移动。约束反力作用线垂直于轴线并通过轴心，方向未知，通常用两个正交分量 $\boldsymbol{F}_x$ 和 $\boldsymbol{F}_y$ 来表示，如图 1-16(c)所示。

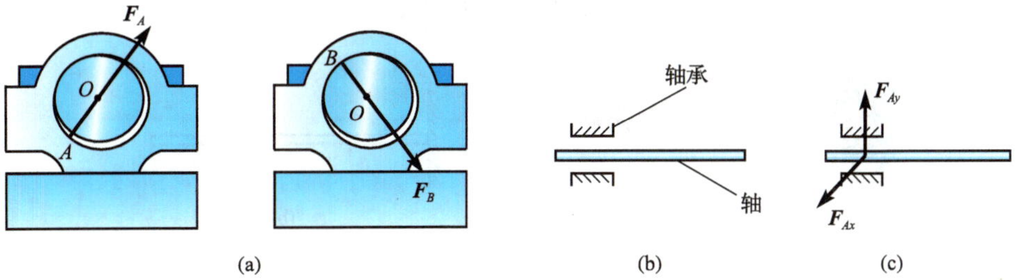


图 1-16

### 7. 止推轴承

止推轴承与径向轴承不同，它除了能限制轴的径向位移外，还能限制轴向位移。因此，约束反力有三个正交分量 $\boldsymbol{F}_x$、$\boldsymbol{F}_y$、$\boldsymbol{F}_z$。止推轴承的简图及其约束力如图 1-17 所示。

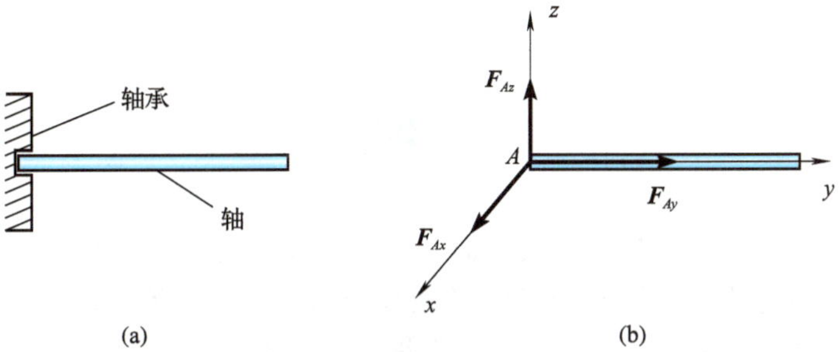


图 1-17

### 8. 球铰

通过圆球和球壳将两个构件连接在一起的约束称为球铰，如图 1-18(a)所示。它使构件的球心不能有任何移动，但构件可绕球心任意转动。若忽略摩擦，其约束反力应是通过接触点与球心，但方向未知，可用三个正交分力 $\boldsymbol{F}_x$、$\boldsymbol{F}_y$、$\boldsymbol{F}_z$ 表示。其简图及约束反力如图 1-18(b)所示。

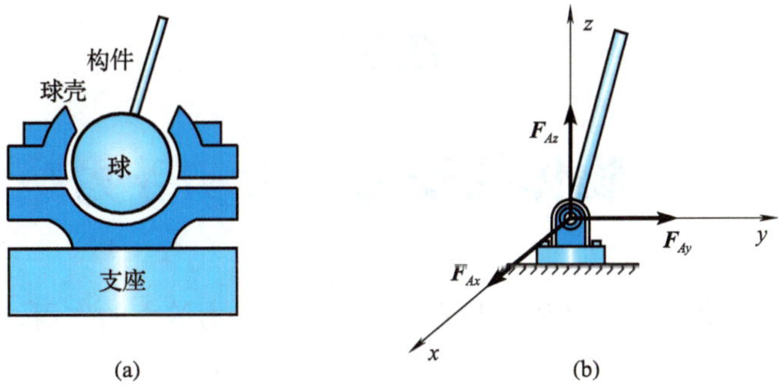


图 1-18

### 9. 固定端

约束把物体牢牢地固定，使其不能产生任何相对运动，这种约束称为固定端，如图 1-19(a)所示，其力学简图如图 1-19(b)所示。固定端既限制物体任意方向的移动，又限制转动，因此约束反力有六个分量：限制移动的反力 $\boldsymbol{F}_{Ax}$、$\boldsymbol{F}_{Ay}$、$\boldsymbol{F}_{Az}$，限制转动的反力偶 $\boldsymbol{M}_{Ax}$、$\boldsymbol{M}_{Ay}$、$\boldsymbol{M}_{Az}$，如图 1-19(c)所示。如果是平面力系，力的作用线位于同一平面内，固定端处的约束反力有三个：限制移动的反力 $\boldsymbol{F}_{Ax}$、$\boldsymbol{F}_{Ay}$，限制转动的反力偶 $M_A$，如图 1-19(d)所示。

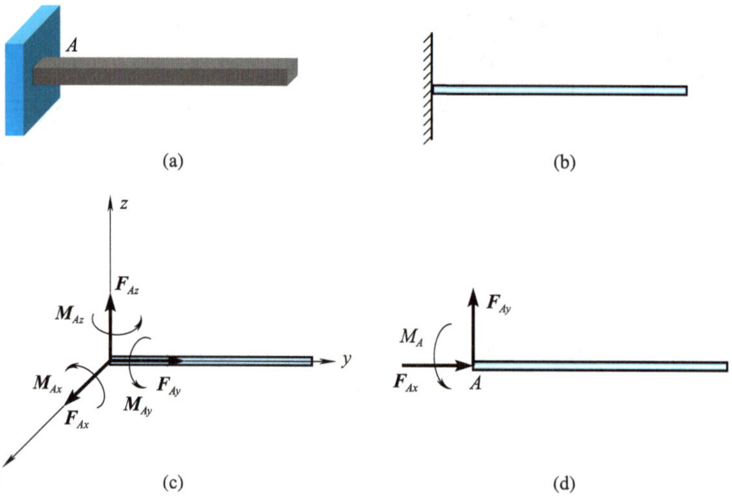


图 1-19

### 10. 蝶铰

蝶铰约束，例如门上的合页(图 1-20(a)、(b))，只能限制垂直于门轴方向的移动，不能限制沿门轴方向的移动，也不能限制转动，约束反力两个正交分量来表示，如图 1-20(c)所示。

以上只介绍了几种常见的简单约束，在工程中，约束类型远不止这些，有的约束比较复杂，分析时建议简化或抽象。

图 1-20

## 1.4 物体的受力分析和受力图

物体除受约束反力作用外，还受到像重力、推力、动力等力的作用，这些力可统称为**载荷**。和约束反力不同的是，载荷能主动改变物体的运动状态，而约束反力则无此作用、载荷是主动作用在物体上的力，其大小和方向一般可以预先给定，称为**主动力**。物体受到载荷作用后才会产生约束反力，因此约束反力是**被动力**，其大小一般是未知的，方向(或作用线)可根据约束的类型和特点确定。

解决力学问题首先要求选取研究对象，把它从与其有联系的物体中分离出来，此过程称为取研究对象或取**分离体**，然后逐个分析分离体所受的全部载荷与约束反力，此过程称为**受力分析**。最后把这些载荷与约束反力画在分离体上，所得图形称为**受力图**。画受力图是解决工程力学问题的一个重要步骤。

**例 1-1**

梁 *AB* 两端为铰支座，受均布载荷作用，集度为 $q$，如图 1-21(a)所示。不计梁的自重，试画出梁的受力图。

**解：**(1)取 *AB* 梁为研究对象(取分离体)。

(2)画主动力，均布载荷。

(3)画约束力。*A* 端为固定铰支座，其约束力可用两个正交分力 $\boldsymbol{F}_{Ax}$ 和 $\boldsymbol{F}_{Ay}$ 表示。*B* 端为可动铰支座，其约束力只有一个，与支撑面垂直，用 $\boldsymbol{F}_B$ 表示。

梁的受力图如图 1-21(b)所示。

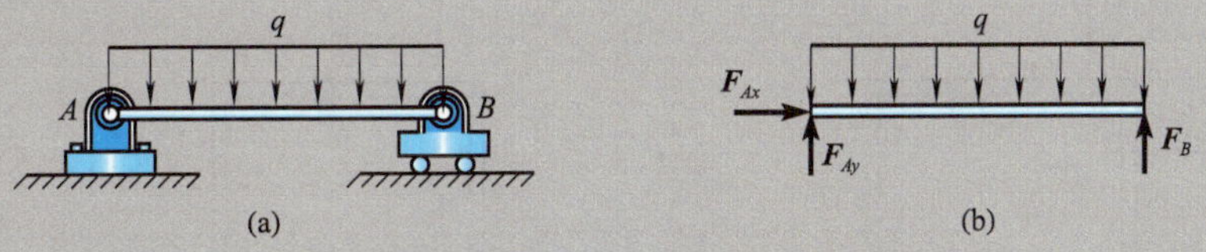


图 1-21

**例 1-2**

图 1-22(a)所示结构为简易起重装置，试画出下列各研究对象的受力图：(1)滑轮 *B*；(2)*CD* 杆；(3)横梁 *AB*。(结构不计自重)

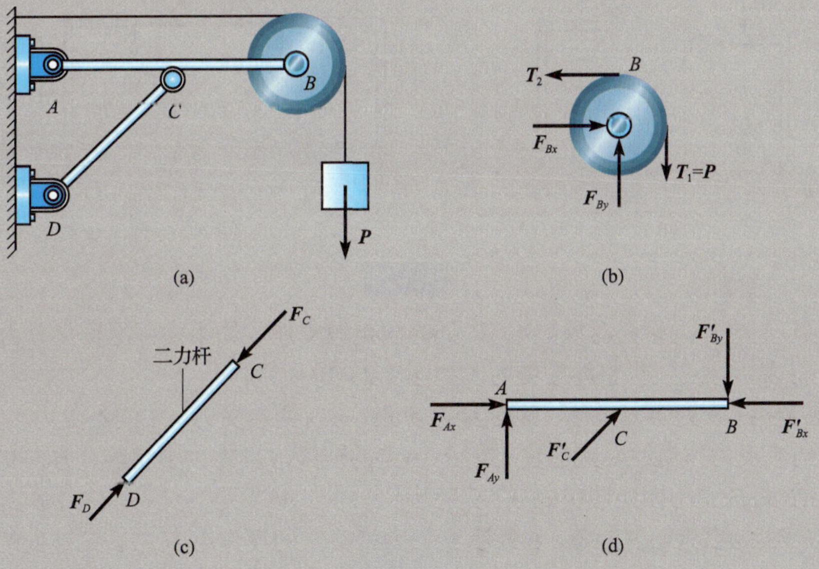


图 1-22

**解：**(1)取滑轮 *B* 为研究对象(取分离体)。绳子拉力 $\boldsymbol{T}_2$ 和 $\boldsymbol{T}_1$ 大小等于重物的重量 $\boldsymbol{P}$，方向背离滑轮，铰链处的约束力可用两个正交分力 $\boldsymbol{F}_{Bx}$ 和 $\boldsymbol{F}_{By}$ 表示。滑轮 *B* 的受力图如图 1-22(b)所示。

(2)取 *CD* 杆为研究对象。*CD* 杆的受力特点是：只有两端受力，中间不受力，这样的构件无论形状如何，都称为二力杆。二力杆仅在两点受力而平衡，所以两端约束反力作用线必然通过 *C*、*D* 两点的连线，且为大小相等、方向相反的一对平衡力。*CD* 杆的受力图如图 1-22(c)所示。

(3)取横梁 $AB$ 为研究对象。$A$ 端铰链处的约束力可用两个正交分力 $\boldsymbol{F}_{Ax}$ 和 $\boldsymbol{F}_{Ay}$ 表示，$B$ 端受到滑轮给它的反作用力 $\boldsymbol{F}'_{Bx}$ 和 $\boldsymbol{F}'_{By}$，$C$ 端受到二力杆给它的反作用力 $\boldsymbol{F}'_{C}$。横梁 $AB$ 的受力图如图 1-22(d)所示。

**例 1-3**

图 1-23(a)所示三铰拱，由左、右两个半拱铰接而成。受集中力 $\boldsymbol{F}$ 作用，不计自重，试画出整体、$AC$ 和 $CB$ 的受力图。

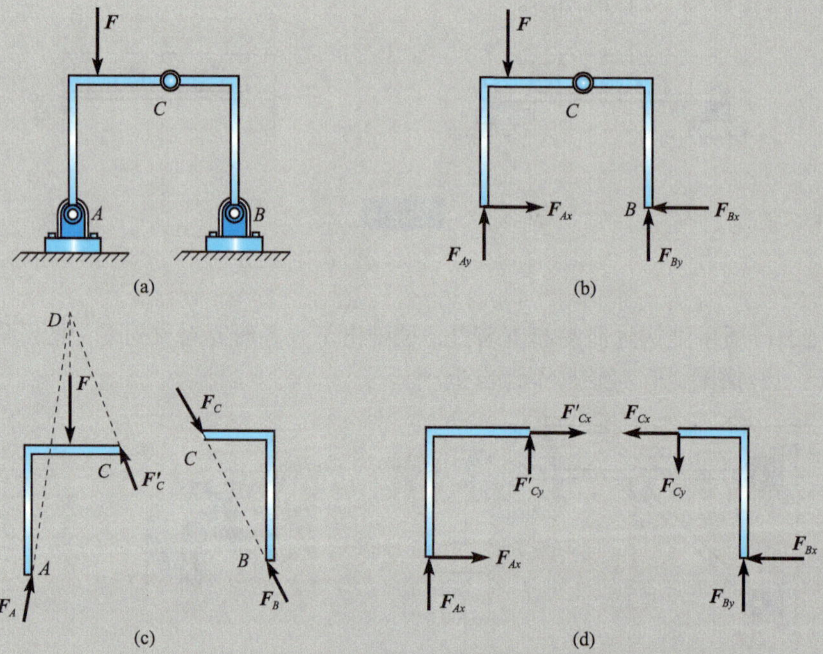


图 1-23

**解：**(1)取整体为研究对象，$A$、$B$ 处为固定铰支座，约束力可用正交分力 $\boldsymbol{F}_{Ax}$、$\boldsymbol{F}_{Ay}$ 和 $\boldsymbol{F}_{Bx}$、$\boldsymbol{F}_{By}$ 表示。三铰拱整体的受力图如图 1-23(b)所示。

(2)取半拱 $CB$ 为研究对象，其受力特点是：只有两端受力，中间不受力，为二力杆，所以两端约束反力作用线必然通过 $C$、$B$ 两点的连线，且为大小相等、方向相反的一对平衡力。$CB$ 杆的受力图如图 1-23(c)所示。

(3)取半拱 $AC$ 为研究对象，$C$ 端受到二力杆给它的反作用力 $\boldsymbol{F}'_{C}$。铰链处的约束反力只有一个，方向未知(通常可用两个正交分力表示)。当有三个力作用在半拱 $AC$ 上且平衡，则这三个力的作用线必汇交于一点，由此可确定 $A$ 处约束力的方向，受力图如图 1-23(c)所示。此画法适合用几何法求解未知力。

受力图如果按照图 1-23(d)所示的画法也可以，适合用解析法求解未知力。

## 习　题

1-1　试画出下列结构中每个构件的受力图(各接触处光滑，未画重量的构件不计自重)。

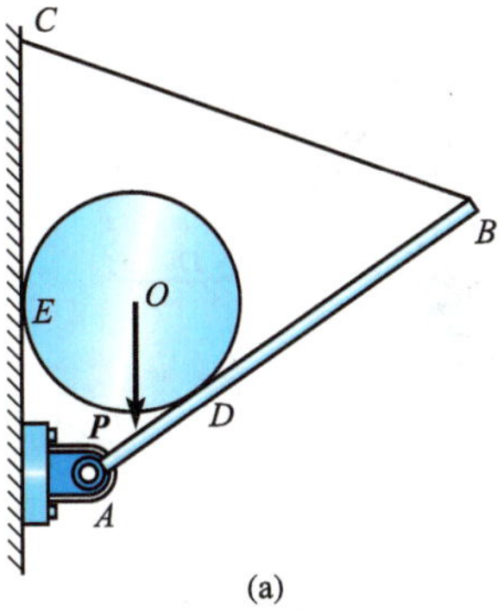


(a)

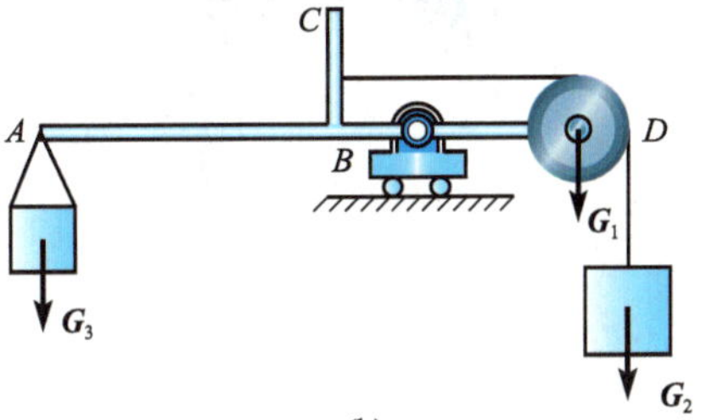


(b)

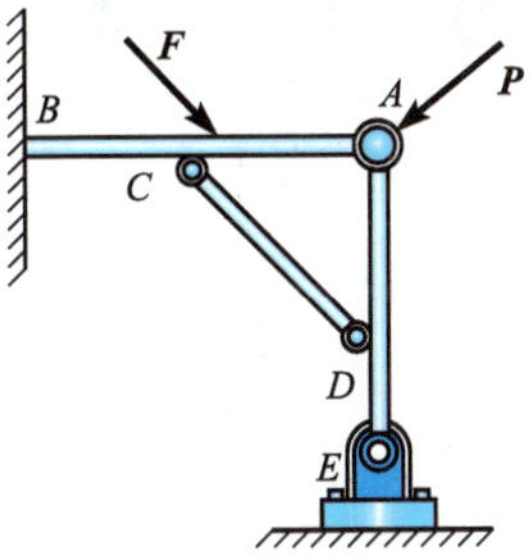


(c)

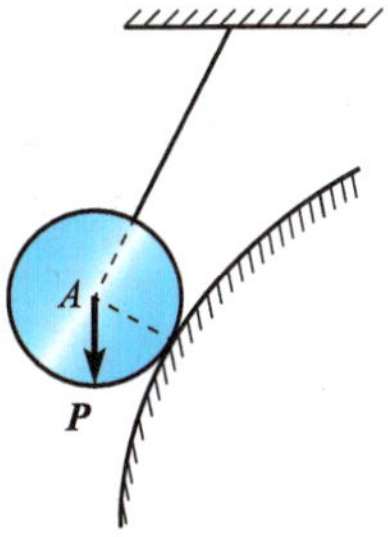


(d)

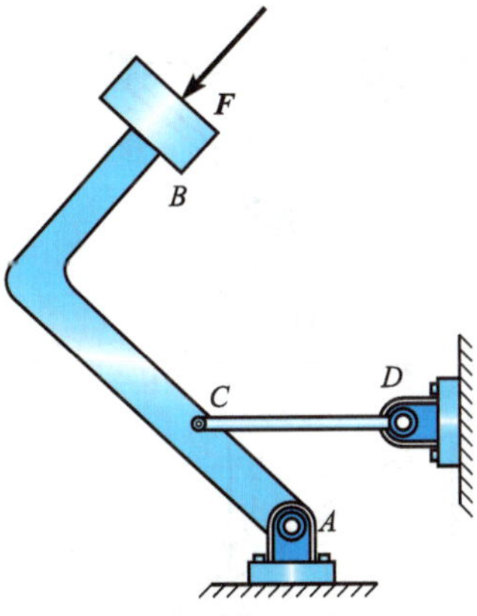


(e)

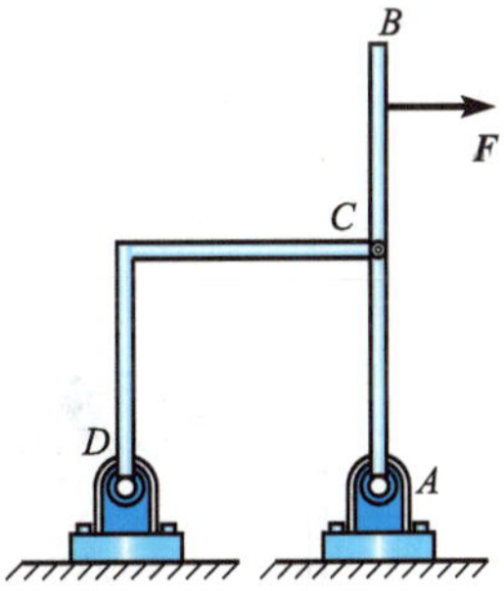


(f)

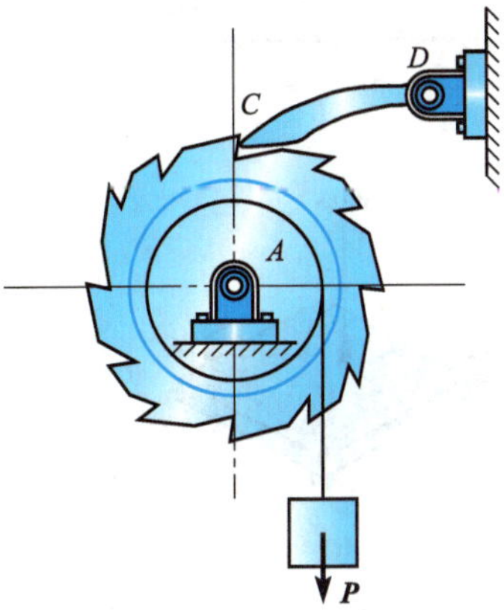


(g)

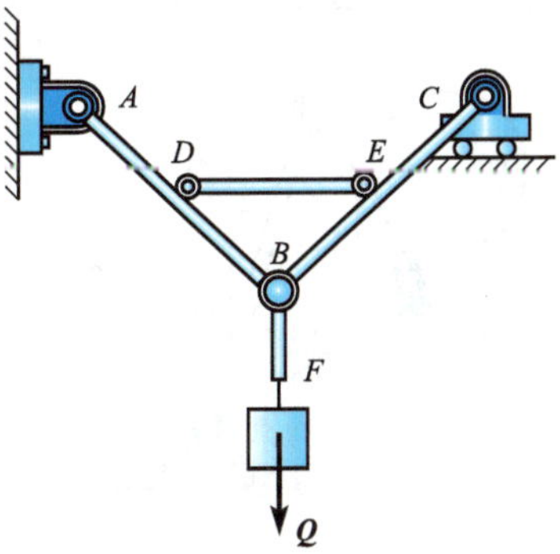


(h)

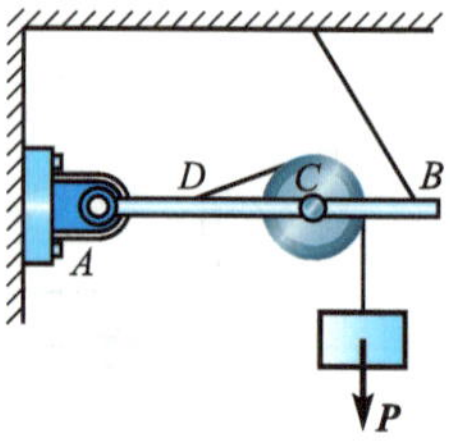
D
C
B
A
P

(i)

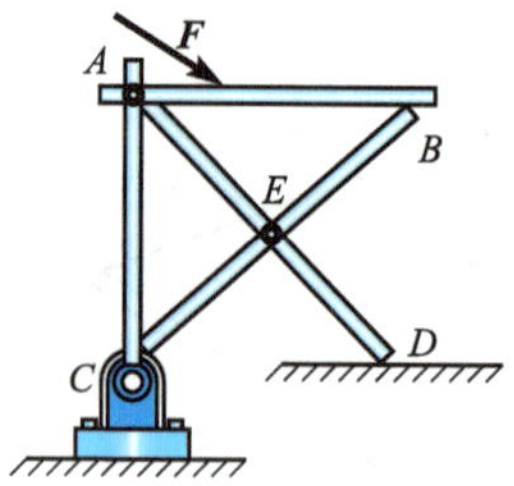
F
A
B
E
D
C

(j)

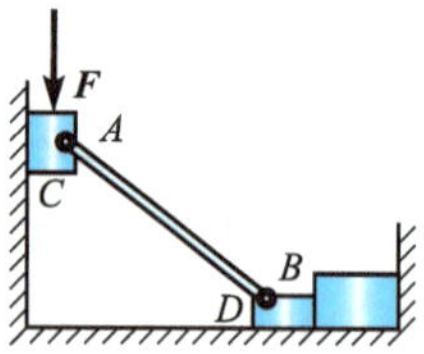
F
A
C
B
D

(k)

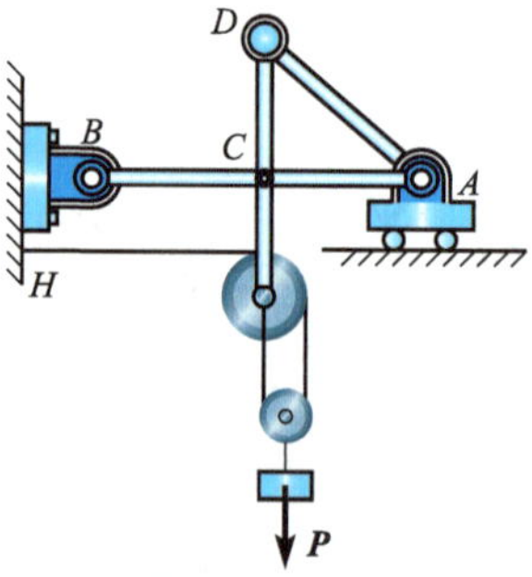
D
B
C
A
H
P

(l)

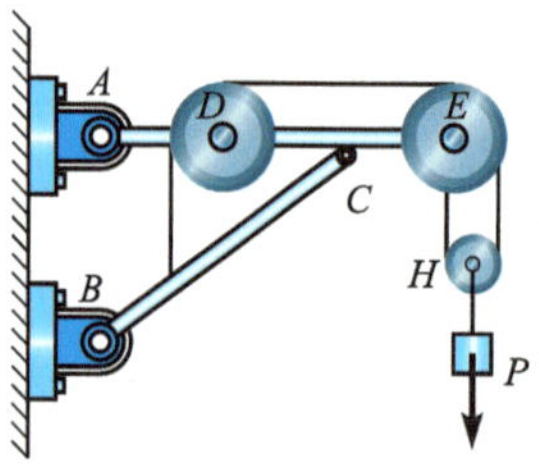
A
D
E
C
B
H
P

(m)

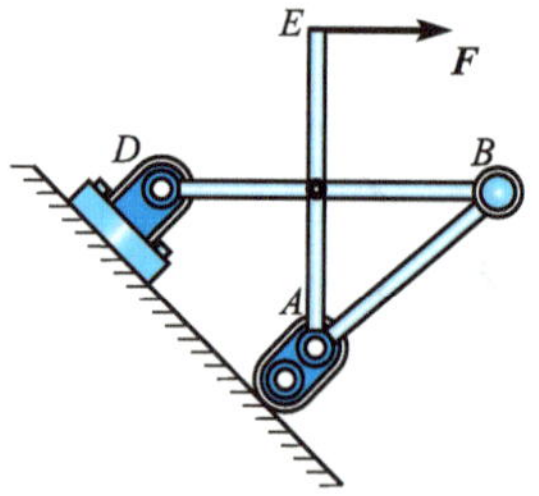
E
F
D
B
A

(n)

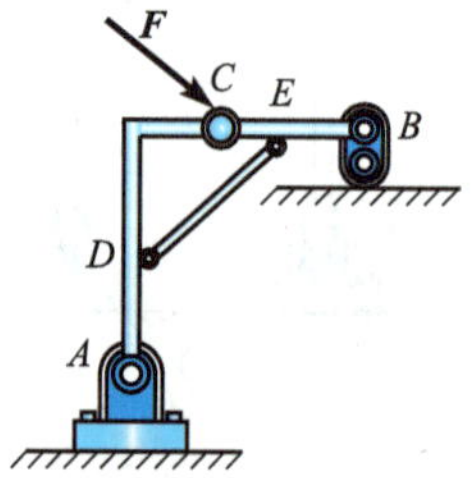
F
C
E
B
D
A

(o)

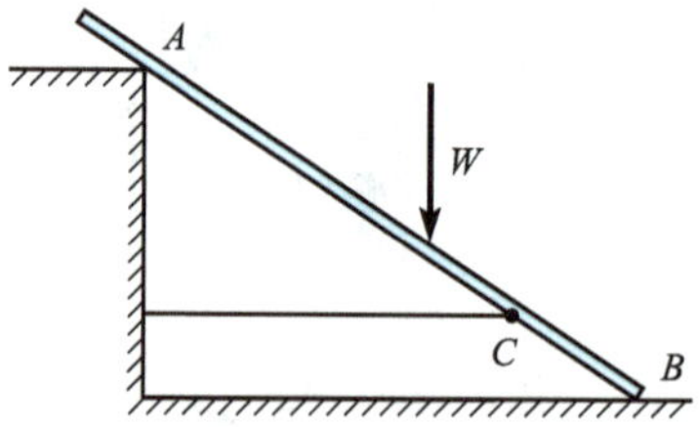
A
W
C
B

(p)

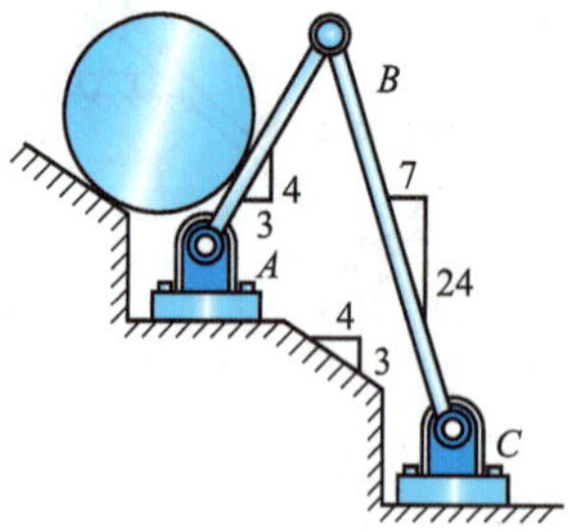
B
4
3
A
7
24
4
3
C

(q)

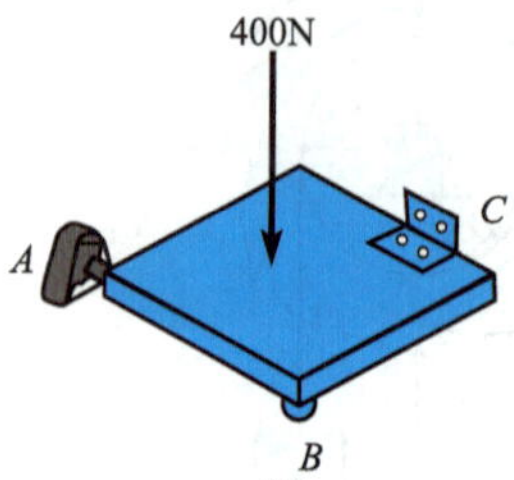
400N
C
A
B

(r)

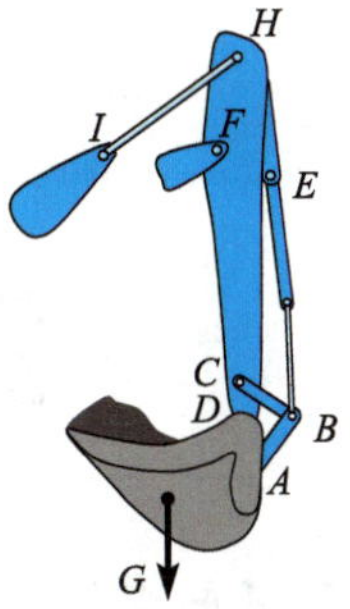


(s)

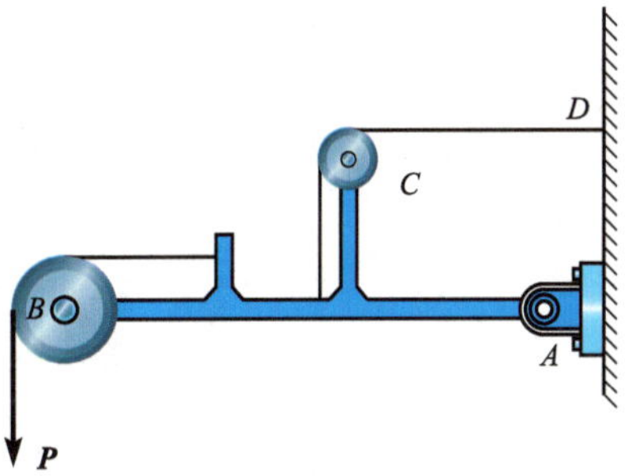


(t)

# 第2章

# 力系的等效与简化

内容提要

静力学和动力学主要研究刚体在力系作用下的平衡和运动规律。按力系中力的作用线是否相交，可将力系分为汇交力系、平行力系和任意力系。按力的作用线是否在同一平面，又可将力系分为平面力系和空间力系。为了便于了解力系对刚体的作用效果，需要用最简单的力系进行等效替换，称为力系的简化。同时，根据力系的简化结果可导出力系的平衡条件，进而导出力系的平衡方程。本章首先介绍力在轴上的投影和力沿轴的分解、力矩和合力矩定理，进而介绍一种特殊的平行力系——力偶，在此基础上依次介绍力系的等效、汇交力系的合成、任意力系的合成，以及平行力系的合成，最后介绍物体重心的概念。

## 2.1 力在轴上的投影和力沿轴的分解

### 2.1.1 力在平面直角坐标轴上的投影和沿坐标轴的分解

**1. 力在平面直角坐标轴上的投影**

假设力 $\boldsymbol{F}$ 在平面直角坐标系 $xOy$ 内，如图 2-1 所示。从力 $\boldsymbol{F}$ 的两个端点分别向 $x$ 轴作垂线，与 $x$ 轴分别相交于 $a$、$b$，线段 $ab$ 的长度并冠以正负号，即为力 $\boldsymbol{F}$ 在 $x$ 轴的**投影**，通常标记为 $F_x$。同理，从力 $\boldsymbol{F}$ 的两个端点分别向 $y$ 轴作垂线，与 $y$ 轴分别相交于 $a'$、$b'$，冠以正负号的 $a'b'$ 间线段的长度为力 $\boldsymbol{F}$ 在 $y$ 轴的投影，通常标记为 $F_y$。如果从 $a$ 到 $b$ 的指向与 $x$ 轴正向一致时，$F_x$ 为正值，反之为负值。同理，根据 $a'$ 到 $b'$ 的指向与 $y$ 轴正向之间关系可判断 $F_y$ 的正负。可见，力在轴上投影是一代数量。

**2. 力沿平面直角坐标轴的分解**

假设平面直角坐标系有一力 $\boldsymbol{F}$(图 2-2)，其与 $x$、$y$ 轴正向的夹角分别为$\alpha$和$\beta$，根据平行四边形法则可将其分解为沿 $x$ 和 $y$ 轴的两个分力 $\boldsymbol{F}_x$ 和 $\boldsymbol{F}_y$，即

$$\boldsymbol{F} = \boldsymbol{F}_x + \boldsymbol{F}_y \tag{2-1}$$

$\boldsymbol{F}_x$ 和 $\boldsymbol{F}_y$ 均为矢量，其模可根据式(2-2)计算。

$$\begin{cases} F_x = F\cos\alpha \\ F_y = F\cos\beta = F\sin\alpha \end{cases} \tag{2-2}$$

如果以 $\boldsymbol{i}$ 和 $\boldsymbol{j}$ 分别表示沿 $x$ 和 $y$ 轴的**单位矢量**，则 $\boldsymbol{F}$ 又可表示为

$$\boldsymbol{F} = F\cos\alpha\boldsymbol{i} + F\cos\beta\boldsymbol{j} \tag{2-3}$$

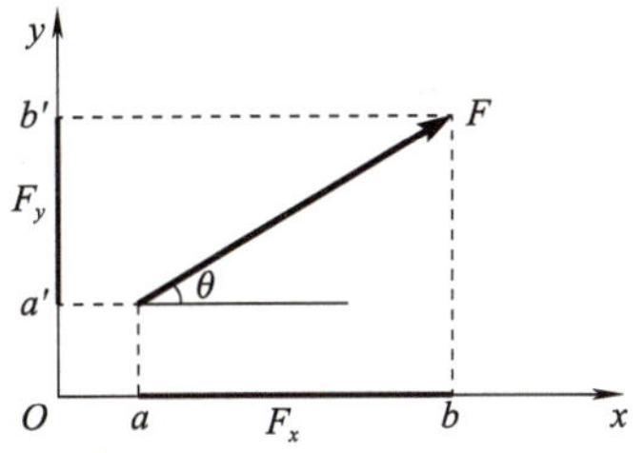


图 2-1

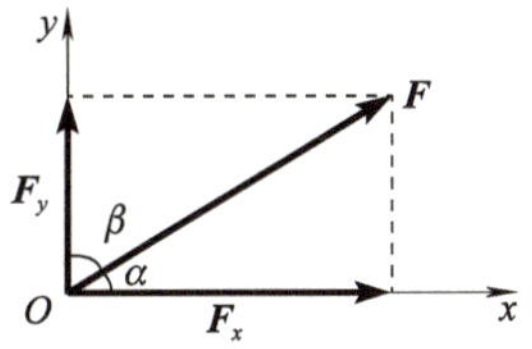


图 2-2

### 3. 力在平面直角坐标轴上投影与力沿轴分力间关系

显然，对于平面直角坐标系中的一力 $\boldsymbol{F}$ 而言(图 2-3)，如果已知力的大小和方向，则可求出力在坐标轴上的投影分别为

$$\begin{cases} F_x = F\cos\alpha \\ F_y = F\cos\beta = F\sin\alpha \end{cases} \tag{2-4}$$

因而，力 $\boldsymbol{F}$ 又可表示为

$$\boldsymbol{F} = \boldsymbol{F}_x + \boldsymbol{F}_y = F_x\boldsymbol{i} + F_y\boldsymbol{j} \tag{2-5}$$

式中，$\boldsymbol{F}_x$ 和 $\boldsymbol{F}_y$ 分别代表力 $\boldsymbol{F}$ 沿 $x$、$y$ 轴的分力。

如果已知力在坐标轴上投影 $F_x$ 和 $F_y$ 亦可求出力的大小和方向分别为

$$F = \sqrt{F_x^2 + F_y^2}$$
$$\cos\alpha = \frac{F_x}{F}，\cos\beta = \frac{F_y}{F} \tag{2-6}$$

可见力 $\boldsymbol{F}$ 在两坐标轴分力的模与力在坐标轴投影的绝对值相等。但是，需要指出的是，上述关系仅适用于两坐标轴正交的条件，不能推广到任意平面坐标系。如图 2-4 所示，对于 $x$、$y$ 轴非正交的坐标系，力 $\boldsymbol{F}$ 在两坐标轴分力的模与力在坐标轴投影的绝对值并不相等。另外需要强调的是，力的投影是一代数量，而力的分力是一矢量，二者不能混为一谈。

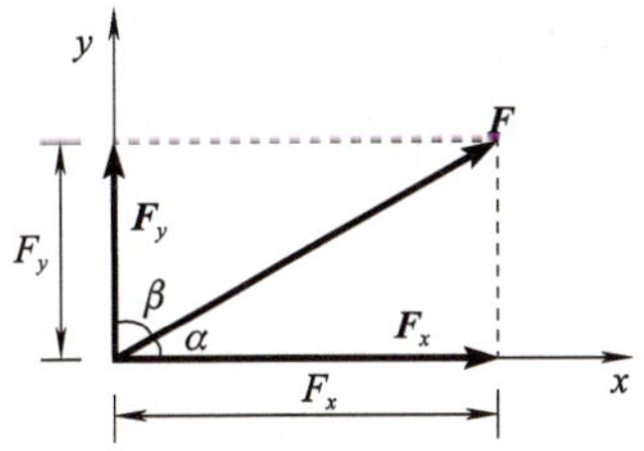


图 2-3

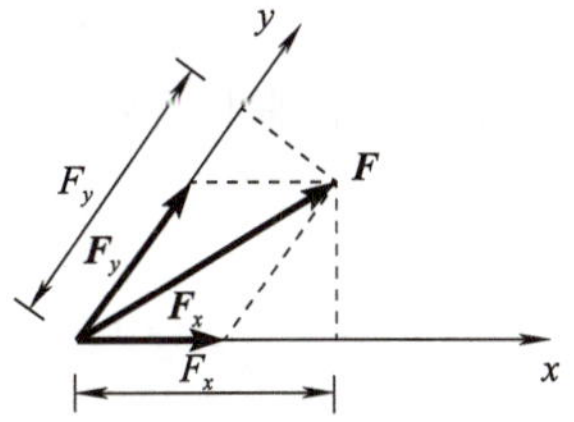


图 2-4

## 2.1.2　力在空间直角坐标轴的投影和沿坐标轴的分解

### 1. 力在空间直角坐标轴上的投影

若已知力 $\boldsymbol{F}$ 的大小以及其与空间直角坐标系 $Oxyz$ 三个轴正向的夹角分别为$\alpha$、$\beta$、$\gamma$，

如图 2-5 所示，则 $\boldsymbol{F}$ 在三个轴上投影 $F_x$、$F_y$、$F_z$ 分别为

$$\begin{cases} F_x = F\cos\alpha \\ F_y = F\cos\beta \\ F_z = F\cos\gamma \end{cases} \tag{2-7}$$

当 $\boldsymbol{F}$ 与 $x$、$y$ 轴夹角难以确定时，可采用二次投影法求解力 $\boldsymbol{F}$ 在三个轴上的投影。即首先将力 $\boldsymbol{F}$ 向 $xOy$ 平面投影，得到力 $\boldsymbol{F}_{xy}$，再将力 $\boldsymbol{F}_{xy}$ 分别向 $x$、$y$ 轴投影(图 2-6)，此时有

$$\begin{cases} F_x = F\sin\gamma\cos\varphi \\ F_y = F\sin\gamma\sin\varphi \\ F_z = F\cos\gamma \end{cases} \tag{2-8}$$

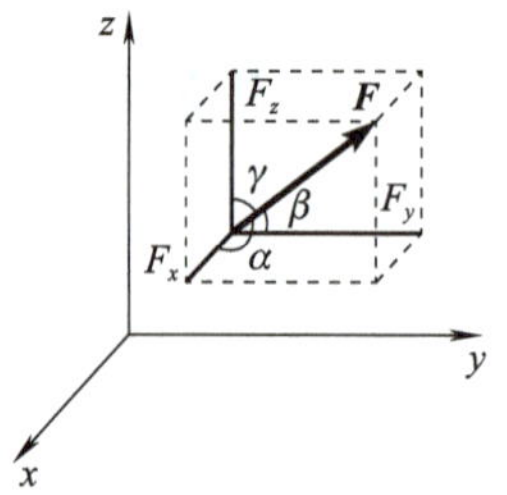


图 2-5

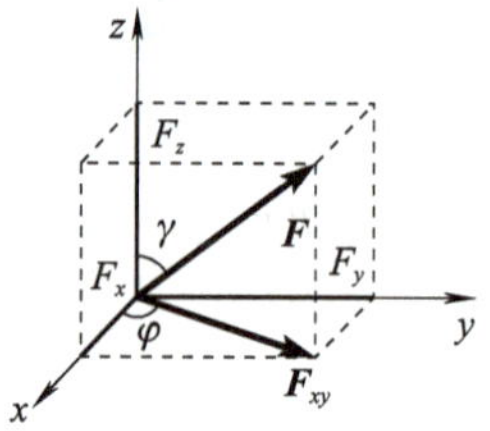


图 2-6

### 2. 力沿空间直角坐标轴的分解

若力 $\boldsymbol{F}$ 与空间直角坐标轴三个坐标轴正向的夹角分别为$\alpha$、$\beta$、$\gamma$，将力沿三个坐标轴进行分解，见图 2-7，则

$$\boldsymbol{F} = \boldsymbol{F}_x + \boldsymbol{F}_y + \boldsymbol{F}_z$$

$$\begin{cases} F_x = F\cos\alpha \\ F_y = F\cos\beta \\ F_z = F\cos\gamma \end{cases} \tag{2-9}$$

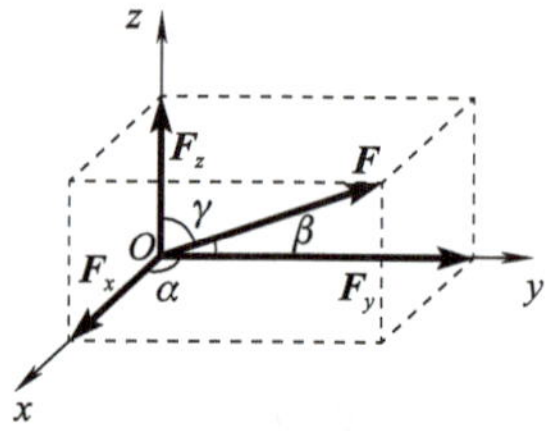


图 2-7

若以 $\boldsymbol{i}$、$\boldsymbol{j}$、$\boldsymbol{k}$ 分别表示沿 $x$、$y$、$z$ 轴的单位矢量，则力 $\boldsymbol{F}$ 可表示为

$$\boldsymbol{F} = F\cos\alpha\boldsymbol{i} + F\cos\beta\boldsymbol{j} + F\cos\gamma\boldsymbol{k} \tag{2-10}$$

### 3. 力在空间直角轴上投影与力沿轴分力间关系

从式(2-7)、式(2-9)和式(2-10)可导出

$$\boldsymbol{F} = \boldsymbol{F}_x + \boldsymbol{F}_y + \boldsymbol{F}_z = F_x\boldsymbol{i} + F_y\boldsymbol{j} + F_z\boldsymbol{k} \tag{2-11}$$

也就是说，力在三个轴上的分力 $\boldsymbol{F}_x$、$\boldsymbol{F}_y$、$\boldsymbol{F}_z$ 与力在三个轴上的投影间存在如下关系：

$$\begin{cases} \boldsymbol{F}_x = F_x\boldsymbol{i} \\ \boldsymbol{F}_y = F_y\boldsymbol{j} \\ \boldsymbol{F}_z = F_z\boldsymbol{k} \end{cases} \tag{2-12}$$

若已知力在三个坐标轴上的投影，反过来亦可求得力的大小以及其与坐标轴的夹角(力的方向)。

$$F = \sqrt{F_x^2 + F_y^2 + F_z^2}$$

$$\cos\alpha = \frac{F_x}{F},\ \cos\beta = \frac{F_y}{F},\ \cos\gamma = \frac{F_z}{F} \tag{2-13}$$

式中，$\alpha$、$\beta$、$\gamma$ 分别代表力 $\boldsymbol{F}$ 与 $x$、$y$、$z$ 轴的正向的夹角。

可见平面直角坐标轴的投影和力的分解是空间直角坐标系的一种特殊情况，此时力与空间三个坐标轴之一的夹角为 90°。同样需要指出，与平面坐标系相似，上述关系只适用于三个坐标轴相互正交的坐标系。

**例 2-1**

已知力沿空间直角坐标轴的解析式为 $\boldsymbol{F}=\{50\boldsymbol{i}-40\boldsymbol{j}+180\boldsymbol{k}\}\mathrm{kN}$，求此力的大小和方向，并作图表示。

**解**：由已知条件得出力 $F$ 的三个投影为

$$F_x=50\mathrm{kN},\quad F_y=-40\mathrm{kN},\quad F_z=180\mathrm{kN}$$

根据式(2-13)得

$$F=\sqrt{F_x^2+F_y^2+F_z^2}=\sqrt{50^2+(-40)^2+180^2}\mathrm{kN}=191\mathrm{kN}$$

$$\cos\alpha=\frac{F_x}{F}=\frac{50}{191}=0.2617$$

$$\cos\beta=\frac{F_y}{F}=\frac{-40}{191}=-0.2094$$

$$\cos\gamma=\frac{F_z}{F}=\frac{180}{191}=0.9422$$

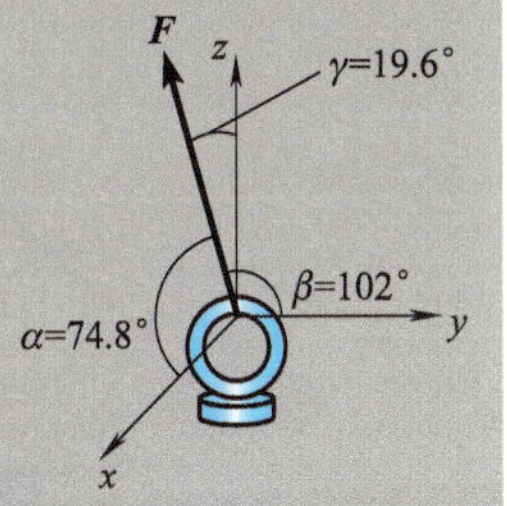

图 2-8

查表得 $\alpha=74.8°$，$\beta=102°$，$\gamma=19.6°$。力的大小和方向如图 2-8 所示。

# 2.2　力矩和合力矩定理

## 2.2.1　力对点的矩

生活中经常可以见到物体绕着固定点转动，如汽车的操纵杆。为了衡量力对刚体绕固定点转动的作用效果，引入力对点的矩的概念。假设 $O$ 为空间任意点，$O$ 到力 $\boldsymbol{F}$ 作用点 $A$ 的矢径为 $\boldsymbol{r}$(图 2-9)，则 $\boldsymbol{r}$ 和 $\boldsymbol{F}$ 的矢积称为力 $\boldsymbol{F}$ 对 $O$ 点的矩，简称**力矩**，记为 $\boldsymbol{M}_O(\boldsymbol{F})$。

$$\boldsymbol{M}_O(\boldsymbol{F})=\boldsymbol{r}\times\boldsymbol{F}\tag{2-14}$$

其中点 $O$ 称为**矩心**，单位为 N·m。

可见：①力矩矢量的模和方向都与矩心位置有关，一般随矩心位置不同而异，必须指明矩心，力矩才有意义，因而力矩是定位矢量，始端必须放在矩心上；②力沿作用线移动，不会改变力对任一作用点的矩；③当力的作用线通过矩心时，力对该矩心的力矩为零；④由于 $\boldsymbol{r}$ 和 $\boldsymbol{F}$ 满足平行四边形合成法则，$\boldsymbol{M}_O(\boldsymbol{F})$ 也必然满足平行四边形法则，这意味着矩心相同的力矩矢量也可遵循平行四边形法则进行合成。

力矩矢量的三要素包括：大小、方位和指向。

力矩矢量的大小即力矩矢量的模

$$|\boldsymbol{M}_O(\boldsymbol{F})|=|\boldsymbol{r}\times\boldsymbol{F}|=Fr\sin\theta=Fd\tag{2-15}$$

式中，$\theta$ 为 $\boldsymbol{r}$ 与 $\boldsymbol{F}$ 正方向间的夹角，$d$ 为矩心到力的作用线的垂直距离，称为力臂，见图 2-9。

方位：垂直于 $\boldsymbol{r}$ 与 $\boldsymbol{F}$ 确定的平面。

指向：可根据右手螺旋法则确定。握紧右手，手指弯曲的方向与转动方向一致，则大拇指指向代表力矩矢量的指向。

对于平面问题，由于矩心和力矢量均在一特定平面内，力矩矢量总是垂直于该平面，力矩矢量的方位不变，指向可用正负号区分。通常规定，力使物体绕矩心逆时针方向转动时为正，反之为负。可见，此时力矩由矢量变为代数量，其绝对值等于力的大小与力臂的乘积，如图 2-10 所示。

$$M_O(\boldsymbol{F}) = \pm Fh$$

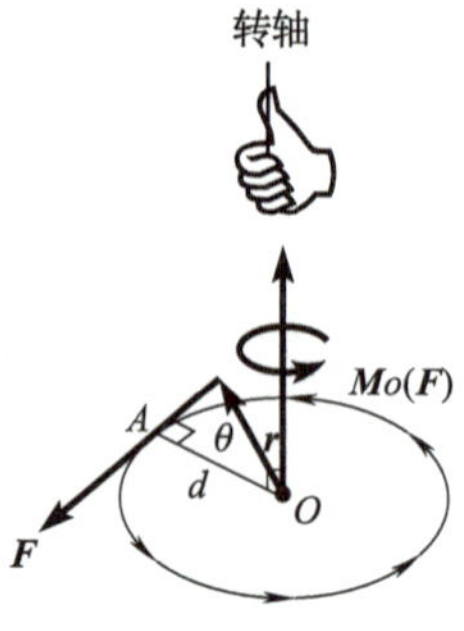

图 2-9

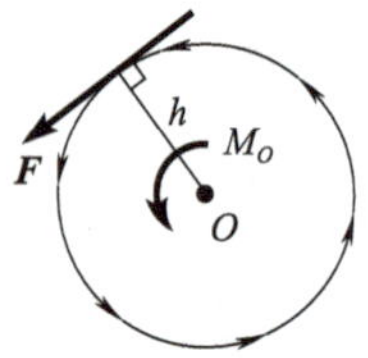

图 2-10

为计算力矩矢量在坐标轴上投影，以 $O$ 为原点建立直角空间坐标系 $Oxyz$，并以 $\boldsymbol{i}$、$\boldsymbol{j}$、$\boldsymbol{k}$ 代表 $x$、$y$、$z$ 轴的单位矢量，则

$$\boldsymbol{r} = x\boldsymbol{i} + y\boldsymbol{j} + z\boldsymbol{k} \tag{2-16}$$

$$\boldsymbol{F} = F_x\boldsymbol{i} + F_y\boldsymbol{j} + F_z\boldsymbol{k} \tag{2-17}$$

即

$$\boldsymbol{F} = \boldsymbol{F}_x + \boldsymbol{F}_y + \boldsymbol{F}_z \tag{2-18}$$

$$\boldsymbol{M}_O(\boldsymbol{F}) = \boldsymbol{r}\times\boldsymbol{F} = \begin{vmatrix} \boldsymbol{i} & \boldsymbol{j} & \boldsymbol{k} \\ x & y & z \\ F_x & F_y & F_z \end{vmatrix} = (yF_z - zF_y)\boldsymbol{i} + (zF_x - xF_z)\boldsymbol{j} + (xF_y - yF_x)\boldsymbol{k} \tag{2-19}$$

显然，$\boldsymbol{M}_O(\boldsymbol{F})$ 在三个坐标轴上的投影为

$$\begin{cases} M_{Ox} = yF_z - zF_y \\ M_{Oy} = zF_x - xF_z \\ M_{Oz} = xF_y - yF_x \end{cases} \tag{2-20}$$

### 2.2.2 合力矩定理

定理：平面汇交力系之合力对平面内任意一点的矩等于各分力对该点之矩的代数和。

证明：如图 2-11 所示，假设在刚体 $A$ 点作用一平面汇交力系 $\boldsymbol{F}_1$，$\boldsymbol{F}_2$，…，$\boldsymbol{F}_n$，其合力为 $\boldsymbol{F}_{\mathrm{R}}$。任意点 $O$ 为矩心，$\boldsymbol{r}$ 为 $O$ 到 $A$ 点的矢径。

$$\boldsymbol{F}_{\mathrm{R}} = \boldsymbol{F}_1 + \boldsymbol{F}_2 + \cdots + \boldsymbol{F}_n \tag{2-21}$$

以 $\boldsymbol{r}$ 对上式两端做矢积，即

$$\boldsymbol{r}\times\boldsymbol{F}_{\mathrm{R}} = \boldsymbol{r}\times\boldsymbol{F}_1 + \boldsymbol{r}\times\boldsymbol{F}_2 + \cdots + \boldsymbol{r}\times\boldsymbol{F}_n \tag{2-22}$$

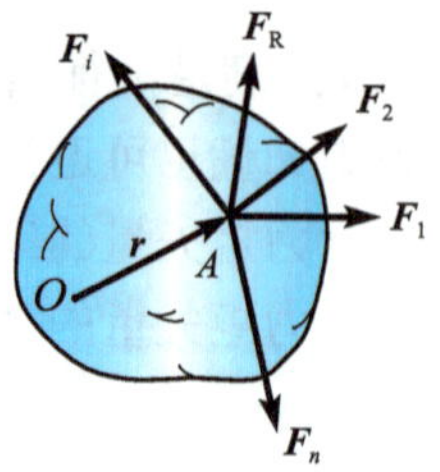

图 2-11

由于 $\boldsymbol{F}_1$，$\boldsymbol{F}_2$，…，$\boldsymbol{F}_n$ 与 $O$ 点共平面，上式各个矢积平行，故上式右端矢量和可按代数和计算。而矢量积的大小就是力对点的矩，于是

$$M_O(\boldsymbol{F}_R)=M_O(\boldsymbol{F}_1)+M_O(\boldsymbol{F}_2)+\cdots+M_O(\boldsymbol{F}_n)=\sum M_O(\boldsymbol{F}_i) \tag{2-23}$$

证毕。

当平面汇交力系处于平衡时，合力为零，由式（2-23）可知各个分力对任意一点之矩的代数和为零。即 $\sum M_O(\boldsymbol{F}_i)=0$。

这就说明可用力矩方程代替投影方程求解平面汇交力系的平衡问题(刚体平衡问题的求解是静力学的重点，将在下一章单独讨论)。

**例 2-2**

如图 2-12 所示，已知直角折杆 $ABC$ 中 $AB$ 长度为 $a$，$BC$ 长度为 $b$，在 $C$ 点施加一作用力 $\boldsymbol{F}$，$\boldsymbol{F}$ 与水平方向夹角为 $\alpha$，求力 $\boldsymbol{F}$ 对 $A$ 点的矩 $M_A(\boldsymbol{F})$。

**解**：由于 $\boldsymbol{F}$ 对点 $A$ 的力臂未知，但 $a$、$b$ 已知，可用合力矩定理求解。

将 $\boldsymbol{F}$ 沿水平和垂直方向分解，则

$$M_A(\boldsymbol{F})=\sum M_A(\boldsymbol{F}_i)=M_A(\boldsymbol{F}_x)+M_A(\boldsymbol{F}_y)$$

分力 $\boldsymbol{F}_x$ 作用线通过 $A$，故其对 $A$ 点矩为 0，则

$$M_A(\boldsymbol{F})=M_A(\boldsymbol{F}_y)=F\sin\alpha\sqrt{a^2+b^2}$$

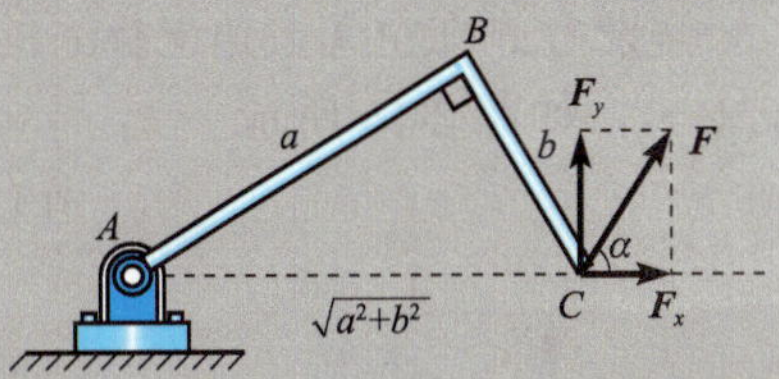


图 2-12

### 2.2.3　力对轴的矩

日常生活和工程应用中还存在大量绕固定轴转动的物体，如柱铰链安装的门窗，自行车的曲柄等。与力对点的矩相似，人们建立力对轴的概念，用来度量力对刚体绕固定轴转动的作用效果。

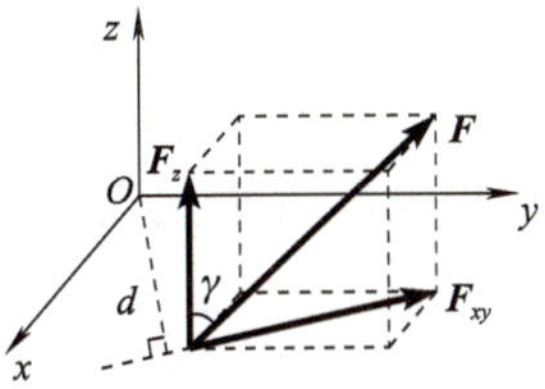


图 2-13

假设绕 $z$ 轴转动的刚体受力 $\boldsymbol{F}$ 的作用(图 2-13)，将 $\boldsymbol{F}$ 分解为与 $z$ 轴平行的分力 $\boldsymbol{F}_z$ 和与 $z$ 轴垂直的任意平面 $xOy$ 的分力 $\boldsymbol{F}_{xy}$。实践表明，分力 $\boldsymbol{F}_z$ 不影响力 $\boldsymbol{F}$ 对刚体的转动效应，分力 $\boldsymbol{F}_{xy}$ 可使刚体产生绕 $z$ 轴转动的趋势或转动效应。因此，定义 $\boldsymbol{F}_{xy}$ 对 $O$ 点的矩为力 $\boldsymbol{F}$ 对 $z$ 轴之矩，记为 $M_z(\boldsymbol{F})$，即

$$M_z(\boldsymbol{F})=M_O(\boldsymbol{F}_{xy})=F_{xy}d \tag{2-24}$$

可见，力对轴的矩等于力在与该轴垂直任一平面的分力对轴与平面的交点之矩，是一个代数量。其正负号可以用右手螺旋法则确定。也可采用如下方法确定正负号，从 $z$ 轴正端看，若力的投影对物体绕轴产生逆时针转动趋势或效果时为正，反之为负。

显然，当力与轴平行($\boldsymbol{F}_{xy}$ 为零)或相交时($d$ 为零)，即力与轴共平面时，力对该轴的矩为零。此外，当力沿其作用线移动时，不改变力对轴的矩。

**例 2-3**

如图 2-14 所示，曲柄 $ABCD$ 在平面 $xAy$ 内，$D$ 点施加一力 $\boldsymbol{F}$ (500N)，位于垂直于 $y$ 轴的平面内，且与铅垂线夹角 $\theta$ 为 30°，$BC$ 杆平行于 $x$ 轴，$CD$ 杆平行于 $y$ 轴，$AB$ 杆与

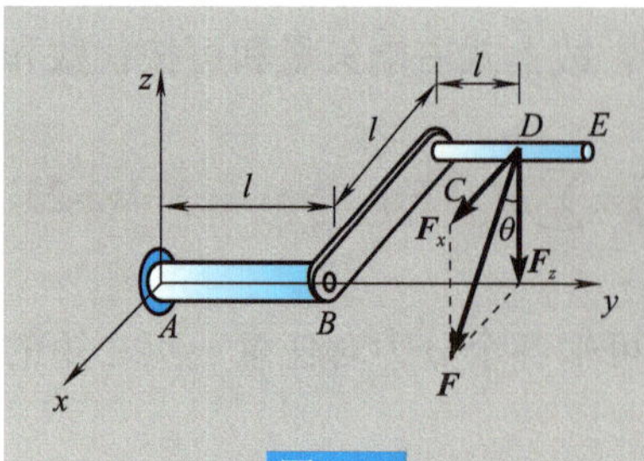


图 2-14

$y$ 轴重合，$AB$、$BC$、$CD$ 杆长度均为 1m，求 $\boldsymbol{F}$ 对 $x$、$y$、$z$ 轴的矩。

**解**：将 $\boldsymbol{F}$ 沿三个坐标轴分解得

$$F_x = F\sin\theta = 500\text{N}\times\sin 30° = 250\text{N}$$

$$F_y = 0$$

$$F_z = F\cos\theta = 500\text{N}\times\cos 30° = 433.01\text{N}$$

根据合力矩定理

$$M_x(\boldsymbol{F}) = M_x(\boldsymbol{F}_z) = -2\times F_z = -866.02\text{N}\cdot\text{m}$$

$$M_y(\boldsymbol{F}) = M_y(\boldsymbol{F}_z) = -1\times F_z = -433.01\text{N}\cdot\text{m}$$

$$M_z(\boldsymbol{F}) = M_z(\boldsymbol{F}_x) = -2\times F_x = -500\text{N}\cdot\text{m}$$

### 2.2.4 力对点的矩与力对通过该点的轴的矩间关系

假设力 $\boldsymbol{F}$ 在空间直角坐标系的三个轴上分力分别为 $\boldsymbol{F}_x$、$\boldsymbol{F}_y$、$\boldsymbol{F}_z$，且力 $F$ 的作用点坐标为 $(x, y, z)$，如图 2-15 所示。

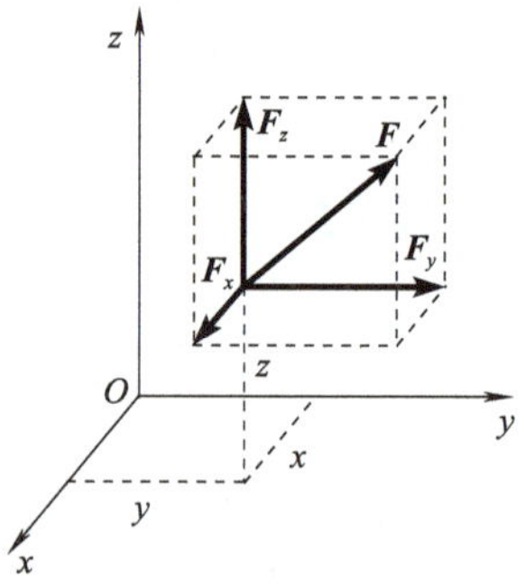


图 2-15

由力对轴的矩的定义可知力 $\boldsymbol{F}$ 对 $z$ 轴的矩为

$$M_z(\boldsymbol{F}) = M_O(\boldsymbol{F}_{xy}) = M_O(\boldsymbol{F}_x) + M_O(\boldsymbol{F}_y) = -yF_x + xF_y \tag{2-25}$$

同理，力 $\boldsymbol{F}$ 对 $x$ 轴的矩为 $$M_x(\boldsymbol{F}) = -zF_y + yF_z \tag{2-26}$$

力 $\boldsymbol{F}$ 对 $y$ 轴的矩为 $$M_y(\boldsymbol{F}) = -xF_z + zF_x \tag{2-27}$$

力 $\boldsymbol{F}$ 对点 $O$ 的矩矢量的解析式（式(2-19)）为

$$\boldsymbol{M}_O(\boldsymbol{F}) = (yF_z - zF_y)\boldsymbol{i} + (zF_x - xF_z)\boldsymbol{j} + (xF_y - yF_x)\boldsymbol{k}$$

对比上式可得

$$\begin{cases} \boldsymbol{M}_O(\boldsymbol{F})_x = M_x(\boldsymbol{F}) \\ \boldsymbol{M}_O(\boldsymbol{F})_y = M_y(\boldsymbol{F}) \\ \boldsymbol{M}_O(\boldsymbol{F})_z = M_z(\boldsymbol{F}) \end{cases} \tag{2-28}$$

这就是力对点的矩与力对通过该点的轴的矩间的关系，即力对点的矩矢在通过该点的某轴的投影等于这个力对该轴的矩，即

$$\boldsymbol{M}_O(\boldsymbol{F}) = M_x(\boldsymbol{F})\boldsymbol{i} + M_y(\boldsymbol{F})\boldsymbol{j} + M_z(\boldsymbol{F})\boldsymbol{k} \tag{2-29}$$

## 2.3 力偶和力偶矩

### 2.3.1 力偶

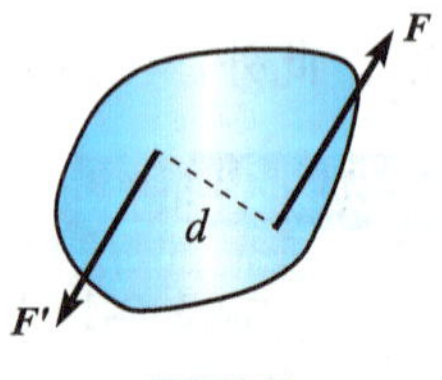


图 2-16

大小相等、方向相反、作用线平行但不重合的两个力称为**力偶**。如图 2-16 所示，力 $\boldsymbol{F}$、$\boldsymbol{F}'$ 组成一个力偶，这两个力作用线所决定的平面称为力偶的作用平面，两个力作用线间的垂直距离 $d$ 称为**力偶臂**。生活中经常遇到这种情形，例如我们转动水龙头，司机转动方向盘，电动机的定子磁场对转子作用电磁力使之旋转，钳工用丝锥攻螺纹，如图 2-17 所示。

力偶是一个特殊的力系。力偶中的两个力等值、反向、平行、不共线，所以力偶本身既不平衡也不能与一个力等效。与力相似，力偶也是力学中一个基本的力学量。力偶不会对物体产生平移效应，但会使物体产生沿某一特定方向转动的效应。

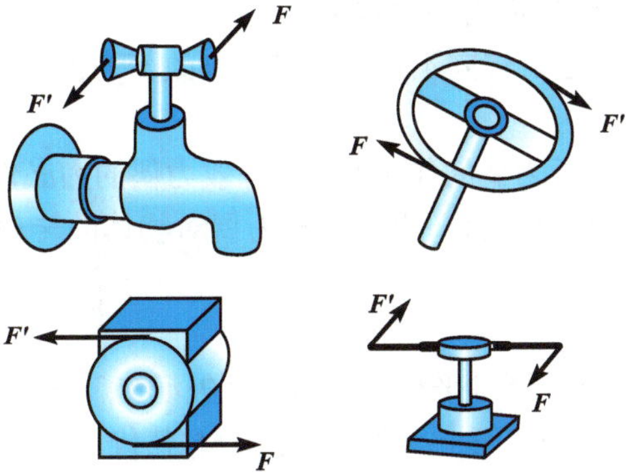


图 2-17

## 2.3.2　力偶矩

前面已经讲过一个力对物体的转动效应是用力对点的矩来度量。在力偶作用平面内，力偶对物体的转动效应通常用力偶矩 $\boldsymbol{M}$ 表征。假设一力偶和空间任意一点 $O$，$O$ 到力 $\boldsymbol{F}$ 作用线上任意一点 $A$ 的矢径为 $\boldsymbol{r}_A$，$O$ 到力 $\boldsymbol{F}'=-\boldsymbol{F}$ 作用线上任意一点 $B$ 的矢径为 $\boldsymbol{r}_B$，$\boldsymbol{r}$ 为 $A$ 点到 $B$ 点的矢径，如图 2-18 所示，则

$$\begin{aligned}\boldsymbol{M}&=\boldsymbol{r}_A\times(-\boldsymbol{F})+\boldsymbol{r}_B\times\boldsymbol{F}\\&=(\boldsymbol{r}_A-\boldsymbol{r}_B)\times\boldsymbol{F}\\&=\boldsymbol{r}\times\boldsymbol{F}\end{aligned}\tag{2-30}$$

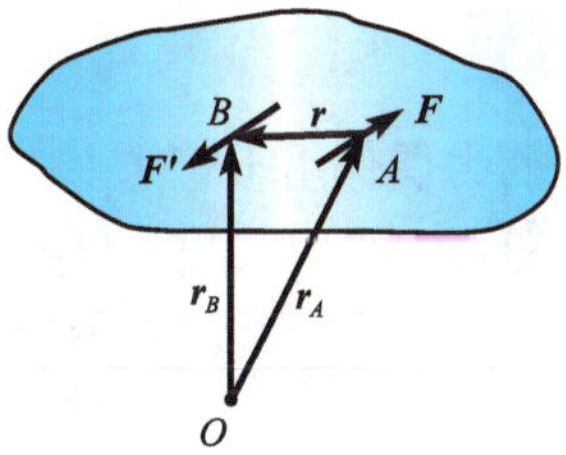


图 2-18

显然，力偶矩 $\boldsymbol{M}$ 只与两个力间的矢径 $\boldsymbol{r}$ 有关，与矢径 $\boldsymbol{r}_A$、$\boldsymbol{r}_B$ 无关，这意味着力偶矩 $\boldsymbol{M}$ 与矩心的 $O$ 的选择无关，是一个自由矢量。

力偶矩的大小：　$M=Fr\sin\alpha=Fd$　　(2-31)

$M$ 的单位与力矩相同，为 N·m；$\alpha$ 为 $\boldsymbol{F}$ 和 $\boldsymbol{r}$ 间的夹角。

力偶矩的方向：力偶作用面的法向方向，与力矩相似，可由右手螺旋法则确定。

因此，力偶矩的大小、力偶作用面的方位、力偶的转向是决定力偶矩的三个基本要素。

与力对点的矩相似，在平面问题中，力偶矩可视为代数量，如图 2-19 所示，有

$$M=\pm Fd\tag{2-32}$$

力偶矩的绝对值等于力的大小与力偶臂的乘积；正负号代表力偶的转向，通常规定，逆时针转向为正，顺时针转向为负。

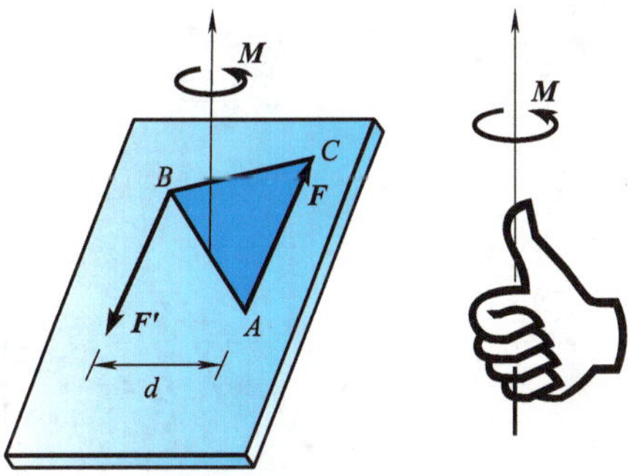


图 2-19

## 2.3.3　力偶矩的等效定理

定理：在同一平面内的两个力偶，如它们力偶矩相等，力偶的转向相同，则两个力偶彼

此等效。

由上述平面力偶的等效定理可以得到如下三个推论：

① 力偶可以在其作用平面内任意平移或转动而不改变它对物体的转动效应。换而言之，力偶对物体的作用与力偶在作用面内的位置无关。

② 只要保持力偶矩的大小、转向不变，可以同时改变力偶中力和力偶臂的大小，而不改变力偶对物体的转动效应。

③ 由于力偶矩总是垂直于力偶的作用平面，等效力偶的力必然作用于同一平面或互相平行的平面。反之，力偶作用平面平移，也不影响力偶对物体的转动作用效果。

## 2.3.4 力偶系的合成

由于力偶矩矢是矢量，可以通过平移和滑动使矩矢汇交于一点，然后合成。例如，作用在物体不同平面上的两个力偶分别用两个力偶矩 $\boldsymbol{M}_1$ 和 $\boldsymbol{M}_2$ 替代，然后将这两个自由矢量移动到任一点 $O$，通过矢量相加得到合力偶矩 $\boldsymbol{M}_R$，$\boldsymbol{M}_R=\boldsymbol{M}_1+\boldsymbol{M}_2$。

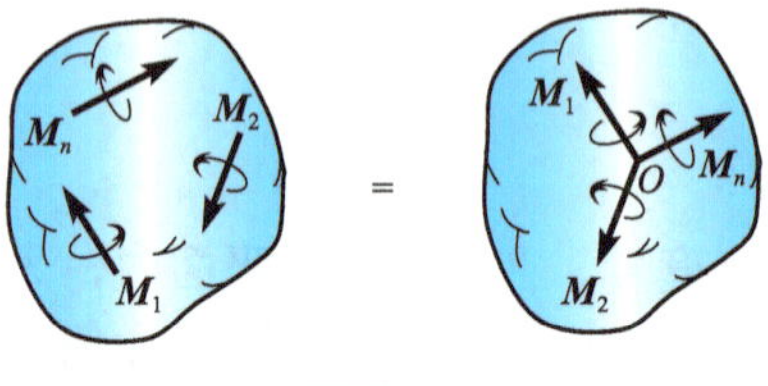

图 2-20

依此类推，当有 $n$ 个力偶作用于物体上时，如图 2-20 所示，可以将上述概念推广。

$$\boldsymbol{M}_R=\boldsymbol{M}_1+\boldsymbol{M}_2+\cdots+\boldsymbol{M}_n=\sum\boldsymbol{M}_i=\sum(\boldsymbol{r}_i\times\boldsymbol{F}_i) \tag{2-33}$$

简而言之，空间分布的任意力偶可以合成为一个合力偶，合力偶矩矢等于各分力偶矩矢的矢量和。

**例 2-4**

两力偶作用于管子上，力的大小、方向、力偶作用平面如图 2-21 所示，求合力偶矩。

**解：**

$$M_1=Fd=150\times0.4=60\ \text{N}\cdot\text{m}$$

$$\boldsymbol{M}_1=M_1\boldsymbol{i}=(60\boldsymbol{i})\ \text{N}\cdot\text{m}$$

$$M_2=Fd=125\times0.3\ \text{N}\cdot\text{m}=37.5\ \text{N}\cdot\text{m}$$

$$\boldsymbol{M}_2=M_2\boldsymbol{u}_2=37.5(0.6\boldsymbol{j}+0.8\boldsymbol{k})\ \text{N}\cdot\text{m}$$

$$=(22.5\boldsymbol{j}+30.0\boldsymbol{k})\ \text{N}\cdot\text{m}$$

$$\boldsymbol{M}_{12}=\boldsymbol{M}_1+\boldsymbol{M}_2=(60\boldsymbol{i}+22.5\boldsymbol{j}+30.0\boldsymbol{k})\ \text{N}\cdot\text{m}$$

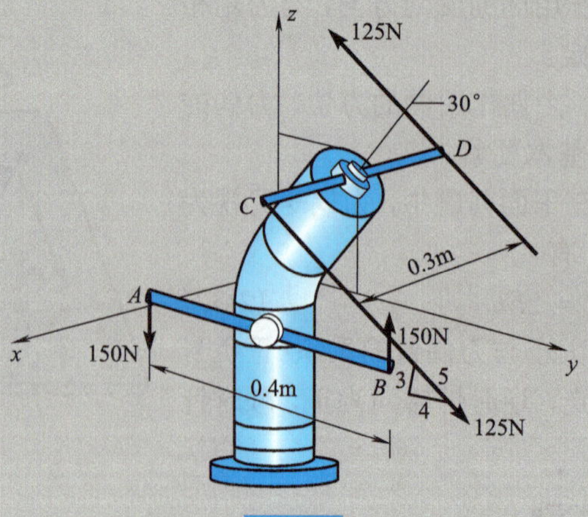

图 2-21

下面我们讨论一种特殊情况，平面力偶系，即两个或两个以上力偶作用于物体的同一平面内。此时，力偶矩矢是代数量，因而其合力偶矩等于力偶系中各力偶矩的代数和，即

$$M = M_1 + M_2 + \cdots + M_n = \sum M_i \tag{2-34}$$

例 2-5

两力偶作用在板上，尺寸如图 2-22 所示，已知 $F_1 = F_2 = 300\text{N}$，$F_3 = F_4 = 800\text{N}$，求作用在板上的合力偶矩。

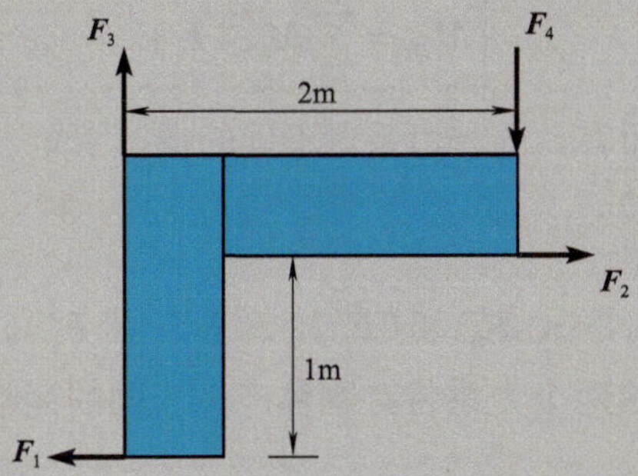


图 2-22

**解**：根据式(2-34)得平面力偶系的合力偶矩为

$$M = M_1 + M_2 = -F_1 d_1 - F_3 d_2 = (-300\times 1 - 800\times 2)\text{N}\cdot\text{m} = -1900\text{N}\cdot\text{m}$$

# 2.4　力系的等效

## 2.4.1　力系的主矢和主矩

首先介绍主矢和主矩的概念。

主矢：由若干个力 $\boldsymbol{F}_1$，$\boldsymbol{F}_2$，…，$\boldsymbol{F}_n$ 组成的力系中所有力的矢量和，称为力系的主矢量，简称主矢，用 $\boldsymbol{F}'_{\text{R}}$ 表示

$$\boldsymbol{F}'_{\text{R}} = \sum_{i=1}^{n} \boldsymbol{F}_i \tag{2-35}$$

主矢分量的表达式为

$$\begin{cases} F'_{\text{R}x} = \sum_{i=1}^{n} F_{ix} \\ F'_{\text{R}y} = \sum_{i=1}^{n} F_{iy} \\ F'_{\text{R}z} = \sum_{i=1}^{n} F_{iz} \end{cases} \tag{2-36}$$

主矢只有大小和方向，未涉及作用点，对一个确定的力系而言主矢是唯一的。

主矩：对若干个力 $\boldsymbol{F}_1$，$\boldsymbol{F}_2$，…，$\boldsymbol{F}_n$ 组成的力系中，所有力对同一点的矢量和，称为力系对这一点的主矩，用 $\boldsymbol{M}_O$ 表示，即

$$M_O = \sum_{i=1}^{n} M_O(F_i) \tag{2-37}$$

主矩分量的表达式为

$$\begin{cases} M_{Ox} = \sum_{i=1}^{n} M_{Ox}(F_i) \\ M_{Oy} = \sum_{i=1}^{n} M_{Oy}(F_i) \\ M_{Oz} = \sum_{i=1}^{n} M_{Oz}(F_i) \end{cases} \tag{2-38}$$

主矩是对某一确定的点而言。同一力系对不同的点，主矩一般不等。

### 2.4.2 力系等效定理

假设有两个力系($F_1$，$F_2$，…，$F_n$)和($F_1'$，$F_2'$，…，$F_n'$)，若两个力系的主矢和对同一点的主矩分别对应相等，则这两个力系将对刚体产生相同的运动效应，因而这两个力系被称为等效力系。

## 2.5 汇交力系的合成

### 2.5.1 力的平移定理

力的平移定理是力系简化的重要依据，因此首先介绍该定理。

在刚体 $A$ 点作用一个力 $F$，设法将其等效平移到 $B$，根据与 $B$ 点的位置，分两种情况讨论。

**1. *B* 点在力 *F* 的作用线上**

为了不改变力 $F$ 对刚体的平移和转动效果而将力 $F$ 施加于 $B$ 点，首先在 $B$ 点施加力 $F_1$、$-F_1$，这两个力大小均与 $F$ 相等，但方向相反，如图 2-23 所示。从对刚体的平移和转动效果分析，$F$ 和 $-F_1$ 组成一个平衡力系，可以被取消，力 $F$ 被平移到 $B$ 点。可见，力可以作用在其作用线上任意一点而不改变其对刚体的平移和转动效果。因此，力又被称为滑移矢量。

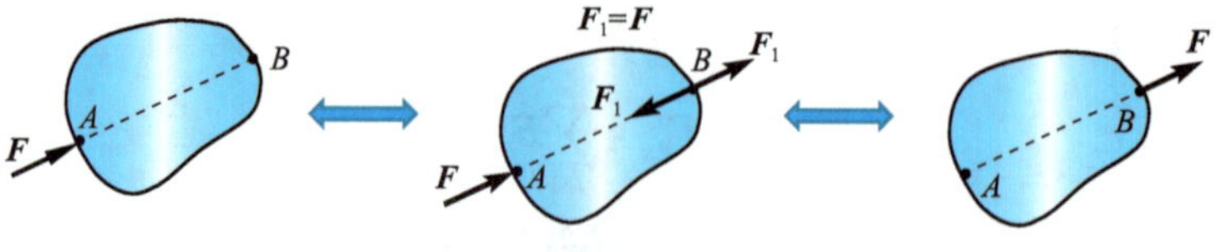


图 2-23

**2. *B* 点不在力的作用线上**

在 $B$ 点加上一对平衡力 $F'$ 及 $F''$ 与 $F$ 平行，大小均与 $F$ 相等，如图 2-24(b)所示。将 $F$ 和 $F''$ 看成是一个力偶，于是得到作用在 $B$ 点的力 $F'$ 及力偶($F$，$F''$)，如图 2-24(c)所示。因为 $F'$ 等于 $F$，所以可以认为将力 $F$ 从刚体上 $A$ 点平移到 $B$ 点，必须附加一个力偶，这个力偶的力偶矩等于原来作用于 $A$ 点的力 $F$ 对 $B$ 点的矩。

$$\boldsymbol{M}=\boldsymbol{M}_B(\boldsymbol{F})=\boldsymbol{r}\times\boldsymbol{F} \tag{2-39}$$

式中，$\boldsymbol{r}$ 为矢径 $BA$，$\boldsymbol{M}$ 与 $\boldsymbol{F}$ 垂直。

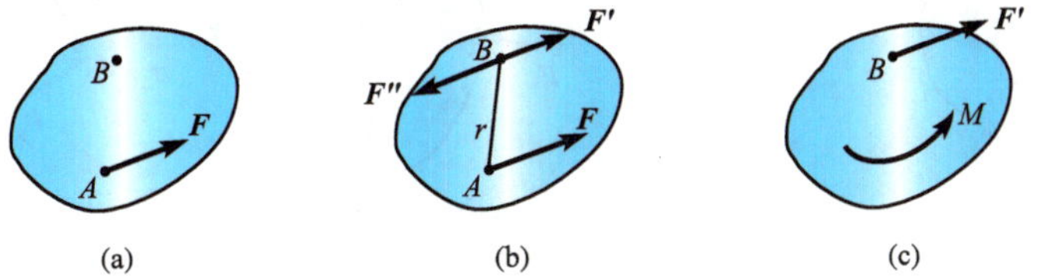


图 2-24

在平面问题中附加力偶矩可以用代数量表示，即

$$M=Fd \tag{2-40}$$

式中，$d$ 为点 $B$ 到力作用线的垂直距离，使刚体逆时针旋转力偶距为正，反之为负。

反之，如果存在一力 $\boldsymbol{F}$ 与一力偶 $\boldsymbol{M}$，且 $\boldsymbol{F}$ 垂直于 $\boldsymbol{M}$，则可将二者合成为作用在另一个点的力，如图 2-25 所示。

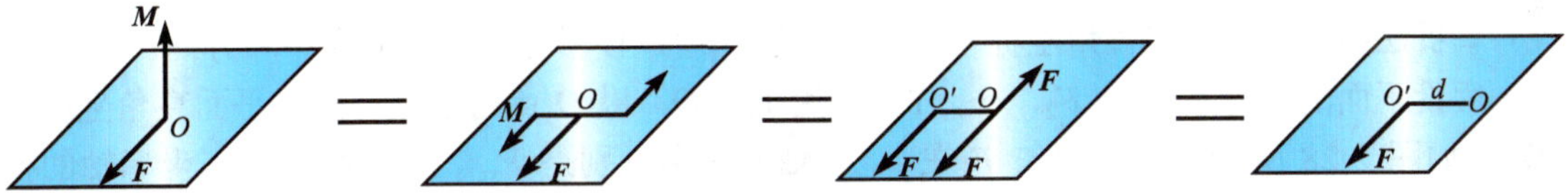


图 2-25

需要指出的是，力的平移定理只适用于刚体，不适用于变形体。而且，经过这种平移后，只是力的外作用，刚体的运动状态未发生变化。而力的内作用依赖于力的作用点，如 $\boldsymbol{F}$ 作用在 $A$ 点，则 $A$ 点附近的内力的强度较高，当力 $\boldsymbol{F}$ 移到 $B$ 点后，$A$ 点的内力的强度将减弱。

## 2.5.2 汇交力系的合成方法

### 1. 平面汇交力系

平面汇交力系可以通过几何法或解析法进行合成。

1) 几何法

假设力 $\boldsymbol{F}_1$、$\boldsymbol{F}_2$ 作用于刚体 $A$ 点，以力矢 $\boldsymbol{F}_1$、$\boldsymbol{F}_2$ 为边做平行四边形，则对角线 $\boldsymbol{F}_\mathrm{R}$ 为这两个力的合力，如图 2-26 所示。

由三角函数关系可计算 $\boldsymbol{F}_\mathrm{R}$ 的大小与方向角分别为

$$F_\mathrm{R}=\sqrt{F_1^2+F_2^2+2F_1F_2\cos\alpha} \tag{2-41}$$

$$\sin\theta_1=\frac{F_2\sin\alpha}{F_\mathrm{R}}，\quad \sin\theta_2=\frac{F_1\sin\alpha}{F_\mathrm{R}} \tag{2-42}$$

式中，$\alpha=\theta_1+\theta_2$。

依此类推，逐步两两合成力，最后得到一个通过 $A$ 点的合力 $\boldsymbol{F}_\mathrm{R}$。

平面汇交力系的合成还可以通过更简便的方法实现。设力 $\boldsymbol{F}_1$、$\boldsymbol{F}_2$、$\boldsymbol{F}_3$、$\boldsymbol{F}_4$ 作用于刚体任意点 $O$，如图 2-27 所示。在任一点 $a$，先通过作 $\boldsymbol{F}_1$ 与 $\boldsymbol{F}_2$ 力三角形，求得 $\boldsymbol{F}_1$、$\boldsymbol{F}_2$ 的合力 $\boldsymbol{F}_{\mathrm{R}1}$，再作力三角形求 $\boldsymbol{F}_{\mathrm{R}1}$，得与 $\boldsymbol{F}_3$ 合力，最后合成 $\boldsymbol{F}_{\mathrm{R}2}$ 与 $\boldsymbol{F}_4$ 得到 $\boldsymbol{F}_\mathrm{R}$。多边形 $abcde$ 称为**平面汇交力系的力多边形**，矢量 $ae$ 称为多边形的封闭边，代表平面汇交力系合力 $\boldsymbol{F}_\mathrm{R}$ 的大小和方向。

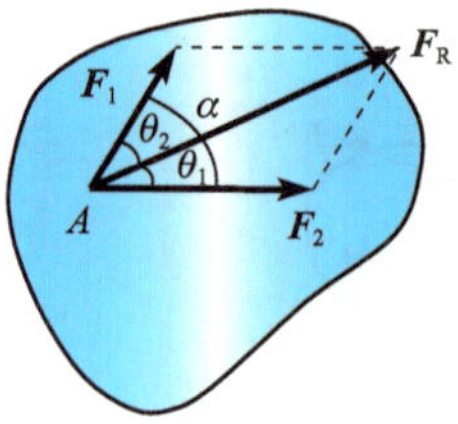


图 2-26

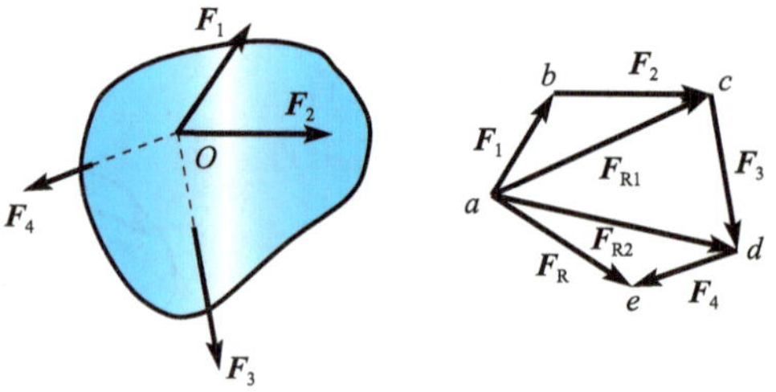


图 2-27

依此类推，将任意平面汇交力系($\boldsymbol{F}_1$，$\boldsymbol{F}_2$，…，$\boldsymbol{F}_n$)的各分力矢按统一方向首尾相连可形成一个带缺口的多边形，沿相反方向连线缺口即为该力系的合力矢。由于形成多边形的 $n+1$ 边为缺口，故称为不封闭的力多边形。

由于矢量相加遵循交换律，任意变换分力矢的作图顺序，可得到不同形状的多边形，但合力矢不变。

2)解析法

解析法，就是将力在直角坐标轴上进行投影，通过投影计算合力的大小和方向。

假设平面汇交力系($\boldsymbol{F}_1$，$\boldsymbol{F}_2$，…，$\boldsymbol{F}_n$)作用于点 $O$，以 $O$ 点为原点，建立平面直角坐标系 $xOy$，如图 2-28 所示。设分力矢 $\boldsymbol{F}_i$ 在 $x$、$y$ 轴的投影分别是 $F_{xi}$、$F_{yi}$，则合力在坐标轴的投影为

$$\begin{aligned} F_{Rx} &= F_{x1} + F_{x2} + \cdots + F_{xn} = \sum F_{xi} \\ F_{Ry} &= F_{y1} + F_{y2} + \cdots + F_{yn} = \sum F_{yi} \end{aligned} \tag{2-43}$$

由于合力在坐标轴的投影已知，很容易求出合力的大小和方向分别为

$$F_R = \sqrt{F_{Rx}^{\ 2} + F_{Ry}^{\ 2}} = \sqrt{\left(\sum F_{xi}\right)^2 + \left(\sum F_{yi}\right)^2} \tag{2-44}$$

$$\tan\alpha = \frac{F_{Ry}}{F_{Rx}} \tag{2-45}$$

式中，$\alpha$ 为合力与 $x$ 轴正向的夹角。

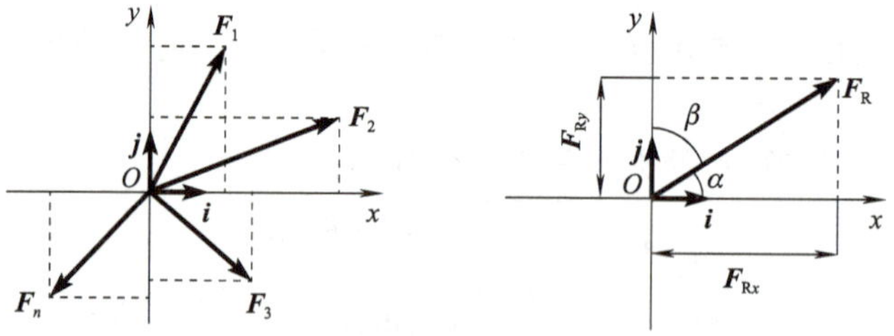


图 2-28

**例 2-6**

如图 2-29 所示，已知 $F_1 = F_2 = F_3 = F_4 = 200\ \text{N}$，试求该力系的合力。

**解：** $F_{Rx} = F_1\cos 60° - F_2\cos 45° - F_3 + \frac{4}{5}F_4 = -81.42\ \text{N}$

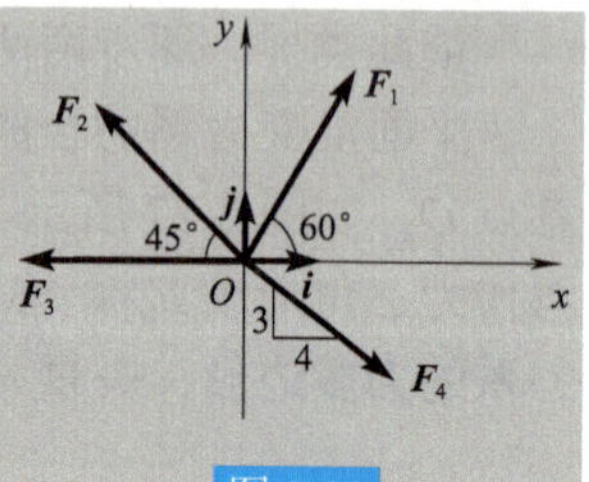


图 2-29

$$F_{Ry}=F_1\sin 60^\circ+F_2\sin 45^\circ-\frac{3}{5}F_4=194.63\ \text{N}$$

$$F_R=\sqrt{F_{Rx}^2+F_{Ry}^2}=210.97\ \text{N}$$

$\cos(F_R,x)=F_{Rx}/F_R=-0.3859$，得 $(F_R,x)=112.7^\circ$

$\cos(F_R,y)=F_{Ry}/F_R=0.9225$，得 $(F_R,y)=22.7^\circ$

### 2. 空间汇交力系

与平面汇交力系相似，可通过几何法或解析法求合力的大小和方向。但由于形成的力多边形是空间的，应用时并不方便，因而多采用解析法。

将各分力矢分别向空间直角坐标轴 $x$、$y$、$z$ 轴投影，投影在各坐标轴的代数和即为合力在该轴的投影。

$$\begin{cases}F_{Rx}=F_{x1}+F_{x2}+\cdots+F_{xn}=\sum F_{xi}\\F_{Ry}=F_{y1}+F_{y2}+\cdots+F_{yn}=\sum F_{yi}\\F_{Rz}=F_{z1}+F_{z2}+\cdots+F_{zn}=\sum F_{zi}\end{cases}\tag{2-46}$$

则合力的大小

$$F_R=\sqrt{F_{Rx}{}^2+F_{Ry}{}^2+F_{Rz}{}^2}=\sqrt{\left(\sum F_{xi}\right)^2+\left(\sum F_{yi}\right)^2+\left(\sum F_{zi}\right)^2}\tag{2-47}$$

设合力与三个坐标轴正向之间的夹角为$\alpha$、$\beta$、$\gamma$，则

$$\cos\alpha=\frac{F_{Rx}}{F_R},\quad \cos\beta=\frac{F_{Ry}}{F_R},\quad \cos\gamma=\frac{F_{Rz}}{F_R}\tag{2-48}$$

# 2.6 任意力系的简化

## 2.6.1 平面任意力系

### 1. 平面力系向面内任一点简化

假设平面任意力系 $\boldsymbol{F}_1$，$\boldsymbol{F}_2$，…，$\boldsymbol{F}_n$ 作用于刚体上，如图 2-30(a)所示。在平面内任取一点 $O$，称为简化中心。利用力的平移定理，把各力都平移到这一点。于是得到作用于 $O$ 点的力 $\boldsymbol{F}_1'$，$\boldsymbol{F}_2'$，…，$\boldsymbol{F}_n'$ 和力偶矩分别为 $M_1$，$M_2$，…，$M_n$ 的相应附加力偶，如图 2-30(b)所示。这些附加力偶作用在同一平面，它们的矩分别等于力 $\boldsymbol{F}_1$，$\boldsymbol{F}_2$，…，$\boldsymbol{F}_n$ 对 $O$ 点的矩。这样就将平面任意力系等效为一平面汇交力系和一平面力偶系。

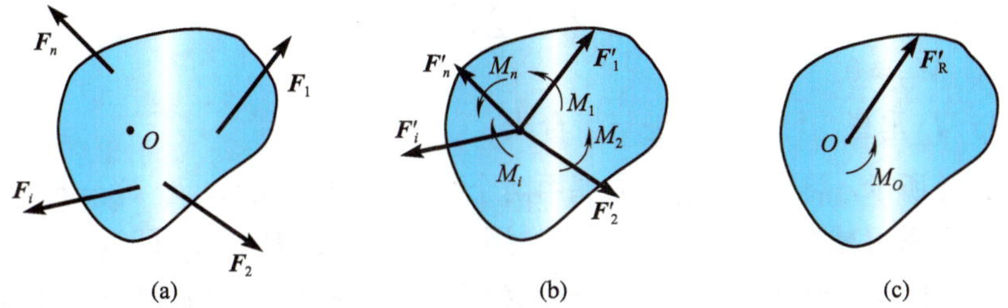


图 2-30

平面汇交力系 $\boldsymbol{F}_1'$，$\boldsymbol{F}_2'$，…，$\boldsymbol{F}_n'$ 可采用几何法进行合成主矢 $\boldsymbol{F}_{\mathrm{R}}'$，$\boldsymbol{F}_{\mathrm{R}}'$ 作用于 $O$ 点，如图 2-30(c)所示。由于 $\boldsymbol{F}_1'$，$\boldsymbol{F}_2'$，…，$\boldsymbol{F}_n'$ 分别与 $\boldsymbol{F}_1$，$\boldsymbol{F}_2$，…，$\boldsymbol{F}_n$ 大小相等、方向相同，所以

$$\boldsymbol{F}_{\mathrm{R}}' = \boldsymbol{F}_1 + \boldsymbol{F}_2 + \cdots + \boldsymbol{F}_n = \sum \boldsymbol{F}_i \tag{2-49}$$

汇交力系 $\boldsymbol{F}_1'$，$\boldsymbol{F}_2'$，…，$\boldsymbol{F}_n'$ 也可以采用解析法进行合成。在简化中心 $O$ 建立平面直角坐标系 $xOy$，则 $\boldsymbol{F}_{\mathrm{R}}'$ 在 $x$、$y$ 轴的投影分别为

$$\begin{cases} F_{\mathrm{R}x} = F_{x1} + F_{x2} + \cdots + F_{xn} = \sum F_{xi} \\ F_{\mathrm{R}y} = F_{y1} + F_{y2} + \cdots + F_{yn} = \sum F_{yi} \end{cases} \tag{2-50}$$

故 $\boldsymbol{F}_{\mathrm{R}}'$ 的大小和方向分别为

$$F_{\mathrm{R}} = \sqrt{{F_{\mathrm{R}x}}^2 + {F_{\mathrm{R}y}}^2} = \sqrt{\left(\sum F_{xi}\right)^2 + \left(\sum F_{yi}\right)^2} \tag{2-51}$$

$$\tan\alpha = \frac{F_{\mathrm{R}y}}{F_{\mathrm{R}x}} \tag{2-52}$$

式中，$\alpha$ 为合力与 $x$ 轴正向的夹角。

力偶矩为 $M_1$，$M_2$，…，$M_n$ 的平面力偶系可合成一个对 $O$ 点的力偶，即主矩 $M_O$。在平面问题中，力偶是一代数量，故 $M_O$ 等于各力偶矩的代数和。

$$M_O = M_1 + M_2 + \cdots + M_n = M_O(\boldsymbol{F}_1) + M_O(\boldsymbol{F}_2) + \cdots + M_O(\boldsymbol{F}_n) = \sum M_O(\boldsymbol{F}_i) \tag{2-53}$$

值得注意的是，主矢等于各力的矢量和，与简化中心位置无关。而主矩为各力对简化中心矩的代数和，与简化中心位置有关。

### 2. 平面任意力系简化结果分析

平面任意力系通过向一点简化，可以得到一个简化的力和一个简化的力偶，即主矢 $\boldsymbol{F}_{\mathrm{R}}'$ 和主矩 $M_O$。按主矢和主矩是否为零，可分为以下四种情况。

1) $F_{\mathrm{R}}' = 0$，$M_O \neq 0$

原力系最终简化为一个力偶，其力偶矩

$$M_O = \sum M_O(\boldsymbol{F}_i) \tag{2-54}$$

由于力偶对平面内任一点的矩都相同，因此，当力系合成一个力偶时，主矩与简化中心位置无关。

2) $F_{\mathrm{R}}' = 0$，$M_O = 0$

原力系处于平衡，将在下一章单独讨论。

3) $F_{\mathrm{R}}' \neq 0$，$M_O = 0$

简化力就是原力系的最终结果，其大小为

$$\boldsymbol{F}_{\mathrm{R}}' = \sum \boldsymbol{F}_i \tag{2-55}$$

4) $F_{\mathrm{R}}' \neq 0$，$M_O \neq 0$

由于 $\boldsymbol{F}_{\mathrm{R}}'$ 与 $M_O$ 垂直，可将它们进一步合成。

如图 2-31(b)所示，将矩为 $M_O$ 的力偶用两个力 $\boldsymbol{F}_{\mathrm{R}}$ 和 $\boldsymbol{F}_{\mathrm{R}}''$ 表示，令 $\boldsymbol{F}_{\mathrm{R}}' = \boldsymbol{F}_{\mathrm{R}} = -\boldsymbol{F}_{\mathrm{R}}''$，则 $\boldsymbol{F}_{\mathrm{R}}'$ 和 $\boldsymbol{F}_{\mathrm{R}}''$ 形成平衡力系可减去，于是得到一个作用于 $O'$ 点的力 $\boldsymbol{F}_{\mathrm{R}}$。$\boldsymbol{F}_{\mathrm{R}}$ 即为原力系的合力，其大小、方向与 $\boldsymbol{F}_{\mathrm{R}}'$ 相同，但作用于 $O'$ 点。$O$ 点到力 $\boldsymbol{F}_{\mathrm{R}}$ 作用线的垂直距离 $d$，可用下式计算。

$$d=\frac{M_O}{F_R'} \tag{2-56}$$

$\boldsymbol{F}_R$ 作用线在原简化中心 $O$ 的哪一侧需要根据主矢和主矩的方向确定。

由此可以很容易将合力矩定理推广到平面任意力系。由图 2-31(c)可见，合力 $\boldsymbol{F}_R$ 对 $O$ 点的矩为

$$M_O(\boldsymbol{F}_R)=F_R d=M_O \tag{2-57}$$

由前面力系向一点简化理论可知，主矩 $M_O$ 等于力系中各力对 $O$ 点矩的代数和，即

$$M_O=\sum_{i=1}^{n}M_O(\boldsymbol{F}_i) \tag{2-58}$$

故

$$M_O(\boldsymbol{F}_R)=\sum_{i=1}^{n}M_O(\boldsymbol{F}_i) \tag{2-59}$$

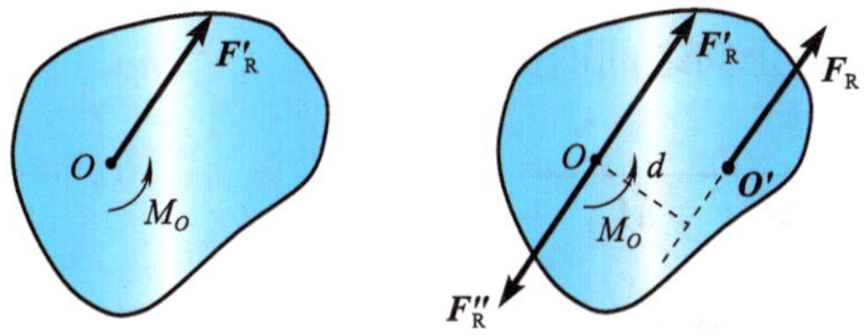


图 2-31

可见，平面任意力系的合力对平面内任一点的矩等于各分力对这一点矩的代数和，这就是平面任意力系的合力矩理论。

## 2.6.2　空间任意力系

### 1. 空间力系向任一点的简化

与平面任意力系相似，将作用于 $A_1$，$A_2$，$A_3$，…，$A_n$ 的作用力 $\boldsymbol{F}_1$，$\boldsymbol{F}_2$，$\boldsymbol{F}_3$，…，$\boldsymbol{F}_n$ 向 $O$ 点平移，可得到一个作用在 $O$ 点的汇交力系 $\boldsymbol{F}_1$，$\boldsymbol{F}_2$，$\boldsymbol{F}_3$，…，$\boldsymbol{F}_n$ 及一附加力偶系，如图 2-32 所示。

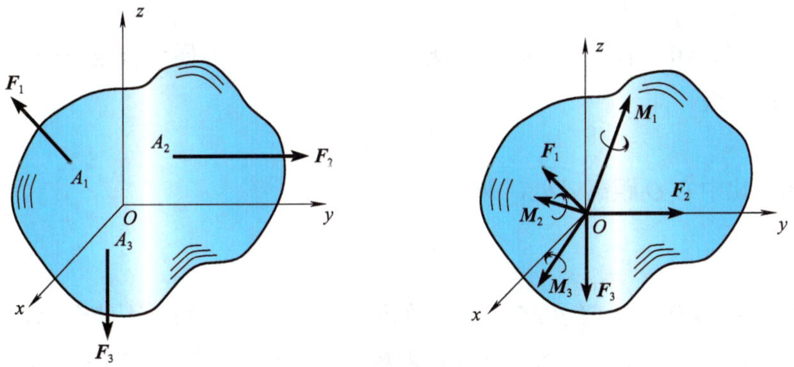


图 2-32

作用在 $O$ 点的空间汇交力系，可合成作用于 $O$ 点的合力 $\boldsymbol{F}_R'$，即原力系的主矢为

$$\boldsymbol{F}_R'=\sum\boldsymbol{F}_i \tag{2-60}$$

原有空间力系各力对 $O$ 点矩之和，即原力系对 $O$ 点的主矩为

$$M_O=\sum_{i=1}^{n}M_O(F_i) \tag{2-61}$$

可见，空间力系向简化中心 $O$ 简化后，得一简化力及一简化力偶。简化力的大小等于原力系中各力的矢量和，即原力系的主矢，作用在简化中心；简化力偶矩的大小方向等于原力系中各力对简化中心的矩矢的矢量和，即原力系的主矩。主矢与简化中心位置无关，而主矩一般与简化中心位置有关。

对于空间问题采用几何法求解合矢量的大小和方向较困难，一般采用解析法。

主矢的大小和方向分别为

$$F_R=\sqrt{{F_{Rx}}^2+{F_{Ry}}^2+{F_{Rz}}^2}=\sqrt{\left(\sum F_{xi}\right)^2+\left(\sum F_{yi}\right)^2+\left(\sum F_{zi}\right)^2} \tag{2-62}$$

$$\cos\alpha=\frac{F_{Rx}}{F_R},\quad \cos\beta=\frac{F_{Ry}}{F_R},\quad \cos\gamma=\frac{F_{Rz}}{F_R} \tag{2-63}$$

式中，$\alpha$、$\beta$、$\gamma$ 分别为主矢与三个坐标轴正向之间的夹角。

主矩的大小和方向分别为

$$M_O=\sqrt{{M_{Ox}}^2+{M_{Oy}}^2+{M_{Oz}}^2} \tag{2-64}$$

$$\cos\alpha=\frac{M_{Ox}}{M_O},\quad \cos\beta=\frac{M_{Oy}}{M_O},\quad \cos\gamma=\frac{M_{Oz}}{M_O} \tag{2-65}$$

### 2. 空间力系简化结果分析

同样根据 $\boldsymbol{F}_R$，$\boldsymbol{M}_O$ 是否为零，对简化结果进行讨论。

1) $F_R'=0$，$M_O\neq 0$

原力系最后简化为一个力偶，其力偶矩矢为 $\boldsymbol{M}_O$。此时，主矩 $\boldsymbol{M}_O$ 与简化中心位置无关。

2) $F_R'=0$，$M_O=0$

原力系处于平衡状态，将在下一章单独进行讨论。

3) $F_R'\neq 0$，$M_O=0$

原力系最后简化结果为作用于简化中心的一个力 $\boldsymbol{F}_R'$，力的作用线通过简化中心 $O$。

4) $F_R'\neq 0$，$M_O\neq 0$

此时又可分三种情况讨论。

① $F_R'\neq 0$，$M_O\neq 0$，且 $\boldsymbol{F}_R'\perp\boldsymbol{M}_O$，此时，简化力与简化力偶可合成一个力，其大小、方向等于原力系的主矢，即

$$\boldsymbol{F}_R'=\sum \boldsymbol{F}_i \tag{2-66}$$

该力作用于离简化中心 $O$ 距离 $d$ 处，即

$$d=\frac{M_O}{|F_R'|} \tag{2-67}$$

② $F_R'\neq 0$，$M_O\neq 0$，且 $\boldsymbol{F}_R' /\!/ \boldsymbol{M}_O$，此时的简化力与简化力偶再不能合起来了，由它们共同表明力系合成的最终结果，称为**力螺旋**。力螺旋中力的作用线称为中心轴，力偶的转向和力的指向符合右手螺旋规则的称为**右螺旋**，如图 2-33(a) 所示，否则称为**左螺旋**，如图 2-33(b) 所示。力螺旋的中心轴通过简化中心 $O$。

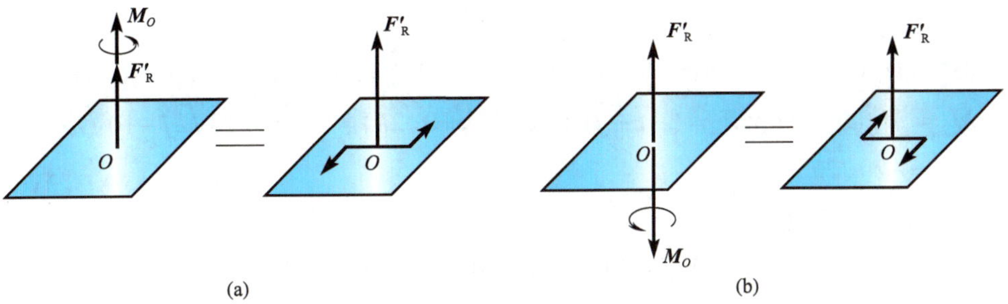


图 2-33

③ $F_R' \neq 0$，$M_O \neq 0$，$\boldsymbol{F}_R'$ 与 $\boldsymbol{M}_O$ 夹任意角，此时的情况稍微复杂一点，需先将 $\boldsymbol{M}_O$ 分解成垂直于 $\boldsymbol{F}_R'$ 和平行于 $\boldsymbol{F}_R'$ 的二个分量 $\boldsymbol{M}_O'$ 和 $\boldsymbol{M}_O''$，如图 2-34 所示。$\boldsymbol{M}_O''$ 与 $\boldsymbol{F}_R'$ 合成一个作用在 $O'$ 点的力 $\boldsymbol{F}_R$，剩下的 $\boldsymbol{M}_O'$ 与 $\boldsymbol{F}_R$ 构成力螺旋，中心轴通过 $O'$，$OO'$ 两点间的距离 $d$ 为

$$d = \frac{|\boldsymbol{M}_O''|}{|\boldsymbol{F}_R'|} = \frac{|\boldsymbol{M}_O|\sin\alpha}{|\boldsymbol{F}_R'|} \tag{2-68}$$

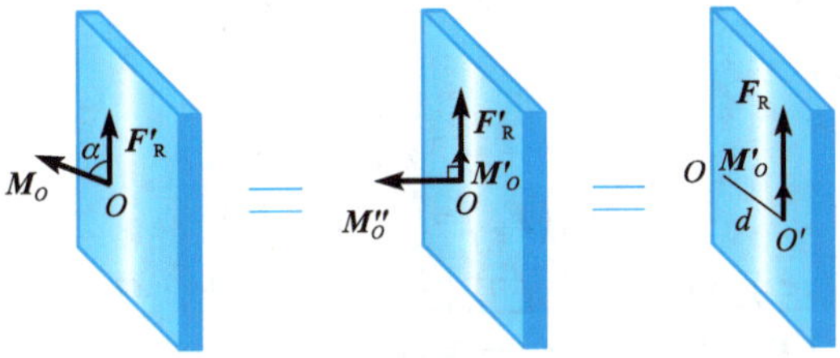


图 2-34

合力矩定理同样适用于空间力系，空间力系如能合成一个合力，则合力对任一点之矩等于力系中各力对同一点之矩的矢量和。

$$\boldsymbol{M}_O(\boldsymbol{F}_R) = \sum \boldsymbol{M}_O(\boldsymbol{F}_i) \tag{2-69}$$

合力对任一轴的矩等于各分力对同一轴的矩的代数和

$$\begin{cases} M_x(\boldsymbol{F}_R) = \sum M_x(\boldsymbol{F}_i) \\ M_y(\boldsymbol{F}_R) = \sum M_y(\boldsymbol{F}_i) \\ M_z(\boldsymbol{F}_R) = \sum M_z(\boldsymbol{F}_i) \end{cases} \tag{2-70}$$

**例 2-7**

如图 2-35 所示，边长为 4m 的正方体，两侧面 $ABCD$ 和 $A'B'C'D'$分别作用大小为 20kN 的力 $\boldsymbol{F}$ 和 $\boldsymbol{F}'$，求该力系的简化结果。

**解：**取 $O$ 点为简化中心建立直角坐标系 $Oxyz$。

(1) 计算主矢。

$$\boldsymbol{F} = -10\sqrt{2}\boldsymbol{i} + 10\sqrt{2}\boldsymbol{k}$$

$$\boldsymbol{F}' = 10\sqrt{2}\boldsymbol{i} + 10\sqrt{2}\boldsymbol{k}$$

$$\boldsymbol{F}_R' = 20\sqrt{2}\boldsymbol{k}$$

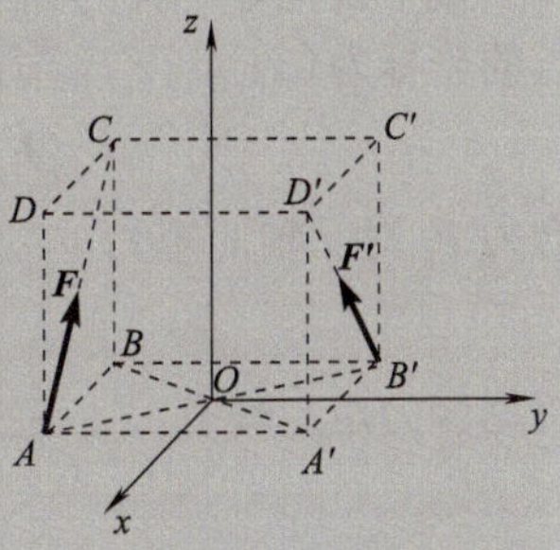


图 2-35

(2) 计算主矩。

$\boldsymbol{M}_1=\boldsymbol{M}_O(\boldsymbol{F})=\boldsymbol{r}_1\times\boldsymbol{F}=(\boldsymbol{i}-\boldsymbol{j})\times(-10\sqrt{2}\boldsymbol{i}+10\sqrt{2}\boldsymbol{k})=-10\sqrt{2}\boldsymbol{i}-10\sqrt{2}\boldsymbol{j}-10\sqrt{2}\boldsymbol{k}$

$\boldsymbol{M}_2=\boldsymbol{M}_O(\boldsymbol{F}')=\boldsymbol{r}_2\times\boldsymbol{F}'=(-\boldsymbol{i}+\boldsymbol{j})\times(10\sqrt{2}\boldsymbol{i}+10\sqrt{2}\boldsymbol{k})=10\sqrt{2}\boldsymbol{i}+10\sqrt{2}\boldsymbol{j}-10\sqrt{2}\boldsymbol{k}$

$\boldsymbol{M}_O=-20\sqrt{2}\boldsymbol{k}$

(3) 确定最后简化结果。

$$\boldsymbol{F}_{\mathrm{R}}'\cdot\boldsymbol{M}_O=20\sqrt{2}\boldsymbol{k}\cdot(-20\sqrt{2}\boldsymbol{k})=-800<0$$

最后简化结果为左螺旋。

## 2.7 平行力系的简化

设有一空间任意力系 $\boldsymbol{F}_1$， $\boldsymbol{F}_2$， …， $\boldsymbol{F}_n$，如图 2-36 所示。平行力系是任意力系的一种特殊情况，因而可以直接采用任意力系的简化结果对其进行简化。将平行力系向 $O$ 点简化时，可得主矢 $\boldsymbol{F}_{\mathrm{R}}'$ 和主矩 $\boldsymbol{M}_O$ 为

$$\boldsymbol{F}_{\mathrm{R}}'=\sum\boldsymbol{F}_i \tag{2-71}$$

$$\boldsymbol{M}_O(\boldsymbol{F}_{\mathrm{R}})=\sum\boldsymbol{M}_O(\boldsymbol{F}_i) \tag{2-72}$$

根据力的平移定理，主矢和主矩总是互相垂直。因此，平行力系还可进一步简化为一合力 $\boldsymbol{F}_{\mathrm{R}}$ 作用于点 $C$。该合力 $\boldsymbol{F}_{\mathrm{R}}$ 的作用点称为平行力系的中心。

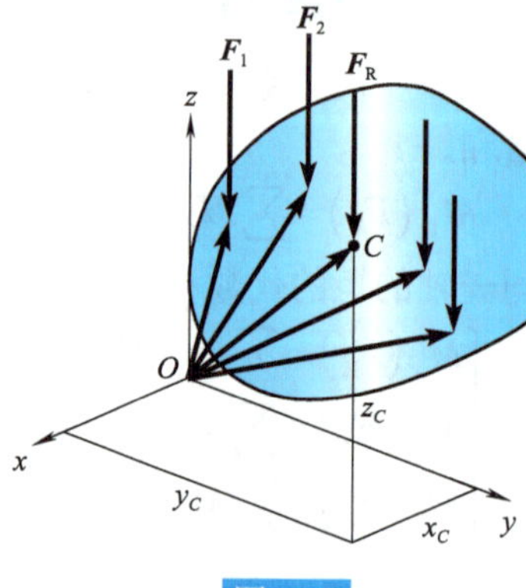


图 2-36

接下来推导平行力系中心的坐标。建立直角坐标系 $Oxyz$，使力与 $z$ 轴平行，任意力作用点的坐标为 $(x_i,y_i,z_i)$，力系中心的坐标为 $(x_C,y_C,z_C)$。各分力对 $x$ 轴取矩为

$$M_x(\boldsymbol{F}_{\mathrm{R}})=\sum M_x(\boldsymbol{F}_i)=F_1y_1+F_2y_2+\cdots+F_ny_n=\sum F_iy_i \tag{2-73}$$

合力 $\boldsymbol{F}_{\mathrm{R}}$ 对 $x$ 轴的矩为

$$M_x(\boldsymbol{F}_{\mathrm{R}})=F_{\mathrm{R}}y_C \tag{2-74}$$

根据合力矩定理有

$$F_{\mathrm{R}}y_C=\sum F_iy_i \tag{2-75}$$

故

$$y_C=\frac{\sum F_iy_i}{F_{\mathrm{R}}} \tag{2-76}$$

而
$$\boldsymbol{F}_{\mathrm{R}}=\sum \boldsymbol{F}_i \tag{2-77}$$

所以
$$y_C=\frac{\sum F_i y_i}{\sum F_i} \tag{2-78}$$

同理，对 $y$ 轴取矩，有
$$x_C=\frac{\sum F_i x_i}{\sum F_i} \tag{2-79}$$

将坐标轴绕 $x$ 轴旋转 $90^{\circ}$，对 $x$ 轴取矩，得
$$z_C=\frac{\sum F_i z_i}{\sum F_i} \tag{2-80}$$

对平面平行力系(图 2-37)求合力，合力为
$$\boldsymbol{F}_{\mathrm{R}}=\sum \boldsymbol{F}_i \tag{2-81}$$

由合力矩定理可得
$$F_{\mathrm{R}} d_C=\sum M_O\left(\boldsymbol{F}_i\right)=\sum F_i d_i \tag{2-82}$$

则
$$d_C=\frac{\sum F_i d_i}{\sum F_i} \tag{2-83}$$

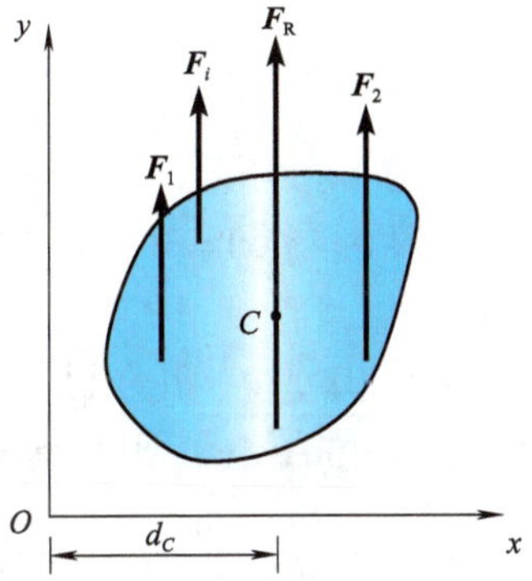


图 2-37

作用在物体表面上的分布载荷是实际中常见的一种平行力系。如屋面板上的雪压力、土坝上的水压力、室外广告牌的风压力等。作用在平面任一点载荷的强度通常用单位面积上的力表示，即压强 $p$ 表示，单位帕斯卡(Pa)。经常遇到的一种情况是分布压力载荷的强度沿某一轴是均匀分布的，如图 2-38 所示。此时，作用在板上的载荷可认为是作用于面微元上无数个平行力组成的力系。压力载荷 $p(x)$ 沿 $z$ 轴是均匀分布的，是 $x$ 的函数。如将压力载荷 $p(x)$ 乘以板的宽度 $a$，得 $q(x)=p(x)a$，称为线载荷，单位 N/m。因此，三维的平行力系可简化为二维的平面平行力系问题，如图 2-39 所示。在求解上述问题时，通常需要知道分布载荷合力的大小和作用线的位置。上面已经讨论，平行力系的合成问题，可利用其结果求解。

任意位置 $x$ 处的载荷集度为 $q(x)$，在位置 $x$ 处取微元 d$x$，在此微小长度上分布力可近似看作均匀分布，则合力 $\mathrm{d}F_x=q\mathrm{d}x$。此时，分布载荷可看作由无数个微小集中力 $\mathrm{d}F_i$ 组成的平行力系，则合力大小为
$$F_{\mathrm{R}}=\int_0^L \mathrm{d}F_i=\int_0^L q\mathrm{d}x \tag{2-84}$$

可见，合力的大小等于载荷曲线 $q(x)$ 下包围的面积。

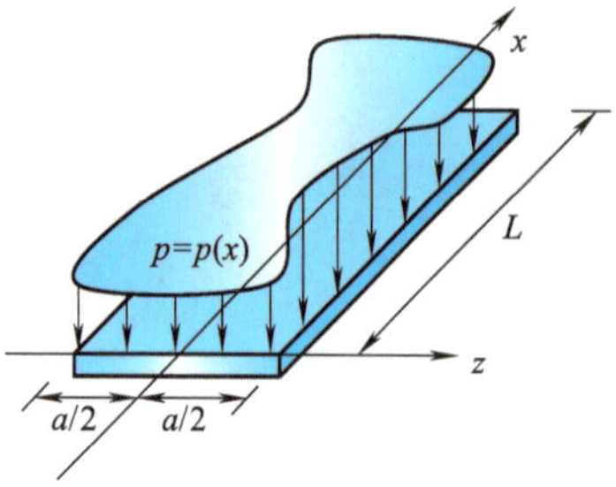


图 2-38

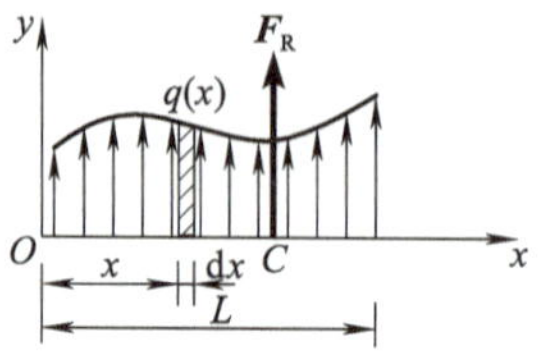


图 2-39

合力作用点即平行力系中心的坐标为

$$x_C = \frac{\sum x\mathrm{d}F_i}{F_R} = \frac{\int_0^L x\mathrm{d}F_i}{F_R} = \frac{\int_0^L xq\mathrm{d}x}{\int_0^L q\mathrm{d}x} \tag{2-85}$$

即载荷图形形心的 $x$ 坐标。

可见，对于沿直线分布的垂直向分布载荷而言，合力大小等于分布载荷图形的面积，合力作用线通过图形的形心。

**例 2-8**

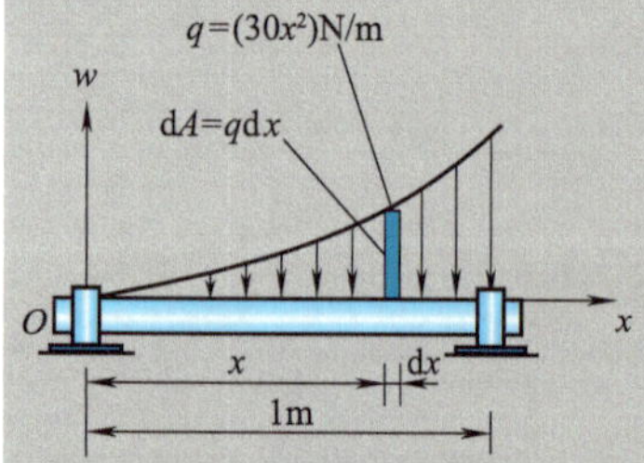


图 2-40

如图 2-40 所示，分布载荷作用在长度为 1m 的轴上，其载荷集度 $q = q(x) = 30x^2$。求分布载荷合力的大小和作用线位置。

**解：** 由于 $q = q(x)$ 已知，在 dx 上作用力的大小为 $\mathrm{d}F = q\mathrm{d}x = 30x^2\mathrm{d}x$，通过积分可得合力为

$$F_R = \int \mathrm{d}F = \int_0^1 30x^2\mathrm{d}x = 30\left[\frac{x^3}{3}\right]_0^1 = 30\left(\frac{1^3}{3} - \frac{0^3}{3}\right) = 10\mathrm{N}$$

$$x_C = \frac{\int x\mathrm{d}F}{\int \mathrm{d}F} = \frac{\int_0^1 x(30x^2)\mathrm{d}x}{10} = \frac{30\left[\frac{x^4}{4}\right]_0^1}{10}$$

$$= \frac{30\left(\frac{1^4}{4} - \frac{0^4}{4}\right)}{10} = 0.75\mathrm{m}$$

# 2.8 物体的重心

平行力系的简化在工程中的一个重要应用是计算物体的重心。

物体的重力是指作用在物体每一微块上的同向平行力的合力，不管物体怎么翻转，这一

组平行力系总是向下。如图 2-41(a)所示，建立直角坐标系 $Oxyz$，$z$ 轴铅直，设各力作用线通过点 $(x_i, y_i)$，则合成这一组平行力系可得主矢为

$$\boldsymbol{P} = \sum \boldsymbol{P}_i \text{(向下)} \tag{2-86}$$

主矩为

$$\begin{cases} M_x = \sum M_x(\boldsymbol{P}_i) = \sum y_i(-P_i) \\ M_y = \sum M_y(\boldsymbol{P}_i) = \sum -x_i(-P_i) \end{cases} \tag{2-87}$$

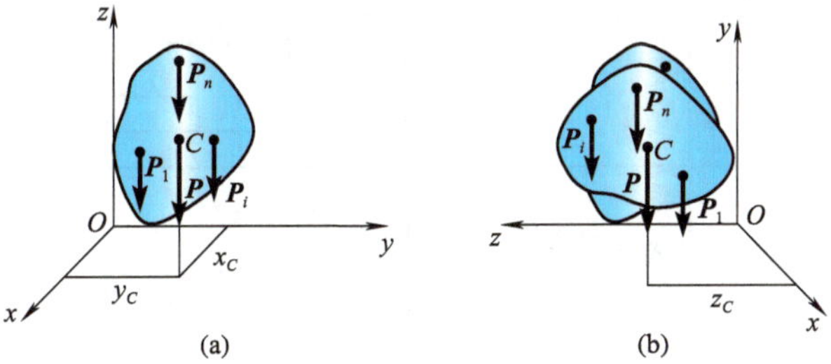


图 2-41

设合力的作用位置为($x_C$， $y_C$)，根据合力力矩定理有

$$\begin{aligned} y_C(-\sum P_i) &= \sum M_x(\boldsymbol{P}_i) = \sum y_i(-P_i) \\ -x_C(-\sum P_i) &= \sum M_y(\boldsymbol{P}_i) = \sum -x_i(-P_i) \end{aligned} \tag{2-88}$$

从而得

$$x_C = \frac{\sum x_i P_i}{\sum P_i} \tag{2-89}$$

$$y_C = \frac{\sum y_i P_i}{\sum P_i} \tag{2-90}$$

同理，如将物体(连同坐标系)翻转使 $y$ 轴铅直，如图 2-41(b)所示，则有

$$z_C = \frac{\sum z_i P_i}{\sum P_i} \tag{2-91}$$

式(2-86)～式(2-91)便是重力大小及重心位置坐标的公式。

对于规则物体的重心位置，可查表 2-1。

**表 2-1　简单均质物体重心的位置**

| 图形 | 重心位置 | 图形 | 重心位置 |
| --- | --- | --- | --- |
| 三角形 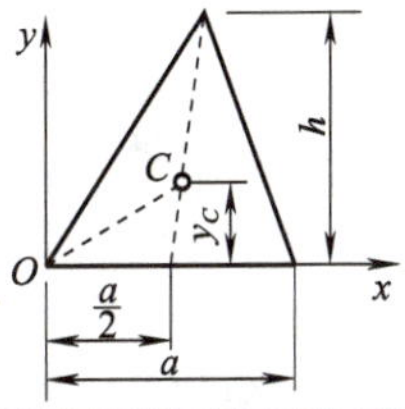 | 在三中线的交点上 $y_C = \frac{1}{3}h$ | 半圆形 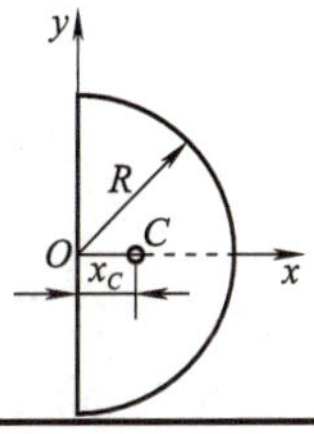 | $x_C = \frac{4R}{3\pi}$ $y_C = 0$ |

续表

| 图形 | 重心位置 | 图形 | 重心位置 |
|---|---|---|---|
| 圆弧 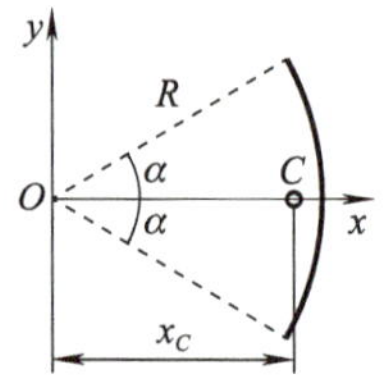  | $x_C=\dfrac{R\sin\alpha}{\alpha}$<br>$y_C=0$ | 梯形 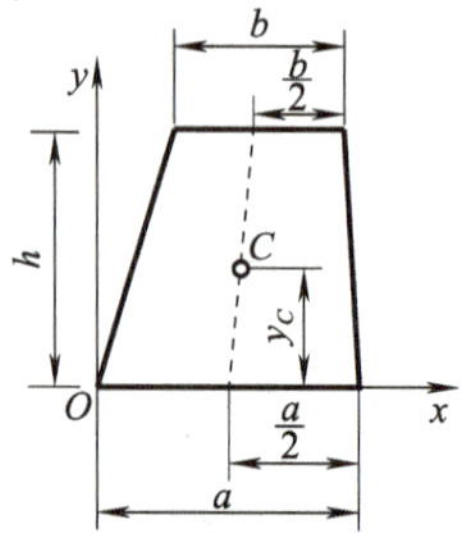  | $y_C=\dfrac{h(a+2b)}{3(a+b)}$ |
| 扇形 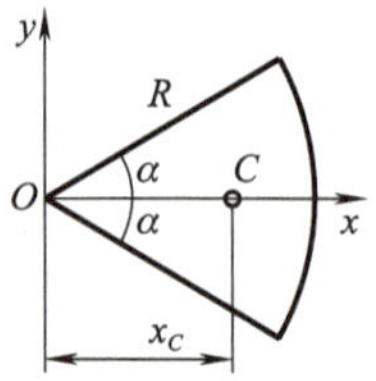  | $x_C=\dfrac{2R\sin\alpha}{3\alpha}$<br>$y_C=0$<br>当 $2\alpha=90°$ 时，<br>$x_C=\dfrac{4\sqrt{2}R}{3\pi}$ | 二次抛物线面 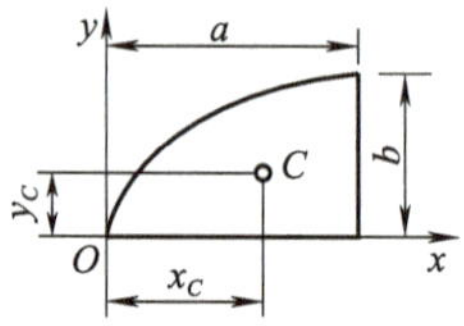  | $x_C=\dfrac{5}{8}a$<br>$y_C=\dfrac{2}{5}b$ |
| 圆环的一部分 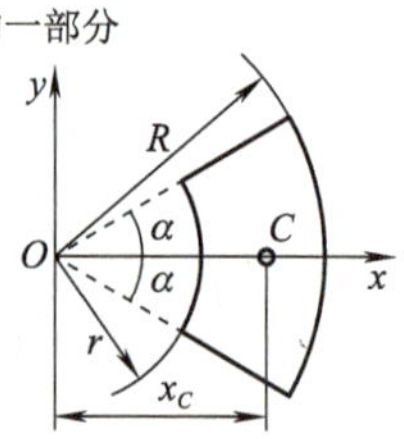  | $x_C=\dfrac{2(R^3-r^3)\sin\alpha}{3(R^2-r^2)\alpha}$<br>$y_C=0$ | 正圆锥 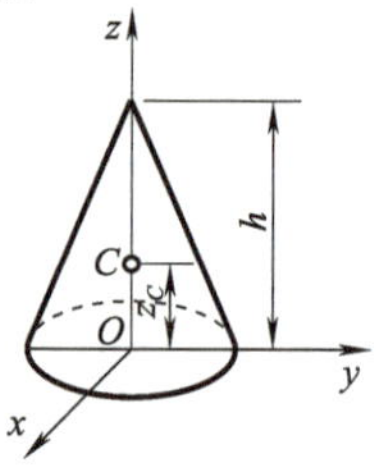  | $x_C=0$<br>$y_C=0$<br>$z_C=\dfrac{h}{4}$ |

如果物体是由几个简单形状的物体所组成，且每个物体的重力为 $\boldsymbol{P}_i$，重心坐标为 $(x_i,y_i,z_i)$，则合起来总的重力和重心坐标也用式(2-86)～式(2-91)进行计算，称为**组合法**。更进一步，如在总体上挖去几块，则剩下部分的重力及重心坐标位置也用上述公式，只是挖去部分的重力应视为负值。

根据式(2-86)～式(2-91)写成组合法的一般公式为

$$P=\sum P_i$$

$$\begin{cases} x_C=\dfrac{\sum x_iP_i}{\sum P_i} \\ y_C=\dfrac{\sum y_iP_i}{\sum P_i} \\ z_C=\dfrac{\sum z_iP_i}{\sum P_i} \end{cases} \tag{2-92}$$

式中，$P_i$ 为带正负号的重力值，组合进来取"+"号，挖出去取"−"号。

如果物体是一个平面，设单位面积的重量为 $\mu$，则 $P_i=\mu A_i$，式(2-92)简化为

$$A=\sum A_i$$

$$
\begin{cases}
x_C = \dfrac{\sum x_i A_i}{A} \\
y_C = \dfrac{\sum y_i A_i}{A}
\end{cases}
\tag{2-93}
$$

式中，$A_i$ 为带正负号的面积值，组合进来取“+”号，挖出去取“−”号。面积的重心叫**形心**。

可见均质物体重心即为其几何中心，而几何中心只取决于物体的几何形状和尺寸，所以均质物体的重心又称为形心。如果均质物体具有几何对称性，该物体的重心必然在其对称面、对称轴或对称中心上。若一个物体有多个对称轴，形心必然落在这些对称轴交点上，如图 2-42 所示。

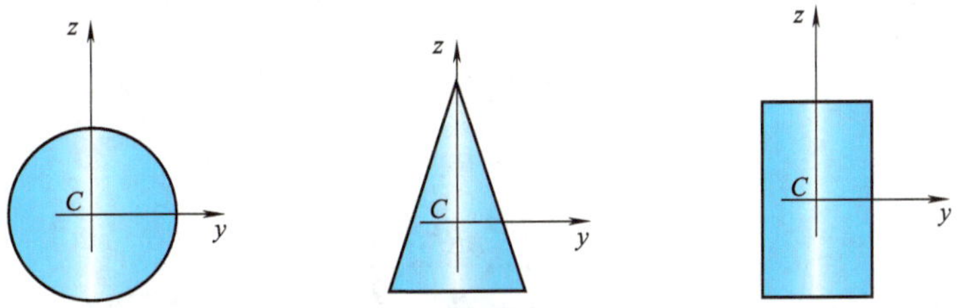


图 2-42

**例 2-9**

求图 2-43 所示“Z”字形的形心，图中长度单位为 cm。

**解：** (1) 将“Z”字形按虚线分为三部分，每一部分都是矩形，其重心在各矩形的中心。

(2) 建立直角坐标系 $xOy$，各矩形的面积及重心 $C_1$、$C_2$、$C_3$ 的坐标分别为

$A_1 = 20 \times 10 = 200$，$x_1 = -10$，$y_1 = 45$

$A_2 = 40 \times 10 = 400$，$x_2 = 5$，$y_2 = 30$

$A_3 = 40 \times 10 = 400$，$x_3 = 20$，$y_3 = 5$

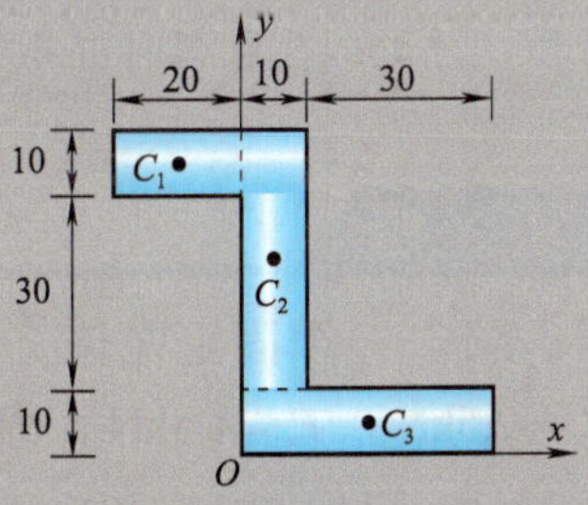


图 2-43

(3) 面积的重心叫形心，将三者组合起来，代入式(2-93)得

$$A = 200\text{cm}^2 + 400\text{cm}^2 + 400\text{cm}^2 = 1000\text{cm}^2$$

$$x_C = \frac{200 \times (-10) + 400 \times 5 + 400 \times 20}{1000}\text{cm} = 8\text{cm}$$

$$y_C = \frac{200 \times 45 + 400 \times 30 + 400 \times 5}{1000}\text{cm} = 23\text{cm}$$

**讨论：** 应注意坐标本身可以带+、−号。

**例 2-10**

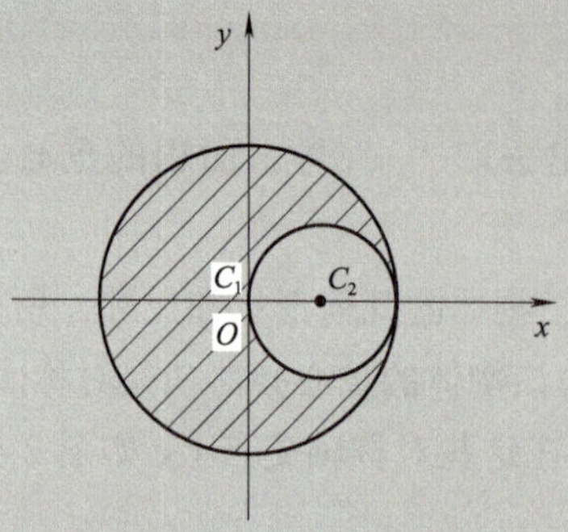

图 2-44

求图 2-44 所示阴影部分的形心，设大圆半径为 $R$，小圆半径为 $r=\dfrac{R}{2}$。

**解**：阴影部分可看成大圆中挖去一个小圆，采用组合法求剩下部分的重心。

建立直角坐标系 $xOy$，如图 2-44 所示，大圆及小圆的面积和重心坐标为

$$A_1=\pi R^2,\quad x_1=0,\quad y_1=0$$

$$A_2=\pi r^2=\frac{\pi R^2}{4},\quad x_2=\frac{R}{2},\quad y_2=0$$

利用组合法公式(2-93)，注意 $A_2$ 为负面积，得

$$A=A_1-A_2=\frac{3}{4}\pi R^2$$

$$x_C=\frac{\pi R^2\times 0-\dfrac{\pi R^2}{4}\times\dfrac{R}{2}}{\dfrac{3}{4}\pi R^2}=-\frac{1}{6}R$$

$$y_C=\frac{\pi R^2\times 0-\dfrac{\pi R^2}{4}\times 0}{\dfrac{3}{4}\pi R^2}=0$$

讨论：注意有时面积为负坐标也为负，两者相乘变成正的了。

## 习　题

2-1　一个固定在墙上的圆环受三条绳子的拉力作用，如图所示。已知 $P_1=2\text{kN}$，$P_2=2.5\text{kN}$，$P_3=1.5\text{kN}$，力 $\boldsymbol{P}_1$ 是水平的，求这三个力的合力。

2-2　已知直角三角形 $ABC$ 上作用有三个力：$F_2=F_3=F$，$F_1=\sqrt{2}F$，$AB=BC=a$，$AC=\sqrt{2}a$，问此力系简化的最后结果是什么？

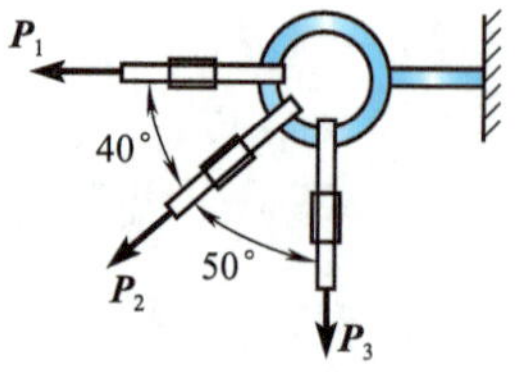

题 2-1 图

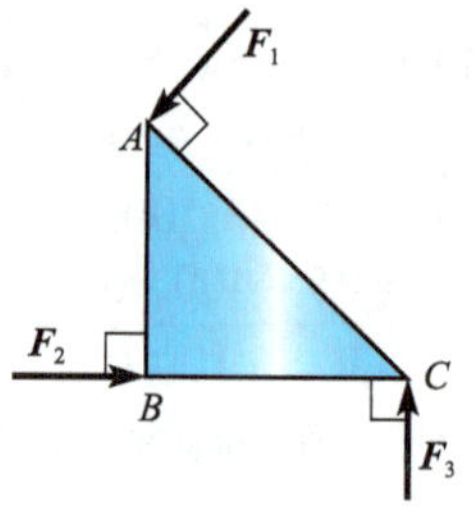

题 2-2 图

2-3　在三角板顶点 $A$、$B$、$C$ 上分别作用 $\boldsymbol{F}_1$、$\boldsymbol{F}_2$、$\boldsymbol{F}_3$ 三个力(大小方向如图)。问：(1)该三个力为什么力系？(2)该力系的合成结果如何？

2-4 一物体由三圆盘 $A$、$B$、$C$ 和轴组成，圆盘半径分别是 $r_A=15\text{cm}$，$r_B=10\text{cm}$，$r_C=5\text{cm}$。轴 $OA$、$OB$ 和 $OC$ 在同一平面内，且 $\angle BOA=90°$、$\alpha=143°$，在这三个圆盘的边缘上各自作用力偶 $(\boldsymbol{P}_1,\boldsymbol{P}_1')$、$(\boldsymbol{P}_2,\boldsymbol{P}_2')$ 和 $(\boldsymbol{P}_3,\boldsymbol{P}_3')$。已知：$P_1=100\text{N}$，$P_2=200\text{N}$，$P_3=500\text{N}$，求合力偶。

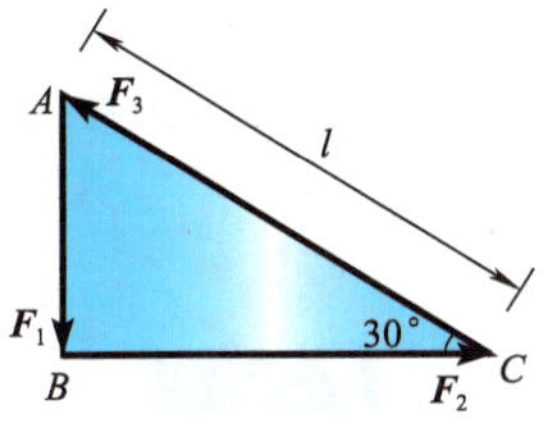


题 2-3 图

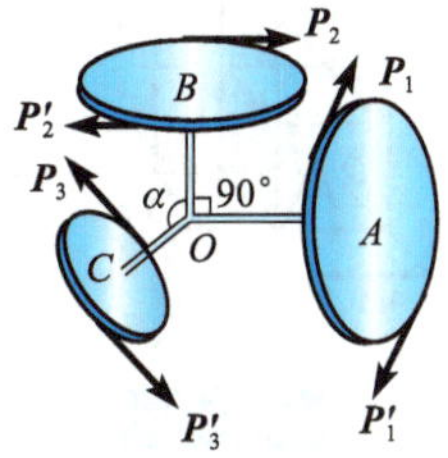


题 2-4 图

2-5 托架 $OC$ 套在转轴 $z$ 上，在 $C$ 点作用力 $P=2000\text{N}$，方向如图所示(长方体长宽高之比为 2∶1∶3)，试求 $\boldsymbol{P}$ 力向 $O$ 点等效平移所得的力系。

2-6 正方形边长为 $a$，$A$、$B$、$C$ 点上分别作用有 $\boldsymbol{F}_1$、$\boldsymbol{F}_2$、$\boldsymbol{F}_3$，其大小为 $F_1=2P$，$F_2=P$，$F_3=\sqrt{2}P$，方向如图所示。$D$ 点处作用一力偶，其矩的大小与转向如图所示。$A$ 点为简化中心。试求：(1)该平面力系的主矢和主矩；(2)求出合力的大小、方向、位置。(要求：将作用在简化中心的主矢、主矩与合力均画在图上。)

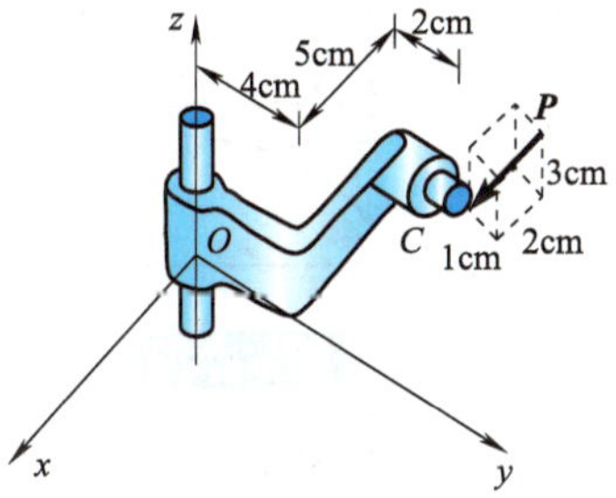


题 2-5 图

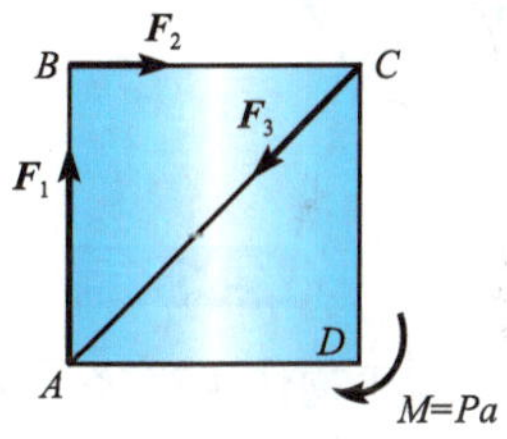


题 2-6 图

2-7 立方体的各边长和作用在该物体上各力的方向如图所示，已知各力大小分别为 $F_1=50\text{N}$，$F_2=100\text{N}$，$F_3=70\text{N}$，求力系的主矢以及对点 $O$ 的矩。

2-8 求图示三个平行力的合力大小、方向和作用线位置。已知 $P_1=10\text{N}$，$P_2=15\text{N}$，$P_3=20\text{N}$，$\overline{AE}=\overline{EB}=\overline{ED}=20\text{cm}$。

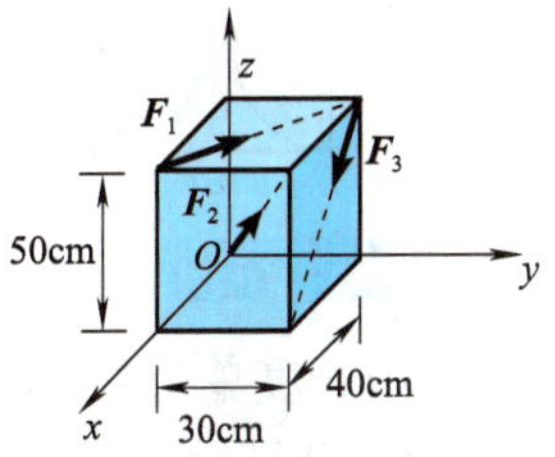


题 2-7 图

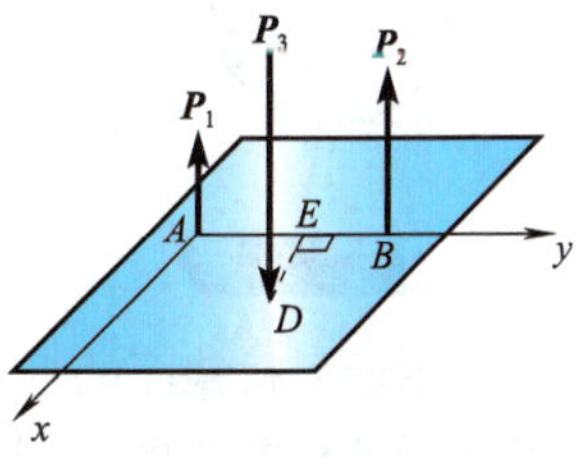


题 2-8 图

2-9 在图示力系中，$F_1=20\text{kN}$，$F_2=30\text{kN}$，$F_3=60\text{kN}$，$F_4=80\text{kN}$，试求将该力系向 $O$ 点简化的结果。

2-10 已知图示力系：$F_1=F_2=F$，$M=Fa$，$OA=OD=OE=a$，$OB=OC=2a$，试将此

力系向 $O$ 点简化。

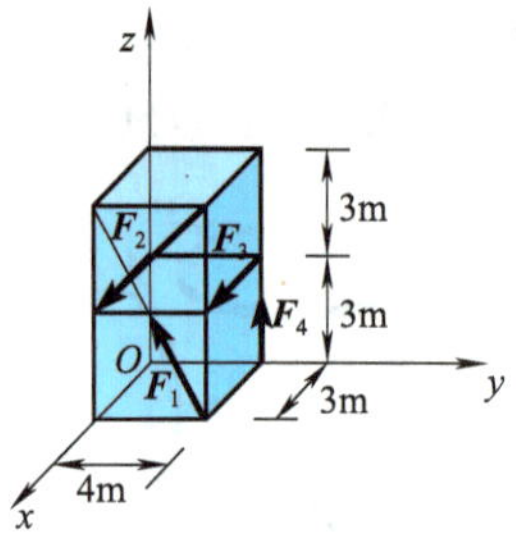


题 2-9 图

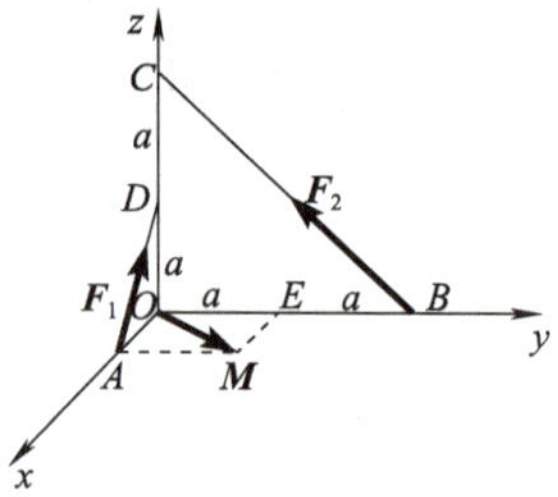


题 2-10 图

2-11　绞车如图所示，力 $P=500\text{N}$，求力 $\boldsymbol{P}$ 在三个坐标轴上的投影和对三个坐标轴之矩，并利用合力矩定理求 $\boldsymbol{P}$ 对 $O$ 点的矩。

2-12　颗粒材料对梁施加分布载荷，如图所示，求该分布载荷合力的大小和作用线位置。

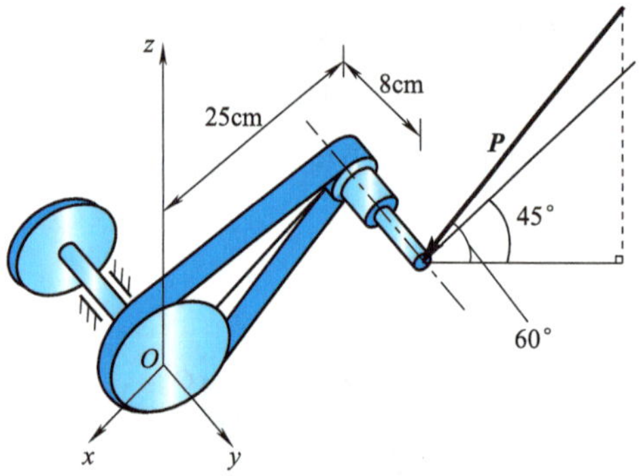


题 2-11 图

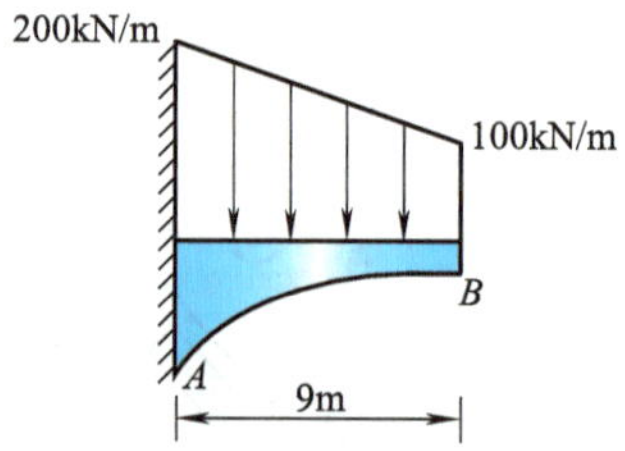


题 2-12 图

2-13　一均质物体由半径为 $r$ 的圆柱体和半球体组成，要使该物体的重心位于半球体平面圆的中心 $C$ 点，求圆柱体的高 $h$。

2-14　求图示阴影部分的形心。

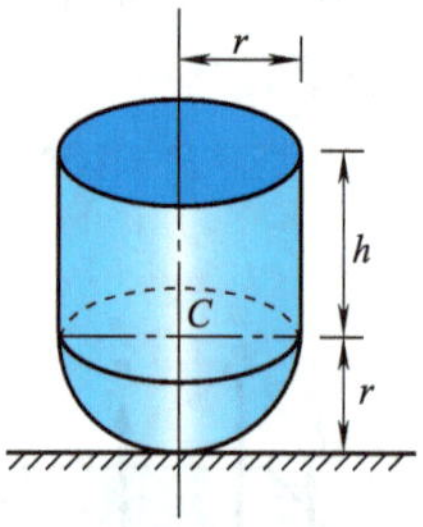


题 2-13 图

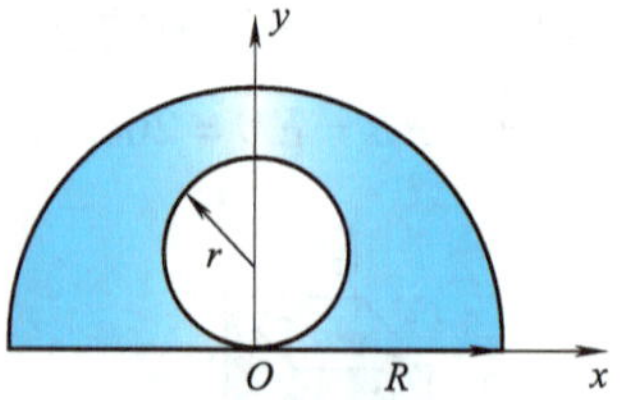


题 2-14 图

2-15　试求图示型材截面的形心的位置，截面腹宽 2cm，图中长度单位为 cm。

2-16　求图示薄板重心的位置。该薄板由形状为矩形、三角形和四分之一的圆形的三块等厚薄板所组成，尺寸如图所示。

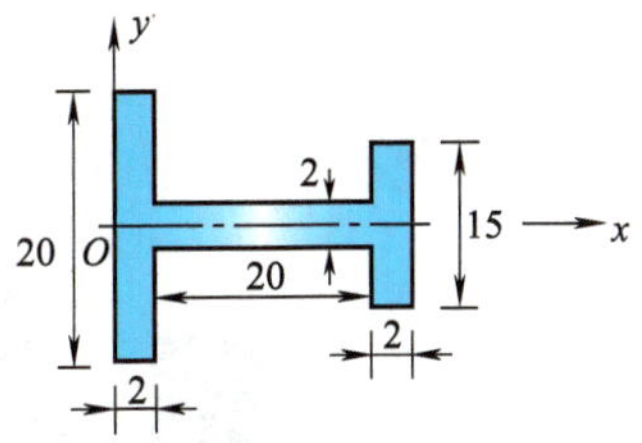


题 2-15 图

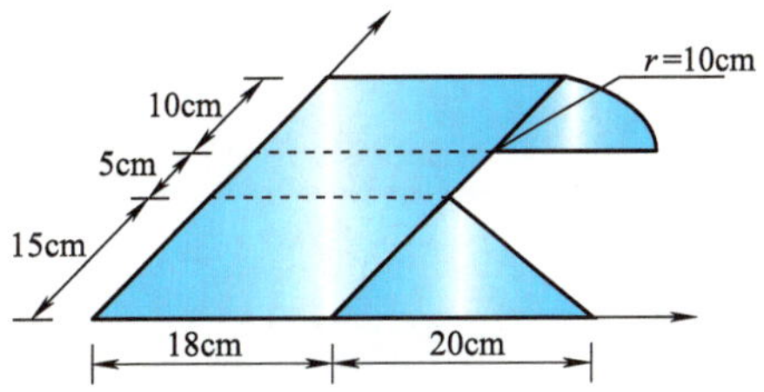


题 2-16 图

第 2 章参考答案

# 第3章

# 静力学平衡问题

内容提要

本章将讨论各种力系的平衡条件和平衡方程。工程上一般将力系分类为汇交力系、平行力系、力偶系和任意力系等。利用平衡方程求解未知力，是静力学主要的任务和目的之一。将问题分为二维(平面力系)和三维(空间力系)求解，虽然繁易程度不同，但原理和方法是相同的。

MOOC 视频

## 3.1 力系的平衡条件及平衡方程

在上一章中已经知道，作用在物体上的力系向任选的简化中心 $O$ 点简化，可合成为主矢向量 $\boldsymbol{F}_{\mathrm{R}}'$ 和主矩向量 $\boldsymbol{M}_O$。若 $F_{\mathrm{R}}'=0$ 且 $M_O=0$，就既不产生移动效应，也不产生绕 $O$ 点的转动效应，物体平衡，故该力系是平衡力系。如果物体保持平衡，作用于该物体上的力系必然是平衡力系，则其合成结果也一定满足 $F_{\mathrm{R}}'=0$ 和 $M_O=0$。所以物体平衡的充分必要条件是：作用于该物体上的力系的主矢向量和对任一点的主矩向量都等于零。即

$$\begin{cases} F_{\mathrm{R}}'=0 \\ M_O=0 \end{cases} \tag{3-1}$$

### 1. 平面力系的平衡方程

对于平面力系主矢向量 $\boldsymbol{F}_{\mathrm{R}}'$ 和主矩向量 $\boldsymbol{M}_O$。可写成式(3-1)的解析形式，故力系的平衡条件为

$$\begin{cases} F_{\mathrm{R}}'=\sqrt{\left(\sum F_x\right)^2+\left(\sum F_y\right)^2}=0 \\ M_O=\sum M_O(\boldsymbol{F})=0 \end{cases} \tag{3-2}$$

于是有

$$\begin{cases} \sum F_x=0 \\ \sum F_y=0 \\ \sum M_O(\boldsymbol{F})=0 \end{cases} \tag{3-3}$$

这就是**平面力系的平衡方程**。它表明平衡力系中各力在作用面内两个任选的坐标轴中每一轴上投影的代数和都等于零，且各力对平面内任一点之矩的代数和也等于零。

求解平衡问题时，尽量减少每一个方程中未知量的数目，可以简化运算，这时，也可选用二矩式或三矩式平衡方程。

二矩式
$$\begin{cases}\sum F_x=0\\ \sum M_A(\boldsymbol{F})=0\\ \sum M_B(\boldsymbol{F})=0\end{cases} \tag{3-4a}$$

式中，矩心 $A$、$B$ 连线不与 $x$ 轴垂直。

三矩式
$$\begin{cases}\sum M_A(\boldsymbol{F})=0\\ \sum M_B(\boldsymbol{F})=0\\ \sum M_C(\boldsymbol{F})=0\end{cases} \tag{3-4b}$$

式中，矩心 $A$、$B$、$C$ 三点不位于同一直线上。

### 2. 空间力系的平衡方程

对于空间力系主矢向量 $\boldsymbol{F}_\mathrm{R}'$ 和主矩向量 $\boldsymbol{M}_O$。可写成式(3-1)的解析形式，故力系的平衡条件为

$$\begin{cases}\sum F_x=0\\ \sum F_y=0\\ \sum F_z=0\\ \sum M_x(\boldsymbol{F})=0\\ \sum M_y(\boldsymbol{F})=0\\ \sum M_z(\boldsymbol{F})=0\end{cases} \tag{3-5}$$

它表明各力在任选的三个空间坐标轴中每个轴上投影的代数和都等于零，且各力对每个轴的力矩的代数和也分别等于零。

求解空间问题时，为简化运算，也可选多矩式平衡方程。

对于空间力系作用下的单个物体，一般力系只能列出六个独立的平衡方程，可求解六个未知量。对于空间汇交力系、空间平行力系和空间力偶系，独立的平衡方程只有三个。

## 3.2　平面力系的平衡问题

MOOC 视频

对于平面力系作用下的单个物体，一般力系只能列出三个独立的平衡方程，可求解三个未知量。对于平面汇交力系、平面平行力系，独立的平衡方程只有两个；而对于共线力系和平面力偶系，独立的平衡方程只有一个。为简化计算，尽量避免方程联立求解，争取一个方程只含有一个未知量。

**例 3-1**

质量为 6kg 的钢球由图 3-1(a)所示装置支撑，试求 $BC$ 段绳索和弹簧所受的力。

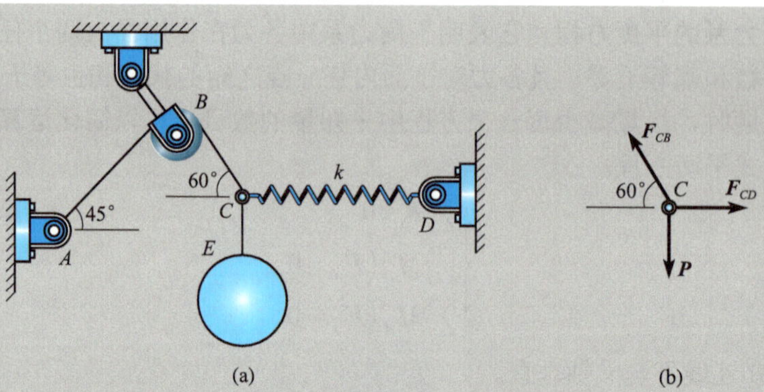


图 3-1

**解**：以节点 $C$ 为研究对象，作受力图如图 3-1(b)所示，该力系为平面汇交力系，列两个平衡方程。

$$\sum F_x = 0 ,\quad F_{CD} - F_{CB}\cos 60^\circ = 0$$

$$\sum F_y = 0 ,\quad F_{CB}\sin 60^\circ - P = 0$$

解得

$$F_{CB} = 69.3\text{N} ,\quad F_{CD} = 34.6\text{N}$$

## 例 3-2

图 3-2(a)所示桅杆起重装置，匀速起吊重量 $W$=20kN 的重物，求杆 $AC$ 和钢索 $AB$ 所受的力。

**解**：以滑轮 $A$ 为研究对象，作受力图如图 3-2(b)所示，该力系为平面汇交力系，列两个平衡方程。

$$\sum F_x = 0 ,\quad F_{AC}\sin 45^\circ - F_{AD}\cos 30^\circ - F_{AB}\cos 30^\circ = 0$$

$$\sum F_y = 0 ,\quad F_{AC}\cos 45^\circ - F_{AD}\sin 30^\circ + F_{AB}\sin 30^\circ - W = 0$$

将 $F_{AD} = W = 20\text{ kN}$ 代入上两式得

$$0.707F_{AC} - 0.866F_{AB} - 17.32 = 0$$

$$0.707F_{AC} + 0.5F_{AB} - 30 = 0$$

解得

$$F_{AB} = 9.28\text{kN} ,\quad F_{AC} = 35.9\text{kN}$$

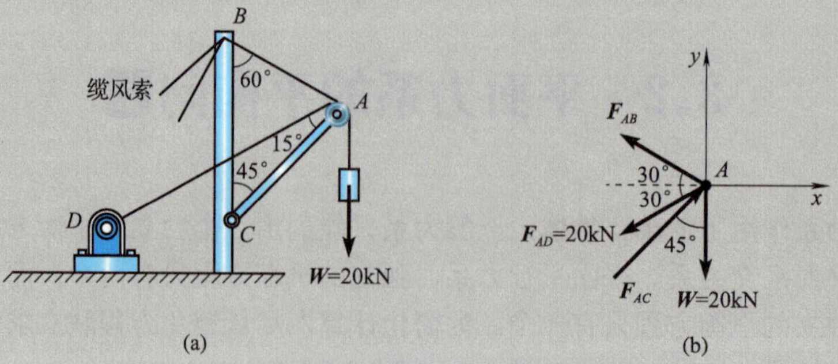


图 3-2

**例 3-3**

图 3-3(a)所示梁 $AB$ 自重 $P$=4kN，承受铅垂载荷 $W$=10kN 作用，试求：(1) $A$ 处的支反力；(2) $BC$ 绳的拉力。

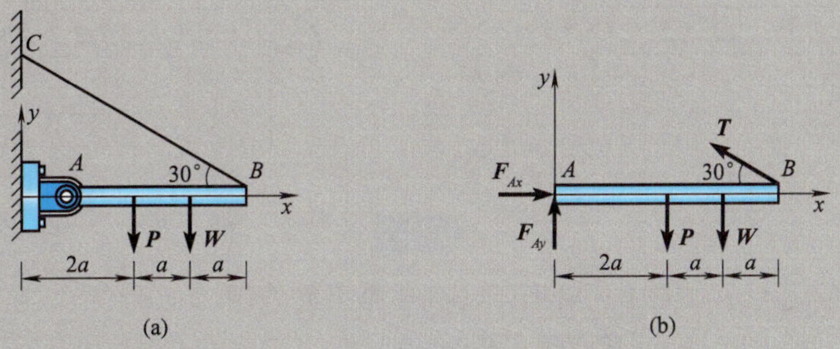


图 3-3

**解**：作 $AB$ 梁的受力图，如图 3-3(b)所示，列平衡方程。

$$\sum M_A = 0,\quad T\sin 30^\circ \cdot 4a - P\cdot 2a - W\cdot 3a = 0$$

解得

$$T = \frac{2P+3W}{4\sin 30^\circ} = \frac{2\times 4\text{kN} + 3\times 10\text{kN}}{2} = 19\text{kN}$$

列平衡方程

$$\sum F_x = 0,\quad F_{Ax} - T\cos 30^\circ = 0$$

解得

$$F_{Ax} = T\cos 30^\circ = 16.5\text{kN}$$

列平衡方程

$$\sum F_y = 0,\quad F_{Ay} + T\sin 30^\circ - P - W = 0$$

解得

$$F_{Ay} = 4.5\text{kN}$$

**例 3-4**

梁 $ABC$ 受力如图 3-4(a)所示，试求支座约束反力。

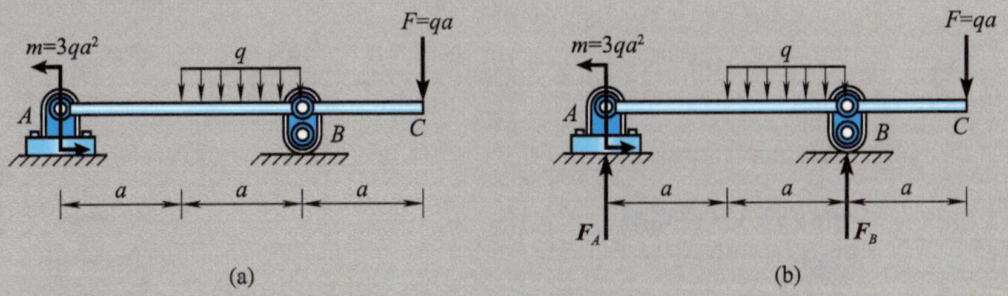


图 3-4

**解**：作梁的受力图如图 3-4(b)所示，该力系是平面平行力系，列出两个平衡方程。

$$\sum M_A = 0,\quad F_B\cdot 2a + 3qa^2 - qa\cdot 1.5a - F\cdot 3a = 0$$

$$\sum M_B = 0,\quad -F_A\cdot 2a + 3qa^2 + qa\cdot 0.5a - F\cdot a = 0$$

解得

$$F_B = \frac{3}{4}qa,\quad F_A = \frac{5}{4}qa$$

## 例 3-5

悬臂梁 $AB$ 承受载荷如图 3-5(a)所示，试求固定端 $A$ 的约束反力。

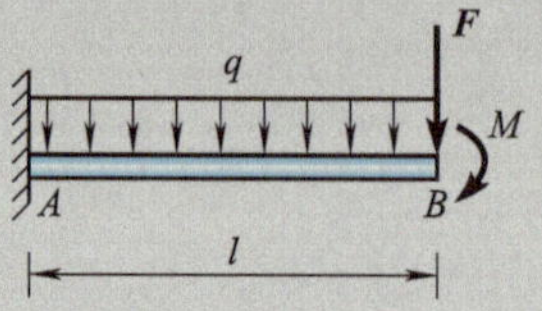

(a)

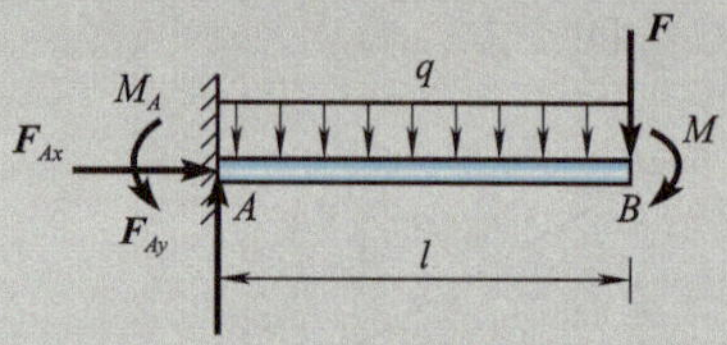

(b)

图 3-5

**解**：作梁的受力图如图 3-5(b)所示，列 3 个平衡方程。

$$\sum F_x = 0, \quad F_{Ax} = 0$$

$$\sum F_y = 0, \quad F_{Ay} - ql - F = 0$$

$$\sum M_A = 0, \quad M_A - M - Fl - ql \cdot \frac{l}{2} = 0$$

解方程得

$$F_{Ax} = 0, \quad F_{Ay} = ql + F, \quad M_A = M + Fl + \frac{ql^2}{2}$$

## 例 3-6

脚踏操纵杆结构如图 3-6(a)所示，弹簧刚度 $k$=3.5kN/m，受力如图 3-6(b)所示。试求脚踏力 $F$ 和铰链 $A$ 处的约束反力。

**解**：取 $AB$ 部分为研究对象画受力图，如图 3-6(b)所示，列平衡方程。

$$\sum M_A = 0, \quad F \times 75 - 80 \times 65 - 120 \times 25 = 0$$

$$\sum F_x = 0, \quad 80 + 120 - F_{Ax} = 0$$

$$\sum F_y = 0, \quad F_{Ay} - F = 0$$

解得

$$F = 109.3\text{N}, \quad F_{Ax} = 200\text{N}, \quad F_{Ay} = 109.3\text{N}$$

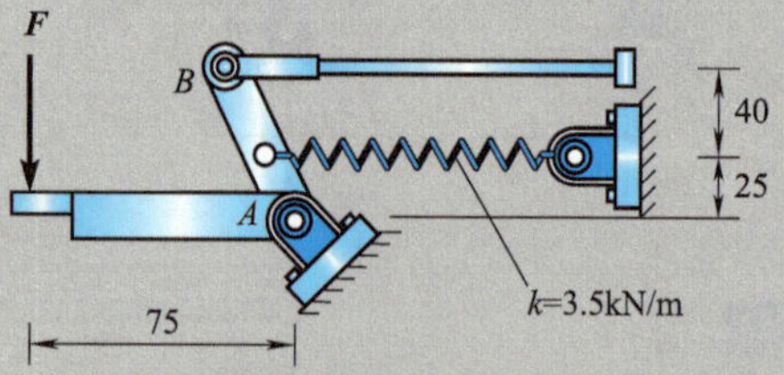

(a)

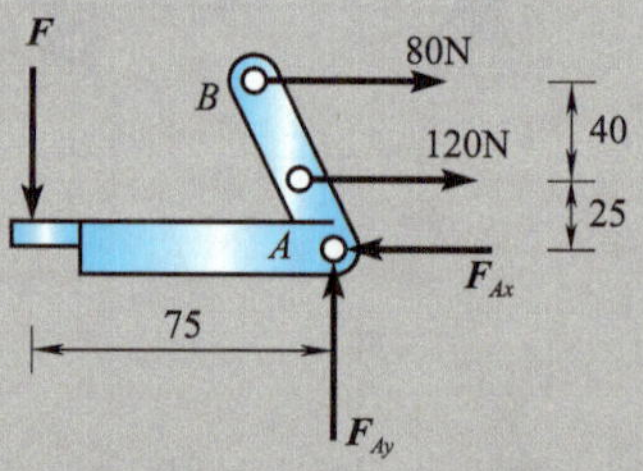

(b)

图 3-6

## 例 3-7

桩基受力如图 3-7(a)所示，作用于桩的轴向载荷分别为 60kN、80kN 和 50kN，土壤对桩基的约束力为线性分布力。试求分布力集度的最大值和最小值。

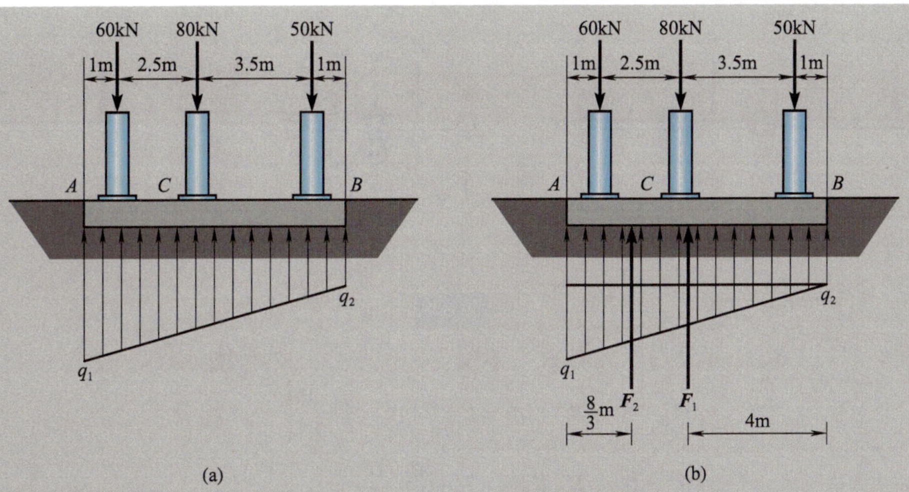


图 3-7

**解**：将线性分布载荷图分解为矩形和三角形，如图 3-7(b)所示，矩形载荷图为均布力，集度为$q_2$，合力大小为$\boldsymbol{F}_1$，三角形载荷图为线性分布力，最大集度为$q_1-q_2$，合力大小为$\boldsymbol{F}_2$。

$F_1=q_2\cdot 8\text{m}$，作用点在 $AB$ 中点处。$F_2=\dfrac{1}{2}(q_1-q_2)\cdot 8\text{m}$，作用点在图 3-7(b)所示 $C$ 点处，$AC=\dfrac{8}{3}\text{m}$。列平衡方程得

$$\sum M_C=0$$

$$60\text{kN}\times\left(\frac{8}{3}-1\right)\text{m}-80\text{kN}\times\left(3.5-\frac{8}{3}\right)\text{m}-50\text{kN}\times\left(7-\frac{8}{3}\right)\text{m}+F_1\times\left(4-\frac{8}{3}\right)\text{m}=0$$

$$\sum F_y=0,\quad F_1+F_2-60-80-50=0$$

解得

$$q_2=17.2\text{kN/m},\quad q_1=30.3\text{kN/m}$$

# 3.3　平面刚体系统的平衡

MOOC 视频

在工程实际中，常需要研究由若干个物体组成的系统平衡问题，例如起重装置、连续梁、三角拱等。当整个系统平衡时，系统内的每一个物体都处于平衡状态。求解问题时既可以整体为研究对象，也可以局部为研究对象。对于平面力系作用下系统中的单个物体，一般力系能列出三个独立的平衡方程，可求解三个未知量。若系统由 $n$ 个物体组成，共可列出 $3n$ 个平衡方程，求 $3n$ 个未知量。为简化计算，在选取研究对象列平衡方程时，尽量避免方程联立求解，争取一个方程只含有一个未知量。

**例 3-8**

组合梁受力如图 3-8(a)所示，已知 $F_1$=10kN，$F_2$=20kN，$q$=5kN/m，$q_0$=6kN/m，$a$=1m，试求：支座 $A$、$C$ 的约束反力。

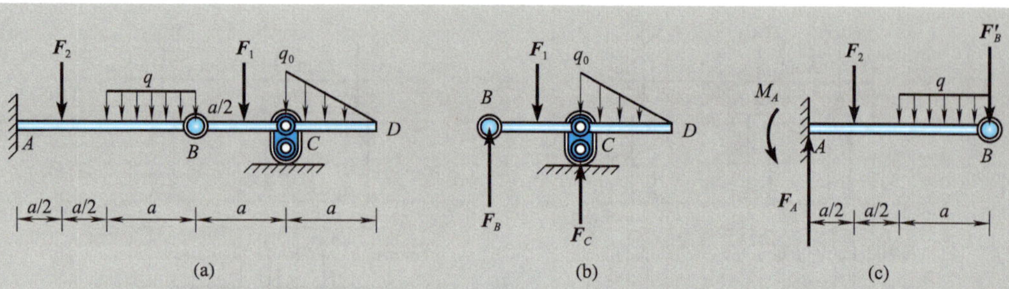


图 3-8

**解：**(1)以 $BCD$ 部分为研究对象，如图 3-8(b)所示，列平衡方程。

$$\sum M_B = 0, \quad F_C \cdot 1\text{m} - F_1 \cdot 0.5\text{m} - \frac{q_0 \cdot 1\text{m}}{2} \times \frac{4}{3}\text{m} = 0$$

$$\sum F_y = 0, \quad F_B + F_C - F_1 - \frac{q_0 \cdot 1\text{m}}{2} = 0$$

解得

$$F_C = \frac{F_1}{2} + \frac{2q_0}{3} = \frac{10\text{kN}}{2} + \frac{2 \times 6\text{kN}}{3} = 9\ \text{kN}$$

$$F_B = F_1 + \frac{q_0 \cdot 1\text{m}}{2} - F_C = 4\ \text{kN}$$

(2)再以 $AB$ 部分为研究对象，如图 3-8(c)所示，列平衡方程。

$$\sum F_y = 0, \quad F_A - F_2 - F_B' - q \cdot 1\text{m} = 0$$

$$\sum M_A = 0, \quad M_A - F_2 \cdot 0.5\text{m} - q \cdot 1\text{m} \cdot 1.5\text{m} - F_B' \cdot 2\text{m} = 0$$

解得

$$F_A = F_2 + F_B + q \cdot 1\text{m} = 20\text{kN} + 4\text{kN} + 5\text{kN} = 29\ \text{kN}$$

$$M_A = F_2 \cdot 0.5\text{m} + q \cdot 1\text{m} \cdot 1.5\text{m} + F_B \cdot 2\text{m} = 25.5\ \text{kN} \cdot \text{m}$$

**例 3-9**

三铰刚架受力如图 3-9(a)所示，已知 $F$=20kN，$P_1 = P_2 = 40\text{kN}$，$l$=4m，$h$=4m，$H$=6m，$a$=1.5m，试求：铰支座 $A$、$B$ 的约束力。

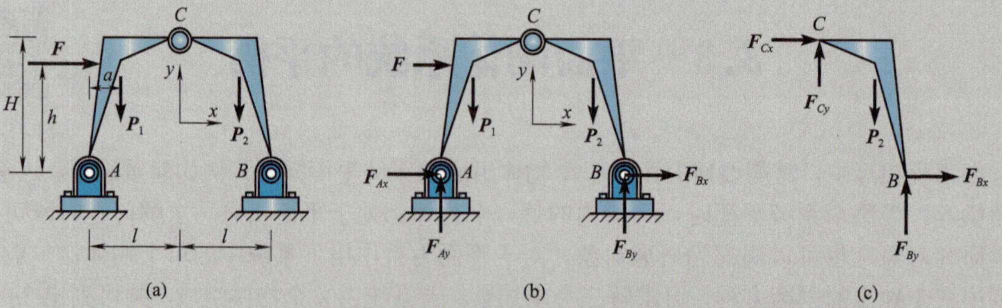


图 3-9

**解：**(1)以整体为研究对象画受力图，如图 3-9(b)所示，列平衡方程。

$$\sum M_A = 0, \quad F_{By} \cdot 2l - F \cdot h - P_1 \cdot a - P_2 \cdot (2l - a) = 0$$

解得

$$F_{By} = \frac{1}{2l}\left[Fh + P_1 a + P_2(2l - a)\right]$$

$$= \frac{1}{2\times 4\text{m}}[20\text{kN}\times 4\text{m} + 40\text{kN}\times 1.5\text{m} + 40\text{kN}\times(8-1.5)\text{m}]$$
$$= 50\ \text{kN}$$
$$\sum M_B = 0,\quad -F_{Ay}\cdot 2l - F\cdot h + P_2\cdot a + P_1\cdot(2l-a) = 0$$

解得
$$F_{Ay} = \frac{-Fh + P_2 a + P_1(2l-a)}{2l}$$
$$= \frac{-20\text{kN}\cdot 4\text{m} + 40\text{kN}\cdot 1.5\text{m} + 40\text{kN}\cdot(2\times 4\text{m} - 1.5\text{m})}{2\times 4\text{m}}$$
$$= 30\ \text{kN}$$

(2) 以 $BC$ 部分为研究对象画受力图，如图 3-9(c)所示，列平衡方程。
$$\sum M_C = 0,\quad F_{Bx}\cdot H + F_{By}\cdot l - P_2\cdot(l-a) = 0$$

解得
$$F_{Bx} = \frac{-F_{By}l + P_2(l-a)}{H} = \frac{-50\text{kN}\times 4\text{m} + 40\text{kN}\times(4-1.5)\text{m}}{6\text{m}} = -16.67\ \text{kN}$$

(3) 以整体为研究对象，如图 3-9(b)所示，列平衡方程。
$$\sum F_x = 0,\quad F_{Ax} + F_{Bx} + F = 0$$

解得
$$F_{Ax} = -F_{Bx} - F = -3.33\ \text{kN}$$

**例 3-10**

图 3-10(a)所示传动装置，已知齿轮 I 的重量为 $\boldsymbol{P}_1$，半径为 $r$，齿轮 II 和塔轮 III 总重量 $P_2 = 2P_1$，半径 $R = 2r$，吊起重物的重量 $P = 20P_1$，齿轮压力角 $\theta = 20°$。试求：(1) 重物 $C$ 匀速上升时，作用于齿轮 I 上的力偶矩 $M$；(2) 轴承 $A$、$B$ 处的约束力。

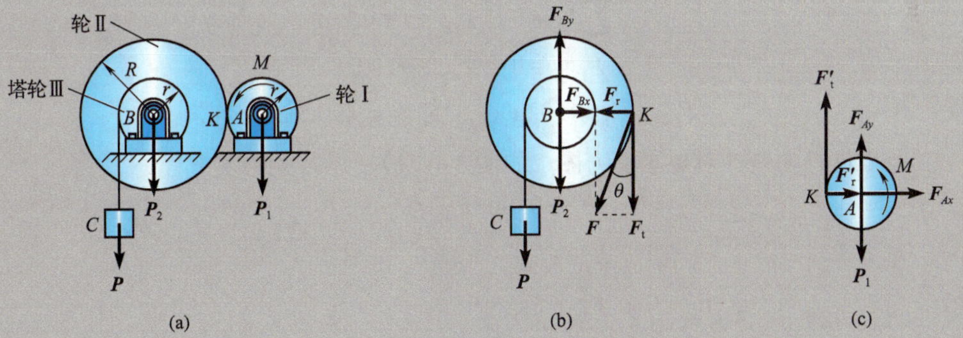


图 3-10

**解**：(1) 取齿轮 II、塔轮 III 及重物 $C$ 为研究对象画受力图，如图 3-10(b)所示，列平衡方程。
$$\sum F_x = 0,\quad F_{Bx} - F_r = 0$$
$$\sum F_y = 0,\quad F_{By} - P - F_t - P_2 = 0$$
$$\sum M_B = 0,\quad Pr - F_t R = 0$$

解得
$$F_t = \frac{Pr}{R} = 10P_1,\quad F_r = F_t\tan\theta = 3.64P_1,\quad F_{Bx} = F_r = 3.64P_1,\quad F_{By} = 32P_1$$

(2)取齿轮 I 为研究对象画受力图，如图 3-10(c)所示，列平衡方程。

$$\sum M_A=0，\quad M-F_t'r=0$$
$$\sum F_x=0，\quad F_{Ax}+F_r'=0$$
$$\sum F_y=0，\quad F_{Ay}+F_t'-P_1=0$$

解得

$$M=F_t'r=10P_1r，\quad F_{Ax}=F_r'=-3.64P_1，\quad F_{Ay}=-F_t'+P_1=-9P_1$$

**例 3-11**

图 3-11(a)所示简易吊车，重物的质量为 50kg，求 $A$、$C$ 处的约束力。

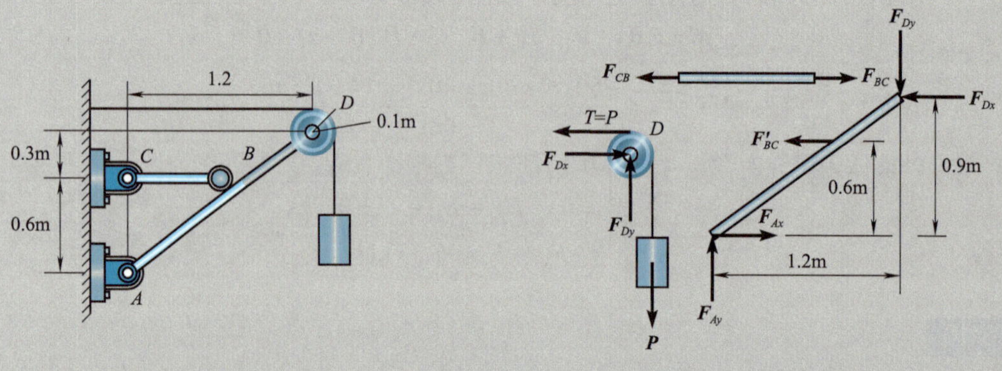


图 3-11

**解：**(1)取滑轮 $D$ 为研究对象画受力图，如图 3-11(b)所示，列平衡方程。

$$\sum F_x=0，\quad F_{Dx}-P=0$$
$$\sum F_y=0，\quad F_{Dy}-P=0$$

解得

$$F_{Dx}=F_{Dy}=50\text{kg}\times 9.81\text{N/kg}=490.5\text{ N}$$

(2)取 $AD$ 杆为研究对象画受力图，如图 3-11(b)所示，列平衡方程。

$$\sum M_A=0，\quad F'_{BC}\cdot 0.6\text{m}+F_{Dx}\cdot 0.9\text{m}-F_{Dy}\cdot 1.2\text{m}=0$$
$$\sum F_x=0，\quad F_{Ax}-F'_{BC}-F_{Dx}=0$$
$$\sum F_y=0，\quad F_{Ay}-F_{Dy}=0$$

解得

$$F'_{BC}=F_{BC}=245.25\text{ N}，\quad F_{Ax}=736\text{ N}，\quad F_{Ay}=490.5\text{ N}$$

由于 $CB$ 杆是二力杆，得 $F_{CB}=F_{BC}=245.25\text{N}$。

**例 3-12**

支架尺寸和受力如图 3-12(a)所示，求 $AC$、$DC$ 杆的受力。

**解：**分别取杆 $AC$、杆 $DC$、铰链 $C$ 为研究对象画受力图，如图 3-12(b)所示，其中 $AC$、$DC$ 杆为二力杆，列平衡方程。

$$\sum F_x=0，\quad P_C-R_C\cos 45^\circ=0$$
$$\sum F_y=0，\quad R_C\sin 45^\circ-600=0$$

解得

$$R_C=848.5\text{ N}，\quad P_C=600\text{ N}$$

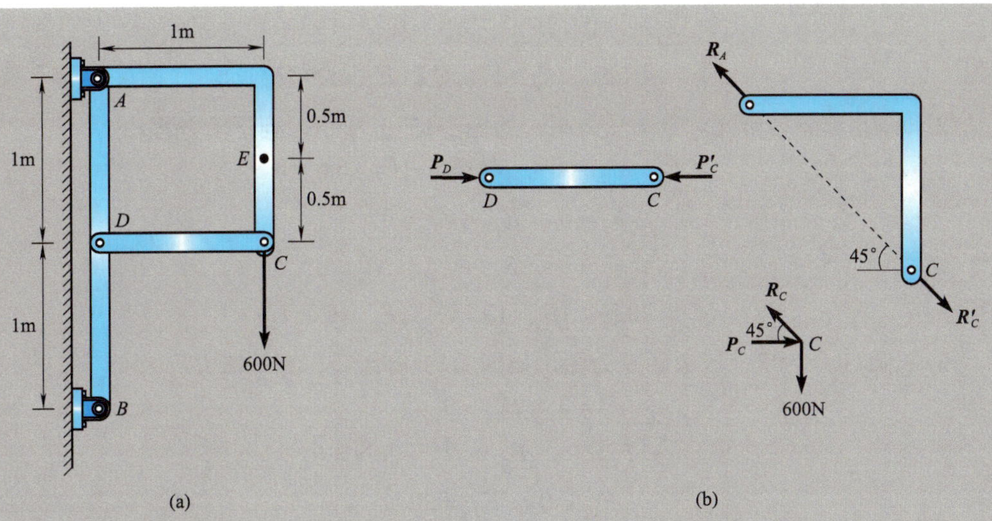


图 3-12

## 例 3-13

图 3-13(a)所示装置，光滑圆盘 $D$ 重 20N，忽略其他部分自重，求 $A$、$B$、$D$ 处的约束力。

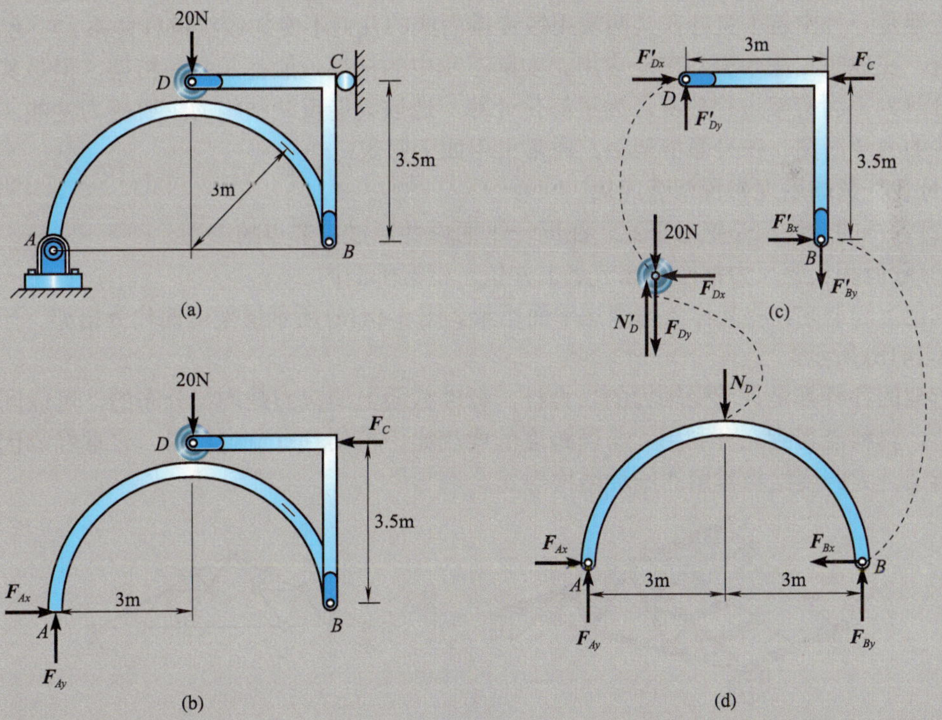


图 3-13

**解：**(1)取整体为研究对象画受力图，如图 3-13(b)所示，列平衡方程。

$$\sum M_A = 0,\quad F_C \times 3.5\text{m} - 20\text{N} \times 3\text{m} = 0$$

$$\sum F_x = 0,\quad F_{Ax} - F_C = 0$$

$$\sum F_y = 0 , \quad F_{Ay} - 20\text{N} = 0$$

解得

$$F_C = 17.1\,\text{N} , \quad F_{Ax} = 17.1\,\text{N} , \quad F_{Ay} = 20\,\text{N}$$

(2)取 $AB$ 部分为研究对象画受力图，如图 3-13(d)所示，列平衡方程。

$$\sum M_B = 0 , \quad N_D \cdot 3\text{m} - F_{Ay} \cdot 6\text{m} = 0$$

$$\sum F_x = 0 , \quad F_{Ax} - F_{Bx} = 0$$

$$\sum F_y = 0 , \quad F_{Ay} + F_{By} - N_D = 0$$

解得

$$N_D = 40\,\text{N} , \quad F_{Bx} = 17.1\,\text{N} , \quad F_{By} = 20\,\text{N}$$

(3)取圆盘 $D$ 为研究对象画受力图，如图 3-13(c)所示，列平衡方程。

$$\sum F_x = 0 , \quad F_{Dx} = 0$$

$$\sum F_y = 0 , \quad F_{Dy} + N_D' - 20\text{N} = 0$$

解得

$$F_{Dx} = 0 , \quad F_{Dy} = 20\,\text{N}$$

# 3.4 平面简单桁架的内力计算

桁架是一种由若干直杆在其两端用铰连接而成的几何不变的铰接链杆体系。它受力合理、用料省，在建筑工程中得到广泛应用。实际工程中的桁架一般都是空间桁架，但是其中很多可以分解为平面桁架进行分析，为了简化计算，选取既能反映结构的主要受力性能，而又便于计算的力学简图。在平面桁架中，通常引用如下假定：

(1)各杆两端用理想铰相互连接。

(2)各杆的轴线都是绝对平直，在同一平面内并通过铰节点的中心。

(3)载荷和支座反力都作用在节点上并位于桁架平面内。

满足上述假定，将其称之为理想平面桁架。图 3-14(a)所示屋架可简化为桁架，计算简图如图 3-14(b)所示。

桁架的各杆都是只承受轴力的二力杆，杆件截面上的应力是均匀分布的，可以同时达到许用值，材料能得到充分利用。与同跨度的梁相比，桁架具有节省材料、自重轻等优点，因此，桁架是大跨度结构常用的一种结构形式。

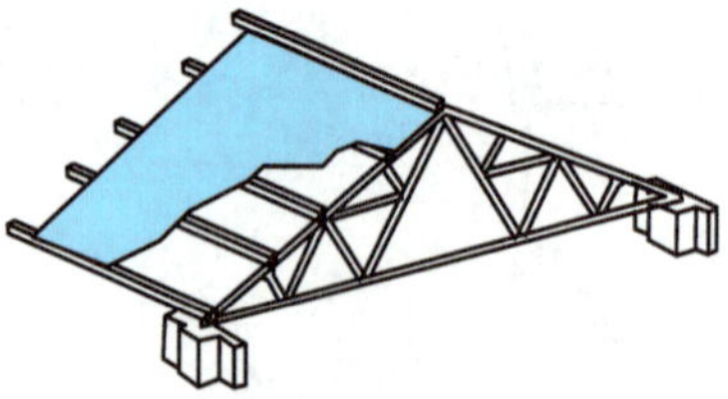

(a)

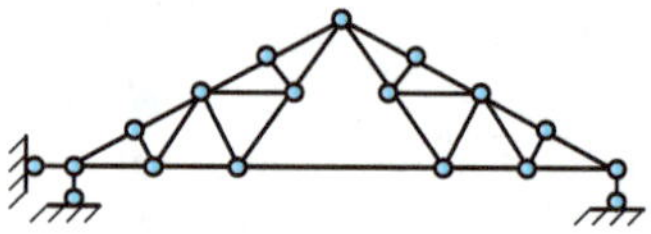

(b)

图 3-14

## 1. 用节点法计算桁架的内力

在求桁架的内力时，可截取桁架的节点为研究对象，利用各节点的静力平衡条件来计算各杆内力，这种方法称为节点法。作用于任一节点的各力组成一个平面汇交力系，所以可就每一节点列出两个平衡方程进行解算。为避免求解联立方程，应从未知力不超过两个的节点开始，依次推算。

在取节点计算时，通常都先假定杆件内力为拉力，若所得结果为负，则为压力。对于已知的外力和已经求出的内力，则按实际方向画出。

下面举例说明节点法的应用。

**例 3-14**

试用节点法分析图 3-15(a)所示桁架各杆件的内力。

**解：**(1)计算支座约束力，以整体为研究对象画受力图，如图 3-15(a)所示，列平衡方程。

$$\sum F_x = 0,\quad F_{1x} = 0$$

$$\sum M_8 = 0,\quad -F_{1y} \times 12 + 40 \times 9 + 60 \times 6 + 80 \times 3 = 0$$

$$\sum F_y = 0,\quad F_{1y} + F_{8y} - 40 - 60 - 80 = 0$$

解得

$$F_{1x} = 0,\quad F_{1y} = 80\text{kN},\quad F_{8y} = 100\text{kN}$$

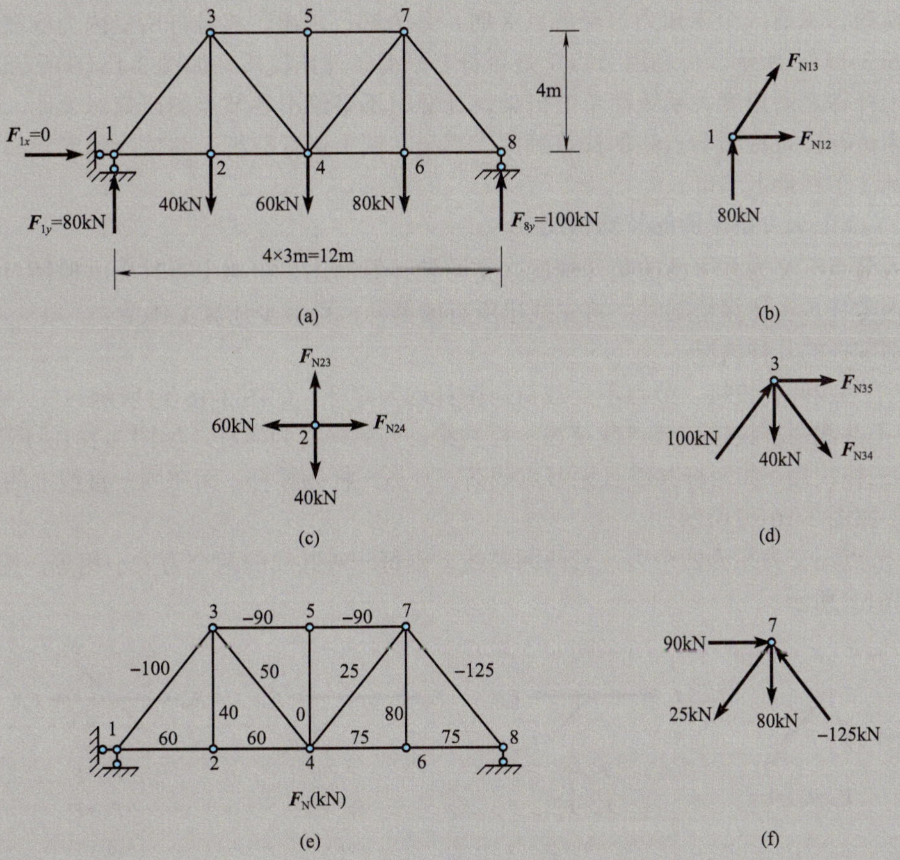


图 3-15

(2)计算各杆内力。

节点 1：取节点 1 为研究对象，如图 3-15(b)所示。

由$\sum F_y=0$，$F_{N13}\times\dfrac{4}{5}+F_{1y}=0$，得$F_{N13}=-80\times\dfrac{5}{4}=-100\text{kN}$。

由$\sum F_x=0$，$F_{N13}\times\dfrac{3}{5}+F_{N12}=0$，得$F_{N12}=60\text{kN}$。

节点 2：取节点 2 为研究对象，如图 3-15(c)所示。

由$\sum F_x=0$，$F_{N24}-60=0$，得$F_{N24}=F_{N12}=60\text{kN}$。

由$\sum F_y=0$，$F_{N23}-40=0$，得$F_{N23}=40\text{kN}$。

节点 3：取节点 3 为研究对象，如图 3-15(d)所示。在图中，杆 13 的内力(压力)按实际方向画出，列平衡方程。

$$\sum F_x=0,\quad 100\text{kN}\times\frac{3}{5}+F_{N34}\times\frac{3}{5}+F_{N35}=0$$

$$\sum F_y=0,\quad 100\text{kN}\times\frac{4}{5}-F_{N34}\times\frac{4}{5}-40\text{kN}=0$$

解得

$$F_{N34}=50\text{kN},\quad F_{N35}=-90\text{kN}$$

依次考虑节点 5、4、6，每次均只有两个未知力，故都可利用力的投影方程依次求得。至节点 7 时，只有一个未知力，至节点 8 时，各力都已求出，将各杆所受内力标在杆旁的内力图如图 3-15(e)所示。可利用节点 7 是否符合平衡条件作校核，如图 3-15(f)所示。

对于杆件之间角度关系较简单的桁架，计算时不必绘出各节点的研究对象图，可直接在桁架图中进行。可按照节点法的计算顺序，直接在图上进行分析，并依次将所求得的内力及其分力标注于杆件上即可。

### 2. 节点汇交力系平衡的特殊情况

利用节点汇交力系平衡的特殊情况，常可使计算简化。桁架中有时会出现轴力为零的杆件，称为零杆。在计算桁架时，首先找出所有的零杆，可减少计算工作量。

判别零杆的几种情况：

(1)不共线两杆铰接，节点不受载荷，两杆均为零杆，如图 3-16(a)所示。

(2)不共线两杆铰接，节点载荷与一杆共线，则另一杆为零杆，如图 3-16(b)所示。

(3)三杆铰接，如两杆共线且无节点载荷，则另一杆为零杆。而在同一直线上的两杆轴力必相等，如图 3-16(c)所示。

(4)节点汇交力系为四个力，且两两共线，则每一对共线的两个力大小相等，性质相同，如图 3-16(d)所示。

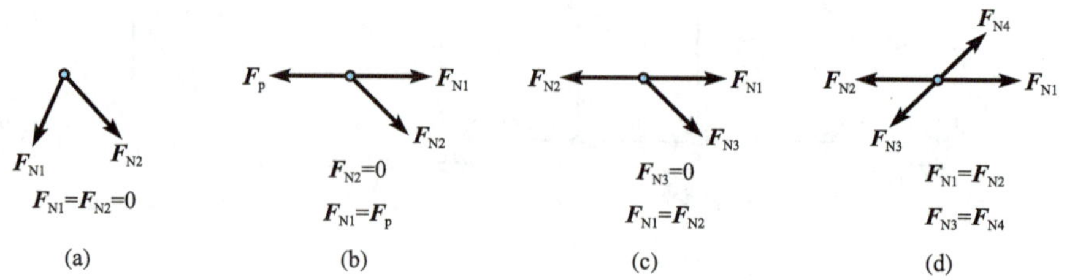


图 3-16

**例 3-15**

找出图 3-17 所示桁架中的零杆。

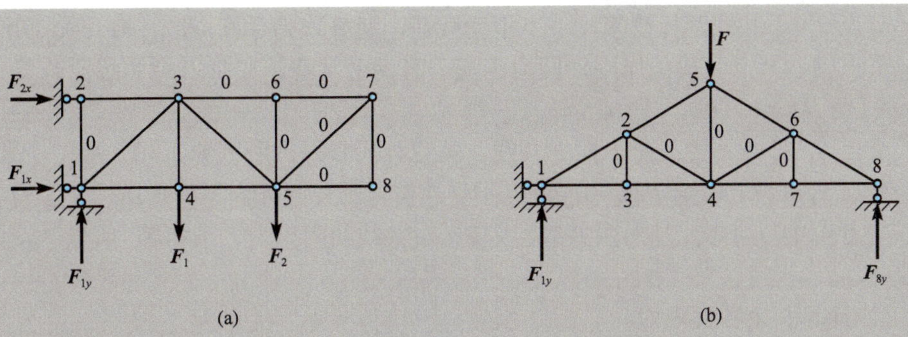


图 3-17

**解**　(1) 图 3-17(a) 中，节点 8，不共线两杆铰接，节点不受载荷，所以 $F_{N87}$=$F_{N85}$= 0。节点 7，不共线两杆铰接，节点不受载荷，所以 $F_{N76}$=$F_{N75}$= 0。节点 6，不共线两杆铰接，节点不受载荷，所以 $F_{N63}$=$F_{N65}$= 0。节点 2，不共线两杆铰接，节点载荷与一杆共线，所以 $F_{N12}$= 0，$F_{N23}$=$-F_{2x}$。其余杆的内力有 $F_{N34}$= $F_1$，$F_{N14}$= $F_{N45}$。

(2) 图 3-17(b) 中，节点 7，节点不受载荷，两杆共线，杆 67 为零杆，所以 $F_{N67}$=0。节点 6，节点不受载荷，两杆共线，因杆 67 为零杆，所以杆 64 也为零杆 $F_{N64}$= 0。同理可知 $F_{N23}$= 0，$F_{N24}$= 0。再看节点 4，节点不受载荷，两杆共线，因杆 64、杆 24 均为零杆，所以杆 45 也为零杆 $F_{N45}$= 0。其余杆的内力有 $F_{N12}$= $F_{N25}$，$F_{N56}$= $F_{N68}$，$F_{N13}$= $F_{N34}$ = $F_{N47}$ = $F_{N78}$。

**例 3-16**

试用节点法计算图 3-18(a) 所示桁架的各杆内力。

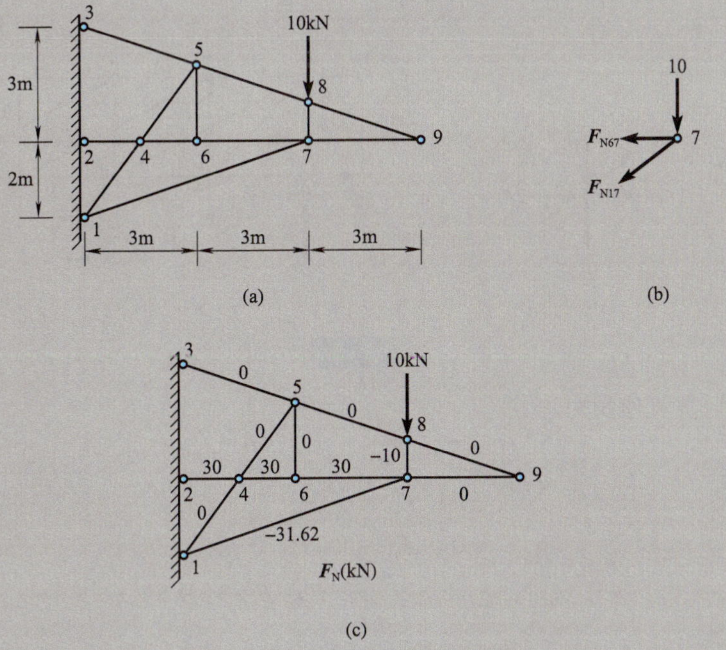


图 3-18

**解**：(1) 判断零杆。

节点 9，不共线两杆铰接，节点不受载荷，两杆均为零杆，$F_{N89}=0$，$F_{N79}=0$。

节点 8，节点受载荷作用，四力汇交，且两两共线，则每一对共线的两个力大小相等，$F_{N58}=F_{N89}=0$，$F_{N87}=-10\text{kN}$。

节点 6，节点不受载荷，两杆共线，第三杆为零杆，所以 $F_{N56}=0$，$F_{N46}=F_{N67}$。

节点 5，已知 $F_{N58}=F_{N56}=0$，节点不受载荷，另外两杆为零杆，所以 $F_{N35}=F_{N45}=0$。

节点 4，四力汇交，且两两共线，则每一对共线的两个力大小相等，所以 $F_{N14}=F_{N45}=0$，$F_{N24}=F_{N46}$。

(2) 计算其余各杆内力。

节点 7(图 3-18(b))，由 $\sum F_y=0$，$-F_{17}\times\dfrac{2}{2\sqrt{10}}-10\text{kN}=0$，得 $F_{N17}=-31.62\text{kN}$。

由 $\sum F_x=0$，$-F_{N67}-F_{N17}\times\dfrac{6}{2\sqrt{10}}=0$，得 $F_{N67}=30\text{kN}$。

节点 6，$F_{N24}=F_{N46}=30\text{kN}$。

内力图如图 3-18(c) 所示。

**例 3-17**

试用节点法计算图 3-19(a) 所示桁架的各杆内力。

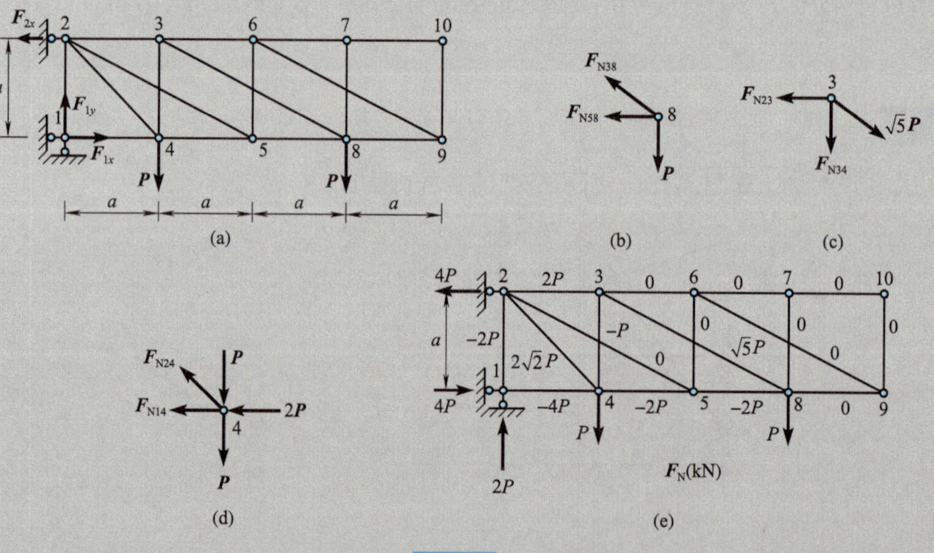

图 3-19

**解**：(1) 计算支座反力。

$$\sum M_1=0,\quad F_{2x}a-P\cdot a-P\cdot 3a=0$$

$$\sum F_x=0,\quad F_{1x}-F_{2x}=0$$

$$\sum F_y=0,\quad F_{1y}-P-P=0$$

解得

$$F_{2x}=4P,\quad F_{1x}=4P,\quad F_{1y}=2P$$

(2) 判断零杆。

节点 10，不共线两杆铰接，节点不受载荷，两杆均为零杆，所以 $F_{N910}=0$，$F_{N710}=0$。

节点 7，三杆铰接，节点不受载荷，且已知 $F_{N710}=0$，所以 $F_{N67}=0$，$F_{N78}=0$。

节点 9，三杆铰接，节点不受载荷，且已知 $F_{N910}=0$，所以 $F_{N69}=0$，$F_{N89}=0$。

节点 6，节点不受载荷，两杆共线，且已知 $F_{N69}=0$，$F_{N67}=0$，所以 $F_{N36}=0$，$F_{N65}=0$。

节点 5，节点不受载荷，四力汇交，且已知 $F_{N56}=0$，有两杆共线，共线的两个力大小相等，另外的一根杆为零杆，所以 $F_{N58}=F_{N45}$，$F_{N25}=0$。

(3) 计算其余各杆内力。

节点 8(图 3-19(b))：

由 $\sum F_y=0$，$F_{N38}\times\dfrac{1}{\sqrt{5}}-P=0$，得 $F_{N38}=\sqrt{5}P$。

由 $\sum F_x=0$，$-F_{N38}\times\dfrac{2}{\sqrt{5}}-F_{N58}=0$，得 $F_{N58}=-2P$。

节点 5，$F_{N45}=F_{N58}=-2P$。

节点 3(图 3-19(c))：

由 $\sum F_y=0$，$-F_{N34}-\sqrt{5}P\times\dfrac{1}{\sqrt{5}}=0$，得 $F_{N34}=-P$。

由 $\sum F_x=0$，$-F_{N23}+\sqrt{5}P\times\dfrac{2}{\sqrt{5}}=0$，得 $F_{N23}=2P$。

节点 1：

由 $\sum F_x=0$，得 $F_{N14}=-4P$。

由 $\sum F_y=0$，得 $F_{N12}=-2P$。

节点 4(图 3-19(d))：

由 $\sum F_y=0$，$F_{N24}\times\dfrac{1}{\sqrt{2}}-P-P=0$，得 $F_{N24}=2\sqrt{2}P$。

内力图如图 3-19(e) 所示。

### 3. 用截面法计算桁架的内力

**截面法**是通过需要求内力的杆件作一适当的截面，将桁架分为两部分，然后取其中任一部分为研究对象。根据它的平衡条件去求未知的杆件内力。这一方法适用于简单桁架中只需计算少数杆件的内力以及联合桁架中的内力分析等情况。为便于计算，最好使所建立的每一个平衡方程都只包含一个未知力。为此，可适当地选择矩心，列出力矩平衡方程进行解算。

**例 3-18**

试求图 3-20(a) 所示桁架中杆件 a、b、c 的内力。

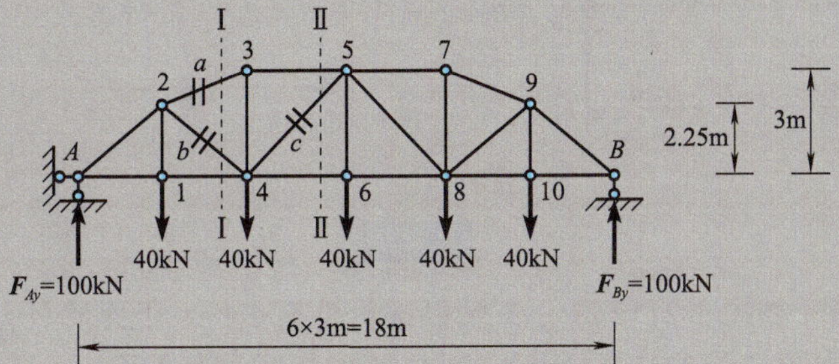


(a)

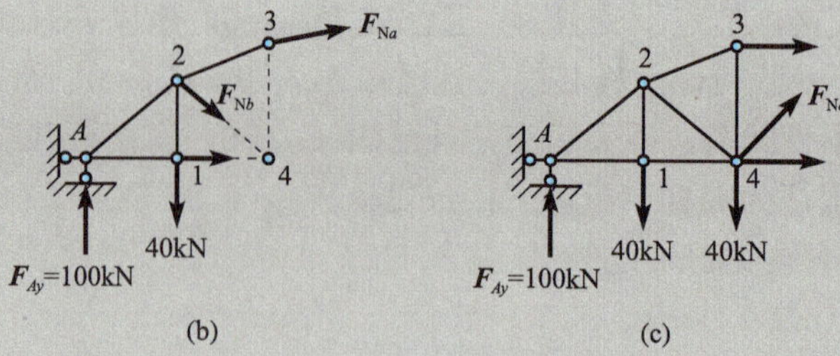


图 3-20

**解**：(1) 求杆件 $a$ 的内力 $F_{Na}$。作截面 I-I 取其左边部分为研究对象，画受力图如图 3-20(b) 所示。将 $F_{Na}$ 沿作用线移至节点 3，列平衡方程。

$$\sum M_4 = 0，\quad 40\text{kN}\times 3\text{m} - 100\text{kN}\times 6\text{m} - F_{Na}\times\frac{3}{3.092}\times 3\text{m} = 0$$

解得

$$F_{Na} = -164.91\text{kN}$$

(2) 求杆件 $b$ 的内力 $F_{Nb}$。仍取截面 I-I 左边部分为研究对象，如图 3-20(b) 所示，列平衡方程。

$$\sum F_y = 0，\quad F_{Na}\times\frac{0.75}{3.092} - F_{Nb}\times\frac{2.25}{3.75} + 100\text{kN} - 40\text{kN} = 0$$

解得

$$F_{Nb} = 33.33\ \text{kN}$$

(3) 求杆件 $c$ 的内力 $F_{Nc}$。取截面 II-II 左边部分为研究对象，如图 3-20(c) 所示，列平衡方程。

$$\sum F_y = 0，\quad F_{Nc}\times\frac{3}{3\sqrt{2}} + 100\text{kN} - 40\text{kN} - 40\text{kN} = 0$$

解得

$$F_{Nc} = -28.28\ \text{kN}$$

## 例 3-19

试用截面法求图 3-21(a) 所示桁架杆 $a$ 的内力 $F_{Na}$。

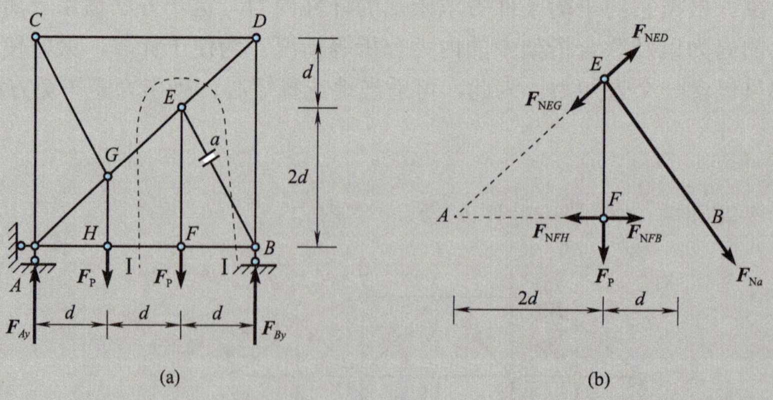


图 3-21

**解**：取截面 I-I 如图 3-21(a) 所示，截断的杆件有 5 根，但是除杆 $a$ 外，其余四杆均交于 $A$ 点，画受力图如图 3-21(b) 所示，对 $A$ 点取矩列平衡方程。

$$\sum M_A = 0, \quad F_P \cdot 2d + F_{Na} \cdot \frac{2}{\sqrt{5}} \cdot 2d + F_{Na} \cdot \frac{1}{\sqrt{5}} \times 2d = 0$$

解得

$$F_{Na} = -\frac{\sqrt{5}}{3} F_P$$

### 4. 节点法与截面法的联合应用

对于某一杆件内力，如果只用一个节点的平衡条件或只作一次截面均无法解决时，可把节点法和截面法联合起来应用。

**例 3-20**

试求图 3-22(a)所示桁架中杆 $a$、$b$ 的内力。

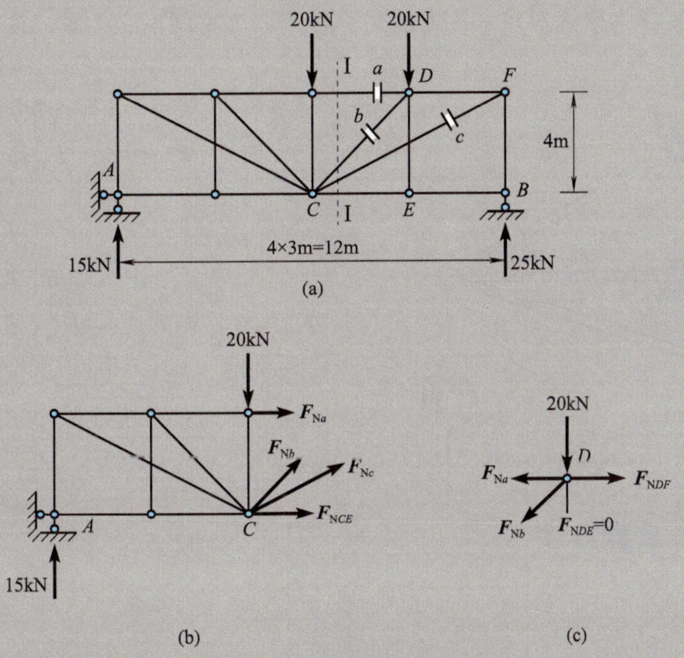


图 3-22

**解：**(1)求出支座约束反力。

由 $\sum M_A = 0$，$F_{By} \times 12 - 20 \times (9+6) = 0$，解得 $F_{By} = 25\text{kN}$。

由 $\sum F_y = 0$，$F_{Ay} + F_{By} - 20 - 20 = 0$，解得 $F_{Ay} = 15\text{kN}$。

(2)求杆 $a$ 的内力。作截面 I-I 并取其左部分为研究对象，画受力图如图 3-22(b)所示。此截面截断了 4 根链杆，由节点 $C$ 的平衡条件得

$$\sum M_C = 0, \quad F_{Na} \times 4 + 15 \times 6 = 0$$

解得

$$F_{Na} = -22.5\text{kN}$$

(3)求杆 $b$ 的内力。由节点 $E$ 可判断杆 $ED$ 为零杆。取节点 $D$ 为研究对象，画受力图如图 3-22(c)所示。由 $\sum F_y = 0$，$F_{Nb} \times \frac{4}{5} + 20 = 0$，解得 $F_{Nb} = -25\text{kN}$。

# 3.5 空间力系的平衡问题

对于空间力系作用下的单个物体，一般力系只能列出 6 个独立的平衡方程，可求解 6 个未知量。对于空间汇交力系、空间平行力系，独立的平衡方程只有 3 个，为简化计算，尽量避免方程联立求解，争取一个方程只含有一个未知量。

**例 3-21**

三杆桁架如图 3-23 所示，$\triangle OCA$ 和$\triangle OCB$ 为直角三角形。试求各杆所受的力。

**解：** 以节点 $O$ 为研究对象，各力汇交于 $O$ 点，为空间汇交力系，独立的平衡方程有 3 个。

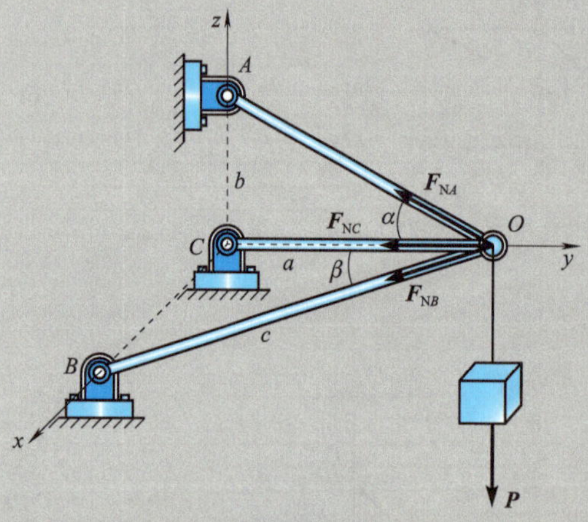


图 3-23

由 $\sum F_x = 0$，$F_{NB}\sin\beta = 0$，得 $F_{NB} = 0$。

由 $\sum F_z = 0$，$F_{NA}\sin\alpha - P = 0$，得 $F_{NA} = \dfrac{P}{\sin\alpha}$。

由 $\sum F_y = 0$，$-F_{NA}\cos\alpha - F_{NB}\cos\beta - F_{NC} = 0$，得 $F_{NC} = -F_{NA}\cos\alpha$。

其中，$\sin\alpha = \dfrac{b}{\sqrt{a^2+b^2}}$，$\cos\alpha = \dfrac{a}{\sqrt{a^2+b^2}}$，

则 $F_{NA} = \dfrac{\sqrt{a^2+b^2}}{b}P$（拉力），$F_{NC} = -\dfrac{a}{b}P$（压力），$F_{NB} = 0$。

**例 3-22**

图 3-24 所示起重装置的三根脚杆 $AD$、$BD$、$CD$ 和绳索 $ED$ 均与水平面成 60° 的倾角，$\triangle ABC$ 为等边三角形。已知重物的重量 $W$=30kN，试求各脚杆所受的力。

**解：** 以滑轮 $D$ 为研究对象，各力汇交于 $D$ 点，为空间汇交力系，建立空间直角坐标系，画受力图如图 3-24 所示，列出独立的平衡方程有 3 个。

$$\sum F_x = 0,\ \sum F_y = 0,\ \sum F_z = 0$$

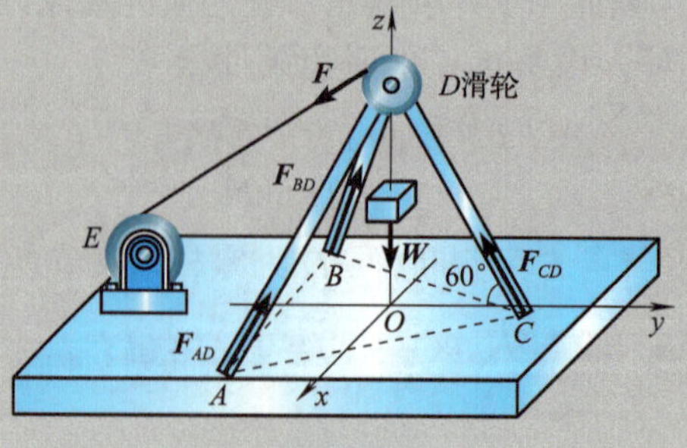


图 3-24

力在各坐标轴上的投影表

| | $F_x$ | $F_y$ | $F_z$ |
|---|---|---|---|
| $F_{AD}$ | $-F_{AD}\cos60^\circ\cos30^\circ=-\frac{\sqrt{3}}{4}F_{AD}$ | $F_{AD}\cos60^\circ\sin30^\circ=\frac{1}{4}F_{AD}$ | $F_{AD}\sin60^\circ=\frac{\sqrt{3}}{2}F_{AD}$ |
| $F_{BD}$ | $F_{BD}\cos60^\circ\cos30^\circ=\frac{\sqrt{3}}{4}F_{BD}$ | $F_{BD}\cos60^\circ\sin30^\circ=\frac{1}{4}F_{BD}$ | $F_{BD}\sin60^\circ=\frac{\sqrt{3}}{2}F_{BD}$ |
| $F_{CD}$ | 0 | $-F_{CD}\cos60^\circ=-\frac{1}{2}F_{CD}$ | $F_{CD}\sin60^\circ=\frac{\sqrt{3}}{2}F_{CD}$ |
| $F$ | 0 | $-F\cos60^\circ=-15\text{ kN}$ | $-F\sin60^\circ=-15\sqrt{3}\text{ kN}$ |
| $W$ | 0 | 0 | $-W=-30\text{ kN}$ |

$$\sum F_x=0,\quad -\frac{\sqrt{3}}{4}F_{AD}+\frac{\sqrt{3}}{4}F_{BD}=0$$

$$\sum F_y=0,\quad \frac{F_{AD}}{4}+\frac{F_{BD}}{4}-\frac{F_{CD}}{2}-15=0$$

$$\sum F_z=0,\quad \frac{\sqrt{3}}{2}F_{AD}+\frac{\sqrt{3}}{2}F_{BD}+\frac{\sqrt{3}}{2}F_{CD}-15\sqrt{3}-30=0$$

解得 $F_{AD}=F_{BD}=31.55\text{ kN}$（压力），$F_{CD}=1.55\text{ kN}$（压力）

**例 3-23**

图 3-25 所示传动轴，已知齿轮 $A$ 直径为 $d$，皮带轮 $C$ 直径为 $3d$，皮带力 $F_{T1}=2F_{T2}$，齿轮的压力角为 $\alpha$，试求轴承 $B$、$D$ 的支反力和齿轮的啮合力 $\boldsymbol{F}$。

**解：** 以传动轴为研究对象，建立空间直角坐标系，画受力图如图 3-25 所示，列 6 个平衡方程。

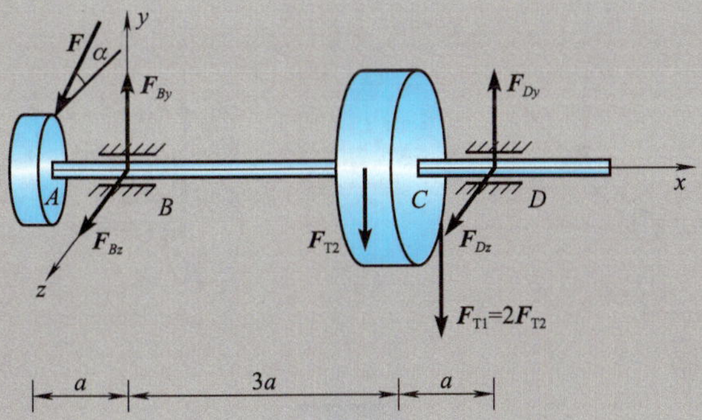


图 3-25

$$\sum F_x=0\text{（自然满足）}$$

$$\sum M_x=0,\quad F\cos\alpha\cdot\frac{d}{2}+F_{T2}\cdot\frac{3d}{2}-F_{T1}\cdot\frac{3d}{2}=0,\ \text{得}\ F=\frac{3F_{T2}}{\cos\alpha}$$

$$\sum M_y=0,\quad F\cos\alpha\cdot a-F_{Dz}\cdot 4a=0,\ \text{得}\ F_{Dz}=\frac{F\cos\alpha}{4}=\frac{3}{4}F_{T2}$$

$$\sum F_z=0,\quad F_{Bz}+F_{Dz}+F\cos\alpha=0,\ \text{得}\ F_{Bz}=-\frac{15}{4}F_{T2}$$

$$\sum M_z=0,\quad F\sin\alpha\cdot a-(F_{T1}+F_{T2})\cdot 3a+F_{Dy}\cdot 4a=0,\ \text{得}\ F_{Dy}=\frac{3}{4}F_{T2}(3-\tan\alpha)$$

$$\sum F_y = 0，\ F_{By} + F_{Dy} - F\sin\alpha - F_{T2} - F_{T1} = 0，得 F_{By} = \frac{3}{4}F_{T2}(1+5\tan\alpha)$$

**例 3-24**

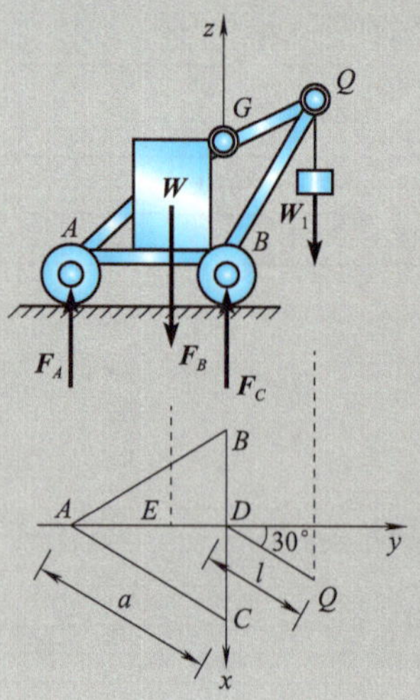

图 3-26

图 3-26 为起重机简图，机身重 $W$=100kN，重力作用线通过 $E$ 点；三个轮子 $A$、$B$、$C$ 与地面接触点的连线 $ABC$ 为等边三角形。$CD=BD$，$DE=AD/3$；起重臂 $QGD$ 可绕铅垂轴 $GD$ 转动。已知 $a$ =5m，$l$=3.5m。载重 $W_1$=30kN 且通过起重臂的铅垂平面与起重机机身的对称铅垂面(即 $yDz$ 平面)的夹角为 $\alpha$=30°。试求三个轮子 $A$、$B$、$C$ 对地面的压力。

**解：**以起重机连同重物为研究对象，建立图 3-26 所示空间直角坐标系，画受力图。各力平行于 $z$ 轴，组成空间平行力系，列 3 个平衡方程。

$$\sum M_x = 0，-F_A \cdot a\sin 60° + W \cdot a\sin 60°/3 - W_1 \cdot l\cos 30° = 0$$

$$\sum M_y = 0，\ F_B \cdot a/2 - F_C \cdot a/2 + W_1 \cdot l\sin 30° = 0$$

$$\sum F_z = 0，\ F_B + F_C + F_A - W_1 - W = 0$$

解得 $F_A = 12.3\text{kN}$，$F_B = 48.3\text{kN}$，$F_C = 69.4\text{kN}$

**例 3-25**

如图 3-27(a)所示镗刀杆，已知刀头受力 $F_x = 0.75\text{kN}$，$F_y = 1.5\text{kN}$，$F_z = 5\text{kN}$。试求根部 $A$ 的约束反力。

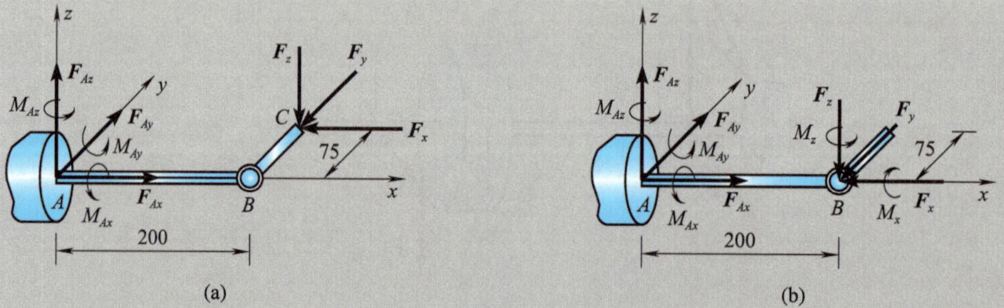

图 3-27

**解：**以镗刀杆为研究对象，建立图 3-27(a)所示空间直角坐标系，画受力图，各力向 $B$ 点平移如图 3-27(b)所示，附加力偶为

$M_z = F_x \times 0.075\text{m} = 56.25\text{N}\cdot\text{m}$，$M_x = F_z \times 0.075\text{m} = 375\text{N}\cdot\text{m}$

列 $AB$ 杆的 6 个平衡方程。

$$\sum F_x = 0，\ F_{Ax} - F_x = 0，得 F_{Ax} = F_x = 0.75\text{kN}$$

$$\sum F_y = 0，\ F_{Ay} - F_y = 0，得 F_{Ay} = F_y = 1.5\text{kN}$$

$$\sum F_z = 0，\ F_{Az} - F_z = 0，得 F_{Az} = F_z = 5\text{kN}$$

$$\sum M_z = 0，\ M_{Az} + M_z - F_y \cdot 0.2\text{m} = 0，得 M_{Az} = 243.8\text{N}\cdot\text{m}$$

$\sum M_x = 0$，$M_{Ax} - M_x = 0$，得 $M_{Ax}$=375N·m

$\sum M_y = 0$，$M_{Ay} + F_z \cdot 0.2\text{m} = 0$，得 $M_{Ay} = -1000\text{N} \cdot \text{m}$

例 3-26

图 3-28 所示水平的矩形均质板重 $W$，用 6 根直杆支承，直杆两端均为球铰。试求各支杆受的力。

**解**：以板为研究对象，画受力图，6 根直杆均为二力杆

$\sum M_{AB} = 0$，$-F_6 b - W \cdot \dfrac{b}{2} = 0$，得

$F_6 = -\dfrac{W}{2}$

$\sum M_{AE} = 0$，得 $F_5 = 0$

$\sum M_{AC} = 0$，得 $F_4 = 0$

$\sum M_{BF} = 0$，得 $F_1 = 0$

$\sum M_{EG} = 0$，得 $F_3 = 0$

$\sum M_{FG} = 0$，$-F_2 a - W \cdot \dfrac{a}{2} = 0$，得

$F_2 = -\dfrac{W}{2}$

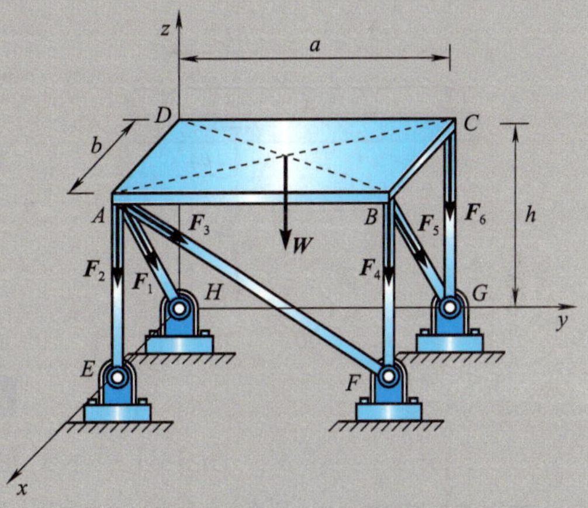

图 3-28

# 3.6　静定和静不定问题的概念

仅用静力平衡方程便能求解结构的全部约束反力或内力的问题称为**静定问题**，这类结构称为**静定结构**。在静定结构中，所有的约束或构件都是必需的，缺少任何一个都将使结构失去保持平衡或确定的几何形状的能力。

为了提高结构的强度和刚度，有时需增加一些约束或构件，而这些约束或构件对维持结构平衡来讲是多余的，习惯上称为**多余约束**。由于多余约束的存在，使得单凭静力平衡方程不能解出全部反力或全部内力，这类问题称为**静不定问题**，又称为超**静定问题**。这类结构称为**静不定结构**，或**超静定结构**。

与多余约束对应的支反力或内力，称为**多余未知力**。一个结构如果有 $n$ 个多余未知力，则称为 $n$ **次静不定结构**，$n$ 称为**静不定次数**。显然，静不定次数等于全部未知力数目与全部可列独立平衡方程数目之差。求解静不定结构时，除了独立平衡方程之外，还要依据结构连续性需满足的变形协调条件及变形与内力间的关系建立 $n$ 个补充方程。

图 3-29(a)所示为车床加工工件，其力学简图如图 3-29(b)所示，固定端有 3 个约束力，可动铰支座有 1 个约束力，共 4 个未知力，可列 3 个独立平衡方程，为 1 次静不定问题。

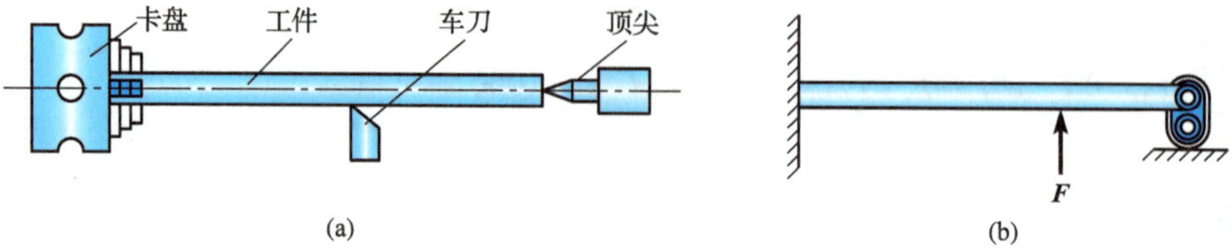


图 3-29

图 3-30(a)所示为吊车大梁，其力学简图如图 3-30(b)所示，固定铰支座有 2 个约束力，2 个可动铰支座有 2 个约束力，共 4 个未知力，可列 3 个独立平衡方程，为 1 次静不定问题。

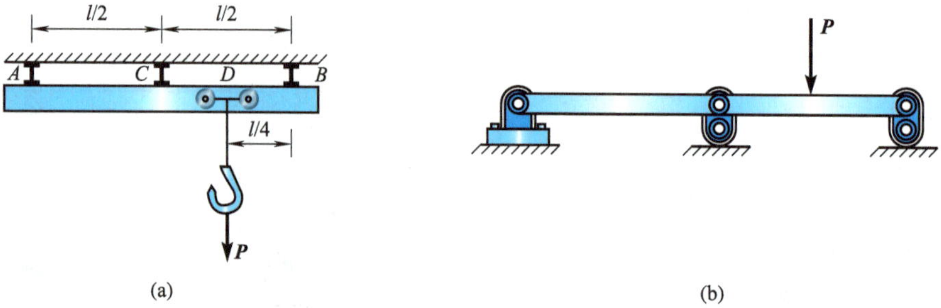


图 3-30

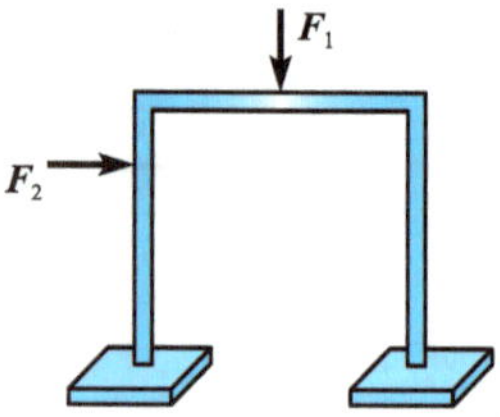


图 3-31

图 3-31 所示平面刚架，每个固定端有 3 个约束力，共 6 个未知力，可列 3 个独立平衡方程，为 3 次静不定问题。

图 3-32(a)所示为起重机吊起大梁，其受力如图 3-32(b)所示，为平面汇交力系，共 3 个未知力，可列 2 个独立平衡方程，为 1 次静不定问题。

图 3-33(a)所示为简易支架，其水平横梁受力如图 3-33(b)所示，固定铰支座有 2 个约束力，每根二力杆有 1 个约束力，共 4 个未知力，可列 3 个独立平衡方程，为 1 次静不定问题。

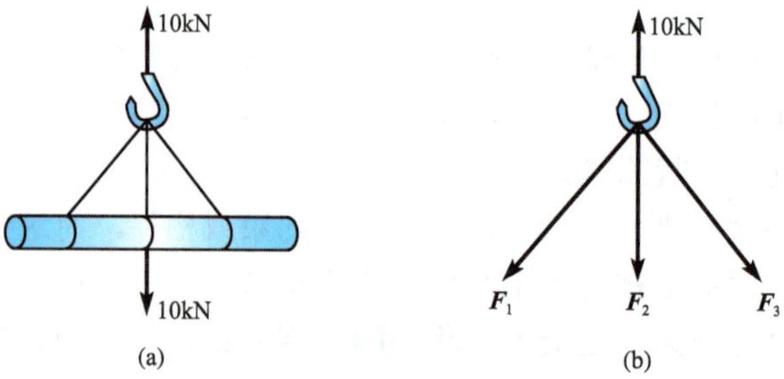


图 3-32

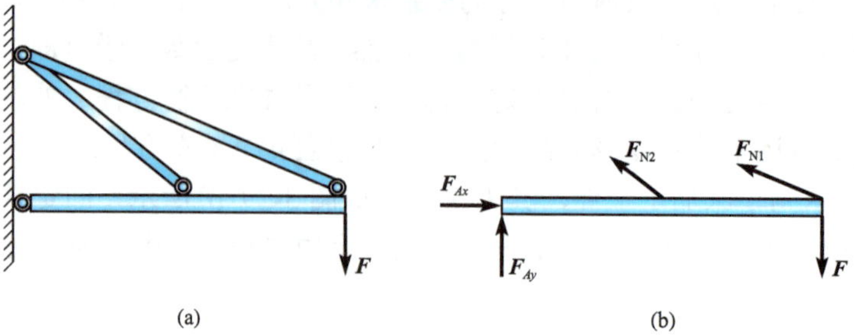


图 3-33

图 3-34(a)所示为钢筋混凝土立柱，受力如图 3-34(b)所示，为共线力系，共 2 个未知力，可列 1 个独立平衡方程，为 1 次静不定问题。

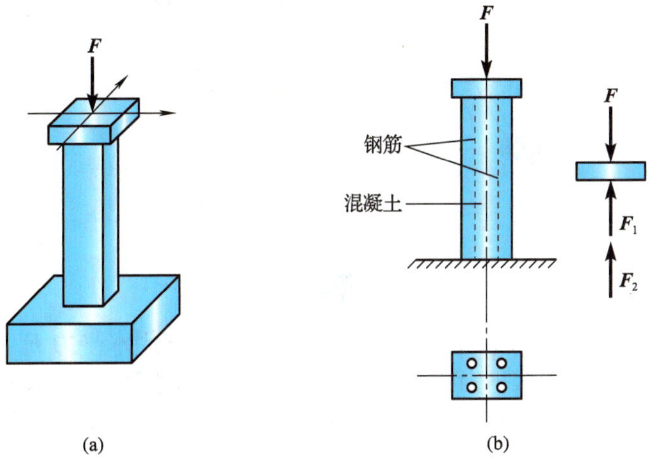


图 3-34

在求解静不定问题时，把研究对象看作是可变形体，利用材料力学或结构力学中的原理，通过分析变形几何关系，物理关系(力与变形间的关系)得到补充方程，与静力学平衡方程联立求解。

工程上很多结构是静不定的，因为静不定结构比静定结构能较经济地利用材料，也比较牢固。

## 习　题

3-1　如图所示，一均质球重 $W=100$ kN，放在两个相交的光滑斜面之间。斜面 $AB$ 的倾角为 $\alpha=45°$，斜面 $BC$ 的倾角为 $\beta=60°$。试求两斜面的反力 $\boldsymbol{F}_D$ 和 $\boldsymbol{F}_E$ 的大小。

3-2　如图所示，用两根绳子 $AC$ 和 $BC$ 悬挂一个重 $W=1$kN 的物体。绳 $AC$ 长 0.8m，绳 $BC$ 长 1.6m，$A$、$B$ 两点在同一水平线上，相距 2m。试求这两根绳子所受的拉力。

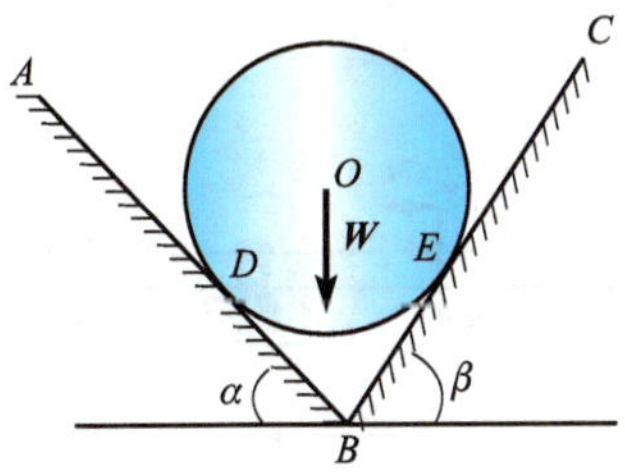


题 3-1 图

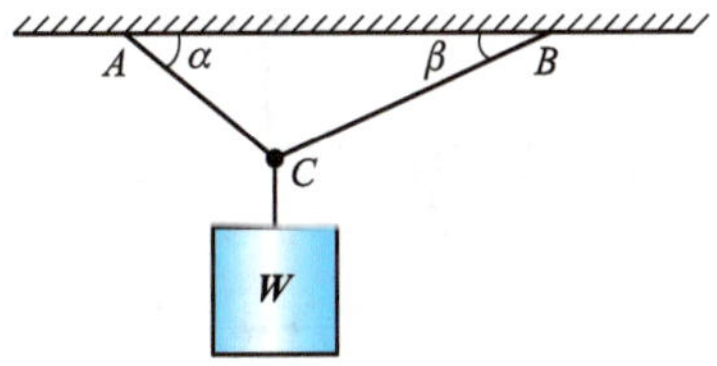


题 3-2 图

3-3　支架由杆 $AB$、$AC$ 构成，$A$、$B$、$C$ 三处均为铰链，在 $A$ 点悬挂重为 $\boldsymbol{W}$ 的重物。各杆自重不计，求图示两种情况下，杆 $AB$、$AC$ 所受的力。

3-4　如图所示，压路机滚子重 $W=20$kN，半径 $R=40$cm，今用水平力 $\boldsymbol{F}$ 拉滚子而欲越过高 $h=80$mm 的石坎，试问 $\boldsymbol{F}$ 力应至少多大？若拉力可取任意方向，要使拉力为最小，则它与水平线的夹角 $\alpha$ 应为多大？并求此拉力的最小值。

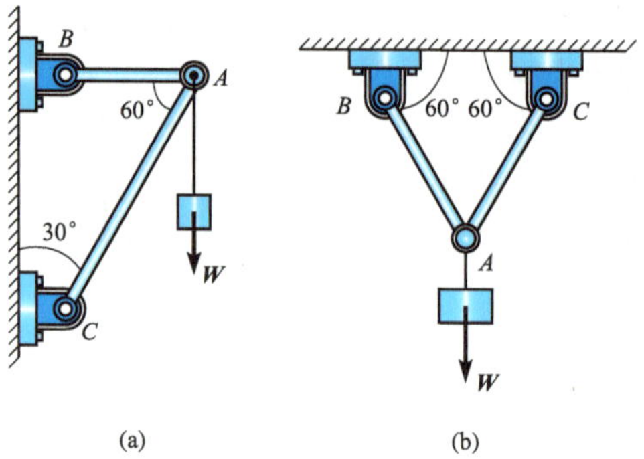


题 3-3 图

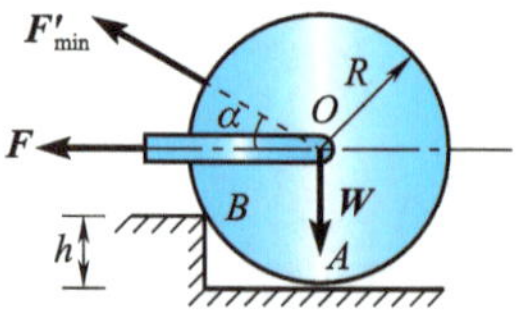


题 3-4 图

3-5 压榨机 $ABC$，在 $A$ 铰处作用水平力 $\boldsymbol{F}$，$B$ 点为固定铰链。由于水平力 $\boldsymbol{F}$ 的作用使物块 $C$ 压紧物体 $D$。若物块 $D$ 与墙壁光滑接触，压榨机尺寸如图所示。试求物体 $D$ 所受的压力 $\boldsymbol{F}_D$。

3-6 某厂房柱，高 9m，受力如图所示。已知 $F_1$=20kN，$F_2$=40kN，$F_3$=6kN，$q$=4kN/m，$\boldsymbol{F}_1$、$\boldsymbol{F}_2$ 至柱轴线的距离分别为 $e_1$=0.15m，$e_2$=0.25m。试求固定端支座 $A$ 的约束反力。

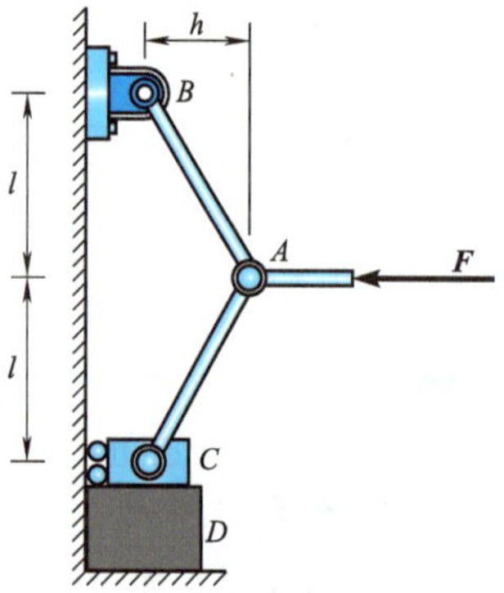


题 3-5 图

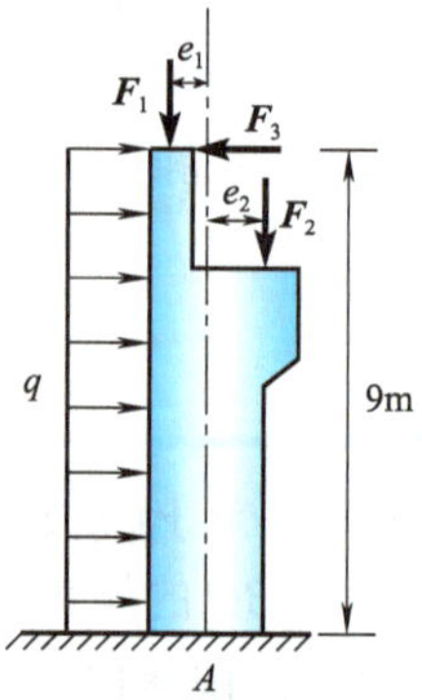


题 3-6 图

3-7 求图示各梁的支座反力。

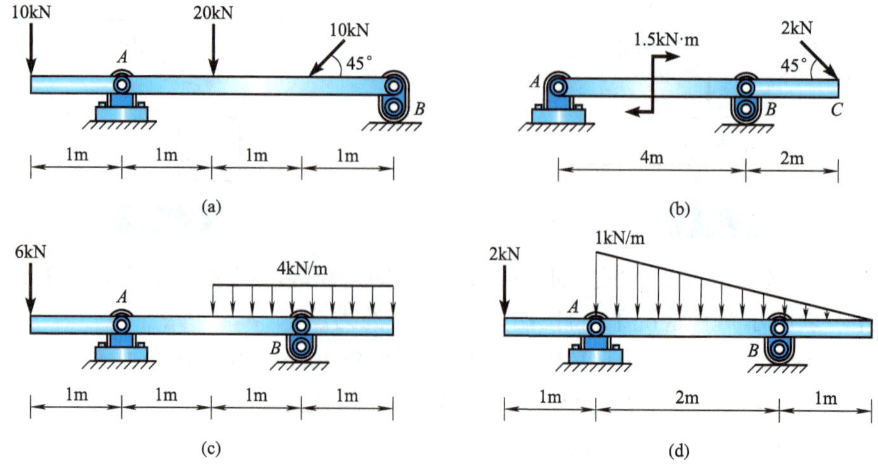


题 3-7 图

3-8　求图示刚架的支座反力。

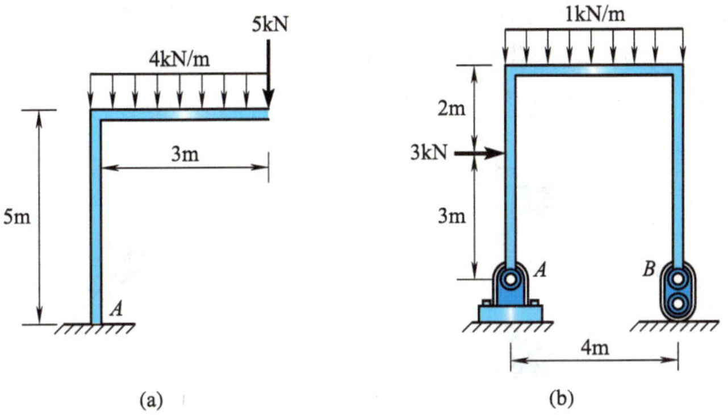


题 3-8 图

3-9　试求图示多跨静定梁的支座反力。

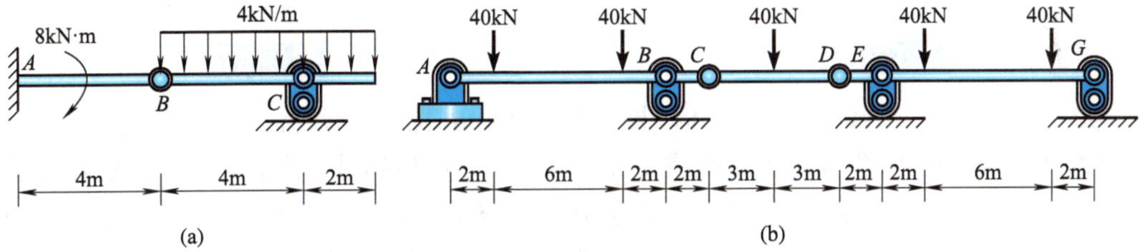


题 3-9 图

3-10　试求图示各静定平面刚架的支座反力。

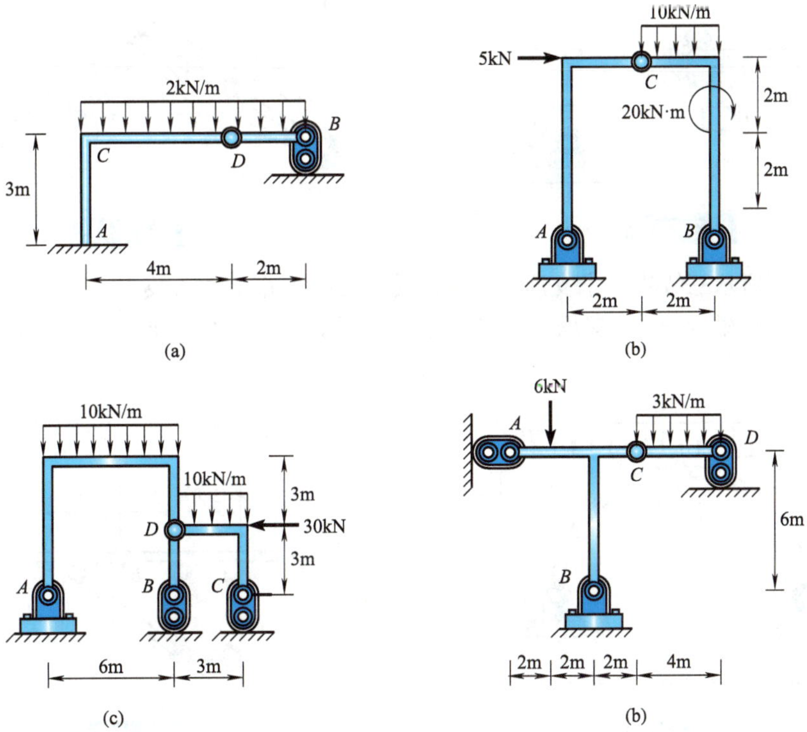


题 3-10 图

3-11　试求图示结构中 $AC$ 和 $BC$ 两杆所受的力。

3-12　手动钢筋剪切机由手柄 $AB$、杠杆 $CHD$ 和链杆 $DE$ 用铰链连接而成。图中长度以 cm 计。手柄以及杠杆的 $DH$ 段是铅垂的，铰链 $C$、$E$ 中心的连线是水平的。当在 $A$ 处用水平力 $F$=100N 作用在手柄上且机构在图示位置时，试求杠杆的水平刀口 $H$ 作用于钢筋的力。

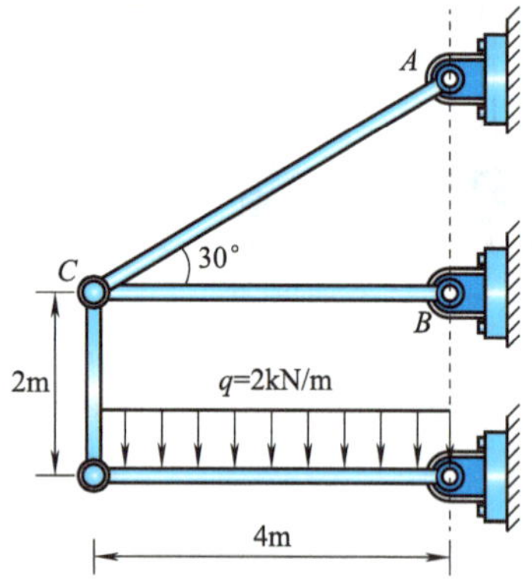


题 3-11 图

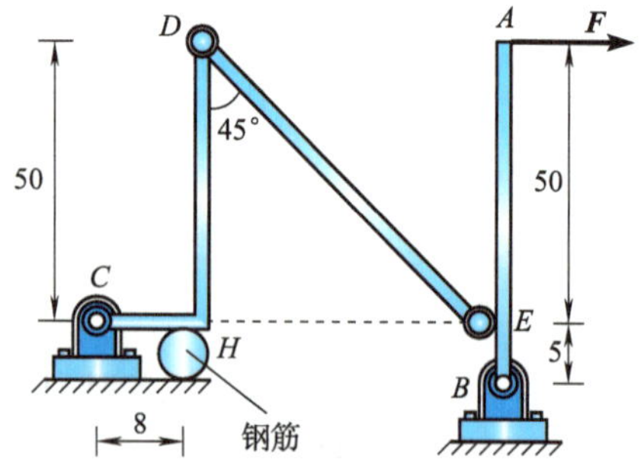


题 3-12 图

3-13　如图所示，悬臂梁 $AB$ 的 $A$ 端嵌固在墙内，$B$ 端装有滑轮，用以吊起重物。设重物的重量为 $\boldsymbol{W}$，又 $AB=l$，斜绳与铅垂线成 $\alpha$ 角，当重物匀速吊起时，试求固定端 $A$ 的约束反力。

3-14　对称屋架 $ABC$ 的 $A$ 点用铰链固定，$B$ 点用滚子搁在光滑的水平面上。屋架重 100kN，$AC$ 边承受风压，风力均匀分布，并垂直于 $AC$，其合力等于 8kN，其他尺寸如图所示。试求支座反力。

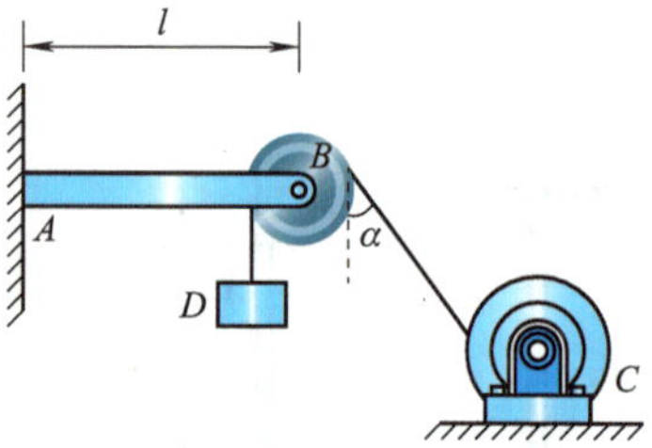


题 3-13 图

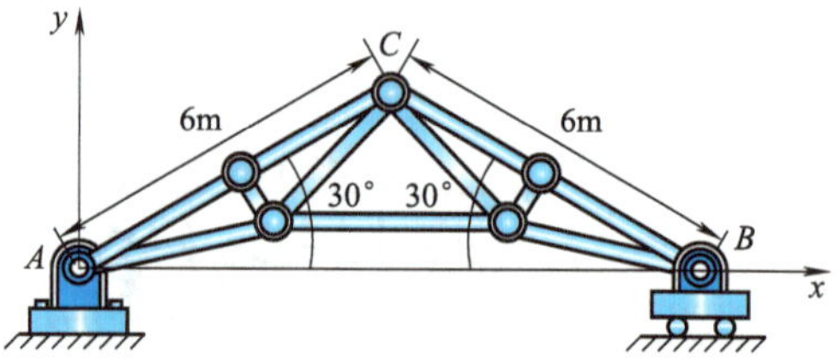


题 3-14 图

3-15　如图所示三铰拱，求支座 $A$、$B$ 的反力及铰链 $C$ 的约束反力。

3-16　一组合梁 $ABC$ 的支承及所受荷载如图所示，已知 $F$ =10kN，$M$ =6kN·m。求固定端 $A$ 的反力。

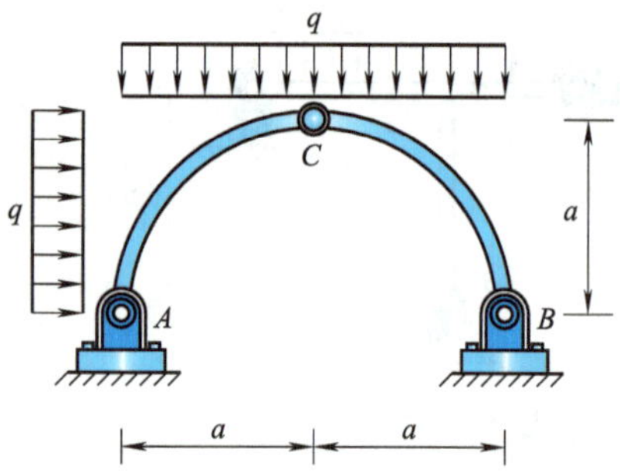


题 3-15 图

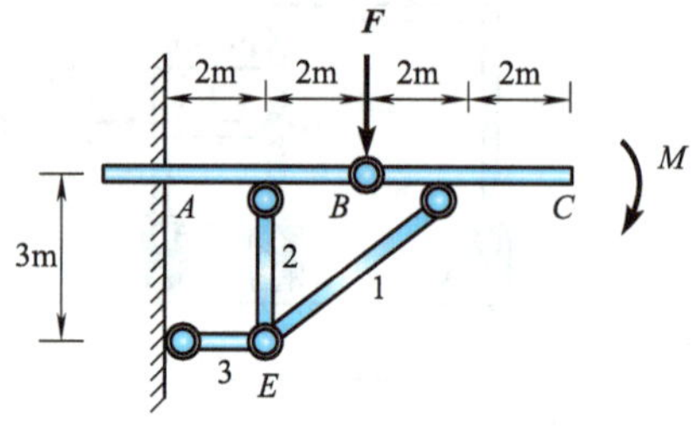


题 3-16 图

3-17　求图示各平面桁架中杆 1、2、3 的内力。

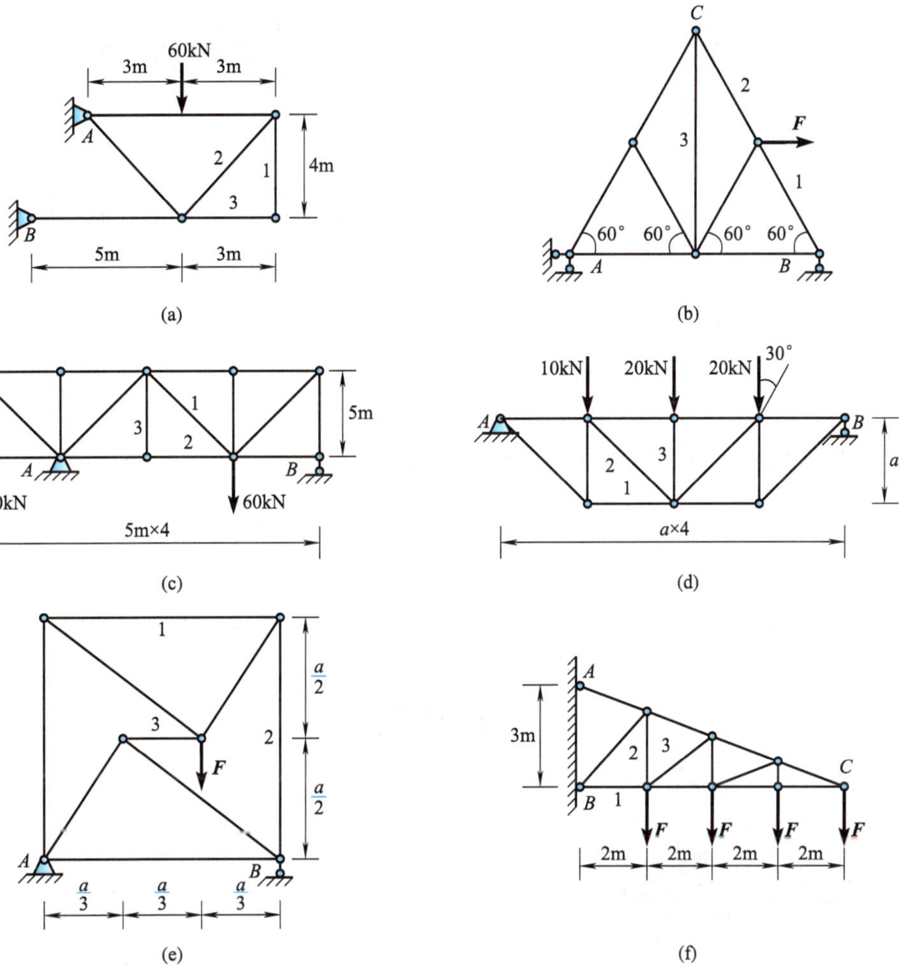


题 3-17 图

3-18　计算图示各静定组合结构中二力杆的轴力。

3-19　如图所示，重物重 $W$=1kN，由杆 $AO$ 与两根等长的水平杆 $BO$ 和 $CO$ 所支持。$A$、$B$、$C$ 处均为球铰。三杆在 $O$ 点用铰链相接，杆 $AO$ 与铅垂面的夹角为 45°，$\angle BCO=\angle CBO=$45°。分别求出三杆的内力。

3-20　如图所示，重物重 $W$=10kN，悬挂在 $D$ 点。若 $AD$、$BD$ 和 $CD$ 分别在 $A$、$B$ 和 $C$ 三点用铰链固定，并在 $D$ 处铰接在一起。试求支座 $A$、$B$ 和 $C$ 的约束反力。

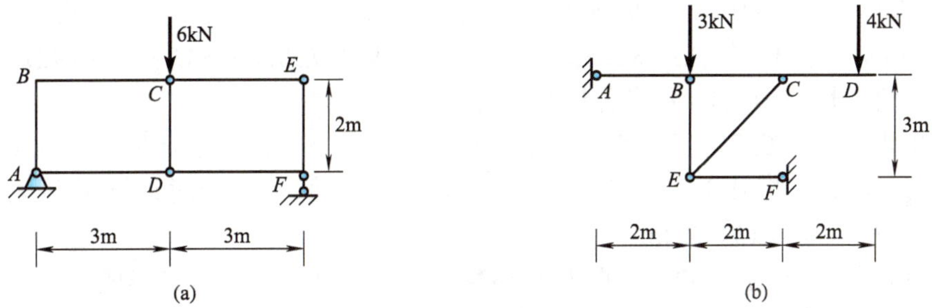

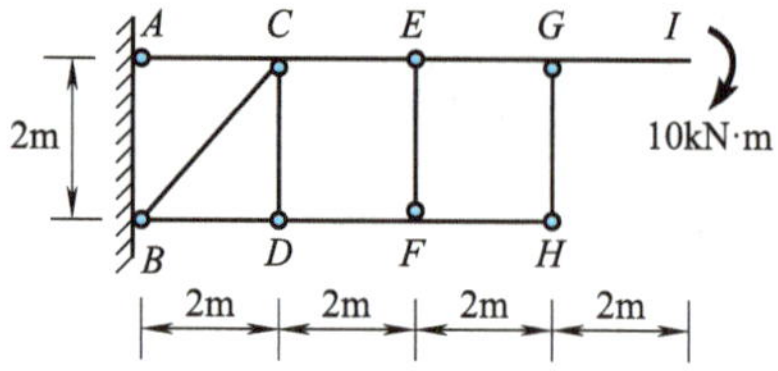


(c)

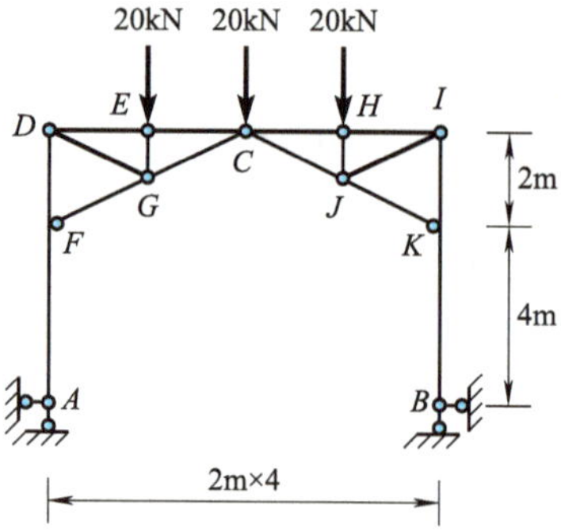


(d)

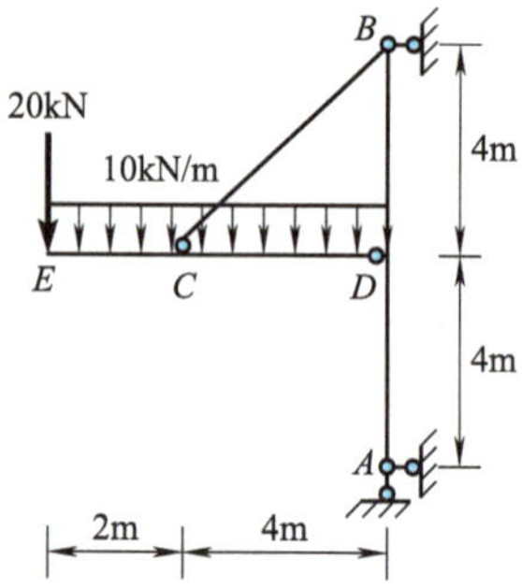


(e)

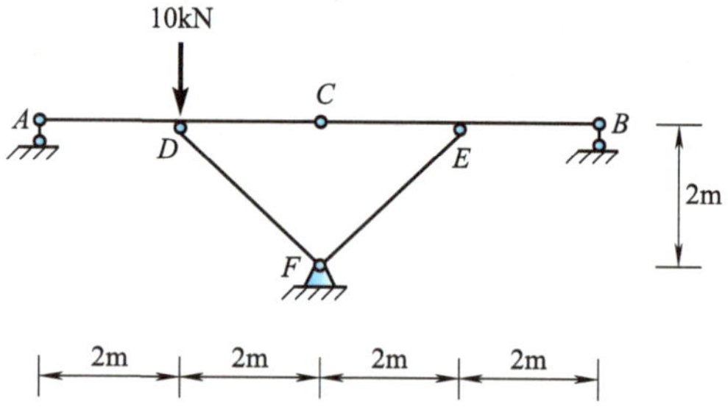


(f)

题 3-18 图

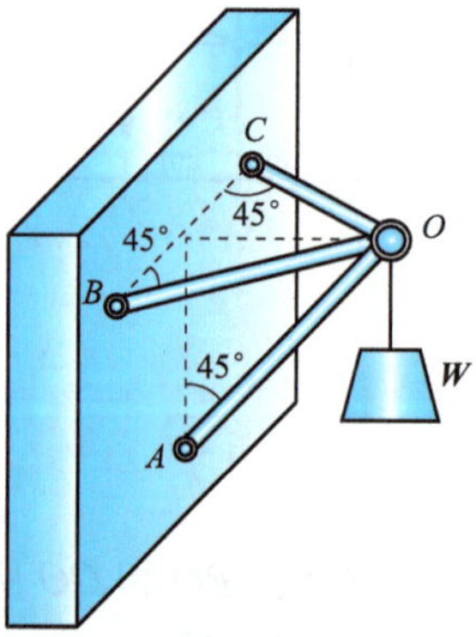


题 3-19 图

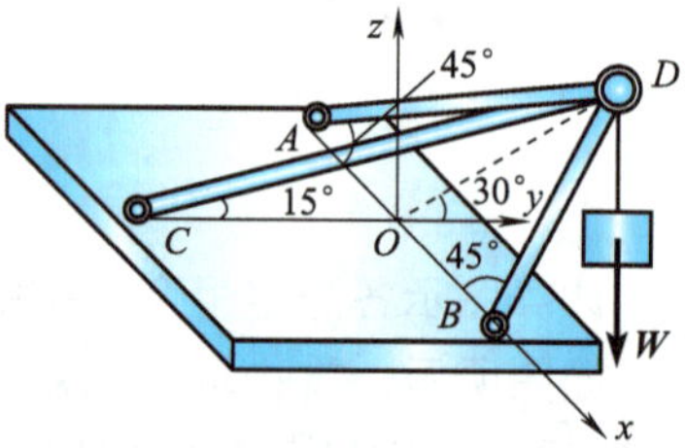


题 3-20 图

3-21 如图所示，力 $\boldsymbol{F}$ 作用在平行于 $xOz$ 的平面内，且与 $x$ 轴反方向夹角为 30°，若 $F$=1kN，试分别求出力 $\boldsymbol{F}$ 对轴 $x$、$y$、$z$ 的矩。

3-22 如图所示，空间桁架由 6 根杆构成。在节点 $A$ 上作用一力 $\boldsymbol{F}$，此力在矩形 $ABDC$ 平面内，且与铅垂线成 45°。$\triangle EAK \cong \triangle GBM$。等腰三角形 $EAK$、$GBM$ 和 $NDB$ 在顶点 $A$、$B$ 和 $D$ 处均为直角。若 $F$=10kN，试求各杆的内力。

3-23 如图所示，在三轮货车底板上的 $M$ 处放一重 $F$=1kN 的货物。$M$ 点的坐标为 $x_m$=1.1m，$y_m$=1.5m。略去货车本身的重量不计，试求每一轮子对地面的压力。已知 $AC$=$BC$=1m，$CE$=0.2m，$CD$=2.2m。

3-24 三脚圆桌的半径 $r$=50cm，重 $W$=0.6kN。圆桌的三脚 $A$、$B$ 和 $C$ 形成一等边三角形。

若在中线 $CD$ 上距圆心为 $a$ 的点 $M$ 处作用铅垂力 $F$=1.5kN，试求使圆桌不致翻倒的最大距离 $a$。

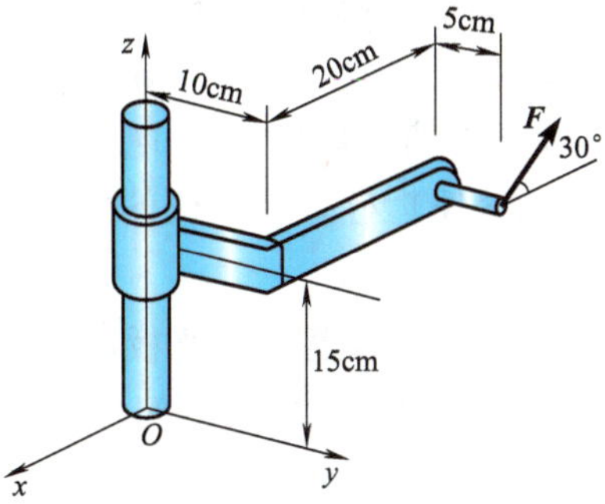


题 3-21 图

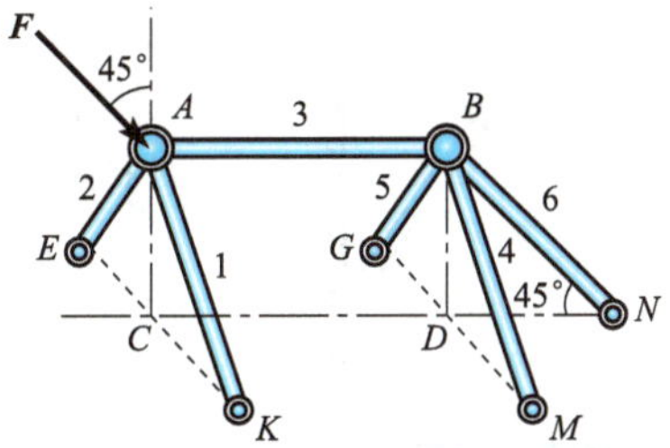


题 3-22 图

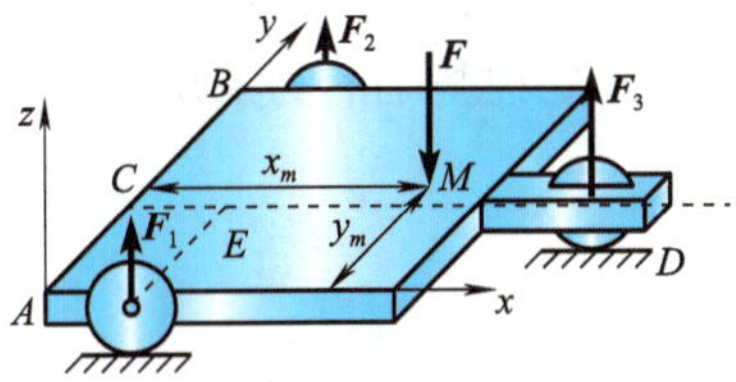


题 3-23 图

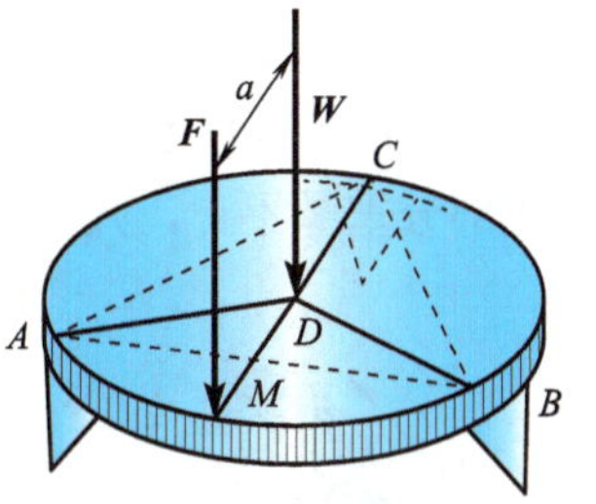


题 3-24 图

3-25 如图所示，水平轴上装有两个凸轮，凸轮上分别作用有已知力 $F_P$=0.8kN 和未知力 $\boldsymbol{F}$，图中尺寸单位为 cm。如轴平衡，试求力 $\boldsymbol{F}$ 的大小和轴承 $A$、$B$ 的反力。

3-26 如图所示，一水平放置的直角悬臂折杆，在自由端 $C$ 上作用铅垂荷载 $F$=10kN。尺寸如图所示。试求固定端 $A$ 的约束反力。

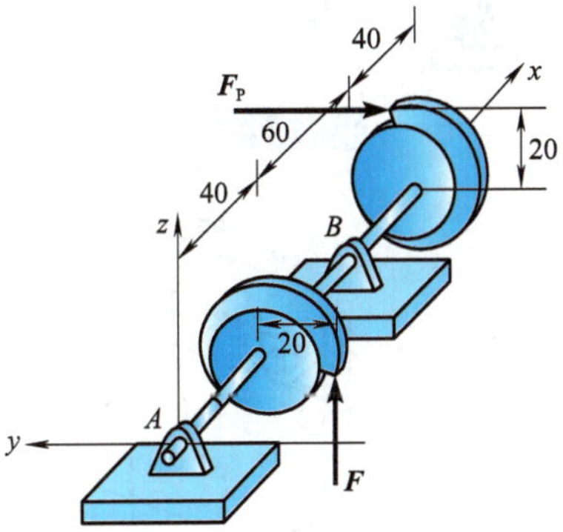


题 3-25 图

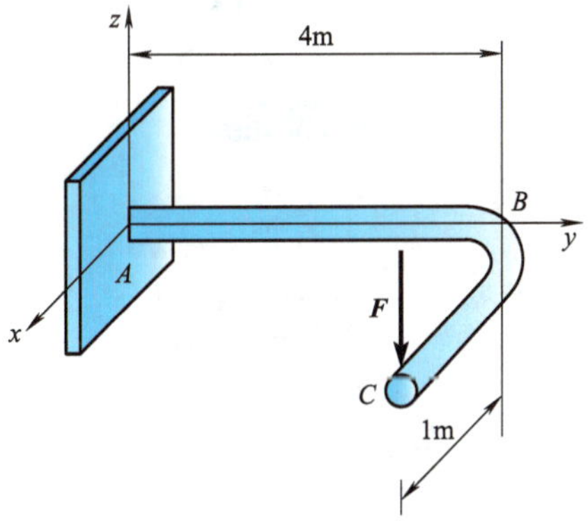


题 3-26 图

3-27 如图所示，矩形搁板 $ABCD$ 用 $DE$ 杆支撑于水平位置。撑杆 $DE$ 两端均为铰链连接，搁板连同其上重物共重 $G$=800N，重力作用线通过矩形板的几何中心。已知 $AB$=1.5m，$AD$=0.6m，$AK$=$BM$=0.25m，$DE$=0.75m。不计杆重，试求撑杆 $DE$ 所受的力 $\boldsymbol{F}$ 以及蝶铰链 $K$ 和 $M$ 的约束反力。

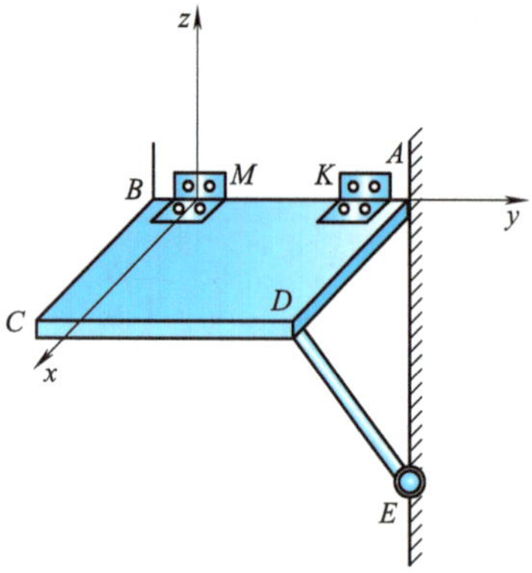


题 3-27 图

3-28 如图所示，折杆 $ABCD$ 有两个直角，即 $\angle ABC=\angle BCD=90°$，且平面 $ABC$ 与平面 $BCD$ 垂直。杆的 $D$ 端用球铰链连接于地面上，另一端 $A$ 受轴承支持。杆上分别作用三个力偶，力偶所在平面分别垂直于 $AB$、$BC$ 和 $CD$。若 $AB=a$、$BC=b$、$CD=c$，且三力偶的矩分别为 $M_1$、$M_2$ 和 $M_3$，其中 $M_2$ 和 $M_3$ 为已知。试求使折杆处于平衡的力偶矩 $M_1$ 和支座约束反力。

3-29 如图所示，用 6 根直杆支撑的水平板，在板角处受铅垂力 $\boldsymbol{F}$ 作用。试求由于力 $\boldsymbol{F}$ 所引起的各杆的内力。各杆的上下端均为铰链连接，杆重不计。

3-30 如图所示，刚架上作用 $q$=2kN/m 的均布荷载及作用线分别平行于 $x$ 轴和 $y$ 轴的集中力 $\boldsymbol{F}_1$ 和 $\boldsymbol{F}_2$。已知 $F_1$=5kN，$F_2$=4kN。试求固定端 $A$ 处的约束反力。

3-31 图示公路信号标 $S$ 板承受 700N/m$^2$ 垂直的均匀风压，信号标重量为 200N，重心在其中心，其他部分重量不计，尺寸如图所示。试求固定端 $A$ 处柱基础的约束反力。

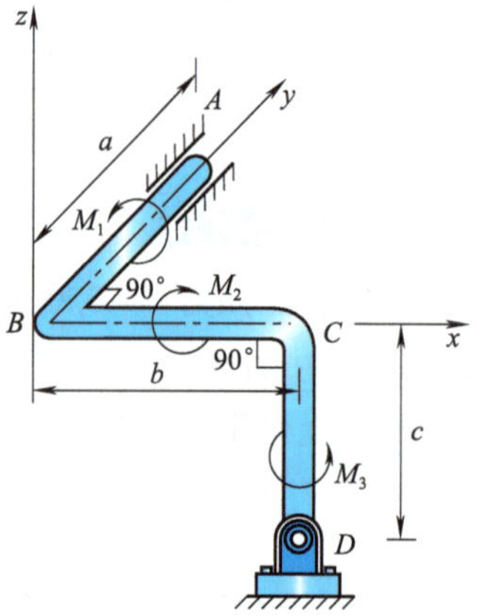


题 3-28 图

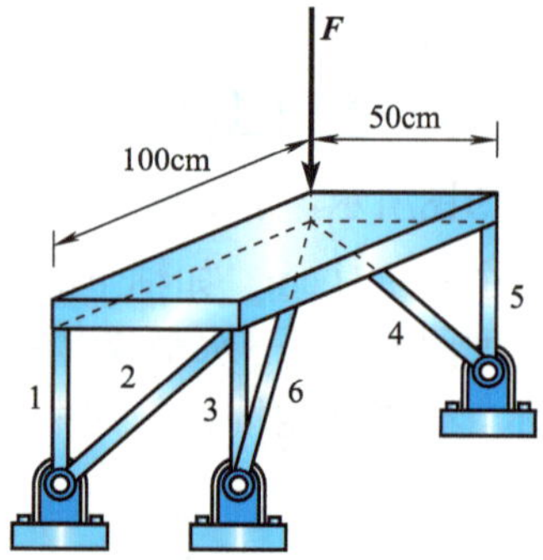


题 3-29 图

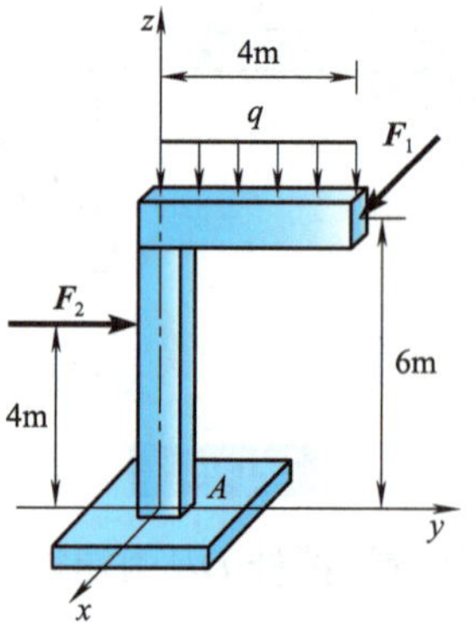


第 3 章参考答案

题 3-30 图

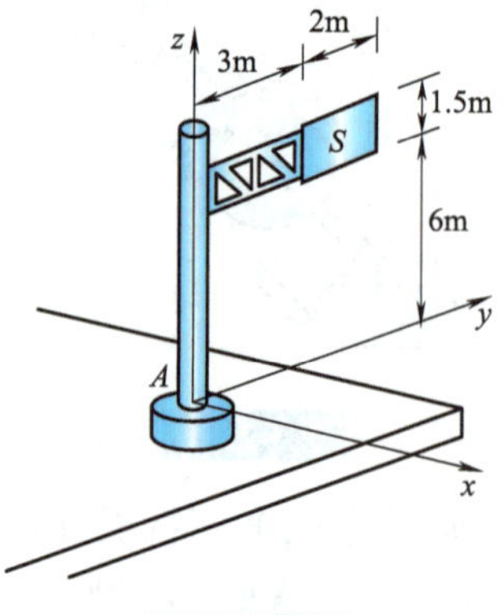


题 3-31 图

# 第4章 摩　擦

**内容提要**

本章的内容首先从摩擦的现象和基本概念出发，在追溯人类对摩擦现象的认识历程中，逐步揭示摩擦现象的机理，而后给出对不同摩擦问题的分类；接着将问题聚焦到干摩擦这类常见的摩擦现象上，以几何知识与物理定律为基础，介绍摩擦角和自锁的概念；再通过现实案例来说明摩擦角在揭示自然现象和解决日常问题时的作用；然后，对考虑摩擦时的静力平衡问题加以介绍，并给出了基本的求解思路与方法；最后，对接触面上物体发生变形而导致的滚动摩擦阻力(滚动摩阻)问题进行理论解释，并对考虑滚动摩阻的静力平衡问题给出相应的求解方法。

## 4.1 摩擦的分类与机理

摩擦作为物质世界中极为常见的一种自然现象，对整个人类社会在自然界中的存续与发展都发挥着无法回避的重要作用。人们为了能够减弱乃至消除摩擦带来的不良影响，追寻并增强摩擦对日常生产和生活的有利方面，从远古时代开始就不断尝试理解摩擦的本质和作用，直到今日，对摩擦的研究仍是自然科学领域极为重要的环节。人们对摩擦的直观印象可以用下面的简单例子加以说明：当在桌子上放置一个较重的物体时，无论是推动还是拉动这个物体，在运动发生前都会感觉受到一股阻力的影响，使得只有增加力量到一定程度，才能令物体发生运动，而一旦撤去推力或拉力后，物体又会减速直到停止。物体在运动发生前以及运动中所受到的阻力是其与桌面之间的相互作用力，考虑到物体所受阻力的方向与运动方向相反，可以发现这个相互作用力是与物体和桌子之间的接触面相切的，这一现象称为**摩擦**。由此可以给出如下定义：两个相互接触的物体之间有相对运动或相对运动趋势的时候，其接触面内会产生阻碍相对运动或相对运动趋势的力，这种力称为**摩擦力**。摩擦力的作用点在物体之间的接触面内，力的方向沿着接触面的切线方向，且与相对运动或相对运动趋势的方向相反。下面将从摩擦现象研究的历史着手，给出人类对摩擦机理认识的演化历程，最后给出摩擦的分类。

### 4.1.1　对摩擦机理的认识历程

在人类整个文明的进程中，技术层面上对摩擦现象的应用有据可查的最早记录可追溯到公元前 3000 年的古埃及。古埃及人日常使用弓钻(bow-drill，图 4-1)，就是利用绳索与钻杆之间的摩擦，通过往复拉动弓弦，使钻杆旋转实现在钻头处的摩擦生火。为了抵消摩擦带来的负面影响，古埃及人还采用了在地面倾倒液体润滑降低阻力的办法(图 4-2)，而古代的亚述人在运输大型雕塑时使用了大量的滚木(图 4-3)。中华文明在对降低摩擦阻力的技术方面同样在历史上占据了领先地位，如公元前 1500 年的中国象形文字中，就已经出现了带轮子的“车”字，更不用提及春秋战国时代象征国家军力的车兵数量了。然而，人类早期对摩擦现象的认识又往往仅是在技术层面给出不同的解决方案来降低阻力，几乎没有在科学层面上对摩擦的机理开展深入的研究。

图 4-1

图 4-2

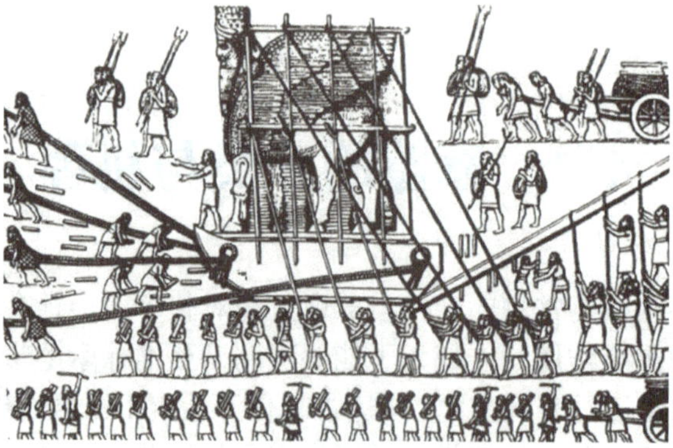

图 4-3

在科学层面上对摩擦机理的探索和研究方面，生活在意大利文艺复兴时代的达·芬奇(Leonardo Da Vinci，1452—1519，图 4-4)是获得广泛认可的第一位科学家，他对诸事万物都有广泛的研究兴趣，除了在艺术领域的成就之外，在机械领域的研究中也做出了不朽的贡献。达·芬奇在对机器进行设计的过程中，观察到了摩擦对螺旋千斤顶以及齿轮机构的影响，从而认识到了摩擦的约束本质；并通过水平和斜面上物体摩擦阻力的测量，发现摩擦力取决于接触面的法向载荷(一般情况下为接触压力)，而与接触面积无关。接触面积实际上特指名义接触面积，即从外观上所能测量的面积；而实际的接触面积则要考虑接触部分微观上的凸凹不平，从而计算出物体之间实际接触部分的总面积。图 4-5 所示为达·芬奇笔记本中绘制的实验装置图，鉴于当时纯金属的价格很高，他使用的材料为石头和木头，正如达·芬奇笔记本中写道："如果重量增加一倍，那么摩擦产生的力量也增加一倍"。同时，达·芬奇作为对摩擦力开展定量研究的第一人，定义了摩擦系数为摩擦力与接触面法向载荷之比，并通过试验测量出摩擦系数为 0.25。虽然局限于当时的实验条件，缺乏精确测量力的大小的仪器，所计算的摩擦系数与实际值仍有差别，但他提出的摩擦力与接触面法向载荷间的关系为后世摩擦学的理论发展奠定了基础。此外，他也认识到了滚动摩擦与滑动摩擦在运动阻力上的差别，并设计了几种滚动盘轴承和推力轴承，这是摩擦学应用于机械零件设计中的最早典型案例。

图 4-4

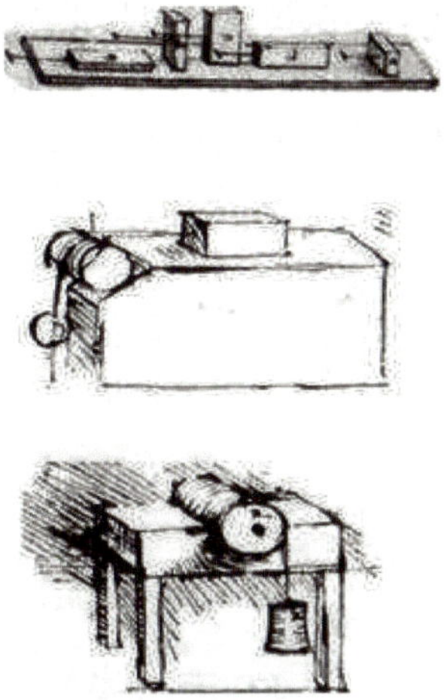

图 4-5

而在达·芬奇逝世后的 200 年中，对摩擦机理的研究戛然而止。直到 1699 年，年轻的法国工程师阿蒙顿(Grillaume Amontons，1663—1705)在法国皇家科学院学报上发表的研究论文中，重申了摩擦力取决于接触面法向载荷而与名义接触面积无关的特性(图 4-6 所示为阿蒙顿的实验装置)，其中摩擦力取决于接触面法向载荷的结论被人接受，但是其与物体大小无关的特征在当时却引起了科学院的惊讶和怀疑，于是委派老资格的院士德·拉·希尔(Philippe de la Hire，1640—1718)重复了阿蒙顿的实验，结果证实了这一论断的正确性，工程界才再次重视了摩擦学研究的作用。阿蒙顿虽然不是达·芬奇那样的大艺术家，但他同样研究兴趣广泛，在短暂的一生中，他对物理学、建筑学、测量学和机械学都有涉猎。阿蒙顿在摩擦测量方面有独特的见解，并开展了大量的工作。他将铜、铁、铅和木材等不同材料分别配对研究接触面上的摩擦阻力，并对接触面上涂抹油脂的影响进行了分析，设计了弹簧加载方法来测量最大静摩擦力(物体从静止开始滑动所需克服的最大阻力)。虽然同样局限于实验条件，阿蒙顿所测量出的摩擦阻力与接触面法向载荷之比约为 1∶3，与真实值相比仍有偏差，但在摩擦机理的研究上，他通过认真分析摩擦过程，认识到摩擦阻力是源于摩擦界面的凹凸不平和接触面内微凸体之间相互啮合的结果(图 4-7)，这也就是摩擦机理的机械论解释，又称为凹凸说，即摩擦阻力的来源被认为是接触面凹凸咬合的部分，物体想要滑动，必须顺着其凸面反复抬起或者把凸面破坏掉。

摩擦机理的机械论解释提出后，恰逢牛顿力学体系建立，但最初在这一体系之中没有摩擦力的概念，直到瑞士的欧拉(Leonhard Euler，1707—1783)在处理斜面和平面上的物体静力平衡问题时，才开始考虑摩擦力的影响，并首次将摩擦力引入动力学体系中，从那时起力学教科书中才开始有摩擦这一章。而后，随着机械论解释的深入人心，当时绝大多数的科学家和技术人员都站在力学机械论立场上支持凹凸说。但在独立于欧洲大陆之外的英国，物理学家德萨古利埃(John Theophilus Desaguliers，1683—1744，图 4-8)在其著作《实验物理学教程》(1734 年)一书中，叙述了产生摩擦力的另一种原因：摩擦来源于接触面上物体之间所特有的分子力交错作用的影响。这一设想从正面反对凹凸说，主张物体接触的表面越光滑，则摩擦力越大，因为光滑表面使得物体表面互相接近的程度增加，表面的分子力的影响理应增加。这一论断来自于他所进行的一个实验(图 4-9)。实验中他偶尔把铅球切下直径大约 0.25 英寸的部分，同样把另一个铅球也切下同样的部分，用手将两部分的切面一边稍微转扭一边用力压拢，则两个球便黏合在一起了，黏附力意料之外的强，用了接近 20kg 大小的力才将其分离，而分离后发现实际接触的部分只有黏合面积的数分之一。有鉴于此，德萨古利埃提出了摩擦机理的分子说(有时又称为黏附说)，他指出“金属或其他物体的平整表面可以抛得很光而使摩擦增大，从力学观点看，这是矛盾的，但当我们考虑到使两个物体的表面趋近于接触时，内聚吸力将越来越大这一点后，就明白它的原因了”。虽然在当时的学术环境下，分子说尚未被广泛地接受，但是到了 20 世纪，随着机械表面加工技术的进步，同为英国科学家的哈迪通过更加精巧的实验证明了分子说的合理性。

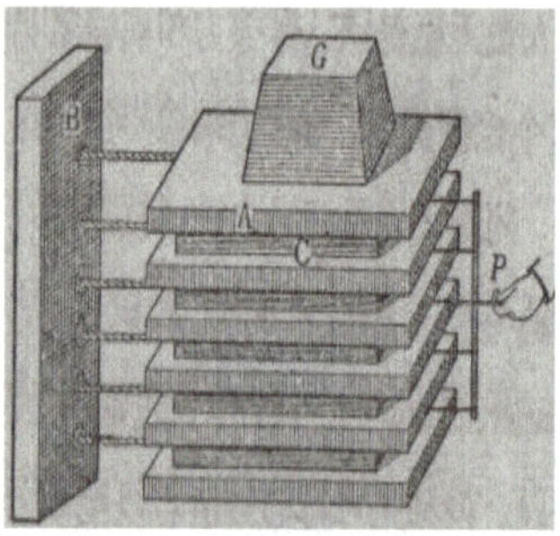


图 4-6

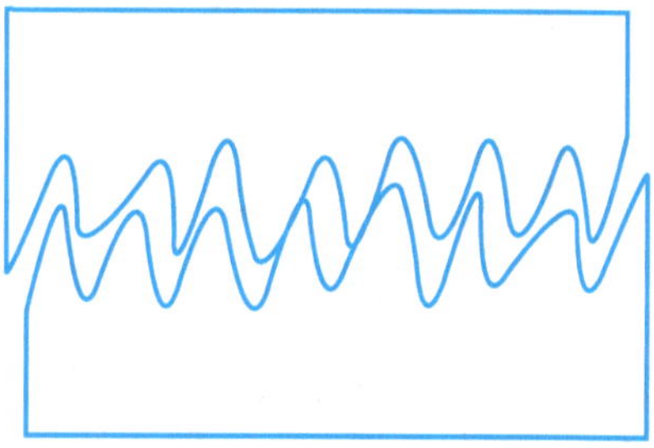

图 4-7

图 4-8

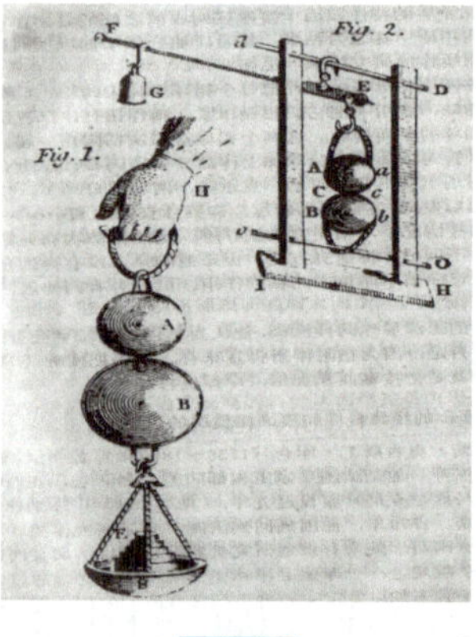


图 4-9

而在摩擦机理的分子说理论正度过漫长的 150 年，慢慢等待着现代摩擦学理论来证实它的合理性时，基于力学机械论的摩擦机理凹凸说进一步得到了发展。在静电学方面导出著名的“库仑定律”的法国科学家库仑(Charles-Augustin de Coulomb，1736—1806，图 4-10)，在他的后半生投身于物理学和机械学的领域，确立了“库仑摩擦定律”。当时摩擦机理凹凸论的大本营——法国，正处于大革命前夜(法国大革命爆发于 1789 年)，其文化、经济、工业和军事都处于成熟期，为了提高各种机械的工作效率和耐用性，需要克服的一大障碍，就是摩擦问题。但对于摩擦的研究大多都是在实验室中开展的，是否能够适用于工程现场，还需要进一步的理论支持。法国科学院因此悬赏征集有关摩擦的论文，对此科学院规定：“摩擦定律和绳子刚度影响必须通过大规模的新实验来加以鉴定；还要求把这些实验应用于船用机械。例如轱辘、绞车和斜面(指船舶下水时用的滑台)”。库仑那时刚刚结束在西印度群岛法国皇家工程部队的服役，于 1779 年因病回到法国不久，开始着手研究摩擦。在 1781 年，库仑发表了他的名著《简单机械原理》，从而获得了科学院的奖励，随后当选为科学院院士。为了测量最大静摩擦力和滑动摩擦力，库仑设计了巧妙的实验装置(图 4-11)，利用杠杆原理，提高了测量摩擦力大小的精度。他所提出的定律，直到今日仍是工程领域分析摩擦力影响时首要考虑的因素，为人类工程技术的发展服务了二百多年。

图 4-10

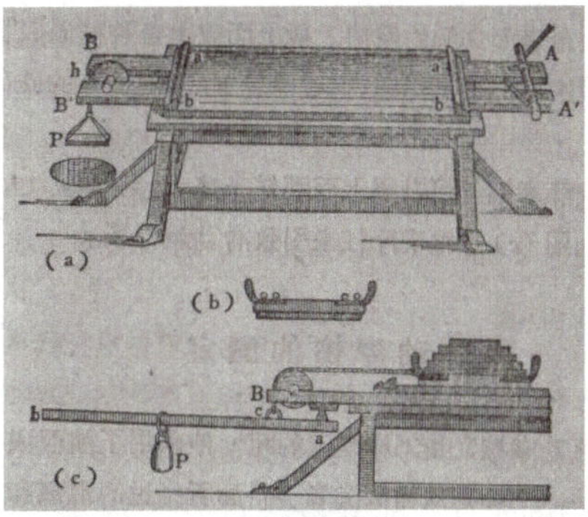


图 4-11

前述针对摩擦理论的研究主要针对接触面内没有润滑的情况，在摩擦问题中建立润滑的理论模型要比库仑摩擦定律的提出晚上一百年。润滑理论的奠基人是英国科学家雷诺(Osborne Reynolds，1842—1912，图 4-12)，虽然他一生中所写的论文大部分都是流体力学领域的，但在摩擦学领域他也成绩斐然。雷诺具有极强的对事物本质的理解力，对来复枪发射过程中旋转运动的观察引发了他对滚动摩擦研究的兴趣，而热电烙铁在焊接料上的滑动现象使他推测冰面上的低摩擦现象可能是由冰在滑冰鞋压力作用下溶化使得出现润滑导致的。雷诺在 1886 年于英国皇家学会上宣读了关于流体膜润滑理论的论文，其理论在论文发表至今的一百多年中一直被工程和学术界视为经典，几乎所有的滑动支撑油膜设计都依赖于这个理论。

现代摩擦基础理论则是与赫兹接触理论密切相关的。与以往的摩擦理论研究不同，德国科学家赫兹(Heinrich Rudolf Hertz，1857—1894，图 4-13)所提出的理论考虑到了接触变形和接触应力的关系，这是一种针对弹性体间摩擦和变形的理论。他所提出的弹性接触新概念，

图 4-12

图 4-13

推动了摩擦学理论向前跨越了一大步。考虑到本书研究的物理对象主要为质点和刚体，因此所研究的摩擦问题仅针对刚体，对弹性体的摩擦不做进一步的介绍。对摩擦机理的现代理论感兴趣的同学可以参阅《摩擦学原理》等相关书籍。

### 4.1.2 摩擦的分类

工程中的摩擦现象大体上可按两种方式进行分类，其一为按照摩擦接触面的物理特征进行分类，其二为依照受到摩擦力影响时的物体运行状态进行分类。

针对物体所处的不同环境，依照物体间接触表面附近的物理特征可将摩擦分为以下几类。

(1)纯净摩擦：物体间的接触表面没有任何吸附膜或润滑物时(即处于真空条件下，空气膜也不存在)的摩擦。

(2)干摩擦：在大气条件下，摩擦表面间名义上没有润滑物存在时的摩擦。

(3)湿摩擦：摩擦表面间存在润滑膜或润滑液体时的摩擦。

其中，湿摩擦还可进一步分为三种：①边界摩擦，即两接触表面之间存在一层极薄的润滑膜时的摩擦；②流体摩擦，即相对运动的两个物体表面之间完全被流体层隔开时的摩擦；③混合摩擦，即摩擦表面处于干摩擦与流体摩擦之间的过渡状态，比如在物体接触表面上，部分接触点是干摩擦状态而另一部分接触点是边界摩擦的半干摩擦状态，或者部分接触点处于边界摩擦而另一部分接触点处于流体摩擦的半流体摩擦状态。

针对物体运动状态的差异，摩擦的分类如下。

(1)静摩擦：一个物体紧贴另一个物体的表面出现相对运动趋势，但尚未发生相对运动时的摩擦。

(2)动摩擦：一个物体紧贴另一个物体的表面已经发生相对运动时的摩擦。

其中，动摩擦又可根据摩擦阻力的作用效果，进一步分为阻碍两物体之间相对滑动的滑动摩擦和阻碍物体在力矩作用下沿接触表面滚动的滚动摩擦(又称为滚动摩阻，在本章最后一节将进行介绍)。

本章主要介绍与干摩擦相关的定律、定义、方法和应用，在本书后续内容中除非特别说明，否则所述的摩擦问题都特指干摩擦作用下的摩擦问题。

## 4.2 干摩擦定律

在大气条件下，物体接触面间没有润滑流体时，摩擦接触面处于干摩擦状态。由于1871年库仑对这类摩擦问题进行了大量研究，干摩擦有时也被称为库仑摩擦。本节从库仑对干摩擦问题的研究入手，给出经典干摩擦定律的基本原理，并对这一理论后期的发展进行简单的介绍。

### 4.2.1 经典的干摩擦定律——库仑摩擦定律

库仑通过摩擦实验发现，当对物体施加的拉力慢慢增大，而物体仍处于静止状态时，根据物体的静力平衡关系，静摩擦力 $\boldsymbol{F}_s$ 与所施加的拉力 $\boldsymbol{F}$ 是始终处于平衡状态的(图 4-14)，摩擦力这时是一个随着拉力的大小同时变化的值(即 $\boldsymbol{F}_s=\boldsymbol{F}$)，而与法向载荷、接触面特性等都无关。只有当拉力增加到一定程度，物体即将从静止开始滑动的瞬间，静摩擦力会达到一个最大值，称为最大静滑动摩擦力，其大小取决于许多物理因素。实验表明，接触物体间的法向载荷(在图 4-14 所示的例子中，法向载荷即接触面的压力)对这一极限条件下的最大静滑动摩擦力有主要的影响。

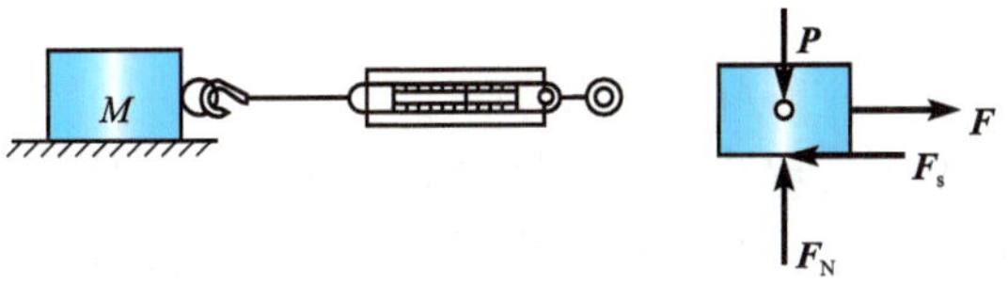


图 4-14

库仑根据大量实验数据总结出以下定律：其他因素相同时，最大静滑动摩擦力 $F_{max}$ 与物体接触面的法向载荷 $F_N$ 成正比，即

$$F_{max} = f_s F_N \tag{4-1}$$

式中，比例系数 $f_s$ 为静摩擦系数，它取决于接触物体的材料以及接触表面的物理状态，如粗糙程度、湿度、温度等，与名义接触面积无关。

这时会发现，当物体处于静止状态时，其所能受到的静摩擦力 $\boldsymbol{F}_s$ 满足：

$$0 \leqslant F_s \leqslant F_{max} \tag{4-2}$$

当物体沿接触表面发生相对滑动时，仍存在切向摩擦力，称为滑动摩擦力，简称动摩擦力。其方向与物体的运动方向相反，其值仍与物体接触面的法向载荷 $\boldsymbol{F}_N$ 成正比。

$$F = f F_N \tag{4-3}$$

式中，比例系数 $f$ 称为动摩擦系数，它不仅取决于接触物体的材料和接触面的状况，而且与物体之间的相对滑动速度有关。但一般工程计算中常忽略后者的影响，而认为动摩擦系数是仅与材料和表面状况有关的常数。一般情况下，动摩擦系数略小于静摩擦系数，几种常用材料的摩擦系数见表 4-1。

**表 4-1　几种常用材料的滑动摩擦系数**[①]

| 材料名称 | 静摩擦系数 $f_s$ | | 动摩擦系数 $f$ | |
|---|---|---|---|---|
| | 无润滑 | 有润滑 | 无润滑 | 有润滑 |
| 钢—钢 | 0.15 | 0.10～0.12 | 0.15 | 0.05～0.10 |
| 钢—铸铁 | 0.30 | — | 0.18 | 0.05～0.15 |
| 钢—青铜 | 0.15 | 0.10～0.15 | 0.15 | 0.10～0.15 |
| 钢—软钢 | — | — | 0.20 | 0.10～0.20 |
| 铸铁—铸铁 | — | 0.18 | 0.15 | 0.07～0.12 |
| 皮革—铸铁 | 0.30～0.50 | 0.15 | 0.60 | 0.15 |
| 软钢—木材 | 0.60 | 0.12 | 0.40～0.60 | 0.10 |
| 木材—木材 | 0.40～0.60 | 0.10 | 0.20～0.50 | 0.07～0.15 |

### 4.2.2　现代摩擦理论对干摩擦定律的进一步探索

现代摩擦理论研究发现，摩擦是一个十分复杂的过程，摩擦系数不仅与材料有关，而且

① 《机械设计手册》上册，机械工业出版社，1991。

还受到许多其他因素的影响，即摩擦系数不是材料的固有特性，而是材料与如下各种其他条件综合的结果。需要提前注意的是，虽然本节会将不同因素对摩擦系数的影响加以介绍，但基于理论力学知识进行考虑摩擦的静力学和动力学计算时，依照库仑摩擦定律进行分析即可，一般无须再深入考虑摩擦系数发生改变的情况，这里也仅仅对摩擦系数改变的原因作简要的介绍。

### 1. 法向载荷的影响

基于现代摩擦理论，摩擦力取决于实际接触面积的大小。对于静摩擦系数，法向载荷的增大会使实际接触面积也增大；但是，在一般情况下，实际接触面积的变化并不与法向载荷成正比，它的增加速率要远低于法向载荷。换言之，原本依照库仑摩擦定律得到的摩擦力与法向载荷的线性比例关系实际上适用范围有限，当实际接触面积所影响的摩擦力不再随着法向载荷线性增加时，所计算出的静摩擦系数的大小会因法向载荷的增加而发生改变，如图 4-15 所示。通过实验发现，静摩擦系数一般会随着法向载荷的增加而下降。对于动摩擦系数，其情况更加复杂，因为除了法向载荷影响之外，它还受到能量消耗、表面粗糙度及滑动速度的共同影响。但仍有实验表明，在一定的滑动速度范围内，动摩擦系数也会随法向载荷的增加而下降。对于不同材料构成的摩擦接触物体，这种摩擦系数的减小值会有所差异，但摩擦系数随着法向载荷的增大而下降的变化趋势与绝大多数材料的摩擦现象相一致。

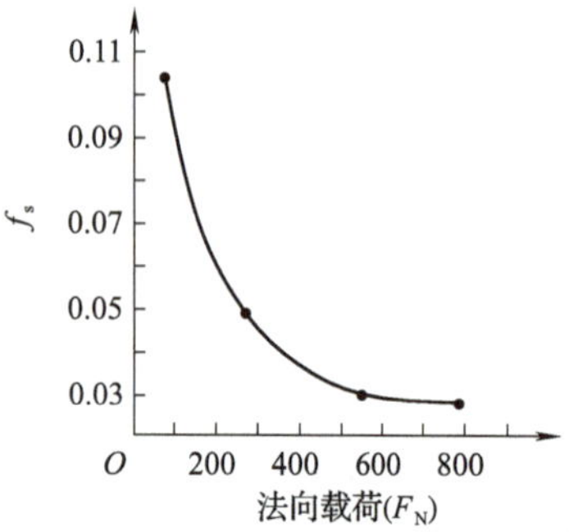


图 4-15

### 2. 滑动速度的影响

滑动速度对动摩擦系数的影响非常大，但在不同的速度范围内，摩擦接触面所处的状态不同，使得动摩擦系数的大小呈现不同的变化趋势。对于金属材料(如图 4-16 所示，其中曲线 1、2 和 3 分别表示法向载荷程度为重载荷、中载荷和轻载荷)，在中速范围内，动摩擦系数会随着滑动速度的增加而下降，而在低速范围则有动摩擦系数会随着滑动速度的增加而上升的情况出现。对于中、低速范围内的动摩擦系数，其随滑动速度变化的过程中会出现一个最大值，并且在三种载荷程度下动摩擦系数随滑动速度增大而变化的过程中都会通过这个最大值，载荷越大则这个最大值越向纵坐标轴方向靠近。而当出现高速滑动时，接触面上摩擦瞬时发热的热量来不及向外界扩散，表面温度会达到材料熔点，形成一层很薄的熔化层，因此高速滑动下的摩擦实际上呈现了液体动力特性，动摩擦系数均随着滑动速度的增大而降低。如图 4-17 所示，图中曲线 1、2 和 3 分别表示铸铁制动瓦与高速运转的钢轮之间的摩擦、高速运转的钢轮与钢轨之间的摩擦、钢材与钢材之间的滑动摩擦。

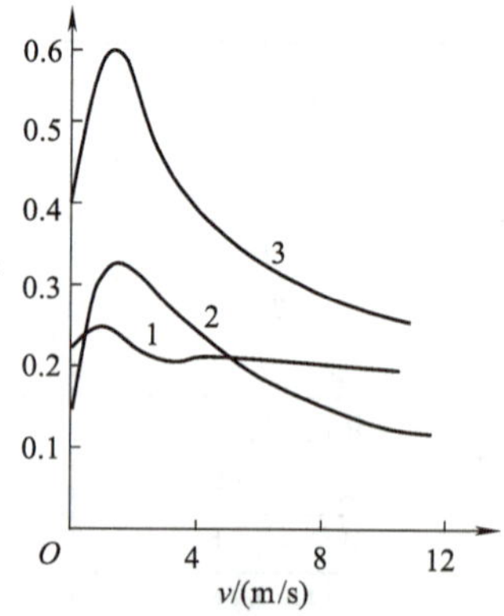


图 4-16

### 3. 温度的影响

由于温度的变化会影响接触面材料的性质，因此它也是影响摩擦过程的一个重要因素。如图 4-18 所示，M50 型号的高速钢在处于不同温度条件下时，其动摩擦系数随着滑动距离的增大有所波动，但主要影响仍来源于不同的温度大小，高温下的动摩擦系数显著降低。这种影响摩擦过程的温度则主要来自两个方面：摩擦生热和环境温度。

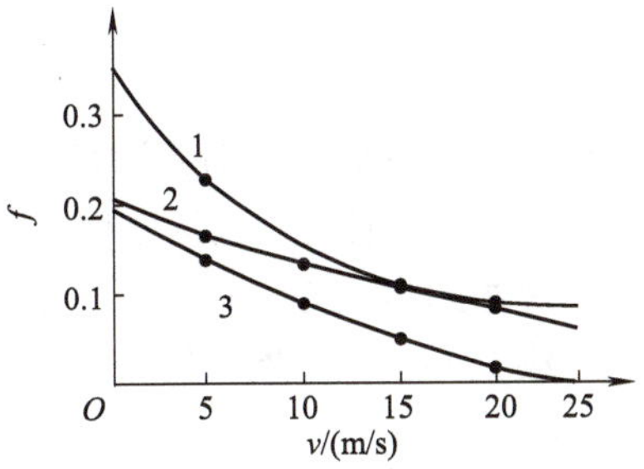


图 4-17

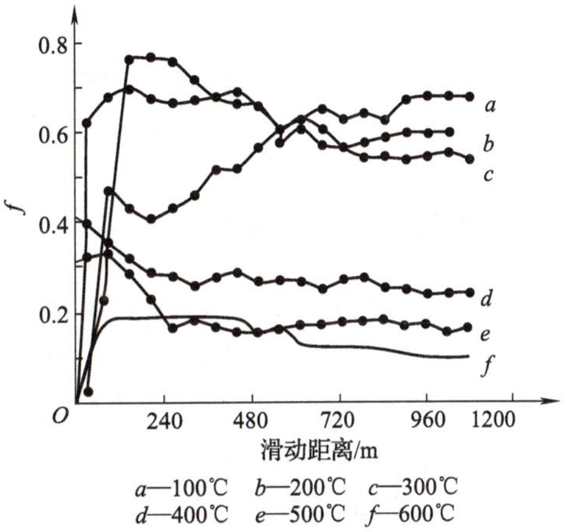


图 4-18

## 4. 表面膜的影响

对于金属材料，由于发生干摩擦时仍处于大气环境下，其表面会被氧化而形成很薄的氧化膜，使得接触表面的实际物理特性与金属材料本身的特性发生差异。在摩擦过程中，表面膜会先被破坏，这样摩擦表面不易发生黏附，从而使摩擦系数降低。如图 4-19 所示，由于实验中难以控制氧化膜厚度，因此用材料表面镀铟产生的铟膜作为研究对象，随着铟膜厚度增大，摩擦系数随之降低，但是当膜的厚度达到一定程度后，随着铟膜厚度继续增大，摩擦系数会再次上升。此外，载荷大小也影响着膜的实际厚度，同时影响摩擦系数的变化。

## 5. 表面粗糙度的影响

表面粗糙度会对摩擦产生影响，这一观点很早以前就已经被人们所接受，比如早期摩擦理论中对摩擦机理的凹凸说解释。而随着现代理论研究的深入，已经发现表面粗糙度对摩擦产生影响的原因是摩擦界面会发生不可逆转的变形，其影响效果是与表面粗糙度对实际接触面积的影响相匹配的。而动摩擦系数与静摩擦系数随表面粗糙度的变化规律并不一样，静摩擦系数随着表面粗糙度的增大而增大，但动摩擦系数则如图 4-20 所示那样，随着表面粗糙度的增大先降低再增大。

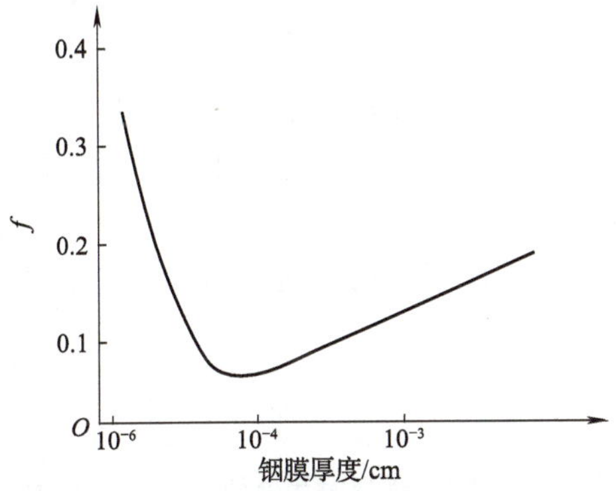


图 4-19

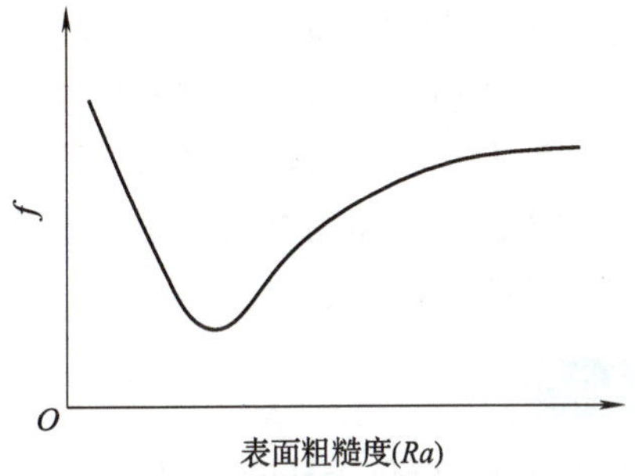


图 4-20

此外，一些特殊的工作环境，比如振动、真空和特殊气体环境等也会对摩擦系数产生影响，这里不再一一详叙。

# 4.3 摩擦角和自锁现象

## 4.3.1 摩擦角与摩擦锥

根据库仑摩擦定律可知，对于含有摩擦力的静力平衡问题，静摩擦力都应满足不等式关系，$F_s \leqslant F_{max} = f_s F_N$。如图 4-21 所示的桌面上，作用在木块上的约束反力包括摩擦力 $\boldsymbol{F}_s$ 和法向约束反力 $\boldsymbol{F}_N$，其合力称为全约束反力或全反力。当摩擦力达到最大静滑动摩擦力时，全反力 $\boldsymbol{F}_R$ 和约束面法向 $\boldsymbol{n}$ 的夹角称为摩擦角，记为 $\varphi_f$。而在三维空间中，如果以约束面的法向为中心轴，那么以 $2\varphi_f$ 为顶角的正圆锥叫作摩擦锥。

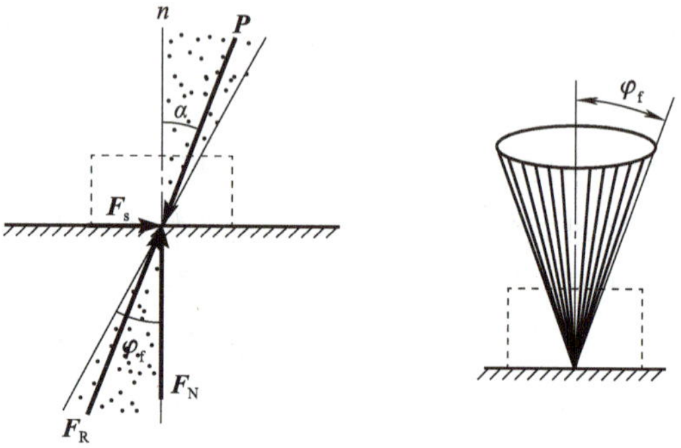


图 4-21

由静力平衡条件可以很容易地发现静摩擦系数与摩擦角的关系为

$$f_s = \tan\varphi_f \tag{4-4}$$

同时，可以得到两个有用的结论，下面以定理形式给出。

**定理 4-1** 含摩擦力的平衡问题中，摩擦面的全约束反力 $\boldsymbol{F}_R$ 的作用线一定位于摩擦锥内。

**定理 4-2** 受摩擦力作用的物体处于静力平衡状态的充要条件是主动力作用线在摩擦锥内且方向指向接触点。

## 4.3.2 自锁现象

定理 4-2 表明，如果主动力作用线落在摩擦锥之内且方向指向接触点，则无论主动力有多大，都不能使物体运动，这种现象叫作摩擦自锁。自锁现象的原因在于主动力的变化会随时带来接触面上法向载荷和静摩擦力的变化，只要静摩擦力没有增大到超出最大静滑动摩擦力，这种变化令物体始终处于受力平衡状态。为加深认识，下面用几道例题来进一步说明摩擦角和自锁的特性。

**例 4-1**

图 4-22 所示，$G$=400N 的重物放在斜面上，物体与斜面的静摩擦系数 $f_s = 0.2$，斜面的倾角为 $\theta$=30°。为使物块不滑动，在物体上施加一个水平力 $\boldsymbol{F}$。求该力的最大与最小值。

**解**：本题有两种方法进行求解。

(1) 几何法

利用摩擦角求解物体两种平衡的临界情况。在没有水平力的作用时，物体受力图如图 4-23 (a) 所示。根据摩擦角与静摩擦系数的关系，可以计算出摩擦角的大小为 $\varphi_{\mathrm{f}} = \arctan f_{\mathrm{s}} = 11.31°$。该角为斜面的法线与直线 $I_1I_1$ 的夹角。由图 4-23 (a) 可知，有 $\theta > \varphi_{\mathrm{f}}$。重力 $\boldsymbol{G}$ 在摩擦锥以外，物体将下滑。为了防止其下滑施加的水平力 $\boldsymbol{F}$，当它与 $\boldsymbol{G}$ 的合力 $\boldsymbol{F}_2$ 位于图 4-23 (b) 所示的直线 $I_1I_1$ 位置，物体处于下滑的临界状态。由此可得

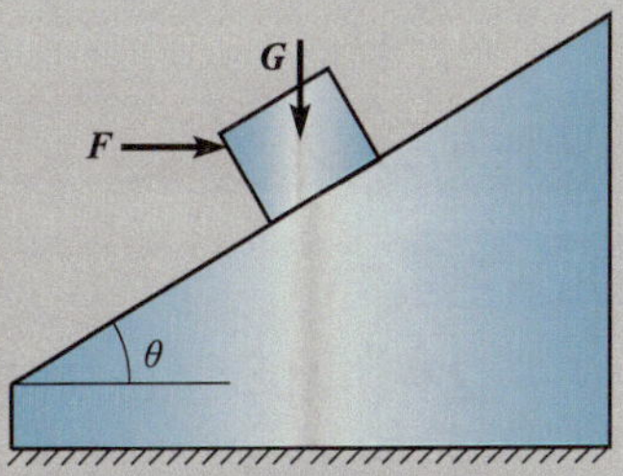


图 4-22

$$F_{\min} = G\tan(\theta - \varphi_{\mathrm{f}}) == 400\mathrm{N} \cdot \tan(30° - 11.31°) = 135.31\mathrm{N}$$

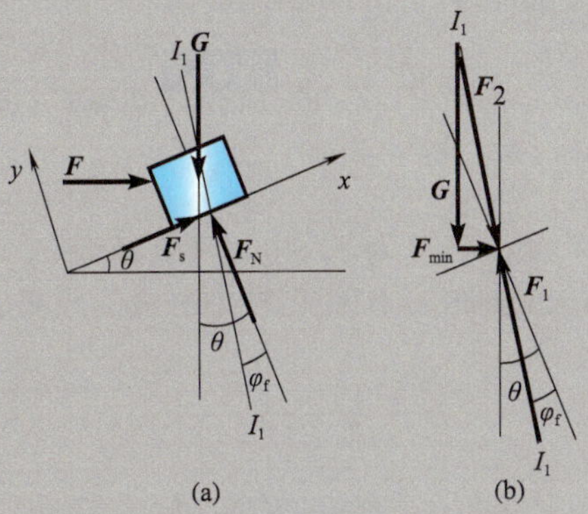


图 4-23

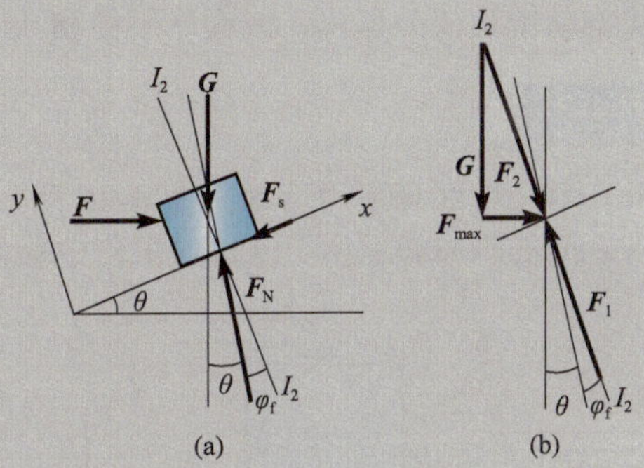


图 4-24

当 $F > F_{\min}$ 到一定程度，物体有向上运动的趋势。物体受力图如图 4-24 (a) 所示。摩擦角为斜面的法线与直线 $I_2I_2$ 的夹角。当 $\boldsymbol{F}$ 与 $\boldsymbol{G}$ 的合力 $\boldsymbol{F}_2$ 位于图 4-24 (b) 所示的直线 $I_2I_2$ 位置时，物体处于上滑的临界状态。由此可得

$$F_{\max} = G\tan(\theta + \varphi_{\mathrm{f}}) = 400\mathrm{N} \cdot \tan(30° + 11.31°) = 351.53\mathrm{N}$$

(2) 解析法

利用平衡方程求解物体的上述两种临界平衡情况。

讨论图 4-23 的下滑极限平衡状态。建立如图所示的参考坐标系，列平衡方程。

$$\sum F_x = 0,\quad F_{\min}\cos\theta + F_{\mathrm{s}} - G\sin\theta = 0$$

$$\sum F_y = 0,\quad F_{\min}\sin\theta + F_{\mathrm{N}} - G\cos\theta = 0$$

考虑到 $F_{\mathrm{s}} = f_{\mathrm{s}}F_{\mathrm{N}}$，由以上两式可解得

$$F_{\min} = \frac{\sin\theta - f_{\mathrm{s}}\cos\theta}{\cos\theta + f_{\mathrm{s}}\sin\theta} = 135.31\mathrm{N}$$

讨论图 4-24 的上滑极限平衡状态。建立如图所示的参考坐标系，列平衡方程。

$$\sum F_x = 0,\quad F_{\max}\cos\theta - F_{\mathrm{s}} - G\sin\theta = 0$$

$$\sum F_y = 0,\quad -F_{\max}\sin\theta + F_{\mathrm{N}} - G\cos\theta = 0$$

考虑到 $F_{\mathrm{s}} = f_{\mathrm{s}}F_{\mathrm{N}}$，由以上两式可解得

$$F_{max}=\frac{\sin\theta+f_s\cos\theta}{\cos\theta-f_s\sin\theta}=351.53\text{N}$$

两种方法结果一致。

**例 4-2**

试分析图 4-25 所示顶角为 $\alpha$ 的楔块的自锁条件。

**解：**当楔块楔入物体且除去竖向载荷后，楔块的侧面受到接触面法向载荷和摩擦力的作用。在临界状态，两侧的作用力应满足二力平衡条件，设楔块与楔入物体之间的摩擦角为 $\varphi_f$，可以导出楔块的自锁条件为 $\alpha\leqslant 2\varphi_f$。

若 $\alpha>2\varphi_f$，则接触面的法向载荷与摩擦力的合力将推动楔块向外退出，或根本不能楔入。

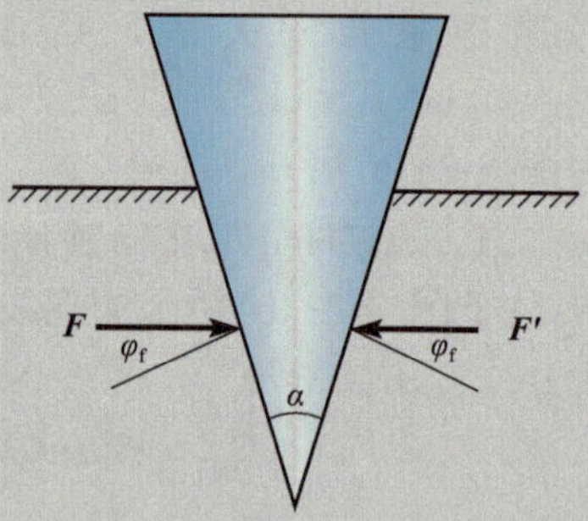


图 4-25

**例 4-3**

攀登电线杆所用套钩如图 4-26 所示。已知套钩倾斜高度为 $b$，电线杆直径为 $d$，两者之间的静摩擦系数为 $f_s$，求工作中套钩不致下滑时，脚踏力 $\boldsymbol{W}$ 距电杆中心线的距离 $L$。

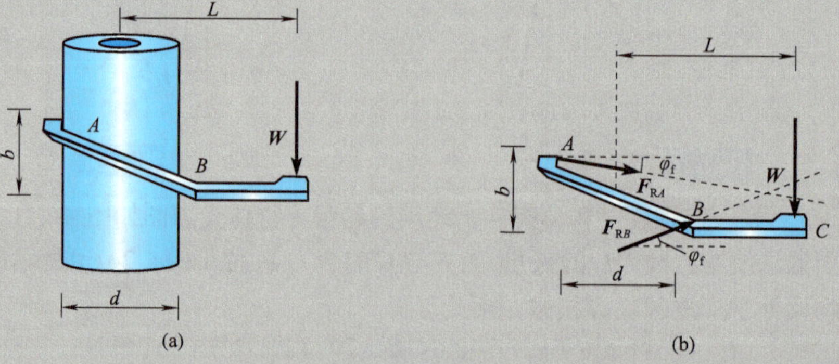


图 4-26

**解：**以套钩为研究对象，设套钩与电线杆之间的摩擦角为 $\varphi_f$，工作中套钩不致下滑，即套钩需满足自锁条件。套钩受到的正压力、摩擦力和脚踏力 $\boldsymbol{W}$ 的作用，应用摩擦角概念对其进行受力分析，$A$、$B$ 两处正压力和摩擦力的合力分别为 $\boldsymbol{F}_{RA}$ 和 $\boldsymbol{F}_{RB}$。那么，在临界状态时，各力应满足三力平衡条件，画受力图，如图 4-26(b) 所示，此时静摩擦力达到最大静滑动摩擦力，可导出套钩的自锁条件为

$$b=\left(L+\frac{d}{2}\right)\tan\varphi_f+\left(L-\frac{d}{2}\right)\tan\varphi_f$$

由此，可解得

$$L=\frac{b}{2\tan\varphi_f}=\frac{b}{2f_s}$$

取 $L\geqslant\dfrac{b}{2f_s}$ 时，工作中套钩不会下滑，同时与脚踏力 $\boldsymbol{W}$ 的大小无关。

# 4.4　摩擦角的典型应用

在具体介绍摩擦角的若干典型应用之前，我们将先从一个真实的案例出发，来了解摩擦角在整个自然界中的重要意义。那是发生在1985年的一场惊心动魄的自然灾害①，位于葛洲坝水利枢纽工程上游72km处的西陵峡，作为长江三峡之一，江北岸当时有一个457户人家居住的新滩镇。在1985年6月12日凌晨，镇上居民已经按滑坡预警全部撤离后，凌晨3时至3时35分之间，镇后面的山坡发生震动，10min后随着巨大的声响，整个山坡惊天动地般的向小镇扑来，这场滑坡带着3000万$m^3$的土石以最大速度30m/s冲入长江，涌浪高达36m，波及附近26km，江水逆流超过13km，翻没大小航船77艘，形成80余米的滑坡舌，江面以上90m地段内堆积的土石高出原地面10～20m，让长江断航4天。这次滑坡是由北向南，相对高度差为840m，滑坡的基岩倾斜度为30°，平时大量的土石完全依赖于摩擦力而堆积在基岩上，但由于地下水和地表水增多，水起到润滑作用，堆积的土石就沿基岩下滑，成为灾害性的滑坡。用摩擦理论来解释，就是土石原本处于干摩擦的静力平衡状态，但由于润滑导致静摩擦系数降低，原本的斜面倾斜角小于摩擦角，符合相应的自锁条件，而静摩擦系数降低带来摩擦角减小，使得原有的倾斜角过大而出现了滑坡。可见，涉及物体堆叠的场合，摩擦角在其中起到了重要的作用。

## 4.4.1　安息角与河堤的坡度

在工地经常看到的沙堆，往往以一种相同的锥角形成一个小山(图4-27)，而松散的烟煤或碎石如果堆成堆，那么又各有其独特的锥角。这些松散物体自由堆放时，在物堆侧面能形成的最大斜角，即此时侧面与水平面的夹角，就被称为**安息角**。安息角的大小与摩擦有关，因此不同材料的安息角也就各不相同，比如细砂的安息角为32°，烟煤的安息角为35°～45°，碎石的安息角为45°。一般河堤上的沙土砖石等也都基于摩擦原理而形成了各自的坡度。这种自然特性，早已被人们所发现并应用到日常生活之中，比如传统乡村的砖瓦房顶上(图4-28)，其屋顶的倾斜角往往小于31°，这是由于砖瓦与木材之间的摩擦系数为0.6，换算出的摩擦角就是31°，这样才能保证铺设在木结构房顶的砖瓦不会因自身重量而滑落。相对应的，修建小朋友玩耍用的滑梯时，必须考虑其倾斜角要大于衣服与滑梯表面的摩擦角，不然小朋友就没法滑下来。

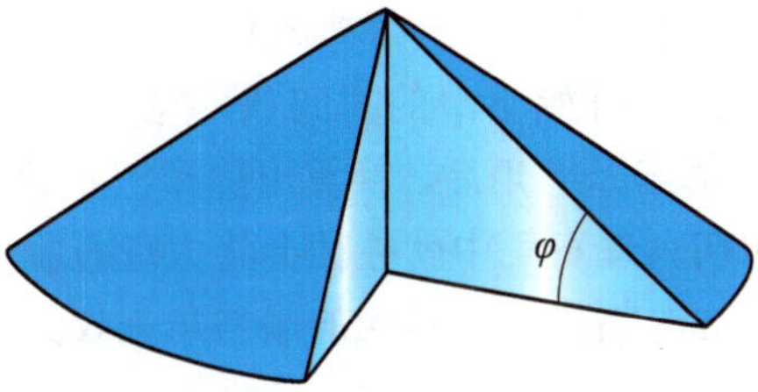


图4-27

图4-28

① 魏廷亮、徐卫亚：一次特大规模的滑坡，《科学实验》，1986年，第6期。

### 4.4.2 摩擦角的斜面自锁特性的应用

斜面自锁原理在实际工程技术中有着广泛的应用。比如调整机床水平面时，需要在下面垫上一块楔铁(图 4-29)，这块楔铁构成一个斜面，其楔角(相当于斜面的倾斜角)必须满足小于机床与楔铁之间的摩擦角与地基与楔铁的摩擦角之和，才能实现自锁(参照本章例 4-2 的结果)，否则就不能保证自锁性能。斧头实质上仍然是一个楔铁(图 4-30)，如果为了劈木材时增大对木材的劈入效果，楔角往往做的较小，但是这样就容易被木材夹紧而自锁，无法拔出，因此一般情况下斧头会做得很厚而增大了楔角，这样有时能在木材夹紧的作用力下让斧头自动退出来。此外，在螺钉和螺栓上，斜面的自锁特性更是被发挥得淋漓尽致。如图 4-31 所示，螺钉和螺栓加工时的螺旋线如同将一个斜面盘旋于中轴而上，斜面的底边长度等于圆柱体的周长，斜面高度与其底边长度之比等于螺旋角的正切值，这样只要螺旋角小于螺栓与螺母之间的摩擦角，就可以让这个螺纹连接实现自锁。而现实中螺旋角经常会根据材料的摩擦角来设计，这样保证了在没有额外力矩作用下，螺栓与螺母不会自动松开而失去连接作用。在螺旋千斤顶和虎钳等工具中，就是利用了这样的自锁螺旋。

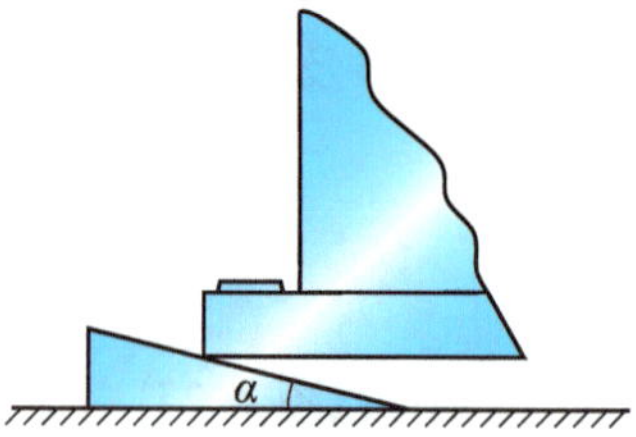


图 4-29

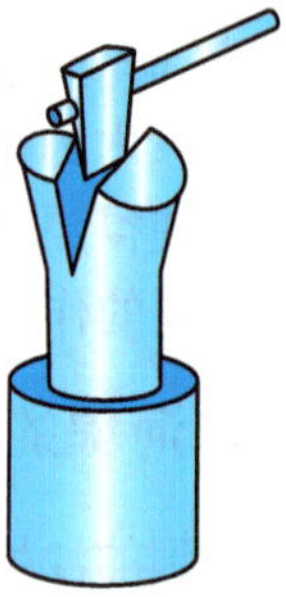

图 4-30

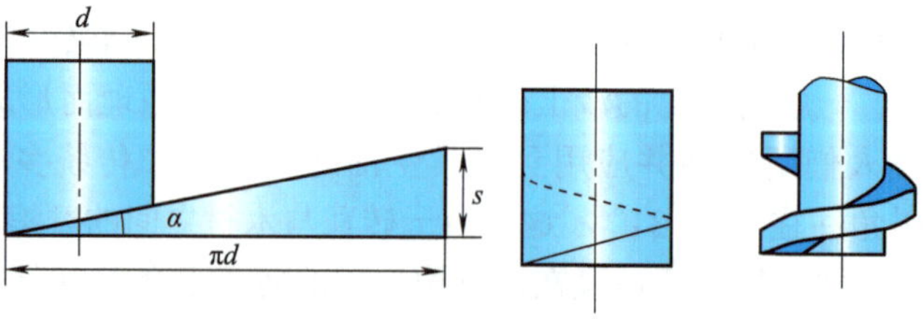


图 4-31

### 4.4.3 摩擦角在测量中的应用

由于摩擦角的大小直接与静摩擦系数有关，因此可用来测量静摩擦系数。利用图 4-32 所示的装置，可以通过调整斜面倾斜角，观测物块从静止开始下滑的瞬间(静摩擦力达到极限值——最大静滑动摩擦力)斜面的倾斜角度大小，计算出摩擦角后，换算出静摩擦系数。这个方法已经被用于测量不同材料的静摩擦系数，比如在大理石厂中就往往会将大理石制作成石板与长方块，配合正弦规来构成斜面，测量开始滑动的临界状态对应的倾斜角来收集数据分析其静摩擦系数。

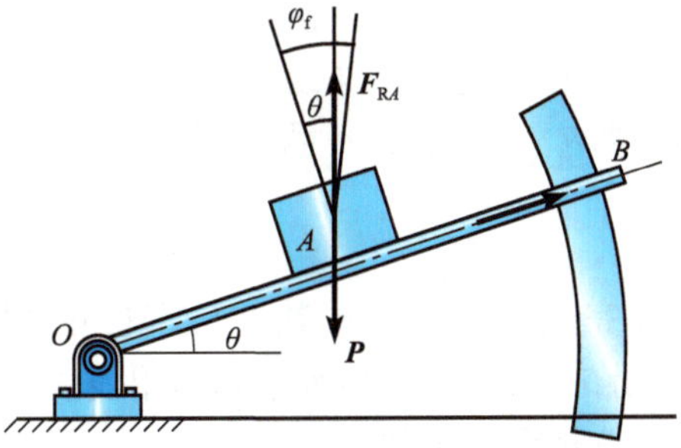


图 4-32

# 4.5 考虑摩擦的平衡问题

当静力平衡问题中出现摩擦力时，会出现以下几种情况。

静摩擦力的大小始终没有超过最大静滑动摩擦力时，摩擦接触面上的静摩擦力与接触压力的反力共同构成全反力，这个全反力的作用点始终处于摩擦接触面内，而静摩擦力的方向判断要么依赖于相对运动趋势方向(与相对运动趋势相反)，要么依赖于平衡方程直接计算出的结果(可假设静摩擦力的方向，如果计算结果为正，则与预先假设的方向一致；如果计算结果为负，则与预先假设的方向相反)。

静摩擦力的大小可能达到最大静滑动摩擦力时，需要根据接触面特征开展临界平衡状态的分析。如图 4-33(a)所示，预先规定水平力 $\boldsymbol{F}_P$ 的作用线必须贴近物体的底面。如抬高水平力 $\boldsymbol{F}_P$ 的作用线位置，则 $\boldsymbol{F}_P$ 和摩擦力 $\boldsymbol{F}_s$ 构成力偶，使物体产生倾覆趋势。不失一般性，设 $\boldsymbol{F}_P$ 的方向朝右，要使物体保持平衡，正压力 $\boldsymbol{F}_N$ 的作用线必须向右偏移(图 4-33(b))，$\boldsymbol{F}_N$ 和重力 $\boldsymbol{W}$ 构成的等值反向力偶可以保证力系($\boldsymbol{W}$，$\boldsymbol{F}_N$，$\boldsymbol{F}_P$，$\boldsymbol{F}_s$)的主矢和主距都等于零。实际上，支撑面对物体底面的正压力为分布的平行力系，其分布规律必须考虑物体或支撑面的变形状况才能确定。这已超出刚体静力学的研究范围，属于超静定问题。在本章的讨论中，可以不必追究正压力的分布规律，而只研究正压力合力 $\boldsymbol{F}_N$ 的大小和作用线位置。

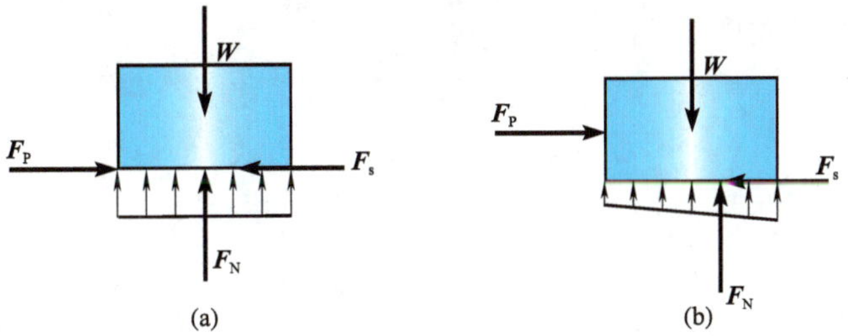


图 4-33

当水平力 $\boldsymbol{F}_P$ 的值不断增大时，静摩擦力 $\boldsymbol{F}_s$ 的值随之增大，$\boldsymbol{F}_N$ 的作用线逐渐向右平移。如果在 $\boldsymbol{F}_N$ 的作用线超出物体底部的边缘线以前，$\boldsymbol{F}_s$ 已达到极限值，则物体处于滑动临界平衡状态。这时只要稍稍增大 $\boldsymbol{F}_P$ 的值，物体的平衡即遭到破坏而开始滑动。

相反，如果在静摩擦力 $\boldsymbol{F}_s$ 达到极限值 $\boldsymbol{F}_{max}$ 以前，$\boldsymbol{F}_N$ 的作用线已移到物体底部的右侧边缘，则物体处于另一种临界平衡状态，称为倾覆临界平衡状态，如图 4-34(b)所示。这时只要稍稍

抬高 $\boldsymbol{F}_P$ 的作用线或稍稍增大 $\boldsymbol{F}_P$ 的值，物体的平衡状态即遭到破坏而绕此边缘倾翻。设此刻的 $\boldsymbol{F}_P$ 作用线高度为 $h$，重心 $\boldsymbol{W}$ 的作用线与右侧边缘的距离为 $\delta$，摩擦力的倾翻临界值为 $F_{r,max}$，则根据静力学平衡条件可知需要 $F_{r,max}h = F_N\delta$，由此可以导出

$$F_{r,max} = f_r F_N, \quad f_r = \frac{\delta}{h} \tag{4-5}$$

此关系式在形式上与库仑定律完全相同，但系数 $f_r$ 与库仑静摩擦系数 $f_s$ 的物理意义完全不同，它取决于物体与支撑面接触的底面宽度和水平力作用线的高度。底面的尺度越小或水平力作用线越高，则 $f_r$ 越小，物体越容易倾翻。

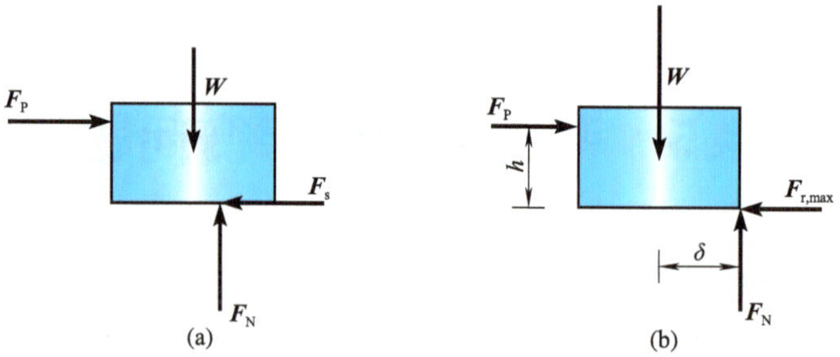


图 4-34

由以上分析可以看出，在存在摩擦的情况下，物体平衡时允许主动力在一定范围内变动而不会改变平衡状态。研究此范围必须同时顾及滑动和倾翻两种临界状态，并进行比较。以图 4-34 所示物体为例，当逐渐增大水平力 $F_P$ 时，如 $f_r > f_s$，则物体先滑动(图 4-34(a))；如 $f_r < f_s$，则先倾翻(图 4-34(b))；如 $f_r = f_s$，则滑动和侧翻同时发生。讨论与摩擦有关的静力学问题时，可直接利用不等式 $0 \leqslant F_s \leqslant F_{max}$，计算主动力的变化范围，也可针对各种可能发生的临界状态计算主动力的临界值。

**例 4-4**

如图 4-35(a)所示，均质半圆柱体重为 $\boldsymbol{P}$，重心 $C$ 到圆心 $O$ 的距离 $a = \dfrac{4R}{3\pi}$，其中 $R$ 为半圆柱体半径。半圆柱体和水平面之间的静摩擦系数为 $f_s$，试求半圆柱体被水平力 $\boldsymbol{F}_H$ 刚好拉动时所偏过的角度 $\theta$。

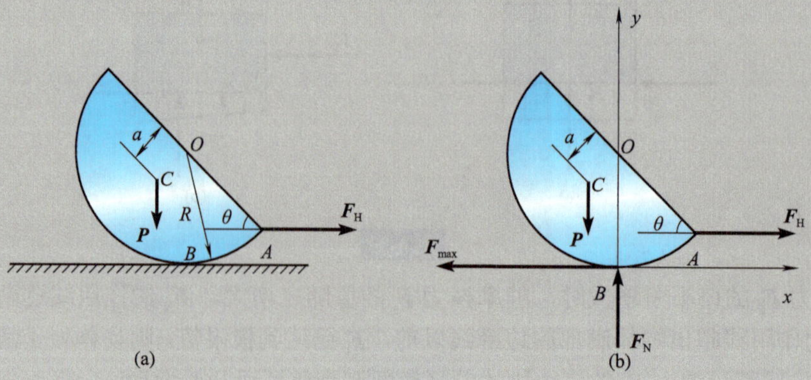


图 4-35

**解**：选取半圆柱体为研究对象，画出其分离体图及受力图，如图 4-35(b)所示。此时半圆柱体已达平衡临界状态，$B$ 点的静摩擦力 $\boldsymbol{F}_{\mathrm{s}}$ 达最大值 $\boldsymbol{F}_{\max}$。列平衡方程如下。

$$\sum F_x = 0,\quad F_{\mathrm{H}} - F_{\max} = 0$$
$$\sum F_y = 0,\quad F_{\mathrm{N}} - P = 0$$
$$\sum M_B = 0,\quad Pa\sin\theta - F_{\mathrm{H}}R(1-\sin\theta) = 0$$

显然，3 个方程中包含 $F_{\mathrm{H}}$、$F_{\max}$、$F_{\mathrm{N}}$ 及 $\theta$ 四个未知量，需增加库仑摩擦定律作为补充方程

$$F_{\max} = f_{\mathrm{s}}F_{\mathrm{N}}$$

则可解出四个未知量，解得

$$\sin\theta = \frac{3\pi f_{\mathrm{s}}}{4+3\pi f_{\mathrm{s}}},\quad \theta = \arcsin\frac{3\pi f_{\mathrm{s}}}{4+3\pi f_{\mathrm{s}}}$$

## 例 4-5

如图 4-36 所示，长度为 $l$，重量不计的梯子 $AB$ 的 $A$ 端靠在光滑墙面上，$B$ 端支在粗糙地面上，梯与地面之间的静摩擦系数为 $f_{\mathrm{s}}$，相对地面的倾角为 $\theta$，试讨论重量为 $\boldsymbol{W}$ 的工人沿梯上升的最大距离 $s$。

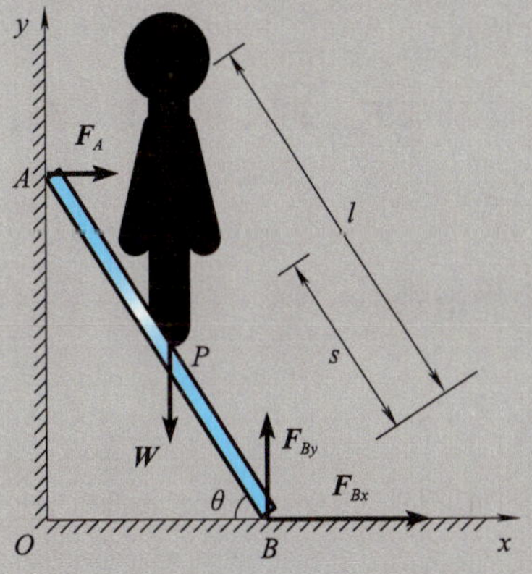


图 4-36

**解**：如图 4-36 所示，选取梯子为研究对象，设点 $A$ 的约束力为 $\boldsymbol{F}_A$，点 $B$ 的约束力为 $\boldsymbol{F}_{Bx}$、$\boldsymbol{F}_{By}$，点 $P$ 与点 $B$ 的距离为 $s$，建立图 4-36 所示的坐标系，列平衡方程。

$$\sum F_x = 0,\quad F_A + F_{Bx} = 0$$
$$\sum F_y = 0,\quad F_{By} - W = 0$$
$$\sum M_B = 0,\quad F_A l\sin\theta - Ws\cos\theta = 0$$

从最后一个方程解出

$$s = \frac{F_A}{W}l\tan\theta$$

从前面两个方程可解出 $F_{Bx} = -F_A$，$F_{By} = W$。根据库仑摩擦定律，应有 $|F_{Bx}| < f_{\mathrm{s}}F_{By}$，即 $F_A < f_{\mathrm{s}}W$。

将此不等式代入 $s$ 的表达式中得到

$$s < f_{\mathrm{s}}l\tan\theta$$

因此，工人上升的最大距离不仅取决于静摩擦因数 $f_{\mathrm{s}}$，而且与梯子的倾角 $\theta$ 有关。梯子越陡越不容易滑倒，上升距离越高。

## 例 4-6

如图 4-37(a)所示，重 $\boldsymbol{W}$ 的货箱放在水平地面上，并受到一个水平力 $\boldsymbol{F}_{\mathrm{P}}$ 的作用。设货箱底面的长度为 $b$，$\boldsymbol{F}_{\mathrm{P}}$ 与地面的距离为 $a$，接触面间的静摩擦系数为 $f_{\mathrm{s}}$，试问当 $\boldsymbol{F}_{\mathrm{P}}$ 逐渐增大时，货箱是先滑动还是先翻倒？

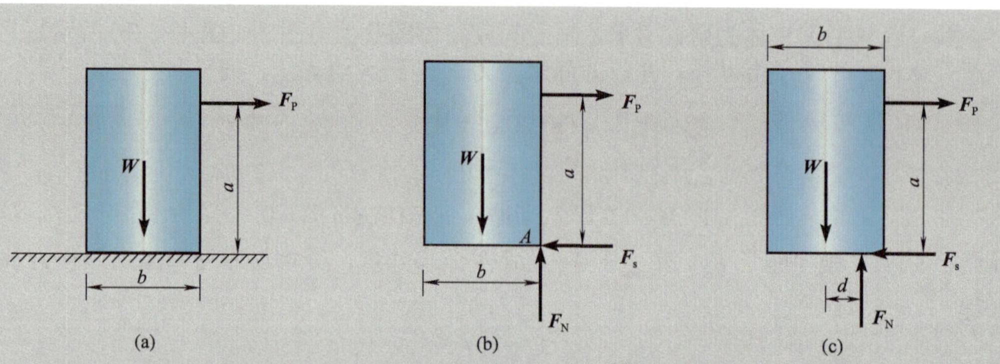


图 4-37

**解**：对本题的求解可以先假定其中的一种情况，然后将所得结果与极限值进行比较。

假定货箱先翻倒，画出货箱翻倒时的受力图如图 4-37(b)所示。可以建立如下三个平衡方程，用于求出 $\boldsymbol{F}_P$、$\boldsymbol{F}_s$ 和 $\boldsymbol{F}_N$。

$$\sum M_A=0,\quad W\frac{b}{2}-F_Pa=0$$

$$\sum F_x=0,\quad F_P-F_s=0$$

$$\sum F_y=0,\quad F_N-W=0$$

解得

$$F_P=\frac{Wb}{2a},\quad F_s=F_P=\frac{Wb}{2a},\quad F_N=W$$

由于接触面间的最大静摩擦力为 $F_{max}=f_sF_N=f_sW$。比较 $\boldsymbol{F}_s$ 与 $\boldsymbol{F}_{max}$ 的大小，可以看到：

(1) 如果 $f_sW>\dfrac{Wb}{2a}$，即 $f_s>\dfrac{b}{2a}$，所假定为真，则货箱先翻倒；

(2) 如果 $f_sW<\dfrac{Wb}{2a}$，即 $f_s<\dfrac{b}{2a}$，所假定为假，则货箱先滑动；

(3) 如果 $f_sW=\dfrac{Wb}{2a}$，即 $f_s=\dfrac{b}{2a}$，则滑动与翻倒将同时发生。

同理，也可以假定货箱先发生临界滑动。此时的受力图如图 4-37(c)所示。此时，比较 $d$ 与它的极限值 $b/2$，同样可以得到以上结果。

**例 4-7**

如图 4-38(a)所示，有一个折叠梯放在地面上，与地面的夹角 $\theta=60°$。梯子的两个脚端 $A$、$B$ 和地面的静摩擦系数分别为 $f_{sA}=0.2$、$f_{sB}=0.6$，在折叠梯 $AC$ 侧的中点处有一重 $G$=500N 的重物。不计折叠梯的重量，问它是否平衡？如果平衡，计算两脚与地面的摩擦力。

**解**：对于这类考虑摩擦的平衡问题，可首先假定系统为平衡。由于系统不一定处于静摩擦的临界情况，可通过平衡方程求得这些未知的静摩擦力。所得的结果必须与极限静摩擦力进行比较，以确认系统先前的平衡假定是否成立。

令脚端 $A$ 与 $B$ 的竖向约束力分别为 $\boldsymbol{F}_{Ay}$ 与 $\boldsymbol{F}_{By}$，静摩擦力分别为 $\boldsymbol{F}_{Ax}$ 与 $\boldsymbol{F}_{Bx}$，根据脚端的运动趋势，设定正方向如图 4-38(a)所示。以整体为研究对象，建立如图所示的参考坐标系，假设折叠梯与地面构成的等边三角形的边长为 $b$，列平衡方程如下。

$$\sum F_y = 0,\quad F_{Ay} + F_{By} - G = 0$$

$$\sum M_A = 0,\quad bF_{By} - \frac{b}{4}G = 0$$

由此可得 $$F_{By} = 0.25G = 125\text{N},\quad F_{Ay} = G - F_{By} = 375\text{N}$$

再以杆 $BC$ 为研究对象，由于不计杆件的重量，该杆为二力杆，即摩擦力与竖向约束力的合力与铰 $C$ 的约束力 $\boldsymbol{F}_C$ 均沿杆的轴线。根据图 4-38(b)中所示的矢量几何关系，可计算出

$$F_{Bx} = F_{By}\tan 30° = 72.17\text{N}$$

再以整体为研究对象，列平衡方程

$$\sum F_x = 0,\quad F_{Ax} - F_{Bx} = 0$$

由此可得 $$F_{Ax} = F_{Bx} = 72.17\text{N}$$

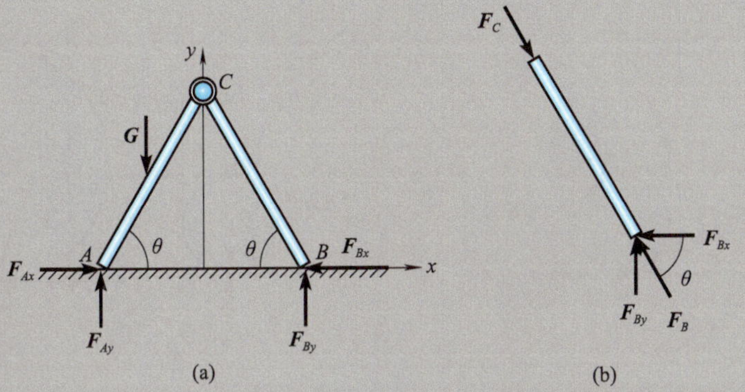


图 4-38

下面判断系统是否处于静平衡。考虑到脚端 $A$ 与 $B$ 的最大静滑动摩擦力分别为

$$F_{\max,A} = f_{sA}F_{Ay} = 75\text{N},\quad F_{\max,B} = f_{sB}F_{By} = 75\text{N}$$

注意到脚端 $A$ 与 $B$ 的摩擦力均小于最大静摩擦力，可见折梯仍处于静力平衡的假定成立。

**例 4-8**

长为 $2l$ 的均质杆 $AB$ 搁在半径为 $r$ 的均质圆柱体上，杆与圆柱轴相互垂直，杆与圆柱重心在同一竖直平面内，如图 4-39(a)所示。点 $A$ 为光滑铰支座，其余接触处的静摩擦系数均为 $f_s$。求平衡时杆与水平面夹角 $\theta$ 的最大值。

**解：**本题的特点是在多个点有摩擦，任何一点的摩擦力达到最大静滑动摩擦力都会破坏平衡。一般来说，应该首先判断哪个点最先达到最大静滑动摩擦力。

以圆柱为研究对象，其受力图如图 4-39(b)所示。对 $O$ 点求矩，得到

$$F_{sD}r - F_{sC}r = 0$$

由此可知 $F_{sD} = F_{sC}$，即 $C$ 和 $D$ 处的摩擦力总是相等的。由于本题假设这两处的摩擦系数相等，因此它们可以承受的最大静滑动摩擦力的大小取决于两处各自的正压力。下面就来判断哪个点的正压力较小。

对 $A$ 点求矩，有

$$F_{NC}|AC| - F_{ND}|AD| - W|AC| = 0$$

由于 $AC=AD$，上式可解出

$$F_{NC}=W+F_{ND}$$

可见，$D$ 点的正压力小于 $C$ 点的正压力，可知 $D$ 点可承受的最大静滑动摩擦力比 $C$ 点小，因此 $D$ 点的静摩擦力首先达到极限状态，这时有

$$F_{sD}=F_{sD}=f_s F_{ND}$$

列出竖直方向的平衡方程

$$F_{ND}\cos\theta+F_{sD}\sin\theta+W=F_{NC}$$

将上面已经求出的 $F_{NC}=W+F_{ND}$ 代入得

$$\cos\theta+f_s\sin\theta=1$$

由此式可以解出

$$\theta=0,\quad \theta=2\arctan f_s$$

根据题意可以判断 $\theta=0$ 不是真正的解。

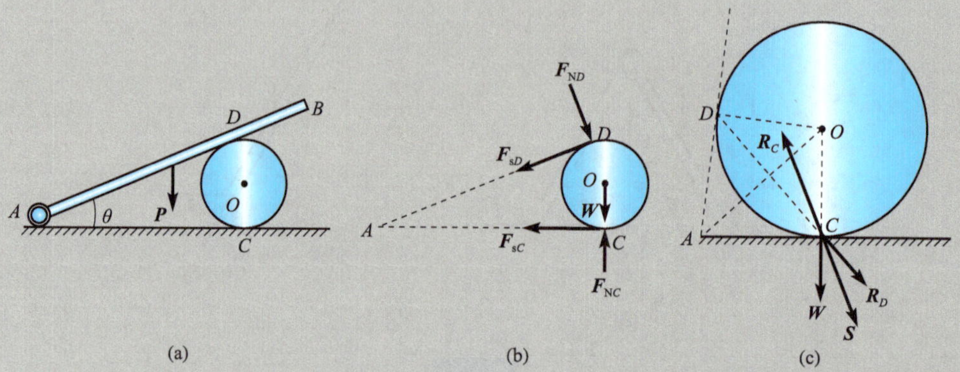


图 4-39

**讨论** 我们也可以利用摩擦角来求解这个问题。分析圆柱的受力，它受重力、$C$ 处和 $D$ 处的约束反力(全反力)共同作用，而且重力 $\boldsymbol{W}$ 和 $C$ 处全反力 $\boldsymbol{R}_C$ 的作用线相交与 $C$ 点。根据三力平衡条件，$D$ 处的全反力 $\boldsymbol{R}_D$ 的作用线也必然通过 $C$ 点，即沿着 $DC$ 方向，如图 4-39(c)所示。可以将 $\boldsymbol{R}_D$ 看作是作用在圆柱上的主动力，设 $\boldsymbol{W}$ 与 $\boldsymbol{R}_D$ 的合力为 $\boldsymbol{S}$，则 $\boldsymbol{S}$ 与 $\boldsymbol{R}_C$ 大小相等，方向相反，作用线重合。当 $D$ 处摩擦力达到临界值时，即 $D$ 点发生滑动时，$DC$ 与 $OD$ 的夹角等于摩擦角，这时 $\boldsymbol{S}$ 与竖直方向的夹角一定小于摩擦角，即 $\boldsymbol{S}$ 位于 $C$ 处摩擦锥之内。因此 $C$ 点不会发生滑动。可见，$D$ 点先达到最大静滑动摩擦力。

### 例 4-9

如图 4-40(a)所示，圆形钢管重 $\boldsymbol{W}$，半径为 $r$，受到推土机的铅垂挡板推动将沿斜面向上运动。已知钢管与挡板间的静摩擦系因数为 $f_{sA}$，钢管与斜面间的静摩擦系数为 $f_{sB}$，求钢管将要向上运动时作用在铅垂挡板上水平推力 $\boldsymbol{F}$ 的大小。设 $f_{sA}=f_{sB}=\sqrt{3}/4$。

**解**：分析钢管的可能运动趋势有三种：(1)钢管绕 $B$ 点向上滚动；(2)钢管绕 $A$ 点向上滚动；(3)钢管又滚又滑。假设钢管的其中一种可能运动趋势进行分析判定。

这里假设钢管绕 $B$ 点向上滚动来进行计算及判定。

此时，$F_{sB}<f_{sB}F_{NB}$，$F_{A\max}=f_{sA}F_{NA}=f_{sA}F$。以钢管为研究对象，如图 4-40(b)所示，

列平衡方程

$$\sum M_B=0,\quad F_{sA}\frac{3}{2}r+W\frac{1}{2}r-F\frac{\sqrt{3}}{2}r=0$$

代入 $F_{sA}=F_{A\max}=f_{sA}F_{AN}=f_{sA}F$，得到

$$F=\frac{4\sqrt{3}}{3}W$$

再验证这一水平推力是否满足假定条件 $F_{sB}<f_{sB}F_{NB}$。继续以钢管为研究对象，列平衡方程

$$\sum M_O=0,\quad F_{sA}r-F_{sB}r=0$$

$$\sum F_y=0,\quad F_{NB}\frac{\sqrt{3}}{2}-F_{sB}\frac{1}{2}-F_{sA}-W=0$$

解得

$$F_{sB}=F_{sA}=f_{sA}F=W,\quad F_{NB}=\frac{5}{3}\sqrt{3}W$$

由结果可知，$F_{sB}=W<F_{B\max}=f_{sB}F_{NB}=1.25W$，以上假设成立，钢管绕 $B$ 点向上滚动。

此外，还计算得到，钢管将要运动时，作用在铅垂挡板上水平推力 $\boldsymbol{F}$ 的大小为 $F=\frac{4\sqrt{3}}{3}W$。

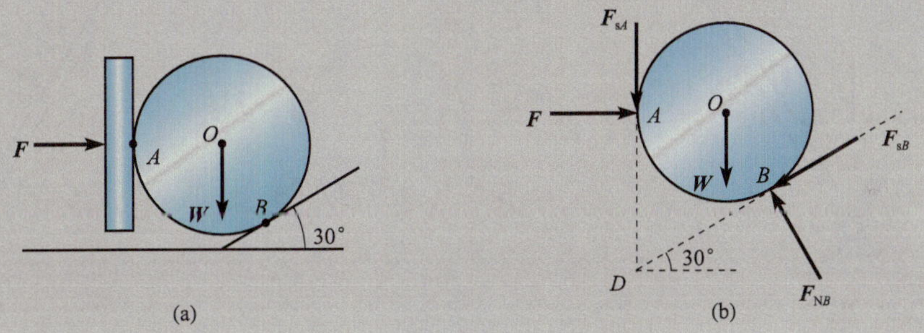


图 4-40

**例 4-10**

如图 4-41(a)所示，木板 $AO$ 和 $BO$ 用光滑铰链固定于点 $O$，在木板间放一重 $\boldsymbol{W}$ 的均质圆柱，并用大小等于 $F_P$ 的两个水平力 $\boldsymbol{F}_{P1}$ 和 $\boldsymbol{F}_{P2}$ 维持平衡。设圆柱与木板间的静摩擦系数为 $f_s$，不计铰链中的摩擦力及板的重量，求圆柱平衡时 $\boldsymbol{F}_P$ 的取值范围。

**解**：先求 $\boldsymbol{F}_P$ 的最小值，此时圆柱处于下滑临界状态。以圆柱为研究对象画受力图如图 4-41(b)所示，考虑到对称性，列平衡方程

$$\sum F_x=0,\quad F_{NC}=F_{ND}=F_N,\quad F_{sC}=F_{sD}=f_sF_N$$

$$\sum F_y=0,\quad (F_{sC}+F_{sD})\cos\alpha+2F_N\sin\alpha-W=0$$

可解出

$$F_N=\frac{W}{2(\sin\alpha+f_s\cos\alpha)}$$

再以板 $OA$ 为研究对象画受力图如图 4-41(c)所示，列平衡方程

$$\sum M_O=0,\quad F'_{NC}OC-F_{P,\min}OE=0$$

得到

$$F_{\text{P,min}}=\frac{OC}{OE}F'_{NC}=\frac{r\cot\alpha}{a\cot\alpha}F'_{N}=\frac{Wr}{2a(\sin\alpha+f_s\cos\alpha)}$$

接着，再考虑 $\boldsymbol{F}_{\text{P}}$ 的最大值，这时圆柱处于上滑临界状态。只要改变图 4-41(b)和图 4-41(c)中摩擦力的指向，同时改变前面式子中 $\boldsymbol{F}_{sC}$ 和 $\boldsymbol{F}_{sD}$ 或 $f_s$ 前的正负号，即可同样算出

$$F_{\text{P,max}}=\frac{Wr}{2a(\sin\alpha-f_s\cos\alpha)}$$

因此，平衡时 $\boldsymbol{F}_{\text{P}}$ 的取值范围为

$$F_{\text{P,min}}\leqslant F_{\text{P}}\leqslant F_{\text{P,max}}$$

这个取值范围还可以用摩擦角 $\varphi_f$ 表示为

$$\frac{Wr\cos\varphi_f}{2a\sin(\alpha+\varphi_f)}\leqslant F_{\text{P}}\leqslant\frac{Wr\cos\varphi_f}{2a\sin(\alpha-\varphi_f)}$$

可以看出，当 $\varphi_f\to\alpha$ 时，$F_{\text{P,max}}\to\infty$，即当 $\varphi_f$ 等于或大于 $\alpha$ 时，不论 $\boldsymbol{F}_{\text{P}}$ 多大，圆柱都不会向上滑动，即这时产生了自锁现象。

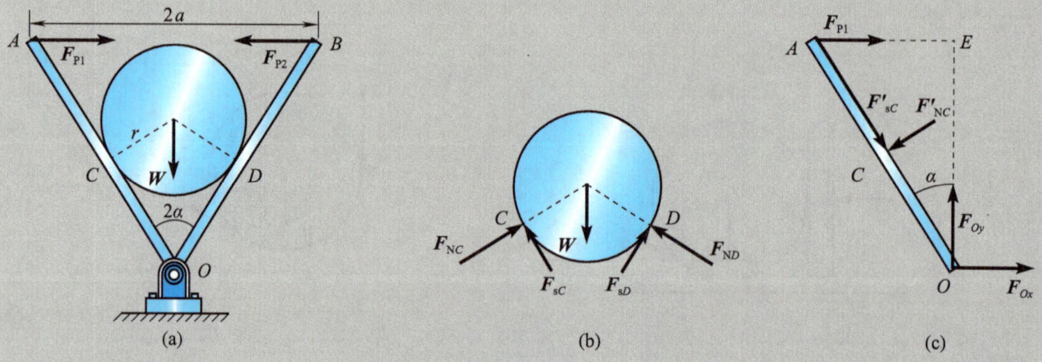


图 4-41

# 4.6 滚动摩阻

针对上一节中图 4-34 所讨论的物体，如果通过力系平移，将原来在接触面内的约束力系向 $O$ 点简化(如图 4-42 所示，$O$ 点是物体重力 $\boldsymbol{W}$ 作用线与接触面交点)，得到新力系的主矢与主矩后会发现，主矢为 $\boldsymbol{F}_{\text{N}}$ 和滑动摩擦力 $\boldsymbol{F}_s$ 的合力，主矩为防止物体发生倾翻的力偶，可记作 $M_f$，且这个力偶的大小为主动力 $\boldsymbol{F}_{\text{P}}$ 对点 $O$ 的矩。

对于这个力系，进行倾翻临界状态分析，那么这时有 $F_{\text{P}}=F_{\text{r,max}}$，由力矩平衡关系可导出临界阻力偶矩 $M_{f,\text{max}}$ 的大小为

$$M_{f,\text{max}}=F_{\text{P}}h=F_{\text{N}}\delta \tag{4-6}$$

与静摩擦力跟最大静滑动摩擦力之间的关系类似，防止物体发生倾翻的力偶矩 $M_f$ 的取值同样只能在 0 与其最大值 $M_{f,\text{max}}$ 之间变化，即

$$0\leqslant M_f\leqslant M_{f,\text{max}} \tag{4-7}$$

这时不妨进一步想象一下，令原来的四棱柱体边数增加，变成具有足够多边的一个正棱柱体(图 4-43)，同时令原来的水平力 $\boldsymbol{F}_{\mathrm{P}}$ 作用线与棱柱体水平对称轴重合，作用线的高度为 $h$，显然 $\delta$ 远小于 $h$，那么相较而言，$M_{\mathrm{f,max}}$ 是一个比较小的量，因此在这种受力状态下，棱柱体非常容易翻转。每次翻转后，棱柱体就会以相邻底面与地面再次接触，而如果受到水平力 $\boldsymbol{F}_{\mathrm{P}}$ 持续作用，连续的翻转就会形成滚动过程。

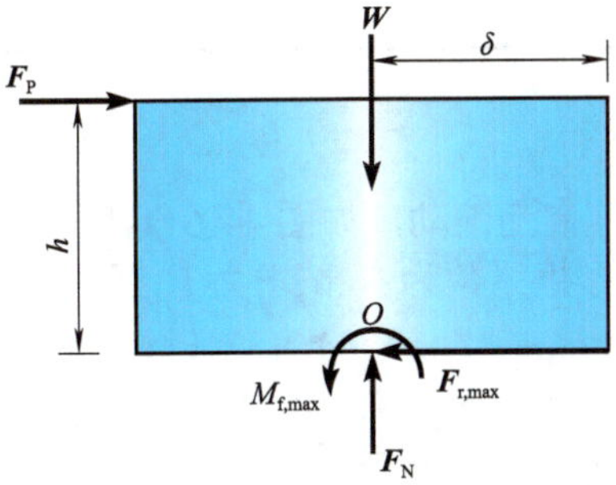

图 4-42

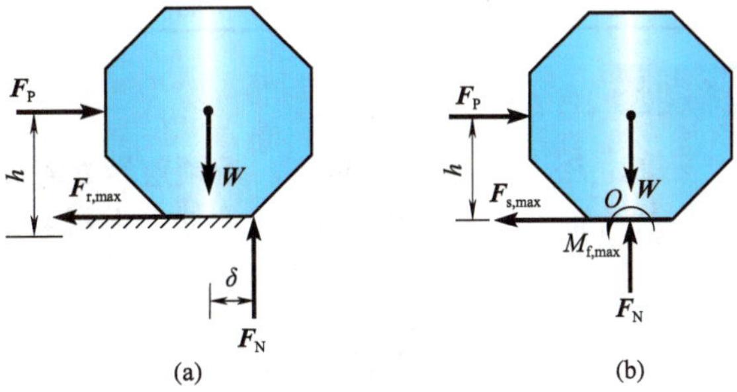

图 4-43

实际上物体和地面之间的接触压力，经常会导致其中之一发生变形或二者都变形，即出现物体和地面不是绝对刚体的情况。在变形的影响下，原来基于刚体假设得到的物体与地面之间的单点接触或线接触就不再成立了，而是形成了尺寸很小的面接触(图 4-44)。此时，同样将接触面上的约束力系进行简化，会跟前面正棱柱的约束力系简化一样，发现存在阻碍滚动发生的力偶，称为滚动摩阻力偶(简称滚阻力偶)。只要物体仍然静止，那么它就会时刻与产生滚动趋势的主动力偶相平衡，而在即将发生滚动的一瞬间，滚动摩阻力偶达到最大值，称为最大滚动摩阻力偶矩(图 4-45)。实验表明，最大滚动摩阻力偶矩的大小与接触面的正压力成正比，与库仑摩擦定律类似，也可以给出一个比例系数 $\delta$，称之为滚动摩阻系数。因此有

$$M_{\mathrm{f,max}} = F_{\mathrm{N}}\delta \tag{4-8}$$

需要注意的是，与摩擦系数不同，滚阻系数 $\delta$ 具有长度的量纲，其大小主要受物体和接触表面的变形程度影响，因此与材料硬度有关，但与接触表面的粗糙度无关。几种常用材料的滚动摩阻系数见表 4-2。

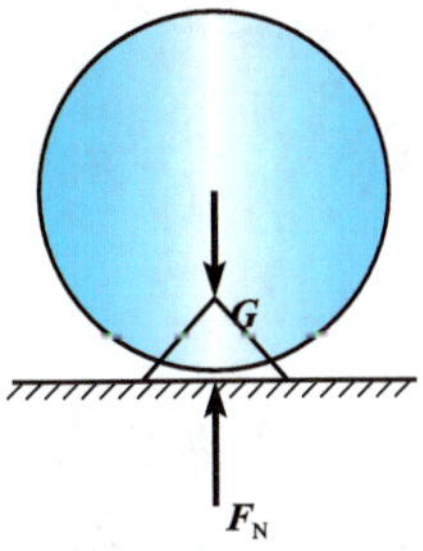

图 4-44

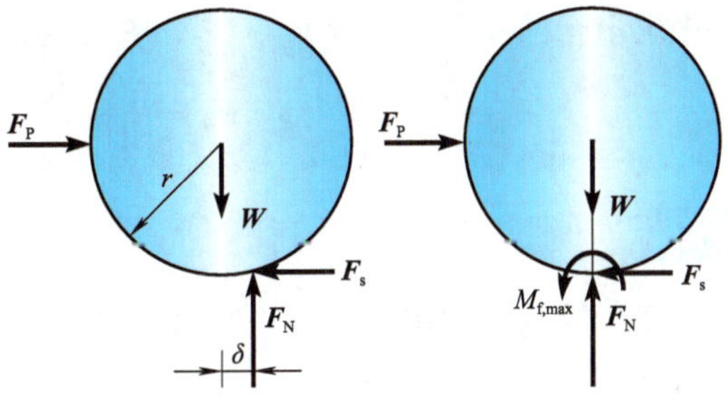

图 4-45

此外，还应指出，在同样的水平推力作用下，产生水平滑动趋势的力与产生滚动趋势的主动力偶的大小差异还受到这个水平方向主动力作用线高度的影响，而且一般情况下，滚动摩阻系数相对于水平推力作用线高度而言都非常小，因此在同样的水平推力作用下，所产生的滚动摩阻力偶矩的临界值会远小于静摩擦力的极限值，这有益于物体在滑动之前就出现滚动状态。

表 4-2　几种常用材料的滚动摩阻系数 $\delta$

| 材料名称 | $\delta$ / mm | 材料名称 | $\delta$ / mm |
|---|---|---|---|
| 铸铁—铸铁 | 0.50 | 软钢—钢 | 0.05 |
| 钢轮—钢轨 | 0.50 | 钢轮—木 | 1.50～2.50 |
| 木—钢 | 0.30～0.40 | 软木—软木 | 1.50 |
| 木—木 | 0.50～0.80 | 轮胎—路面 | 2.0～10.0 |

**例 4-11**

重为 $\boldsymbol{P}$，半径为 $r$ 的轮子，沿倾角为 $\theta$ 的倾斜面匀速向上滚动，如图 4-46(a) 所示，轮心上施加平行于斜面的力 $\boldsymbol{F}_{\mathrm{H}}$。假设此轮和斜面间滚动摩擦系数为 $\delta$，试求力 $\boldsymbol{F}_{\mathrm{H}}$ 的大小。

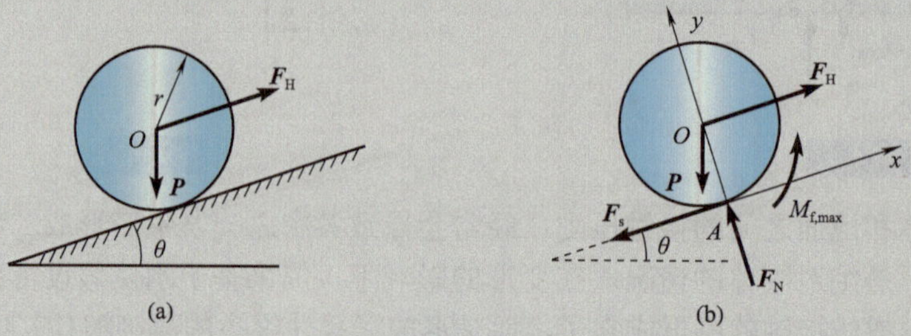


图 4-46

**解**：选轮子为研究对象，进行受力分析，受力图如图 4-46(b) 所示。

考虑到存在滚动摩擦，且轮子匀速向上滚动，因此受力图中增加了最大滚动摩阻力偶 $M_{\mathrm{f,max}}$，其方向与轮子的滚动方向相反。轮子的受力处于平衡状态，按图 4-46(b) 所示坐标系列平衡方程

$$\sum F_x = 0,\quad F_{\mathrm{H}} - P\sin\theta - F_{\mathrm{s}} = 0$$
$$\sum F_y = 0,\quad F_{\mathrm{N}} - P\cos\theta = 0$$
$$\sum M_A = 0,\quad P\sin\theta \times r - F_{\mathrm{H}} \times r + M_{\mathrm{f,max}} = 0$$

由于未知量个数为 4 个，需要再补充滚动摩阻力偶矩 $M_{\mathrm{f,max}} = F_{\mathrm{N}}\delta$。这样就可由 4 个方程来求出全部 4 个未知量 $F_{\mathrm{H}}$、$F_{\mathrm{s}}$、$F_{\mathrm{N}}$、$M_{\mathrm{f,max}}$，联立求解可知

$$F_{\mathrm{H}} = P\left(\sin\theta + \frac{\delta}{r}\cos\theta\right)$$

**例 4-12**

在搬运重物时常在下面垫些滚木，如图 4-47(a) 所示，重为 $\boldsymbol{G}_0$ 的重物下面垫上了两个重量都为 $\boldsymbol{G}$ 的滚木，滚木的半径为 $r$，滚木与重物之间的滚阻系数为 $\delta_0$，滚木与地面之间的滚阻系数为 $\delta$。求重物即将被拉动时的拉力 $\boldsymbol{F}$。

**解**：以整个系统为对象，受力情况如图 4-47(a) 所示，建立直角坐标系，列平衡方程

$$\sum F_x = 0,\quad F = F_{\mathrm{s1}} + F_{\mathrm{s2}}$$
$$\sum F_y = 0,\quad F_{\mathrm{N1}} + F_{\mathrm{N2}} - G_0 - 2G = 0$$

方程中含有 5 个未知量，因此即使针对整体再增加力矩平衡方程也难于求解。需要额外补充新的研究对象来建立方程。于是，先以左侧的滚木为研究对象，其受力图如

图 4-47(b)所示，列平衡方程

$$\sum M_A=0,\quad F_{N1}(\delta_0+\delta)-2F_{s1}r-G\delta_0=0$$

再以右侧滚木为研究对象，受力图如图 4-47(c)所示，列平衡方程

$$\sum M_B=0,\quad F_{N2}(\delta_0+\delta)-2F_{s2}r-G\delta_0=0$$

上述两式相加可得

$$(F_{N1}+F_{N2})(\delta_0+\delta)-2(F_{s1}+F_{s2})r-2G\delta_0=0$$

这时将整体为研究对象时，所建立的方程 $F_{N1}+F_{N2}=G_0+2G$，$F=F_{s1}+F_{s2}$，代入上式，可直接解得

$$F=\frac{G_0(\delta_0+\delta)+2G\delta}{2r}$$

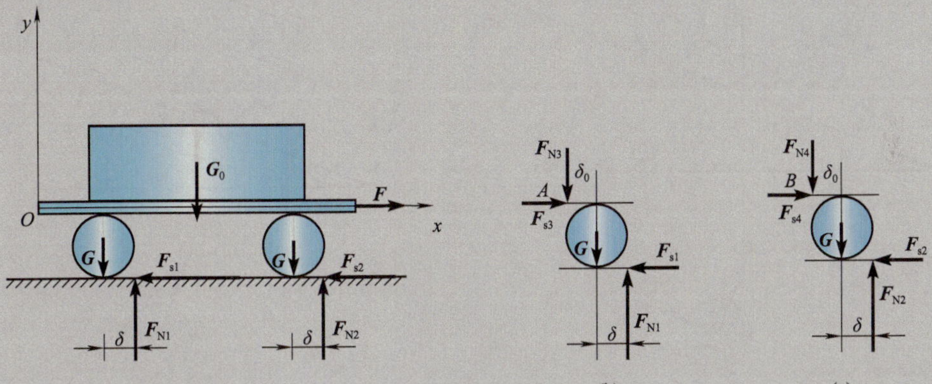


图 4-47

设 $G_0=10\text{kN}$，$G$ 忽略不计，$\delta_0=0.05\text{ cm}$，$\delta=0.20\text{ cm}$，$r$=8cm。将数据代入之后可得 $F$=0.156kN，显然所需拉力很小，表明滚动条件下是多么的省力。由于所需拉力与滚木的半径成反比，因此日常的经验中增大轮径可以省力的结论是与原理相符的。如果 $\delta_0$ 与 $\delta$ 均为零，即不考虑滚动摩擦，那么，$F$=0，这相当于把重物直接放在一个光滑平面上。

**例 4-13**

总重为 $\boldsymbol{W}$ 的拖车在牵引力 $\boldsymbol{F}$ 作用下，要爬上图 4-48 所示的倾角为 $\theta$ 的斜坡。设轮子半径为 $r$，轮子与路面的滑动摩擦系数为 $f_s$，滚阻系数为 $\delta$。求所需的牵引力 $\boldsymbol{F}$ 的大小。

**解：** 取整个拖车为研究对象，受力图如图 4-48(b)所示，假定拖车正处于马上开始向上滚动的临界状态，这时可知其前后轮的滚阻力偶矩 $M_{1f,max}$ 和 $M_{2f,max}$ 都已经达到了最大值，有鉴于此，列平衡方程

$$\sum F_x=0,\quad F-F_{s1}-F_{s2}-W\sin\theta=0$$

$$\sum F_y=0,\quad F_{N1}+F_{N2}-W\cos\theta=0$$

$$\sum M_A=0,\quad WH\sin\theta-Wb\cos\theta+F_{N1}(a+b)-Fh+M_{1f,\max}+M_{2f,\max}=0$$

考虑到正处于滚动临界状态，增添补充方程

$$M_{1f,\max}=\delta F_{N1},\ M_{2f,\max}=\delta F_{N2}$$

此时对于 7 个未知量，仅有 5 个独立方程，因此还需继续补充方程。为此，与例 4-12 的处理方法一样，取前、后轮分别为研究对象，受力图如图 4-48(c)和图 4-48(d)所示，分别建立对各自轮心的力矩平衡方程

$$\sum M_{O1}=0,\quad M_{1\mathrm{f,max}}-F_{\mathrm{s1}}r=0$$

$$\sum M_{O2}=0,\quad M_{2\mathrm{f,max}}-F_{\mathrm{s2}}r=0$$

对这 7 个方程一起联立求解，可以得到

$$F=W\left(\sin\theta+\frac{\delta}{r}\cos\theta\right)$$

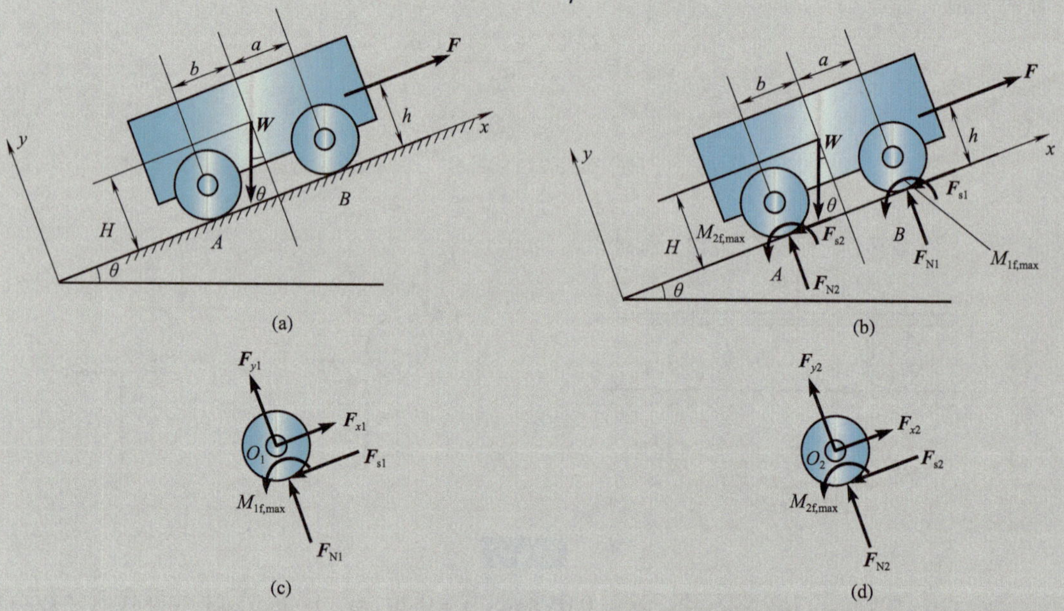


图 4-48

## 习　题

4-1　如图所示，在重 200N 的物体 $B$ 上有一重 100N 的物体 $A$ 左侧被绳子拉住，物体 $B$ 放在地面上并受到向右的水平力 $\boldsymbol{F}$ 作用。若 $A$ 与 $B$ 之间的接触面、$B$ 与地面之间的接触面的静摩擦系数全都为 0.35，试求物体 $B$ 从静止开始向右运动的瞬间，力 $\boldsymbol{F}$ 的大小。

4-2　如图所示，有一梯子重量为 $\boldsymbol{P}$，上端 $A$ 靠在光滑墙面上，下端 $B$ 支在静摩擦系数为 $f_{\mathrm{s}}$ 的粗糙地面上。试问当梯子与地面夹角 $\alpha$ 为多大时，体重 $Q$ 的人能够成功爬到梯子的顶点 $A$？

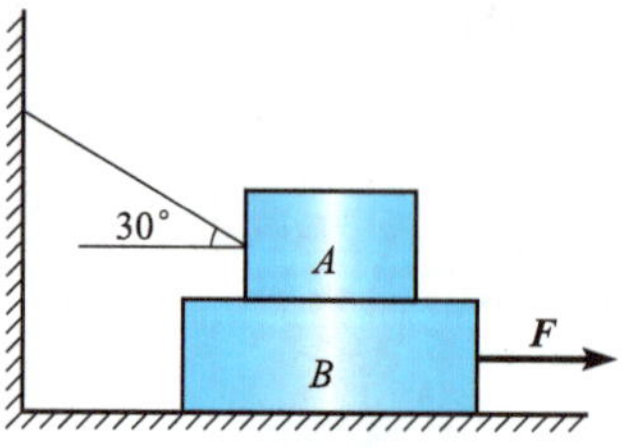


题 4-1 图

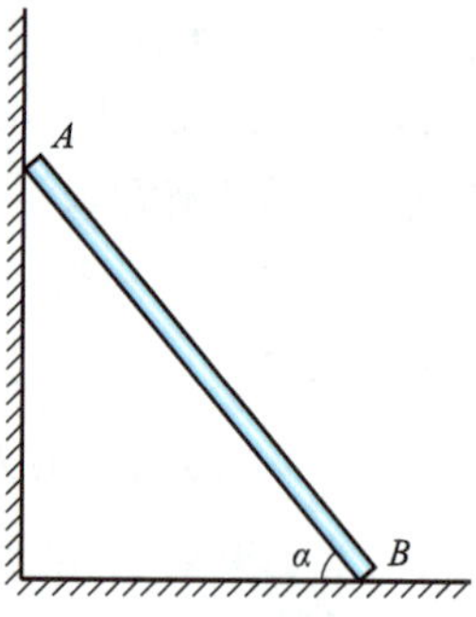


题 4-2 图

4-3　如图所示，有一个重量 $G$=200N 的物块在水平推力 $\boldsymbol{F}$ 作用下紧贴在墙面上。已知其静摩擦系数 $f_s$=0.3，动摩擦系数为 $f$=0.3，$F$=500N。请计算分析该滑块能否处于静力平衡状态，并给出其所受摩擦力的大小和方向。

4-4　如图所示有一半径为 300mm、重心在 $A$ 点且质量为 20kg 的轮子静止在粗糙地面上，当在其上施加一个大小为 50N·m 的力偶时，$B$ 处的光滑滚子使其无法进一步的滚动。试求 $C$ 处的约束力。

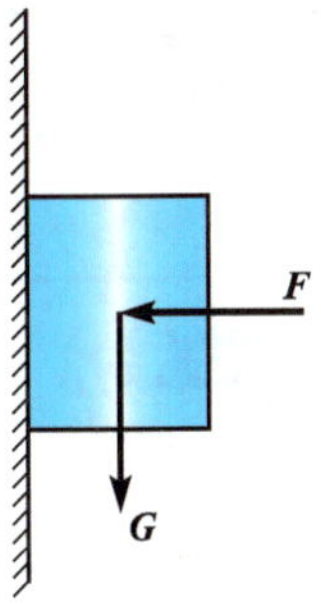


题 4-3 图

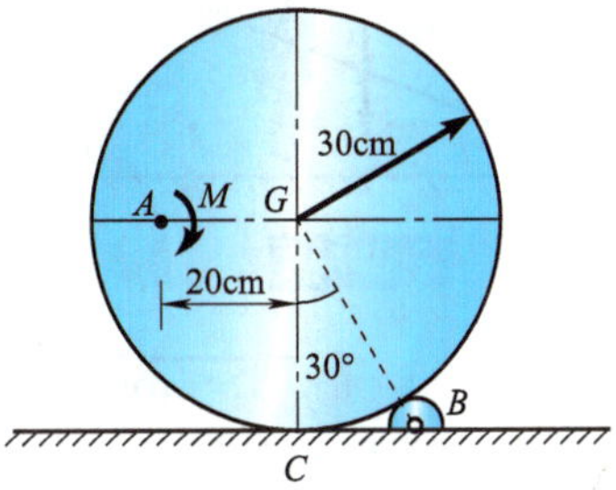


题 4-4 图

4-5　图示为利用尖劈原理来完成重物推升的装置。若重物 $A$ 重量为 20kN，各个接触面处的摩擦角均为 12°，不考虑尖劈 $B$ 本身的重量。试求出图示情况提升重物所需的最小水平力。

4-6　图示重 500N 的鼓轮 $B$ 放在墙角，其与地板间的静摩擦系数为 0.25，而墙壁假定是光滑的。若鼓轮上的绳索下挂上一个重物。当鼓轮的半径 $R$=200mm、$r$=100mm 时，试求保持静力平衡条件下重物 $A$ 的最大重量。

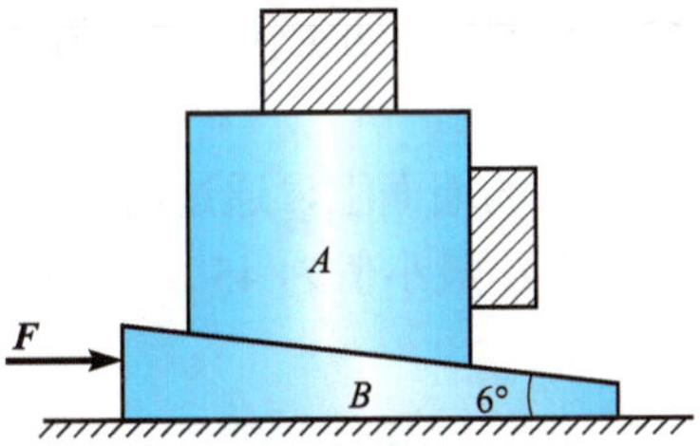


题 4-5 图

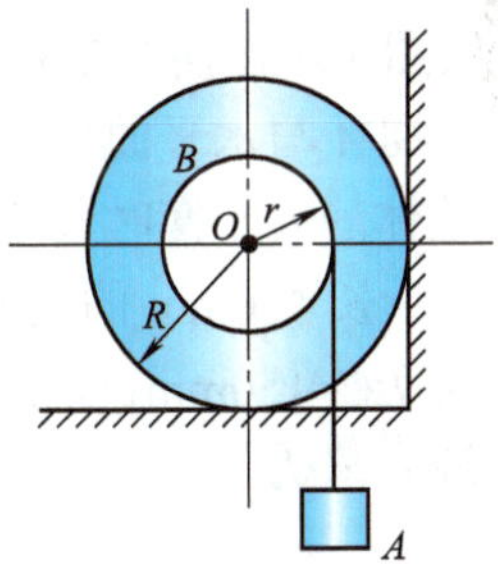


题 4-6 图

4-7　如图在倾斜角为 $\beta$ 的斜面上有一个重量为 $\boldsymbol{G}$ 的物体，设其与斜面的摩擦角为 $\varphi_f$。当在物体上施加与斜面的交角为 $\theta$ 的作用力 $\boldsymbol{F}$ 时，试求物体从静止到运动时 $\boldsymbol{F}$ 的大小，并尝试分析 $\theta$ 为何值时所需的力 $\boldsymbol{F}$ 最小。

4-8　如图所示，均质棒料在一个 V 形槽中，如要使其转动需施加一个力偶，当力偶矩 $M$=1.5kN·cm，且棒料重 $P$=0.4kN 时，假设棒料直径 $D$=25cm。试求棒与槽之间的静摩擦因数 $f_s$。

4-9　图示结构中，一个重为 $\boldsymbol{W}_1$ 的运货升降箱在滑道间上下移动，重 $\boldsymbol{W}_2$ 的货物放在箱子一侧。由于货物摆放位置较偏，使得升降箱的两角分别会与所在那侧的滑道靠紧，设箱角与滑道的静摩擦系数为 $f_s$。试求能够令箱子上下移动(两种运动方向)而不被卡住的平衡配重 $\boldsymbol{W}$ 的值。

4-10　如图所示，在斜面上有两个物体用不计重量的绳子相连。已知重为 $\boldsymbol{W}$ 的物体静摩擦系数为 0.4，而另一个重为 100N 的物体其静摩擦系数为 0.2。试求：(1) 重为 $\boldsymbol{W}$ 的物体最小重量为多少时可以静止于斜面上；(2) $W$=800N 时，求作用于其上的静摩擦力 $\boldsymbol{F}_s$ 大小。

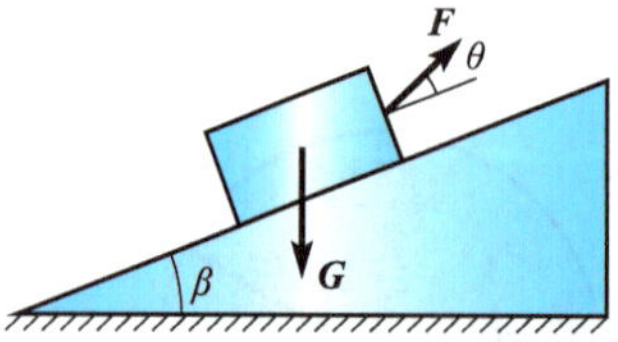


题 4-7 图

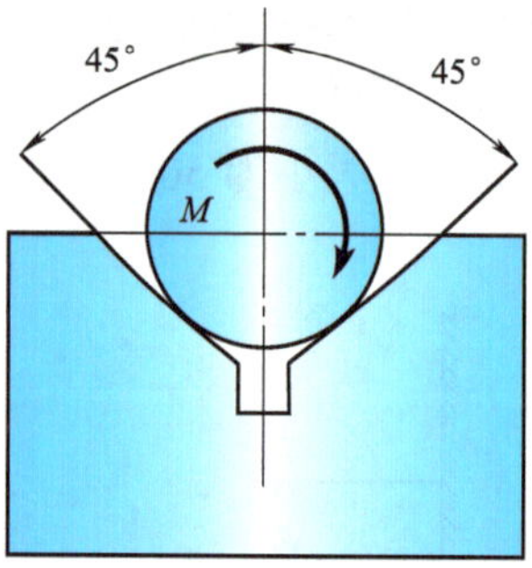


题 4-8 图

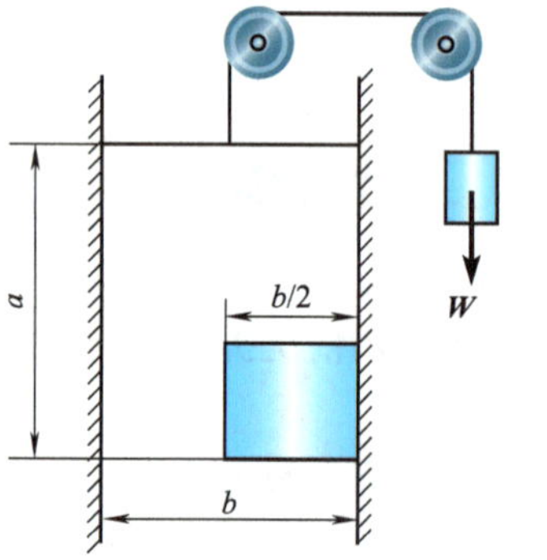


题 4-9 图

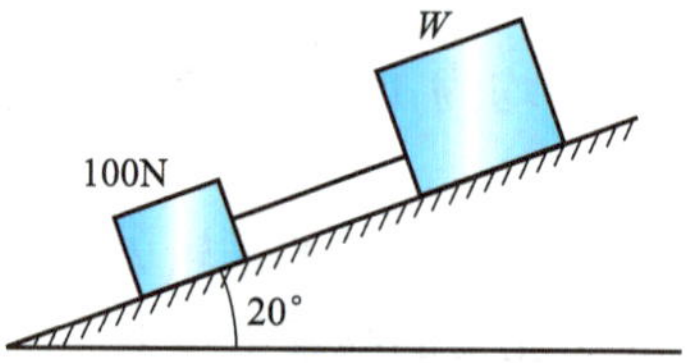


题 4-10 图

4-11　如图所示，两个重物 $A$ 与 $B$ 用不计重量的刚性杆铰接到一起。已知重物 $B$ 的重量为 2kN，而重物 $A$ 与水平面之间的摩擦角为 15°，斜面完全光滑，同时不考虑铰链中的摩擦。试求能保持整体静力平衡时重物 $A$ 的最小重量。

4-12　图示长 400mm 的均质杆 $AB$ 的 $A$ 端倚在粗糙垂直的墙面上，通过绳子 $CD$ 来保持静力平衡。设 $BC$=150mm，$AD$=250mm，且静力平衡时角度 $\alpha$ 最小值为 45°。试求出杆与墙面间的静摩擦系数 $f_s$。

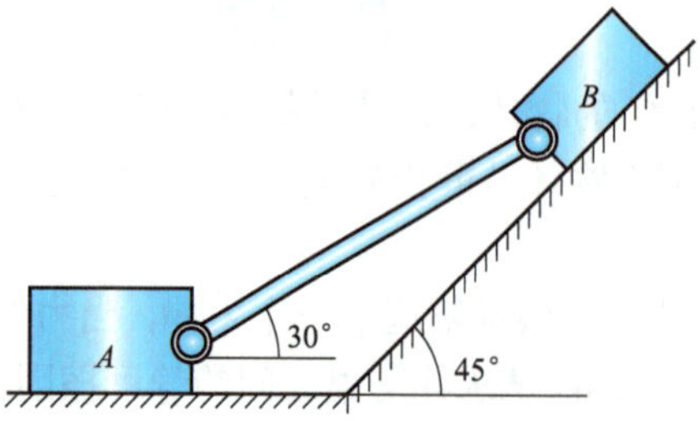


题 4-11 图

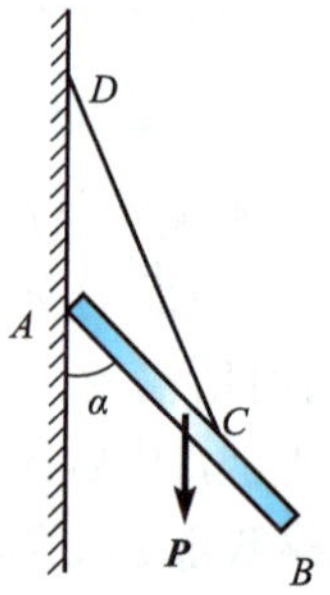


题 4-12 图

4-13　图示重 0.5kN 的物块在一组光滑滚轮限制下只能铅垂运动，并压在重 0.3kN 的圆柱上。设圆柱与物块间静摩擦系数为 0.4，圆柱及地面间静摩擦系数为 0.1，$r$=20mm，$b$=10mm，试求出使圆柱产生运动所需的最小水平力 $F_P$。

4-14　物块 $A$ 和 $B$ 相叠放在地面上，如图(a)所示。若物块 $A$ 的重量 $W$=0.5kN，物块 $B$ 的重量为 0.2kN；物块之间的静摩擦系数为 0.25，物块与地面之间的静摩擦系数为 0.2。(1) 试求出刚刚拉动物块 $B$ 所需的拉力 $\boldsymbol{P}$ 的最小值。(2)若物块 $A$ 的一端被绳子拴住，如图(b)所示，再试求刚刚拉动物块 $B$ 所需的拉力 $\boldsymbol{P}$ 的最小值。

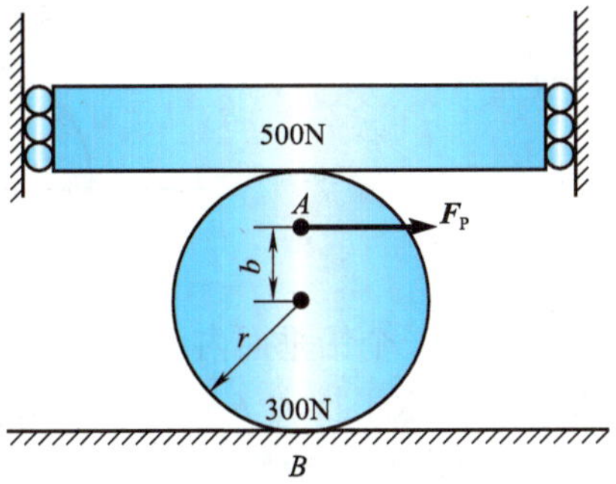


题 4-13 图

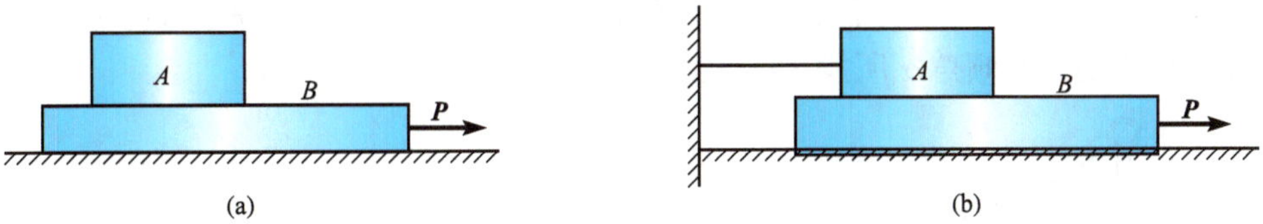


题 4-14 图

4-15　图示重为 5kN 的圆柱半径为 $r$=6cm，柱上缠绕着软绳，尝试以一个水平拉力 $\boldsymbol{F}$ 拉动绳子使其能够登上台阶。若台阶棱边上不会出现滑动，二者静摩擦系数为 0.3，试求圆柱所能登上台阶的高度上限。

4-16　图示均质杆 $AB$ 的一端靠在铅垂墙面之上，另一端支在地面上，设所有接触面的摩擦角均为 $\varphi_f$。试求保持静力平衡时，此杆与墙面夹角 $\theta$ 的取值范围。

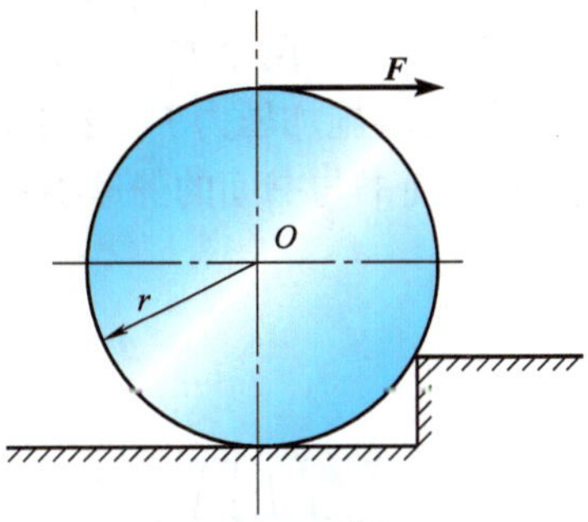


题 4-15 图

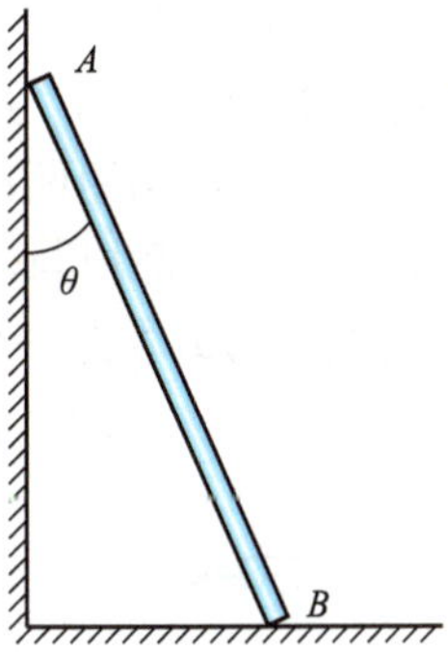


题 4-16 图

4-17　如图所示，重 0.2kN 的物块通过绳子绕过一个滑轮来与半径 20cm 的圆柱相连，柱与斜面的静摩擦系数为 0.6。如果不考虑滑轮的摩擦且 $AB$ 连线处于水平，试求出静力平衡时圆柱的重量。

4-18　图示长为 $2b$ 的均质杆 $AB$ 重为 $\boldsymbol{P}$，放在地面和半径 $r$ 的固定圆柱之上。设杆与柱、杆与地面各处静摩擦系数都为 $f_s$，试求静力平衡时角度 $\varphi$ 的最大值。

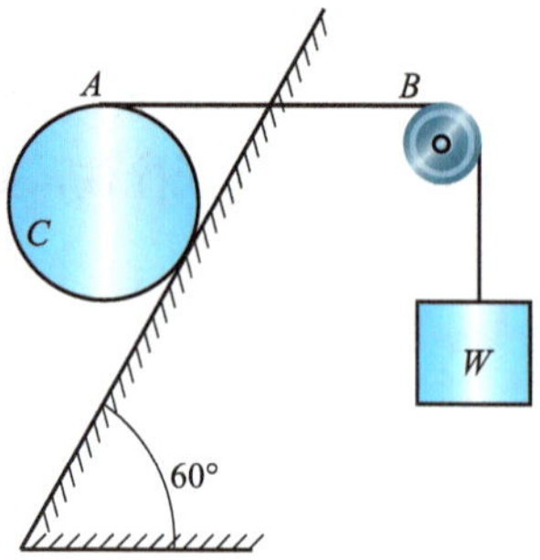


题 4-17 图

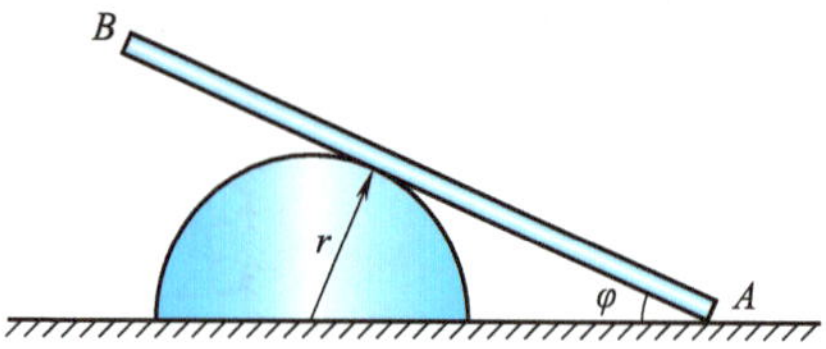


题 4-18 图

4-19 图示机构各个部件都处在同一个铅垂面内，设两杆长度都为 $l$，且自重不计，所有铰点光滑。已知杆 $AB$ 的中点 $D$ 处有一水平推力 $\boldsymbol{F}$ 作用，若滑块重量为 200kN，且其与斜面的静滑动摩擦系数为 0.4。试求能使滑块 $C$ 保持静力平衡时推力 $\boldsymbol{F}$ 的最大值。

4-20 图示粗糙斜面上有一均质三角棱柱，其以 $A$ 和 $B$ 为支点。若棱柱三角截面上三条棱的长度相等，且支点 $A$、$B$ 与斜面间的静摩擦系数分别为 $f_{s1}$、$f_{s2}$，试求保持静力平衡条件下，斜面与水平面之间倾角 $\alpha$ 所能达到的最大值。

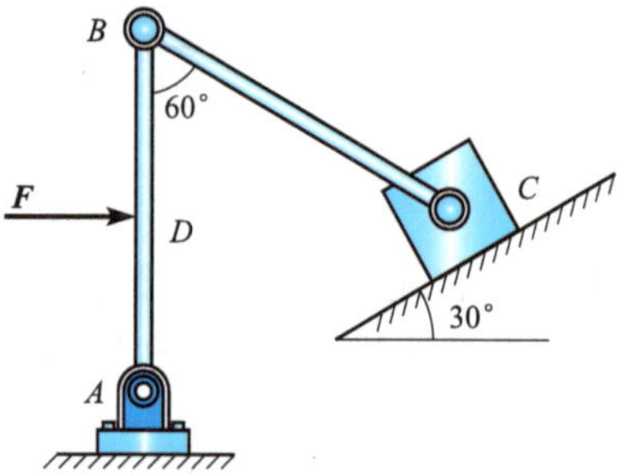


题 4-19 图

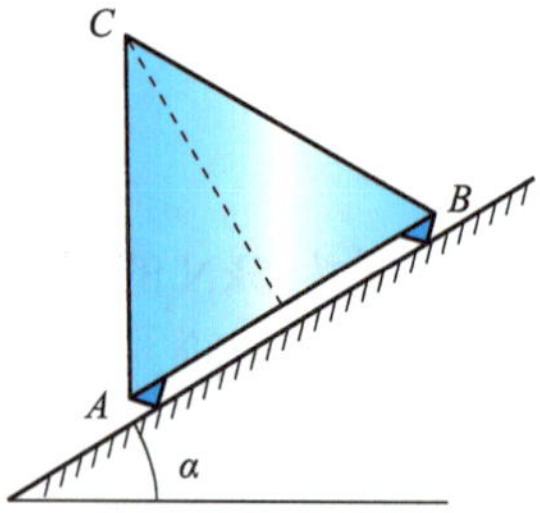


题 4-20 图

4-21 如图所示有两个完全相同的半径为 0.3m、重为 1kN 的圆柱放在斜面上，若各个接触面的静摩擦系数都是 0.2，试求出静力平衡时 $\boldsymbol{F}_P$ 的大小范围(注意两个方向的运动趋势)。

4-22 如图所示，当用两手夹起一叠图书时，需要在其两端施加压力 $F = 225\text{N}$。假设书本重 0.95kg，且每本书都相同，手与书间静摩擦系数为 0.45，而书与书间的静摩擦系数为 0.4。试求可以顺利夹起的最大图书数目。

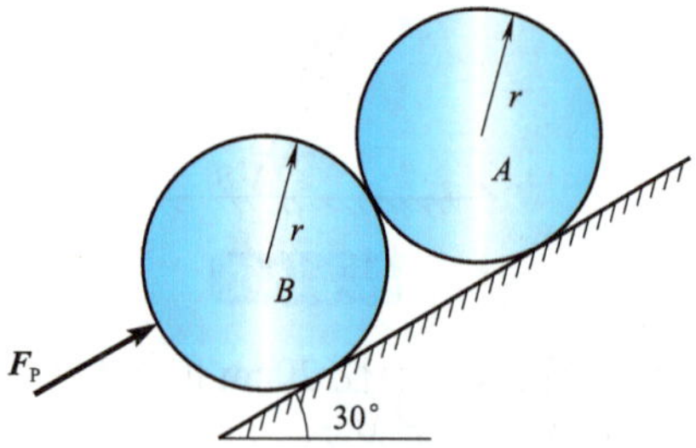


题 4-21 图

题 4-22 图

4-23 图示处于铅垂面内的机构，其两杆等长且重均为 $G$，铰点 $A$ 光滑。滑块 $B$ 重为 $2G$，其与滑道间静摩擦系数为 0.3。试求整体保持静力平衡时角度 $\theta$ 的最小值。

4-24 如图所示半径 $R$ 的圆轮在其最上端 $B$ 点受到一个水平拉力 $\boldsymbol{F}_{\mathrm{H}}$ 作用，其与水平地面间的滚动摩擦系数为 $\delta$。试问 $\boldsymbol{F}_{\mathrm{H}}$ 使轮只滚不滑时，静摩擦系数 $f_s$ 应满足什么条件？

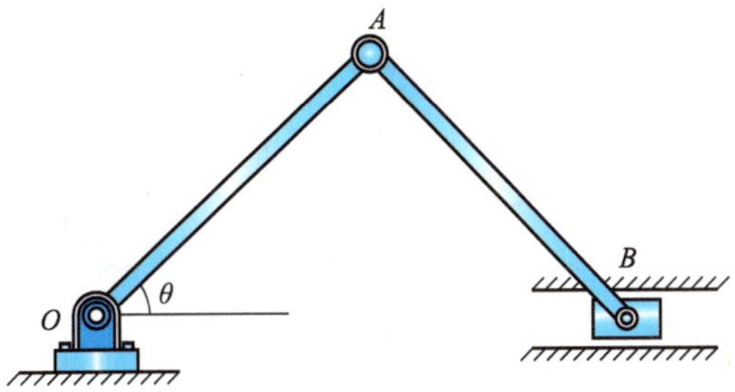


题 4-23 图

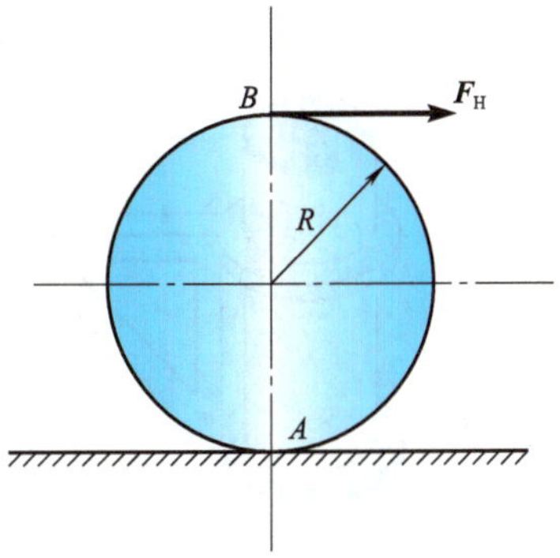


题 4-24 图

4-25 图中两根相同的均质杆用光滑铰链连接，而 $A$ 和 $C$ 端则放在粗糙水平地面上，当 $ABC$ 成等边三角形时，若整个系统处于静力临界平衡状态，试求杆端与水平地面间的静摩擦系数。

4-26 如图所示，用光滑铰链连接的无重量直杆在铰点 $B$ 处受到一个竖直向下的力 $\boldsymbol{F}$。两杆另两端与滑块连接，设滑块 $A$ 与 $C$ 的重量分别为 $G_A = 20\mathrm{N}$，$G_C = 10\mathrm{N}$。若滑块与接触面的静摩擦系数都为 0.25，试求使系统保持静力平衡时力 $\boldsymbol{F}$ 的取值范围。(图中尺寸单位为 mm)

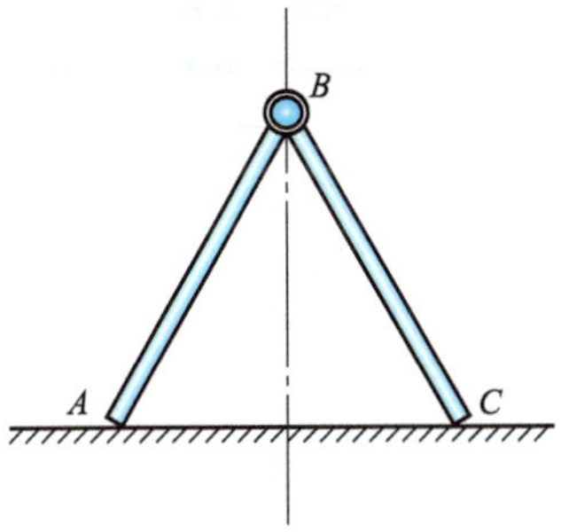


题 4-25 图

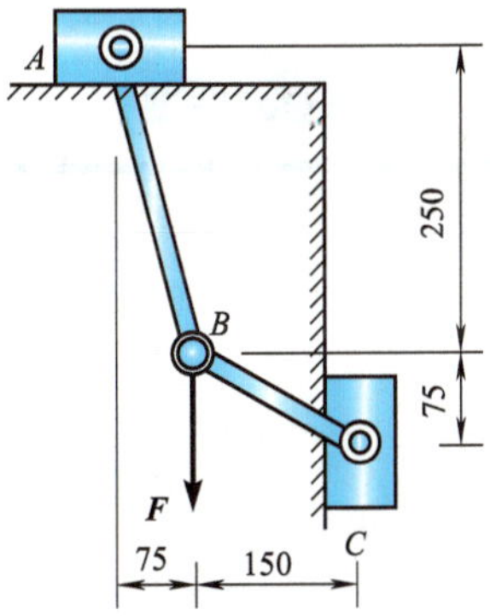


题 4-26 图

4-27 图中不计重量的悬臂架，其端部有套环活套在直圆柱上且能上下运动。设套环与柱间摩擦角皆为 $\varphi_f$，试求悬臂架不会被卡住时，竖向力 $\boldsymbol{P}$ 作用线距离圆柱中心线所能达到的最大距离。

4-28 如图所示，将一个高度 $h$=20cm，圆形底面半径 $r$=5cm 的锥体放在倾斜角为 30° 的斜面上，若锥体重量为 0.1kN，其与斜面之间的静摩擦系数为 0.50 时，在锥顶点有一个水平拉力 $\boldsymbol{F}$。试求使圆锥在斜面上保持静止时，$\boldsymbol{F}$ 的最大值与最小值。

4-29 图中有三个物块堆叠一起，其重量分别为 $W_1$=1kN、$W_2$=0.5kN、$W_3$=0.2kN，物块 $A$ 与 $B$ 之间静摩擦系数为 0.6，物块 $B$ 与 $C$ 之间静摩擦系数为 0.4，物块 $C$ 与地面之间静摩擦系数为 0.3。试分析力 $\boldsymbol{P}$ 应该增加到多大才能令物块滑动？(竖向滑轮处没有摩擦)

4-30 图中重 $\boldsymbol{W}_1$ 的小圆柱半径为 $r$，重 $\boldsymbol{W}_2$ 的大圆柱半径为 $R$。设球与地面、大柱与小柱间的静摩擦系数均为 $f_s$，在大圆柱上沿受到一个大小为 $P$ 的水平力。试问静摩擦系数 $f_s$ 至少应为多少，才能保证大球从小球上面翻过？(不考虑滚动摩阻的影响)

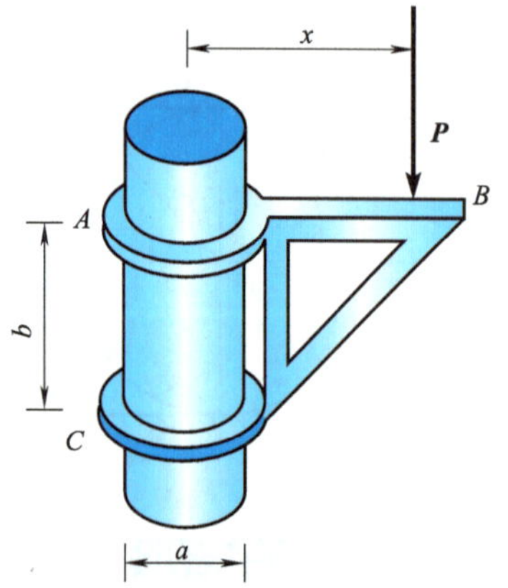

题 4-27 图

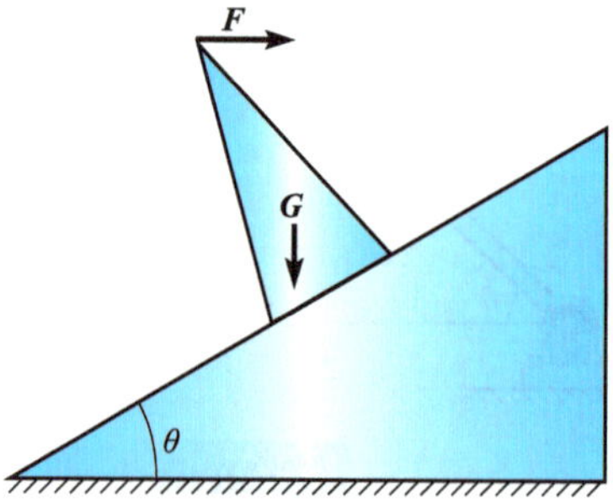

题 4-28 图

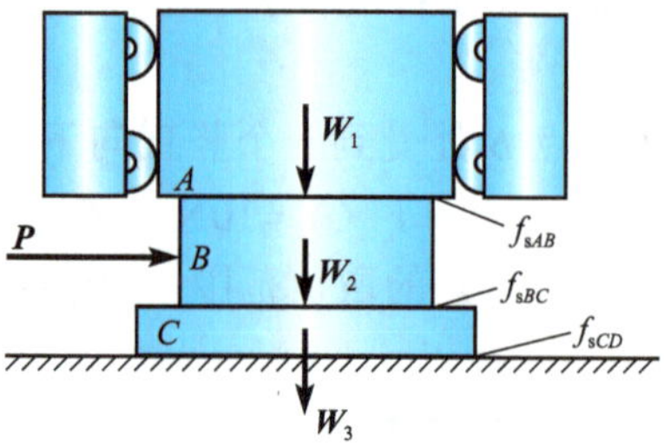

题 4-29 图

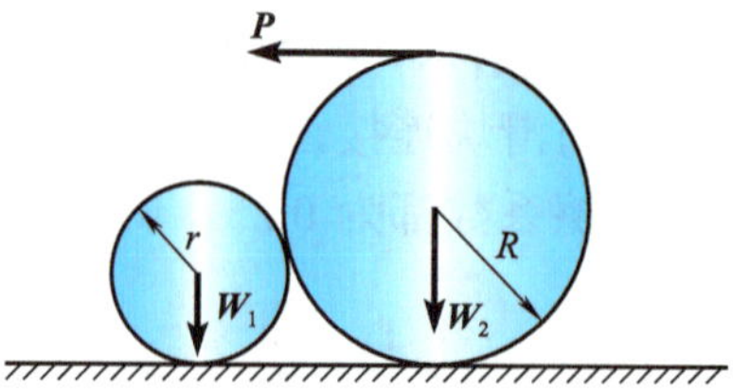

题 4-30 图

第 4 章参考答案

# 第二篇

# 运动学

运动学是从几何的角度描述和研究物体位置随时间的变化规律，不涉及物体本身的物理性质和加在物体上的力。以研究质点和刚体这两个简化模型的运动为基础，点的运动学研究点的运动方程、轨迹、位移、速度、加速度等运动特征，这些都随所选参考系的不同而异；而刚体运动学还要研究刚体本身的转动过程、角速度、角加速度等更复杂些的运动特征。

# 第 5 章

# 点的运动学

内容提要

研究点的运动规律，如任一瞬时相对于选定参考系的点的位置、轨迹、速度和加速度等。根据不同的点的运动轨迹，点的运动规律可使用不同的方法描述，如标量法、矢量法、直角坐标法和自然法等。点的运动学是研究一般物体运动的基础，又能直接应用于工程实际，具有独立的应用意义。

## 5.1 点的直线运动

点在空间运动时经过的路线即为点的运动轨迹，如果点的运动轨迹是直线，则称点的运动为直线运动。点的直线运动是点的运动中的特例。点沿直线运动，运动方向已知，可使用标量法表示点的直线运动。

设点 $P$ 做直线运动，如图 5-1 所示以运动轨迹上某点 $O$ 为坐标原点建立坐标参考系，$x$ 轴与点的运动轨迹重合。点在任一瞬时的位置 $P$ 可用坐标 $x$ 表示，运动过程中，$x$ 随时间 $t$ 变化的规律可表示为

$$x = f(t) \tag{5-1}$$

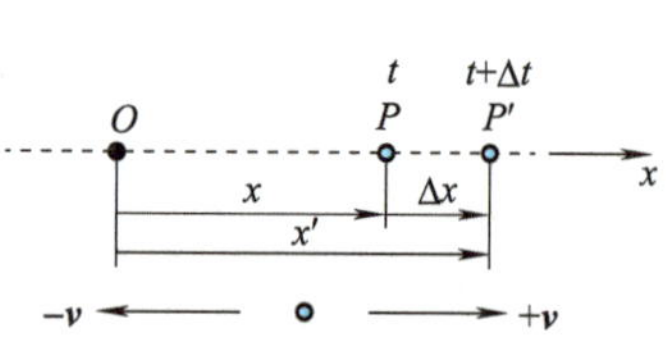

图 5-1

这种表示点的运动位置与时间变化规律的方程，称为点的直线运动方程。可知 $x$ 是 $t$ 的单值连续函数。

从瞬时 $t$ 至瞬时 $t+\Delta t$，点由 $P$ 点运动至 $P'$ 点，点的位移等于点在运动过程中位置坐标的改变量，此时为 $\Delta x$，对应的时间增量为 $\Delta t$，则点在 $\Delta t$ 时间内的平均速度为

$$\bar{v} = \frac{\Delta x}{\Delta t} \tag{5-2}$$

当 $\Delta t$ 趋向于零时，则 $\frac{\Delta x}{\Delta t}$ 的极限称为点在瞬时 $t$ 的瞬时速度，可表示为

$$v = \lim_{\Delta t \to 0} \frac{\Delta x}{\Delta t} = \frac{dx}{dt} = \dot{x} \tag{5-3}$$

可以看出，点的瞬时速度 $v$（简称速度）等于位置坐标对时间的一阶导数，这种表示点的速度随时间变化的规律，称为点做直线运动的**速度方程**。此时需要指出，点的位移不等于路程，路程是点运动轨迹的度量，而点的位移只描述当前状态和初始状态间点的位置坐标差值。

由图 5-1 可知，如果点的运动方向与 $x$ 轴方向相同，$v > 0$；反之，则 $v < 0$。

点做直线运动时，点的速度一般不是恒定的，可使用加速度衡量速度的变化率。如从瞬时 $t$ 至瞬时 $t+\Delta t$，点 $P$ 的速度由 $v(t)$ 变化为 $v(t+\Delta t)$，速度增量为 $\Delta v = v(t+\Delta t) - v(t)$，对应的时间增量为 $\Delta t$，则点在 $\Delta t$ 时间内的平均加速度为

$$\bar{a} = \frac{\Delta v}{\Delta t} \tag{5-4}$$

当 $\Delta t$ 趋向于零时，则 $\frac{\Delta v}{\Delta t}$ 的极限称为点在瞬时 $t$ 的瞬时加速度，可表示为

$$a = \frac{dv}{dt} = \dot{v} = \frac{d^2 x}{dt^2} = \ddot{x} \tag{5-5}$$

点的瞬时加速度（简称加速度）$a$ 等于位置坐标对时间的二阶导数或速度对时间的一阶导数，称为点做直线运动的**加速度方程**。当沿 $x$ 轴方向加速时，$a > 0$；反之，则 $a < 0$。

消去式(5-3)和式(5-5)中的 $dt$，可得到不含时间项的运动方程为

$$v dv = a dx \tag{5-6}$$

针对已知点的运动方程式(5-1)，可利用式(5-3)和式(5-5)求导获得点的速度和加速度等。反之，若加速度方程已知，则可以积分求得点的速度和运动方程。对式(5-3)、式(5-5)和式(5-6)分别积分可得

$$x = x_0 + v_0 t + \int_0^t \int_0^t a dt dt, \quad v = v_0 + \int_0^t a dt, \quad v^2 - v_0^2 = 2\int_{x_0}^{x} a dx \tag{5-7}$$

在积分运算时，需要给出运动的初始条件，如初始位置或初始速度等，即式(5-7)中的 $x_0$ 和 $v_0$。

如果加速度是恒定的，则式(5-7)可改写为

$$x = x_0 + v_0 t + \frac{1}{2} a t^2, \quad v = v_0 + a t, \quad v^2 - v_0^2 = 2a(x - x_0) \tag{5-8}$$

由式(5-1)～式(5-8)可知，点的运动研究位置 $x$、速度 $v$、加速度 $a$ 和时间 $t$ 之间的关系，如果任意两个量已知，则可以利用对应的点的运动方程求得第三个相关的量。

**例 5-1**

子弹的初始速度为 60m/s，水平射入某木质障碍物，受到加速度大小为 $a = -2v \text{ m/s}^2$，求子弹能射入障碍物的最大位移。

**解：**子弹在障碍物中达到最大位移时，速度为零。所以此时子弹的初始速度和最终速度已知，加速度大小已知，则已知两个量，可根据式(5-6)求得对应的第三个量。此时不宜使用式(5-7)和式(5-8)，因为加速度是速度的函数。

$$v dv = a dx$$

$$v dv = -2v dx \Rightarrow -\frac{1}{2} dv = dx$$

$$-\frac{1}{2}(v-v_0)=s-s_0 \Rightarrow -\frac{1}{2}(0-60)=s$$

$$s=30\ \text{m}$$

# 5.2 点运动的矢量法

点的直线运动只是点的运动中的特例，在大多数情况下，点做曲线运动。此时点的运动不但改变位置坐标、速度和加速度等的大小，还改变运动的方向。对于非恒定未知方向，此时不能再使用标量法表示点的运动。所以，这里引入矢量法研究点的曲线运动。

如图 5-2 所示，点 $P$ 沿轨迹 $AB$ 运动，任选某点作为参考点 $O$，任一瞬时 $t$ 的点的位置可使用矢径 $\boldsymbol{r}$ 表示。矢径 $\boldsymbol{r}$ 随时间 $t$ 变化而变化，是关于时间 $t$ 的单值连续函数。所以点做曲线运动时以矢量表示的运动方程为

$$\boldsymbol{r}=\boldsymbol{r}(t) \tag{5-9}$$

从瞬时 $t$ 至瞬时 $t+\Delta t$，点由 $P$ 点运动至 $P'$ 点，点的位移等于点在运动过程中矢径的差，此时为 $\Delta\boldsymbol{r}=\boldsymbol{r}(t+\Delta t)-\boldsymbol{r}(t)$，对应的时间增量为 $\Delta t$，则点在 $\Delta t$ 时间内的平均速度为

$$\overline{\boldsymbol{v}}=\frac{\Delta\boldsymbol{r}}{\Delta t} \tag{5-10}$$

当 $\Delta t$ 趋向于零时，则 $\dfrac{\Delta\boldsymbol{r}}{\Delta t}$ 的极限称为点在瞬时 $t$ 的瞬时速度，可表示为

$$\boldsymbol{v}=\lim_{\Delta t\to 0}\frac{\Delta\boldsymbol{r}}{\Delta t}=\frac{\mathrm{d}\boldsymbol{r}}{\mathrm{d}t}=\dot{\boldsymbol{r}} \tag{5-11}$$

点在瞬时 $t$ 的瞬时速度 $\boldsymbol{v}$ 是矢径 $\boldsymbol{r}$ 对时间的一阶导数，称为点做曲线运动的速度方程。点的瞬时速度指向 $\Delta t$ 趋向于零时 $\Delta\boldsymbol{r}$ 的极限方向，即沿着点的运动轨迹在该点处的切线方向，如图 5-3 所示。

对于点的曲线运动，某点在 $\Delta t$ 时间内的位移为矢量，而某点在 $\Delta t$ 时间内的路程为标量，是点在 $\Delta t$ 时间内的运动轨迹长度。

点做曲线运动的速度 $\boldsymbol{v}$ 是关于时间的函数，随时间 $t$ 而变化。如图 5-4 所示，从瞬时 $t$ 至瞬时 $t+\Delta t$，点的速度由 $\boldsymbol{v}(t)$ 变为 $\boldsymbol{v}(t+\Delta t)$，速度增量为 $\Delta\boldsymbol{v}=\boldsymbol{v}(t+\Delta t)-\boldsymbol{v}(t)$，对应的时间增量为 $\Delta t$，则点在 $\Delta t$ 时间内的平均加速度为

$$\overline{\boldsymbol{a}}=\frac{\Delta\boldsymbol{v}}{\Delta t} \tag{5-12}$$

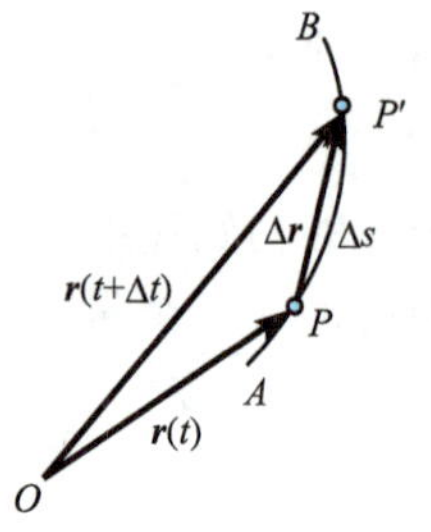


图 5-2

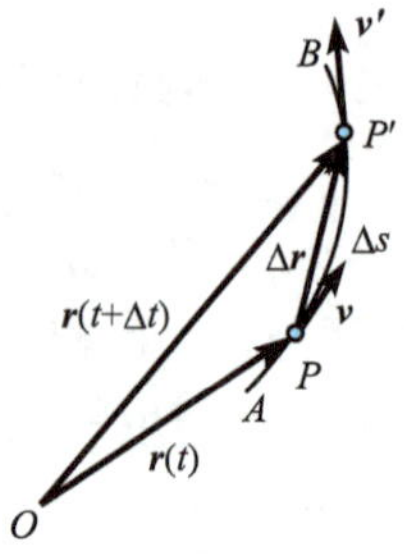


图 5-3

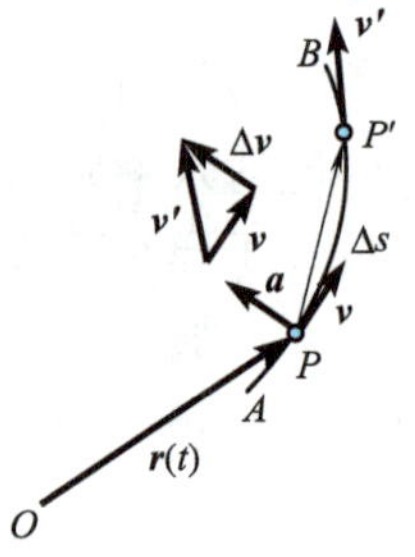


图 5-4

当 $\Delta t$ 趋向于零时，则 $\frac{\Delta \boldsymbol{v}}{\Delta t}$ 的极限称为点在瞬时 $t$ 的瞬时加速度，可表示为

$$\boldsymbol{a}=\lim_{\Delta t\to 0}\frac{\Delta \boldsymbol{v}}{\Delta t}=\frac{\mathrm{d}\boldsymbol{v}}{\mathrm{d}t}=\frac{\mathrm{d}^2\boldsymbol{r}}{\mathrm{d}t^2}=\dot{\boldsymbol{v}}=\ddot{\boldsymbol{r}} \tag{5-13}$$

点的瞬时加速度(简称加速度) $\boldsymbol{a}$ 等于矢径对时间的二阶导数或速度矢量对时间的一阶导数，称为点做曲线运动的加速度方程。

点的加速度 $\boldsymbol{a}$ 指向 $\Delta t$ 趋向于零时 $\Delta \boldsymbol{v}$ 的极限方向，如图 5-4 所示，加速度与运动轨迹不成相切关系。

应特别指明的是，在曲线运动中，矢径 $\boldsymbol{r}$ 和速度 $\boldsymbol{v}$ 均为矢量，则速度 $\boldsymbol{v}$ 和加速度 $\boldsymbol{a}$ 包含了矢径 $\boldsymbol{r}$ 和速度 $\boldsymbol{v}$ 的大小与方向两者的变化率。

矢径 $\boldsymbol{r}$ 随时间 $t$ 变化，矢端扫掠而成的曲线为位置矢端曲线，即点的曲线运动轨迹。同时，矢量 $\boldsymbol{v}$ 随时间 $t$ 变化，速度矢量的矢端描绘出的曲线为速度矢端曲线。位置矢端曲线如图 5-5(a)所示，可以看出，速度矢量 $\boldsymbol{v}$ 作为矢径 $\boldsymbol{r}$ 的一阶导数，恒相切于位置矢端曲线。加速度矢量 $\boldsymbol{a}$ 作为速度矢量 $\boldsymbol{v}$ 的一阶导数，恒相切于速度矢端曲线，但不相切于位置矢端曲线，即不相切于点的曲线运动轨迹，如图 5-5(b)所示。

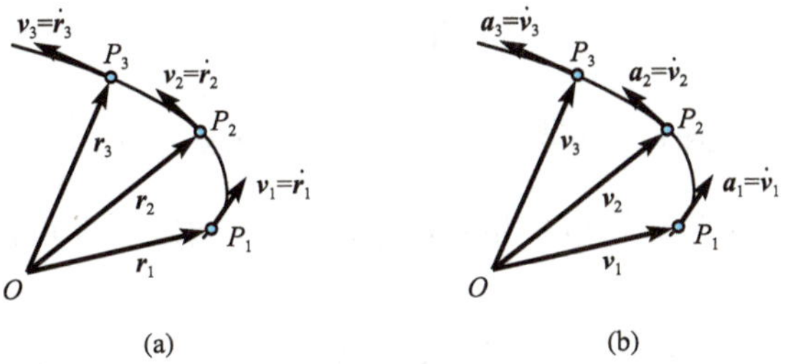


图 5-5

## 5.3　点运动的直角坐标法

将矢量法进一步发展，即可得到点做曲线运动的直角坐标法表示。如图 5-6 所示，选择某定点 $O$ 建立直角坐标系 $Oxyz$，沿 $x$、$y$、$z$ 坐标轴的单位矢量分别为 $\boldsymbol{i}$、$\boldsymbol{j}$、$\boldsymbol{k}$。则点在任一瞬时 $t$ 相对于坐标原点 $O$ 的矢径 $\boldsymbol{r}$ 可以使用直角坐标系的单位矢量表示为

$$\boldsymbol{r}=x(t)\boldsymbol{i}+y(t)\boldsymbol{j}+z(t)\boldsymbol{k} \tag{5-14}$$

矢径 $\boldsymbol{r}$ 的大小为 $r=\sqrt{x^2+y^2+z^2}$，方向为 $\boldsymbol{u}=\boldsymbol{r}/r$，其中

$$\begin{cases}x=f_1(t)\\ y=f_2(t)\\ z=f_3(t)\end{cases} \tag{5-15}$$

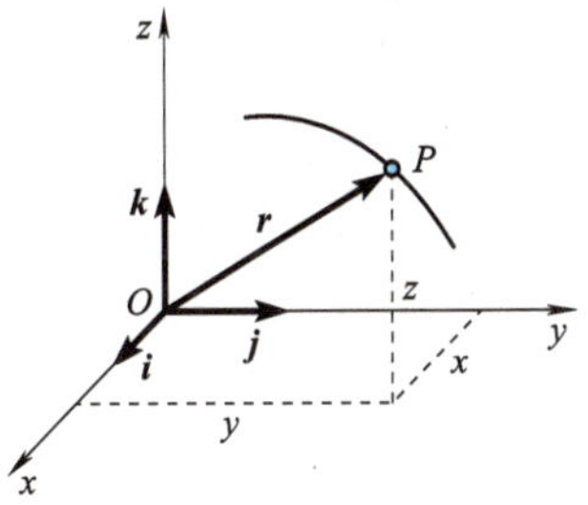


图 5-6

若 $f_1(t)$、$f_2(t)$、$f_3(t)$ 已知，则点在瞬时 $t$ 的空间位置可以确定。式(5-15)为以直角坐标法表示的点的曲线运动方程。式(5-15)是关于时间 $t$ 的参数方程，可通过将时间 $t$ 消去得到与时间无关的点的运动轨迹方程。

矢径 $\boldsymbol{r}$ 对时间的一阶求导，即可得到图 5-7 所示的点在瞬时的速度矢量 $\boldsymbol{v}$ 为

$$\boldsymbol{v}=\frac{\mathrm{d}\boldsymbol{r}}{\mathrm{d}t}=\frac{\mathrm{d}}{\mathrm{d}t}(x\boldsymbol{i})+\frac{\mathrm{d}}{\mathrm{d}t}(y\boldsymbol{j})+\frac{\mathrm{d}}{\mathrm{d}t}(z\boldsymbol{k}) \tag{5-16}$$

直角坐标法表示的矢径 $\boldsymbol{r}$ 中的 $\boldsymbol{i}$、$\boldsymbol{j}$、$\boldsymbol{k}$ 为大小和方向都不变的恒矢量，所以，速度矢量 $\boldsymbol{v}$ 为

$$\boldsymbol{v}=\frac{\mathrm{d}x}{\mathrm{d}t}\boldsymbol{i}+\frac{\mathrm{d}y}{\mathrm{d}t}\boldsymbol{j}+\frac{\mathrm{d}z}{\mathrm{d}t}\boldsymbol{k} \tag{5-17}$$

式(5-17)确定了矢量 $\boldsymbol{v}$ 的大小和方向，为直角坐标法表示的点的曲线运动**速度方程**。速度矢量 $\boldsymbol{v}$ 在直角坐标轴上的投影分别为

$$\begin{aligned} v_x &= \dot{x}=\frac{\mathrm{d}x}{\mathrm{d}t} \\ v_y &= \dot{y}=\frac{\mathrm{d}y}{\mathrm{d}t} \\ v_z &= \dot{z}=\frac{\mathrm{d}z}{\mathrm{d}t} \end{aligned} \tag{5-18}$$

速度矢量 $\boldsymbol{v}$ 的大小和方向分别为

$$v=\sqrt{v_x^2+v_y^2+v_z^2} \tag{5-19}$$

$$\cos(\boldsymbol{v},\boldsymbol{i})=\frac{v_x}{v}，\cos(\boldsymbol{v},\boldsymbol{j})=\frac{v_y}{v}，\cos(\boldsymbol{v},\boldsymbol{k})=\frac{v_z}{v}$$

矢径 $\boldsymbol{r}$ 对时间的二阶求导或速度矢量 $\boldsymbol{v}$ 对时间的一阶求导，即可得到图 5-8 所示的点在瞬时的加速度矢量 $\boldsymbol{a}$ 为

$$\boldsymbol{a}=\frac{\mathrm{d}\boldsymbol{v}}{\mathrm{d}t}=\frac{\mathrm{d}v_x}{\mathrm{d}t}\boldsymbol{i}+\frac{\mathrm{d}v_y}{\mathrm{d}t}\boldsymbol{j}+\frac{\mathrm{d}v_z}{\mathrm{d}t}\boldsymbol{k}=a_x\boldsymbol{i}+a_y\boldsymbol{j}+a_z\boldsymbol{k} \tag{5-20}$$

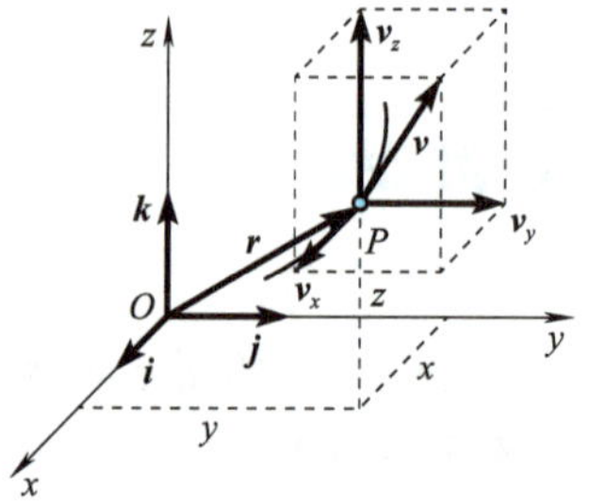

图 5-7

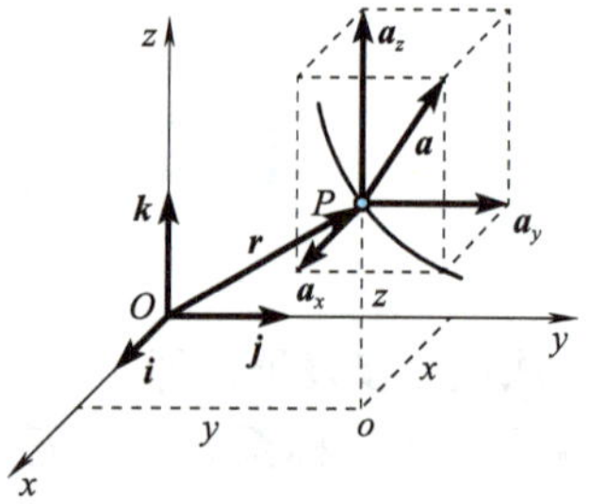

图 5-8

式(5-20)确定了矢量 $\boldsymbol{a}$ 的大小和方向，为直角坐标法表示的点的曲线运动**加速度方程**。加速度矢量 $\boldsymbol{a}$ 在直角坐标轴上的投影分别为

$$\begin{aligned} a_x &= \ddot{x}=\frac{\mathrm{d}v_x}{\mathrm{d}t} \\ a_y &= \ddot{y}=\frac{\mathrm{d}v_y}{\mathrm{d}t} \\ a_z &= \ddot{z}=\frac{\mathrm{d}v_z}{\mathrm{d}t} \end{aligned} \tag{5-21}$$

加速度矢量 $\boldsymbol{a}$ 的大小和方向分别为

$$a=\sqrt{a_x^{\ 2}+a_y^{\ 2}+a_z^{\ 2}} \tag{5-22}$$

$$\cos(\boldsymbol{a},\boldsymbol{i})=\frac{a_x}{a},\ \cos(\boldsymbol{a},\boldsymbol{j})=\frac{a_y}{a},\ \cos(\boldsymbol{a},\boldsymbol{k})=\frac{a_z}{a}$$

使用直角坐标法表示点的曲线运动的一个特例是抛物线运动。抛物线运动为平面运动，同时抛物线运动加速度恒定，在水平方向即 $x$ 轴方向上加速度大小为零，在竖直方向即 $y$ 轴方向上加速度恒为重力加速度 $g$，方向向下。

抛物线运动的点的加速度方程为

$$a_x=0;\ \ a_y=-g \tag{5-23}$$

抛物线运动的点的速度方程为

$$\begin{cases}v_x=v_{0x}\\ v_y=v_{0y}-gt\end{cases} \tag{5-24}$$

式中，$v_{0x}$ 和 $v_{0y}$ 分别为抛物线运动的初始水平速度和初始竖直速度。

抛物线运动的点的运动方程为

$$\begin{cases}x=x_0+v_{0x}t\\ y=y_0+v_{0y}t-\dfrac{1}{2}gt^2\end{cases} \tag{5-25}$$

式中，$x_0$ 和 $y_0$ 分别为抛物线运动的初始水平位置和初始竖直位置。式(5-24)和式(5-25)在竖直方向上都是关于时间 $t$ 的函数，消去时间项 $t$，可得

$$v_y^2=v_{0y}^2-2g(y-y_0) \tag{5-26}$$

**例 5-2**

已知点的运动方程为 $x=4\sin t$，$y=4\cos t$，$z=3t$，试求点做曲线运动时的速度和加速度。

**解**：点的运动方程在 $x$ 和 $y$ 轴上的分量表明点在 $xy$ 平面内的运动轨迹为半径为 4 的圆形，点在 $z$ 方向上的运动是时间的一阶线性函数，随时间 $t$ 而变化。可知，点的空间运动轨迹应为螺旋线。

点做曲线运动时的速度可利用运动方程对时间的一阶导数求得，即

$$v_x=\dot{x}=4\cos t,\ \ v_y=\dot{y}=-4\sin t,\ \ v_z=\dot{z}=3$$

则速度的大小与方向为

$$v=\sqrt{v_x^{\ 2}+v_y^{\ 2}+v_z^{\ 2}}=\sqrt{4^2+3^2}=5$$

可知速度大小为一常量。

$$\cos(\boldsymbol{v},\boldsymbol{i})=\frac{v_x}{v}=\frac{4\cos t}{5},\ \ \cos(\boldsymbol{v},\boldsymbol{j})=\frac{v_y}{v}=\frac{-4\sin t}{5},\ \ \cos(\boldsymbol{v},\boldsymbol{k})=\frac{v_z}{v}=\frac{3}{5}$$

由速度方程可知，点的速度与 $z$ 轴的夹角为一常量，即当前点的运动轨迹螺旋线的升角为恒定值。

由速度方程可知，速度的幅值为一常量，但加速度不一定为零。加速度除可改变速度的大小外，还可改变速度的方向。如点做匀速圆周运动时，其离心加速度使速度方向不断沿切向方向改变，但速度大小不变。

点做曲线运动时的加速度可利用速度方程对时间的一阶导数求得，即

$$a_x=\ddot{x}=-4\sin t\ ,\quad a_y=\ddot{y}=-4\cos t\ ,\quad a_z=0$$

则加速度大小与方向为

$$a=\sqrt{a_x{}^2+a_y{}^2+a_z{}^2}=4$$

可知加速度大小为一常量。

加速度的方向为

$$\cos(\boldsymbol{a},\boldsymbol{i})=\frac{a_x}{a}=-\sin t\ ,\quad \cos(\boldsymbol{a},\boldsymbol{j})=\frac{a_y}{a}=-\cos t\ ,\quad \cos(\boldsymbol{a},\boldsymbol{k})=\frac{a_z}{a}=0$$

## 例 5-3

如图 5-9 所示，子弹射出时与竖直方向的偏差角为$\theta$，初速度为$v_0$。安全起见，人应站立于半径为$R$的圆外以避免被下落的子弹击中，试求安全半径$R$。（不考虑空气阻力和子弹射出时距地面的距离）

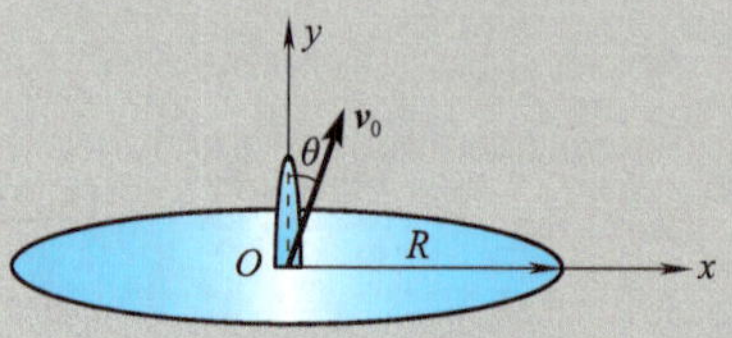


图 5-9

**解：**此题为典型的抛物线运动问题。不考虑空气阻力的情况下，子弹只受重力。所以水平方向上加速度为零，竖直方向上受向下为 $g$ 的重力加速度，子弹在空中的运动轨迹为抛物线，可以使用直角坐标法求解。

首先建立直角坐标系，以地面上对应于子弹的某点为坐标原点，则子弹的水平初速度和竖直初速度为

$$v_x=v_0\sin\theta\ ,\quad v_y=v_0\cos\theta$$

子弹向上飞行时至顶点时，速度为零。向上飞行过程中有$v_y-0=at=gt$。所以，子弹自射出至落地所需要的总时间为$t_{\text{total}}=2v_y/g$。水平方向上加速度为零，子弹做匀速直线运动，安全半径即子弹的运动位移。

$$R=v_x t_{\text{total}}=v_x 2v_y/g=v_0^2\sin(2\theta)/g$$

## 例 5-4

如图 5-10 所示，某士兵以初速度$v_0$、角度为$\theta_1$射出第一颗子弹，然后间隔时间$\Delta t$后以初速度$v_0$、角度为$\theta_2$射出第二颗子弹，两颗子弹在空中相遇。试求间隔时间$\Delta t$，已知子弹与竖直方向的偏差角$\theta_2<\theta_1$，不考虑空气阻力。

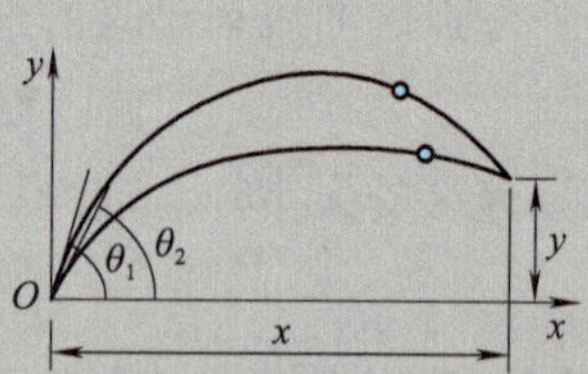


图 5-10

**解：**在不考虑空气阻力的情况下，两子弹在空中分别做抛物线运动，宜使用直角坐标法求解。

首先建立直角坐标系，以两子弹射出点为坐标原点 $O$，设第一颗子弹射出时间为$t_1$，第二子弹射出时间为$t_2$。子弹的水平方向运动为

$$s=s_0+v_0t=x\Rightarrow v_0\cos\theta_1 t_1=x=v_0\cos\theta_2 t_2\Rightarrow\frac{t_1}{t_2}=\frac{\cos\theta_2}{\cos\theta_1}$$

子弹的竖直方向运动为

$$s=s_0+v_0t+\frac{1}{2}at^2=y\Rightarrow v_0\sin\theta_1 t_1-\frac{1}{2}gt_1{}^2=v_0\sin\theta_2 t_2-\frac{1}{2}gt_2{}^2$$

将上述两式并列求解，可知

$$t_1 = \frac{2v_0 \cos\theta_2 \sin(\theta_1 - \theta_2)}{g(\cos^2\theta_2 - \cos^2\theta_1)}$$

$$t_2 = \frac{2v_0 \cos\theta_1 \sin(\theta_1 - \theta_2)}{g(\cos^2\theta_2 - \cos^2\theta_1)}$$

因此

$$\Delta t = t_1 - t_2 = \frac{2v_0 \sin(\theta_1 - \theta_2)}{g(\cos\theta_2 + \cos\theta_1)}$$

**例 5-5**

物体 $M$ 自 $O$ 点以初速度 $v_0$ 与水平方向夹角 $\varphi_0$ 抛出，已知物体 $M$ 在空中的加速度为 $g$，竖直向下，求点 $M$ 的运动规律。

**解**：使用直角坐标法求解抛物线运动点的运动规律。首先过 $O$ 点取坐标系 $xOy$，将 $M$ 点置于坐标系中任意位置。

对加速度方程进行积分，可得速度方程为

$$\begin{cases} a_x = 0 \\ a_y = -g \end{cases} \Rightarrow \begin{cases} v_x = \int a_x \mathrm{d}t + C_1 \\ v_y = \int a_y \mathrm{d}t + C_2 = -gt + C_2 \end{cases}$$

$t=0$ 时，$v_x = v_0\cos\varphi_0$，$v_y = v_0\sin\varphi_0$，可知 $C_1 = v_0\cos\varphi_0$，$C_2 = v_0\sin\varphi_0$，则

$$v_x = v_0\cos\varphi_0, \quad v_y = v_0\sin\varphi_0 - gt$$

对速度方程进行积分，可得点 $M$ 的位置为

$$\begin{cases} x = \int v_x \mathrm{d}t + C_3 = v_0\cos\varphi_0 t + C_3 \\ y = \int v_y \mathrm{d}t + C_4 = v_0\sin\varphi_0 t - \dfrac{1}{2}gt^2 + C_4 \end{cases}$$

$t=0$，$x=0$，$y=0$，可知 $C_3=0$，$C_4=0$，则

$$\begin{cases} x = v_0\cos\varphi_0 t \\ y = v_0\sin\varphi_0 t - \dfrac{1}{2}gt^2 \end{cases}$$

此时消去时间 $t$，可得点 $M$ 的运动方程为

$$y = \tan\varphi_0 x - \frac{1}{2}g\frac{x^2}{v_0^2\cos^2\varphi_0}$$

# 5.4　点运动的自然法

直角坐标系基于固定的坐标原点 $O$ 描述点的运动规律，如果点的当前位置距坐标原点很远时，点的位置坐标在 $x$、$y$、$z$ 各轴上的分量很大，如 $\boldsymbol{r} = 10^7\boldsymbol{i} + 10^{20}\boldsymbol{j} + 10^{32}\boldsymbol{k}$，当点运动较小距离时，例如，沿 $x$ 方向运动 0.02 个单位距离，则运动后位置坐标的直角坐标法表示为 $\boldsymbol{r} = (10^7 + 0.02)\boldsymbol{i} + 10^{20}\boldsymbol{j} + 10^{32}\boldsymbol{k} \approx 10^7\boldsymbol{i} + 10^{20}\boldsymbol{j} + 10^{32}\boldsymbol{k}$。可知，较小的位置坐标变化量相较于较大的位置坐标基数易被忽略。因此，基于固定坐标系的直角坐标法无法较好描述位置坐标的

变化。同时，在描述某点速度时，直角坐标法需要有三个分量描述一点的速度，比较繁琐。本节将利用已知点的运动轨迹建立弧坐标和自然轴系，描述和分析点的运动，这种方法称为**自然法**。

### 5.4.1 弧坐标

如图 5-11 所示，任选一点 $O$ 为参考点，设点 $O$ 的某一侧为正向，则点在某瞬时的位置可完全由距参考点 $O$ 为 $s$ 的弧长决定，因此，弧长 $s$ 为动点在已知运动轨迹上的**弧坐标**。当点在轨迹上运动时，弧长 $s$ 随时间 $t$ 而变化，是时间 $t$ 的单值连续函数，即

$$s = f(t) \tag{5-27}$$

式(5-27)可用来确定某瞬时的点的弧坐标 $s$，揭示了点沿已知运动轨迹的运动规律，称为**点沿已知轨迹的运动方程**，或以弧坐标表示的点的运动方程。

此时考虑建立坐标系。以已知运动轨迹上与当前瞬时点的位置 $P$ 相重合的点为坐标原点，坐标系的 $\tau$ 轴与运动轨迹相切于当前瞬时点位置 $P$，并以弧长 $s$ 增加的方向为正向；坐标系的 $n$ 轴垂直于 $\tau$ 轴并由当前瞬时点位置 $P$ 指向曲率中心 $O'$。由图 5-11 可以看出，新建立的坐标系坐标原点与当前点的位置重合，即随着点的位置变化，坐标系随之变化，是移动坐标系，这与上节中提到的基于固定坐标原点的直角坐标系不同。如当点由位置 $P$ 运动到位置 $P'$ 时，坐标原点由 $P$ 变化为 $P'$，$\tau$ 轴与运动轨迹相切于 $P'$ 点，$n$ 轴垂直于 $\tau$ 轴并指向新的曲率中心点。同时，曲率中心点总是分布于曲线凹的一侧，所以曲率半径 $\rho$ 为对应于点当前位置时的曲率中心点到曲线的垂直距离。

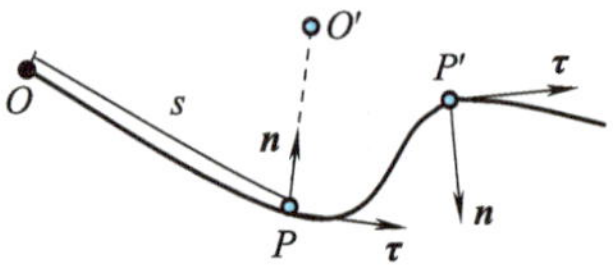

图 5-11

### 5.4.2 自然轴系

将图 5-11 所示的二维坐标系进一步发展，即可以得到图 5-12 所示的自然坐标系。取已知运动轨迹上相邻两点 $P$ 和 $P'$，对应的切线单位矢量分别为 $\boldsymbol{u}_\tau$ 和 $\boldsymbol{u}_\tau'$。将 $\boldsymbol{u}_\tau'$ 由 $P'$ 点平移至 $P$ 点，则由两条相交直线决定一个平面知 $\boldsymbol{u}_\tau$ 和 $\boldsymbol{u}_\tau'$ 决定一个平面。如果点 $P'$ 无限趋近于点 $P$ 时，$\boldsymbol{u}_\tau$ 和 $\boldsymbol{u}_\tau'$ 决定的平面趋近于某一极限位置，则称此极限平面为曲线在点 $P$ 的**密切面**。对于空间运动轨迹，密切面随着点 $P$ 的位置而变化；对于平面运动轨迹，密切面即运动轨迹所在的平面。过点 $P$ 并与切线垂直的平面为曲线在点 $P$ 的**法平面**，法平面与密切面的交线称为曲线在点 $P$ 的**主法线**。过点 $P$ 且垂直于切线及主法线的直线称为**副法线**。以点 $P$ 为原点，以切线、主法线和副法线为坐标轴组成的正交坐标系称为曲线在点 $P$ 的自然坐标轴系，三个轴称为**自然轴**。需要注意的是自然坐标系是随点 $P$ 的位置不断变化的游动坐标系。令切线、主法线和副法线的单位矢量分别为 $\boldsymbol{u}_\tau$、$\boldsymbol{u}_n$ 和 $\boldsymbol{u}_b$，其中 $\boldsymbol{u}_\tau$ 的正向指向弧坐标增加的方向，$\boldsymbol{u}_n$ 的正向指向运动曲线内凹的一侧，$\boldsymbol{u}_b$ 的正向与 $\boldsymbol{u}_\tau$、$\boldsymbol{u}_n$ 构成右手系，可按右手准则来确定，即 $\boldsymbol{u}_b = \boldsymbol{u}_\tau \times \boldsymbol{u}_n$。

沿曲线上运动的各点对应的切线、主法线和副法线均不相同，各点均有各自的自然坐标轴系。因此，沿各自然轴的单位矢量 $\boldsymbol{u}_\tau$、$\boldsymbol{u}_n$ 和 $\boldsymbol{u}_b$ 都是方向随点 $P$ 的位置而变化的变矢量。

如图 5-13 所示，某点由位置 $P$ 经过弧长 $\Delta s$ 运动至位置 $P'$，其切向单位矢量由 $\boldsymbol{u}_\tau$ 变为 $\boldsymbol{u}_\tau'$，切向单位矢量经过弧长 $\Delta s$ 时转过的角度为 $\Delta\varphi$。曲线的曲率为曲线切线转角对弧长一阶导数的绝对值，曲率半径为曲率的倒数，可表示为

$$\rho = \lim_{\Delta s \to 0}\left(\frac{\Delta s}{\Delta \varphi}\right) = \left|\frac{\mathrm{d}s}{\mathrm{d}\varphi}\right| \tag{5-28}$$

当 $\Delta t \to 0$ 时，$|\Delta \boldsymbol{r}|/\Delta s \to 1$，切向单位矢量 $\boldsymbol{u}_\tau$ 可定义为

$$\boldsymbol{u}_\tau = \lim_{\Delta s\to 0}\left(\frac{\Delta \boldsymbol{r}}{\Delta s}\right) = \frac{\mathrm{d}\boldsymbol{r}}{\mathrm{d}s} \tag{5-29}$$

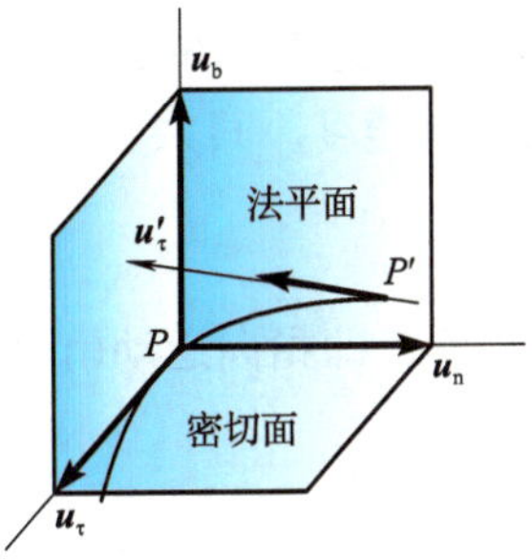


图 5-12

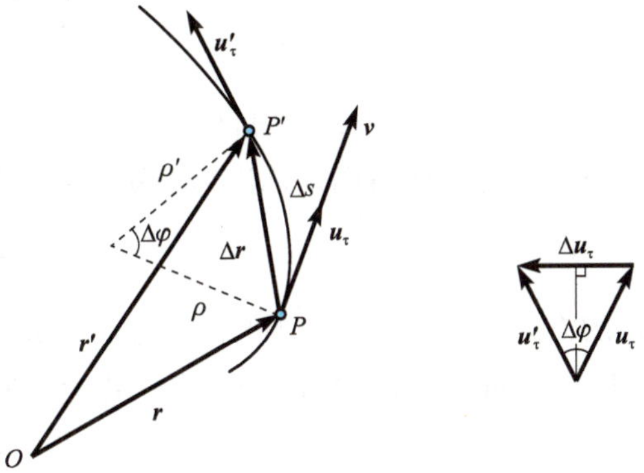


图 5-13

点经过弧长 $\Delta s$ 时对应的切向单位矢量变化为 $\Delta\boldsymbol{u}_\tau = \boldsymbol{u}_\tau' - \boldsymbol{u}_\tau$，对应的角度为 $\Delta\varphi$，可知 $|\Delta\boldsymbol{u}_\tau| = 2|\boldsymbol{u}_\tau|\sin(\Delta\varphi/2)$。切向单位矢量 $\boldsymbol{u}_\tau$ 的模 $|\boldsymbol{u}_\tau|=1$，又有 $\Delta\varphi\to 0$ 时 $\sin(\Delta\varphi/2)\approx\Delta\varphi/2$，因此有 $|\Delta\boldsymbol{u}_\tau|\approx\Delta\varphi$。如图 5-13 所示，$\Delta\boldsymbol{u}_\tau$ 的方向与法向单位矢量 $\boldsymbol{u}_n$ 的方向一致。可知

$$\Delta\boldsymbol{u}_\tau = \Delta\varphi\boldsymbol{u}_n \tag{5-30}$$

所以，法向单位矢量 $\boldsymbol{u}_n$ 可定义为

$$\boldsymbol{u}_n = \frac{1}{\Delta\varphi}\Delta\boldsymbol{u}_\tau \tag{5-31}$$

切向单位矢量 $\boldsymbol{u}_\tau$ 对时间 $t$ 的一阶求导有

$$\frac{\mathrm{d}\boldsymbol{u}_\tau}{\mathrm{d}t} = \lim_{\Delta t\to 0}\left(\frac{\Delta\boldsymbol{u}_\tau}{\Delta t}\right) = \lim_{\Delta t\to 0}\left(\frac{\Delta\varphi\boldsymbol{u}_n}{\Delta t}\right) = \frac{\mathrm{d}\varphi}{\mathrm{d}t}\boldsymbol{u}_n = \frac{\mathrm{d}(\rho\varphi)}{\rho\mathrm{d}t}\boldsymbol{u}_n = \frac{1}{\rho}\frac{\mathrm{d}s}{\mathrm{d}t}\boldsymbol{u}_n = \frac{v}{\rho}\boldsymbol{u}_n \tag{5-32}$$

### 5.4.3　速度

如图 5-13 所示，以点 $O$ 为参考点，瞬时 $t$ 时点位于位置 $P$，对应的矢径为 $\boldsymbol{r}$，瞬时 $t+\Delta t$ 时点位于位置 $P'$，矢径为 $\boldsymbol{r}'$，则在 $\Delta t$ 时间内，弧坐标的增量为 $\Delta s$，位移为 $\Delta\boldsymbol{r}$。由式(5-10)可知点在瞬时 $t$ 的速度为

$$\boldsymbol{v} = \frac{\mathrm{d}\boldsymbol{r}}{\mathrm{d}t} \tag{5-33}$$

将式(5-29)代入式(5-33)有

$$\boldsymbol{v} = \frac{\mathrm{d}\boldsymbol{r}}{\mathrm{d}t} = \frac{\mathrm{d}\boldsymbol{r}}{\mathrm{d}s}\frac{\mathrm{d}s}{\mathrm{d}t} = \frac{\mathrm{d}s}{\mathrm{d}t}\boldsymbol{u}_\tau = \dot{s}\boldsymbol{u}_\tau = v\boldsymbol{u}_\tau \tag{5-34}$$

可知，速度的大小等于动点的弧坐标对时间的一阶导数的绝对值，速度的方向沿已知轨迹运动的切线方向。式(5-34)称为点做曲线运动的自然法表示的速度方程。可以看出，相比于直角坐标系使用三个分量表示速度，使用自然坐标系表示速度只需要一个分量，更加方便。

### 5.4.4　加速度

由式(5-13)可知点的瞬时加速度为速度矢量对时间的一阶导数或矢径对时间的二阶导数。因此，式(5-34)两边对时间 $t$ 求导数，可得

$$a=\frac{dv}{dt}=\frac{dv}{dt}u_\tau+v\frac{du_\tau}{dt}\tag{5-35}$$

将式(5-32)代入式(5-35)中可得

$$a=\frac{dv}{dt}=\frac{dv}{dt}u_\tau+v\frac{du_\tau}{dt}=\frac{dv}{dt}u_\tau+\frac{v^2}{\rho}u_n=a_\tau+a_n\tag{5-36}$$

式(5-36)称为点做曲线运动的自然法表示的加速度方程。可知，加速度矢量$\boldsymbol{a}$由两分量$\boldsymbol{a}_\tau$和$\boldsymbol{a}_n$组成，分量$\boldsymbol{a}_\tau$的方向永远沿运动轨迹的切线方向，称为切向加速度，其大小为

$$a_\tau=\frac{dv}{dt}=\frac{d^2s}{dt^2}$$

分量$\boldsymbol{a}_n$的方向永远沿运动轨迹的法向方向，并指向轨迹的内凹一侧，即指向运动轨迹的曲率中心，称为法向加速度或向心加速度，其大小为

$$a_n=\frac{v^2}{\rho}=\frac{1}{\rho}\left(\frac{ds}{dt}\right)^2$$

由于$\boldsymbol{a}_\tau$和$\boldsymbol{a}_n$均在密切面内，因此全加速度$\boldsymbol{a}$也必在密切面内，这表明加速度沿副法线上的分量为零，即$\boldsymbol{a}_b=0$。全加速度$\boldsymbol{a}$的大小为

$$a=\sqrt{a_\tau^2+a_n^2}\tag{5-37}$$

加速度与主法线的夹角如图5-14所示，其值为

$$\tan\theta=a_\tau/a_n\tag{5-38}$$

此时考虑如下两种特殊情况。

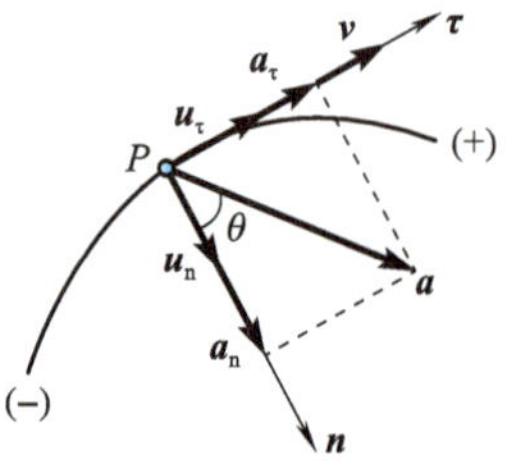

图 5-14

### 1. 直线加速度运动

点做直线加速度运动时曲率半径$\rho\to\infty$，由式(5-36)可知$a_\tau=\frac{dv}{dt}$，$a_n=0$。即在直线运动中，加速度$\boldsymbol{a}$等于切向加速度$\boldsymbol{a}_\tau$。可以看出，切向加速度表示速度大小随时间的变化率，其数值等于速度的代数值对时间的一阶导数或等于弧坐标对时间的二阶导数。

### 2. 匀速圆周运动

点做匀速圆周运动时速度的代数值为恒定值，由式(5-36)可知$a_\tau=0$，$a_n=v^2/\rho$。即在匀速圆周运动中，加速度$\boldsymbol{a}$等于法向加速度$\boldsymbol{a}_n$。可以看出，法向加速度表示速度方向随时间的变化率，其数值等于点的速度平方除以曲率半径，方向永远沿着主法线，指向曲率中心。

与直线运动相同，曲线运动中$dv/dt$的正负号反映了切向加速度$\boldsymbol{a}_\tau$的指向。当$dv/dt>0$时，$\boldsymbol{a}_\tau$的指向与$\boldsymbol{u}_\tau$的正向相同，点做加速曲线运动；当$dv/dt<0$时，$\boldsymbol{a}_\tau$的指向与$\boldsymbol{u}_\tau$的负向相同，点做减速曲线运动。但无论$\boldsymbol{a}_\tau$的指向如何变化，如图5-14所示，$\boldsymbol{a}_n$永远沿着主法线指向曲率中心。

**例 5-6**

如图5-15所示，点由$A$处出发由静止状态匀加速绕圆形轨道运动，轨道的半径为$R$。经过时间$t$后点由$A$处运动至$B$处，此时速度为$v$，分别求点在$A$处和$B$处的加速度。

**解：** 点做匀加速度曲线运动，时间$t$内，速度由零增加至$v$，可得切向加速度大小为$a_\tau=v/t$。在$A$处时，初始速度为零，法向加速度为零；在$B$处时，速度不为零，法向加

速度为 $a_n = v^2/\rho$。已知点在 $A$ 处和 $B$ 处的切向和法向加速度分量，易求得点在 $A$ 处和 $B$ 处的加速度。

$$\boldsymbol{a} = \boldsymbol{a}_\tau + \boldsymbol{a}_n = \frac{\mathrm{d}v}{\mathrm{d}t}\boldsymbol{u}_\tau + \frac{v^2}{\rho}\boldsymbol{u}_n$$

时间 $t$ 内，速度的增量为 $v$，可知 $a_\tau = \dfrac{v}{t}$。

$A$ 处：$\boldsymbol{a}_n = 0$，$\boldsymbol{a} = \boldsymbol{a}_\tau = \dfrac{v}{t}\boldsymbol{u}_\tau$，全加速度的大小等于 $\dfrac{v}{t}$，方向沿切向加速度方向。

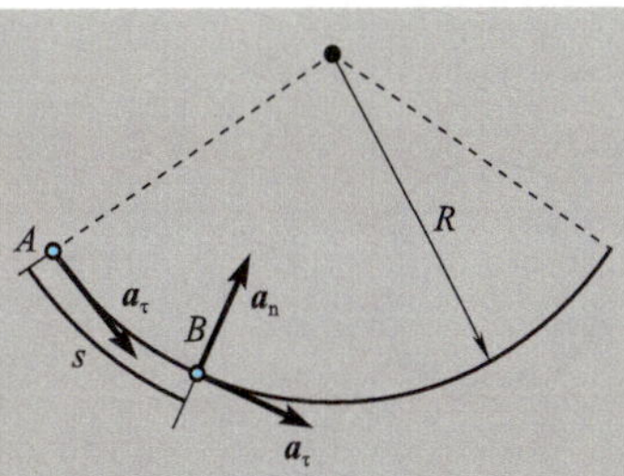

图 5-15

$B$ 处：$\boldsymbol{a}_n = \dfrac{v^2}{R}\boldsymbol{u}_n$，$\boldsymbol{a}_\tau = \dfrac{v}{t}\boldsymbol{u}_\tau$，全加速度为 $\boldsymbol{a} = \boldsymbol{a}_\tau + \boldsymbol{a}_n$，其大小为 $a = \sqrt{a_\tau^2 + a_n^2} = \sqrt{\left(\dfrac{v}{t}\right)^2 + \left(\dfrac{v^2}{R}\right)^2}$，其方向为 $\tan\theta = a_\tau/a_n = \dfrac{R}{tv}$。

## 例 5-7

已知点的运动轨迹方程为 $x = 4\sin t$，$y = 4\cos t$，$z = 3t$，试求点做曲线运动时的曲率半径。

**解**：点的曲率半径与加速度相关，所以欲求点的曲率半径，必先要知道点的加速度，而点的加速度可以由位置坐标对时间的二阶导数求得。

点在 $x$，$y$，$z$ 轴的位置、速度和加速度分别为

$$x = 4\sin t,\quad v_x = \dot{x} = 4\cos t,\quad a_x = \ddot{x} = -4\sin t$$

$$y = 4\cos t,\quad v_y = \dot{y} = -4\sin t,\quad a_y = \ddot{y} = -4\cos t$$

$$z = 3t,\quad v_z = \dot{z} = 3,\quad a_z = \ddot{z} = 0$$

可知点的速度和全加速度大小分别为

$$v = \sqrt{\dot{x}^2 + \dot{y}^2 + \dot{z}^2} = 5,\quad a = \sqrt{\ddot{x}^2 + \ddot{y}^2 + \ddot{z}^2} = 4$$

点的切向加速度和法向加速度大小分别为

$$a_\tau = \dot{v} = 0,\quad a_n = \frac{v^2}{\rho} = \frac{25}{\rho}$$

由于 $a = \sqrt{a_\tau^2 + a_n^2} = 4$，因此有 $\rho = 6.25$。

## 例 5-8

半径为 $R$ 的圆柱在水平面上纯滚动，圆柱中心以 $v_0$ 匀速水平运动。如图 5-16 所示，初始状态圆柱边缘上点 $M$ 与坐标原点 $O$ 重合。求：(1) 点 $M$ 的运动方程；(2) 点 $M$ 的速度方向；(3) 当点 $M$ 运动至最低点时的加速度。

**解**：圆柱在水平面上做纯滚动，纯滚动过程中，圆柱上的点由 $M$ 运动了 $\overset{\frown}{M'M}$ 长，而与圆柱接触的水平面上的点运动了 $\overline{OM'}$ 长，圆柱与水平面无相对滑动，所以 $\overset{\frown}{M'M} = \overline{OM'}$，同时 $OM'$ 的距离等于圆柱中心运动的距离 $C_1C_2$。

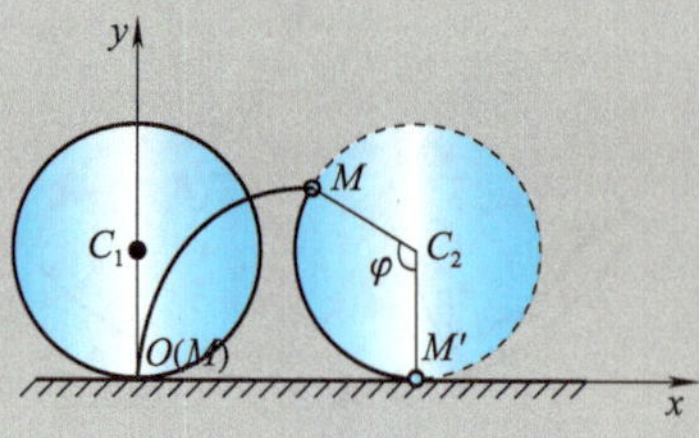


图 5-16

(1) 由 $\widehat{M'M}=\overline{OM'}$ 可知，$\varphi R=v_0t\Rightarrow\varphi=\dfrac{v_0t}{R}$

圆柱中心纯滚动过程中点 $M$ 的 $x$、$y$ 轴分量分别为

$$x=v_0t-R\cos\left(\varphi-\frac{\pi}{2}\right)=v_0t-R\sin\varphi=R\left(\frac{v_0t}{R}-\sin\frac{v_0t}{R}\right)$$

$$y=R+R\sin\left(\varphi-\frac{\pi}{2}\right)=R-R\cos\varphi=R\left(1-\cos\frac{v_0t}{R}\right)$$

可知点 $M$ 的运动轨迹为旋转线，将上述两式消去时间项 $t$ 后，可得点 $M$ 的运动轨迹为

$$x+\sqrt{y(2R-y)}=R/\cos(1-y/R)$$

(2) 由点 $M$ 的位置坐标对时间的一阶导数可得到点 $M$ 的速度为

$$v_x=\dot{x}=v_0-v_0\cos\frac{v_0}{R}t$$

$$v_y=\dot{y}=v_0\sin\frac{v_0}{R}t$$

点 $M$ 的速度大小为 $$v=\sqrt{\dot{x}^2+\dot{y}^2}=v_0\sqrt{2\left(1-\cos\frac{v_0}{R}t\right)}$$

点 $M$ 的速度方向为 $\cos(\boldsymbol{v},\boldsymbol{i})=\dfrac{v_x}{v}=\dfrac{1-\cos\frac{v_0}{R}t}{\sqrt{2(1-\cos\frac{v_0}{R}t)}}$； $\cos(\boldsymbol{v},\boldsymbol{j})=\dfrac{v_y}{v}=\dfrac{\sin\frac{v_0}{R}t}{\sqrt{2(1-\cos\frac{v_0}{R}t)}}$

(3) 点 $M$ 的加速度可通过速度对时间的一阶导数求得

$$a_x=\ddot{x}=\frac{v_0^{\ 2}}{R}\sin\frac{v_0}{R}t$$

$$a_y=\ddot{y}=\frac{v_0^{\ 2}}{R}\cos\frac{v_0}{R}t$$

由加速度的两个分量可以看出加速度的大小为 $a=\sqrt{\ddot{x}^2+\ddot{y}^2}=v_0^{\ 2}/R$。当点 $M$ 在最低点时，$\varphi=2\pi$，此时，$v_x=\dot{x}=0$，$v_y=\dot{y}=0$，可知速度为 0；同时 $a_x=\ddot{x}=0$，$a_y=\ddot{y}=v_0^{\ 2}/R$，可知加速度方向垂直指向圆心 $C$。

当点 $M$ 在最高点时，$\varphi=\pi$，此时 $v_x=\dot{x}=2v_0$，$v_y=\dot{y}=0$，可知速度为轮心速度的两倍。

同时，此题可做相应拓展，如当前表示点的加速度使用直角坐标法，可尝试使用自然坐标法表示点的加速度，可确定点在某位置的曲率半径等。

## 例 5-9

已知点的运动方程为 $x=2t^2-t$，$y=2t$，求该点的运动轨迹及 $t$=1s 时点的速度、切向加速度、法向加速度及轨迹的曲率半径。

**解**：此题与例 5-7 不同，例 5-7 中速度的大小为一定值，即切向加速度为零。而此题速度大小是关于 $t$ 的函数。

消去运动方程中的时间 $t$，可得运动轨迹为

$$x=\frac{y^2}{2}-\frac{y}{2}$$

运动方程对时间 $t$ 的一阶和二阶导数得到点的速度和加速度为

$$v_x=\dot{x}=4t-1,\quad v_y=\dot{y}=2$$

$$a_x=\ddot{x}=4,\quad a_y=\ddot{y}=0$$

当时间 $t$=1s 时

$$v_x=3,\quad v_y=2$$

$$a_x=4,\quad a_y=0$$

建立直角坐标系，速度在直角坐标系上如图 5-17 所示。曲线运动可知，速度的方向为点在运动轨迹的切向方向，即切线加速度的方向。设速度矢量与水平坐标轴间夹角为 $\theta$ 。由于速度在 $x$，$y$ 坐标轴上的分量已知，有 $\tan\theta=2/3$ 。

又有

$$a_\tau\cos\theta+a_\mathrm{n}\sin\theta=4$$

$$a_\tau\sin\theta-a_\mathrm{n}\cos\theta=0$$

可知 $a_\tau=\dfrac{12}{\sqrt{13}},a_\mathrm{n}=\dfrac{8}{\sqrt{13}}$ 。速度 $v=\sqrt{{v_x}^2+{v_y}^2}=\sqrt{13}$，曲率半径 $\rho=\dfrac{v^2}{a_\mathrm{n}}=\dfrac{13}{\dfrac{8}{\sqrt{13}}}=\dfrac{13\sqrt{13}}{8}$ 。

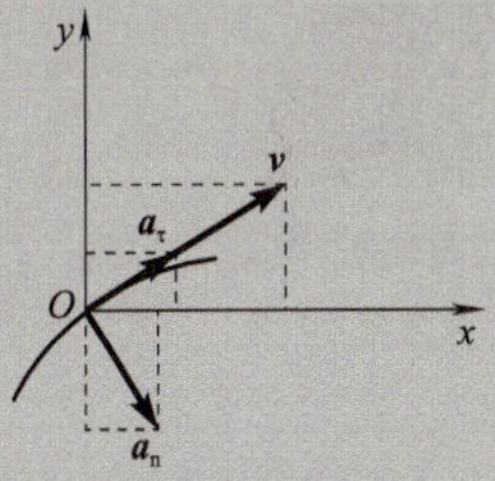

图 5-17

## 习　题

5-1　小车沿直线以 2m/s 的速度行进，当车以 $a=(60v^{-4})$ m/s$^2$ 的加速度加速行进时，求加速 3s 后小车的速度 $v$ 和位置。

5-2　小球静止状态下落，3s 后小球撞击地面。试求小球下落前的距地高度以及小球落地时的速度。

5-3　火车由静止状态从站台 $A$ 出发，以 0.5m/s$^2$ 的加速度运行 1min，随后匀速运行 15min，然后再以−1m/s$^2$ 的加速度减速运行并在站台 $B$ 处停靠。求站台 $A$ 与站台 $B$ 之间的距离。

5-4　小球以 $v=[5/(4+s)]$ m/s 的速度沿直线运行，当 $t$=0 时，$s$=5m。求 $t$=6s 时小球的位置。

5-5　小球以 $v=(-4s^2)$ m/s 的速度沿直线运行，当 $t$=0 时，$s$=2m。求使用时间 $t$ 表示的速度和加速度函数。

5-6　小球从空中下落时，小球的加速度可用函数 $a=(g/v_f^2)(v_f^2-v^2)$ 表示。试确定小球从静止状态下落时，速度达到 $v_f/2$ 所需要的时间。

5-7　点的速度可使用矢量 $\boldsymbol{v}=[3\boldsymbol{i}+(6-2t)\boldsymbol{j}]$ m/s 表示，同时 $t$=0 时，点的位置矢量 $\boldsymbol{r}=0$，试确定 $t$=1s 和 $t$=3s 间点的位移。

5-8　小车在空间体系中运动，其位置在直角坐标系三个轴上的投影分量分别为 $x=(0.25t^3)$ m， $y=(1.5t^2)$ m， $z=(6-0.75t^{5/2})$ m 。试确定 $t$=2s 时小车的速度和加速度。

5-9　如图所示，小球被抛出时的初始速度为 $\boldsymbol{v}_0$，小球在空中的加速度为 $g$，方向竖直向下。试求小球运动所能达到的最大高度 $h$，最大水平飞行距离 $R$，飞行所需时间 $t$。

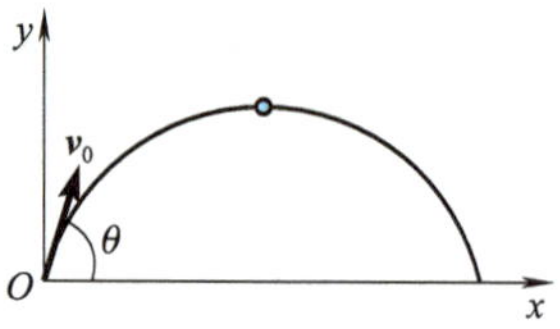


题 5-9 图

5-10　小车沿曲线运动，运动轨迹对应的曲率半径为 100m。小车在初始状态时速度为 15m/s，然后以 $a=(-0.8t)\ \mathrm{m/s^2}$ 的加速度运动。求运动 5s 后小车的加速度的大小。

5-11　点沿曲线运动，运动方程为 $s=(3t^3-4t^2+4)\ \mathrm{m}$，已知 $t$=2s 时点所在的曲线的曲率半径为 25m，求此时点的加速度的大小。

5-12　点的运动方程为 $x=100t$，$y=100-2t^2$，求 $t$=0 时点的切向加速度、法向加速度及轨迹的曲率半径。

5-13　点的运动方程为 $x=100t$，$y=200-100t^2$，求 $t$=0 时点的切向加速度、法向加速度及轨迹的曲率半径。

第 5 章参考答案

# 第 6 章

# 刚体的简单运动

**内容提要**

刚体可以看成是无数点的集合，点的运动和刚体的运动既有联系又有区别。刚体与点不同，刚体具备自身形状。点的运动只关注瞬时点的位置，刚体的运动关注瞬时整个刚体上每点的位置，即刚体不但关注瞬时刚体的位置，还关注刚体可能性的自身转动。所以，研究刚体的运动，即研究整个刚体的运动规律，并在此基础上研究刚体内各点的运动规律。刚体运动形式多样，本章研究刚体的两种简单运动：平行移动和绕定轴转动，工程中较复杂的运动都可以看成这两种简单运动的组合。

## 6.1　刚体的平动

运动刚体上任一直线始终与其初始位置平行，则刚体的运动称为刚体的平行移动，简称**移动或平动**。

刚体的平动可分为直线平动和曲线平动。如图 6-1(a)所示，当火箭在水平面上运动时，火箭上各点的运动轨迹均为直线，任一直线与其初始位置平行，这种运动称为**直线平动**。如图 6-1(b)所示，当平行连杆摆板与杆相连，杆做曲线运动，但摆板、两杆和水平面构成平行四边形，刚体在运动过程中永远平行于水平面。所以虽然刚体上任一点的轨迹为曲线，但刚体做平动，这种运动称为**曲线平动**。

当刚体做平动时，如图 6-2 所示，在刚体内任选两点 $A$ 和 $B$，两点对应的矢径分别为 $\boldsymbol{r}_A$ 和 $\boldsymbol{r}_B$，两矢径扫掠过的矢端曲线即是两点的运动轨迹，则有 $\boldsymbol{r}_B = \boldsymbol{r}_A + \boldsymbol{r}_{BA}$。在刚体平动过程中，任一直线须平行于其初始位置，同时刚体的变形可忽略不计。所以描述刚体内两点距离的矢量 $\boldsymbol{r}_{BA}$ 的大小和方向不会改变，即 $\boldsymbol{r}_{BA}$ 为恒矢量，其对时间 $t$ 的导数为零。因此，$B$ 的运动轨迹与 $BB'B''$ 平移 $\boldsymbol{r}_{BA}$ 距离后，将与 $A$ 的运动轨迹 $AA'A''$ 重合。

点 $B$ 的速度可通过位置矢径 $\boldsymbol{r}_B$ 对时间 $t$ 的一阶导数求得

$$\boldsymbol{v}_B = \frac{\mathrm{d}\boldsymbol{r}_B}{\mathrm{d}t} = \frac{\mathrm{d}}{\mathrm{d}t}(\boldsymbol{r}_A + \boldsymbol{r}_{BA}) = \frac{\mathrm{d}\boldsymbol{r}_A}{\mathrm{d}t} = \boldsymbol{v}_A \tag{6-1}$$

点 $B$ 的加速度可通过位置矢径 $\boldsymbol{r}_B$ 对时间 $t$ 的二阶导数求得

$$\boldsymbol{a}_B = \frac{\mathrm{d}^2\boldsymbol{r}_B}{\mathrm{d}t^2} = \frac{\mathrm{d}^2}{\mathrm{d}t^2}(\boldsymbol{r}_A + \boldsymbol{r}_{BA}) = \frac{\mathrm{d}^2\boldsymbol{r}_A}{\mathrm{d}t^2} = \boldsymbol{a}_A \tag{6-2}$$

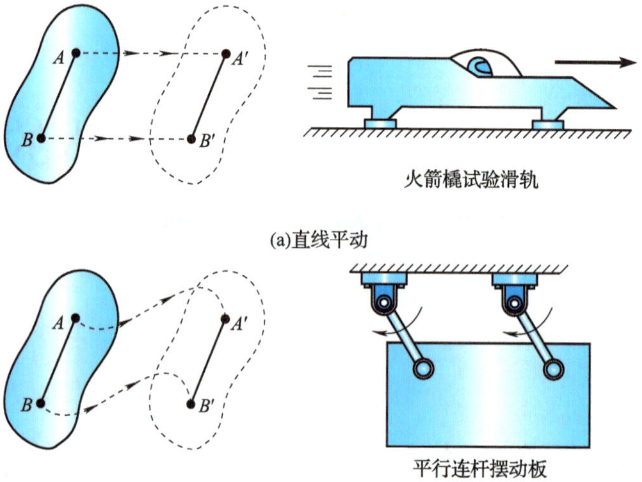

(a)直线平动

(b)曲线平动

图 6-1

图 6-1(b)动画

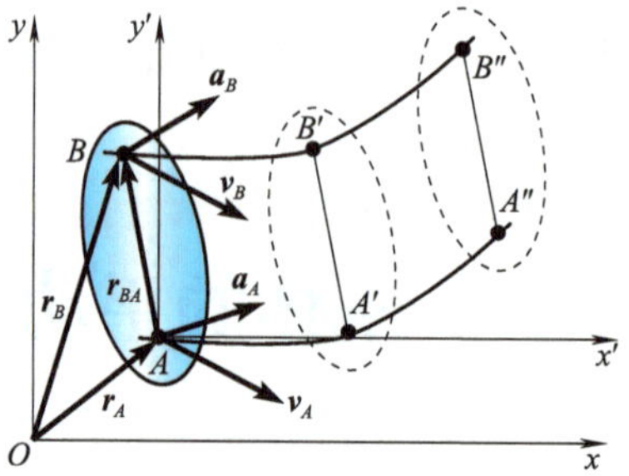

图 6-2

可以看出，任一瞬时点 $B$ 的速度等于点 $A$ 的速度，点 $B$ 的加速度等于点 $A$ 的加速度。所以，当刚体做平动时，刚体上各点运动轨迹形状相同；在每一瞬时，各点的速度相同，加速度也相同。因此，如果平动刚体上某点运动规律已知，则刚体的运动规律可以确定。研究刚体的平动可以归结为研究刚体内任一点(如质心)的运动，等同于点的运动。

## 6.2 刚体的定轴转动

如图 6-3 所示，运动刚体内(或其延展部分)有一直线始终保持不动，则刚体的运动称为刚体的定轴转动，简称刚体的转动。保持不动的直线称为转动轴。显然，刚体转动时，体内不在转动轴上的各点都在垂直于转动轴的平面内做圆周运动，圆心均在转动轴上。

为确定转动刚体的运动轨迹，取其转轴为 $z$ 轴。通过轴线作固定平面 $A$，此外，通过轴

线再作一个动平面 $B$，这个平面固结在刚体上，随刚体一起转动。两平面夹角为 $\varphi$，称为刚体的转角，其单位为 rad(弧度)。转角 $\varphi$ 为代数量，可由其确定刚体的位置，其正负号规定如下：从 $z$ 轴正端向负端看，逆时针转动时转角 $\varphi$ 为正值，反之则为负。当刚体转动时，转角 $\varphi$ 是时间 $t$ 的单值连续函数，即

$$\varphi = f(t) \tag{6-3}$$

这个方程称为刚体绕定轴转动的运动方程。绕定轴转动的刚体，其位置可使用一个参变量 $\varphi$ 确定，这样的刚体，只有一个自由度。

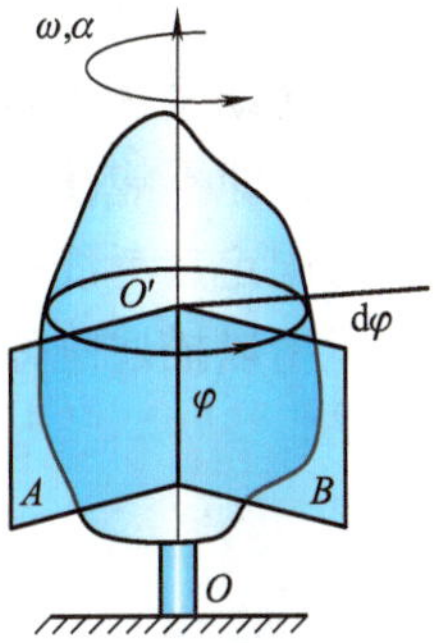

图 6-3

图 6-3 动画 1

图 6-3 动画 2

转角 $\varphi$ 对时间 $t$ 的一阶导数，称为刚体转动的瞬时角速度，使用字母 $\omega$ 表示为

$$\omega = \frac{\mathrm{d}\varphi}{\mathrm{d}t} \tag{6-4}$$

角速度表征转角(或角位移)对时间的变化率，或刚体转动的快慢和方向。角速度的单位一般为 rad/s(弧度/秒)。角速度是代数量，从轴的正端向负端看，刚体逆时针转动时，角速度为正，反之则为负值。

工程上描述刚体的转动时常使用转速。转速的数值为刚体每分钟的转数 $n$，其单位为 r/min(转/分)，角速度与转速的换算关系为

$$\omega = \frac{2n\pi}{60} = \frac{n\pi}{30} \tag{6-5}$$

角速度 $\omega$ 对时间 $t$ 的一阶导数或转角 $\varphi$ 对时间 $t$ 的二阶导数，称为刚体转动时的瞬时角加速度，使用字母 $\alpha$ 表示

$$\alpha = \frac{\mathrm{d}\omega}{\mathrm{d}t} = \frac{\mathrm{d}^2\varphi}{\mathrm{d}t^2} = \ddot{\varphi} \tag{6-6}$$

角加速度表征角速度变化的快慢，单位一般为 rad/s$^2$(弧度/秒$^2$)。角加速度与角速度相同，也是代数量。如果 $\omega$ 和 $\alpha$ 同号，则刚体加速转动；如果 $\omega$ 和 $\alpha$ 异号，则刚体减速转动。

将式(6-3)、式(6-4)和式(6-6)与点的运动章节中式(5-1)、式(5-3)和式(5-5)相比较，可知刚体绕定轴转动时的 $\varphi$、$\omega$ 和 $\alpha$ 与时间 $t$ 之间的关系与点做直线运动时 $s$、$v$ 和 $a$ 与时间 $t$ 之间的关系完全相似，可类比记忆。同时，给定 $t$=0 时初始角速度 $\omega_0$ 和初始转角 $\varphi_0$ 时，由式(6-6)可确定任一瞬时刚体的角速度和转角，即

$$\begin{aligned} \omega &= \omega_0 + \int_0^t \alpha \mathrm{d}t \\ \varphi &= \varphi_0 + \omega_0 t + \int_0^t \int_0^t \alpha \mathrm{d}t\mathrm{d}t \\ \omega^2 - \omega_0^2 &= 2\int_{\varphi_0}^{\varphi} \alpha \mathrm{d}\varphi \end{aligned} \tag{6-7}$$

当刚体做匀变速转动时，即角加速度 $\alpha$ 不变，可得

$$\begin{aligned} \omega &= \omega_0 + \alpha t \\ \varphi &= \varphi_0 + \omega_0 t + \frac{1}{2}\alpha t^2 \\ \omega^2 - \omega_0^2 &= 2\alpha(\varphi - \varphi_0) \end{aligned} \tag{6-8}$$

当刚体做匀速转动时，即角加速度 $\alpha$ 为零，角速度 $\omega$ 不变，可得

$$\varphi = \varphi_0 + \omega_0 t \tag{6-9}$$

转动刚体上各点的运动轨迹、速度、加速度不尽相同，所以刚体的转动不能归结为点的运动，即不能使用某点的运动轨迹确定刚体的运动。如图 6-4 所示，取刚体上任意两条直线，其与固定参考线的夹角分别为 $\theta_1$ 和 $\theta_2$，两直线夹角为 $\beta$。刚体在转动过程中的变形可忽略不计，所以描述刚体内两直线间夹角的量 $\beta$ 为恒定值，其对时间 $t$ 的导数为零。因此，有

$$\begin{aligned} &\Delta\theta_2 = \Delta\theta_1 \\ &\omega_2 = \dot{\theta}_2 = \dot{\theta}_1 + \dot{\beta} = \dot{\theta}_1 = \omega_1 \\ &\alpha_2 = \ddot{\theta}_2 = \ddot{\theta}_1 + \ddot{\beta} = \ddot{\theta}_1 = \alpha_1 \end{aligned} \tag{6-10}$$

可知，对于转动刚体上每一瞬时任意直线，有相同的角位移、角速度和角加速度。因此，如果刚体转动时某条直线的运动轨迹已知，则转动刚体的运动规律可以确定。研究刚体的平动可以归结为研究刚体内任一直线的运动。

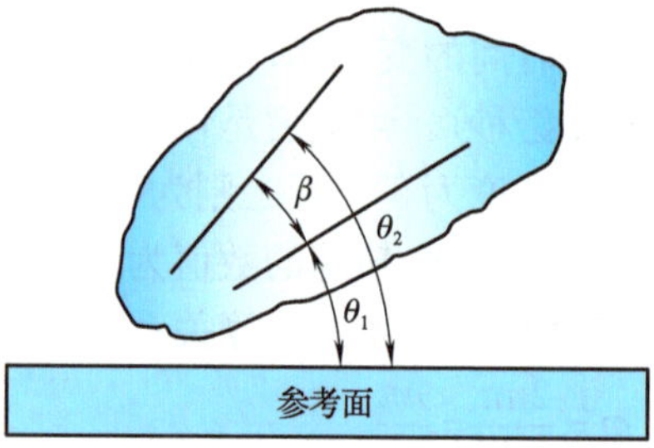


图 6-4

# 6.3 转动刚体内各点速度和加速度的标量法

如图 6-5 所示，在转动刚体内任取距转轴 $O$ 距离为 $r$ 的点 $P$，可知点 $P$ 做圆周运动，圆心在轴线上。由于点 $P$ 的曲线运动轨迹已知，宜使用自然坐标法研究点 $P$ 的运动。

取当前转角为零时点 $P$ 的位置作为弧坐标 $s$ 的原点，以转角 $\varphi$ 增加的方向为弧坐标 $s$ 的正向。设刚体由定平面 $A$ 绕定轴 $O$ 转动至定平面 $B$ 时，点 $P$ 运动至 $P'$ 处，其弧坐标可表示为

$$s = r\varphi \tag{6-11}$$

弧坐标 $s$ 对时间 $t$ 的一阶导数为转动刚体点 $P$ 的速度，即

$$v = \frac{\mathrm{d}s}{\mathrm{d}t} = r\frac{\mathrm{d}\varphi}{\mathrm{d}t} = r\dot{\varphi} \tag{6-12}$$

即转动刚体内任一点速度的大小，等于刚体的转动角速度与该点到轴线的距离的乘积，其方向沿该点圆周的切线指向转动的方向，如图 6-5 所示。

图 6-5 动画

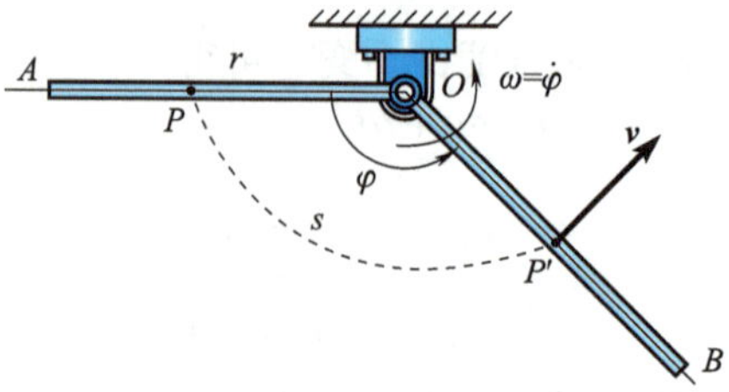


图 6-5

由式(6-11)可知，任一瞬时转动刚体内任一点速度的大小，与该点至转动轴的距离成正比。即任一条通过轴心的直线上，各点的速度按线性规律分布，如图 6-6(a)所示，将速度矢量的端点连成一条直线，此直线通过轴心。而不在一条直线上各点的速度方向如图 6-6(b)所示，垂直于半径并指向转动方向，速度的大小随该点到转动轴距离而改变。

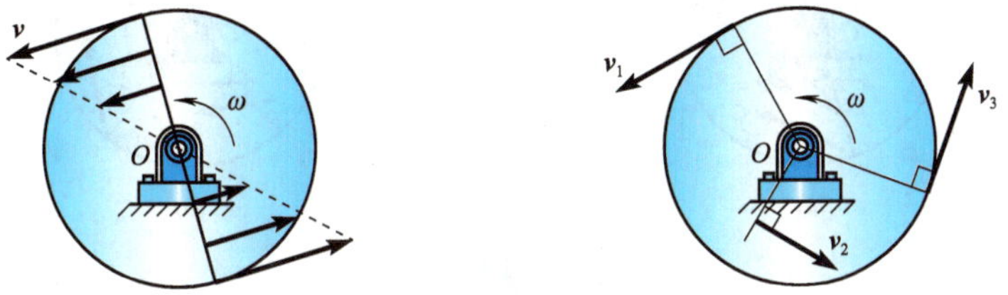

(a)　　　(b)

图 6-6(a)动画

图 6-6

由点的运动中自然坐标法可知，已知曲线运动轨迹的点的加速度包括切向加速度和法向加速度分量，分别为

$$
\begin{aligned}
a_\tau &= \frac{dv}{dt} = r\frac{d\omega}{dt} = r\alpha = r\dot{\omega} = r\ddot{\varphi} \\
a_n &= \frac{v^2}{\rho} = \frac{r^2\omega^2}{r} = r\omega^2 = r\dot{\varphi}^2
\end{aligned}
\tag{6-13}
$$

即转动刚体内任一点的切向加速度的大小，等于刚体的角加速度与该点到转动轴距离的乘积，其方向沿该点圆周切线指向转动方向。同时，该点的法向加速度的大小，等于刚体的角速度的平方与该点到转动轴距离的乘积，方向始终由该点指向该点圆周的中心，如图 6-7 所示。

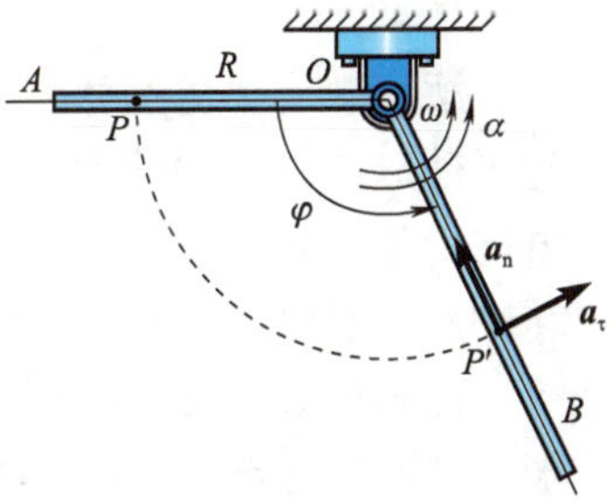

图 6-7

如果 $\omega$ 和 $\alpha$ 同号，则角速度的绝对值增加，刚体做加速转动，这时点的切向加速度 $a_\tau$ 的方向与速度 $v$ 的方向相同；反之则相反。但无论 $\omega$ 和 $\alpha$ 是否同号，法向加速度方向始终由该点指向该点圆周中心。

转动刚体中点 $P$ 的全加速度的大小为

$$a = \sqrt{{a_\tau}^2 + {a_n}^2} = r\sqrt{\alpha^2 + \omega^4} \tag{6-14}$$

其方向可使用全加速度与转动半径 $OP$ 的夹角 $\theta$ 表示为

$$\theta = \tan^{-1}\frac{\alpha}{\omega^2} \tag{6-15}$$

由式(6-14)可知，任一瞬时转动刚体内任一点全加速度的大小，与该点至转动轴的距离成正比。即任一条通过轴心的直线上，各点的全加速度按线性规律分布，如图 6-8(a)所示。将全加速度矢量的端点连成一条直线，此直线通过轴心。而不在一条直线上各点的全加速度方向如图 6-8(b)所示，其大小随该点到转动轴距离而改变。由于每一瞬时转动刚体的 $\omega$ 和 $\alpha$ 都各只有一个数值，即刚体任一瞬时每点的角速度和角加速度相同，由式(6-15)可知各点的全加速度与转动半径之间的夹角 $\theta$ 都相同，如图 6-8(b)所示。

使用标量法表示转动刚体的运动规律可有以下结论。

(1)每一瞬时，转动刚体的 $\omega$ 和 $\alpha$ 都各只有一个数值，刚体各点角速度和角加速度相同。

(2)每一瞬时，转动刚体内各点的速度和全加速度的大小，分别与该点到转动轴距离成正比。

(3)每一瞬时，转动刚体内各点的全加速度 $a$ 与半径间夹角 $\theta$ 相同。

(a) (b)

图 6-8

例 6-1

求图 6-9 所示运动刚体上点 $M$ 和点 $N$ 的速度和加速度的方向。

图 6-9(a)动画 (a) (b) 图 6-9(b)动画

图 6-9

**解**：想要知道刚体上某点的速度和加速度方向，需要先确定刚体的运动类型。如果为平动，则可以归结为一点的运动，即某点运动已知后，刚体上所有点的速度和加速度方向均与已知点的速度和加速度方向相同；如果为转动，则可以归结为线的运动，确定转轴后，刚体上点的运动均可视为绕此轴的转动。

图 6-9(a)中可以看出，虽然杆 $O_1A$ 和杆 $O_2B$ 做绕定轴转动，但 $O_1ABO_2$ 构成平行四边形，在两杆运动过程中，刚体上点 $A$ 和点 $B$ 确定的直线 $AB$ 恒平行于固定边界 $O_1O_2$，即刚体内存在一条直线平行于其初始位置，则此刚体做平行移动，为典型的曲线平动。由于杆 $O_1A$ 绕定轴转动，点 $A$ 的速度方向已知，垂直于杆 $O_1A$ 并指向转动的方向；点 $A$ 的加速度方向已知，切向加速度垂直于杆 $O_1A$ 并指向转动的方向，法向加速度沿杆 $O_1A$ 指向旋转轴 $O_1$。由于刚体为曲线平动，点 $M$ 和点 $N$ 的速度和加速度方向与点 $A$ 的速度和加速度方向一致。

图 6-9(b)中可以看出，$MON$ 为刚体，绕定轴 $O$ 转动。则绕定轴转动刚体上任一点的速度都垂直于其矢径并指向转动方向。由于角速度和角加速度方向相反，则绕定轴转动的刚体的切向加速度与速度方向相反，法向加速度沿矢径指向旋转轴。

速度和加速度方向如图 6-10 所示。

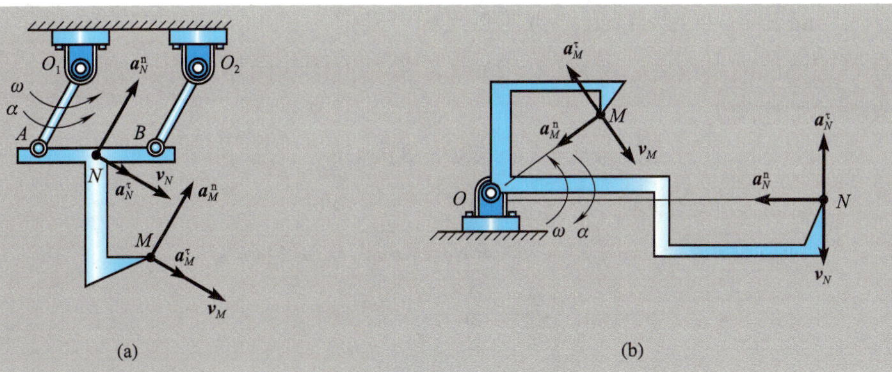


图 6-10

## 例 6-2

如图 6-11 所示，转轮 $O$ 的半径为 $r$=0.4m，在 $\theta=0$ 时处于静止状态。在绕转轮的绳上施加拉力得到绳的加速度为 $a=(8t^3)\ \mathrm{m/s^2}$，时间以 s 计。试使用时间 $t$ 的函数表示转轮的角速度和直线 $OP$ 的角位置坐标，以及 $t=1\,\mathrm{s}$ 时的转轮的轮缘上任一点 $P$ 的速度和加速度。

**解：** 由刚体在初始状态下处于静止状态可知，当 $t=0$ 时，刚体的角速度和角位置坐标均为零。而绕在刚体上的绳的加速度，如果不考虑绳和刚体的相对滑动，则应等于刚体的切向加速度。定轴转动刚体的切向加速度为 $a=r\alpha$。在已知刚体半径的情况下，易知刚体的旋转角加速度。角加速度 $\alpha$ 为角速度 $\omega$ 对时间的一阶导数，并等于角位置坐标 $\theta$ 对时间的二阶导数。因此，在已知刚体的初始角速度和位置坐标的情况下，易确定某瞬时的刚体角速度和角位置坐标。

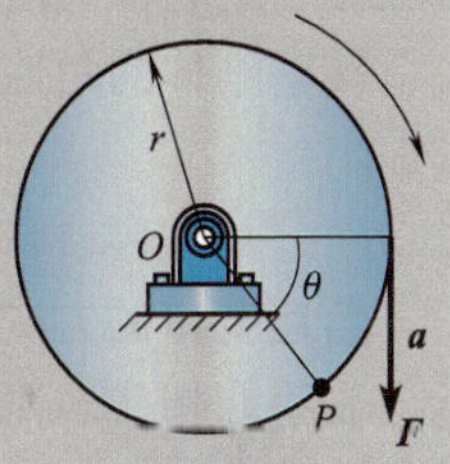


图 6-11

可求得刚体的角速度为

$$a_P^\tau = r\alpha = a = (8t^3)\ \mathrm{m/s^2}$$

$$\alpha = \frac{8t^3}{0.4} = (20t^3)\ \mathrm{rad/s^2}$$

$$\alpha = \frac{\mathrm{d}\omega}{\mathrm{d}t} = (20t^3)\ \mathrm{rad/s^2}$$

$$\int_0^\omega \mathrm{d}\omega = \int_0^t \alpha \mathrm{d}t = \int_0^t 20t^3 \mathrm{d}t$$

得
$$\omega = (5t^4)\ \mathrm{rad/s}$$

求出刚体的角速度后，可对角速度积分求得弧坐标。

$t=0$ 时 $\theta=0$，且 $\omega=\dfrac{\mathrm{d}\theta}{\mathrm{d}t}=5t^4\ \mathrm{rad/s}$，则

$$\int_0^\theta \mathrm{d}\theta = \int_0^t \omega \mathrm{d}t = \int_0^t 5t^4 \mathrm{d}t$$

得
$$\theta = t^5\ \mathrm{rad}$$

求出刚体转动的角速度和角加速度，且刚体上已知，矢径长度的某点的速度和加速度则可确定。

$\theta = t^5$ rad $\Rightarrow t = 1$s, $\theta = 1$ rad，点的弧坐标可确定。

点 $P$ 的速度为 $v = \omega r = 5t^4 \times 0.4 = 2$ m/s，沿点 $P$ 的切向指向转动方向。

点 $P$ 的加速度为

$$a_P^{\tau} = r\alpha = 0.4 \times 20t^3 = 8 \text{ m/s}^2$$

$$a_P^{n} = r\omega^2 = 0.4 \times (5t^4)^2 = 10 \text{ m/s}^2$$

$$a = \sqrt{a_P^{\tau 2} + a_P^{n2}} = r\sqrt{\alpha^2 + \omega^4} = 2\sqrt{41} \text{ m/s}^2$$

$$\psi = \tan^{-1}\frac{\alpha}{\omega^2} = \tan^{-1}\frac{4}{5} = 38.66°$$

## 6.4 转动刚体内各点速度和加速度的矢量法

基于标量法描述转动刚体内各点速度和加速度时，将速度、角速度、加速度、角加速度均视为标量，不能同时反映大小和方向两个要素。本节使用矢量表示各点的速度和加速度，可较方便地表征速度、角速度、加速度和角加速度等项的大小和方向。

转动刚体的角速度使用矢量 $\boldsymbol{\omega}$ 表示时，矢量 $\boldsymbol{\omega}$ 的大小等于角速度的绝对值，为

$$|\boldsymbol{\omega}| = |\omega| = \left|\frac{\mathrm{d}\varphi}{\mathrm{d}t}\right| \tag{6-16}$$

角速度 $\boldsymbol{\omega}$ 的方向沿轴线，指向刚体转动的方向，可使用右手螺旋准则确定。如图 6-12 所示，右手四指代表刚体绕轴转动的方向，大拇指指向即是角速度 $\boldsymbol{\omega}$ 的指向。从角速度 $\boldsymbol{\omega}$ 的末端向始端看，刚体做逆时针转动。如角速度 $\boldsymbol{\omega}$ 已知，则转动轴位置、角速度的大小和方向都可以确定。同时角速度 $\boldsymbol{\omega}$ 的起点 $O$ 可在转动轴上任意位置，即角速度 $\boldsymbol{\omega}$ 为滑动矢量。

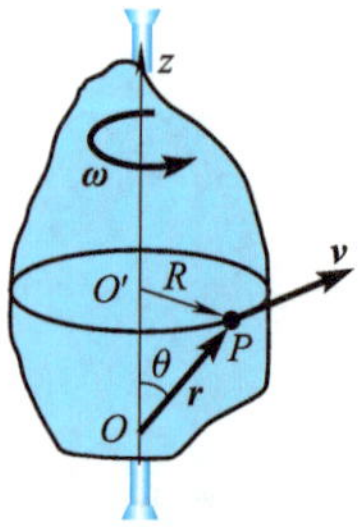


图 6-12

图 6-12 动画

定义刚体转动轴为 $z$ 轴，转轴 $z$ 正向的单位矢量为 $\boldsymbol{k}$，则角速度矢 $\boldsymbol{\omega}$ 可表示为

$$\boldsymbol{\omega} = \omega \boldsymbol{k} \tag{6-17}$$

角速度 $\boldsymbol{\omega}$ 对时间 $t$ 的一阶导数即为角加速度矢，角加速度矢使用 $\boldsymbol{\alpha}$ 表示，由于刚体绕定轴转动，$z$ 轴的方向不会发生改变，即 $\boldsymbol{k}$ 不变，其对时间 $t$ 的一阶导数为零，可得

$$\boldsymbol{\alpha} = \frac{\mathrm{d}\boldsymbol{\omega}}{\mathrm{d}t} = \frac{\mathrm{d}(\omega\boldsymbol{k})}{\mathrm{d}t} = \frac{\mathrm{d}(\omega)}{\mathrm{d}t}\boldsymbol{k} + \omega\frac{\mathrm{d}(\boldsymbol{k})}{\mathrm{d}t} = \frac{\mathrm{d}\omega}{\mathrm{d}t}\boldsymbol{k} = \alpha\boldsymbol{k} \tag{6-18}$$

其中，$\alpha$ 是角加速度 $\boldsymbol{\alpha}$ 的代数值，等于 $\dot{\omega}$ 或 $\ddot{\varphi}$。可见角速度沿转动轴，同样也是滑动矢量。当角加速度 $\boldsymbol{\alpha}$ 与角速度 $\boldsymbol{\omega}$ 同向时，刚体做加速转动，反之，刚体做减速转动。

如图 6-12 所示，为确定某点 $P$ 的速度矢量，在转动轴 $z$ 轴上任选一个不在点 $P$ 运动圆周平面内的一点 $O$，可得点 $P$ 的矢径为 $\boldsymbol{r}$，矢径 $\boldsymbol{r}$ 和转动轴 $z$ 轴间的夹角为 $\theta$，矢径 $\boldsymbol{r}$ 的模为 $r = |\boldsymbol{r}|$。由标量法可知，转动刚体上某点的速度大小为 $v = R|\omega|$，其中 $R$ 为该点距转动轴的距离，$|\omega|$ 为角速度的绝对值，此时不考虑方向。由图 6-12 可知 $v = R|\omega| = r\sin\theta|\omega|$，等式右边等于矢积 $\boldsymbol{\omega}\times\boldsymbol{r}$ 的大小，因此，从数值上可知 $v = |\boldsymbol{\omega}\times\boldsymbol{r}|$。同时，速度 $v$ 的方向沿该点圆周方向指向转动方向，即速度 $v$ 垂直于矢径 $\boldsymbol{r}$ 和转

动轴 $z$ 轴确定的平面，其方向顺着 $\boldsymbol{\omega}$ 的转动指向前方。而矢径 $\boldsymbol{\omega}\times\boldsymbol{r}$ 也垂直于矢径 $\boldsymbol{r}$ 和转动轴 $z$ 轴确定的平面，按右手准则，其指向与速度 $\boldsymbol{v}$ 指向相同。可知速度 $\boldsymbol{v}$ 与 $\boldsymbol{\omega}\times\boldsymbol{r}$ 大小相等，指向相同，所以

$$\boldsymbol{v}=\boldsymbol{\omega}\times\boldsymbol{r} \tag{6-19}$$

当前描述点 $P$ 的位置使用的矢径 $\boldsymbol{r}$ 的起点为转动轴上不在点 $P$ 运动圆周平面内的任一点，如果该点位于点 $P$ 运动圆周平面内，则该点为点 $P$ 运动圆周的中心 $O'$。可知式(6-19)仍然成立，即对于转动轴上任意一点，其矢径为 $\boldsymbol{r}$，都有 $\boldsymbol{v}=\boldsymbol{\omega}\times\boldsymbol{r}$。即**绕定轴转动的刚体上任一点的速度矢等于刚体的角度矢与该点矢径的矢积**。

速度 $\boldsymbol{v}$ 对时间 $t$ 的一阶导数即为加速度，即

$$\boldsymbol{a}=\frac{\mathrm{d}\boldsymbol{v}}{\mathrm{d}t}=\frac{\mathrm{d}(\boldsymbol{\omega}\times\boldsymbol{r})}{\mathrm{d}t}=\frac{\mathrm{d}\boldsymbol{\omega}}{\mathrm{d}t}\times\boldsymbol{r}+\boldsymbol{\omega}\times\frac{\mathrm{d}\boldsymbol{r}}{\mathrm{d}t} \tag{6-20}$$

角速度矢 $\boldsymbol{\omega}$ 对时间 $t$ 的一阶导数即为角加速度矢 $\boldsymbol{\alpha}$，矢径 $\boldsymbol{r}$ 对时间 $t$ 的一阶导数即为速度矢 $\boldsymbol{v}$，即 $\dfrac{\mathrm{d}\boldsymbol{\omega}}{\mathrm{d}t}=\boldsymbol{\alpha}$，$\dfrac{\mathrm{d}\boldsymbol{r}}{\mathrm{d}t}=\boldsymbol{v}$，于是有

$$\boldsymbol{a}=\boldsymbol{\alpha}\times\boldsymbol{r}+\boldsymbol{\omega}\times\boldsymbol{v} \tag{6-21}$$

式(6-21)右端第一项的大小为 $|\boldsymbol{\alpha}\times\boldsymbol{r}|=|\boldsymbol{\alpha}|\cdot|\boldsymbol{r}|\sin\theta=|\boldsymbol{\alpha}|\cdot R$，其代数值恰好等于点 $P$ 的切向加速度的大小，$R$ 为点 $P$ 运动圆周的半径。而 $\boldsymbol{\alpha}\times\boldsymbol{r}$ 的方向垂直于 $\boldsymbol{\alpha}$ 和 $\boldsymbol{r}$ 所在的平面，指向按右手螺旋准则，恰与点 $P$ 的切向加速度方向相同，如图 6-13 所示。因此可知切向加速度矢 $\boldsymbol{a}_\tau$ 等于 $\boldsymbol{\alpha}\times\boldsymbol{r}$，即

$$\boldsymbol{a}_\tau=\boldsymbol{\alpha}\times\boldsymbol{r} \tag{6-22}$$

因此，**绕定轴转动刚体内任一点的切向加速度等于刚体的角速度与该点矢径的矢积**。

式(6-21)右端第二项的大小为 $|\boldsymbol{\omega}\times\boldsymbol{v}|=|\boldsymbol{\omega}||\boldsymbol{v}|\sin 90^\circ=\omega^2 R$，其代数值与点 $P$ 的法向加速度大小相同。$\boldsymbol{\omega}\times\boldsymbol{v}$ 方向垂直于 $\boldsymbol{\omega}$ 和 $\boldsymbol{v}$ 所在的平面，并指向转动轴，这与法向加速度方向一致，如图 6-13 所示。因此有

$$\boldsymbol{a}_\mathrm{n}=\boldsymbol{\omega}\times\boldsymbol{v} \tag{6-23}$$

即，**绕定轴转动的刚体内任一点的法向加速度等于刚体的角速度与该点速度的矢积**。

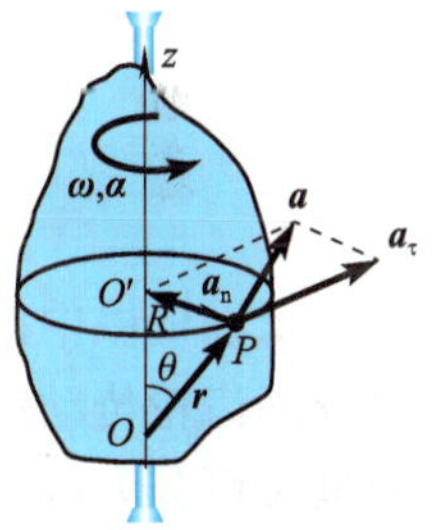

图 6-13

## 例 6-3

由旋转杆和钢板所组成的系统，以角速度 $\omega=14$ rad/s 进行转动，尺寸如图 6-14 所示，单位为 m。试确定当前时刻钢板角点 $C$ 的速度和加速度。

**解：** 已知角速度和 $C$ 点的转动半径，易求得速度和加速度。但此处求解过程中如果使用标量法会带来计算上的麻烦，所以此处使用矢量法进行计算。

如图 6-14 所示，建立直角坐标系，可以看出，旋转轴 $AB$ 不在所建立坐标系的任何一轴。旋转轴方向的单位矢量可表示为

$$\boldsymbol{r}_{OA}=\frac{-0.3\boldsymbol{i}+0.2\boldsymbol{j}+0.6\boldsymbol{k}}{\sqrt{(-0.3)^2+0.2^2+0.6^2}}=-\frac{3}{7}\boldsymbol{i}+\frac{2}{7}\boldsymbol{j}+\frac{6}{7}\boldsymbol{k}$$

则角速度矢量为

$$\boldsymbol{\omega}=\omega\boldsymbol{r}_{OA}=14\left(-\frac{3}{7}\boldsymbol{i}+\frac{2}{7}\boldsymbol{j}+\frac{6}{7}\boldsymbol{k}\right)=-6\boldsymbol{i}+4\boldsymbol{j}+12\boldsymbol{k}$$

角速度的大小为恒定值，则表征角加速度为零。

点 $C$ 的矢径为 $\boldsymbol{r}_C=-0.3\boldsymbol{i}+0.4\boldsymbol{j}$。则速度可用角速度与矢径的矢积，即

$$\boldsymbol{v}_C=\boldsymbol{\omega}\times\boldsymbol{r}_C=(-6\boldsymbol{i}+4\boldsymbol{j}+12\boldsymbol{k})\times(-0.3\boldsymbol{i}+0.4\boldsymbol{j})=-4.8\boldsymbol{i}-3.6\boldsymbol{j}-1.2\boldsymbol{k}$$

由于角加速度为零，则点 $C$ 的加速度等于法向加速度，等于角速度与速度的矢积，即

$$\boldsymbol{a}_C=\boldsymbol{\omega}\times\boldsymbol{v}_C=(-6\boldsymbol{i}+4\boldsymbol{j}+12\boldsymbol{k})\times(-4.8\boldsymbol{i}-3.6\boldsymbol{j}-1.2\boldsymbol{k})=38.4\boldsymbol{i}-64.8\boldsymbol{j}+40.8\boldsymbol{k}$$

图 6-14 动画

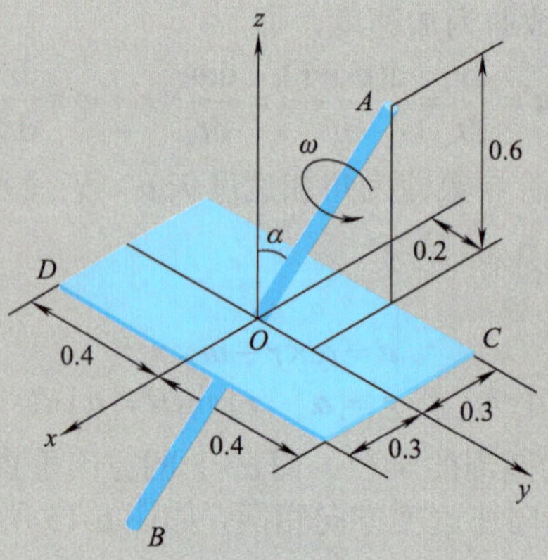


图 6-14

# 6.5 定轴轮系的传动比

工程机械中，常使用定轴轮系传动达到改变速度或转向的目的。定轴轮系根据传动类型可分为齿轮传动和带式传动，根据传动效果可分为同向传动和反向传动。齿轮传动根据啮合类型又可分为内啮合和外啮合齿轮传动，带传动根据结构类型可分为开口结构和闭口结构。定轴轮系分析时不考虑带或齿轮脱滑，即带或齿轮在接触部分应有相同的位移和速度。根据此连续条件，可由定轴轮系结构分析其传动比。

## 6.5.1 齿轮传动

典型的内啮合齿轮传动如图 6-15 所示。两齿轮各绕固定轴 $O_1$ 和 $O_2$ 转动，啮合圆半径分别为 $r_1$ 和 $r_2$，齿数各为 $z_1$ 和 $z_2$，转动角速度分别为 $\omega_1$ 和 $\omega_2$。由于齿轮间没有相对滑动，作为接触的两个啮合圆上的点 $A$ 和点 $B$ 间应有相同的速度大小，即

$$v_A=v_B \tag{6-24}$$

点 $A$ 和点 $B$ 的速度方向也相同，所以内啮合齿轮传动在传动过程中不改变速度的方向，为同向传动。由绕定轴转动的刚体的速度可知 $v_A=r_1\omega_1$，$v_B=r_2\omega_2$。因此

$$r_2\omega_2=r_1\omega_1\Rightarrow\frac{\omega_1}{\omega_2}=\frac{r_2}{r_1} \tag{6-25}$$

由于齿轮在接触的啮合圆上齿距相等，可知齿轮齿数与半径成正比，因此

$$\frac{\omega_1}{\omega_2}=\frac{r_2}{r_1}=\frac{z_2}{z_1} \tag{6-26}$$

即内啮合齿轮传动中，两个定轴齿轮的角速度与两齿轮的齿数成反比，或与两齿轮的啮合圆半径成反比。

设轮 I 为主动轮，轮 II 为从动轮。工程中常将主动轮和从动轮的角速度之比定义为传动比，表示为

$$i_{12}=\frac{\omega_1}{\omega_2} \tag{6-27}$$

将式(6-26)代入式(6-27)中，可知

$$i_{12}=\frac{\omega_1}{\omega_2}=\frac{r_2}{r_1}=\frac{z_2}{z_1} \tag{6-28}$$

典型的外啮合齿轮传动如图 6-16 所示，作为接触的两个啮合圆上的点 $A$ 和点 $B$ 速度大小相同，角速度方向相反，这种改变方向的传动称为反向传动。考虑接触的速度方向，则有

$$i_{12}=-\frac{\omega_1}{\omega_2}=-\frac{r_2}{r_1}=-\frac{z_2}{z_1} \tag{6-29}$$

式(6-28)和式(6-29)可统一表示为

$$i_{12}=\pm\frac{\omega_1}{\omega_2}=\pm\frac{r_2}{r_1}=\pm\frac{z_2}{z_1} \tag{6-30}$$

传动比公式中正号表示主动轮与从动轮转向相同，为内啮合齿轮传动，如图 6-15 所示；符号为负时表示转向相反，为外啮合齿轮传动，如图 6-16 所示。

图 6-15 动画

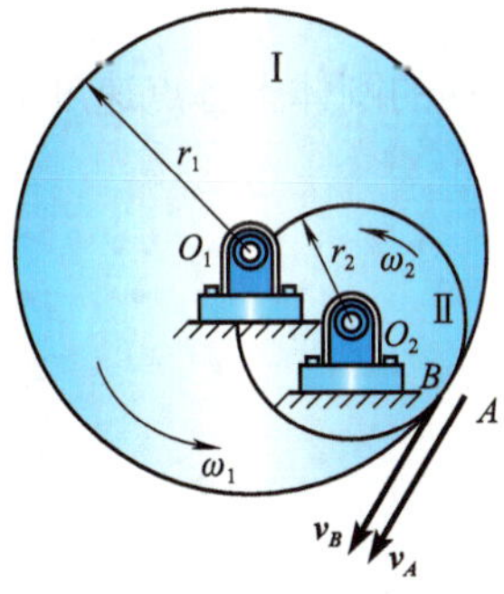


图 6-15

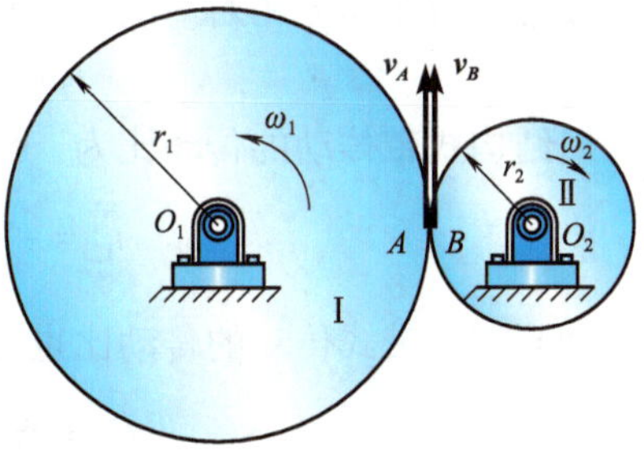


图 6-16

图 6-16 动画

## 6.5.2　带轮传动

典型的开口结构式带传动如图 6-17 所示，主动轮和从动轮的半径分别为 $r_1$ 和 $r_2$，角速度分别为 $\omega_1$ 和 $\omega_2$。开口结构式带传动中主动轮和从动轮的角速度方向相同，即开口结构式带传动不会改变刚体转动的方向，为同向传动。开口结构式带传动中，如不考虑胶带厚度，假定胶带与带轮间无相对滑动，与胶带相接触的带轮应拥有相同的速度。应用绕定轴转动的刚体上各点速度的公式，可知

$$r_2\omega_2=r_1\omega_1 \tag{6-31}$$

因此，开口结构式带传动的传动比为

$$i_{12}=\frac{\omega_1}{\omega_2}=\frac{r_2}{r_1} \tag{6-32}$$

即开口结构式带传动中两轮的角速度与其半径成反比。

图 6-17 动画

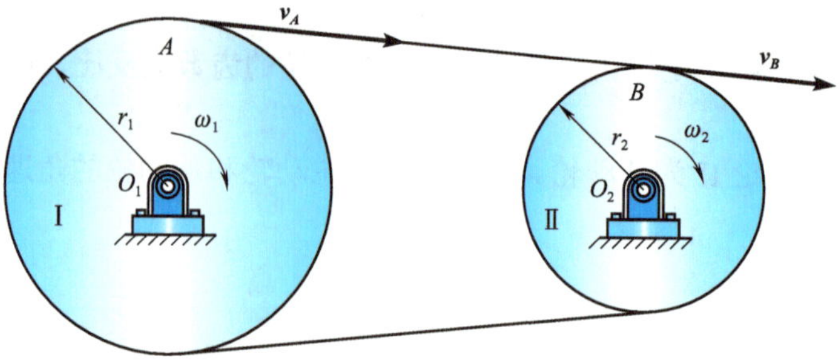


图 6-17

典型的闭口结构式带传动如图 6-18 所示，可以看出主动轮和从动轮的角速度大小相等，方向相反，即闭口结构式带传动改为刚体转动的方向，为反向传动。

图 6-18 动画

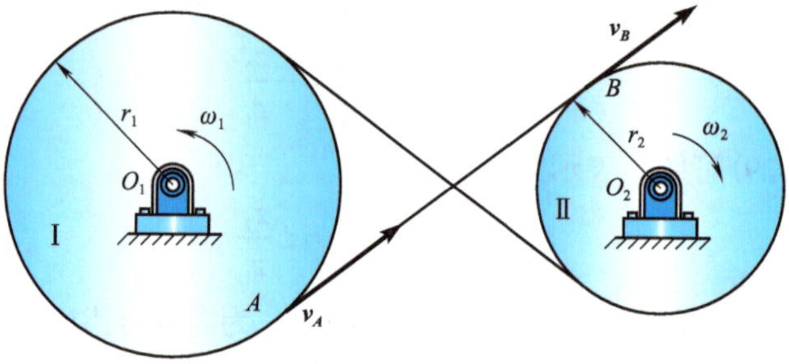


图 6-18

同样假定胶带与带轮间无相对滑动，则应用绕定轴转动的刚体上各点速度的公式，即

$$r_2\omega_2 = -r_1\omega_1 \tag{6-33}$$

因此，开口结构式带传动的传动比为

$$i_{12} = -\frac{\omega_1}{\omega_2} = -\frac{r_2}{r_1} \tag{6-34}$$

与齿轮传动同样，带式传动的传动比也可统一表示为

$$i_{12} = \pm\frac{\omega_1}{\omega_2} = \pm\frac{r_2}{r_1} \tag{6-35}$$

传动比公式中正号表示主动轮与从动轮转向相同，为开口结构式带传动，如图 6-17 所示；符号为负时表示转向相反，为闭口结构式带传动，如图 6-18 所示。

### 6.5.3 多级传动

以多级齿轮传动为例，假设齿轮数目为 $n$，则针对每一个啮合面，其传动比表达式为

$$i_{12} = \pm\frac{\omega_1}{\omega_2},\ i_{23} = \pm\frac{\omega_2}{\omega_3},\ \cdots,\ i_{(n-1)n} = \pm\frac{\omega_{n-1}}{\omega_n} \tag{6-36}$$

多级传动齿轮的总传动比可表示为 $i_{1n} = i_{12}i_{23},\cdots,i_{(n-1)n} = (-1)^j\frac{\omega_1}{\omega_n} = (-1)^j\frac{r_n}{r_1} = (-1)^j\frac{z_n}{z_1}$，其中 $j$ 为反向传动的数目。

多级带式传动与多级齿轮传动相似，其总传动比可表示为

$$i_{1n}=i_{12}i_{23},\cdots,i_{(n-1)n}=(-1)^j\frac{\omega_1}{\omega_n}=(-1)^j\frac{r_n}{r_1} \tag{6-37}$$

**例 6-4**

图 6-18 所示的闭口结构式带传动中，轮 I 的半径为 200 mm，轮 II 的半径为 100 mm。(1) 如轮 I 的角加速度恒为 $\alpha_{\mathrm{I}}=20\ \mathrm{rad/s^2}$，试确定从静止状态启动后 $t=4\mathrm{s}$ 时轮 II 轮缘上任一点的法向加速度和切向加速度。(2) 如轮 I 的弧坐标为 $\theta_{\mathrm{I}}=(3t^4+2t^3)\ \mathrm{rad}$，试确定从静止状态启动后 $t=1\mathrm{s}$ 时轮 II 轮缘上任一点的法向加速度和切向加速度。

**解**：(1) 对于轮 I 而言，角加速度恒定，刚体由静止状态开始运动，初始角速度为零，则 $t=4\mathrm{s}$ 时轮的角速度为

$$\omega_{\mathrm{I}}=(\omega_{\mathrm{I}})_0+\alpha_{\mathrm{I}}t=0+20\times4=80\ \mathrm{rad/s}$$

轮 II 和轮 I 之间不考虑相互滑动，则

$$\omega_{\mathrm{II}}=\left(\frac{r_{\mathrm{I}}}{r_{\mathrm{II}}}\right)\omega_{\mathrm{I}}=\frac{200}{100}\times80=160\ \mathrm{rad/s}$$

同时根据无相互滑动的条件要求可得

$$\alpha_{\mathrm{II}}=\left(\frac{r_{\mathrm{I}}}{r_{\mathrm{II}}}\right)\alpha_{\mathrm{I}}=\frac{200}{100}\times20=40\ \mathrm{rad/s^2}$$

轮 II 的角速度和角加速度确定后，轮 II 的半径为 0.1m，则轮缘上点的切向加速度和法向加速度分别为

$$a_\tau=r\alpha=0.1\times40=4\ \mathrm{m/s^2}$$

$$a_{\mathrm{n}}=r\omega^2=0.1\times80^2=640\ \mathrm{m/s^2}$$

(2) 对于轮 I 而言，弧坐标已知，则 $t=1\mathrm{s}$ 时轮的角速度和角加速度分别为

$$\omega_{\mathrm{I}}=\frac{\mathrm{d}\theta_{\mathrm{I}}}{\mathrm{d}t}=\frac{\mathrm{d}(3t^4+2t^3)}{\mathrm{d}t}=12t^3+6t^2=18\ \mathrm{rad/s}$$

$$\alpha_{\mathrm{I}}=\frac{\mathrm{d}}{\mathrm{d}t}\left(\frac{\mathrm{d}\theta_{\mathrm{I}}}{\mathrm{d}t}\right)=36t^2+12t=48\ \mathrm{rad/s^2}$$

轮 I 和轮 II 之间无相互滑动，可知

$$\omega_{\mathrm{II}}=\left(\frac{r_{\mathrm{I}}}{r_{\mathrm{II}}}\right)\omega_{\mathrm{I}}=\frac{200}{100}\times18=36\ \mathrm{rad/s}$$

$$\alpha_{\mathrm{II}}=\left(\frac{r_{\mathrm{I}}}{r_{\mathrm{II}}}\right)\alpha_{\mathrm{I}}=\frac{200}{100}\times48=96\ \mathrm{rad/s^2}$$

**例 6-5**

纺织工艺中常需要将缠绕在某轴上的纺丝按照要求转移到另一个轴上，如图 6-19 所示。已知纺丝的厚度为 $a$，轮 $O_1$ 的角速度为定值 $\omega_1$，试确定轮 $O_2$ 的角加速度。

**解**：当前问题为带式传动问题，两轮应有相同的速度和加速度。同时当前纺丝的厚度不可忽略，则纺丝绕定轴转动的转动半径是变量。

**解法一**：由带式传动系统可知 $\omega_1r_1=\omega_2r_2$，在时间 $\mathrm{d}t$ 内，纺丝在轴上形成的体积的变

化量可表示为 $-2\pi r_2 \mathrm{d}r_2 = 2\pi r_1 \mathrm{d}r_1$，即 $\mathrm{d}r_2 = -(r_1/r_2)\mathrm{d}r_1$，其中负号表示纺丝在两个轴上形成的体积变化量趋势是相反的，在一个轴上体积增加必会引起另一个轴的体积减小。

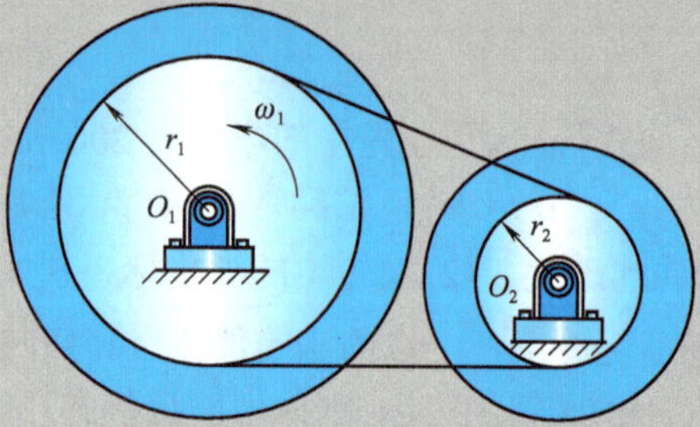


图 6-19

图 6-19 动画

角速度 $\omega_2$ 对时间 $t$ 的一阶导数为角加速度，为

$$\alpha_2 = \frac{\mathrm{d}\omega_2}{\mathrm{d}t} = \frac{\mathrm{d}}{\mathrm{d}t}\left(\frac{r_1}{r_2}\omega_1\right) = \omega_1 \frac{\mathrm{d}}{\mathrm{d}t}\left(\frac{r_1}{r_2}\right) = \omega_1 \frac{(\mathrm{d}r_1)r_2 - r_1 \mathrm{d}r_2}{(\mathrm{d}t)r_2^2}$$

将 $\mathrm{d}r_2 = -\dfrac{r_1}{r_2}\mathrm{d}r_1$ 代入上式中可得

$$\alpha_2 = \omega_1 \frac{r_1^2 + r_2^2}{r_2^3}\frac{\mathrm{d}r_1}{\mathrm{d}t}$$

又由于轮 $O_1$ 在时间 $\mathrm{d}t$ 内的体积变化量为 $2\pi r_1 \mathrm{d}r_1 = (\omega_1 r_1 \mathrm{d}t)a$，可知 $\dfrac{\mathrm{d}r_1}{\mathrm{d}t} = \dfrac{\omega_1}{2\pi}a$。因此，有

$$\alpha_2 = \frac{\omega_1^2 a}{2\pi}\frac{r_1^2 + r_2^2}{r_2^3}$$

**解法二：** 带式传动系统有 $\omega_1 r_1 = \omega_2 r_2$，可知 $\omega_2 = (\omega_1 r_1)/r_2$

角速度 $\omega_2$ 对时间 $t$ 的一阶导数为角加速度，即

$$\alpha_2 = \frac{\mathrm{d}\omega_2}{\mathrm{d}t} = \frac{\mathrm{d}}{\mathrm{d}t}\left(\frac{r_1}{r_2}\omega_1\right)$$

由于轮 $O_1$ 的角速度为定值 $\omega_1$，则可以看出求解角加速度的问题归结为求解 $\dfrac{\mathrm{d}}{\mathrm{d}t}\left(\dfrac{r_1}{r_2}\right)$ 的问题。为能求解 $\dfrac{\mathrm{d}}{\mathrm{d}t}\left(\dfrac{r_1}{r_2}\right)$，则需要分别知道 $\dfrac{\mathrm{d}r_1}{\mathrm{d}t}$ 和 $\dfrac{\mathrm{d}r_2}{\mathrm{d}t}$。

对轮 $O_1$ 有 $\mathrm{d}r_1 = \dfrac{\mathrm{d}\theta_1}{2\pi}a$，对轮 $O_2$ 有 $\mathrm{d}r_2 = -\dfrac{\mathrm{d}\theta_2}{2\pi}a$，其中 $\theta$ 为对应轮的转角，负号表示轮 $O_2$ 的转动方向与轮 $O_1$ 不同。将此两式代入角加速度的表达式有

$$\alpha_2 = \frac{\mathrm{d}\omega_2}{\mathrm{d}t} = \frac{\mathrm{d}}{\mathrm{d}t}\left(\frac{r_1}{r_2}\omega_1\right) = \omega_1 \frac{\mathrm{d}}{\mathrm{d}t}\left(\frac{r_1}{r_2}\right) = \omega_1 \frac{(\mathrm{d}r_1)r_2 - r_1(\mathrm{d}r_2)}{r_2^2 \mathrm{d}t}$$

$$= \omega_1 \frac{\left(\dfrac{\mathrm{d}\theta_1}{2\pi}a\right)r_2 + r_1\left(\dfrac{\mathrm{d}\theta_2}{2\pi}a\right)}{r_2^2 \mathrm{d}t} = \omega_1 a \frac{r_2 \mathrm{d}\theta_1 + r_1 \mathrm{d}\theta_2}{2\pi r_2^2 \mathrm{d}t}$$

其中 $\dfrac{d\theta_1}{dt}=\omega_1$，$\dfrac{d\theta_2}{dt}=\omega_2$，同时又有 $\omega_1 r_1=\omega_2 r_2$，可知

$$\alpha_2=\omega_1 a\frac{r_2 d\theta_1+r_1 d\theta_2}{2\pi r_2^2 dt}=\omega_1 a\frac{r_2\omega_1+r_1\omega_2}{2\pi r_2^2}=\omega_1 a\frac{r_2\omega_1+r_1\dfrac{\omega_1 r_1}{r_2}}{2\pi r_2^2}=\frac{\omega_1^2 a}{2\pi}\frac{r_1^2+r_2^2}{r_2^3}$$

## 习　题

6-1　刚体绕定轴 $O$ 转动，刚体半径为 0.5m，转动角速度 $\omega=(5t^4+3t^3)$ rad/s，确定 $t$=2s 时刚体轮缘上某点 $A$ 的速度和加速度大小。

6-2　刚体绕定轴 $O$ 转动，刚体转动角速度为 $\omega=(3t^3)$ rad/s，转动角加速度为 $\alpha=(5t^2)$ rad/s$^2$，刚体上点 $A$ 和点 $B$ 距转动轴的距离分别为 0.4m 和 0.5m，试求 $t$=1s 时点 $A$ 和点 $B$ 的速度和加速度大小。

6-3　刚体绕定轴 $O$ 转动，初始弧坐标为零，角速度为 $\omega=12$ rad/s，转动时加速度为 $\alpha=5$ rad/s$^2$，试求刚体需要转动的圈数，使得刚体的角速度为 $\omega=30$ rad/s，并求出所需时间。

6-4　刚体由静止状态开始绕定轴 $O$ 转动，其角速度可表示为 $\omega=(100t^{1/2})$ rad/s，试确定转过 200 周后刚体的角速度和角加速度。

6-5　半径为 6m 的刚体绕定轴以 $\omega=(2t+3)$ rad/s 的角速度转动，试确定弧坐标 $\theta=40$ rad 时刚体轮缘某点的切向加速度和法向加速度。

6-6　多级带式传动中，各轮系的半径如图所示，单位为 cm。当 $t$=0s 时，轮 $O_1$ 在电动机驱动下以角速度 $\omega_A=10$ rad/s，角加速度 $\alpha=5$ rad/s$^2$ 转动。试确定轮 $O_3$ 转过 5 圈后的角速度。

**提示：** 多级传动中轮与带之间不考虑相对滑动，利用传动比根据轮 $O_3$ 转过的圈数得到轮 $O_1$ 转过的圈数，进而确定当前轮 $O_1$ 的角速度，再利用传动比确定轮 $O_3$ 的角速度。

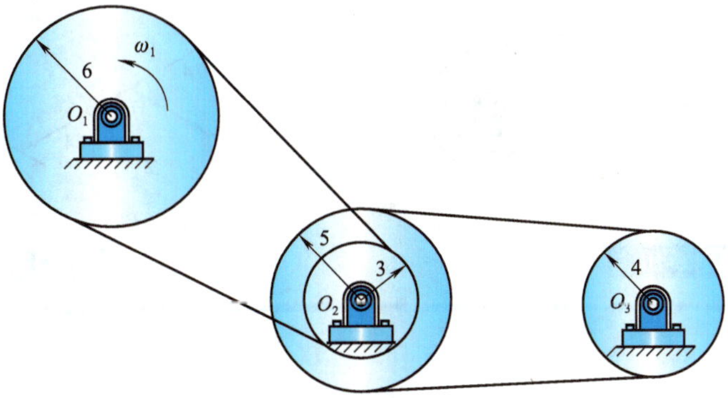

题 6-6 图

6-7　刚体如图所示绕定轴转动时，轮缘上某点在刚体转动过程中全加速度与轮半径的夹角恒为 60°。已知初始转角为零，角速度为 $\omega_0$，试求刚体绕定轴转动时的运动方程以及使用转角表示的角速度。

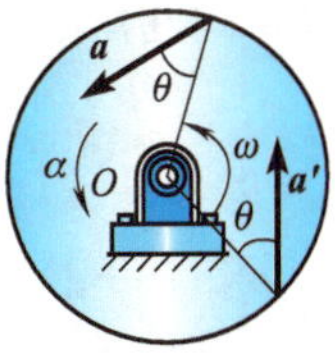

题 6-7 图

6-8　图示的变截面刚体逆时针转动，转动角速度恒为 $\omega$。变截面刚体的长度为 $L$，顶端半径为 $r_1$，底端半径为 $r_2$。一绳沿变截面刚体缠绕，变截面刚体转动过程中，缠绕在刚体上的绳的分布逐渐由顶端变化至底端。绳的直径

为 $d$，试求绳端点所系质量块向上的加速度。

6-9　如图所示，由直径为 $d$ 的绳缠绕而成的盘，绳只会在当前平面内分布。若固定绳盘的中心，以匀速 $\boldsymbol{v}$ 拉绳，求绳盘的角加速度。

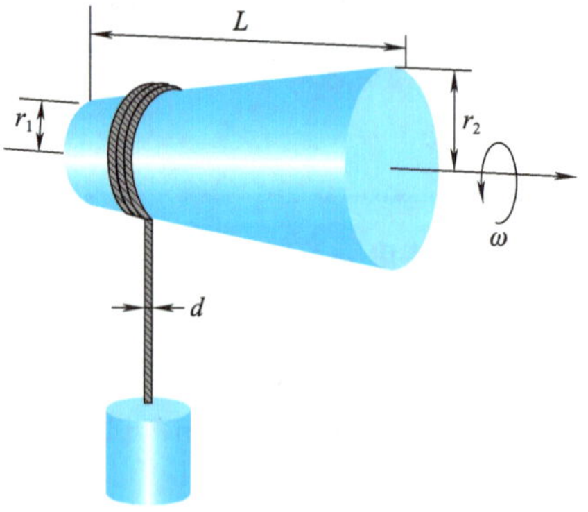


题 6-8 图

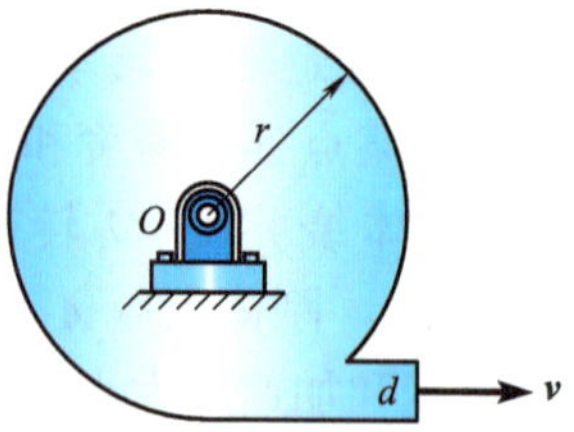


题 6-9 图

6-10　带式传动系统中轮 $O_1$ 的转动半径为 0.4 m，轮 $O_2$ 的转动半径为 0.15 m。轮 $O_2$ 以匀角加速度 $\alpha = 2\ \mathrm{rad/s^2}$ 由静止状态开始转动，轮 $O_2$ 转动两周后，确定轮 $O_1$ 轮缘上某点的速度和加速度的大小。

6-11　由旋转杆和钢板所组成的系统尺寸见图，单位为 m，以角速度 $\omega = 14\ \mathrm{rad/s}$ 和角加速度 $\alpha = 7\ \mathrm{rad/s^2}$ 进行转动，试确定当前时刻钢板角点 $D$ 的速度和加速度。

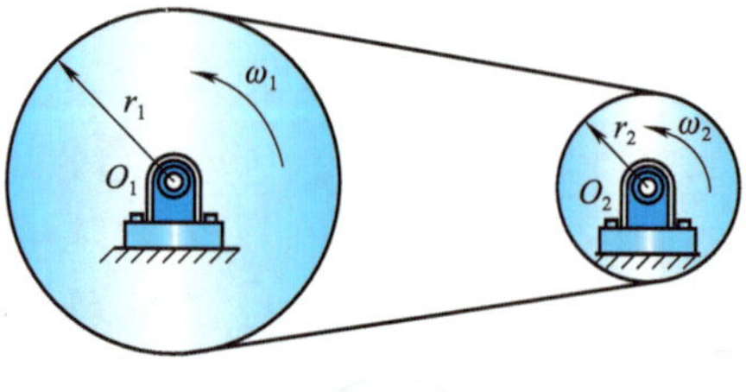


题 6-10 图

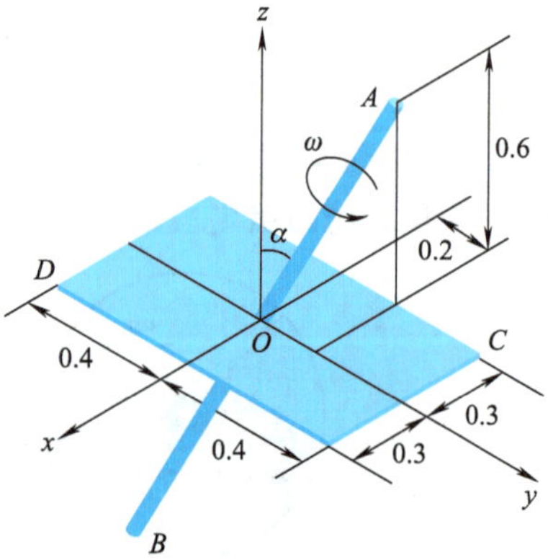


题 6-11 图

第 6 章参考答案

# 第7章 点的合成运动

**内容提要**

前两章分别介绍了质点相对于固定参考系的运动以及刚体的两种简单运动形式，本章基于前两章的内容来分析一种更为复杂但是普遍存在的运动，即质点在运动刚体上的运动。与第 5 章中选取固定参考系相比，本章对质点的运动分析需要同时依附于运动刚体建立一个运动的参考系，而质点在一种参考系下的运动一般可由相对于其他参考系下的几个运动复合而成，故将这种运动称为点的合成运动。本章的主要内容是通过建立质点在不同参考系下的基本运动学特性之间的关系来进行点的合成运动的速度分析和加速度分析。

## 7.1 点的合成运动概述

MOOC 视频

质点的运动总是相对于某个参考系进行描述的，同一个质点在不同的参考系中的运动规律是完全不同的，这种实例在日常生活中随处可见。从天空中滴落的雨滴，对于站立于地面的路人来说雨滴在没有外界干扰的情况下是沿着铅垂方向滴落的，然而坐在火车上的乘客会发现雨滴在车窗上划出的是一道偏离于铅垂方向而向后方倾斜的水印，如图 7-1 所示。对于垂直起飞的直升机，从飞机驾驶员的角度观察螺旋桨中的某一点进行的是圆周运动，但对于位于地面的观察者来说螺旋桨中该点的运动轨迹是一条螺旋线，如图 7-2 所示。如图 7-3 所示，运行于太空中的月球，其从建立在地球上的参考系中观测是在围绕着地球进行曲线运动，然而可以想象如果从建立于太阳上的参考系中观测，月球也在围绕着太阳进行更为复杂的曲线运动。如图 7-4 所示，对于直线行驶的汽车，从驾驶员的角度观察汽车车轮上的某一点在做圆周运动，但对于站在地面的路人来说车轮上该点的运动轨迹是一条旋轮线。上述实例表明质点相对于某一运动参考系的运动轨迹不同于其相对于固定参考系的运动轨迹。那么，质点相对于不同参考系的运动之间是否有所关联呢？实际上，质点在一种参考系下的运动一般可由相对于其他参考系下的几个运动复合而成，这称为**点的合成运动**。为了方便对点的合成运动的速度和加速度进行分析，首先介绍一下关于点的合成运动的基本概念。

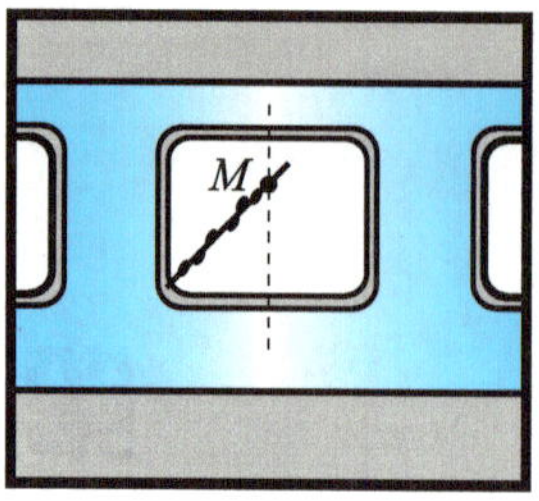


图 7-1

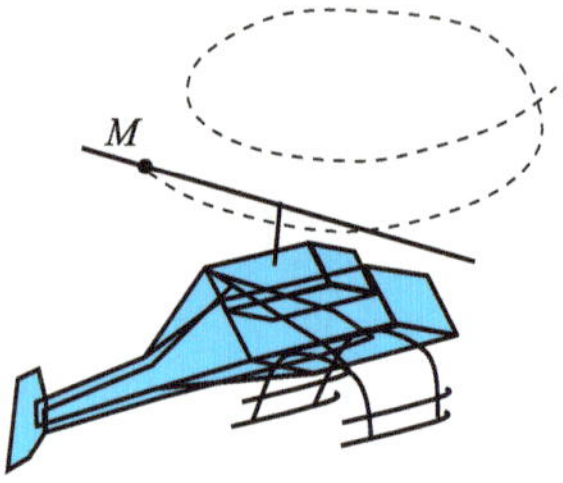


图 7-2

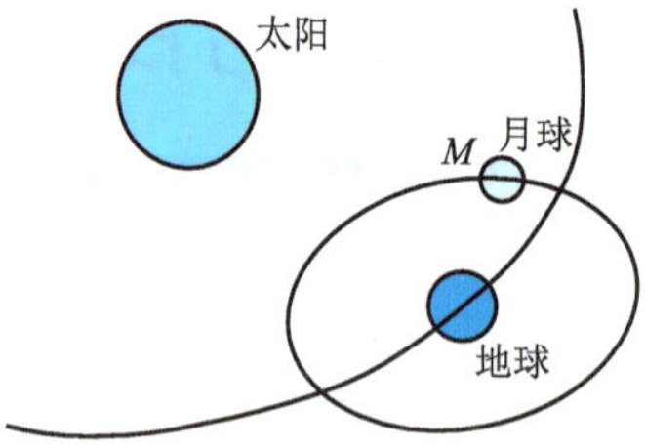


图 7-3

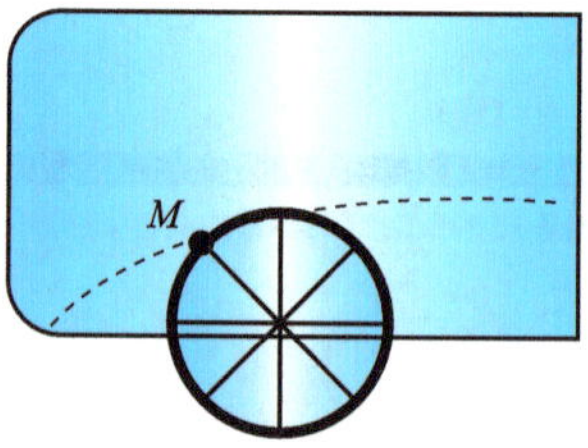


图 7-4

### 7.1.1 基本概念

在点的合成运动中，将所研究的运动的质点简称为**动点**，一般用 $M$ 表示。选取保持固定状态的参考系为**定参考系**(在地球上研究时，通常选取地面作为定参考系)，简称定系，一般用 $Oxyz$ 表示；选取固结于运动刚体上的参考系为**动参考系**，简称动系，一般用 $O'x'y'z'$ 表示。动点相对于定参考系的运动称为动点的**绝对运动**，动点相对于动参考系的运动称为动点的**相对运动**，动参考系相对于定参考系的运动称为**牵连运动**。需要强调的是，在上述三种运动中，绝对运动和相对运动都是指点的运动，可以是直线运动、圆周运动或曲线运动。牵连运动描述的是动参考系的运动，所以是指刚体的运动，包括平动、定轴转动、平面运动等。为了更加明确地刻画牵连运动的基本运动学特性，需要引入牵连点的概念。所谓牵连点即在动参考系上与动点相重合的那个点，也可以看作是动点在动参考系上的投影点，常以 $M'$ 表示。需要注意的是，由于动点同时也在相对于动参考系进行运动(相对运动)，因此动点在动参考系上的投影位置也在随着动点的运动而不断变化，这意味着动点将依次与动参考系上不同的点相重合，也就是说动参考系上不同的点将被依次叫作牵连点。

恰当地选取动点和动参考系并正确地分析三种运动的形式是求解点的合成运动的关键。一般来说，动点和动参考系应依附于不同的刚体，这是因为在点的合成运动中需要考虑动点相对于动参考系的相对运动。此外，动点和动参考系的选取还应该尽可能地保证它们之间的相对运动轨迹容易确定，这将为确定相对运动的速度方向提供便利。下面以前述的四个实例具体说明动点、动参考系的选取以及三种运动的分析。

如图 7-1 所示，选取某一雨滴 $M$ 作为动点，定系固定于地面，动系固结于火车，那么动点的绝对运动为沿着铅垂方向的直线运动，动点的相对运动为偏离铅垂方向向后的直线运动，牵连运动则为火车的平行移动。如图 7-2 所示，选取螺旋桨中的某一点 $M$ 作为动点，定系固定于地面，动系固结于直升机，那么动点的绝对运动为曲线运动(螺旋线)，动点的相对运动为圆周运动，牵连运动则为沿着铅垂方向的平行移动(直升机处于起飞状态)。如图 7-3 所示，选取月球为动点，定系固定于太阳，动系固结于地球质心，那么动点的绝对运动为围绕着太阳的曲线运动，动点的相对运动为围绕着地球的曲线运动，牵连运动则为平面运动。如图 7-4 所示，选取车轮上的某一点 $M$ 作为动点，定系固定于地面，动系固结于汽车，那么动点的绝对运动为曲线运动(旋轮线)，动点的相对运动为圆周运动，牵连运动则为汽车的平行移动。

根据绝对运动、相对运动与牵连运动的概念，可以进一步定义三种运动的轨迹、速度和加速度。动点在绝对运动中的轨迹、速度和加速度称为绝对轨迹、绝对速度和绝对加速度。在定参考系 $Oxyz$ 中，单位矢量分别表示为 $\boldsymbol{i}$、$\boldsymbol{j}$、$\boldsymbol{k}$，则动点 $M\ (x, y, z)$ 在定参考系中的矢径、绝对速度和绝对加速度可以表达为

$$\begin{cases} \boldsymbol{r}_{\mathrm{a}} = x\boldsymbol{i} + y\boldsymbol{j} + z\boldsymbol{k} \\ \boldsymbol{v}_{\mathrm{a}} = \dfrac{\mathrm{d}\boldsymbol{r}_{\mathrm{a}}}{\mathrm{d}t} = \dot{x}\boldsymbol{i} + \dot{y}\boldsymbol{j} + \dot{z}\boldsymbol{k} \\ \boldsymbol{a}_{\mathrm{a}} = \dfrac{\mathrm{d}\boldsymbol{v}_{\mathrm{a}}}{\mathrm{d}t} = \ddot{x}\boldsymbol{i} + \ddot{y}\boldsymbol{j} + \ddot{z}\boldsymbol{k} \end{cases} \tag{7-1}$$

动点在相对运动中的轨迹、速度和加速度称为相对轨迹、相对速度和相对加速度。在动参考系 $O'x'y'z'$ 中，单位矢量分别表示为 $\boldsymbol{i}'$、$\boldsymbol{j}'$、$\boldsymbol{k}'$，则动点 $M\ (x', y', z')$ 在动参考系中的矢径、相对速度和相对加速度可以表达为

$$\begin{cases} \boldsymbol{r}_{\mathrm{r}} = x'\boldsymbol{i}' + y'\boldsymbol{j}' + z'\boldsymbol{k}' \\ \boldsymbol{v}_{\mathrm{r}} = \dfrac{\mathrm{d}\boldsymbol{r}_{\mathrm{r}}}{\mathrm{d}t} = \dot{x}'\boldsymbol{i}' + \dot{y}'\boldsymbol{j}' + \dot{z}'\boldsymbol{k}' \\ \boldsymbol{a}_{\mathrm{r}} = \dfrac{\mathrm{d}\boldsymbol{v}_{\mathrm{r}}}{\mathrm{d}t} = \ddot{x}'\boldsymbol{i}' + \ddot{y}'\boldsymbol{j}' + \ddot{z}'\boldsymbol{k}' \end{cases} \tag{7-2}$$

由于牵连运动是刚体的运动，所以牵连运动的基本运动学描述需要借助牵连点来进行定义。牵连点在定参考系中的速度和加速度称为动点的牵连速度和牵连加速度，以 $\boldsymbol{v}_{\mathrm{e}}$ 和 $\boldsymbol{a}_{\mathrm{e}}$ 表示，其大小和方向是由动参考系的运动状态决定的。在确定牵连速度和牵连加速度的时候一定要注意，虽然牵连点和动点是重合的，而且与绝对速度和绝对加速度相同都是以定参考系为参考，但是牵连点是依附于动参考系上的，它们是隶属于动参考系上的该点的速度和加速度，它们的大小和方向只与动参考系的运动有关，所以只有在动点没有相对运动时，牵连速度和牵连加速度才会等于动点的绝对速度和绝对加速度。

### 7.1.2 绝对运动轨迹与相对运动轨迹的关系

下面以平面问题为例，建立一般情况下绝对运动轨迹与相对运动轨迹之间的关系。如图 7-5 所示，动点为 $M$，定参考系为 $xOy$，动参考系为 $x'O'y'$。则动点 $M$ 的绝对运动的运动方程可表示为

$$\begin{cases} x = x(t) \\ y = y(t) \end{cases}$$

动点 $M$ 的相对运动的运动方程可表示为

$$\begin{cases} x' = x'(t) \\ y' = y'(t) \end{cases}$$

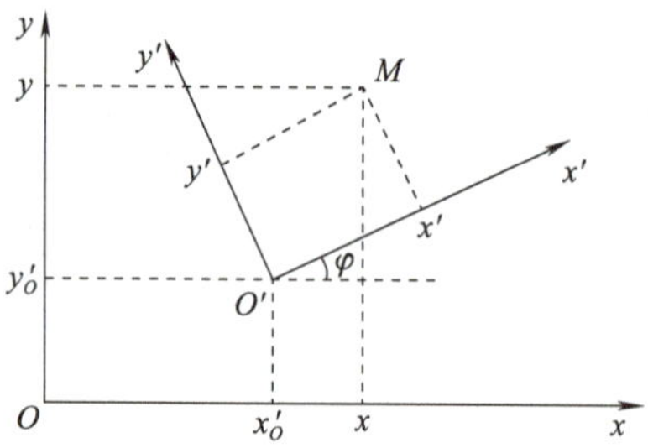


图 7-5

由于牵连运动描述的是动参考系相对于定参考系的运动，故可采用 $t$ 时刻动参考系的原点 $O'$位置以及 $x$ 轴与 $x'$ 轴的夹角 $\varphi$（逆时针为正）来表征动参考系的位置，即牵连运动方程为

$$\begin{cases} x_{O'} = x_{O'}(t) \\ y_{O'} = y_{O'}(t) \\ \varphi = \varphi(t) \end{cases}$$

根据几何关系，可以建立两个参考系之间的关系为

$$\begin{cases} x = x_{O'} + x'\cos\varphi - y'\sin\varphi \\ y = y_{O'} + x'\sin\varphi + y'\cos\varphi \end{cases} \tag{7-3}$$

式(7-3)表明绝对运动、相对运动和牵连运动三种运动并不是相互独立的，可以通过其中两种运动的运动方程来确定第三种运动的基本运动状态。

**例 7-1**

图 7-6 所示为一种简易的针式打印机，半径为 $r$ 的圆柱形卷轴夹带着纸以角速度 $\omega$ 进行转动，针头做沿着 $y$ 方向的往复运动，运动的轨迹为 $y = f(t)$。试求针头在纸面上打印出的曲线轨迹。

图 7-6 动画

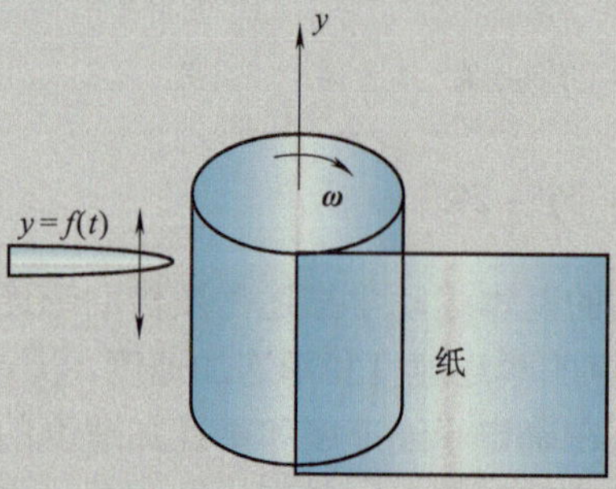


图 7-6

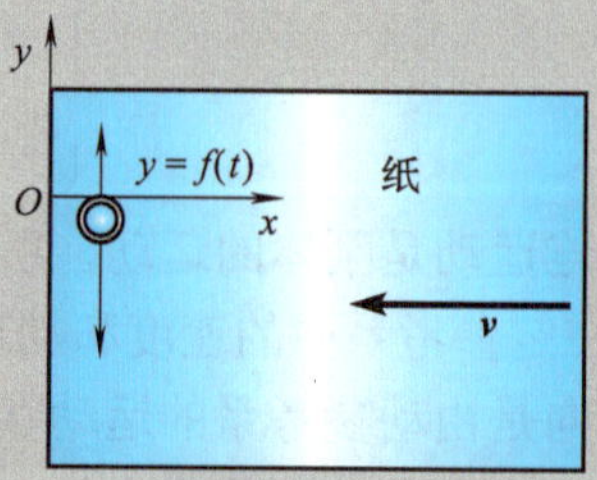


图 7-7

**解**：对于打印机的卷轴来说，它的作用是带动纸张移动，因此可以不考虑纸张的卷曲而将原空间问题转化为我们熟知的平面问题，如图 7-7 所示。

基于图 7-7，选取动点、定系和动系。动点为针头，定系固定于地面，动系固结于纸面。则绝对运动为针头沿着 $y$ 方向的直线运动，牵连运动为纸的平行移动，相对运动为待求的曲线运动。

设初始时刻定系与动系重合，且针头和纸均处于各自参考系的原点处，则针头的绝对运动方程为

$$\begin{cases} x = 0 \\ y = f(t) \end{cases}$$

打印机转轴在进行刚体定轴转动，因此纸的运动速度 $v = \omega r$。此外，动系相对于定系并没有 $y$ 方向的移动和转动，故牵连运动方程为

$$\begin{cases} x_{O'} = \omega rt \\ y_{O'} = 0 \\ \varphi = 0 \end{cases}$$

将以上两式代入式(7-3)并注意定系与动系夹角 $\varphi$ 始终为 0，可得相对运动方程为

$$\begin{cases} x' = -\omega rt \\ y' = f(t) \end{cases}$$

将相对运动方程中的时间 $t$ 消去，整理得到相对运动轨迹为

$$y' = f\left(-\frac{x'}{\omega r}\right)$$

**例 7-2**

图 7-8 所示为一种常见的塔式起重机，为了加快施工速度，塔式起重机的起重物高度保持不变但在起重臂转动的过程中以速度 $\boldsymbol{v}$ 向远端运动，起重臂的转速为 $\omega$。试求起重物的运动轨迹。

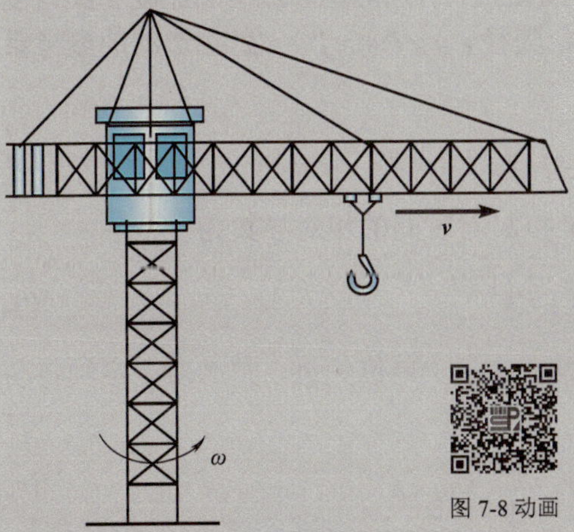


图 7-8 动画

图 7-8

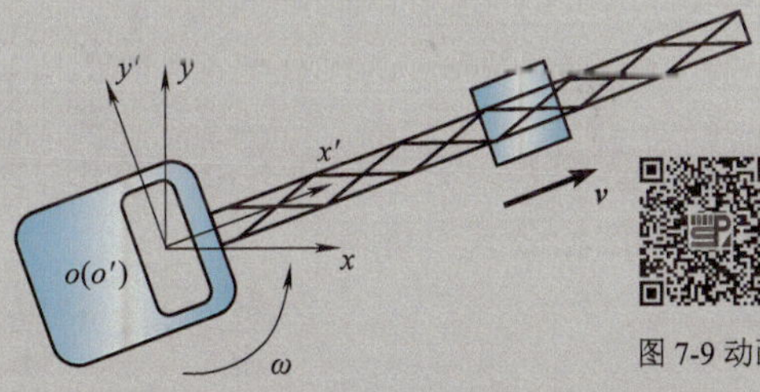


图 7-9 动画

图 7-9

**解**：由于起重物的高度不变，可将原空间问题转化为平面问题，如图 7-9 所示。首先选取动点、定系和动系。动点为重物，定系固定于地面，动系固结于起重机。则相对运动为重物沿着起重臂的直线运动，牵连运动为起重机的定轴转动，绝对运动为待求的运动。

根据运动分析，可知动点的相对运动方程为

$$\begin{cases} x' = vt \\ y' = 0 \end{cases}$$

牵连运动方程为

$$\begin{cases} x_{O'} = 0 \\ y_{O'} = 0 \\ \varphi = \omega t \end{cases}$$

则根据公式(7-3)可得绝对运动方程为

$$\begin{cases} x = vt\cos\omega t \\ y = vt\sin\omega t \end{cases}$$

综合以上两式，消除时间 $t$，可得重物在起重臂旋转一周范围内的绝对运动轨迹为

$$\begin{cases} x^2 + y^2 = \left[\dfrac{v}{\omega}\left(\cot^{-1}\dfrac{x}{y}\right)\right]^2 & (y \geqslant 0) \\ x^2 + y^2 = \left[\dfrac{v}{\omega}\left(\cot^{-1}\dfrac{x}{y} + \pi\right)\right]^2 & (y < 0) \end{cases}$$

### 7.1.3 绝对导数和相对导数

式(7-1)和式(7-2)中关于绝对运动和相对运动的速度和加速度的求解都会涉及矢径对时间的求导，上述两个公式中的求导虽然分别相对于定参考系和动参考系，但参考系的基矢量在对应的问题中都是确定且相对固定不动的，即可看作是常矢量，将这种矢径 $\boldsymbol{r}$ 在相对固定的参考系中对时间的导数称为相对导数，如式(7-1)和式(7-2)中速度和加速度的表达式。一般地，相对导数在导数符号的上方加"～"以标识，因此式(7-1)和式(7-2)中的速度和加速度应该更为确切地表示为 $\tilde{\mathrm{d}}\boldsymbol{r}/\mathrm{d}t$ 和 $\tilde{\mathrm{d}}\boldsymbol{v}/\mathrm{d}t$ 。与之对应的，矢径 $\boldsymbol{r} = x'\boldsymbol{i}' + y'\boldsymbol{j}' + z'\boldsymbol{k}'$ 在运动的参考系中对时间的导数称为绝对导数，即

$$\frac{\mathrm{d}\boldsymbol{r}}{\mathrm{d}t} = \dot{x}'\boldsymbol{i}' + \dot{y}'\boldsymbol{j}' + \dot{z}'\boldsymbol{k}' + x'\dot{\boldsymbol{i}}' + y'\dot{\boldsymbol{j}}' + z'\dot{\boldsymbol{k}}' \tag{7-4}$$

此外，当动参考系做定轴转动时，其基矢量 $\boldsymbol{i}'$ 、 $\boldsymbol{j}'$ 和 $\boldsymbol{k}'$ 对时间的相对导数为

$$\frac{\tilde{\mathrm{d}}\boldsymbol{r}}{\mathrm{d}t} = \dot{x}'\boldsymbol{i}' + \dot{y}'\boldsymbol{j}' + \dot{z}'\boldsymbol{k}' \tag{7-5}$$

此外，基矢量 $\boldsymbol{i}'$ 、 $\boldsymbol{j}'$ 和 $\boldsymbol{k}'$ 可看成是依附于动参考系上的三个单位矢量，那么对于定轴转动刚体，根据泊松公式，可得

$$\frac{\mathrm{d}\boldsymbol{i}'}{\mathrm{d}t} = \boldsymbol{\omega} \times \boldsymbol{i}',\ \frac{\mathrm{d}\boldsymbol{j}'}{\mathrm{d}t} = \boldsymbol{\omega} \times \boldsymbol{j}',\ \frac{\mathrm{d}\boldsymbol{k}'}{\mathrm{d}t} = \boldsymbol{\omega} \times \boldsymbol{k}' \tag{7-6}$$

其中 $\boldsymbol{\omega}$ 为动参考系的角速度(上式中基矢量 $\boldsymbol{i}'$ ， $\boldsymbol{j}'$ 或 $\boldsymbol{k}'$ 可看作某运动动点的矢径，它们对时间的导数为动点的速度)。将式(7-5)和式(7-6)代入式(7-4)中，可建立绝对导数与相对导数的关系为

$$\frac{\mathrm{d}\boldsymbol{r}}{\mathrm{d}t} = \frac{\tilde{\mathrm{d}}\boldsymbol{r}}{\mathrm{d}t} + \boldsymbol{\omega} \times \boldsymbol{r} \tag{7-7}$$

MOOC 视频

## 7.2 点的速度合成定理

根据点的合成运动的基本问题描述，首先建立绝对速度、相对速度和牵连速度三者之间的关系。不失一般性地，如图 7-10 所示，选取定参考系为 $Oxyz$，动参考系为 $O'x'y'z'$ ，动点为 $M$，牵连点为 $M'$ 。根据矢量计算法则，由图可知，动点 $M$ 分别在定参考系和动参考系中的矢径 $\boldsymbol{r}_M$ 和 $\boldsymbol{r}'$ 以及动参考系原点 $O'$ 的矢径 $\boldsymbol{r}_{O'}$ 之间的关系为

$$\boldsymbol{r}_M = \boldsymbol{r}_{O'} + \boldsymbol{r}' \tag{7-8}$$

根据式(7-2)可得动点 $M$ 的相对速度为

$$\boldsymbol{v}_{\mathrm{r}} = \frac{\tilde{\mathrm{d}}\boldsymbol{r}_{\mathrm{r}}}{\mathrm{d}t} = \dot{x}'\boldsymbol{i}' + \dot{y}'\boldsymbol{j}' + \dot{z}'\boldsymbol{k}' \tag{7-9}$$

由于牵连点是在动参考系上与动点重合的那一点，故有

$$\boldsymbol{r}_{M'} = \boldsymbol{r}_M = \boldsymbol{r}_{O'} + \boldsymbol{r}' \tag{7-10}$$

其中 $\boldsymbol{r}'$ 则为动点在动参考系中的矢径。

$$\boldsymbol{r}' = x'\boldsymbol{i}' + y'\boldsymbol{j}' + z'\boldsymbol{k}' \tag{7-11}$$

需要注意的是由于牵连速度是动参考系中位于牵连点$(x', y', z')$处的速度，即此时 $x'$、$y'$和 $z'$是常量，故牵连速度的求解中只保留了动参考系基矢量对时间的导数，即

$$\boldsymbol{v}_{\mathrm{e}} = \frac{\mathrm{d}\boldsymbol{r}_{M'}}{\mathrm{d}t} = \dot{\boldsymbol{r}}_{O'} + x'\dot{\boldsymbol{i}}' + y'\dot{\boldsymbol{j}}' + z'\dot{\boldsymbol{k}}' \tag{7-12}$$

为了获得基于动参考系基矢量的表达式，绝对速度的求解根据式(7-8)获得。绝对速度是矢径 $\boldsymbol{r}_M$ 对时间的绝对导数，需要注意的是此时相对矢径中的 $x'$、$y'$和 $z'$由于描述的是动点的位置所以不再是常量，因此

$$\boldsymbol{v}_{\mathrm{a}} = \frac{\mathrm{d}\boldsymbol{r}_M}{\mathrm{d}t} = \dot{\boldsymbol{r}}_{O'} + \dot{x}'\boldsymbol{i}' + \dot{y}'\boldsymbol{j}' + \dot{z}'\boldsymbol{k}' + x'\dot{\boldsymbol{i}}' + y'\dot{\boldsymbol{j}}' + z'\dot{\boldsymbol{k}}' \tag{7-13}$$

观察可得，式(7-13)的前四项即为牵连速度式(7-12)，而式(7-13)的后三项即为相对速度式(7-9)，因此可得

$$\boldsymbol{v}_{\mathrm{a}} = \boldsymbol{v}_{\mathrm{e}} + \boldsymbol{v}_{\mathrm{r}} \tag{7-14}$$

上式表明，在点的合成运动中，在任一瞬时，动点的绝对速度等于它的牵连速度和相对速度的矢量和，这就是点的速度合成定理。

在应用速度合成定理式(7-14)时，由于只涉及三个矢量，通常采用平行四边形法则来进行求解，即相对速度 $\boldsymbol{v}_{\mathrm{r}}$ 和牵连速度 $\boldsymbol{v}_{\mathrm{e}}$ 构成的平行四边形的对角线为绝对速度 $\boldsymbol{v}_{\mathrm{a}}$，如图 7-11 所示。一般在进行点的合成运动的速度分析时，首先需要确定动点、定系和动系，其次分析绝对运动、相对运动和牵连运动形式，随后分析三种运动的速度大小和方向并构造速度平行四边形，最后求解出未知量。需要注意的是，由于速度是矢量，所以每一个速度对应着大小和方向两个运动学特性，那么在速度合成定理的表达式中共有六个与速度相关的运动学特性。由于绝对速度是由牵连速度和相对速度合成而得，故三个速度矢量必然在同一平面。因此，应用速度合成定理时一次只能够求解两个未知量。

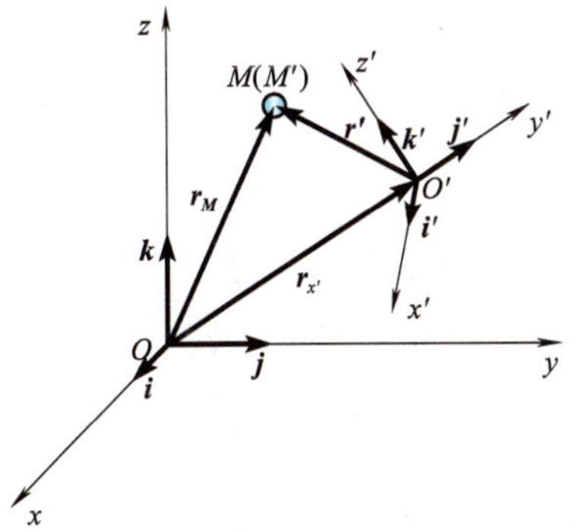


图 7-10

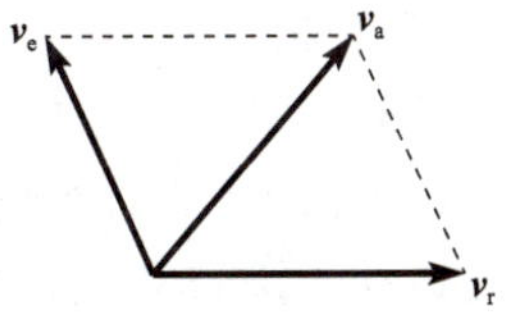


图 7-11

**例 7-3**

车厢以匀速 $\boldsymbol{v}$ 沿水平直线轨道行驶，如图 7-12 所示，雨滴沿铅垂方向落下，滴在车窗后留下与铅垂线成 $\alpha$ 角的雨痕，试求雨滴的滴落速度(相对于车窗的速度)。

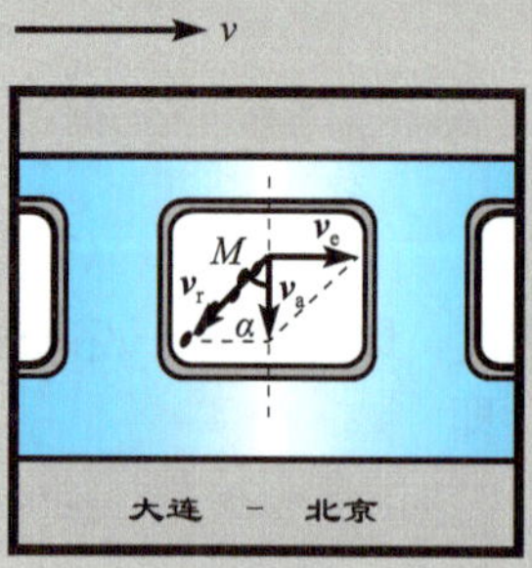

图 7-12

**解**：(1)选取动点、定系和动系。

动点：雨滴 $M$。

定系：固定于地面。

动系：固结于车厢。

(2)运动分析。

绝对运动：沿铅垂方向向下的直线运动。

相对运动：沿着偏离铅垂方向 $\alpha$ 角的直线运动。

牵连运动：车厢的平行移动。

(3)速度分析。

绝对速度和相对速度的方向已知，但大小未知，如图 7-12 所示。由于牵连运动是平动，故动系上每一个点的速度均为 $\boldsymbol{v}$，所以牵连点(动系上与动点重合的那一点)的速度 $\boldsymbol{v}_e=\boldsymbol{v}$，即牵连速度大小和方向均为已知。

综上所述，共计有两个未知量，即

| | $\boldsymbol{v}_a$ | = | $\boldsymbol{v}_e$ | + | $\boldsymbol{v}_r$ |
|---|---|---|---|---|---|
| 大小 | ? | | $v$ | | ? |
| 方向 | √ | | √ | | √ |

因此，可利用速度合成定理进行求解，得雨滴的滴落速度为

$$v_a = v\cot\alpha$$

雨滴相对于车窗的速度为

$$v_r = \frac{v}{\sin\alpha}$$

**例 7-4**

如图 7-13(a)所示，$CD$ 杆的 $C$ 端铰接一套筒 $C$，套筒又套在弯成直角的曲杆 $OAB$ 的 $AB$ 段上。已知当 $\varphi=30°$ 时，$CD$ 杆的速度为 $\boldsymbol{v}_C$，$OA = r$，求此瞬时曲杆 $OAB$ 的角速度大小和转向。

**解**：(1)选取动点、定系和动系。

动点：套筒 $C$。

定系：固定于地面。

动系：固结于曲杆 $OAB$。

(2)运动分析。

绝对运动：沿 $CD$ 杆方向的直线运动。

相对运动：沿 $AB$ 杆方向的直线运动。

牵连运动：绕 $O$ 点的定轴转动。

(3)速度分析。

如图 7-13(b)所示，动点的绝对运动的速度大小为 $CD$ 杆的速度 $\boldsymbol{v}_C$，方向为竖直向上；

动点的相对速度方向是套筒沿 $AB$ 杆滑动的方向，大小未知；动点的牵连速度是指与 $C$ 点重合的 $OAB$ 杆上的牵连点 $C'$的速度，由于 $OAB$ 杆绕 $O$ 做定轴转动，其上各点的速度方向与该点到 $O$ 点的连线垂直，因此动点的牵连速度垂直于 $OC$ 连线，大小未知。综上所述，该问题包含了两个未知量，即

| | $\boldsymbol{v}_a$ | = | $\boldsymbol{v}_e$ | + | $\boldsymbol{v}_r$ |
|---|---|---|---|---|---|
| 大小 | $v_C$ | | ? | | ? |
| 方向 | √ | | √ | | √ |

因此，可应用速度合成定理求解得

$$v_e = v_a \tan 60^\circ = \sqrt{3} v_C$$

方向水平向左。

(4) $OAB$ 角速度。

牵连速度 $\boldsymbol{v}_e$ 为 $OAB$ 杆上牵连点 $C'$的速度，据此可求得 $OAB$ 杆的角速度为

$$\omega = \frac{v_e}{OC}$$

其中 $OC = r/\cos 30^\circ$，代入得

$$\omega = \frac{\sqrt{3} v_C \cos 30^\circ}{r} = \frac{1.5 v_C}{r}$$

转向为逆时针。

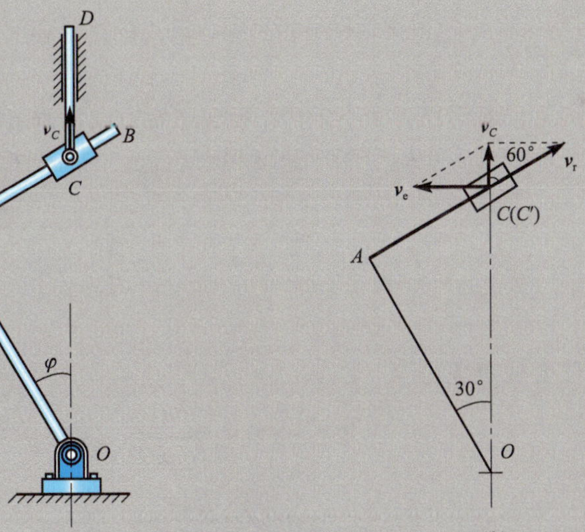


(a)　　(b)

图 7-13 动画

图 7-13

**讨论以下情况。**

(1) 选 $OAB$ 为动系，进行定轴转动，其上每一点的速度都不一样，速度的大小与该点到转轴的距离成正比，方向与该点到转轴的连线垂直，因此动点的牵连速度必须是与动点重合的 $OAB$ 杆上投影点(牵连点)的速度。

(2) $OAB$ 杆是一个刚体，当进行定轴转动时，速度的计算要注意避免受到其形状的干扰。

(3) 前述两道例题均采用速度平行四边形进行求解，若采用在坐标轴上的投影方法，则需先假定未知速度的指向，当结果为负时表示真实方向与预设方向相反。

(4)动点、动系的选取应当考察：有一个单独点或固连在刚体上的一个点在另一个刚体上运动，其上有明显的供该点运动的相对轨迹，则该点为动点，在有相对运动轨迹的刚体上固结动参考系。

**例 7-5**

如图 7-14 所示，圆盘 $O$ 固定于地面，其边缘一点连接滑块 $C$，滑块位于滑槽 $AB$ 中，当圆盘 $O$ 以匀角速度 $\omega$ 绕固定轴 $O$ 转动时，滑块在滑槽 $AB$ 中滑动，并带动滑槽 $AB$ 绕固定轴 $A$ 摆动。设圆盘半径为 $r$，两轴间距离 $OA=l$。求当 $OC$ 位于水平位置时摇杆 $AB$ 的角速度 $\omega_{AB}$。

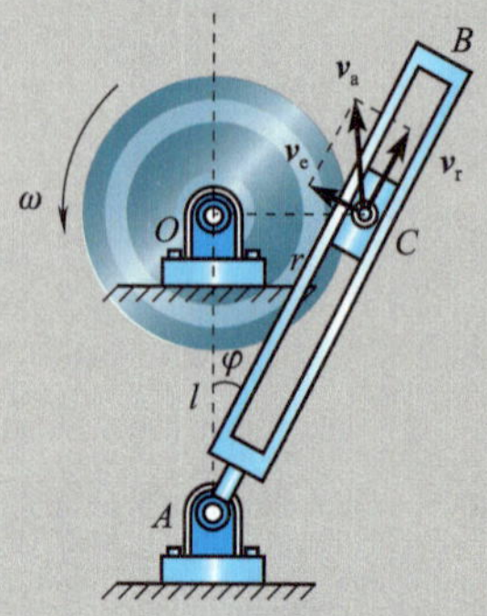

图 7-14

**解**：(1)选取动点、定系和动系。

动点：滑块 $C$。

定系：固定于地面。

动系：固结于滑槽 $AB$。

(2)运动分析。

绝对运动：绕 $O$ 点的圆周运动。

相对运动：沿着滑槽的直线运动。

牵连运动：绕着 $A$ 点的定轴转动。

(3)速度分析。

根据运动分析可得，动点的绝对速度方向竖直向上，大小为

$$v_a = \omega r$$

相对速度方向为沿着滑槽，大小未知；牵连速度方向为垂直于 $AB$ 杆，大小未知。根据绝对速度方向，可以进一步确定相对速度和牵连速度的方向指向，如图 7-14 所示。两个未知量，即

| | $\boldsymbol{v}_a$ | = | $\boldsymbol{v}_e$ | + | $\boldsymbol{v}_r$ |
|---|---|---|---|---|---|
| 大小 | $\omega r$ | | ? | | ? |
| 方向 | √ | | √ | | √ |

因此，可根据速度合成定理得

$$v_r = v_a \cos\varphi = \frac{\omega r l}{\sqrt{l^2 + r^2}}$$

$$v_e = v_a \sin\varphi = \frac{\omega r^2}{\sqrt{l^2 + r^2}}$$

(4)$AB$ 杆角速度。

滑槽 $AB$ 做定轴转动，牵连速度为依附于 $AB$ 上的牵连点的速度，故

$$\omega_{AB} = \frac{v_e}{AC} = \frac{\omega r^2}{l^2 + r^2}$$

方向为逆时针转动。

# 7.3　点的加速度合成定理

仍采用图 7-10 及相关运动学表述来建立绝对运动、相对运动和牵连运动三种运动的加速度之间的关系。与速度分析的情况类似，将式(7-9)进一步对时间求导可得动点的相对加速度为

$$\boldsymbol{a}_{\mathrm{r}}=\frac{\tilde{\mathrm{d}}\boldsymbol{v}_{\mathrm{r}}}{\mathrm{d}t}=\ddot{x}'\boldsymbol{i}'+\ddot{y}'\boldsymbol{j}'+\ddot{z}'\boldsymbol{k}' \tag{7-15}$$

式(7-12)进一步对时间求导可得牵连加速度为

$$\boldsymbol{a}_{\mathrm{e}}=\frac{\mathrm{d}\boldsymbol{v}_{\mathrm{e}}}{\mathrm{d}t}=\ddot{\boldsymbol{r}}_{O'}+x'\ddot{\boldsymbol{i}}'+y'\ddot{\boldsymbol{j}}'+z'\ddot{\boldsymbol{k}}' \tag{7-16}$$

由式(7-13)进一步对时间求导可得动点的绝对加速度为

$$\boldsymbol{a}_{\mathrm{a}}=\frac{\mathrm{d}\boldsymbol{v}_{\mathrm{a}}}{\mathrm{d}t}=\ddot{\boldsymbol{r}}_{O'}+\ddot{x}'\boldsymbol{i}'+\ddot{y}'\boldsymbol{j}'+\ddot{z}'\boldsymbol{k}'+x'\ddot{\boldsymbol{i}}'+y'\ddot{\boldsymbol{j}}'+z'\ddot{\boldsymbol{k}}'+2\left(\dot{x}'\dot{\boldsymbol{i}}'+\dot{y}'\dot{\boldsymbol{j}}'+\dot{z}'\dot{\boldsymbol{k}}'\right) \tag{7-17}$$

当动参考系做平动时，动参考系的基矢量的大小和方向都不会随时间发生变化，故式(7-17)中的最后一项等于 0。

当动参考系做定轴转动时，式(7-17)的最后一项记为 $\boldsymbol{a}_{\mathrm{C}}$，根据式(7-6)，$\boldsymbol{a}_{\mathrm{C}}$ 可变换为

$$\boldsymbol{a}_{\mathrm{C}}=2\left(\dot{x}'\dot{\boldsymbol{i}}'+\dot{y}'\dot{\boldsymbol{j}}'+\dot{z}'\dot{\boldsymbol{k}}'\right)=2\boldsymbol{\omega}_{\mathrm{e}}\times\left(\dot{x}'\boldsymbol{i}'+\dot{y}'\boldsymbol{j}'+\dot{z}'\boldsymbol{k}'\right)=2\boldsymbol{\omega}_{\mathrm{e}}\times\boldsymbol{v}_{\mathrm{r}} \tag{7-18}$$

式中，$\boldsymbol{\omega}_{\mathrm{e}}$ 为动参考系的转动角速度。$\boldsymbol{a}_{\mathrm{C}}$ 称为科里奥利加速度，简称科氏加速度。不难发现，由于平动时 $\boldsymbol{\omega}_{\mathrm{e}}=0$，则此时由式(7-18)可得 $a_{\mathrm{C}}=0$，与平动情况的结果相符。这意味着基于定轴转动建立的科氏加速度 $\boldsymbol{a}_{\mathrm{C}}$ 仍然适用于平动的情况。综合式(7-15)～式(7-18)，可得

$$\boldsymbol{a}_{\mathrm{a}}=\boldsymbol{a}_{\mathrm{e}}+\boldsymbol{a}_{\mathrm{r}}+\boldsymbol{a}_{\mathrm{C}} \tag{7-19}$$

这表明在点的合成运动中，在任一瞬时，点的绝对加速度等于点的牵连加速度、相对加速度和科氏加速度三者的矢量和，称为**点的加速度合成定理**。与速度合成定理不同，加速度合成定理中多了一项科氏加速度，它实际上是由两部分组成，分别是由牵连运动引起的相对速度方向的附加变化率 $\boldsymbol{\omega}_{\mathrm{e}}\times\boldsymbol{v}_{\mathrm{r}}$ 以及由相对运动引起的牵连速度大小的附加变化率 $\boldsymbol{\omega}_{\mathrm{e}}\times\boldsymbol{v}_{\mathrm{r}}$。科氏加速度由动参考系的转动角速度及动点的相对速度所组成，因此在求解时要首先通过速度合成定理分别确定 $\boldsymbol{\omega}_{\mathrm{e}}$ 和 $\boldsymbol{v}_{\mathrm{r}}$。如前所述，当动参考系处于平动状态时，科氏加速度等于零。此外，当动点相对于动参考系的相对速度为零以及 $\boldsymbol{\omega}_{\mathrm{e}}$ 与 $\boldsymbol{v}_{\mathrm{r}}$ 平行时，科氏加速度都等于零。根据矢量积的定义，由式(7-18)可获得科氏加速度大小为

$$a_{\mathrm{C}}=2\omega_{\mathrm{e}}v_{\mathrm{r}}\sin\angle\left(\boldsymbol{\omega}_{\mathrm{e}},\ \boldsymbol{v}_{\mathrm{r}}\right)$$

其中 $\sin\angle\left(\boldsymbol{\omega}_{\mathrm{e}},\ \boldsymbol{v}_{\mathrm{r}}\right)$ 为 $\boldsymbol{\omega}_{\mathrm{e}}$ 和 $\boldsymbol{v}_{\mathrm{r}}$ 的夹角正弦值。科氏加速度的方向垂直于 $\boldsymbol{\omega}_{\mathrm{e}}$ 和 $\boldsymbol{v}_{\mathrm{r}}$ 所组成的平面，遵循右手螺旋定则，如图 7-15 所示。当动点和动参考系均在平面内运动时，$\boldsymbol{v}_{\mathrm{r}}$ 的方向在平面内，$\boldsymbol{\omega}_{\mathrm{e}}$ 的方向将总是垂直于平面，故 $\boldsymbol{\omega}_{\mathrm{e}}$ 将会始终垂直于 $\boldsymbol{v}_{\mathrm{r}}$。此时，科氏加速度的大小 $a_{\mathrm{C}}=2\omega_{\mathrm{e}}v_{\mathrm{r}}$，方向只要从 $\boldsymbol{v}_{\mathrm{r}}$ 沿 $\boldsymbol{\omega}_{\mathrm{e}}$ 的转动方向旋转 90°即是，如图 7-15 所示。

实际上，陌生的科氏加速度广泛存在于我们身边。例如，在地球表面运动的物体由于地球自身的自转现象都会受到科氏加速度的影响。以河流的流动为例，图 7-16 表示地球以 $\boldsymbol{\omega}_{\mathrm{e}}$ 转动，在北半球如有沿经线向北流动的河流，流速为 $\boldsymbol{v}_{\mathrm{r}}$。根据点的加速度合成定理可知，河

水存在一个科氏加速度 $\boldsymbol{a}_C$，其方向沿纬线指向西。由动力学知识可得，向西的科氏加速度应该由河流的东岸给予相应的支撑力获得。根据作用与反作用定律，河流也必然给东岸以反向的作用力(叫作科氏惯性力)而使东岸受到相对严重的冲刷。反之如果河流得不到东岸的附加支撑力，那么 $\boldsymbol{v}_r$ 就不能保证朝正北方向流动，而会偏向东侧。

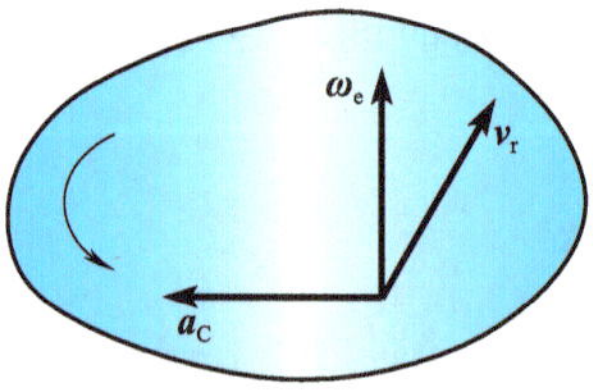

图 7-15

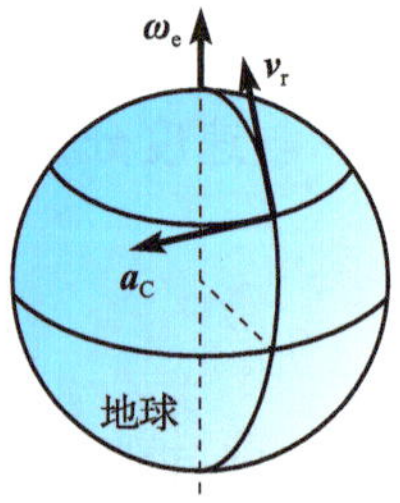

图 7-16

在应用加速度合成定理(7-19)时，由于涉及四个矢量，通常采用向运动的切线方向 $\tau$ 和法线方向 $n$ 投影的方式进行计算，即

$$\boldsymbol{a}_a^\tau + \boldsymbol{a}_a^n = \boldsymbol{a}_e^\tau + \boldsymbol{a}_e^n + \boldsymbol{a}_r^\tau + \boldsymbol{a}_r^n + \boldsymbol{a}_C \tag{7-20}$$

明显地，与速度合成定理相比，加速度合成定理的应用更为复杂。一般情况下，法线加速度的方向相对容易确定，同时基于速度分析或许还可以进一步获取法向加速度的大小。此外，若在速度分析中确定了动点的相对速度和动系的转速，那么科氏加速度就可以直接计算获得。在处理平面问题时，与速度合成定理相同，加速度合成定理一次只能够求解两个未知量。

**例 7-6**

如图 7-17(a)所示，小车 $A$ 以加速度 $a_1=\sqrt{3}\ \mathrm{m/s^2}$ 沿水平面向右行驶，重物 $B$ 相对于小车 $A$ 以加速度 $a_2=2\ \mathrm{m/s^2}$ 沿斜面下滑，小车的斜面与水平面的夹角为 30°，求重物 $B$ 的绝对加速度。

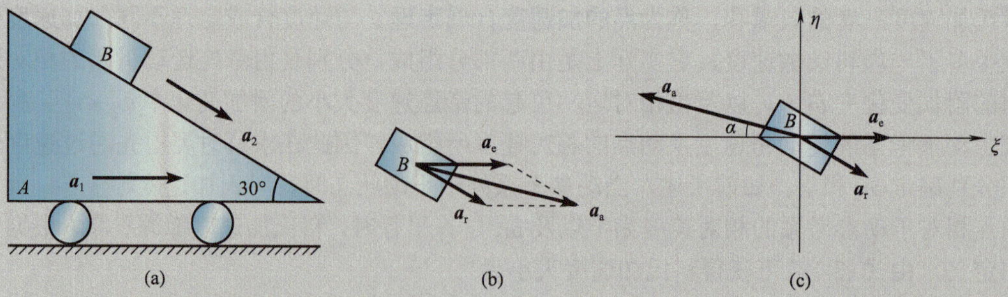

图 7-17

**解**：(1)选取动点、定系和动系。

动点：重物 $B$。

定系：固定于地面。

动系：固结于小车 $A$。

(2)运动分析。

绝对运动：直线运动。

图 7-17(a)动画

相对运动：沿着小车斜面的直线运动。

牵连运动：平行移动。

(3) 加速度分析。

加速度合成定理。

$$\boldsymbol{a}_{\mathrm{a}}=\boldsymbol{a}_{\mathrm{e}}+\boldsymbol{a}_{\mathrm{r}}+\boldsymbol{a}_{\mathrm{C}}$$

逐项进行分析。

$\boldsymbol{a}_{\mathrm{a}}$：大小和方向均未知。

$\boldsymbol{a}_{\mathrm{e}}$：由于小车是平动，故动系内任意一点的加速度大小和方向均相同，包括牵连点，所以 $\boldsymbol{a}_{\mathrm{e}}=\boldsymbol{a}_1$。

$\boldsymbol{a}_{\mathrm{r}}$：由题意可知，$\boldsymbol{a}_{\mathrm{r}}=\boldsymbol{a}_2$。

$\boldsymbol{a}_{\mathrm{C}}$：由于牵连运动是平动，故动系的转速为零，所以 $\boldsymbol{a}_{\mathrm{C}}=0$。

由于科氏加速度为零，加速度合成定理简化为 3 个矢量的求和，即

| | $\boldsymbol{a}_{\mathrm{a}}$ | = | $\boldsymbol{a}_{\mathrm{e}}$ | + | $\boldsymbol{a}_{\mathrm{r}}$ | + | $\boldsymbol{a}_{\mathrm{C}}$ |
|---|---|---|---|---|---|---|---|
| 大小 | ? | | $a_1$ | | $a_2$ | | 0 |
| 方向 | ? | | √ | | √ | | √ |

故可采用平行四边形法则进行求解，见图 7-17(b)，可得

$$a_{\mathrm{a}}=\sqrt{13}\ \mathrm{m/s^2}$$

方向为与水平面成 16.1° 夹角向下。

**讨论以下情况。**

(1) 在本例题中，牵连运动为平动，故易得 $a_{\mathrm{C}}=0$，以后若遇到牵连运动为平动的情况可直接得到科氏加速度为零的结论。

(2) 绝对加速度的计算也可以采用投影法，此时应先假设 $\boldsymbol{a}_{\mathrm{a}}$ 的方向，若求解结果为负，则真实方向与假设方向相反。投影过程如图 7-17(c) 所示，建立投影方程

$$\begin{cases}-a_{\mathrm{a}}\cos\alpha=a_{\mathrm{e}}+a_{\mathrm{r}}\cos 30^\circ\\ a_{\mathrm{a}}\sin\alpha=-a_{\mathrm{r}}\sin 30^\circ\end{cases}$$

求得
$$a_{\mathrm{a}}=-\sqrt{13}\ \mathrm{m/s^2},\quad \alpha=16.1^\circ$$

**例 7-7**

求例 7-5 中当 $OC$ 位于水平位置时摇杆 $AB$ 的角加速度 $\alpha_{AB}$。

**解：** 加速度合成定理的投影形式为

$$\boldsymbol{a}_{\mathrm{a}}^{\tau}+\boldsymbol{a}_{\mathrm{a}}^{\mathrm{n}}=\boldsymbol{a}_{\mathrm{e}}^{\tau}+\boldsymbol{a}_{\mathrm{e}}^{\mathrm{n}}+\boldsymbol{a}_{\mathrm{r}}^{\tau}+\boldsymbol{a}_{\mathrm{r}}^{\mathrm{n}}+\boldsymbol{a}_{\mathrm{C}}$$

逐项进行分析。

$\boldsymbol{a}_{\mathrm{a}}$：绝对运动是绕 $O$ 点的匀速圆周运动，故绝对加速度只有法向分量，$a_{\mathrm{a}}^{\mathrm{n}}=\omega^2 r$，方向由 $C$ 指向 $O$。

$\boldsymbol{a}_{\mathrm{r}}$：相对运动是直线运动，故只有沿滑槽 $AB$ 方向的加速度，大小未知。

$\boldsymbol{a}_{\mathrm{e}}$：牵连加速度为牵连点(滑槽 $AB$ 上与 $C$ 点重合的点)的加速度，由于滑槽绕 $A$ 点定轴转动，故牵连加

图 7-18 动画

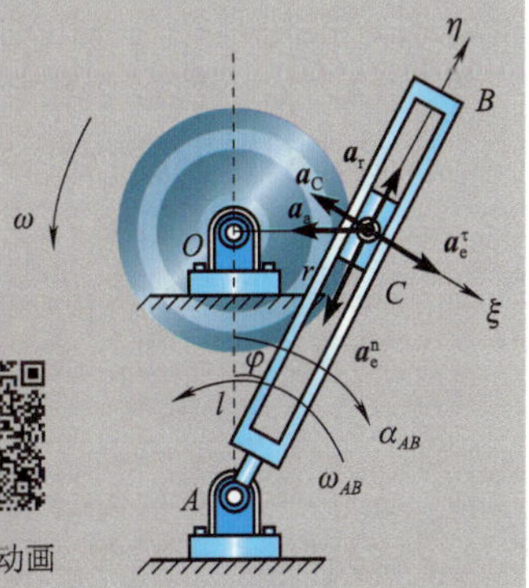


图 7-18

速度含有沿切向和法向两个方向的分量。切向加速度 $a_e^\tau = \alpha_1 AC$，方向垂直于 $AB$，其中 $\alpha_{AB}$ 为待求量；法向加速度大小 $a_e^n = \omega_{AB}^2 AC$，方向由 $C$ 指向 $A$。

$\boldsymbol{a}_C$：根据例 7-5 求得的 $AB$ 的转动方向以及滑块 $C$ 的相对运动方向，可确定科氏加速度的方向为垂直于 $AB$ 指向左侧，大小 $a_C = 2\omega_{AB} v_r$，将例 7-5 的结果代入得其大小为

$$a_C = \frac{2\omega^2 r^3 l}{\left(l^2 + r^2\right)^{3/2}}$$

原问题共有两个未知量，即

| | $\boldsymbol{a}_a^n$ | = $\boldsymbol{a}_e^n$ | + $\boldsymbol{a}_e^\tau$ | + $\boldsymbol{a}_r$ | + $\boldsymbol{a}_C$ |
|---|---|---|---|---|---|
| 大小 | $\omega^2 r$ | $\omega_{AB}^2 AC$ | ? | ? | $\dfrac{2\omega^2 r^3 l}{\left(l^2 + r^2\right)^{3/2}}$ |
| 方向 | √ | √ | √ | √ | √ |

可应用加速度合成定理求解。将各个加速度标记于图上，其中未知量 $\boldsymbol{a}_r$ 和 $\boldsymbol{a}_e^\tau$ 的指向可假设，若结果为负，表示指向与假设相反。为了求解 $\boldsymbol{a}_e^\tau$，将加速度向 $\xi$ 轴投影，得

$$-a_a^n \cos\varphi = a_e^\tau - a_C$$

代入已知加速度并化简得

$$\alpha_{AB} = -\frac{rl\left(l^2 - r^2\right)}{\left(l^2 + r^2\right)^2}\omega^2$$

因 $l^2 - r^2 > 0$，故 $\alpha_{AB}$ 为负值，表示实际 $\alpha_{AB}$ 的转向与图中所设方向相反。

**讨论：**

(1) 本题中动系绕 $A$ 点做定轴转动，因此点的牵连加速度应由法向和切向组成。

(2) 科氏加速度中的 $\omega_{AB}$ 和 $\boldsymbol{v}_r$ 在速度分析中已经获得，故在加速度合成公式中其大小和方向都是已知的。

(3) 加速度合成公式中涉及的矢量较多，因此在画出矢量图后通常采用投影法求，对未知加速度必须先假设指向。

## 例 7-8

凸轮机构如图 7-19(a) 所示，导杆 $AB$ 利用弹簧使其端点 $A$ 与凸轮保持接触，凸轮转动时，推动导杆上下运动。已知凸轮角速度为 $\omega$，在图示瞬时，凸轮轮廓线在 $A$ 点的曲率半径为 $\rho$，曲率半径与 $OA$ 成 $\alpha$ 角，且 $OA = e$，求导杆 $AB$ 在此瞬时的速度和加速度。

**解：** (1) 选取动点、定系和动系。

动点：$A$ 点 ($AB$ 杆上)。

定系：固定于地面。

动系：固结于凸轮。

(2) 运动分析。

凸轮运动时，$A$ 点始终在凸轮表面曲线上滑动。

绝对运动：沿着 $AB$ 的直线运动。

相对运动：沿着凸轮表面的曲线运动。

牵连运动：绕 $O$ 点的定轴转动。

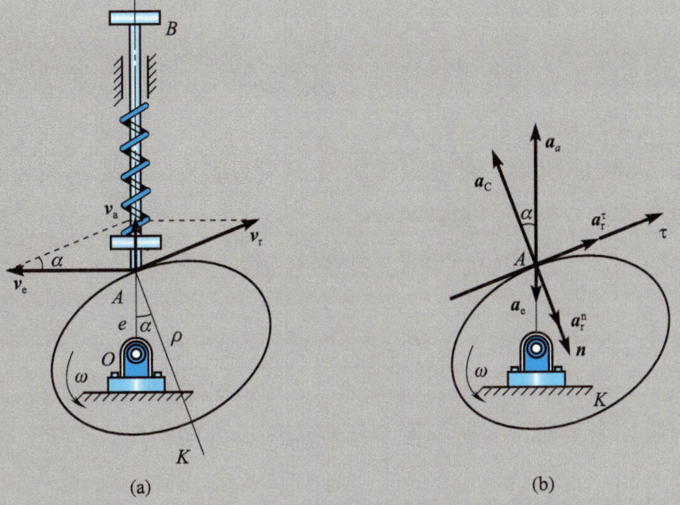


图 7-19(a)动画

图 7-19

(3)速度分析。

根据 $\boldsymbol{v}_a=\boldsymbol{v}_e+\boldsymbol{v}_r$，逐项分析。

$\boldsymbol{v}_a$：大小未知，方向沿 $AB$ 杆。

$\boldsymbol{v}_e$：即凸轮上牵连点的运动速度，$v_e=\omega\, OA=\omega e$，方向垂直 $OA$ 指向左。

$\boldsymbol{v}_r$：大小未知，方向沿凸轮表面曲线的切线，即垂直于 $AK$。

| | $\boldsymbol{v}_a$ | = | $\boldsymbol{v}_e$ | + | $\boldsymbol{v}_r$ |
|---|---|---|---|---|---|
| 大小 | ? | | $\omega e$ | | ? |
| 方向 | √ | | √ | | √ |

作速度平行四边形见图 7-19(a)，由几何关系得

$$v_a=v_e\tan\alpha=\omega e\tan\alpha$$

$$v_r=\frac{v_e}{\cos\alpha}=\frac{\omega e}{\cos\alpha}$$

(4)加速度分析。

根据加速度合成公式 $\boldsymbol{a}_a=\boldsymbol{a}_e+\boldsymbol{a}_r+\boldsymbol{a}_C$，逐项分析。

$\boldsymbol{a}_a$：大小未知，方向沿 $AB$ 杆。

$\boldsymbol{a}_e$：因 $\omega$ 为常数，故切向加速度等于 0，$a_e=a_e^n$，$\boldsymbol{a}_e^n$ 的大小 $a_e^n=\omega^2 e$，方向由 $A$ 指向 $O$。

$\boldsymbol{a}_r$：$A$ 沿凸轮表面曲线运动，有切向、法向两项加速度，$\boldsymbol{a}_r^\tau$ 大小未知，沿 $\boldsymbol{v}_r$ 方向，$\boldsymbol{a}_r^n$ 大小为 $\dfrac{v_r^2}{\rho}=\dfrac{\omega^2e^2}{\rho\cos^2\alpha}$，方向由 $A$ 指向曲率中心 $K$。

$\boldsymbol{a}_C$：$a_C=2\omega v_r=\dfrac{2\omega^2 e}{\cos\alpha}$，方向由 $\boldsymbol{v}_r$ 沿 $\omega_e$ 的转动方向转过 $90^\circ$，即与 $AK$ 重合，背离 $K$。

共计有两个未知量，即

| | $\boldsymbol{a}_a$ | = | $\boldsymbol{a}_e$ | + | $\boldsymbol{a}_r^n$ | + | $\boldsymbol{a}_r^\tau$ | + | $\boldsymbol{a}_C$ |
|---|---|---|---|---|---|---|---|---|---|
| 大小 | ? | | $\omega^2 e$ | | $\dfrac{\omega^2 e^2}{\rho\cos^2\alpha}$ | | ? | | $\dfrac{2\omega^2 e}{\cos\alpha}$ |
| 方向 | √ | | √ | | √ | | √ | | √ |

矢量图如图 7-19(b)所示。对未知量 $\boldsymbol{a}_a$ 及 $\boldsymbol{a}_r^\tau$ 假设指向。因不需求相对切向速度 $\boldsymbol{a}_r^\tau$，故将加速度合成公式在 $n$ 轴上投影，得

$$-a_a\cos\alpha = a_e\cos\alpha - a_C + a_r^n$$

整理得

$$a_a = \omega^2 e\left(\frac{2}{\cos^2\alpha} - 1 - \frac{e}{\rho\cos^3\alpha}\right)$$

具体计算出来如为负值，表示与图中指向即假设方向相反。

**讨论：**

(1)由于导轨关系，限定 $AB$ 杆只能上下平动，$A$ 是 $AB$ 杆上一点，其绝对速度与绝对加速度只能沿着 $AB$ 杆方向。

(2)在动系上的相对轨迹是凸轮表面的曲线，接触点处有切线和法线，就有相对的切向和法向加速度。

(3)动系转动，应考虑科氏加速度，它同 $\omega$ 及 $\boldsymbol{v}_r$ 有关，故在采用速度合成公式时，虽然只需求 $\boldsymbol{v}_a$，也应把 $\boldsymbol{v}_r$ 求出备用。

## 例 7-9

瓦特离心调速器在某瞬时以角速度 $\omega = 0.5\pi$ rad/s，角加速度 $\alpha = 1$ rad/s$^2$ 绕其铅垂轴转动，与此同时悬挂重球 $A$、$B$ 的杆子以角速度 $\omega_1 = 0.5\pi$ rad/s，角加速度 $\alpha_1 = 0.4$ rad/s$^2$ 绕悬挂点转动，使重球向外分开，如图 7-20(a)所示。设 $l = 50$ cm，悬挂点间的距离 $2e = 10$cm，调速器在该瞬时的张角 $\theta = 45°$，球的大小略去不计，作为质点看待，求重球 $A$ 的绝对速度和加速度。

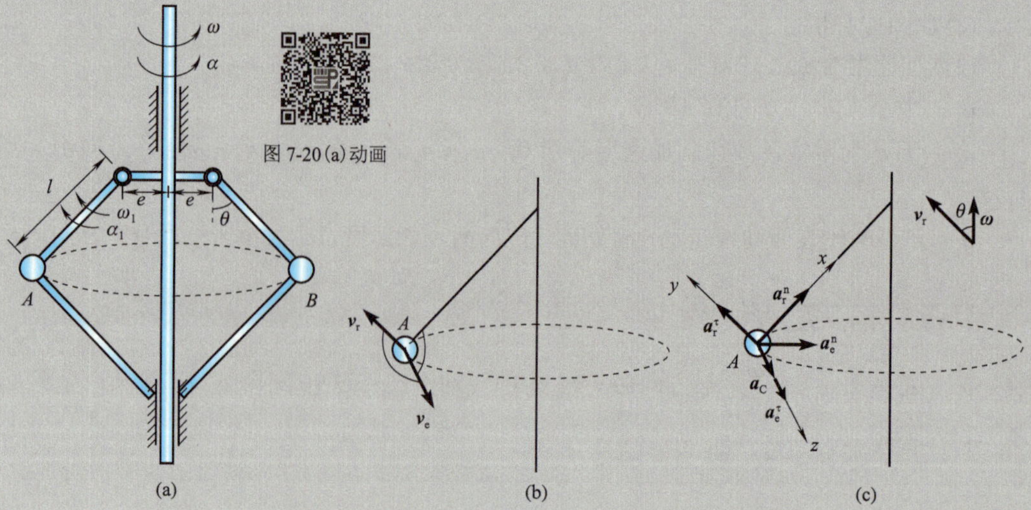


图 7-20

**解**：(1)选取动点、定系和动系。

动点：小球 $A$。

定系：固定于地面。

动系：固结于铅垂转轴。

(2)运动分析。

绝对运动：曲线运动。

相对运动：圆周运动。

牵连运动：定轴转动。

(3)速度分析。

根据 $\boldsymbol{v}_a=\boldsymbol{v}_e+\boldsymbol{v}_r$，逐项分析，如图 7-20(b)所示。

$\boldsymbol{v}_a$：大小和方向均未知。

$\boldsymbol{v}_e$：$A$ 球在动系上投影点(牵连点)的速度，$v_e=\omega(l\sin\theta+e)$，方向垂直于图示平面。

$\boldsymbol{v}_r$：动系内 $A$ 球的速度，$v_r=\omega_1 l$。

共有两个未知量，即

| | $\boldsymbol{v}_a$ | = | $\boldsymbol{v}_e$ | + | $\boldsymbol{v}_r$ |
|---|---|---|---|---|---|
| 大小 | ? | | $\omega(l\sin\theta+e)$ | | $\omega_1 l$ |
| 方向 | ? | | √ | | √ |

综上所述，由速度平行四边形法则可得

$$v_a=\sqrt{{v_e}^2+{v_r}^2}=100.9\ \text{cm/s}$$

方向在 $\boldsymbol{v}_r$ 和 $\boldsymbol{v}_e$ 平面内，与 $\boldsymbol{v}_e$ 夹角为

$$\cot\angle(\boldsymbol{v}_a,\ \boldsymbol{v}_e)=\frac{v_e}{v_r}=0.81$$

(4)加速度分析。

由于涉及圆周运动，故采用加速度合成定理的分量投影方式求解。

$$\boldsymbol{a}_a^\tau+\boldsymbol{a}_a^n=\boldsymbol{a}_e^\tau+\boldsymbol{a}_e^n+\boldsymbol{a}_r^\tau+\boldsymbol{a}_r^n+\boldsymbol{a}_C$$

逐项进行分析，如图 7-20(c)所示。

$\boldsymbol{a}_a$：大小和方向均未知，故可以整合到一个矢量 $\boldsymbol{a}_a$。

$\boldsymbol{a}_e^\tau$：大小 $a_e^\tau=\alpha(l\sin\theta+e)$，方向为垂直于纸面向外。

$\boldsymbol{a}_e^n$：大小 $a_e^n=\omega^2(l\sin\theta+e)$，方向为在纸面内垂直于固定转轴。

$\boldsymbol{a}_r^\tau$：大小 $a_r^\tau=\alpha_1 l$，方向为在纸面内垂直于 $A$ 球所在的转轴。

$\boldsymbol{a}_r^n$：大小 $a_r^n=\omega_1^2 l$，方向为在纸面内沿着 $A$ 球所在的转轴。

$\boldsymbol{a}_C$：大小 $a_C=2\omega v_r\sin\theta=2\omega\omega_1 l\sin\theta$，方向为垂直于纸面向外。

对于类似于本题的空间问题，依据各个加速度的大小和方向，建立沿三个坐标轴的加速度投影。

$$\begin{cases}a_{ax}=a_e^n\sin\theta+a_r^n=\omega^2(l\sin\theta+e)\sin\theta+\omega_1^2 l=193.78\ \text{cm/s}^2\\ a_{ay}=-a_e^n\cos\theta+a_r^\tau=-\omega^2(l\sin\theta+e)\cos\theta+\alpha_1 l=-50.41\ \text{cm/s}^2\\ a_{az}=a_e^\tau+a_C=\alpha(l\sin\theta+e)+2\omega\omega_1 l\sin\theta=214.83\ \text{cm/s}^2\end{cases}$$

可得绝对加速度大小和方向为

$$a_a = \sqrt{a_{ax}^2 + a_{ay}^2 + a_{az}^2} = 293.67 \text{ cm/s}^2$$

$$\cos\angle(\boldsymbol{a}_a, x) = \frac{a_{ax}}{a_a} = 0.66$$

$$\cos\angle(\boldsymbol{a}_a, y) = \frac{a_{ay}}{a_a} = -0.17$$

## 习　题

7-1　电车在水平直线轨道上以 $v = 5$ m/s 的速度行驶，同时车身又在弹簧上振动，振幅 $a = 0.008$ m，周期 $T = 0.5$ s。已知车身的重心到路面的平均距离 $h$=1.5m。当 $t = 0$ 时，重心在其平均位置，且振动速度向上。求重心的轨迹方程。$Ox$ 轴沿水平轨道且指向运动前进方向，$Oy$ 轴通过 $t = 0$ 瞬时的重心位置且铅直向上。

7-2　图示车刀 $M$ 按规律 $x = a\sin\omega t$ 做横向往复运动。圆盘以匀角速度 $\omega$ 绕轴 $O$ 转动，轴 $O$ 与车刀的绝对运动轨迹相交，求车刀相对于圆盘的轨迹方程。

7-3　图示水轮机转轮以 $n = 60$ r/min 之转速转动，水流入转轮的绝对速度 $v = 30$ m/s 并与半径成$\alpha = 60°$ 角，设半径 $R = 2$ m，求转轮边缘上水的相对速度。

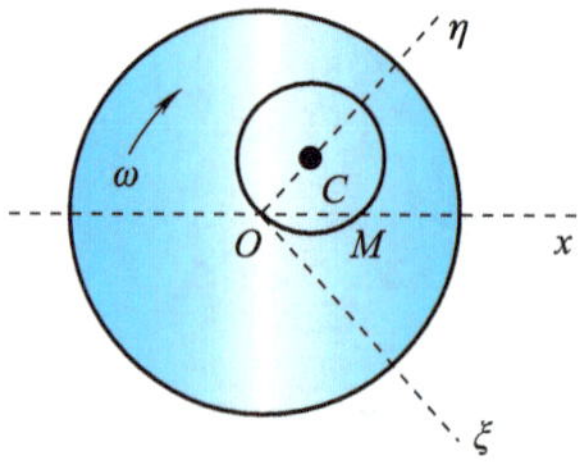


题 7-2 图

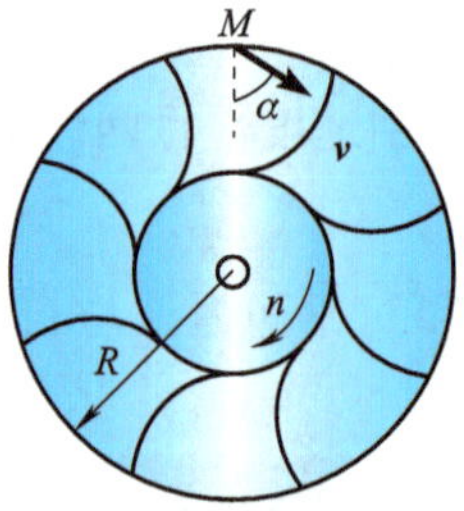


题 7-3 图

7-4　图示杆 $OC$ 绕 $O$ 点往复转动，杆上套一滑块 $A$ 带动铅垂杆 $AB$ 上下运动。已知 $l$ = 30 cm，当$\theta$ = 30° 时，$\omega$ = 2rad/s，求 $AB$ 杆的速度和滑块在 $OC$ 杆上滑动的速度。

7-5　图示曲柄滑道机构中，杆 $BC$ 水平，而杆 $DE$ 保持铅垂。曲柄长 $OA$ = 10 cm，并以匀角速$\omega$ = 20rad/s 绕 $O$ 轴转动，通过滑块 $A$ 使杆 $BC$ 做往复运动。求当曲柄与水平线间的夹角分别为$\varphi$ = 0°、30° 和 90° 时，杆 $BC$ 的速度。

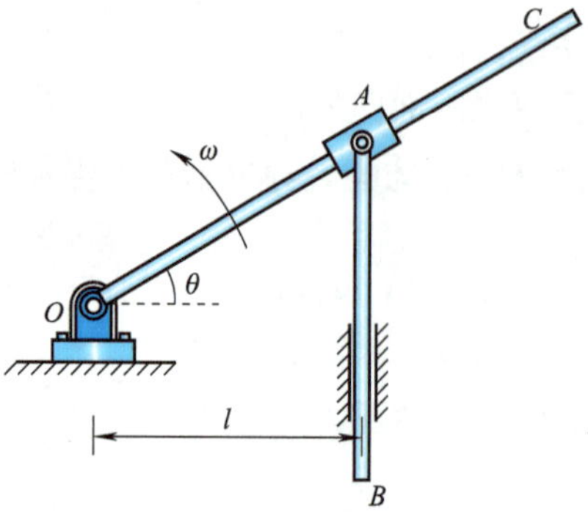


题 7-4 图

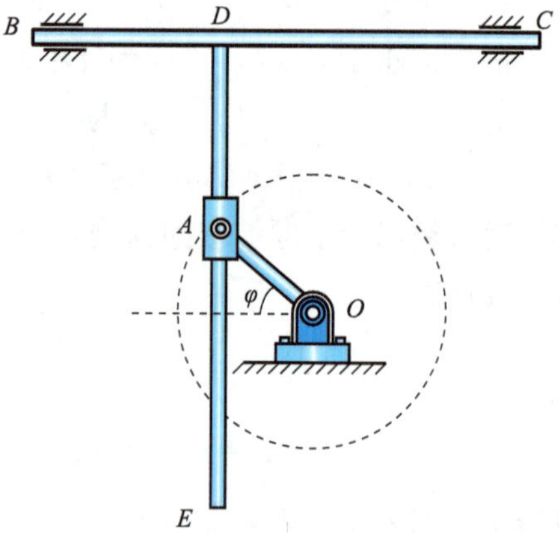


题 7-5 图

7-6 杆 $OA$ 长 $l$，由推杆推动而在图面内绕点 $O$ 转动，如图所示。试求杆端 $A$ 的速度的大小(表示为由推杆至点 $O$ 的距离 $x$ 的函数)。假定推杆的速度为 $u$，其弯头长为 $a$。

7-7 在图示具有平动滑道 $BC$ 的曲柄滑道机构中，曲柄(位于滑道后面)长 $l$ = 0.2 m，以匀角速度 3π rad/s 转动。曲柄端 $A$ 与滑道槽中滑动的滑块铰接，带动滑道做往复平动。当曲柄与滑道轴线的夹角为 30°时，求滑道的速度。

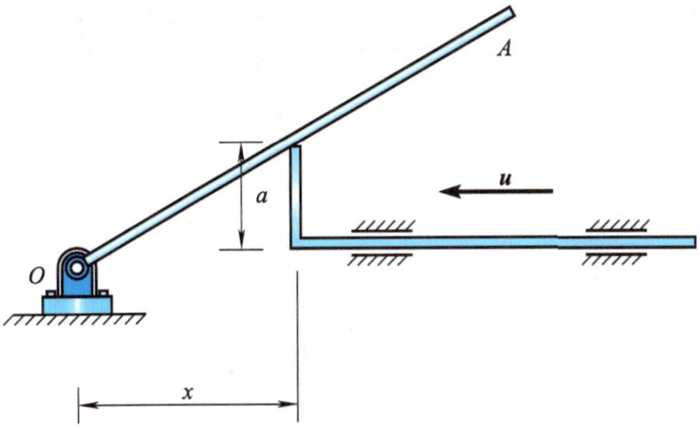

题 7-6 图

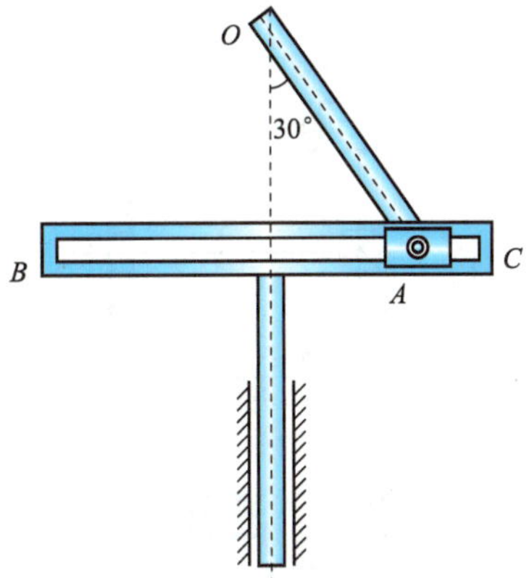

题 7-7 图

7-8 图示三角形滑块 $C$ 以匀加速度 $\boldsymbol{a}_0$ 向右行驶，滑块的斜面与杆 $AB$ 的 $A$ 端接触，直杆 $AB$ 沿导槽做直线运动，求杆的加速度。

7-9 小车以加速度 $a = 0.492\ \text{m/s}^2$ 沿水平线向右运动，如图所示，电动机转子的转动规律为 $\varphi = t^2$，其中 $\varphi$ 以 rad 为单位。转子半径等于 0.2 m。设在 $t$ = 1 s 时，转子边缘上的点 $A$ 处于图示位置，求此瞬时点 $A$ 的绝对加速度。

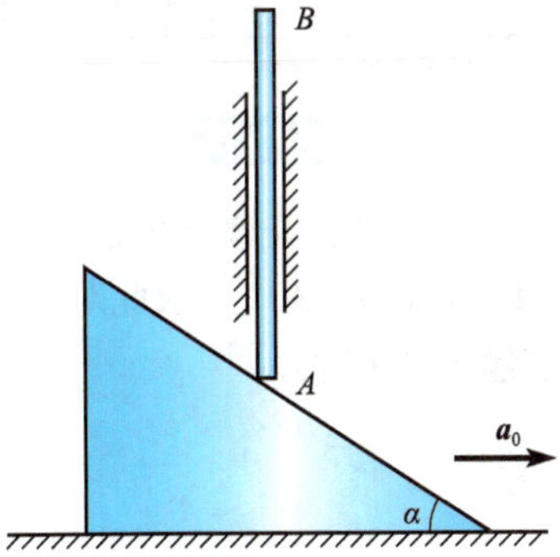

题 7-8 图

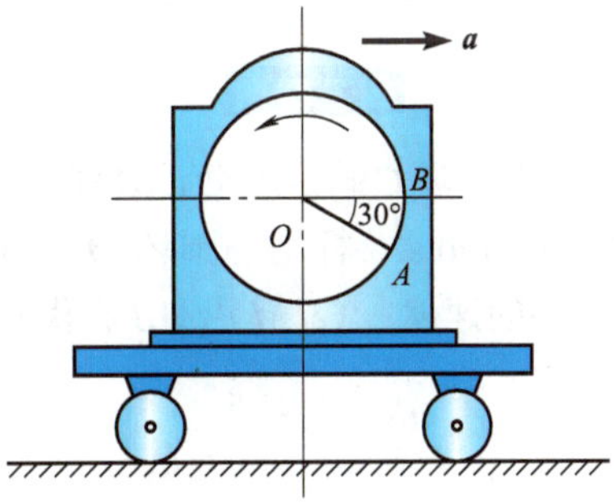

题 7-9 图

7-10 汽车以加速度 $a_0 = 2\ \text{m/s}^2$ 沿直线道路行驶。汽车纵轴上装有半径 $R$ = 0.25 m 的飞轮，如图所示，在此瞬时飞轮的角速度 $\omega$ = 4 rad/s，角加速度 $\alpha = 4\ \text{rad/s}^2$。求该瞬时飞轮外缘上一点的绝对加速度。

7-11 图示传动锤的曲柄拨杆机构由往复运动的直线滑道拨杆组成，如图所示。滑道拨杆由连接在曲柄一端的滑块 $A$ 带动，曲柄长 $OA = r$ = 0.4 m，以匀角速度 4π rad/s 转动。当 $t$ = 0 时，滑道拨杆处在最低位置，求滑道拨杆的加速度。

7-12 图示圆盘以角速度 $\omega$ = (2$t$)rad/s 绕轴 $O_1O_2$ 转动，点 $M$ 沿圆盘的半径按规律 $OM$ = (4$t^2$) cm 向边缘运动。半径 $OM$ 与轴 $O_1O_2$ 的夹角为 60°。求 $t$ = 1s 时点 $M$ 绝对加速度的大小。

7-13　一外形为半圆弧的凸轮 $A$，半径 $r = 30$ cm，沿水平方向向右做匀加速运动，其加速度 $a_A = 80\text{cm/s}^2$。凸轮推动直杆 $BC$ 沿铅垂导槽上下运动。设在图示瞬时，$v_A = 60$ cm/s，求杆 $BC$ 的速度和加速度。

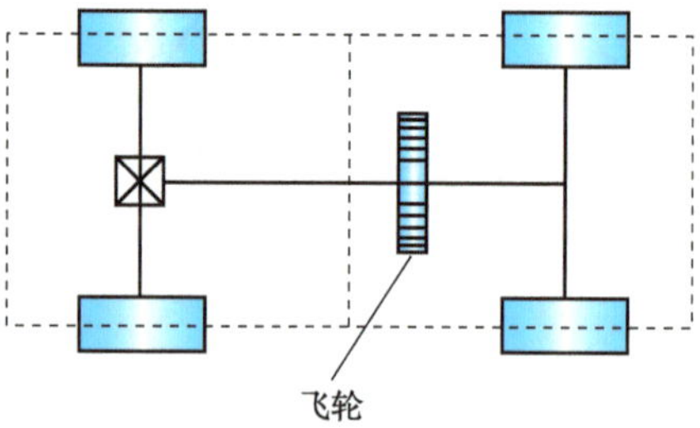


题 7-10 图

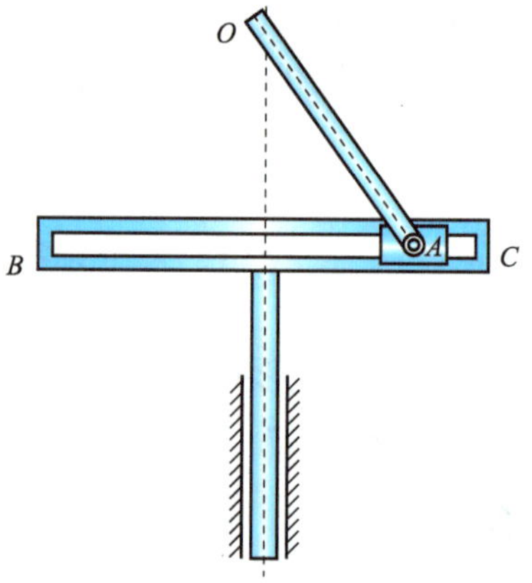


题 7-11 图

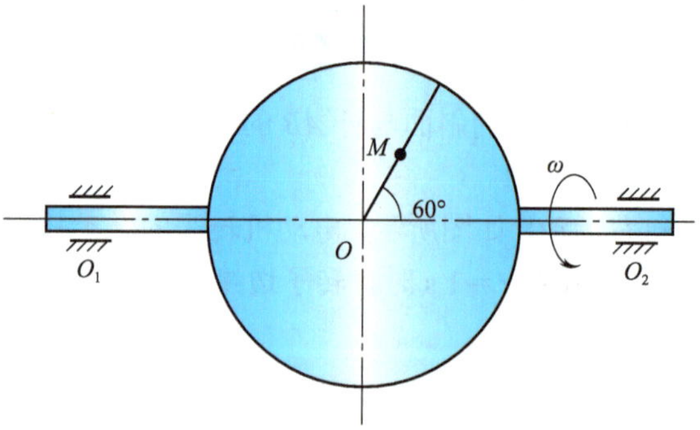


题 7-12 图

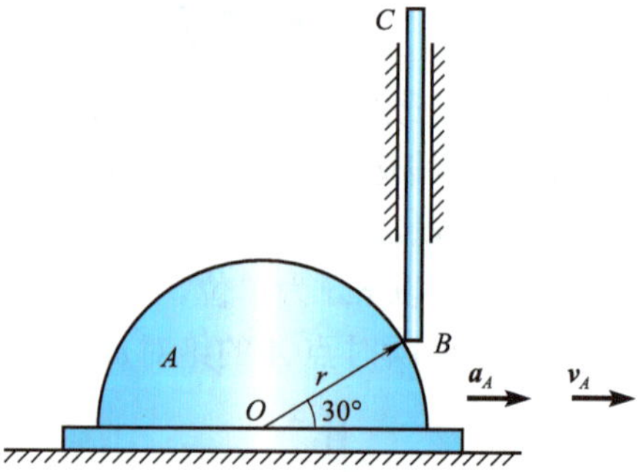


题 7-13 图

7-14　大圆环 $C$ 固定不动，$AB$ 杆绕 $A$ 端在圆环平面内转动，在图示位置其角速度为 2rad/s，角加速度为 2 rad/s$^2$。杆用小圆环 $M$ 套在大圆环上。若 $R = 0.5$ m，$\theta = 30°$，求此时 (1) $M$ 沿大圆环 $C$ 滑动的速度；(2) $M$ 沿 $AB$ 杆滑动的速度；(3) $M$ 的绝对加速度。

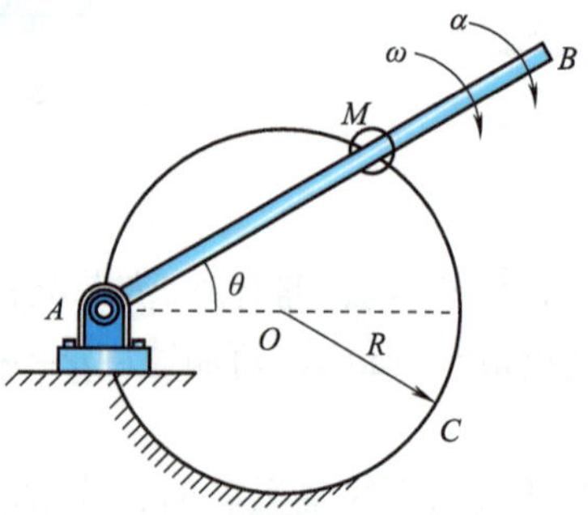


题 7-14 图

7-15　偏心凸轮的偏心距 $OC = a$，轮半径 $r = \sqrt{3}a$，凸轮以匀角速度 $\omega_0$ 绕 $O$ 轴转动。设在图示瞬时 $OC$ 与 $CA$ 成直角，试求此瞬时从动杆 $AB$ 的速度和加速度。

7-16　半径为 $r$ 的空心圆环刚连在 $AB$ 轴上，$AB$ 的轴线在圆环轴线平面内，圆环内充满液体，并依箭头方向以匀相对速度 $u$ 在环内流动。$AB$ 轴做顺时针方向转动(从 $A$ 向 $B$ 看)，其转动的角速度 $\omega$ 为常数，求图示 $M$ 点处液体分子的绝对加速度。

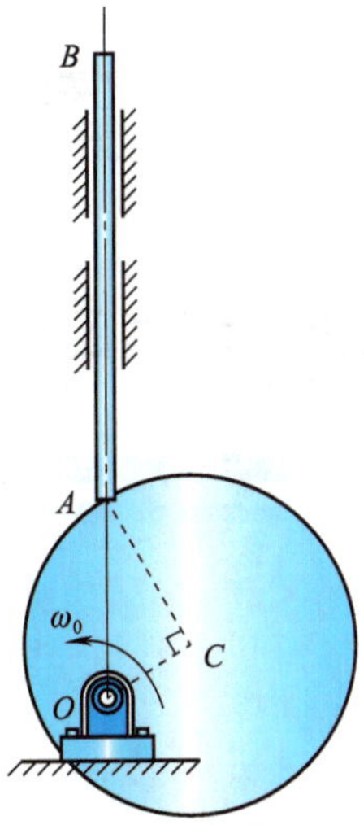


题 7-15 图

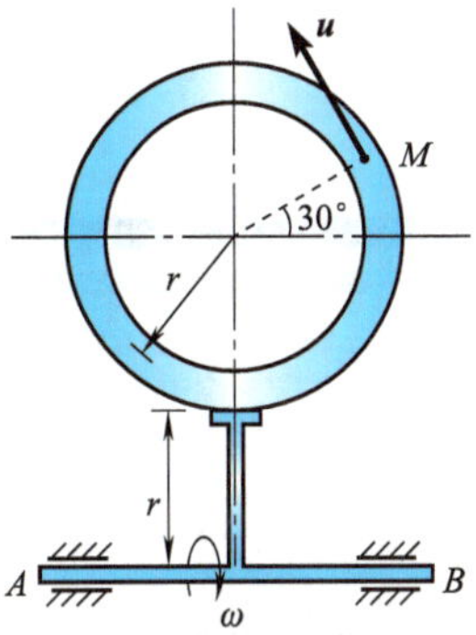


题 7-16 图

7-17　如图所示，在半径为 $r$ 的圆环内充满液体，液体按箭头方向以相对速度 $u$ 在环内做匀速运动，如圆环以等角速度$\omega$绕 $O$ 轴转动，求在圆环内点 1 和 2 处液体的绝对加速度大小。

7-18　如图所示，点 $M$ 以不变的相对速度 $v_r$ 沿圆锥体的母线向下运动。此圆锥体以角速度$\omega$绕 $OA$ 轴做匀速转动。如 $MO$ 与 $AO$ 的夹角为$\alpha$，且当 $t = 0$ 时点在 $M_0$ 处，此时距离 $OM_0 = b$。求在 $t$ 秒时，点 $M$ 的绝对加速度的大小。

7-19　图示曲杆 $OBC$ 绕 $O$ 轴转动，使套在其上的小环 $M$ 沿固定直杆 $OA$ 滑动。已知：$OB$ =10cm，$OB$ 与 $BC$ 垂直，曲杆的角速度$\omega$ = 0.5rad/s。求当$\varphi$ = 60° 时，小环 $M$ 的速度和加速度。

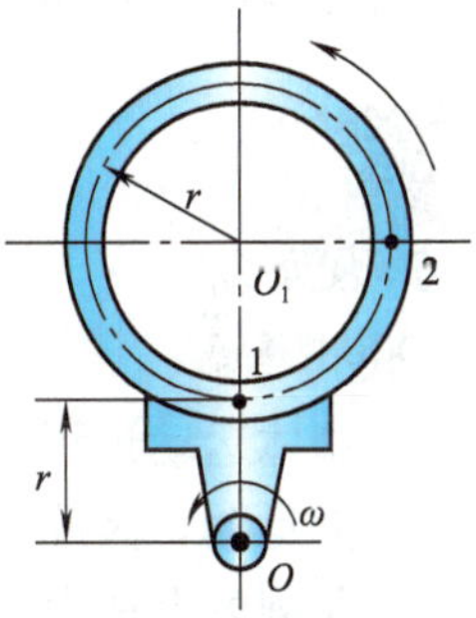


题 7-17 图

第 7 章参考答案

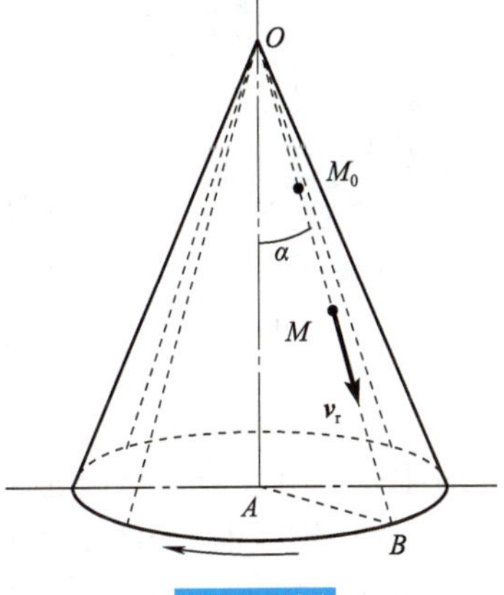


题 7-18 图

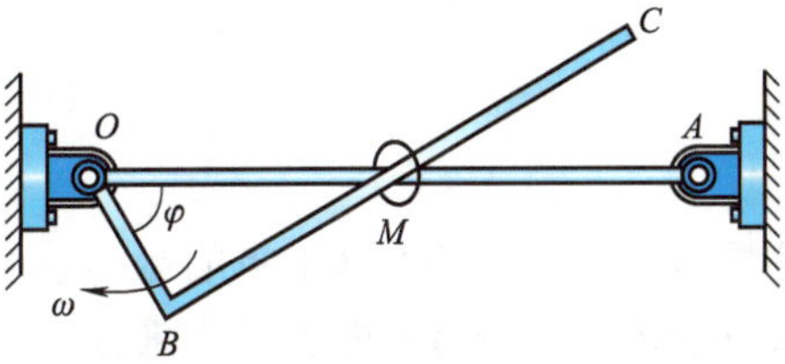


题 7-19 图

# 第 8 章

# 刚体的平面运动

**内容提要**

在第 6 章中介绍了刚体的两种简单运动：刚体平动和定轴转动。在本章中，将进一步研究相对较为复杂的一种刚体运动，即刚体的平面运动。通过本章知识的学习，可为众多机械设备中齿轮和凸轮等部件的设计奠定基础，同时也将为后继学习刚体动力学奠定基础。

MOOC 视频

## 8.1 刚体平面运动概述

刚体运动过程中其上任意一点到某一固定平面的距离始终保持不变，这样的运动称为刚体平面运动。因此，对于做平面运动的刚体，其上任意一点运动的轨迹与某一固定平面相平行，即刚体上任意一点始终在与该固定平面相平行的某一平面内运动。图 8-1 中所示连杆和动齿轮的运动即为典型的刚体平面运动。

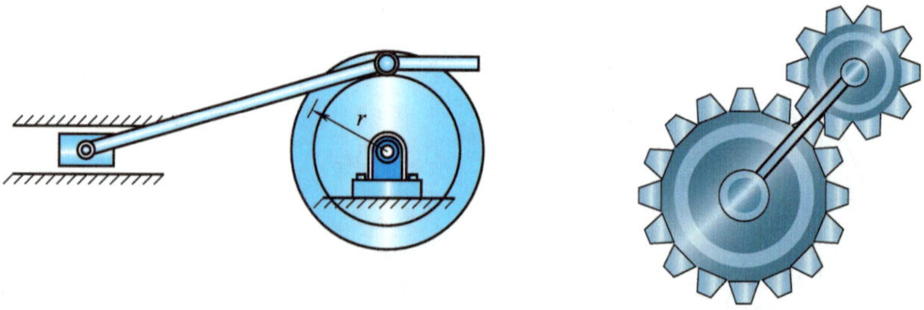


(a)　　(b)

图 8-1(b)动画

图 8-1

分析做平面运动的刚体上点的运动学关系时，不需要针对刚体上所有的点一一进行分析，而是选取刚体上某一特征面上的点来分析，从而达到分析整个刚体的目的。如图 8-2 所示，设刚体上任意一点均在平行于某一固定平面 $P_1$ 的平面内运动，即该刚体做平面运动。过刚体上任意一点作平行于固定平面 $P_1$ 的平面 $P_2$，用平面 $P_2$ 切割刚体可得截面 $S$，其中截面 $S$ 又称平面形。不难发现，过平面形 $S$ 上任意一点(如点 $A_2$)且垂直于该平面形的直线(如 $\overline{A_1A_2}$)将做平动，因此该直线上的所有点的运动一致，因此可用 $A_2$ 的运动代表直线上所有点的运动。此外，可将刚体看作是由无数条平行于 $\overline{A_1A_2}$ 的直线段组成，每条直线段与平面形的交点的运动可代表该直线段上所有点的运动，从而平面形的运动则可代表整个刚体的运动。因此分析刚体平面运动时的运动学关系，可通过分析其对应的平面形来获得。图 8-3 给出了一些做平面运动的典型刚体及其运动学分析时常采用的平面形。

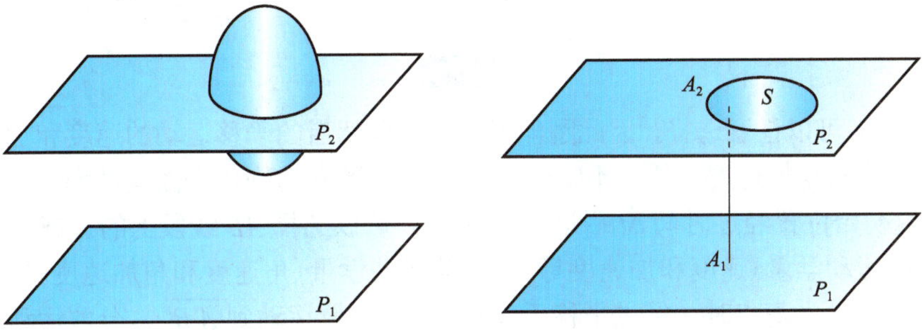


(a) (b)

图 8-2

(a) (b)

图 8-3

研究刚体的平面运动可以简化为研究其对应的平面形在其自身所在平面内的运动。对于图 8-4 所示的平面形，由于其是刚体的一部分，因此面内任意线段之间的相对位置关系是固定不变的，只要确定了任意线段在不同时刻的位置，则整个平面形的位置即可以确定，因此平面形在面内的运动可由面内任意直线 $\overline{O'M}$ 的运动来确定，即进一步将面的运动简化为线的运动。一般来说，任意线段的位置总是可以由线段上某一参考点的位置(如图 8-4 中的 $O'$ 点的位置($x_{O'}, y_{O'}$))和该线段与坐标轴的夹角(如图 8-4 中 $\overline{O'M}$ 与 $x$ 轴的夹角 $\varphi$)来确定。则**刚体平面运动方程**可用平面形中 $O'$ 点的位置和 $\overline{O'M}$ 与 $x$ 轴的夹角随时间的变化规律来描述，即

$$\begin{cases} x_{O'} = f_1(t) \\ y_{O'} = f_2(t) \\ \varphi = f_3(t) \end{cases} \tag{8-1}$$

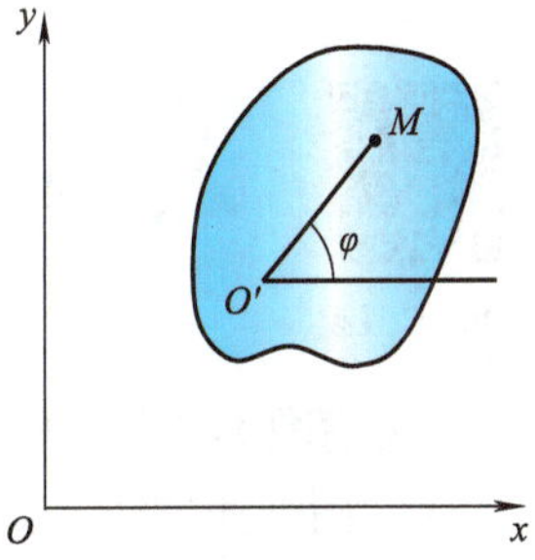


图 8-4

刚体的平面运动可以看作是由刚体的两种简单运动组合而成的复杂运动。如图 8-5 所示，代表做平面运动的刚体所对应的平面形的运动可由随基点 $O'$ 的平移运动和绕着 $O'$ 点的定轴转动组合而成。值得指出的是，刚体的两种简单运动的组合并不一定是刚体的平面运动，其可能是刚体的任意运动。

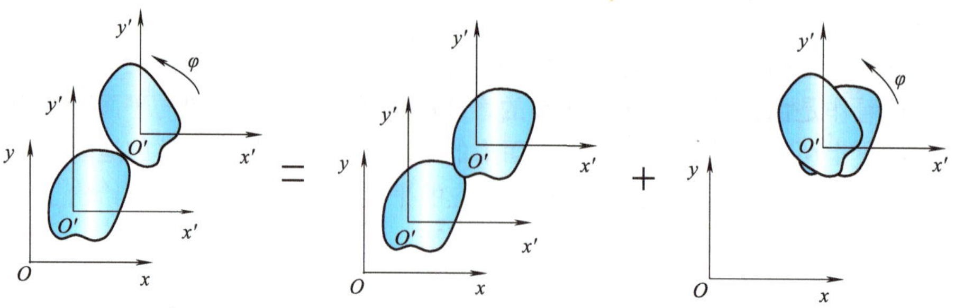


图 8-5

由于基点 $O'$ 可以任意选择，因此刚体平面运动分解后的平移运动的速度和加速度以及定轴转动的角速度和角加速度可能并不唯一。以图 8-6 所示的刚体平面运动为例，平面上任意一线段 $\overline{AB}$ 由初始位置经过时间 $\Delta t$ 后运动到 $\overline{A'B'}$，可以选择 $\overline{AB}$ 线段上的 $A$ 或 $B$ 点为基点，分别考察平移运动学量(速度和加速度等)和转动运动学量(角速度和角加速度等)与基点的选择的关系。当以 $A$ 为基点时，经过平移后 $\overline{AB}$ 由初始位置运动到 $\overline{A'B''}$，分解运动中的平移轨迹如图中 $\widehat{AA'}$ 所示；然后 $\overline{A'B''}$ 绕过 $A'$ 点平行于 $z$ 轴的定轴转动到 $\overline{A'B'}$，分解运动中的定轴转动角度为 $\Delta\varphi_1$。当以 $B$ 为基点时，经过平移后 $\overline{AB}$ 由初始位置运动到 $\overline{A''B'}$，分解运动中的平移轨迹如图中 $\widehat{BB'}$ 所示；然后 $\overline{A''B'}$ 绕过 $B'$ 点平行于 $z$ 轴的定轴转动到 $\overline{A'B'}$，分解运动中的定轴转动角度为 $\Delta\varphi_2$。由图 8-6 可知，$\widehat{AA'} \neq \widehat{BB'}$ 和 $\Delta\varphi_1 = \Delta\varphi_2$，则 $\lim_{\Delta t\to 0}\left(\widehat{AA'}/\Delta t\right) \neq \lim_{\Delta t\to 0}\left(\widehat{BB'}/\Delta t\right)$ 和 $\lim_{\Delta t\to 0}\left(\Delta\varphi_1/\Delta t\right) = \lim_{\Delta t\to 0}\left(\Delta\varphi_2/\Delta t\right)$，即 $\boldsymbol{v}_A \neq \boldsymbol{v}_B$、$\boldsymbol{a}_A \neq \boldsymbol{a}_B$ 和 $\omega_A = \omega_B$、$\alpha_A = \alpha_B$。以上分析表明刚体平面运动可以选择任意一点为基点分解为平动和转动，其中随基点平移的速度和加速度等运动学量与基点选择有关，但绕基点转动的角速度和角加速度等运动学量与基点选择无关。一般情况下，通常选取运动状态已知的点作为基点更为方便。

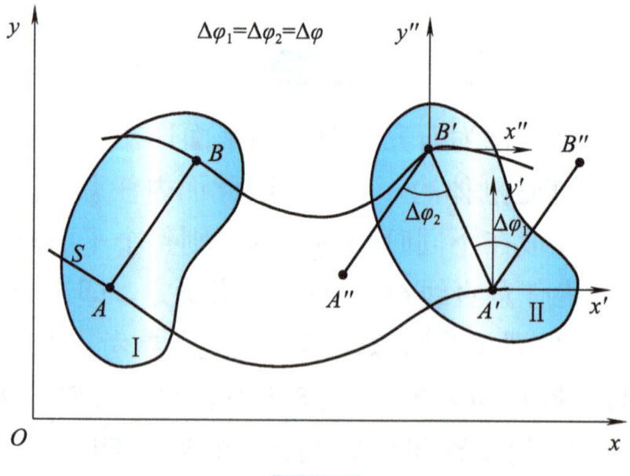


图 8-6

MOOC 视频

## 8.2 平面运动刚体上点的速度分析

考虑图 8-7 所示的平面图形，选择 $A$ 点为基点，若已知基点速度为 $\boldsymbol{v}_A$、刚体转动角速度为 $\omega$(由于刚体平面运动分解后的转动角速度与基点选择无关，因此此处角速度未加下标；此外角速度矢用 $\boldsymbol{\omega}$ 表示)，求解平面图形上任意一点 $B$ 的速度。建立图 8-7 所示的坐标系，其包含了全局坐标系(固定坐标系) $xOy$ 和局部坐标系(随动坐标系) $x'Ay'$。随动坐标系随着基点 $A$ 的运动而发生平移运动，运动过程中 $x'$ 和 $y'$ 轴方向不变，仍然分别保持与 $x$ 和 $y$ 轴平行。则 $A$ 点位置矢量 $\boldsymbol{r}_A$ 和 $B$ 点位置矢量 $\boldsymbol{r}_B$ 之间的关系为

$$\boldsymbol{r}_B=\boldsymbol{r}_A+\boldsymbol{r}_{BA} \tag{8-2}$$

式中，$\boldsymbol{r}_{BA}$ 为 $B$ 点相对于 $A$ 点的位置矢量。

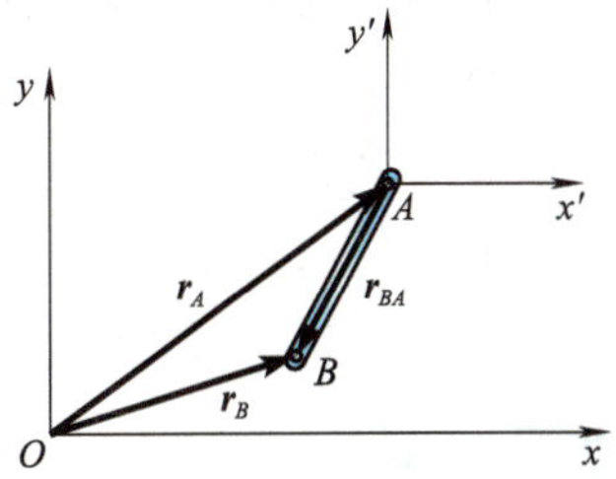

图 8-7

如图 8-8 所示，设在 $\Delta t$ 的时间间隔内，刚体经历了平面运动到达新的位置，将此平面运动进行分解，则刚体先随 $A$ 点平移，其上任意一点 $B$ 均发生了 $\Delta\boldsymbol{r}_A$ 的位移，随后刚体绕着 $A$ 点转动，其上 $B$ 点进一步发生了 $\Delta\boldsymbol{r}_{BA}$（$\Delta r_{BA}=r_{BA}\Delta\theta$，其中 $\Delta\theta$ 为刚体转动的角度）的转动位移，则 $B$ 点的总位移为

$$\Delta\boldsymbol{r}_B=\Delta\boldsymbol{r}_A+\Delta\boldsymbol{r}_{BA} \tag{8-3}$$

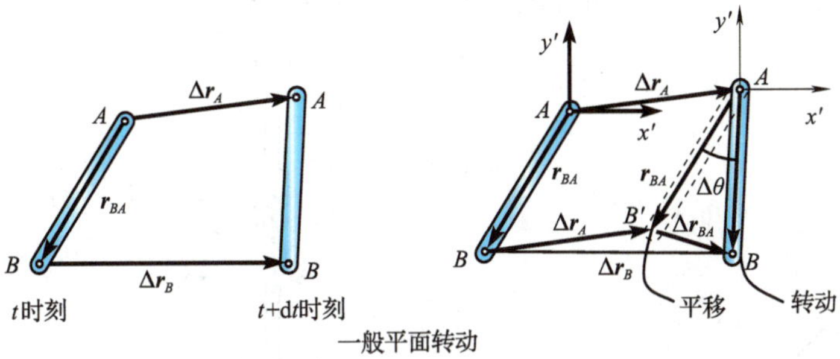

图 8-8

进一步可知 $A$ 点和 $B$ 点的速度关系为

$$\boldsymbol{v}_B=\lim_{\Delta t\to 0}\frac{\Delta\boldsymbol{r}_B}{\Delta t}=\lim_{\Delta t\to 0}\frac{\Delta\boldsymbol{r}_A}{\Delta t}+\lim_{\Delta t\to 0}\frac{\Delta\boldsymbol{r}_{BA}}{\Delta t}=\boldsymbol{v}_A+\boldsymbol{v}_{BA} \tag{8-4}$$

式中，$\boldsymbol{v}_{BA}$ 为 $B$ 点绕 $A$ 点转动的速度，其大小为 $v_{BA}=\lim\limits_{\Delta t\to 0}(\Delta\theta/\Delta t)\cdot\Delta r_{BA}=\omega\cdot\Delta r_{BA}$，写成矢量形式为 $\boldsymbol{v}_{BA}=\boldsymbol{\omega}\times\boldsymbol{r}_{BA}$。以上分析表明平面图形中任意一点 $B$ 的速度为基点 $A$ 的速度 $\boldsymbol{v}_A$ 和相对于基点 $A$ 的转动速度 $\boldsymbol{v}_{BA}$ 的矢量和。这种分析平面运动刚体上任意一点速度的方法称为**基点法**。

事实上由上一节分析可知，刚体平面运动可分解为随基点的平移运动和绕基点的转动，刚体上任意一点的运动也可看作这两种运动的合成运动，即牵连运动为平移运动，相对运动为圆周运动。因此做平面运动的刚体上的点的速度可通过上一章的点的合成运动的知识来进行分析，即任意一点 $M$ 的速度为牵连速度和相对速度的矢量和(如图 8-9 所示)，则有

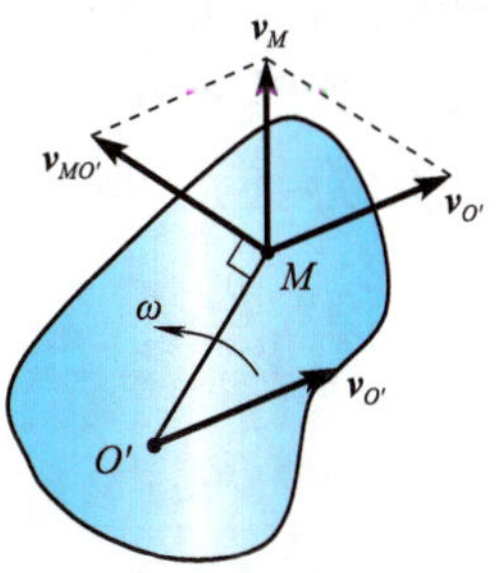

图 8-9

$$\boldsymbol{v}_M=\boldsymbol{v}_\mathrm{e}+\boldsymbol{v}_\mathrm{r}=\boldsymbol{v}_{O'}+\boldsymbol{v}_{MO'}=\boldsymbol{v}_{O'}+\boldsymbol{\omega}\times\boldsymbol{r}_{MO'} \tag{8-5}$$

上式表明牵连速度为基点 $O'$ 的速度 $\boldsymbol{v}_{O'}$，而相对速度为 $M$ 点绕基点转动的速度 $\boldsymbol{v}_{MO'}$，相对速度的方向垂直于 $\overline{O'M}$，并指向平面图形转动的方向。此即从点的运动合成的角度推导得出了求解平面运动刚体上点的速度求解的基点法。

应用基点法求解平面运动刚体上点的速度的一般步骤如下：

(1) 判断物体的运动类型是否为刚体平面运动，若是则进行下一步计算；

(2) 选择基点 $O'$，通常选择速度(或者速度大小或方向之一)为已知的点为基点；

(3)对于另一点 $M$，运用基点法写出速度关系式 $\boldsymbol{v}_M=\boldsymbol{v}_{O'}+\boldsymbol{v}_{MO'}$；

(4)在 $M$ 点作速度平行四边形，其中 $\boldsymbol{v}_M$ 为平行四边形的对角线；

(5)采用解析法或几何关系确定未知运动学量。

通常情况下运用基点法分析问题时，必须知道基点、待求点以及待求点相对于基点的速度大小及其方向这六个要素中的四个要素，问题才能获得求解。实际上由于相对速度的方向是垂直于待求点与基点的连线，即其方向为已知，因此通常只需知道另外的三个要素即可用基点法分析相应的运动学问题。

**例 8-1**

图 8-10(a)所示平面机构中，连杆 $AB$ 两端分别与两套筒相连，且 $A$ 和 $B$ 处套筒分别在竖直和水平导轨中运动。已知连杆 $AB$ 长为 $l$，与水平夹角为 $\theta$ 时套筒 $A$ 具有竖直向下的速度(大小为 $v_A$)，求此时套筒 $B$ 的速度和连杆 $AB$ 的角速度。

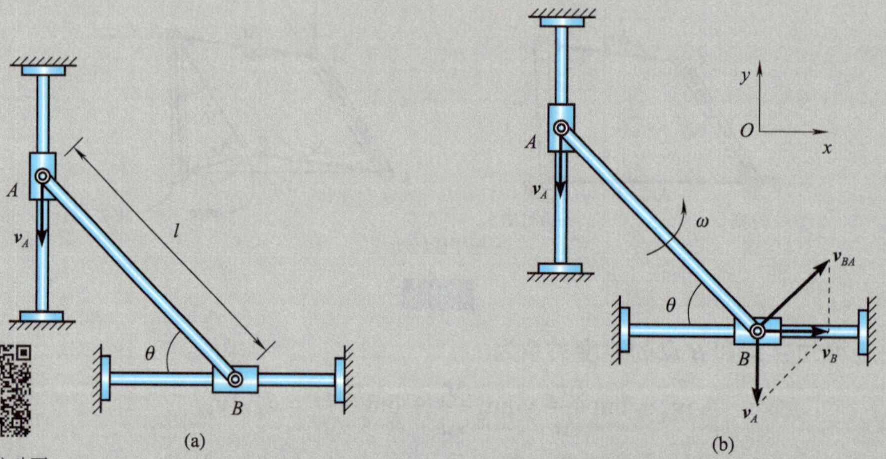


图 8-10(a)动画

图 8-10

**解**：连杆 $AB$ 做平面运动，取 $A$ 为基点，则应用基点法可得 $B$ 点速度为

$$\boldsymbol{v}_B=\boldsymbol{v}_A+\boldsymbol{v}_{BA}$$

其中 $\boldsymbol{v}_A$ 的大小和方向为已知，由于 $\boldsymbol{v}_A$ 竖直向下，其将使得连杆 $AB$ 逆时针转动，带动套筒 $B$ 水平向右滑动，故 $\boldsymbol{v}_B$ 方向为已知，且 $\boldsymbol{v}_{BA}=\boldsymbol{\omega}\times\boldsymbol{r}_{BA}$ 垂直于连杆 $AB$，即六个要素中已知四个要素，因此可求出 $\boldsymbol{v}_B$ 的大小和连杆 $AB$ 转动的角速度。根据已知信息，画出 $B$ 点处速度四边形，并建立直角坐标系 $xyz$ (其中 $z$ 为垂直于纸面向外的方向)，如图 8-10(b)所示。应用基点法时，可采用解析法或几何关系求解未知量，以下分别介绍两种方法的运用。

(1)解析法。

已知

$$\boldsymbol{v}_A=-v_A\boldsymbol{j}$$

$$\boldsymbol{v}_B=v_B\boldsymbol{i}$$

$$\boldsymbol{\omega}=\omega\boldsymbol{k}$$

$$\boldsymbol{r}_{BA}=l\cos\theta\boldsymbol{i}-l\sin\theta\boldsymbol{j}$$

其中 $\boldsymbol{i}$、$\boldsymbol{j}$ 和 $\boldsymbol{k}$ 分别为三个坐标轴对应的单位方向矢量。则有

$$\boldsymbol{\omega}\times\boldsymbol{r}_{BA}=\omega\boldsymbol{k}\times(l\cos\theta\boldsymbol{i}-l\sin\theta\boldsymbol{j})$$

以及

$$\boldsymbol{v}_A+\boldsymbol{v}_{BA}=(\omega l\cos\theta-v_A)\boldsymbol{j}+\omega l\sin\theta\boldsymbol{i}$$

从而由 $\boldsymbol{v}_B=\boldsymbol{v}_A+\boldsymbol{v}_{BA}$ 可得

$$\omega l\cos\theta-v_A=0$$
$$v_B=\omega l\sin\theta$$

求解可得

$$\omega=\frac{v_A}{l\cos\theta}$$
$$v_B=v_A\tan\theta$$

(2) 几何法。

将基点法速度公式为

| | $\boldsymbol{v}_B$ | = | $\boldsymbol{v}_A$ | + | $\boldsymbol{v}_{BA}$ |
|---|---|---|---|---|---|
| 大小 | ? | | $v_A$ | | ? |
| 方向 | √ | | √ | | √ |

沿 $x$ 和 $y$ 方向进行投影，如图 8-10(b) 所示，有

$$v_B=v_{BA}\sin\theta$$
$$0=-v_A+v_{BA}\cos\theta$$

其中 $v_{BA}=\omega l$，则求解上两式可得

$$\omega=\frac{v_A}{l\cos\theta}$$
$$v_B=v_A\tan\theta$$

与解析法所求得结果一致。对于形式简单的机构，通常情况下几何法求解更为简便。

**例 8-2**

图 8-11(a) 所示平面机构中，已知 $l=200\ \text{mm}$。图示瞬时 $AC$ 位于竖直方向，套筒 $C$ 在水平导轨上运动，速度 $v_C=2\ \text{m/s}$。求图示瞬时 $BC$ 杆的角速度。

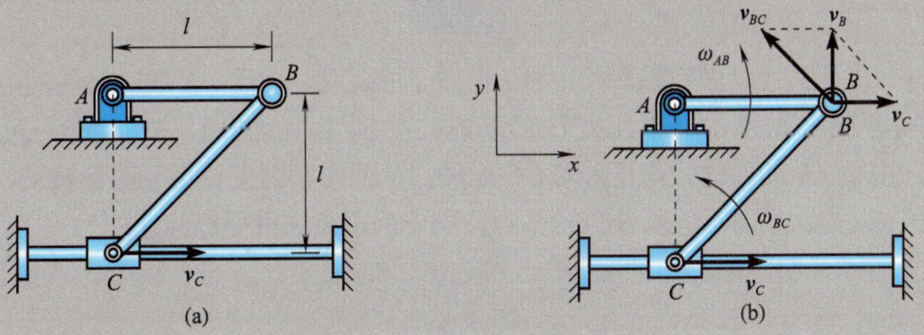


图 8-11 动画

图 8-11

**解**：杆 $AB$ 做定轴转动，杆 $BC$ 做平面运动。由套筒 $C$ 在水平导轨上向右运动，其将带动 $BC$ 杆和 $AB$ 杆做逆时针转动。则 $B$ 点速度方向为竖直向上，如图 8-11(b) 所示。以 $C$ 点为基点，则应用基点法可得 $B$ 点速度为

| | $\boldsymbol{v}_B$ | $=$ | $\boldsymbol{v}_C$ | $+$ | $\boldsymbol{v}_{BC}$ |
|---|---|---|---|---|---|
| 大小 | ? | | $v_C$ | | ? |
| 方向 | √ | | √ | | √ |

由于只需要求解 $BC$ 的角速度，则将上式沿 $x$ 方向进行投影，得

$$0 = v_C - v_{BC}\cos 45^\circ$$

求解可得

$$v_{BC} = \frac{v_C}{\cos 45^\circ}$$

由此可求得 $BC$ 的角速度为

$$\omega_{BC} = \frac{v_{BC}}{\overline{BC}} = \frac{v_C}{\cos 45^\circ}\frac{1}{\dfrac{l}{\sin 45^\circ}} = \frac{2\ \mathrm{m/s}}{0.2\ \mathrm{m}} = 10\ \mathrm{rad/s}$$

角速度方向为逆时针方向。

**例 8-3**

图 8-12(a)所示平面机构中，已知 $\overline{AB} = \overline{BC} = l = 300\ \mathrm{mm}$，$OC = r = 200\ \mathrm{mm}$。图示瞬时 $AB$ 与水平方向夹角为 $60^\circ$，$BC$ 平行于水平方向，$OC$ 位于竖直方向，且 $AB$ 顺时针转动，角速度 $\omega_{AB} = 10\ \mathrm{rad/s}$。求图示瞬时 $BC$ 杆中点 $D$ 的速度以及圆盘 $O$ 的角速度。

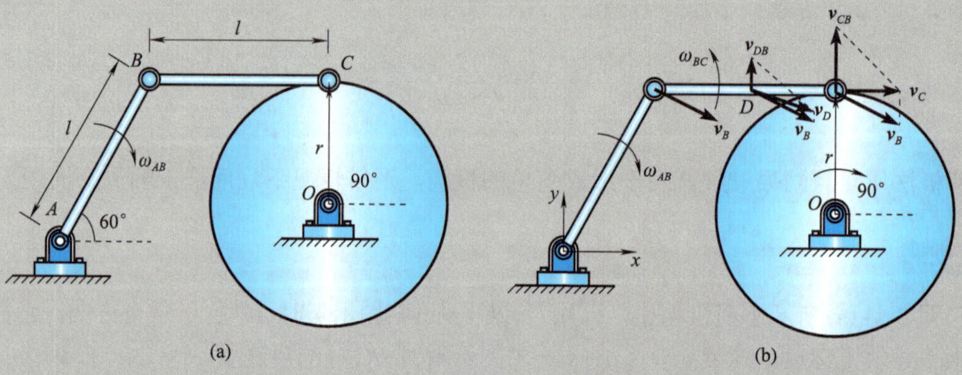


图 8-12

**解：** 杆 $AB$ 和圆盘 $O$ 做定轴转动，杆 $BC$ 做平面运动。由于 $AB$ 顺时针转动，则 $B$ 点速度方向为垂直于 $AB$ 且指向右下方，如图 8-12(b)所示，其大小为 $v_B = \omega_{AB} l$。由于 $AB$ 的转动，其将带动 $BC$ 运动，从而推动圆盘 $O$ 做顺时针转动，则 $C$ 点速度方向为水平向右。以 $B$ 点为基点，则应用基点法可得 $C$ 点速度为

图 8-12 动画

| | $\boldsymbol{v}_C$ | $=$ | $\boldsymbol{v}_B$ | $+$ | $\boldsymbol{v}_{CB}$ |
|---|---|---|---|---|---|
| 大小 | ? | | $\omega_{AB} l$ | | ? |
| 方向 | √ | | √ | | √ |

将上式沿 $x$ 和 $y$ 方向进行投影可得

$$v_C = v_B\cos 30^\circ = \omega_{AB} l\cos 30^\circ$$

$$0 = -v_B\sin 30^\circ + v_{CB} = -\omega_{AB} l\sin 30^\circ + \omega_{BC} l$$

求解可得

$$v_C = \omega_{AB} l \cos 30^\circ = 10\ \text{rad/s} \times 0.3\ \text{m} \times \frac{\sqrt{3}}{2} \approx 2.60\ \text{m/s}$$

$$\omega_{BC} = \omega_{AB} \sin 30^\circ = 5\ \text{rad/s}$$

由此可求得圆盘 $O$ 的角速度为

$$\omega_O = \frac{v_C}{r} \approx \frac{2.60\ \text{m/s}}{0.2\ \text{m}} = 13\ \text{rad/s}$$

以 $B$ 点为基点，应用基点法可得 $D$ 点速度为

| | $\boldsymbol{v}_D$ | = | $\boldsymbol{v}_B$ | + | $\boldsymbol{v}_{DB}$ |
|---|---|---|---|---|---|
| 大小 | ? | | $\omega_{AB} l$ | | $\frac{\omega_{BC} l}{2}$ |
| 方向 | ? | | √ | | √ |

由图中几何关系并结合余弦定理可得

$$v_D = \sqrt{v_B^2 + v_{DB}^2 - 2 v_B v_{DB} \cos 60^\circ} = \sqrt{3^2 + 0.75^2 - 2 \times 3 \times 0.75 \times 0.5}\ \text{m/s} \approx 2.70\ \text{m/s}$$

方向如图所示。

**例 8-4**

如图 8-13 所示，轮 $O$ 放置在水平平台上，一绳子缠绕在轮 $O$ 的小轮缘上，并以水平向右的速度拉动绳子，速度大小为 $v = 2\ \text{m/s}$。轮 $O$ 小轮缘半径为 $r_1 = 0.2\ \text{m}$，外轮缘半径为 $r_2 = 0.4\ \text{m}$。水平平台放置在轮 $O_1$ 和轮 $O_2$ 上，两轮半径均为 $r = 0.1\ \text{m}$，逆时针转动且角速度相同，均为 $\omega = 10\ \text{rad/s}$。假设所有轮都与水平平台无相对滑动，求轮 $O$ 外轮缘上点 $C$ 的速度。

图 8-13 动画

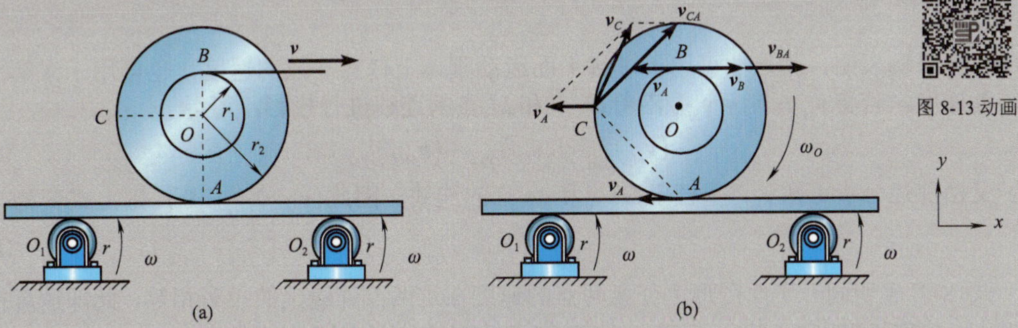


图 8-13

**解**：水平平台做平动，轮 $O$ 做平面运动。由轮 $O_1$ 和轮 $O_2$ 逆时针转动，半径为 $r = 0.1\ \text{m}$ 及角速度为 $\omega = 10\ \text{rad/s}$，且所有轮都与水平平台无相对滑动，则水平平台具有水平向左的速度，大小与轮 $O_1$ 和轮 $O_2$ 外轮缘切向速度相同，即 $v_{平台} = r \times \omega = 1\ \text{m/s}$，因此轮 $O$ 外轮缘上与水平平台接触点 $A$ 的速度大小为 $v_A = v_{平台} = 1\ \text{m/s}$，方向为水平向左。此外，由于轮 $O$ 的小轮缘缠绕的绳子具有水平向右的速度 $v = 2\ \text{m/s}$，则轮 $O$ 上点 $B$ 的速度大小为 $v_B = v = 2\ \text{m/s}$，方向为水平向右。以 $A$ 为基点，则应用基点法可得 $B$ 点速度为

$$\begin{array}{cccccc} & \boldsymbol{v}_B & = & \boldsymbol{v}_A & + & \boldsymbol{v}_{BA} \\ 大小 & v_B & & v_A & & ? \\ 方向 & \surd & & \surd & & \surd \end{array}$$

如图 8-13(b)所示，$\boldsymbol{v}_A$、$\boldsymbol{v}_B$和$\boldsymbol{v}_{BA}$相互平行，可得

$$v_{BA} = v_B + v_A = 3\ \text{m/s}$$

因此轮 $O$ 转动的角速度为

$$\omega_O = \frac{v_{BA}}{r_1 + r_2} = \frac{3\ \text{m/s}}{0.2\ \text{m} + 0.4\ \text{m}} = 5\ \text{rad/s}$$

方向为顺时针方向。

进一步以 $A$ 为基点分析 $C$ 点的速度，应用基点法可得 $C$ 点速度为

$$\begin{array}{cccccc} & \boldsymbol{v}_C & = & \boldsymbol{v}_A & + & \boldsymbol{v}_{CA} \\ 大小 & ? & & v_A & & \omega_O \overline{CA} \\ 方向 & \surd & & \surd & & \surd \end{array}$$

沿水平和竖直方向进行投影可得

$$v_{Cx} = -v_A + v_{CA}\cos 45^\circ = -1\ \text{m/s} + 5\ \text{rad/s} \times 0.4\sqrt{2}\ \text{m} \times \frac{\sqrt{2}}{2} = 1\ \text{m/s}$$

$$v_{Cy} = v_{CA}\sin 45^\circ = 5\ \text{rad/s} \times 0.4\sqrt{2}\ \text{m} \times \frac{\sqrt{2}}{2} = 2\ \text{m/s}$$

则 $C$ 点速度大小为

$$v_C = \sqrt{v_{Cx}^2 + v_{Cy}^2} \approx 2.24\ \text{m/s}$$

$v_C$ 与水平向右方向的夹角为

$$\theta = \arccos\left(\frac{v_{Cx}}{v_C}\right) \approx 63.49^\circ$$

以上算例表明，基点法可用于求解平面运动刚体上任意一点的速度，也可用于求解刚体的转动速度。若将 $\boldsymbol{v}_M = \boldsymbol{v}_{O'} + \boldsymbol{v}_{MO'}$ 沿着 $O'$ 点和 $M$ 点的连线进行投影，可得

$$\left(\boldsymbol{v}_M\right)_{O'M} = \left(\boldsymbol{v}_{O'}\right)_{O'M} + \left(\boldsymbol{v}_{MO'}\right)_{O'M} \tag{8-6}$$

又由前述分析可知 $\boldsymbol{v}_{MO'}$ 垂直于 $O'$ 点和 $M$ 点的连线，因此 $\left(\boldsymbol{v}_{MO'}\right)_{O'M} = 0$，则上式变为

$$\left(\boldsymbol{v}_M\right)_{O'M} = \left(\boldsymbol{v}_{O'}\right)_{O'M} \tag{8-7}$$

式(8-7)表明同一平面图形上任意两点的速度在这两点连线上的投影相等，此即**速度投影定理**。由速度投影定理可知，由于 $O'$ 点和 $M$ 点的速度在连线方向上投影相等，因此在刚体运动过程中 $O'$ 点和 $M$ 点的距离始终不变，其与刚体的定义相一致。速度投影定理也可用于求解刚体平面运动时点的速度，且在某些情况下相比于基点法更为方便，这种求解平面运动刚体上点的速度的方法称作**速度投影法**。

**例 8-5**

用速度投影法求解例 8-1 中 $B$ 点的速度。

**解**：如图 8-14 所示，杆 $AB$ 做平面运动，且图示瞬时与水平方向夹角为 $\theta$，$A$ 点速度 $\boldsymbol{v}_A$ 竖直向下，$B$ 点速度水平向右，则由速度投影定理可知

$$(v_B)_{AB}=(v_A)_{AB}$$

即

$$v_B\cos\theta=v_A\cos(90^\circ-\theta)$$

求解可得

$$v_B=v_A\tan\theta$$

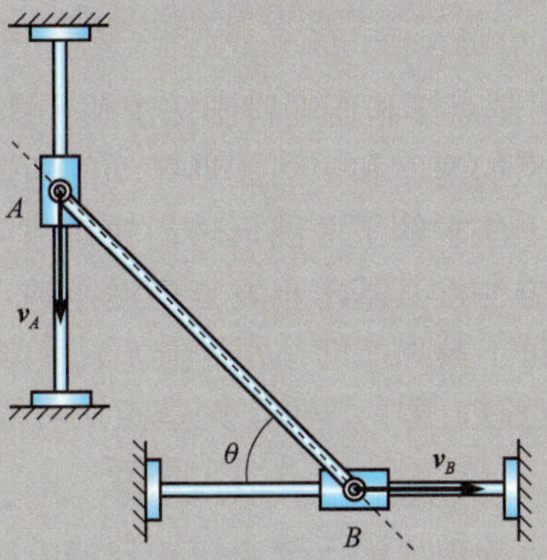


图 8-14

例 8-6

图 8-15 所示机构，曲柄 $OA$ 以角速度 $\omega=10\ \mathrm{rad/s}$ 沿顺时针方向转动。设 $\overline{OA}=\overline{AB}=r=0.1\ \mathrm{m}$，$\overline{BD}=\sqrt{3}r$。在图示瞬时，$O$、$B$ 和 $C$ 在同一铅直线上，试求此瞬时点 $B$ 和 $C$ 的速度。

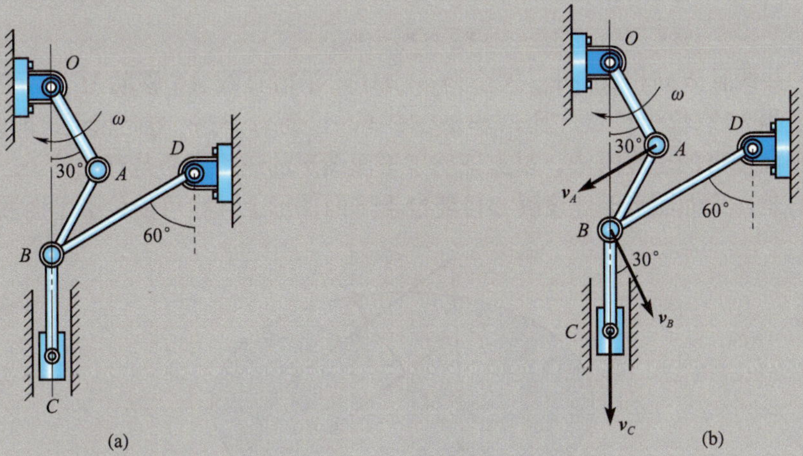

图 8-15 动画

图 8-15

**解：** 杆 $OA$ 和杆 $BD$ 做定轴转动，杆 $AB$ 和杆 $BC$ 做平面运动，滑块 $C$ 在竖直滑槽内滑动。$A$、$B$ 和 $C$ 三点速度的方向如图所示，且 $A$ 点速度大小为 $v_A=\omega\times r=1\ \mathrm{m/s}$。

由速度投影法可得 $A$、$B$ 两点的速度满足如下关系。

$$(v_A)_{AB}=(v_B)_{AB}$$

即

$$v_A\cos30^\circ = v_B\cos60^\circ$$

求解可得

$$v_B = \sqrt{3}v_A \approx 1.73\ \text{m/s}$$

由速度投影法可得 $B$ 和 $C$ 两点的速度大小满足如下关系。

$$(v_B)_{BC} = (v_C)_{BC}$$

即

$$v_B\cos30^\circ = v_C$$

求解可得

$$v_C = v_B\cos30^\circ = 1.50\ \text{m/s}$$

由以上算例可以看出，采用基点法和速度投影法求解平面图形上点的速度时各有优缺点。基点法可以用于同时求解任意点的速度和平面图形转动的角速度，但形式上略微复杂一些，而速度投影法形式简单，但其无法求解平面图形转动的角速度。下面介绍的速度瞬心法是另一种求解平面图形上点的速度方法，其基本出发点仍然是基点法，但作了进一步的简化，使得计算公式更为简洁，同时保持了基点法的优点。基点法求解速度的公式为 $\boldsymbol{v}_M = \boldsymbol{v}_{O'} + \boldsymbol{v}_{MO'}$，当选取瞬时速度为零的点为基点时，即 $v_{O'} = 0$，则基点法可简化为

$$\boldsymbol{v}_M = \boldsymbol{v}_{MO'} = \boldsymbol{\omega} \times \overline{MO'} \tag{8-8}$$

由此可知，平面图形内任意一点的速度等于该点随图形绕瞬时速度为零的点转动的速度，此即为**速度瞬心法**。平面图形上瞬时速度为零的点称为**瞬时速度中心**，简称**速度瞬心**。

一般情况下，平面图形在运动过程的每一个瞬时总是存在且唯一存在一个速度为零的点。其也可以理解为，在某一瞬时，平面图形只有一个速度瞬心；在不同瞬时，平面图形的速度瞬心可能发生改变。

**存在性证明：**设平面图形如图 8-16 所示，取其上一点 $A$ 为基点，速度为 $\boldsymbol{v}_A$，平面图形转动的角速度为 $\omega$。过基点 $A$ 作垂直于 $\boldsymbol{v}_A$ 的直线 $AN$，则由基点法可知直线 $AN$ 上任意一点 $M$ 的速度为

$$\boldsymbol{v}_M = \boldsymbol{v}_A + \boldsymbol{v}_{MA}$$

易知 $\boldsymbol{v}_{MA}$ 与 $\boldsymbol{v}_A$ 共线且方向相反，$\boldsymbol{v}_{MA}$ 大小为 $\omega\cdot\overline{AM}$。沿着直线 $AN$ 移动 $M$ 点，必然可以找到某一点 $C$，使得 $M$ 点位于 $C$ 点，且 $v_{CA} = \omega\cdot\overline{AC} = v_A$，而 $\boldsymbol{v}_{CA}$ 与 $\boldsymbol{v}_A$ 方向相反，即此时 $v_C = 0$，则 $C$ 点为此平面图形的速度瞬心。以上证明了平面图形的速度瞬心是存在的。

需指出的是，平面图形的速度瞬心可能位于平面图形上，也可能位于平面图形之外。

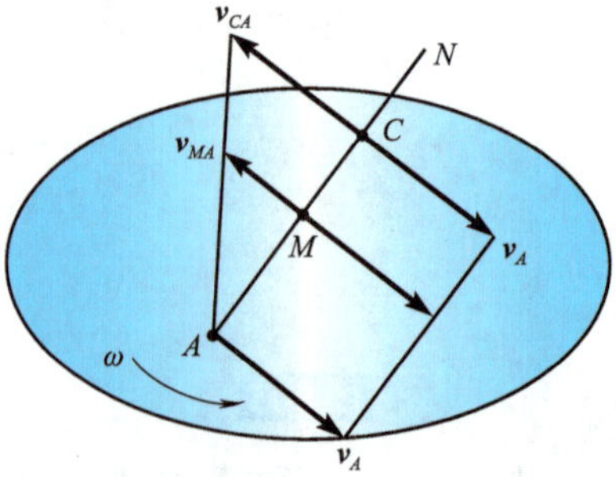


图 8-16

唯一性证明：假定平面图形在某一瞬时同时存在两个速度瞬心，分别为 $B$ 和 $C$，则由基点法可知

$$\boldsymbol{v}_B = \boldsymbol{v}_C + \boldsymbol{v}_{BC} = \boldsymbol{v}_C + \boldsymbol{\omega} \times \overline{BC}$$

若平面图形转动角速度 $\omega=0$，则平面图形不动，此种情况没有讨论的意义，因此只须讨论 $\omega\neq 0$ 的情况。要使得 $\boldsymbol{v}_B=\boldsymbol{v}_C+\boldsymbol{\omega}\times\overline{BC}$ 成立，而 $v_B=v_C=0$，则必须有 $\overline{BC}=0$ 成立，此即 $B$ 和 $C$ 重合，这表明平面图形不可能在某一瞬时同时存在两个速度瞬心。以上证明了平面图形在某瞬时的速度瞬心是唯一存在的。

若 $O'$ 为速度瞬心，则由速度瞬心法 $\boldsymbol{v}_M=\boldsymbol{\omega}\times\overline{MO'}$ 可知过速度瞬心 $O'$ 的任意一条直线上各点的速度与该点到速度瞬心的距离成正比，这与图形绕定轴转动时的速度分布类似。

采用速度瞬心法分析刚体平面运动问题的步骤和基点法相似，只不过需选取速度瞬心为基点。通常情况下，可按下面方式确定速度瞬心的位置。

(1) 已知平面图形上一点 $A$ 的速度 $\boldsymbol{v}_A$ 和平面图形转动的角速度 $\omega$，则平面图形的速度瞬心为过点 $A$ 且垂直于速度 $\boldsymbol{v}_A$ 的直线上距离 $A$ 点为 $\overline{AC}=v_A/\omega$ 的点 $C$，如图 8-17 所示。

(2) 已知平面图形上任意两点 $A$、$B$ 的速度 $\boldsymbol{v}_A$、$\boldsymbol{v}_B$ 的方向(相互不平行)，则平面图形的速度瞬心为分别过 $A$ 和 $B$ 两点垂直于 $\boldsymbol{v}_A$ 和 $\boldsymbol{v}_B$ 的两条垂线的交点，如图 8-18 所示。

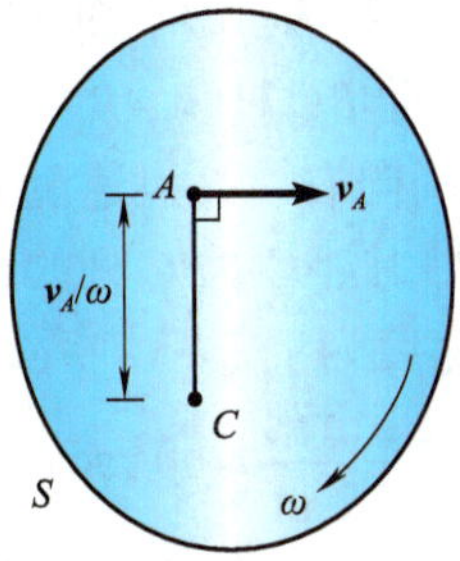


图 8-17

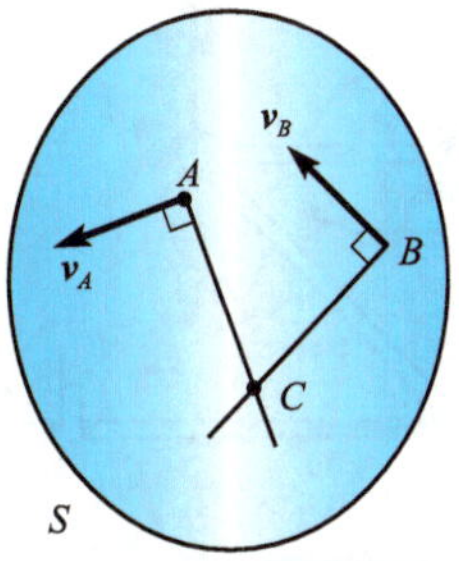


图 8-18

(3) 已知平面图形上任意两点 $A$ 和 $B$ 的速度 $\boldsymbol{v}_A$ 和 $\boldsymbol{v}_B$，其相互平行且垂直于 $A$ 和 $B$ 的连线，则平面图形的速度瞬心为 $A$ 和 $B$ 连线与 $\boldsymbol{v}_A$ 和 $\boldsymbol{v}_B$ 矢端连线的交点，如图 8-19 所示；而当 $\boldsymbol{v}_A$ 和 $\boldsymbol{v}_B$ 的大小和方向均相同时，则速度瞬心在无穷远处，此时平面图形转动角速度为零，即平面图形做瞬时平动。

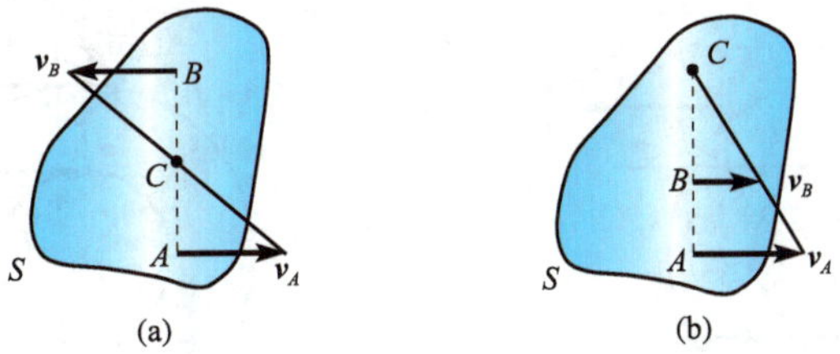


图 8-19

(4) 已知平面图形上任意两点 $A$、$B$ 的速度 $\boldsymbol{v}_A$、$\boldsymbol{v}_B$，其相互平行但不垂直于 $A$ 和 $B$ 的连线，则平面图形的速度瞬心在无穷远处，如图 8-20 所示，此时平面图形做瞬时平动，其上任意一点的瞬时速度均相同。

(5) 已知平面图形沿固定面做无相对滑动的滚动(即纯滚动)，则平面图形与固定面的接触点相对于固定面无相对滑动，该点绝对速度为零，此时平面图形与固定面的接触点即为速度瞬心，如图 8-21 所示。由于不同时刻平面图形与固定面的接触点不同，因此速度瞬心也不同。

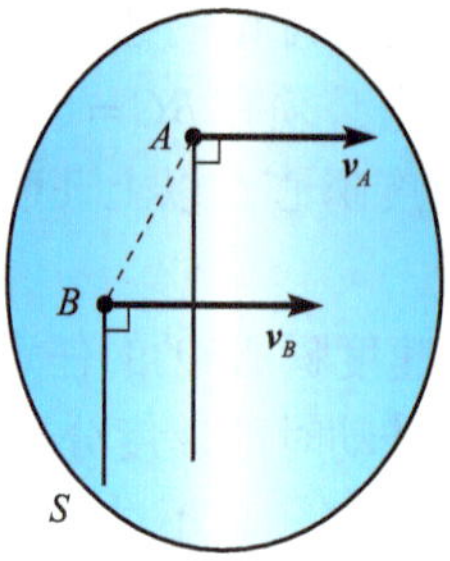

图 8-20

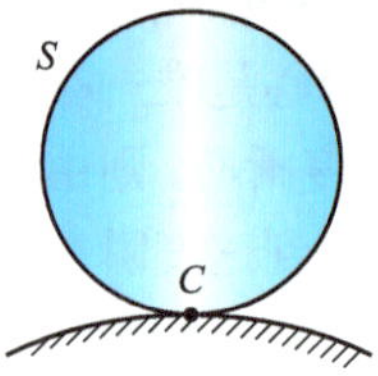

图 8-21

**例 8-7**

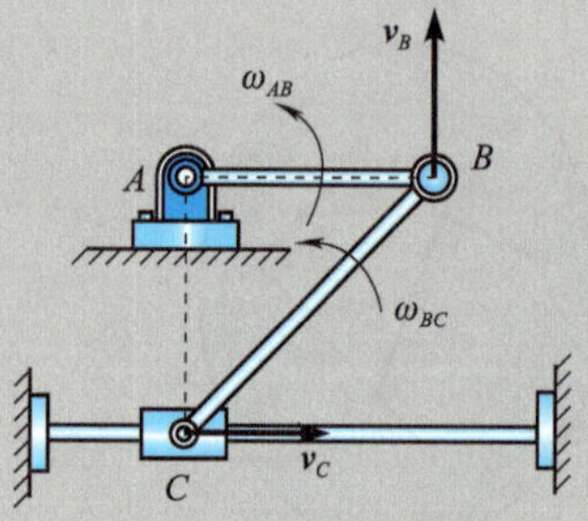

图 8-22

用速度瞬心法求解例 8-2。

**解**：杆 $AB$ 做定轴转动，杆 $BC$ 做平面运动。套筒 $C$ 在水平导轨上向右运动，带动 $BC$ 杆和 $AB$ 杆做逆时针转动。则 $C$ 点速度方向为水平向右，$B$ 点速度方向为竖直向上，如图 8-22 所示。易知该瞬时 $BC$ 杆的速度瞬心为点 $A$，则 $BC$ 杆转动的角速度为

$$\omega_{BC}=\frac{v_C}{AC}=\frac{v_C}{l}=\frac{2\ \mathrm{m/s}}{0.2\ \mathrm{m}}=10\ \mathrm{rad/s}$$

角速度方向为逆时针方向。

**例 8-8**

如图 8-23(a)所示，轮 $O$ 内轮缘放在水平地面上且无相对滑动，内轮缘缠绕长绳，沿水平向右以 $v=2\ \mathrm{m/s}$ 拉动绳子，带动轮 $O$ 运动，绳子与轮之间无相对滑动。轮 $O$ 内轮缘半径 $r_1=0.2\ \mathrm{m}$，外轮缘半径 $r_2=0.4\ \mathrm{m}$。试确定轮 $O$ 的速度瞬心和轮 $O$ 最高点的速度。

图 8-23(a)动画

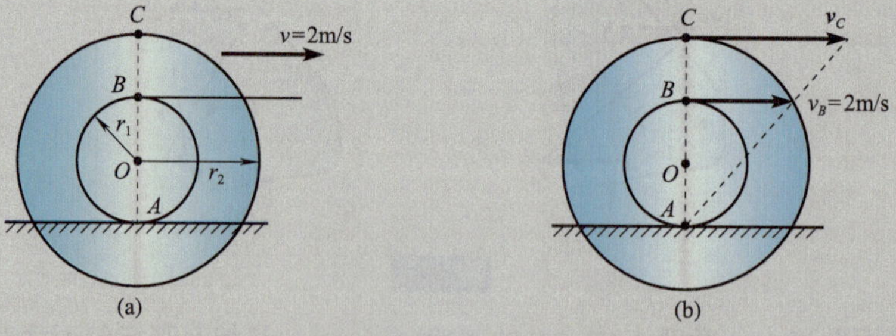

图 8-23

**解**：轮 $O$ 做平面运动。由于轮 $O$ 内轮缘底部与水平地面相接触且无相对滑动，则该瞬时轮 $O$ 的速度瞬心为轮缘底部与水平地面的接触点 $A$，如图 8-23(b)所示。

此外，由水平向右拉动缠绕在内轮缘长绳，从而带动轮 $O$ 转动，且绳子与轮之间无相对滑动。故 $B$ 点的速度与绳子拉动速度相同，即 $v_B=v=2\ \mathrm{m/s}$，方向为水平向右，则轮 $O$ 转动的角速度为

$$\omega=\frac{v_B}{2r_1}=\frac{2\ \text{m/s}}{2\times0.2\ \text{m}}=5\ \text{rad/s}$$

则轮 $O$ 最高点的速度为

$$v_C=\omega\times(r_1+r_2)=5\ \text{rad/s}\times(0.2\ \text{m}+0.4\ \text{m})=3.0\ \text{m/s}$$

**例 8-9**

如图 8-24(a)所示，上下平板 $C$ 和 $D$ 分别沿水平向右和向左方向移动，速度分别为 $v_C=5\ \text{m/s}$、$v_D=2\ \text{m/s}$。两平板与圆盘接触，且无相对滑动。圆盘半径 $r=0.7\text{m}$。试确定圆盘的速度瞬心和圆盘中心的速度。

图 8-24(a)动画

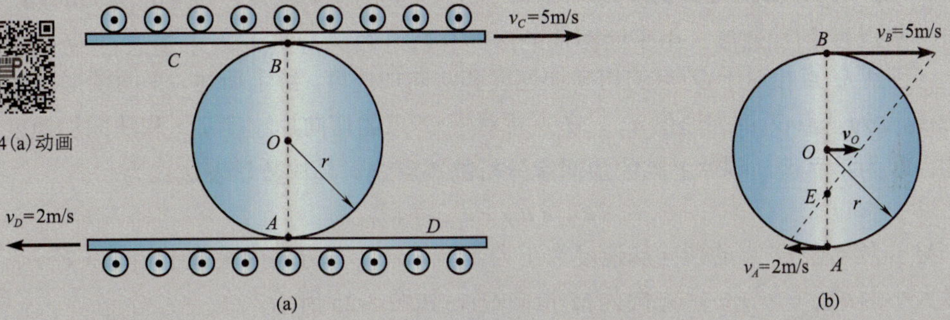


图 8-24

**解**：圆盘做平面运动，其顶点和最低点分别与平板 $C$ 和 $D$ 接触，且圆盘与平板间无相对滑动，则有 $v_B=v_C=5\ \text{m/s}$ 和 $v_A=v_D=2\ \text{m/s}$。易知该瞬时圆盘的速度瞬心为 $AB$ 连线和过 $A$ 和 $B$ 的速度矢端的连线的交点 $E$，如图 8-24(b)所示。

由图中几何关系可知

$$\overline{AE}+\overline{EB}=2r$$

$$\frac{v_A}{v_B}=\frac{\overline{AE}}{\overline{EB}}$$

求得

$$\overline{AE}=0.4\ \text{m}\qquad \overline{EB}=1.0\ \text{m}$$

即速度瞬心 $E$ 在 $AB$ 连线上，且距离 $A$ 点为 $0.4\ \text{m}$。

圆盘转动的角速度为

$$\omega=\frac{v_A}{\overline{AE}}=\frac{2\ \text{m/s}}{0.4\ \text{m}}=5\ \text{rad/s}$$

则圆盘中心的速度为

$$v_O=\omega\times\overline{OE}=5\ \text{rad/s}\times(0.7\ \text{m}-0.4\ \text{m})=1.5\ \text{m/s}$$

此例表明并非圆盘与平板的接触点为速度瞬心，只有当平板不动时，圆盘与平板的接触点才是速度瞬心。

# 8.3 平面运动刚体上点的加速度分析

由刚体平面运动速度分析的基点法可知，平面图形中任意一点$M$的速度为基点$O'$的速度$\boldsymbol{v}_{O'}$和相对于基点$O'$的转动速度$\boldsymbol{v}_{MO'}$的矢量和，即$\boldsymbol{v}_M=\boldsymbol{v}_{O'}+\boldsymbol{v}_{MO'}$。则两点的加速度之间的关系可通过式中各项对时间求导获得，即

$$\frac{\mathrm{d}\boldsymbol{v}_M}{\mathrm{d}t}=\frac{\mathrm{d}\boldsymbol{v}_{O'}}{\mathrm{d}t}+\frac{\mathrm{d}\boldsymbol{v}_{MO'}}{\mathrm{d}t} \tag{8-9}$$

其中$\mathrm{d}\boldsymbol{v}_M/\mathrm{d}t=\boldsymbol{a}_M$，$\mathrm{d}\boldsymbol{v}_{O'}/\mathrm{d}t=\boldsymbol{a}_{O'}$，分别为$M$点和$O'$点的绝对加速度，而$\mathrm{d}\boldsymbol{v}_{MO'}/\mathrm{d}t=\boldsymbol{a}_{MO'}$为$M$点相对于基点$O'$的加速度。由平面图形的运动分解可知，$M$点相对于基点$O'$做圆周运动，因此$\boldsymbol{a}_{MO'}$包括$M$点相对于$O'$点的切向加速度和法向加速度。综上所述，平面图形中任意一点$M$的加速度为基点$O'$的加速度$\boldsymbol{a}_{O'}$、$M$点相对于$O'$点的切向加速度$\boldsymbol{a}^{\tau}_{MO'}$和法向加速度$\boldsymbol{a}^{\mathrm{n}}_{MO'}$之矢量和，即为**平面运动刚体上点的加速度分析的基点法**。具体数学表达式为

$$\boldsymbol{a}_M=\boldsymbol{a}_{O'}+\boldsymbol{a}^{\tau}_{MO'}+\boldsymbol{a}^{\mathrm{n}}_{MO'} \tag{8-10}$$

式中，$M$点相对于$O'$点的切向加速度大小为$a^{\tau}_{MO'}=\alpha r_{MO'}$，方向为垂直于相对矢径$\boldsymbol{r}_{MO'}$，法向加速度大小为$a^{\mathrm{n}}_{MO'}=\omega^2 r_{MO'}$，方向为$M$指向$O'$，如图 8-25 所示。

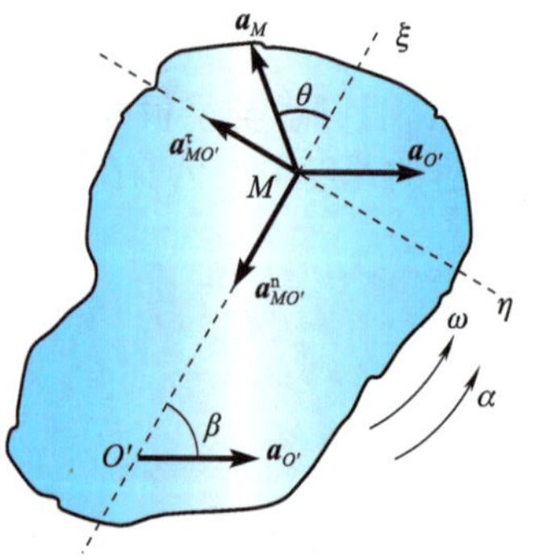

图 8-25

类似于刚体平面运动速度分析的基点法推导一样，也可从点的合成运动出发获得刚体平面运动加速度分析的基点法。由平面图形的运动可分解为随基点的平移运动和绕基点的转动，则平面图形上任意一点的运动也可看作这两种运动的合成运动，即牵连运动为平移运动，相对运动为定轴转动。因此图形上任意一点$M$的加速度为牵连加速度和相对加速度的矢量和，即

$$\boldsymbol{a}_M=\boldsymbol{a}_{\mathrm{e}}+\boldsymbol{a}_{\mathrm{r}}=\boldsymbol{a}_{O'}+\boldsymbol{a}^{\tau}_{MO'}+\boldsymbol{a}^{\mathrm{n}}_{MO'} \tag{8-11}$$

由上述分析可知$\boldsymbol{a}_M$由$\boldsymbol{a}_{O'}$、$\boldsymbol{a}^{\tau}_{MO'}$、$\boldsymbol{a}^{\mathrm{n}}_{MO'}$三矢量组成。这里$\boldsymbol{a}^{\tau}_{MO'}$垂直于$\overline{O'M}$连线，$\boldsymbol{a}^{\mathrm{n}}_{MO'}$沿$\overline{O'M}$连线。显然当$\omega=0$或$\alpha=0$这两种特殊情况下，将式(8-10)两边取在$\overline{O'M}$连线上投影或垂直于$\overline{O'M}$连线上投影时，分别有下述两个方程(见图 8-25)。

$$(\boldsymbol{a}_M)_{\xi}=(\boldsymbol{a}_{O'})_{\xi}, \qquad (\omega=0) \tag{8-12}$$

$$(\boldsymbol{a}_M)_{\eta}=(\boldsymbol{a}_{O'})_{\eta}, \qquad (\alpha=0) \tag{8-13}$$

如$\boldsymbol{a}_{O'}$与$\overline{O'M}$间夹角为$\beta$，$\boldsymbol{a}_M$与$\overline{O'M}$间夹角为$\theta$，则上式可写成

$$a_{O'}\cos\beta=a_M\cos\theta, \qquad (\omega=0) \tag{8-14}$$

$$a_{O'}\sin\beta=a_M\sin\theta, \qquad (\alpha=0) \tag{8-15}$$

此为**加速度投影定理**：当平面图形做瞬时平动时（$\omega=0$），平面图形上两点加速度在这两点连线上的投影相等。当平面图形在某瞬时角加速度$\alpha=0$时，平面图形上两点加速度在这两点连线的垂线上的投影相等。

## 例 8-10

图 8-26(a)所示的曲柄连杆机构中，已知曲柄 $OA$ 长 $r$ ，以匀角速度 $\omega$ 转动，连杆 $AB$ 长 $l$ ，求图示瞬时滑块 $B$ 的加速度。

图 8-26(a)动画

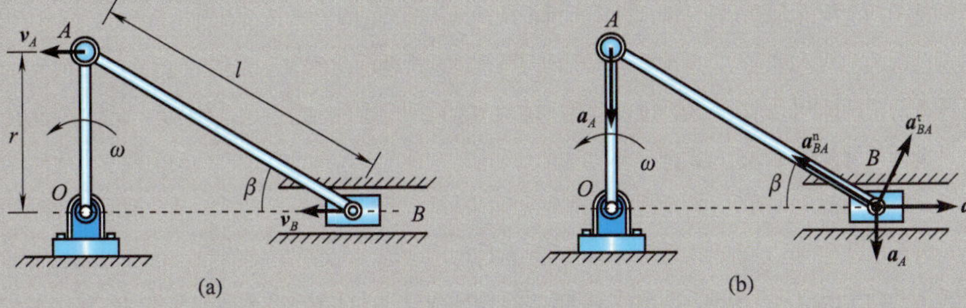


图 8-26

**解**：$OA$ 杆做定轴转动，$AB$ 杆做平面运动，且滑块 $B$ 沿水平导槽运动。在图 8-26(a)所示位置，因 $A$ 点速度与 $OA$ 垂直，与 $B$ 点速度方向平行，过 $A$、$B$ 两点作速度的垂线相交于无穷远处，表示 $AB$ 杆在该瞬时平动，则有 $\omega_{AB}=0$ 。另 $A$ 点加速度 $\boldsymbol{a}_A$ 为竖直向下的向心加速度，其大小为已知，$B$ 点加速度 $\boldsymbol{a}_B$ 的方向为水平。如图 8-26(b)所示，取 $A$ 点为基点，运用基点法可得 $B$ 点的加速度为

$$\boldsymbol{a}_B=\boldsymbol{a}_A+\boldsymbol{a}_{BA}^{\tau}+\boldsymbol{a}_{BA}^{\mathrm{n}}$$

将上式沿着 $AB$ 杆的方向进行投影，有

$$a_B\cos\beta=a_A\sin\beta-a_{BA}^{\mathrm{n}}$$

由 $\omega_{AB}=0$ ，可得 $a_{BA}^{\mathrm{n}}=0$ ，因此求解可得

$$a_B=a_A\tan\beta=\frac{\omega^2r^2}{\sqrt{(l^2-r^2)}}$$

在求解过程观测到 $AB$ 杆在该瞬时平动，即 $\omega_{AB}=0$ ，因此也可直接用投影法进行求解，即可直接列出投影式

$$a_A\sin\beta=a_B\cos\beta$$

求解可得

$$a_B=a_A\tan\beta=\frac{\omega^2r^2}{\sqrt{(l^2-r^2)}}$$

求平面图形上点的加速度有多种方法，但通常只要掌握一种就行了。

## 例 8-11

如图 8-27(a)所示，轮 $O$ 内轮缘放在水平地面上且无相对滑动，轮 $O$ 中心具有水平向右的速度 $\boldsymbol{v}_O$ 及加速度 $\boldsymbol{a}_O$ 。轮 $O$ 内轮缘半径为 $r$ 及外轮缘半径为 $R$ 。求轮 $O$ 速度瞬心及轮 $O$ 最高点的加速度。

**解**：轮 $O$ 做平面运动。由于轮 $O$ 内轮缘底部与水平地面相接触且无相对滑动，则该瞬时轮 $O$ 的速度瞬心为轮缘底部与水平地面的接触点 $A$，如图 8-27(a)所示。轮 $O$ 中心具有水平向右的速度 $\boldsymbol{v}_O$，则轮 $O$ 顺时针转动且角速度为

$$\omega = \frac{v_O}{r}$$

轮$O$转动的角加速度可由上式对时间求导获得，即

$$\alpha = \frac{\mathrm{d}\omega}{\mathrm{d}t} = \frac{1}{r}\frac{\mathrm{d}v_O}{\mathrm{d}t} = \frac{a_O}{r}$$

取轮心$O$为基点，则速度瞬心$A$的加速度为

$$\boldsymbol{a}_A = \boldsymbol{a}_O + \boldsymbol{a}_{AO}^{\tau} + \boldsymbol{a}_{AO}^{\mathrm{n}}$$

其中$\boldsymbol{a}_{AO}^{\tau}$水平向左，大小为$a_{AO}^{\tau} = \alpha r = a_O$，正好与$\boldsymbol{a}_O$大小相等，方向相反；而$a_{AO}^{\mathrm{n}}$竖直向上，大小为$a_{AO}^{\mathrm{n}} = \omega^2 r = v_O^2 / r$。故

$$a_A = a_{AO}^{\mathrm{n}} = \frac{v_O^2}{r}$$

方向为竖直向上，如图 8-27(c)所示。此例说明速度瞬心加速度并不一定为零，即不是加速度瞬心。

同样取轮心$O$为基点，则最高点$B$的加速度为

$$\boldsymbol{a}_B = \boldsymbol{a}_O + \boldsymbol{a}_{BO}^{\tau} + \boldsymbol{a}_{BO}^{\mathrm{n}}$$

其中$\boldsymbol{a}_{BO}^{\tau}$水平向右，大小为$a_{BO}^{\tau} = \alpha R = a_O R / r$；$\boldsymbol{a}_{BO}^{\mathrm{n}}$竖直向下，大小为$a_{BO}^{\mathrm{n}} = \omega^2 R = v_O^2 R / r^2$。故

$$a_{Bx} = a_{BO}^{\tau} + a_O = a_O\left(1 + \frac{R}{r}\right)$$

$$a_{By} = -a_{BO}^{\mathrm{n}} = -\frac{v_O^2 R}{r^2}$$

方向可由方向余弦表示，此处略。

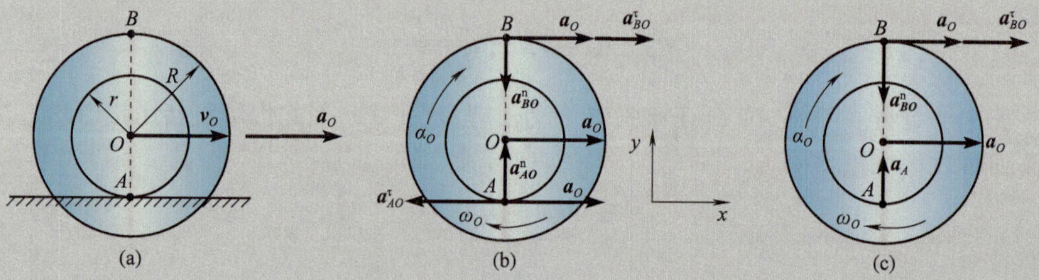


图 8-27

## 例 8-12

图 8-28(a)所示的曲柄连杆机构中，曲柄$AB = r_1 = 20\ \mathrm{cm}$，转速$n_1 = 50\ \mathrm{r/min}$，连杆$BC = l = 45.36\ \mathrm{cm}$，摇杆$CD = r_2 = 40\ \mathrm{cm}$。求在图示位置时，摇杆$CD$的角加速度$\alpha_2$及连杆$BC$的角加速度$\alpha$。

**解：** $AB$杆和$CD$杆分别绕$A$点和$D$点做定轴转动，$BC$杆做平面运动。由于求解摇杆$CD$的角加速度$\alpha_2$及连杆$BC$的角加速度$\alpha$时往往需要用到相应的角速度，因此首先求解摇杆$CD$的角速度$\omega_2$及连杆$BC$的角速度$\omega$，然后求解角加速度。

(1) $AB$杆绕$A$转动，$B$点做圆周运动，$\boldsymbol{v}_B$必定垂直$AB$杆；$CD$杆绕$D$转动，$C$点也做圆周运动，$\boldsymbol{v}_C$必定垂直$CD$杆。$BC$杆做平面运动，在$B$、$C$两点速度方向已知的

情况下，作速度方向的垂线得交点 $P$（即 $AB$ 与 $CD$ 交点），如图 8-28(b)所示，即为 $BC$ 杆的速度瞬心。有

$$\omega = \frac{v_B}{\overline{BP}} = \frac{\omega_1 r_1}{\overline{BP}}$$

其中 $\omega_1 = 2\pi n_1 / 60 = 5.24 \text{ rad/s}$。又

$$v_C = \omega \cdot \overline{PC}$$

$$\omega_2 = \frac{v_C}{\overline{CD}} = \frac{\omega \cdot \overline{PC}}{r_2}$$

其转向由相应的速度方向判断，即 $\omega$ 为顺时针方向，$\omega_2$ 为逆时针方向，见图 8-28(b)。从图中几何关系看出 $\overline{PC} = l$，$\overline{BP} = l\cos 30° / \cos 60° = \sqrt{3}l$，则有

$$\omega = \frac{\omega_1 r_1}{\sqrt{3}l} = 1.33 \text{ rad/s}$$

$$\omega_2 = \frac{\omega l}{r_2} = 1.51 \text{ rad/s}$$

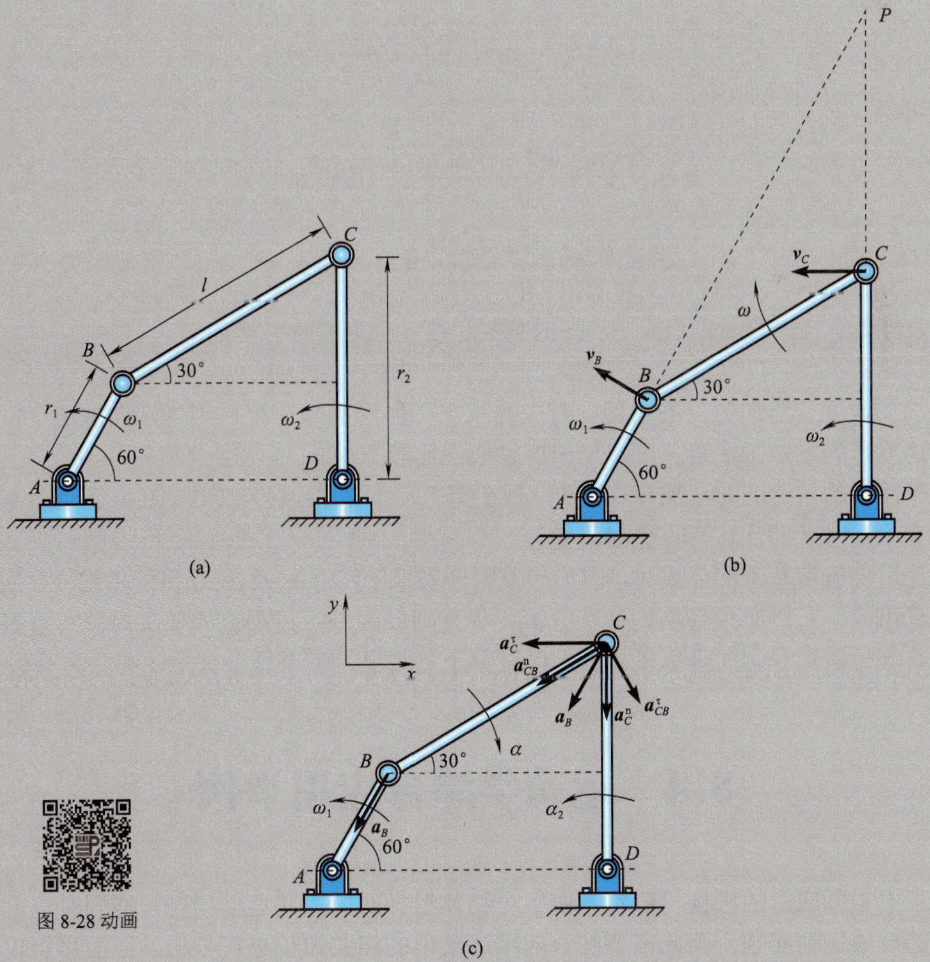


图 8-28 动画

图 8-28

(2) 由于上述推导中 $\overline{BP}$ 是变化的，变化规律不知道，不能将之求导得 $\alpha$，必须根据

加速度公式去求。因为 $B$ 绕 $A$ 做匀速圆周运动，$\boldsymbol{a}_B$ 为已知（大小为 $\omega_1^2 r_1$，方向由 $B$ 指向 $A$），选 $B$ 为基点，则 $C$ 点加速度为

$$\boldsymbol{a}_C = \boldsymbol{a}_B + \boldsymbol{a}_{CB}^{\tau} + \boldsymbol{a}_{CB}^{n}$$

其中 $\boldsymbol{a}_B$ 大小和方向为已知。$C$ 点做圆周运动，则 $\boldsymbol{a}_C$ 可分解为切向和法向两项加速度，即 $\boldsymbol{a}_C = \boldsymbol{a}_C^{\tau} + \boldsymbol{a}_C^{n}$，且 $\boldsymbol{a}_C^{\tau}$ 大小为 $\alpha_2 r_2$，方向垂直 $CD$，其中 $\alpha_2$ 为未知；$\boldsymbol{a}_C^{n}$ 大小为 $\omega_2^2 r_2$，方向由 $C$ 指向 $D$。另基点法中 $\boldsymbol{a}_{CB}^{\tau}$ 大小为 $\alpha l$，方向垂直 $BC$，其中 $\alpha$ 为未知；$\boldsymbol{a}_{CB}^{n}$ 大小为 $\omega^2 l$，方向由 $C$ 指向 $B$。

综上所述，其中仅 $\alpha_2$ 及 $\alpha$ 两个未知。在 $C$ 点画加速度矢量图，如图 8-28(c) 所示，$\boldsymbol{a}_{CB}^{\tau}$ 与 $\boldsymbol{a}_C^{\tau}$ 的指向假设。将以 $B$ 为基点表示的 $C$ 点加速度在 $x$ 及 $y$ 轴上投影得方程

$$-a_C^{\tau} = -a_B \sin 30° + a_{CB}^{\tau} \sin 30° - a_{CB}^{n} \cos 30°$$

$$-a_C^{n} = -a_B \cos 30° - a_{CB}^{\tau} \cos 30° - a_{CB}^{n} \sin 30°$$

即

$$\alpha_2 r_2 = \frac{1}{2}\omega_1^2 r_1 - \frac{1}{2}\alpha l + \frac{\sqrt{3}}{2}\omega^2 l$$

$$\omega_2^2 r_2 = \frac{\sqrt{3}}{2}\omega_1^2 r_1 + \frac{\sqrt{3}}{2}\alpha l + \frac{1}{2}\omega^2 l$$

求解可得

$$\alpha = \frac{2\omega_2^2 r_2 - \omega^2 l - \sqrt{3}\omega_1^2 r_1}{\sqrt{3} l} = -10.80 \text{ rad/s}^2$$

$$\alpha_2 = \frac{\omega_1^2 r_1 - \alpha l + \sqrt{3}\omega^2 l}{2 r_2} = 14.70 \text{ rad/s}^2$$

$\alpha$ 的负号表示指向设反，表示 $BC$ 杆的角加速度 $\alpha$ 应为逆时针转向。

**讨论：**

求加速度、角加速度的问题，首先需求出平面形的角速度，因为法向加速度中必须把角速度作为已知。求角速度以用速度瞬心法比较方便。

平面形的角速度与角加速度，不管画在哪里，需按时针转向为准。在本题中所画的 $\omega$ 及 $\alpha$ 都是顺时针的，这一点务必清楚。

运用加速度基点法公式时，因为涉及四个矢量，其中 $\boldsymbol{a}_B$ 及 $\boldsymbol{a}_C$ 还可能由切向、法向两个矢量组成，所以必须仔细地逐个分析。矢量图要画好，投影公式要写对。写投影方程时应将等号两边分别向坐标轴投影，区分哪个是矢量，哪个是合矢量，哪些是分矢量。

## 8.4 运动学综合应用举例

工程中实际应用的机构一般都是由多个物体组合而成，其运动问题可能同时包含平面运动和点的合成运动问题，因此需要综合应用运动学的相关知识进行分析。下面举例说明这些方法的综合应用。

**例 8-13**

图 8-29(a)所示平面机构，$AB$ 杆的 $A$ 端与齿轮中心铰结，齿轮在齿条带动下向上滚动，其中心的速度为常数 $v_A = 16\ \text{cm/s}$。$AB$ 杆的 $B$ 端在可绕 $O$ 轴转动的套筒内，并可沿筒内滑动，尺寸如图所示，求在图示瞬时 $AB$ 杆的角速度和角加速度。

图 8-29(a)动画

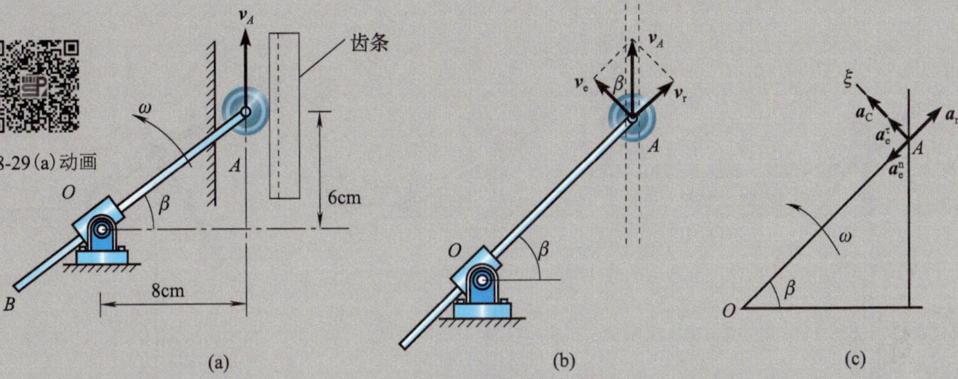


图 8-29

**解：**从运动关系考察，$A$ 点在竖直方向做直线运动，$AB$ 杆做平面运动且可在套筒中滑动，$OA$ 的距离随时间将发生改变，套筒 $O$ 做定轴转动，其转动快慢和 $AB$ 杆一样。选 $A$ 点为动点，套筒为动系，相对轨迹为 $AB$，则速度合成公式为

| | $\boldsymbol{v}_A$ | = | $\boldsymbol{v}_e$ | + | $\boldsymbol{v}_r$ |
|---|---|---|---|---|---|
| 大小 | $v_A$ | | $\omega\overline{OA}$ | | ? |
| 方向 | √ | | √ | | √ |

作速度四边形如图 8-29(b)所示，则由图中几何关系可得

$$v_e = v_A\cos\beta = 16\ \text{cm/s}\times\frac{8}{\sqrt{8^2+6^2}} = 12.8\ \text{cm/s}$$

$$v_r = v_A\sin\beta = 16\ \text{cm/s}\times\frac{6}{\sqrt{8^2+6^2}} = 9.6\ \text{cm/s}$$

$$\omega = \frac{v_e}{\overline{OA}} = \frac{12.8\ \text{cm/s}}{10\ \text{cm}} = 1.28\ \text{rad/s}$$

转向为逆时针方向。

加速度合成公式为

| | $\boldsymbol{a}_A$ | = | $\boldsymbol{a}_e$ | + | $\boldsymbol{a}_r$ | + | $\boldsymbol{a}_C$ |
|---|---|---|---|---|---|---|---|
| 大小 | 0 | | ? | | ? | | $2\omega v_r$ |
| 方向 | √ | | √ | | √ | | √ |

其中 $\boldsymbol{a}_e = \boldsymbol{a}_e^\tau + \boldsymbol{a}_e^n$，$a_e^\tau = \alpha\overline{OA}$，其中 $\alpha$ 为待求量；$a_e^n = \omega^2\overline{OA}$。各加速度方向如图 8-29(c)所示。将上式在垂直于 $AB$ 杆的方向投影，有

$$0 = a_e^\tau + a_C = \alpha\overline{OA} + 2\omega v_r$$

求解可得

$$\alpha = -2.46\ \text{rad/s}^2$$

**例 8-14**

图 8-30(a)所示平面机构，$A$ 点匀速运动，速度 $v_A = 0.2\ \mathrm{m/s}$，$AB = 0.4\ \mathrm{m}$，图示瞬时 $AE = EB$，$AB$ 与水平夹角为30°。求此时：(1) $AB$ 杆上的 $E$ 点速度和滑块 $E$ 的速度；(2) $AB$ 转动的角加速度；(3) $ED$ 杆的加速度。

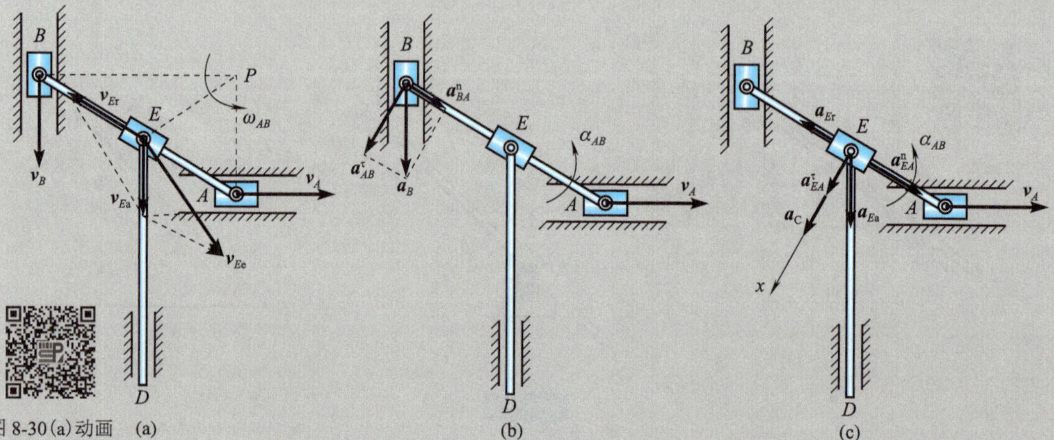


图 8-30(a)动画

图 8-30

**解**：$AB$ 杆做平面运动，$ED$ 做平动。$A$ 点和 $B$ 点分别限制在水平和竖直滑槽中运动。则易知 $AB$ 杆速度瞬心为 $P$ 点，如图 8-30(a)所示，故

$$\omega_{AB} = \frac{v_A}{PA} = 1\ \mathrm{rad/s}$$

$AB$ 杆上 $E$ 点的速度为

$$v_E = \omega_{AB}\overline{PE} = 0.2\ \mathrm{m/s}$$

取 $ED$ 杆上套筒 $E$ 为动点，$AB$ 杆为动系，则速度合成公式为

| | $\boldsymbol{v}_{Ea}$ | = | $\boldsymbol{v}_{Ee}$ | + | $\boldsymbol{v}_{Er}$ |
|---|---|---|---|---|---|
| 大小 | ? | | $v_E$ | | ? |
| 方向 | √ | | √ | | √ |

其中 $v_{Ee} = v_E = 0.2\ \mathrm{m/s}$。由图 8-30(a)中几何关系可得

$$v_{Ea} = v_{Er} = \frac{v_{Ee}}{2\cos 30^\circ} = \frac{\sqrt{3}}{15}\ \mathrm{m/s}$$

取 $A$ 为基点，研究 $B$ 点，则加速度方向如图 8-30(b)所示，加速度合成公式为

| | $\boldsymbol{a}_B$ | = | $\boldsymbol{a}_A$ | + | $\boldsymbol{a}_{BA}^{\mathrm{n}}$ | + | $\boldsymbol{a}_{BA}^{\tau}$ |
|---|---|---|---|---|---|---|---|
| 大小 | ? | | 0 | | $\omega_{AB}^2\overline{AB}$ | | ? |
| 方向 | √ | | √ | | √ | | √ |

由图 8-30(b)中几何关系可得

$$a_{BA}^{\tau} = a_{BA}^{\mathrm{n}}\cot 30^\circ = \frac{2\sqrt{3}}{5}\ \mathrm{m/s^2}$$

$$\alpha_{AB} = \frac{a_{BA}^{\tau}}{AB} = \sqrt{3}\ \mathrm{rad/s^2}$$

取 $A$ 为基点，研究 $AB$ 杆上 $E$ 点，则加速度方向如图 8-30(c)所示，加速度合成公式为

$$\begin{array}{cccccccc} & \boldsymbol{a}_E & = & \boldsymbol{a}_A & + & \boldsymbol{a}_{EA}^{\mathrm{n}} & + & \boldsymbol{a}_{EA}^{\tau} \\ \text{大小} & ? & & 0 & & \omega_{AB}^2\overline{EA} & & \alpha_{AB}\overline{EA} \\ \text{方向} & \surd & & \surd & & \surd & & \surd \end{array}$$

此外，取 $ED$ 杆上套筒 $E$ 为动点，$AB$ 杆为动系，则 $AB$ 杆上 $E$ 点为牵连点参考图 8-30(c)中所示各加速度方向，则加速度合成公式为

$$\begin{array}{cccccccc} & \boldsymbol{a}_{Ea} & = & \boldsymbol{a}_E & + & \boldsymbol{a}_{Er} & + & \boldsymbol{a}_{\mathrm{C}} \\ \text{大小} & ? & & ? & & ? & & 2\omega_{AB}v_{Er} \\ \text{方向} & \surd & & \surd & & \surd & & \surd \end{array}$$

联立上两式可得

$$\begin{array}{cccccccccc} & \boldsymbol{a}_{Ea} & = & \boldsymbol{a}_{EA}^{\mathrm{n}} & + & \boldsymbol{a}_{EA}^{\tau} & + & \boldsymbol{a}_{Er} & + & \boldsymbol{a}_{\mathrm{C}} \\ \text{大小} & ? & & \omega_{AB}^2\overline{EA} & & \alpha_{AB}\overline{EA} & & ? & & 2\omega_{AB}v_{Er} \\ \text{方向} & \surd & & \surd & & \surd & & \surd & & \surd \end{array}$$

沿 $Ex$ 方向投影可得

$$a_{Ea}\cos 30° = a_{EA}^{\tau} + a_{\mathrm{C}}$$

求解可得

$$a_{ED} = a_{Ea} = \frac{2}{3}\ \mathrm{m/s^2}$$

方向如图 8-30(c)所示。

**例 8-15**

图 8-31(a)所示平面机构，$AB$ 杆被限制在水平滑槽中，以速度 $\boldsymbol{v}$ 匀速向右运动。$AB$ 杆 $B$ 端铰结一套筒，并套在绕 $O$ 转动的杆 $OC$ 上。已知 $AB$ 和 $OE$ 两平行线间的距离为 $b$，且在图示瞬时有 $\gamma = 60°$、$\beta = 30°$ 以及 $OD = BD$，求杆 $OC$ 的角速度和角加速度、滑块 $E$ 的速度和加速度。

**解：** $AB$ 杆做平动，$OC$ 杆做定轴转动，$DE$ 杆做平面运动，滑块 $E$ 限定在水平滑槽内运动。

取 $AB$ 杆上套筒 $B$ 为动点，$OC$ 杆为动系，则速度合成公式有

$$\begin{array}{cccccc} & \boldsymbol{v}_B & = & \boldsymbol{v}_{\mathrm{e}} & + & \boldsymbol{v}_{\mathrm{r}} \\ \text{大小} & v & & ? & & ? \\ \text{方向} & \surd & & \surd & & \surd \end{array}$$

由图 8-31(a)中几何关系可得

$$v_{\mathrm{e}} = v_B\cos 30° = \frac{\sqrt{3}}{2}v$$

$$v_{\mathrm{r}} = v_B\sin 30° = \frac{1}{2}v$$

从而可得 $OB$ 杆转动角速度为

$$\omega_{OB}=\frac{v_e}{\overline{OB}}=\frac{3v}{4b}$$

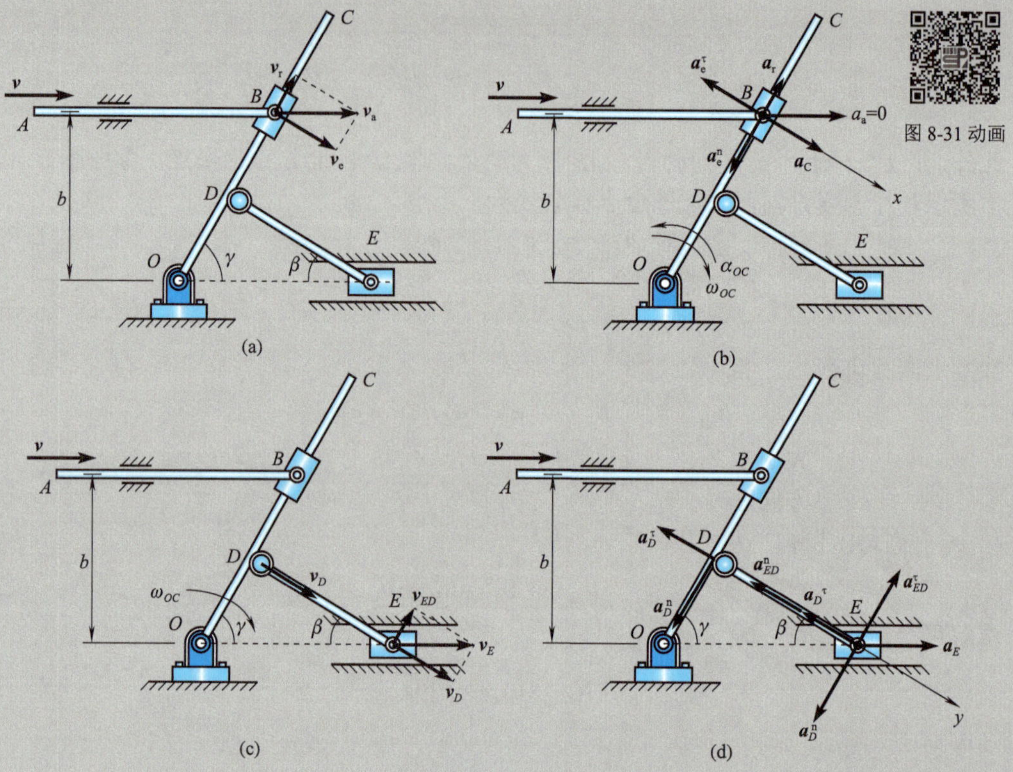


图 8-31

取 $AB$ 杆上套筒 $B$ 为动点，$OC$ 杆为动系，如图 8-31(b) 所示，则加速度合成公式有

| | $\boldsymbol{a}_B$ | = | $\boldsymbol{a}_e^n$ | + | $\boldsymbol{a}_e^\tau$ | + | $\boldsymbol{a}_r$ | + | $\boldsymbol{a}_C$ |
|---|---|---|---|---|---|---|---|---|---|
| 大小 | 0 | | $\omega_{OC}^2\overline{OB}$ | | ? | | ? | | $2\omega_{OC}v_r$ |
| 方向 | √ | | √ | | √ | | √ | | √ |

其中 $a_e^\tau=\alpha_{OC}\overline{OB}$，且 $\alpha_{OC}$ 未知。将上式沿着垂直于 $OC$ 杆的方向投影，有

$$0=-a_e^\tau+a_C$$

求得

$$a_e^\tau=a_C=2\omega_{OC}v_r=\frac{3v^2}{4b}$$

因此 $OC$ 杆角加速度 $\alpha_{OC}$ 为

$$\alpha_{OC}=\frac{a_e^\tau}{\overline{OB}}=\frac{3v^2}{4b}$$

$DE$ 做平面运动，取杆上 $D$ 为基点，如图 8-31(c) 所示则 $E$ 点速度为

| | $\boldsymbol{v}_E$ | = | $\boldsymbol{v}_D$ | + | $\boldsymbol{v}_{ED}$ |
|---|---|---|---|---|---|
| 大小 | ? | | $\omega_{OC}\overline{OD}$ | | ? |
| 方向 | √ | | √ | | √ |

由几何关系可得

$$v_E = \frac{v_D}{\cos 30°} = \frac{\omega_{OC}\overline{OD}}{\cos 30°} = \frac{1}{2}v$$

$$v_{ED} = v_E \sin 30° = \frac{1}{4}v$$

同样取杆上 $D$ 为基点，如图 8-31(d)所示，则 $E$ 点加速度为

$$\boldsymbol{a}_E = \boldsymbol{a}_D^{\mathrm{n}} + \boldsymbol{a}_D^{\tau} + \boldsymbol{a}_{ED}^{\mathrm{n}} + \boldsymbol{a}_{ED}^{\tau}$$

| | $\boldsymbol{a}_E$ | $\boldsymbol{a}_D^{\mathrm{n}}$ | $\boldsymbol{a}_D^{\tau}$ | $\boldsymbol{a}_{ED}^{\mathrm{n}}$ | $\boldsymbol{a}_{ED}^{\tau}$ |
|---|---|---|---|---|---|
| 大小 | ? | $\omega_{OC}^2\overline{OD}$ | $\alpha_{OC}\overline{OD}$ | $\dfrac{v_{DE}^2}{DE}$ | ? |
| 方向 | √ | √ | √ | √ | √ |

沿 $DE$ 方向投影可得

$$a_E \cos 30° = -a_{ED}^{\mathrm{n}} - a_D^{\tau}$$

求解可得

$$a_E = \frac{-a_{ED}^{\mathrm{n}} - a_D^{\tau}}{\cos 30°} = -\frac{7v^2}{8\sqrt{3}b}$$

负号表示 $E$ 点加速度方向与图 8-31(d)所示方向相反。

## 习　题

8-1　半径为 $r$ 的齿轮由曲柄 $OA$ 带动，沿着半径为 $R$ 的固定齿轮滚动，如图所示。如曲柄 $OA$ 以匀角加速度 $\alpha$ 绕 $O$ 轴转动，当运动开始时，角速度 $\omega_0 = 0$，转角 $\varphi = 0$，求动齿轮以中心 $A$ 为基点的平面运动方程。

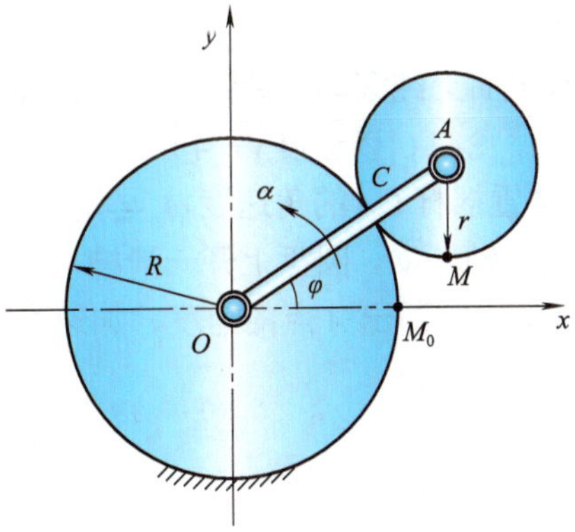


题 8-1 图

8-2　如图所示，半径为 $r$ 的圆柱 $A$ 缠以细绳，绳子的 $B$ 端固定在天花板上。圆柱自静止落下，其轴心的速度 $v = 2\sqrt{3gh}/3$，其中 $g$ 为常量，$h$ 为圆柱轴心到初始位置的距离。求圆柱的平面运动方程。

8-3　图示系统，半径为 $R$ 的圆盘沿水平面纯滚动，圆心 $C$ 速度为 $\boldsymbol{v}$，试在图上画出 $A$、$B$ 两点速度的方向及 $AB$ 杆速度瞬心的位置。

8-4　图示平面机构，$OA = O_1B = CD = 2r$，曲柄 $OA$ 以匀角速度 $\omega$ 绕 $O$ 转动，半径为 $r$ 的 $D$ 轮沿水平面纯滚动，图示位置 $O_1A = AB = r$，求此瞬时 $D$ 轮的角速度 $\omega_D$ 和角加速度 $\alpha_D$ 分别为多少，在图上标出转向。

8-5 如图所示，$AB=CD=r$，瞬时角速度 $\omega_0$，角加速度 $\alpha$ 已知，转向如图，试求杆 $EF$ 中点 $M$ 的速度 $\boldsymbol{v}_M$ 和加速度 $\boldsymbol{a}_M$（方向标在图上）。

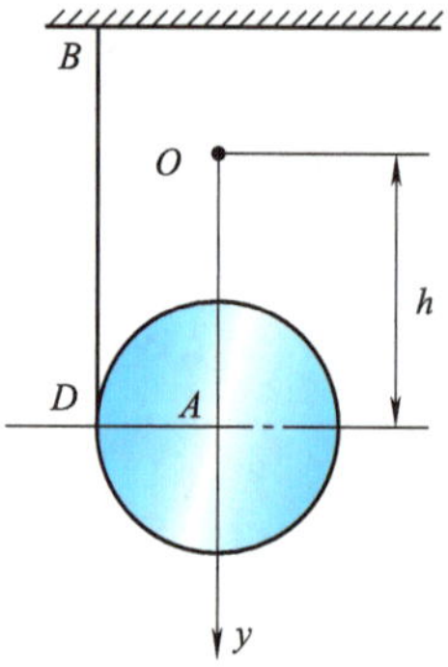


题 8-2 图

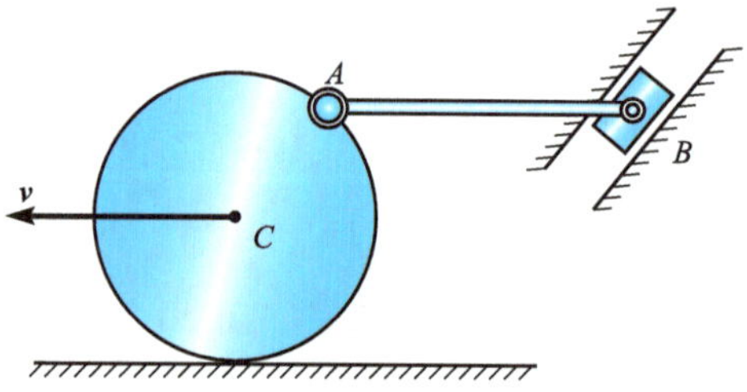


题 8-3 图

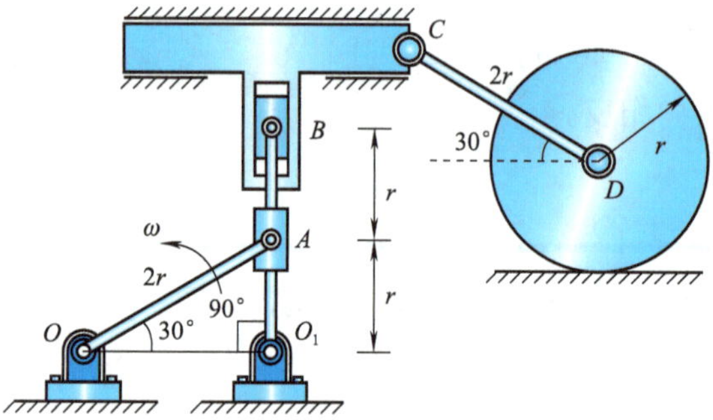


题 8-4 图

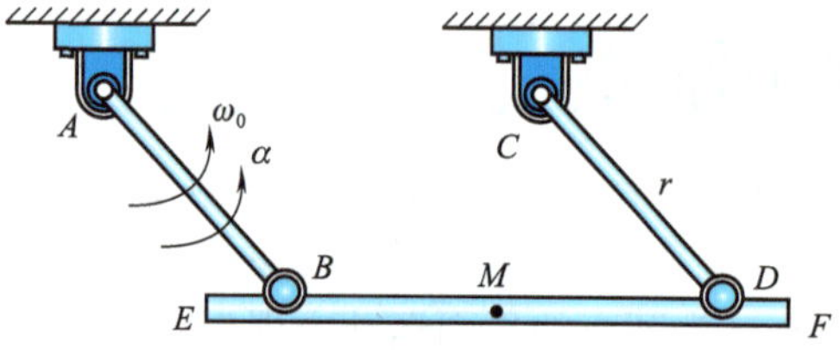


题 8-5 图

8-6 如图所示，轮 $C$ 在水平面上纯滚动，销钉 $C$ 固结在圆轮的中心 $C$ 上，此销钉在摇杆内滑动，并带动摇杆绕 $O$ 轴转动，轮心 $C$ 以速度 $v=4$ m/s 在水平面上匀速运动。$OC=2\sqrt{3}$ m，$\theta=60°$，$R=1$ m，求在图示位置摇杆 $OA$ 的角速度 $\omega_0$ 与角加速度 $\alpha_0$ 各为多少？

8-7 圆盘以匀角速度 $\omega$ 绕 $O$ 轴转动，圆盘上开一滑槽，动点 $A$ 在槽内运动的速度和加速度分别为 $\boldsymbol{v}_r$、$\boldsymbol{a}_r$，方向如图所示。试画出 $A$ 点的速度、加速度关系图。

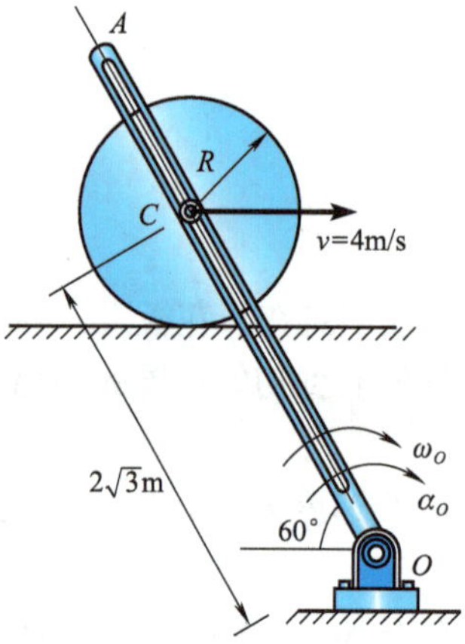


题 8-6 图

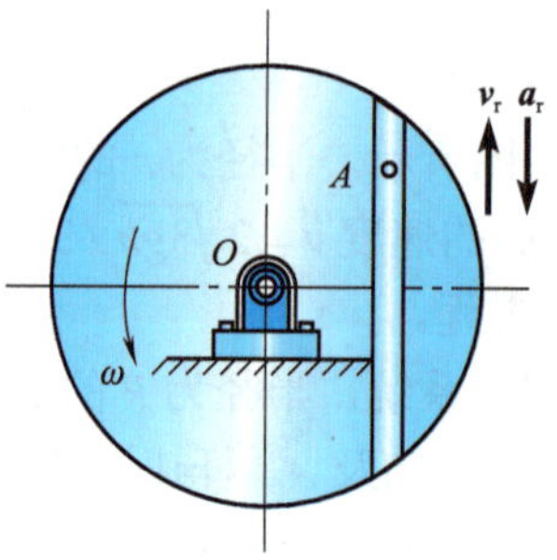


题 8-7 图

8-8 图示曲柄 $OA$ 长为 $r$，以匀角速度 $\omega$ 绕 $O$ 轴转动，杆长 $l=2r$。当 $OA$ 垂直于 $OB$ 时，

求 $\omega_{AB}$ 和 $AB$ 杆中点 $C$ 的速度。

8-9　图示曲柄连杆机构中，曲柄 $OA = 40\ \text{cm}$，连杆 $AB = 100\ \text{cm}$。曲柄 $OA$ 绕 $O$ 轴做匀速转动，其转速 $n = 180\ \text{r/min}$。当曲柄与水平线间成 $45°$ 角时，求连杆的角速度及其中点 $M$ 的速度。

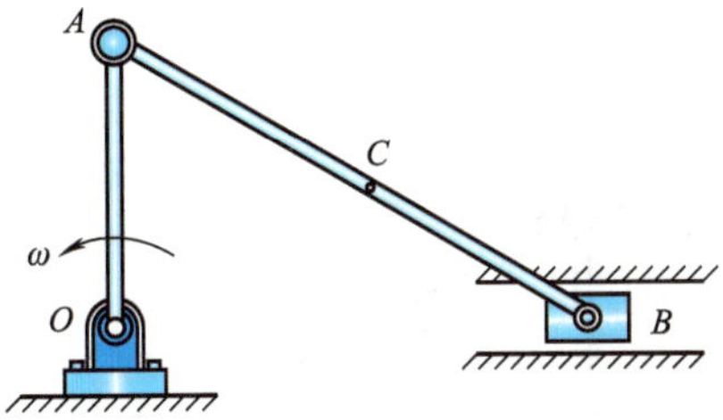


题 8-8 图

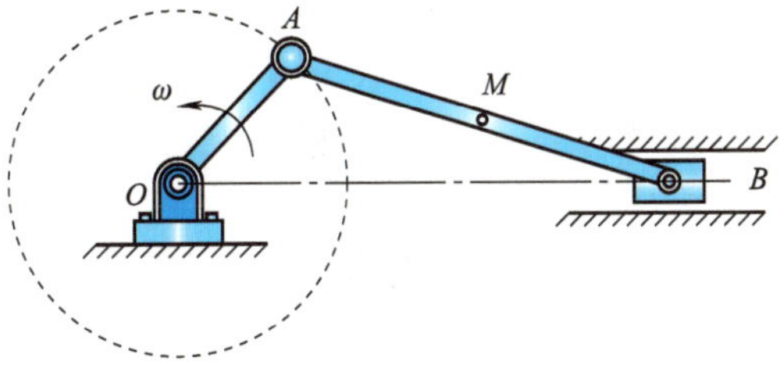


题 8-9 图

8-10　机构在图示位置时，曲柄 $O'A$ 垂直于 $AB$，$AB$ 平行于 $O'O$，已知 $BC = BO$，试求 $A$、$D$ 两点微小位移之间的关系。

8-11　绕线轮沿水平面滚动而不滑动，轮的半径为 $R$。在轮上有圆柱部分，其半径为 $r$，将线绕于圆柱上，线的 $B$ 端以速度 $\boldsymbol{u}$ 与加速度 $\boldsymbol{a}$ 沿水平方向运动，求绕线轮轴心 $O$ 的速度和加速度。

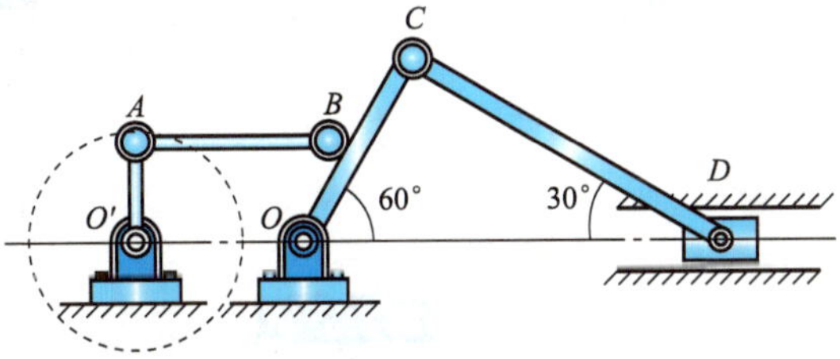


题 8-10 图

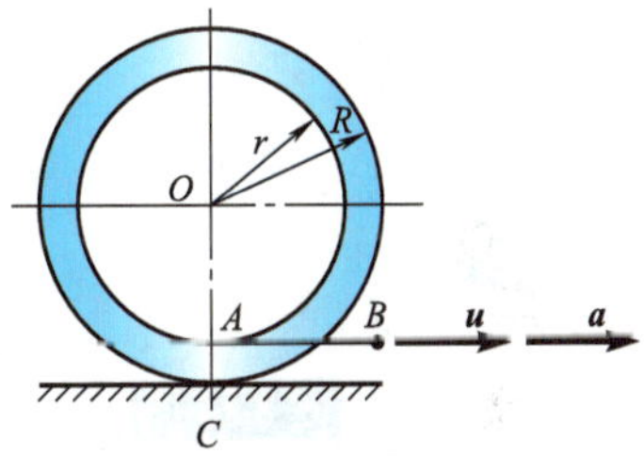


题 8-11 图

8-12　图示曲柄长 $OA = 20\ \text{cm}$，绕 $O$ 以匀角速度 $\omega_0 = 10\ \text{rad/s}$ 转动，此曲柄带动连杆 $AB$，使连杆端点的滑块 $B$ 沿着铅垂方向运动，如连杆长 $AB = 100\ \text{cm}$，求当曲柄与连杆相互垂直并与水平线间各成 $\alpha = 45°$ 和 $\beta = 45°$ 时，连杆 $AB$ 的角速度、角加速度及滑块 $B$ 的加速度。

8-13　四连杆机构 $OABO_1$ 中，$OO_1 = OA = O_1B = 10\ \text{cm}$，$OA$ 以匀角速度 $\omega = 2\ \text{rad/s}$ 转动，当 $\varphi = 90°$ 时，$O_1B$ 和 $OO_1$ 在同一条直线上。求：(1) $AB$ 和 $O_1B$ 的角速度；(2) $AB$ 和 $O_1B$ 的角加速度。

8-14　图示机构，曲柄 $OA$ 以匀角速度 $\omega$ 绕 $O$ 轴逆时针转动，已知 $OA = r$、$OO_1 = \sqrt{3}r$、$AB = 2r$。当 $OA$ 运动到水平位置时，$AB$ 杆也处于水平。求此瞬时：(1)滑块 $B$ 的速度；(2)摇杆 $O_1C$ 的角速度和角加速度。

8-15　曲柄连杆机构 $OAB$ 通过滑块 $D$ 带动摇杆 $EH$ 绕 $E$ 轴摆动，如图所示，在连杆 $ABD$ 上装有两个滑块，滑块 $B$ 沿水平槽滑动，而滑块 $D$ 则沿摇杆 $EH$ 滑动。已知：曲柄 $OA$ 以匀角速度 $\omega$ 逆时针转动，$OA = AB = BD = l$。在图示位置时，$\varphi = 30°$，$EH$ 垂直于 $OE$。试求该瞬时摇杆 $EH$ 的角速度和角加速度。

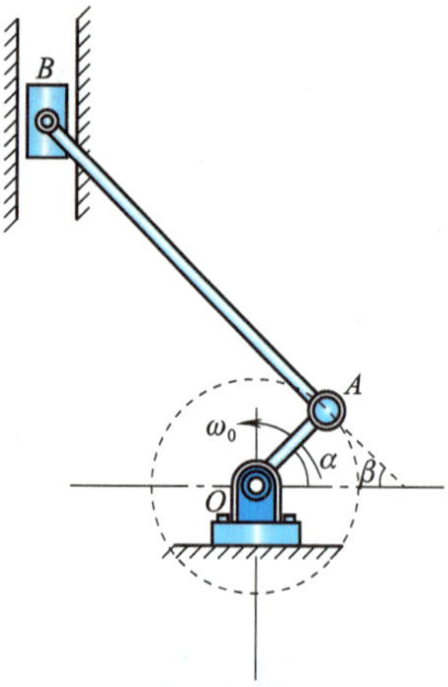


题 8-12 图

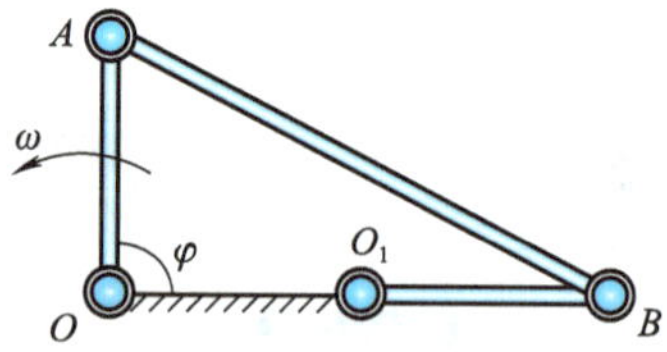


题 8-13 图

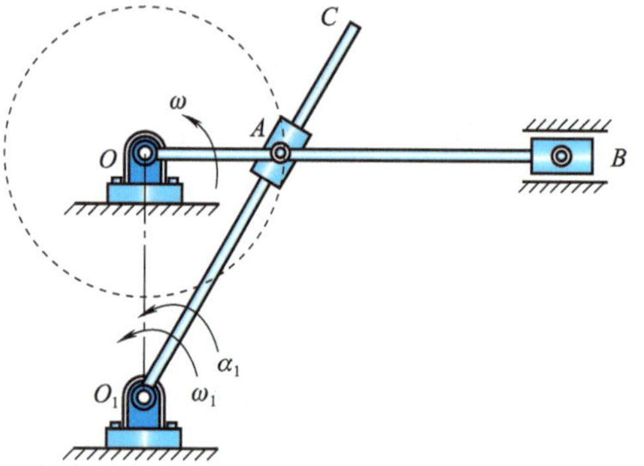


题 8-14 图

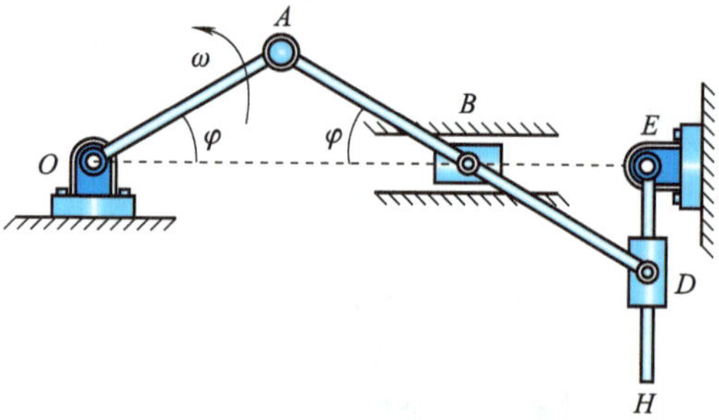


题 8-15 图

8-16　图示机构中，连杆 $AE$ 穿过套筒 $B$ 后与套筒 $E$ 铰接。套筒 $E$ 可沿摇杆 $ED$ 滑动，从而带动摇杆摆动。已知曲柄 $OA$ 做匀速转动，其转速 $n=120$ r/min；机构在图示位置时 $OA=150$ mm，$AB=BE=400$ mm，$ED=300$ mm。$OA$、$ED$ 都在铅垂位置，试求此时摇杆 $ED$ 的角速度和角加速度。

8-17　滑块 $A$ 以匀速 $v_A=0.6$ m/s 沿铅直导槽向下运动，滑块 $B$ 沿水平导槽滑动，套筒 $D$ 在 $AB$ 杆上滑动。图示瞬时 $AB$ 杆与导槽成45°角，$ED$ 杆处于水平位置，求该瞬时 $ED$ 杆的角速度和角加速度。

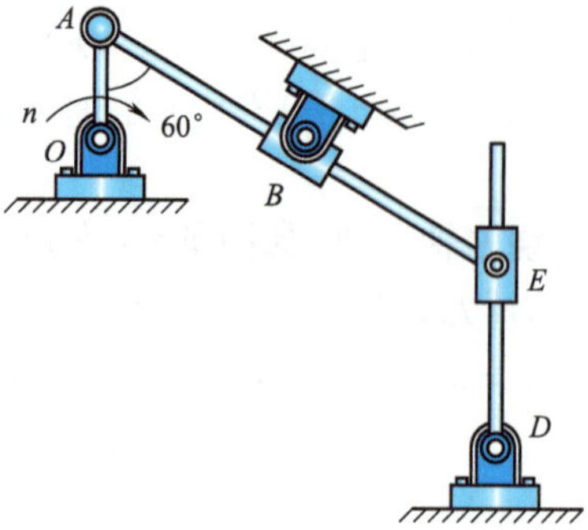


题 8-16 图

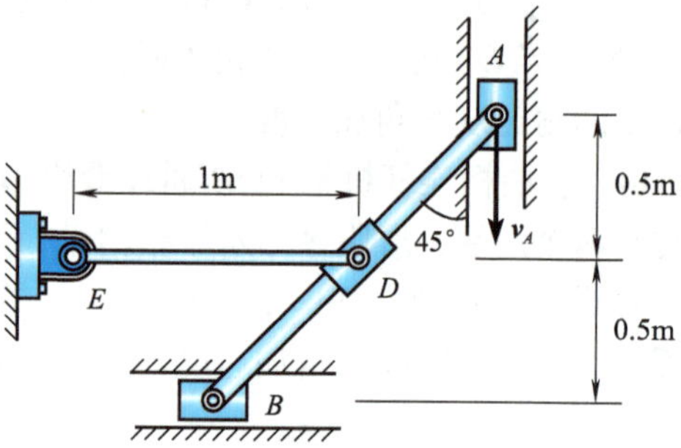


题 8-17 图

8-18　平面四连杆机构 $ABCD$ 的尺寸和位置如图所示。若杆 $AB$ 以匀角速度 $\omega=1$ rad/s 绕 $A$ 转动，求 $C$ 点的加速度。

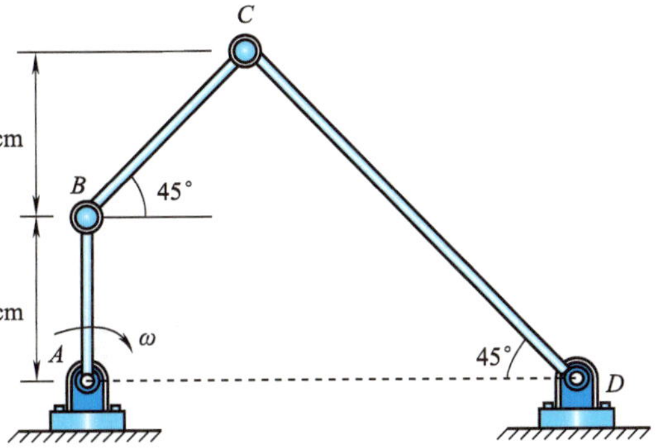


题 8-18 图

8-19　图示四种刨床，已知曲柄 $O_1A=a$，以角速度 $\omega$ 转动，$b=4a$。求在图示位置时，滑枕 $CD$ 平动的速度和加速度。

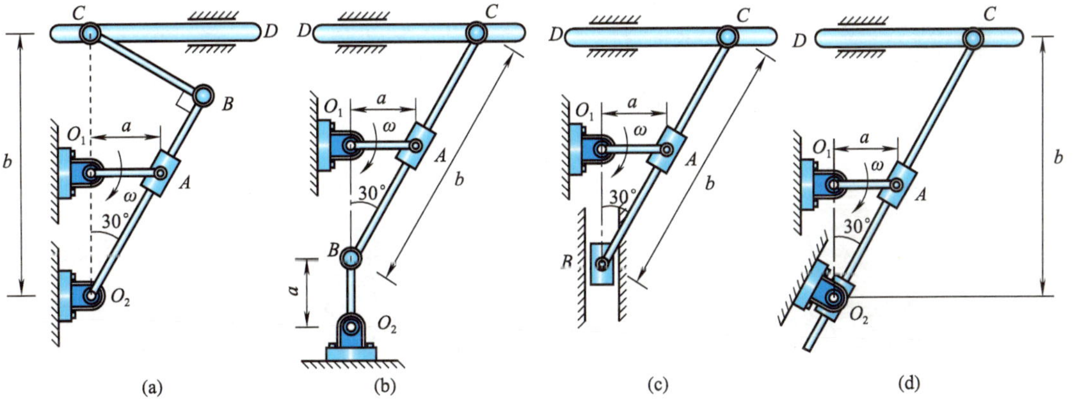


题 8-19 图

8-20　轻型杠杆式推钢机如图所示，曲柄 $OA$ 借连杆 $AB$ 带动摇杆 $O_1B$ 绕 $O_1$ 轴摆动，杆 $EC$ 以铰链与套筒 $C$ 相连，套筒 $C$ 可沿杆 $O_1B$ 滑动，摇杆摆动时带动杆 $EC$ 推动钢材。已知 $OA=a$，$AB=\sqrt{3}a$，$O_1B=2b/3$，在图示位置时，$BC=4b/3$，$\omega_{OA}=0.5$ rad/s，$a=0.2$ m 及 $b=1$ m。求：(1) 滑块 $C$ 的绝对速度和相对于摇杆 $O_1B$ 的速度；(2) 滑块 $C$ 的绝对加速度和相对于摇杆 $O_1B$ 的加速度。

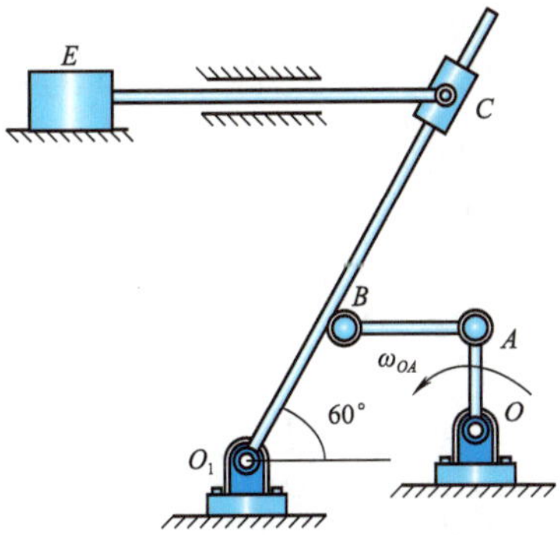


题 8-20 图

第 8 章参考答案

# 第三篇

# 动力学

动力学主要研究作用于物体的力与物体运动的关系，研究对象是运动速度远小于光速的宏观物体。动力学是物理学和天文学的基础，也是许多工程学科的基础。动力学的研究以牛顿运动定律为基础，是经典力学的一部分，基本内容包括质点动力学、质点系动力学、刚体动力学、达朗伯原理、虚位移原理等。动力学普遍定理是质点系动力学的基本定理，它包括动量定理、动量矩定理、动能定理，以及由这三个基本定理推导出来的其他一些定理。

# 第 9 章

# 质点动力学的基本方程

内容提要

质点动力学研究作用于质点上的力与质点运动之间的一般关系。质点是物体最简单、最基本的模型，是构成复杂物体系统的基础。本章根据动力学基本定律得出质点动力学的基本方程，运用微积分方法，求解一个质点的动力学问题。

## 9.1 动力学的基本定律

质点动力学的基础是牛顿三大定律，这些定律是在 1687 年由牛顿撰写的《自然哲学的数学原理》一书中总结提出。具体内容阐述如下。

**第一定律（惯性定律）**

不受力作用的质点将保持静止或做匀速直线运动。不受力作用的质点（包括受平衡力系作用的质点），不是处于静止状态，就是保持其原有的速度（包括大小和方向）不变，这种性质称为惯性。

**第二定律（力与加速度之间的关系定律）**

第二定律可以表示为

$$\frac{\mathrm{d}}{\mathrm{d}t}(m\boldsymbol{v})=\boldsymbol{F} \tag{9-1}$$

式中，$m$ 为质点的质量，$\boldsymbol{v}$ 为质点的速度，而 $\boldsymbol{F}$ 为质点所受的力。在经典力学范围内，质点的质量是守恒的，上式可写为

$$m\boldsymbol{a}=\boldsymbol{F} \tag{9-2}$$

即质点的质量与加速度的乘积等于作用于质点的力的大小，加速度的方向与力的方向相同。

式(9-2)是第二定律的数学表达式，它是质点动力学的基本方程，建立了质点的加速度、质量与作用力之间的定量关系。当质点上受到多个力作用时，式(9-2)中 $\boldsymbol{F}$ 应为此汇交力系的合力。

式(9-2)表明，质点的质量越大，其运动状态越不容易改变，也就是质点的惯性越大。因此，质量是质点惯性的度量。

在地球表面，任何物体都受到重力 $\boldsymbol{P}$ 的作用。在重力作用下得到的加速度称为重力加速度，用 $\boldsymbol{g}$ 表示。根据第二定律有

$$P = mg \text{ 或 } m = \frac{P}{g}$$

根据国际计量委员会规定的标准，重力加速度的数值为 9.80665 m/s$^2$，一般取 9.81 m/s$^2$。实际上在不同的地区，$g$ 的数值有些微小的差别。

在国际单位制(SI)中，长度、质量和时间的单位是基本单位，分别取为 m(米)、kg(千克)和 s(秒)；力的单位是导出单位。质量为 1kg 的质点，获得 1m/s$^2$ 的加速度时，作用于该质点的力为 1N(牛[顿])，即

$$1\text{N} = 1\text{kg} \times 1\text{m}/\text{s}^2$$

**第三定律(作用于反作用定律)**

两个物体间的作用力与反作用力总是大小相等，方向相反，沿着同一直线，且同时分别作用在这两个物体上。这一定律就是静力学的公理四，它不仅适用于平衡的物体，而且也适用于任何运动的物体。

质点动力学的三个基本定律是在观察天体运动和生产实践中的一般机械运动的基础上总结出来的，需要满足牛顿力学的基本假设：①空间是绝对的，可以认为是数学上的抽象空间，和空间内的填充物质无关；②时间是连续的、均匀流逝的、无穷无尽的；③时间和空间无关；④时间和运动状态无关；⑤物体的质量和物体的运动状态无关。广义相对论在第一条假设上有突破，狭义相对论突破了第三、四、五条假设。

牛顿运动定律只适用于惯性参考系。孤立质点相对它静止或做匀速直线运动的参考系为惯性参考系。在非惯性参考系中牛顿运动定律不适用，因为不受外力的物体在该参考系中也可能具有加速度，与牛顿第一运动定律相悖；只有在惯性参考系中牛顿运动定律才适用。在一般的工程问题中，把固定于地面的坐标系或相对于地面做匀速直线平移的坐标系作为惯性参考系，可以得到相当精确的结果。在研究人造卫星的轨道、洲际导弹的弹道等问题时，地球自转的影响不可忽略，则应选取以地心为原点，三轴指向三个恒星的坐标系作为惯性参考系。在研究天体的运动时，地心运动的影响也不可忽略，又需取太阳为中心，三轴指向三个恒星的坐标系作为惯性参考系。本书中，如无特别说明，均取固定在地球表面的坐标系为惯性参考系。

## 9.2　质点的运动微分方程

### 9.2.1　质点运动微分方程的 3 种形式

质点受到 $n$ 个力 $\boldsymbol{F}_1$，$\boldsymbol{F}_2$，…，$\boldsymbol{F}_n$ 作用时，由质点动力学第二定律，有

$$m\boldsymbol{a} = \sum_{i=1}^{n} \boldsymbol{F}_i \tag{9-3}$$

即质点的质量与加速度的乘积等于作用于质点上的力系的合力。根据式(9-3)，质点在惯性参

考系的运动微分方程有如下三种形式。

**1. 质点运动微分方程的矢量形式**

$$m\frac{\mathrm{d}^2\boldsymbol{r}}{\mathrm{d}t^2}=\sum_{i=1}^{n}\boldsymbol{F}_i \tag{9-4}$$

式中，$\boldsymbol{r}$ 为质点的位矢。

**2. 质点运动微分方程的直角坐标形式**

设矢径 $\boldsymbol{r}$ 在直角坐标系上的投影分别为 $x$、$y$、$z$，力 $\boldsymbol{F}_i$ 在轴上的投影分别为 $F_{xi}$、$F_{yi}$、$F_{zi}$，则式(9-4)在直角坐标形式可表达为

$$m\frac{\mathrm{d}^2x}{\mathrm{d}t^2}=\sum_{i=1}^{n}F_{xi}\,,\quad m\frac{\mathrm{d}^2y}{\mathrm{d}t^2}=\sum_{i=1}^{n}F_{yi}\,,\quad m\frac{\mathrm{d}^2z}{\mathrm{d}t^2}=\sum_{i=1}^{n}F_{zi} \tag{9-5}$$

**3. 质点运动微分方程的弧坐标形式**

由点的运动学知，点的全加速度 $\boldsymbol{a}$ 在切线与主法线构成的密切面内，点的加速度在副法线上的投影等于零，即

$$\boldsymbol{a}=a_\tau\boldsymbol{\tau}+a_\mathrm{n}\boldsymbol{n}\,,\quad a_\mathrm{b}=0 \tag{9-6}$$

式中，$\boldsymbol{\tau}$ 和 $\boldsymbol{n}$ 为沿轨迹切线和主法线的单位矢量，如图 9-1 所示。式(9-3)在自然轴系上的投影式为

$$m\frac{\mathrm{d}v}{\mathrm{d}t}=\sum_{i=1}^{n}F_{\tau i}\,,\quad m\frac{v^2}{\rho}=\sum_{i=1}^{n}F_{\mathrm{n}i}\,,\quad 0=\sum_{i=1}^{n}F_{\mathrm{b}i} \tag{9-7}$$

式中，$F_{\tau i}$、$F_{\mathrm{n}i}$ 和 $F_{\mathrm{b}i}$ 分别是作用于质点的各力在切线、主法线和副法线上的投影，而 $\rho$ 为轨迹的曲率半径。

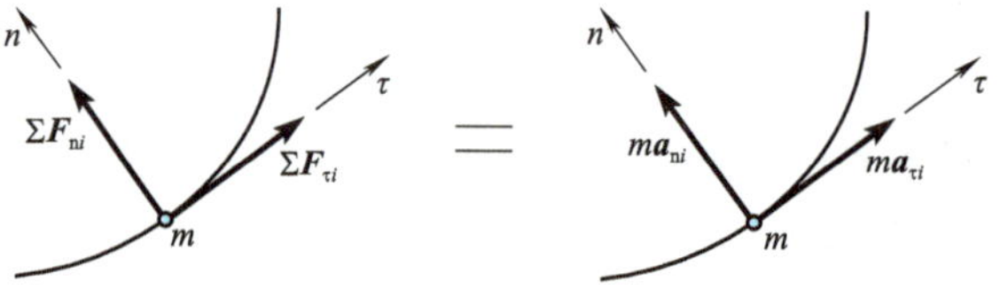


图 9-1

式(9-5)和式(9-7)是两种常用的质点运动微分方程。式(9-4)为矢量等式，可向任一轴投影，得到相应的投影形式，如向极坐标系的径向投影或周向投影等。

### 9.2.2 质点动力学的两类基本问题

质点动力学的问题可分为两类：一是已知质点的运动，求作用于质点的力；二是已知作用于质点的力，求质点的运动。称为质点动力学的两类基本问题。第一类基本问题比较简单，例如已知质点的运动方程，只需求两次导数得到质点的加速度，代入质点的运动微分方程中，即可求解。第二类基本问题，从数学的角度看，是解微分方程或求积分的问题，对此，需按作用力的函数规律进行积分，并根据具体问题的运动条件确定积分常数。

**例 9-1**

一个质量为 90kg 的物块静止在水平面上，某一时刻该物块受到力 $\boldsymbol{P}$ 作用，如图 9-2 所示，已知物块的运动方程为 $x=5t^2+2t+3$，物块与平面的滑动摩擦系数为 $f=0.25$，试求物块所受的力。

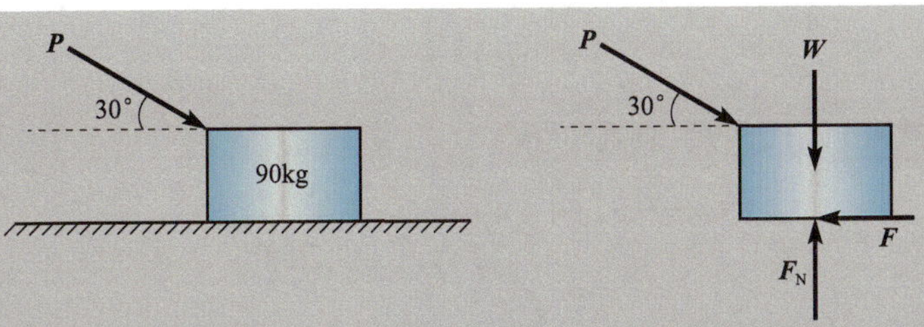


图 9-2

**解**：以物块为研究对象，由题设的运动方程可以求得

$$a = \frac{\mathrm{d}^2x}{\mathrm{d}t^2} = 10\mathrm{m/s^2}$$

因为 $F = fF_\mathrm{N}$，作用在物块上的力等于 $ma$，可得

$$\sum F_x = ma_x,\quad P\cos 30° - 0.25F_\mathrm{N} = 90\mathrm{kg} \times 10\mathrm{m/s^2}$$

即

$$P\cos 30° - 0.25F_\mathrm{N} = 900\mathrm{N} \tag{a}$$

$$\sum F_y = 0,\quad F_\mathrm{N} - P\sin 30° - 1512.15 = 0 \tag{b}$$

从式(b)中求出

$$F_\mathrm{N} = P\sin 30° + W$$

$F_\mathrm{N}$ 代入到式(a)中，可得

$$P\cos 30° - 0.25 \times (P\sin 30° + 882) = 900\mathrm{N}$$

解得

$$P = 1514.19\mathrm{N}$$

上例属于动力学第一类基本问题。

**例 9-2**

一个质量为 2kg 的光滑项圈 $C$，如图 9-3(a) 所示，附加到刚度系数 $k$=3N/m 的弹簧上，弹簧原长为 0.75m，如果项圈从静止 $A$ 点释放，试确定项圈的加速度表达式。

**解**：设项圈在任意 $y$ 位置的受力图如图 9-3(b) 所示，另外，假设项圈沿着 $y$ 正轴加速下滑，则运动方程为

$$\sum F_x = ma_x,\quad F_{NC} + F_\mathrm{T}\cos\theta = 0 \tag{a}$$

$$\sum F_y = ma_y,\quad 2\mathrm{kg} \times 9.81\mathrm{m/s^2} - F_\mathrm{T}\sin\theta = 2a \tag{b}$$

从式(b)可以看到加速度依赖于弹簧力的大小和方向。

弹簧力的大小是弹簧拉伸长度的函数：$F_\mathrm{T} = ks$。弹簧原长 $AB$=0.75m，所以

$$s = CB - AB = \sqrt{y^2 + (0.75)^2} - 0.75$$

因为 $k$=3N/m，可得

$$F_\mathrm{T} = ks = 3\left[\sqrt{y^2 + (0.75)^2} - 0.75\right] \tag{c}$$

角度 $\theta$ 正切函数为

$$\tan\theta = \frac{y}{0.75} \tag{d}$$

将式(c)、式(d)式代入式(b)式可得

$$a = 9.81 - 1.5y + \frac{1.125y}{\sqrt{y^2 + (0.75)^2}}$$

图 9-3 动画

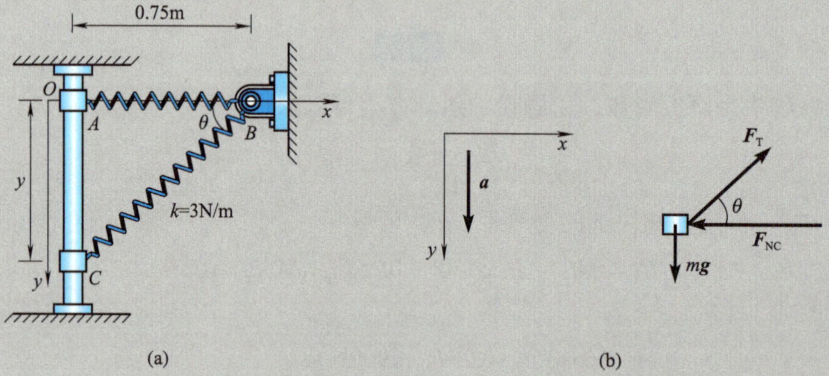


图 9-3

上例为质点动力学的第二类基本问题。若求小球的速度或者运动方程，需要对最后的加速度表达式进行积分；还要分析题意，合理应用运动初始条件确定积分常数，使问题得到确定的解。

实际工程问题较为复杂，经常出现既要求质点的运动规律，又需要求未知的约束力，是第一类基本问题与第二类基本问题综合在一起的动力学问题，称为混合问题。下面举例说明这类问题求解的方法。

**例 9-3**

质量 $m = 0.45\text{kg}$ 的绳球 $A$ 系在长 $l = 1.8\text{m}$ 的绳上，沿着水平圆轨迹以恒定速度运动，绳子与杆 $BC$ 之间的夹角 $\theta$ 为 60°，求绳球的速度 $\boldsymbol{v}$ 与绳子张力 $\boldsymbol{F}$ 的大小。

**解：** 以小球为研究的质点，作用于质点的力有重力 $m\boldsymbol{g}$ 和绳的拉力 $\boldsymbol{F}$，选取在自然轴上投影的运动微分方程，得

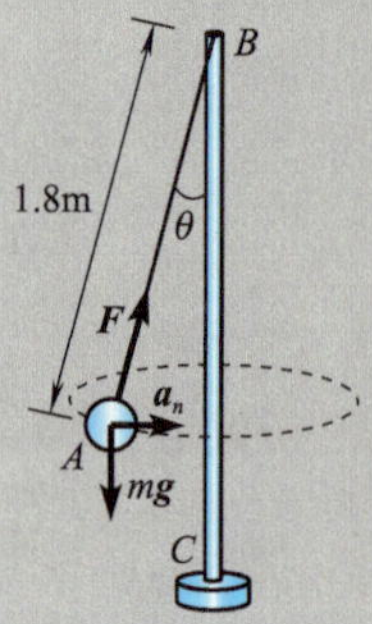


图 9-4

$$m\frac{v^2}{\rho} = F\sin\theta$$

$$0 = F\cos\theta - mg$$

因 $\rho = l\sin\theta$，于是解得

$$F = \frac{mg}{\cos\theta} = \frac{0.45\text{kg} \times 9.8\text{m/s}^2}{1/2} = 8.82\text{N}$$

$$v = \sqrt{\frac{Fl\sin^2\theta}{m}} = \sqrt{\frac{8.82\text{N} \times 1.8\text{m} \times \left(\frac{\sqrt{3}}{2}\right)^2}{0.45\text{kg}}} = 5.1\text{m/s}$$

例 9-4

已知图 9-5 所示桁车吊的重物重为 $\boldsymbol{G}$，以匀速度 $\boldsymbol{v}_0$ 前进，绳长为 $l$。求突然刹车时，绳子所受的最大拉力。

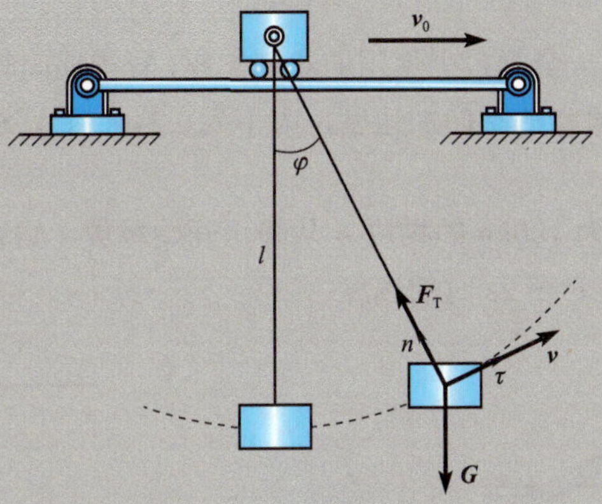


图 9-5

图 9-5 动画

**解**：取重物为研究对象，桁车突然刹车后，重物做圆弧摆动。当其摆至 $\varphi$ 时，受力如图 9-5 所示。由自然轴系的质点运动微分方程，有

$$ma_\tau = \sum F_\tau\,,\quad \frac{G}{g}\frac{\mathrm{d}v}{\mathrm{d}t} = -G\sin\varphi \tag{a}$$

$$ma_\mathrm{n} = \sum F_\mathrm{n}\,,\quad \frac{G}{g}\frac{v^2}{l} = F_\mathrm{T} - G\cos\varphi \tag{b}$$

可知，拉力 $\boldsymbol{F}_\mathrm{T}$ 与重物的速度 $\boldsymbol{v}$、摆角 $\varphi$ 有关。

将 $\dfrac{\mathrm{d}v}{\mathrm{d}t}=\dfrac{\mathrm{d}v}{\mathrm{d}\varphi}\cdot\dfrac{\mathrm{d}\varphi}{\mathrm{d}t}=\dfrac{\mathrm{d}v}{\mathrm{d}\varphi}\cdot\dfrac{v}{l}$ 代入式(a)，对式(a)进行分离变量并积分得

$$\frac{G}{g}\frac{\mathrm{d}v}{\mathrm{d}\varphi}\frac{v}{l} = -G\sin\varphi$$

$$\int_{v_0}^{v} v\mathrm{d}v = \int_0^{\varphi} -gl\sin\varphi\,\mathrm{d}\varphi$$

$$v^2 = {v_0}^2 + 2gl(\cos\varphi - 1) \tag{c}$$

将式(c)代入式(b)，得

$$F_\mathrm{T} = \frac{G{v_0}^2}{gl} + 3G\cos\varphi - 2G$$

当 $\varphi = 0$ 时，$\boldsymbol{F}_\mathrm{T}$ 取最大值，即

$$F_{\mathrm{T,\,max}} = \frac{G{v_0}^2}{gl} + G = G\left(1 + \frac{{v_0}^2}{gl}\right)$$

## 习　题

9-1　曲柄连杆机构如图所示。曲柄 $OA$ 以匀角速度 $\omega$ 转动，$OA=r$，$AB=l$，当 $\lambda = r/l$ 比较小时，以 $O$ 为坐标原点，滑块 $B$ 的运动方程可近似写为

$$x = l\left(1 - \frac{\lambda^2}{4}\right) + r\left(\cos\omega t + \frac{\lambda}{4}\cos 2\omega t\right)$$

如滑块的质量为 $m$，忽略摩擦及连杆 $AB$ 的质量，试求当 $\varphi = \omega t = 0$ 和 $\frac{\pi}{2}$ 时，连杆 $AB$ 所受的力。

9-2　转盘 $A$ 是建立在一个舞台上使用的戏剧支座，彩排期间转盘 $A$ 转动 10s 后箱子 $B$ 开始滑移。已知箱子有一个恒定的切向加速度，大小为 $0.24\text{m}/\text{s}^2$，求箱子和转盘之间的静摩擦系数。

9-3　如图所示，质量为 100kg 的物块 $A$ 从静止开始释放，如果滑轮和绳子的质量忽略不计，求质量为 20kg 的物块 $B$ 在 2s 时的速度。

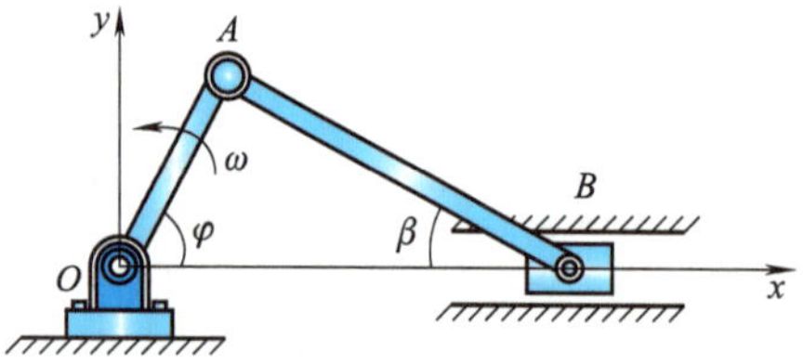


题 9-1 图

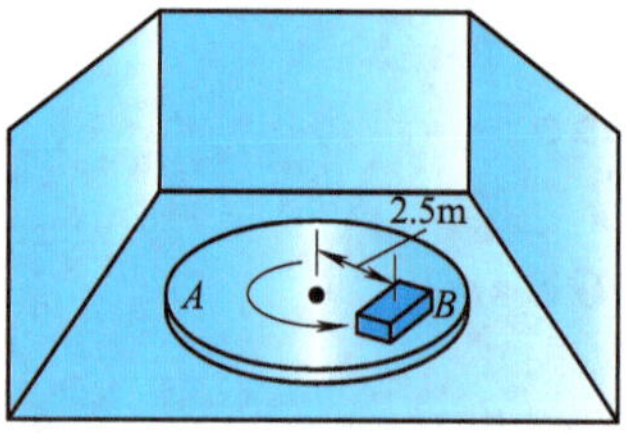


题 9-2 图

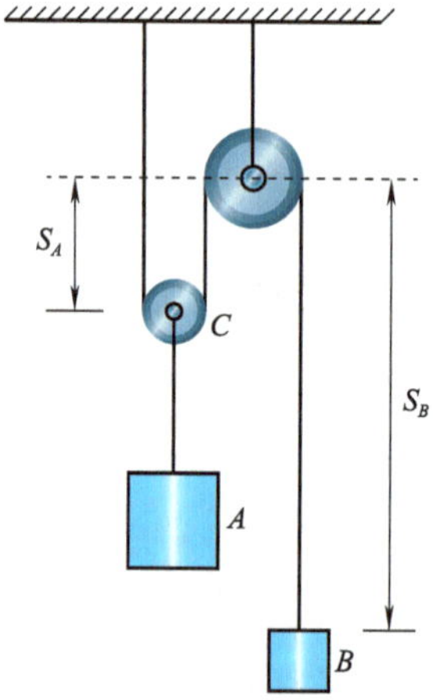


题 9-3 图

9-4　假设汽车轮胎和路面的静摩擦系数为 0.80，确定以下两种条件下一辆汽车从静止到行驶 400m 后能达到的最大理论速度：(1)汽车前轮制动，前轮承受 62%车重；(2)汽车后轮制动，后轮承受 43%的车重。

题 9-5 图

9-5　如图所示，一质量为 $m$ 的赛车以恒定的速度 $\boldsymbol{v}$ 在曲率半径为 $\rho$ 的轨道上行驶，假设汽车大小可以忽略，为使车轮不依靠摩擦阻止汽车的滑动，求赛道倾斜角 $\theta$ 应为多少？

9-6　如图所示一个包裹在 $A$ 点的加速度为 $3\text{m}/\text{s}^2$，若滑道上每点的动摩擦系数相同，求包裹在 $B$ 点的加速度。

9-7　如图所示，物块 $A$ 与 $B$ 的质量分别为 40kg 和 8kg，所有接触表面的摩擦系数为 $f_s = 0.20$，$f = 0.15$。求：(1)$P$=0 时，物块 $B$ 的加速度与绳的张力；(2)$P$=40N 时，物块 $B$ 的加速度与绳的张力。

9-8　如图所示跳台滑雪的滑道可以用抛物线 $y = \frac{1}{60}x^2 - 60$ 近似，求质量为 68kg 的滑雪者到达起跳末端 $A$ 点速度为 $19.8\text{m}/\text{s}^2$ 时的加速度。

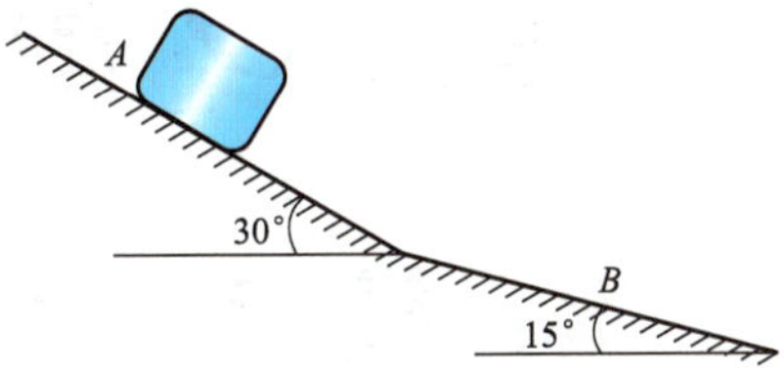


题 9-6 图

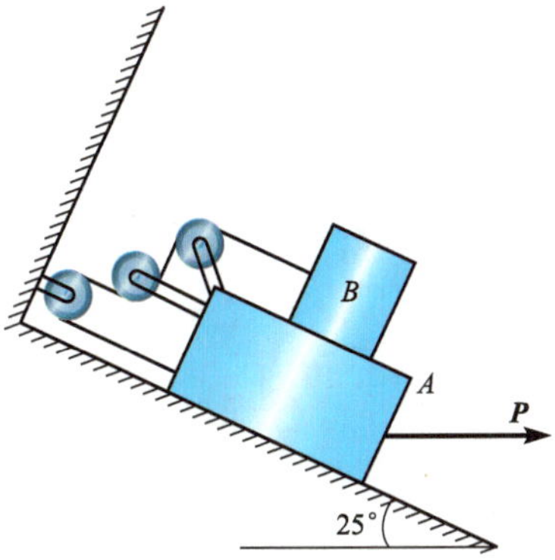


题 9-7 图

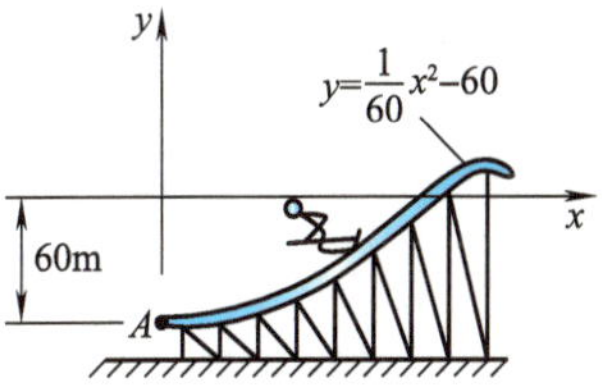


题 9-8 图

9-9　如图所示，将 150N 的力作用于静止的滑块 $B$ 上，如果 150N 的力持续作用于滑块 $B$，求当滑块 $B$ 撞到支撑 $C$ 时的速度是多少？若使得滑块 $B$ 到达支撑 $C$ 时的速度恰好为零，求 150N 的力应该作用的距离是多少？

9-10　如图所示，地球上一高尔夫球被击中后上升的最大高度为 60.96m，飞行的地面距离为 228.52m。假设在月球上击球的瞬间，球的速度大小和方向与地球上相同，求此时球的上升高度和地面飞行距离是多少？已知球的轨迹为抛物线，月球上重力加速度是地球上的 0.165 倍。

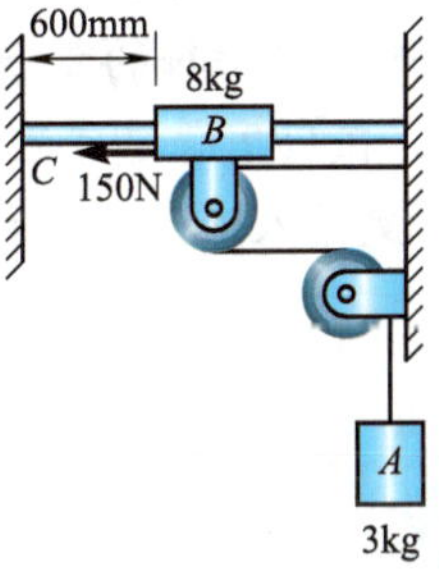


题 9-9 图

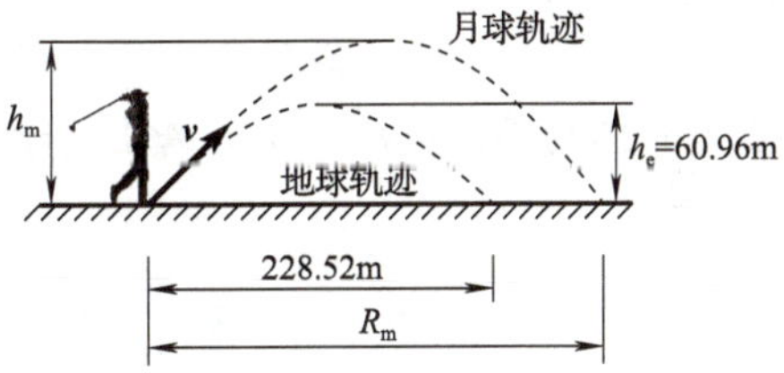


题 9-10 图

9-11　质量为 $m$ 的小球以水平速度 $\boldsymbol{v}_0$ 射入水中，阻力与速度的方向相反，$\boldsymbol{F}=-\mu\boldsymbol{v}$，不计浮力，试求小球的运动速度和运动规律。

9-12　质量为 $m$ 的质点带有电荷 $e$，以速度 $\boldsymbol{v}_0$ 进入强度按 $E=A\cos\omega t$ 变化的均匀电场中，初速度方向与电场强度垂直，如图所示。质点在电场中受力 $F=-eE$ 作用。已知常数 $A$、$k$，忽略质点的重力，试求质点的运动轨迹。

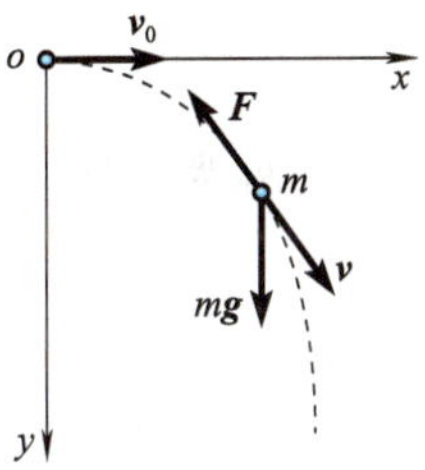


题 9-11 图

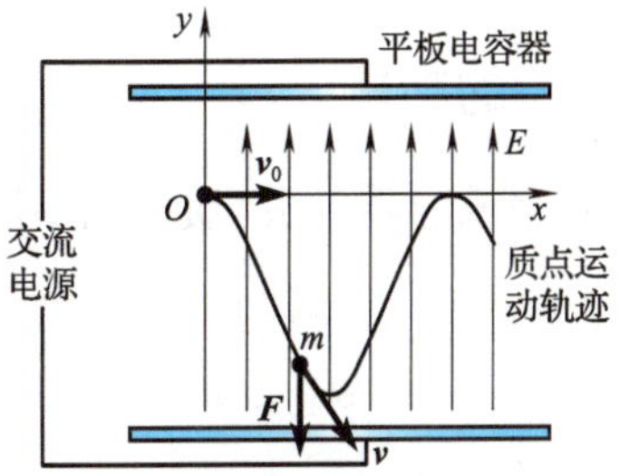


题 9-12 图

第 9 章参考答案

# 第10章 动量定理

内容提要

用质点运动微分方程解决质点系动力学问题在数学上会遇到很大困难。在许多工程问题中并不需要求出每个质点的运动规律，而只需知道质点系整体的运动特征就够了。动力学普遍定理包括动量定理、动量矩定理、动能定理。这些定理建立了表现运动特征的量(动量、动量矩、动能)与表现力作用效果的量(冲量、冲量矩、功)之间的关系。在应用普遍定理解决实际问题时，不仅运算简单，而且各个量都具有明确的物理意义，便于更深入地研究机械运动的规律。本章首先介绍动量的概念，之后给出动量定理。

## 10.1 动量与冲量

### 10.1.1 质点的动量

质点的质量 $m$ 与它的速度 $\boldsymbol{v}$ 的乘积，称为该点的动量。

$$\boldsymbol{p}=m\boldsymbol{v} \tag{10-1}$$

由此定义，质点的动量是一个矢量，其方向与质点的速度方向相同。在国际单位制中，动量的单位是 $\mathrm{kg\cdot m/s}$ 。

### 10.1.2 质点系的动量

由 $n$ 个质点组成的质点系，质点系中所有质点动量的矢量和称为该质点系的动量。并用 $\boldsymbol{p}$ 表示，即

$$\boldsymbol{p}=\sum_{i=1}^{n}m_i\boldsymbol{v}_i \tag{10-2}$$

式(10-2)在固定坐标系 $Oxyz$ 各坐标轴上投影，得

$$\begin{cases} p_x = \sum_{i=1}^{n} m_i v_{x_i} \\ p_y = \sum_{i=1}^{n} m_i v_{y_i} \\ p_z = \sum_{i=1}^{n} m_i v_{z_i} \end{cases} \tag{10-3}$$

式中，$p_x$、$p_y$、$p_z$分别表示质点系的动量$\boldsymbol{p}$在轴$x$、$y$、$z$上的投影。

直接利用质点系动量的定义(10-2)计算质点系的动量不是很方便，特别是当质点系中包含的质点数目很多的情况。然而，如果知道质点系质心的速度$\boldsymbol{v}_C$，则可以给出质点系动量描述的另外一种简单表达式。具体推导如下。

质点系质量中心(简称质心)$C$的矢径表达式为

$$\boldsymbol{r}_C = \frac{\sum_{i=1}^{n} m_i \boldsymbol{r}_i}{m} \tag{10-4}$$

式中，$m$为质点系的总质量。

将式(10-4)两端乘以$m$，得

$$\sum_{i=1}^{n} m_i \boldsymbol{r}_i = m\boldsymbol{r}_C \tag{10-5}$$

上述表达式对于时间求一阶导数，得

$$\boldsymbol{p} = \sum_{i=1}^{n} m_i \boldsymbol{v}_i = m\boldsymbol{v}_C \tag{10-6}$$

由此可知，质点系的动量等于质点系的质量与质心速度的乘积。

**例 10-1**

如图 10-1 所示，椭圆规机构的规尺曲柄$OC$的质量为$m_1$，$AB$的质量为$2m_1$，滑块$A$和$B$的质量均为$m_2$。已知$AC = OC = CB = l$。曲柄和规尺均为均质细直杆。曲柄以角速度$\omega$转动。计算该机构的动量。

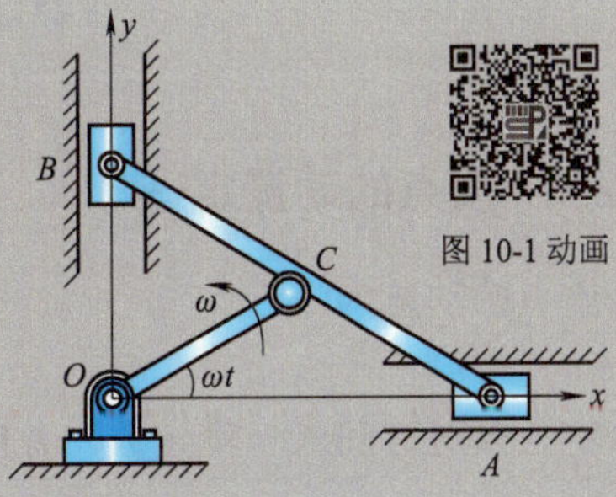

图 10-1

图 10-1 动画

**解：**机构的动量为各构件动量的矢量和，由质点系动量公式有

$$\boldsymbol{p} = 2m_1\boldsymbol{v}_C + m_1\boldsymbol{v}_{C_1} + m_2\boldsymbol{v}_A + m_2\boldsymbol{v}_B$$

为计算机构的动量，可以采用解析法，建立如图所示的直角坐标系，则动量的投影为

$$\begin{aligned} p_x &= -2m_1 v_C \sin\omega t - m_1 v_{C_1} \sin\omega t - m_2 v_A \\ &= -2m_1 l\omega \sin\omega t - m_1 (l\omega / 2)\sin\omega t - m_2 2l\omega \sin\omega t \\ &= -\left(\frac{l\omega}{2}\right)(5m_1 + 4m_2)\sin\omega t \end{aligned}$$

$$p_y = 2m_1 v_C \cos\omega t + m_1 v_{C_1} \cos\omega t + m_2 v_B$$
$$= 2m_1 l\omega \cos\omega t + m_1\left(\frac{l\omega}{2}\right)\cos\omega t + m_2 2l\omega\cos\omega t$$
$$= \left(\frac{l\omega}{2}\right)(5m_1 + 4m_2)\cos\omega t$$

椭圆规机构动量的大小和方向为

$$p = \sqrt{p_x^2 + p_y^2} = \left(\frac{l\omega}{2}\right)(5m_1 + 4m_2), \quad \cos(\boldsymbol{p}, \boldsymbol{i}) = \cos\left(\frac{p_x}{p}\right) = \sin\omega t$$

### 10.1.3 冲量

物体在力的作用下运动发生变化，其不仅与力的大小和方向有关，而且还与力作用的时间有关。

假设作用力是常量，用力与作用时间的乘积衡量力在该段时间内的累积作用。作用力与作用时间的乘积称为常力的**冲量**。

$$\boldsymbol{I} = \boldsymbol{F}t \tag{10-7}$$

冲量是矢量，方向与力的方向一致。

如果作用力是时间的函数，在微小的时间间隔内，力的冲量称为**元冲量**，即

$$\mathrm{d}\boldsymbol{I} = \boldsymbol{F}\mathrm{d}t \tag{10-8}$$

变力在作用时间区间内的冲量是元冲量的矢量积分

$$\boldsymbol{I} = \int_0^t \boldsymbol{F}\mathrm{d}t \tag{10-9}$$

在国际单位制中，冲量的单位是 $\mathrm{N \cdot s}$ 。

## 10.2 动量定理

### 10.2.1 质点的动量定理

质点的动量为

$$\boldsymbol{p} = m\boldsymbol{v}$$

将上式对时间求一阶导数，并应用牛顿第二定律，有

$$\frac{\mathrm{d}\boldsymbol{p}}{\mathrm{d}t} = \frac{\mathrm{d}(m\boldsymbol{v})}{\mathrm{d}t} = m\boldsymbol{a} = \boldsymbol{F} \tag{10-10-1}$$

或

$$\mathrm{d}\boldsymbol{p} = \mathrm{d}(m\boldsymbol{v}) = \boldsymbol{F}\mathrm{d}t \tag{10-10-2}$$

即质点动量的增量等于作用于质点上的力的元冲量，这就是**质点的动量定理微分形式**。

对式(10-10-2)进行积分，有

$$m\boldsymbol{v}_t - m\boldsymbol{v}_0 = \int_0^t \boldsymbol{F}\mathrm{d}t = \boldsymbol{I} \tag{10-11}$$

上式是质点动量定理的积分形式，即在某一时间间隔内，质点动量的变化等于作用于质点的

力在此段时间内的冲量。

## 10.2.2　质点系的动量定理

由 $n$ 个质点组成的质点系，质点系的动量为

$$\boldsymbol{p}=\sum_{i=1}^{n}m_i\boldsymbol{v}_i$$

将上式对时间求一阶导数，并对质点系每一质点应用牛顿第二定律，有

$$\frac{\mathrm{d}\boldsymbol{p}}{\mathrm{d}t}=\frac{\mathrm{d}\sum\limits_{i=1}^{n}m_i\boldsymbol{v}_i}{\mathrm{d}t}=\sum_{i=1}^{n}m_i\boldsymbol{a}_i=\sum_{i=1}^{n}(\boldsymbol{F}_i^{(\mathrm{e})}+\boldsymbol{F}_i^{(\mathrm{i})}) \tag{10-12}$$

式中，$\boldsymbol{F}_i^{(\mathrm{e})}$ 和 $\boldsymbol{F}_i^{(\mathrm{i})}$ 分别为某一质点所受的外力和质点之间的相互作用内力。由于质点系的相互作用内力都是成对出现的，式(10-12)可写为

$$\frac{\mathrm{d}\boldsymbol{p}}{\mathrm{d}t}=\frac{\mathrm{d}\sum\limits_{i=1}^{n}m_i\boldsymbol{v}_i}{\mathrm{d}t}=\sum_{i=1}^{n}m_i\boldsymbol{a}_i=\sum_{i=1}^{n}\boldsymbol{F}_i^{(\mathrm{e})} \tag{10-13-1}$$

由此可知，质点系的动量对时间的导数，等于作用在质点系上的所有外力的矢量和(或外力的主矢)，这就是质点系的动量定理。

式(10-13-1)也可以写成

$$\mathrm{d}\boldsymbol{p}=\sum_{i=1}^{n}\boldsymbol{F}_i^{(\mathrm{e})}\mathrm{d}t=\sum_{i=1}^{n}\mathrm{d}\boldsymbol{I}_i \tag{10-13-2}$$

即质点系动量的增量等于作用于质点系的外力元冲量的矢量和。

将式(10-13-1)在固定坐标系 $Oxyz$ 各坐标轴上投影，有

$$\begin{cases}\dfrac{\mathrm{d}p_x}{\mathrm{d}t}=\sum\limits_{i=1}^{n}F_{x_i}^{(\mathrm{e})}\\[2ex]\dfrac{\mathrm{d}p_y}{\mathrm{d}t}=\sum\limits_{i=1}^{n}F_{y_i}^{(\mathrm{e})}\\[2ex]\dfrac{\mathrm{d}p_z}{\mathrm{d}t}=\sum\limits_{i=1}^{n}F_{z_i}^{(\mathrm{e})}\end{cases} \tag{10-14}$$

式(10-14)表明：质点系的动量在某固定轴上的投影对时间的导数，等于作用在质点系上的所有外力在该轴上的投影的代数和(或外力的主矢)。

如果对式(10-13-2)进行积分，时间由 $t_1$ 到 $t_2$，动量由 $p_1$ 变为 $p_2$，则有

$$\int_{p_1}^{p_2}\mathrm{d}\boldsymbol{p}=\sum_{i=1}^{n}\int_{t_1}^{t_2}\boldsymbol{F}_i^{(\mathrm{e})}\mathrm{d}t \tag{10-15}$$

或

$$\boldsymbol{p}_2-\boldsymbol{p}_1=\sum_{i=1}^{n}\boldsymbol{I}_i^{(\mathrm{e})} \tag{10-16}$$

式(10-15)为质点系动量定理的积分形式。在某一时间间隔内，质点系动量的改变量等于这段时间内作用于质点系外力冲量的矢量和。

质点系动量定理的积分投影形式为

$$p_{2x}-p_{1x}=\sum_{i=1}^{n}I_{x_i}^{(e)},\quad p_{2y}-p_{1y}=\sum_{i=1}^{n}I_{y_i}^{(e)},\quad p_{2z}-p_{1z}=\sum_{i=1}^{n}I_{z_i}^{(e)} \tag{10-17}$$

由质点系动量定理可见，质点系的内力不能改变质点系的动量。

**例 10-2**

如图 10-2(a)所示系统，重物 $A$ 和 $B$ 的质量分别为 $m_1$、$m_2$。若 $A$ 下降的加速度为 $a$，滑轮质量不计。求支座 $O$ 的反力。

**解**：以整个系统为研究对象，受力如图 10-2(b)所示，建立坐标系。设 $A$ 下降的速度为 $v_A$，$B$ 上升的速度为 $v_B$，则由运动学关系得

$$v_B=\frac{1}{2}v_A$$

系统的动量在坐标轴上的投影为

$$P_x=0,\ P_y=m_1v_A-m_2v_B=\left(m_1-\frac{1}{2}m_2\right)v_A$$

由质点系的动量定理的微分形式的投影方程可得

$$0=F_{Ox}$$

$$\frac{\mathrm{d}}{\mathrm{d}t}\left[\left(m_1-\frac{1}{2}m_2\right)v_A\right]=m_1g+m_2g-F_{Oy}$$

注意到

$$\frac{\mathrm{d}v_A}{\mathrm{d}t}=a$$

可得

$$F_{Ox}=0$$

$$F_{Oy}=m_1g+m_2g-\left(m_1-\frac{1}{2}m_2\right)a$$

图 10-2(a)动画

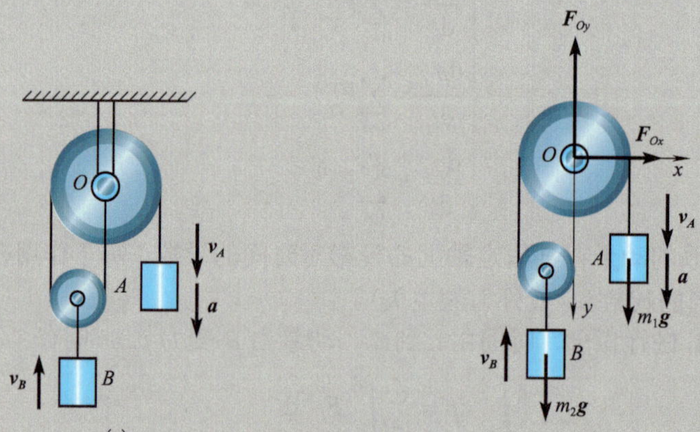


(a) (b)

图 10-2

**例 10-3**

图 10-3(a)所示为一弯管位于水平面内，管中理想流体稳定流动。入口直径 $d_1=30\text{cm}$，流速沿 $x$ 轴，出口直径 $d_2=15\text{cm}$，流速与 $x$ 轴夹角为 $60°$，流体的流量

$Q=0.34\mathrm{m}^3/\mathrm{s}$，入口处的压强 $p_1=28\mathrm{N}/\mathrm{cm}^3$，出口处的压强 $p_2=11.5\mathrm{N}/\mathrm{cm}^3$，流体密度 $\mu=1000\mathrm{kg}/\mathrm{m}^3$。不计流体重力，求弯头附加动反力、静反力及固定弯头所需的力。

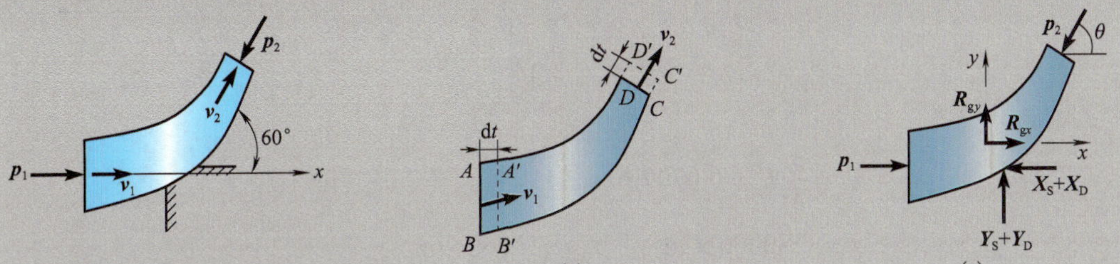


图 10-3

**解：**

(1) 管道流动问题宜采用动量定理来求解。

(2) 研究 $\mathrm{d}t$ 时间内流体运动动量的变化，如图 10-3(b) 所示。管子不动，设 $t$ 瞬时流体在 $ABCD$ 位置，其动量用 $\boldsymbol{p}_{ABCD}$ 表示，经 $\mathrm{d}t$ 后流体流到 $A'B'C'D'$ 位置，其动量用 $\boldsymbol{p}_{A'B'C'D'}$ 表示。因流体是稳定流动，其共同部位 $A'B'CD$ 的动量在 $\mathrm{d}t$ 前后是一样的，于是 $\mathrm{d}t$ 时间内流体的动量改变为

$$\Delta\boldsymbol{p}=\boldsymbol{p}_{A'B'C'D'}-\boldsymbol{p}_{ABCD}=\boldsymbol{p}_{DCC'D'}-\boldsymbol{p}_{ABB'A'}$$

因 $\mathrm{d}t$ 为极小，可认为 $ABB'A'$ 内各质点速度相同，速度设为 $\boldsymbol{v}_1$，其内流体质量为 $\mu A_1 v_1\mathrm{d}t$，$DCC'D'$ 内各质点速度相同，速度设为 $\boldsymbol{v}_2$，其内流体质量为 $\mu A_2 v_2\mathrm{d}t$。其中 $\mu$ 为流体密度，$A_1$、$A_2$ 分别表示 $AB$ 及 $CD$ 处的截面积，且因稳定流动 $A_1v_1=A_2v_2=Q$(流量) $=$ 常数。于是

$$\Delta\boldsymbol{p}=\mu Q\mathrm{d}t\cdot\boldsymbol{v}_2-\mu Q\mathrm{d}t\cdot\boldsymbol{v}_1=\mu Q\mathrm{d}t(\boldsymbol{v}_2-\boldsymbol{v}_1)$$

(3) 若将管壁对于流体约束力 $\boldsymbol{F}$ 分为 $\boldsymbol{F}_1$ 和 $\boldsymbol{F}_2$ 两部分：$\boldsymbol{F}_1$ 为与两端压力 $\boldsymbol{F}_{AB}$ 和 $\boldsymbol{F}_{CD}$ 相平衡的管壁静约束力，$\boldsymbol{F}_2$ 为由于流体的动量发生变化而产生的附加动约束力，如图 10-3(c) 所示，则满足平衡方程

$$\boldsymbol{F}_1+\boldsymbol{F}_{AB}+\boldsymbol{F}_{CD}=0$$

而由动量定理

$$\Delta\boldsymbol{p}=\boldsymbol{F}_2\mathrm{d}t$$

得

$$\boldsymbol{F}_2=\mu Q(\boldsymbol{v}_2-\boldsymbol{v}_1)$$

或

$$F_{2x}=\mu Q(v_{2x}-v_{1x}) \tag{a}$$

$$F_{2y}=\mu Q(v_{2y}-v_{1y}) \tag{b}$$

管壁内流体受的两端压力 $F_{AB}=p_1A_1$，$F_{CD}=p_2A_2$，满足平衡方程

$$\sum F_{ix}=0,\quad F_{1x}+F_{AB}-F_{CD}\cos\theta=0 \tag{c}$$

$$\sum F_{iy}=0,\quad F_{1y}-F_{CD}\sin\theta=0 \tag{d}$$

解方程 (a)～(d) 得

$$\begin{aligned}
&F_{2x}=\mu Q(v_{2x}-v_{1x})\\
&F_{2y}=\mu Q(v_{2y}-v_{1y})\\
&F_{1x}=-F_{AB}+F_{CD}\cos\theta=-p_1A_1+p_2A_2\cos\theta\\
&F_{1y}=F_{CD}\sin\theta=p_2A_2\sin\theta
\end{aligned}\tag{e}$$

代入给定数据有

$$A_1=\frac{\pi}{4}d_1^2=0.0707\text{m}^2\text{，}\quad A_2=\frac{\pi}{4}d_2^2=0.0177\text{m}^2\text{，}$$

$$p_1=280000\text{N/m}^2\text{，}\quad p_2=115000\text{N/m}^2\text{，}$$

$$Q=0.34\text{m}^3/\text{s}\text{，}\quad \mu=1000\text{kg/m}^3\text{，}\quad \theta=60°$$

且有

$$v_1=\frac{Q}{A_1}=4.81\text{m/s}\text{，}\quad v_2=\frac{Q}{A_2}=19.21\text{m/s}$$

将之代入式(e)得

$$F_{2x}=1630\text{N}\text{，}\quad F_{2y}=5660\text{N}\text{，}$$

$$F_{1x}=-18780\text{N}\text{，}\quad F_{1y}=1760\text{N}$$

由于作用力与反作用力相等，则弯头附加动反力为

$$X_\text{D}=-F_{2x}=-1630\text{N}$$

$$Y_\text{D}=-F_{2y}=-5660\text{N}$$

附加静反力为

$$X_\text{S}=-F_{1x}=18780\text{N}$$

$$Y_\text{S}=-F_{1y}=-1760\text{N}$$

(4)固定弯头所需的力，大小等于附加动反力与静反力之和，即

$$X=-(X_\text{D}+X_\text{S})=-17150\text{N}$$

$$Y=-(Y_\text{D}+Y_\text{S})=7420\text{N}$$

然而流水有时可能停止，因此固定弯头所需的力应该取最大值，即

$$R_{gx}=18780\text{N}\text{，}\ R_{gy}=7420\text{N}$$

### 10.2.3 质点系的动量守恒定理

如果作用于质点系上所有外力的矢量和恒为零，则质点系的动量保持不变，这就是动量守恒定理。

$$\boldsymbol{p}=\boldsymbol{p}_0=\text{恒矢量}\tag{10-18}$$

如果作用于质点系的外力主矢在某一坐标轴上的投影恒等于零，质点系的动量在该坐标轴上的投影保持不变。

$$\sum_{i=1}^{n}F_{ix}^{(\text{e})}=0\text{，则}\ p_x=p_{0x}=\text{常量}\tag{10-19}$$

应注意，内力虽不能改变质点系的动量，但是可改变质点系中各质点的动量。

**例 10-4**

如图 10-4(a)所示，质量为 $m_A$ 的均质三棱柱 $A$ 在重力作用下沿着质量为 $m_B$ 的均质三

棱柱 $B$ 的斜面下滑，三棱柱 $B$ 倾角为 $\theta$。设各处摩擦不计，初始时系统静止。求：(1) $B$ 的加速度；(2)地面的支反力。

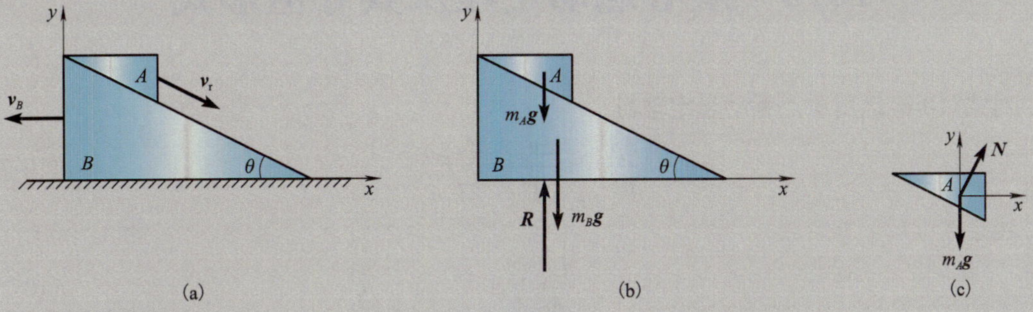


图 10-4

**解**：先对系统进行运动分析，建立如图 10-4(a)所示坐标系，设 $B$ 的速度为 $\boldsymbol{v}_B$，$A$ 相对 $B$ 的速度为 $\boldsymbol{v}_r$，则

$$\boldsymbol{v}_A = \boldsymbol{v}_B + \boldsymbol{v}_r$$

于是

$$v_{Ax} = v_r \cos\theta - v_B$$
$$v_{Ay} = -v_r \sin\theta$$

系统受力如图 10-4(b)所示，因 $\sum F_x^{(e)} = 0$，且初始系统静止，有

$$m_B(-v_B) + m_A(v_r \cos\theta - v_B) = 0$$

两边对 $t$ 求导并整理得

$$m_A a_r \cos\theta = (m_A + m_B) a_B \tag{a}$$

再以 $A$ 为研究对象，受力如图 10-4(c)所示，由

$$\frac{\mathrm{d}p_x}{\mathrm{d}t} = \sum F_x^{(e)}, \quad \frac{\mathrm{d}p_y}{\mathrm{d}t} = \sum F_y^{(e)}$$

有

$$\frac{\mathrm{d}m_A(v_r \cos\theta - v_B)}{\mathrm{d}t} = N\sin\theta$$

$$\frac{\mathrm{d}m_A(-v_r \sin\theta)}{\mathrm{d}t} = N\cos\theta - m_A g$$

即

$$m_A(a_r \cos\theta - a_B) = N\sin\theta \tag{b}$$

$$m_A(-a_r \sin\theta) = N\cos\theta - m_A g \tag{c}$$

联立求解式(a)～(c)得

$$a_B = \frac{m_A \sin 2\theta}{2(m_A \sin^2\theta + m_B)} g$$

最后以整体为研究对象，得

$$\frac{\mathrm{d}(-m_A v_r \sin\theta)}{\mathrm{d}t} = R - m_A g - m_B g$$

即

$$-m_A a_r \sin\theta = R - m_A g - m_B g$$

将式(a)代入上式得

$$R = (m_A + m_B)g - m_A a_r \sin\theta = (m_A + m_B)(g - a_B \mathrm{tg}\theta)$$

# 10.3 质心运动定理及其守恒形式

对式(10-6)运用质点系动量定理得

$$\frac{d\boldsymbol{p}}{dt}=m\frac{d\boldsymbol{v}_C}{dt}=\sum_{i=1}^{n}\boldsymbol{F}_i^{(e)} \tag{10-20}$$

由于

$$\frac{d\boldsymbol{v}_C}{dt}=\boldsymbol{a}_C \tag{10-21}$$

式(10-21)可以进一步表达为

$$m\boldsymbol{a}_C=\sum_{i=1}^{n}\boldsymbol{F}_i^{(e)} \tag{10-22}$$

这就是质心运动定理，即质点系的总质量与质心加速度的乘积等于作用在质点系上外力的矢量和。从上式也可以看出，质点系的质心运动仅与质点系上外力的主矢有关。

在固定坐标系 $Oxyz$ 各坐标轴上投影后，质心运动定理的投影式为

$$\begin{cases} ma_{Cx}=\sum_{i=1}^{n}m_i a_{Cx_i}=\sum_{i=1}^{n}F_{x_i}^{(e)} \\ ma_{Cy}=\sum_{i=1}^{n}m_i a_{Cy_i}=\sum_{i=1}^{n}F_{y_i}^{(e)} \\ ma_{Cz}=\sum_{i=1}^{n}m_i a_{Cz_i}=\sum_{i=1}^{n}F_{z_i}^{(e)} \end{cases} \tag{10-23}$$

式中，$a_{Cx}$、$a_{Cy}$、$a_{Cz}$ 分别为质心加速度在各坐标轴上的投影。对于刚体系统，上式中的 $m_i$、$a_{Cx_i}$、$a_{Cy_i}$、$a_{Cz_i}$ 分别为第 $i$ 个刚体的质量和其质心加速度在相应坐标轴上的投影。

根据式(10-22)，如果作用于质点系上的外力主矢恒等于零，即

$$\sum_{i=1}^{n}\boldsymbol{F}_i^{(e)}=0 \tag{10-24}$$

这时质点系的质心加速度为

$$\boldsymbol{a}_C=0 \tag{10-25}$$

由速度和加速度的微积分关系得质心的速度为

$$\boldsymbol{v}_C=\boldsymbol{C} \tag{10-26}$$

质心的速度为常矢量。其表明质心运动守恒，也就是质点系的质心做惯性运动。如果系统的质心初始为静止状态，$\boldsymbol{v}_C=0$，则质心的矢径 $\boldsymbol{r}_C=$ 常矢量，即质心位置保持不变。

根据式(10-24)，如果外力的主矢在某一坐标轴(如 $x$ 轴)上的投影为零，即

$$\sum_{i=1}^{n}F_{x_i}^{(e)}=0 \tag{10-27}$$

则有

$$a_{Cx}=0\text{，}\quad v_{Cx}=\text{常量} \tag{10-28}$$

质心速度在某一坐标轴上的投影为常量，即质心速度在该坐标轴方向上守恒。如果质心初始

为静止状态，即 $v_{Cx}=0$，则质心在 $x$ 轴的坐标保持不变。

由质心运动定理可知，质心运动仅取决于质点系所受的外力，与系统的内力无关。

**例 10-5**

如图 10-5(a)所示，电动机外壳固定在水平基础上，定子、转子的质量分别为 $m_1$、$m_2$。设定子质心位于转轴中心 $O_1$，由于制造误差，转子质心 $O_2$ 到 $O_1$ 的距离为 $e$，已知转子以匀角速度 $\omega$ 转动。求：(1)质心运动方程；(2)基础对电动机总的水平和铅垂反力；(3)若电动机没有螺栓固定，各处摩擦不计，初始时电动机静止，求转子以匀角速度 $\omega$ 转动时电动机外壳的运动。

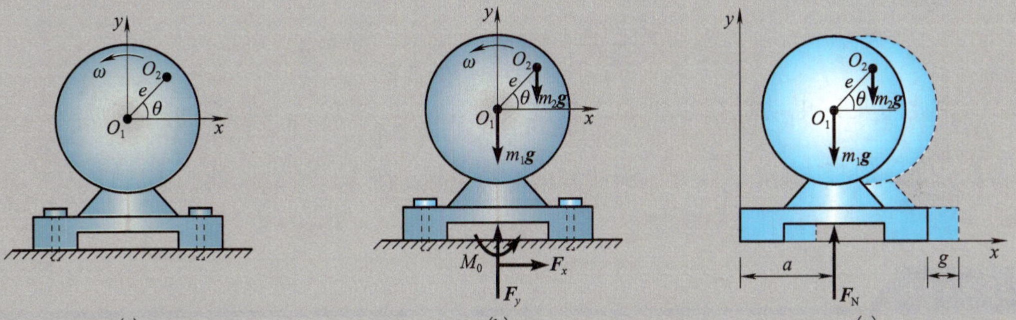


图 10-5

**解：**(1)建立如图 10-5(a)所示坐标系，任一瞬时，$\theta=\omega t$，即有

$$x_1=0,\quad y_1=0$$

$$x_2=e\cos\omega t,\quad y_2=e\sin\omega t$$

图 10-5(a)动画

故质心运动方程为

$$x_C=\frac{m_2e\cos\omega t}{m_1+m_2}$$

$$y_C=\frac{m_2e\sin\omega t}{m_1+m_2}$$

(2)以系统为研究对象，受力图如图 10-5(b)所示。

由质心运动定理 $$ma_{Cx}=\sum F_x^{(e)},\quad ma_{Cy}=\sum F_y^{(e)}$$

得
$$(m_1+m_2)\ddot{x}_C=F_x$$

$$(m_1+m_2)\ddot{y}_C=F_y-m_1g-m_2g$$

因
$$\ddot{x}_C=-\frac{m_2e\omega^2}{m_1+m_2}\cos\omega t$$

$$\ddot{y}_C=-\frac{m_2e\omega^2}{m_1+m_2}\sin\omega t$$

故
$$F_x=-m_2\omega^2e\cos\omega t$$

$$F_y=-m_2\omega^2e\sin\omega t+(m_1+m_2)g$$

(3)当电动机没有螺栓固定时以系统为研究对象，受力图如图 10-5(c)所示。

由于$\sum F_x^{(e)}=0$，所以

$$x_{C1}=x_{C2}$$

在图示坐标系下，设初始时$x_{C1}=a$，当转子转过$\theta$，定子向右移动距离$s$，则

$$x_{C2}=\frac{m_1(a+s)+m_2(a+e\cos\theta+s)}{m_1+m_2}$$

所以

$$a=\frac{m_1(a+s)+m_2(a+e\cos\theta+s)}{m_1+m_2}$$

解得

$$s=-\frac{m_2e}{m_1+m_2}\cos\theta=-\frac{m_2e}{m_1+m_2}\cos\omega t$$

由此可见，电动机在水平面上做往复运动。此时$F_{N,\min}=(m_1+m_2)g-m_2\omega^2e$，若$\omega>\sqrt{\frac{(m_1+m_2)}{m_2e}}$，则$F_{N,\min}<0$。因此若电动机无螺栓固定，它将会跳起来。

## 习　题

10-1　如图所示履带式挖掘机的履带质量为$m_a$，两个车轮的质量均为$m_b$。假定车轮为均质圆盘，半径为$R$。设挖掘机前进速度为$\boldsymbol{v}$，计算该质点系的动量。

10-2　如图所示机构，$OA$、$AB$为均质细杆，且$OA=l_1$，$AB=l_2$，质量均为$m$。半径为$R$，质量同样为$m$的均质轮做纯滚动。图示瞬时$OA$杆的角速度为$\omega$，求该机构的动量。

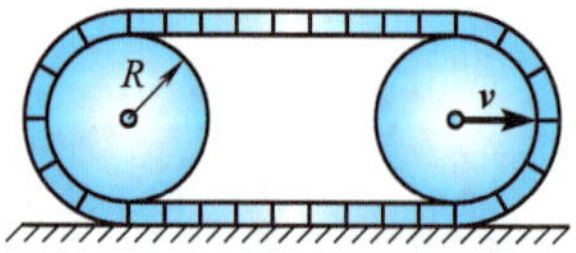


题 10-1 图

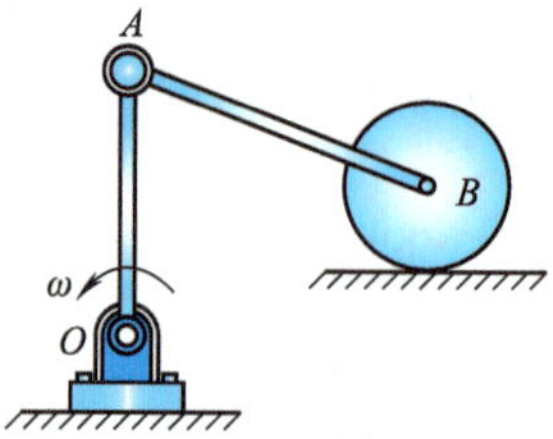


题 10-2 图

10-3　子弹质量为15g，以速度$v=600$ m/s从枪膛中射出，子弹在枪膛中走了$t=0.00095$ s，设枪膛的横截面积为120mm$^2$，求射出子弹所需的气体平均压力。

10-4　汽车的行驶速度为18m/s，制动后5s停止，求车轮与路面的摩擦系数$f$。

10-5　均质圆盘绕偏心轴$O$以匀角速度转动，重$P_1$的滑杆借右端弹簧的推压顶在圆盘上，当圆盘转动时，滑杆做往复运动。设圆盘重$P_2$，半径为$r$，偏心距为$e$，求任一瞬时机座螺钉的总动反力。

10-6　平台车质量$m_1=600$kg，可沿水平轨道运动。平台车上站有一人，质量$m_2=75$kg，车与人以共同速度$v=10$m/s向右方运动。当人相对于平台车以速度$v_r=2$m/s向左方跳出时，不计平台车水平方向的阻力及摩擦，问平台车增加的速度为多少？

10-7　质量为$M$的平板车$A$以速度$\boldsymbol{v}_0$移动，质量为$m$的小车$B$以相对速度$\boldsymbol{u}_0$沿着平板车匀速运动。某瞬时制动小车，求小车在平板车上停下后，平板车和小车的共同速度$\boldsymbol{v}$。

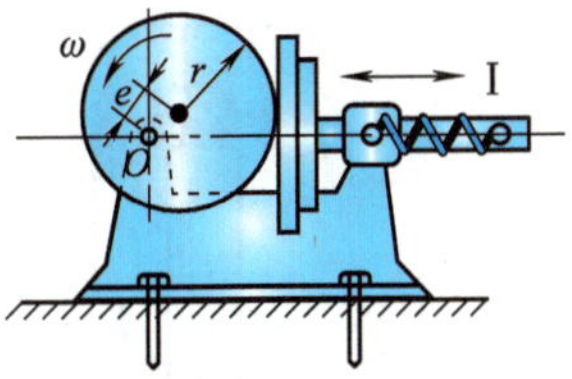


题 10-5 图

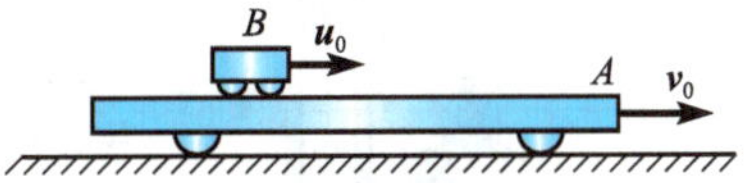


题 10-7 图

10-8　已知滑块 $A$ 的质量为 $m_A$，弹簧刚度系数为 $k$，$AB=l$，小球 $B$ 质量为 $m_B$，$\varphi=\omega t$，$\omega$ 为常数，$AB$ 杆上的力偶矩为 $M$。不计弹簧质量，求滑块 $A$ 的运动微分方程。

10-9　如图所示，均质杆 $AB$ 长为 $l$，直立在光滑的水平面上。求杆从铅直位置无初速地倒下时，端点 $A$ 相对于图示坐标系的轨迹。

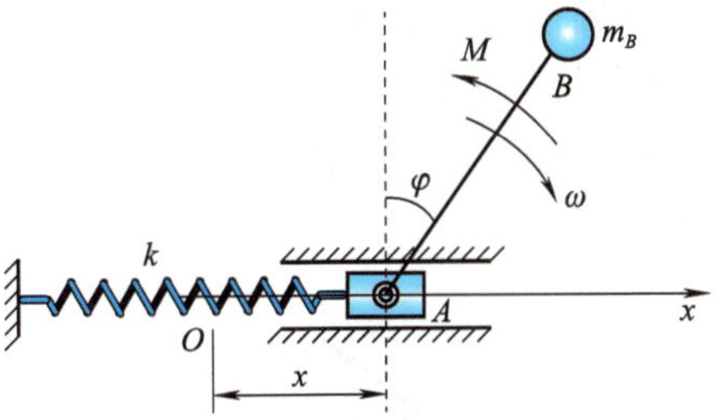


题 10-8 图

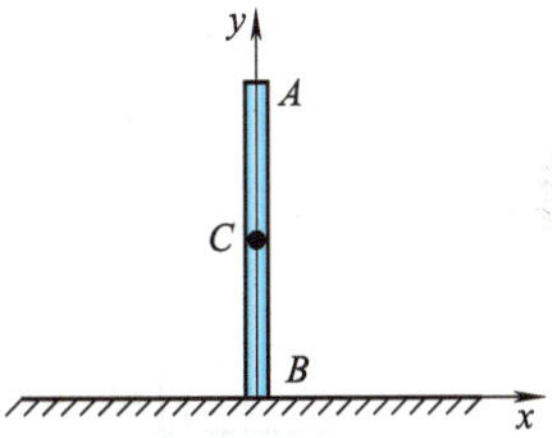


题 10-9 图

10-10　三个质量分别是 $M_1=20\text{kg}$，$M_2=15\text{kg}$，$M_3=5\text{kg}$ 的重物，用分别绕过滑轮 $L$ 和 $N$ 的两段不可伸长的绳子连着。重物 $M_2$ 位于质量为 $M=90\text{kg}$ 的四棱柱 $ABCD$ 的顶面 $BC$ 上。当 $M_1$ 下落时，重物 $M_2$ 向右移动，重物 $M_3$ 沿着侧面 $AB$ 上升，不计四棱柱、重物、地板之间的摩擦，忽略绳子和滑轮的质量，当重物 $M_1$ 下降1m 时，求四棱柱 $ABCD$ 的位移。

10-11　如图所示，质量分别为 $m_1$ 和 $m_2$ 的两重物，用绕过滑轮 $A$ 的不可伸长的绳子连着。楔形物体放置在光滑水平面上，两重物分别沿着楔形物体的两个侧面滑动。楔形物体质量为 $m=4m_1=16m_2$，忽略绳子和滑轮的质量。假设楔形物体侧面是光滑的，试求当重物 $m_1$ 下降 $h=5\text{cm}$ 时，楔形物体沿水平面的位移。

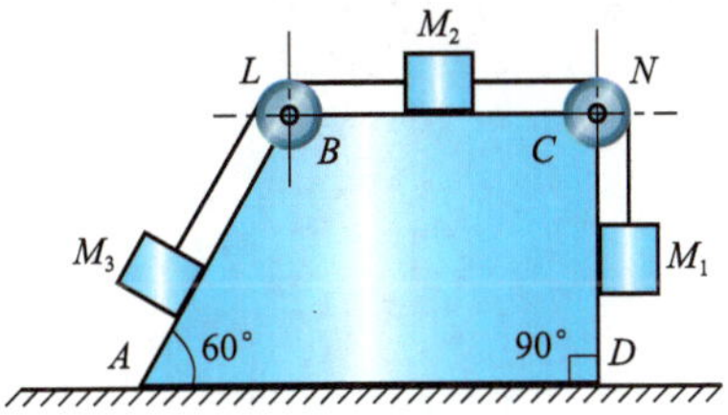


题 10-10 图

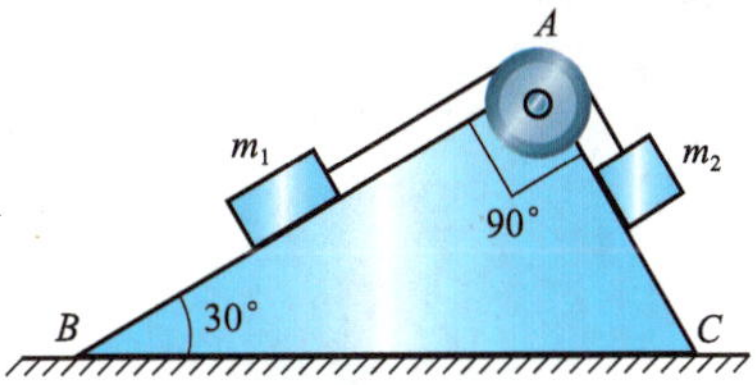


题 10-11 图

10-12　在图示曲柄滑杆机构中，曲柄 $OA$ 以等角速度 $\omega$ 绕 $O$ 轴转动。开始时，曲柄 $OA$ 水平向右。曲柄的质量为 $m_1$，滑块 $A$ 的质量为 $m_2$，滑杆的质量为 $m_3$，曲柄的质心在 $OA$ 的中点，$OA=l$；滑杆的质心在点 $C$。求：(1)机构质量中心的运动方程；(2)作用在轴 $O$ 的最大水平约束力。

10-13　图示滑轮机构中，重物 $A$ 和 $B$ 的质量分别为 $m_1$ 和 $m_2$，若重物 $A$ 以加速度 $\boldsymbol{a}$ 下降，滑轮和绳的质量均忽略不计，求轴承 $O$ 处的反力。

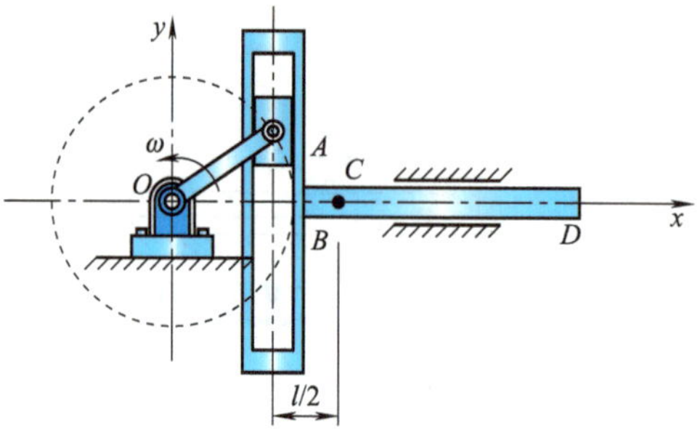


题 10-12 图

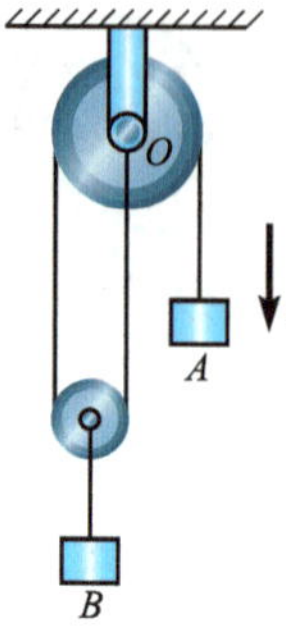


题 10-13 图

10-14　水沿铅垂方向以速度 $v_1 = 1\text{m/s}$（与水平面成直角 $\alpha_1 = 90°$）流入变截面固定水道，水道关于图面对称，入口处的截面积为 $0.02\text{m}^2$ 。在水道出口处水的速度为 $v_2 = 2\text{m/s}$ ，方向与水平面成 $\alpha_2 = 30°$ 。求水作用在水道壁上的附加压力的水平分量。

10-15　水的体积流量为 $Q$，密度为 $\rho$ ，落在叶片上的速度 $\boldsymbol{v}_1$ 沿着水平方向，水流出的速度 $\boldsymbol{v}_2$ 与水平面成 $\alpha$ 角。求水柱加在涡轮固定叶片上的水平压力。

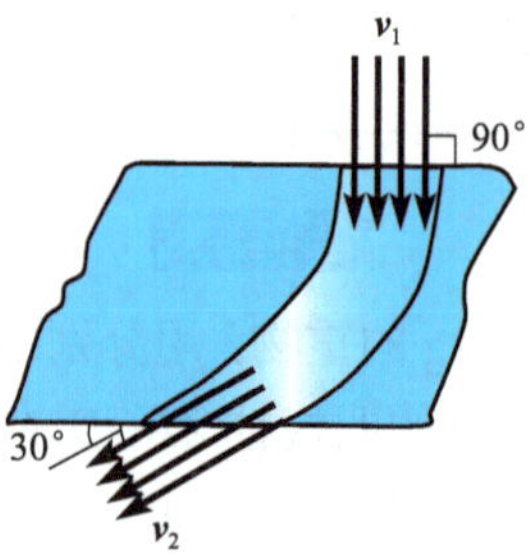


题 10-14 图

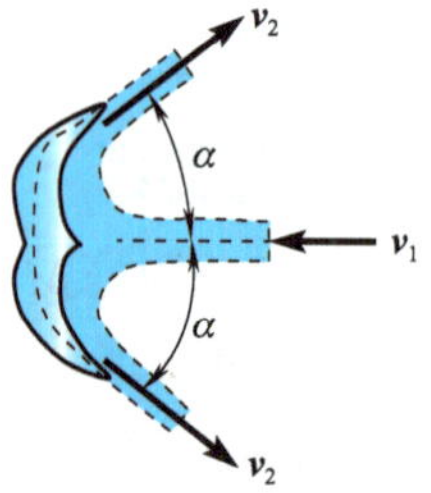


题 10-15 图

第 10 章参考答案

# 第 11 章

# 动量矩定理

内容提要

由静力学力系简化理论知：平面任意力系向任一简化中心简化可得一力和一力偶，此力等于平面力系的主矢，此力偶等于平面力系对简化中心的主矩。由刚体平面运动理论知：刚体的平面运动可以分解为随基点的平动和相对基点的转动。若将简化中心和基点取在质心上，则动量定理(质心运动定理)描述了刚体随质心运动的变化和外力系主矢的关系。它揭示了物体机械运动规律的一个侧面。刚体相对质心转动的运动变化与外力系对质心的主矩的关系将由本章的动量矩定理给出。它揭示了物体机械运动规律的另一个侧面。本章将研究质点系的动量矩定理和刚体平面运动方程。

## 11.1 质点与质点系的动量矩

MOOC 视频

### 11.1.1 质点对点的动量矩

如图 11-1 所示，设有一质点$Q$，其质量为$m$，它相对于固定坐标系$Oxyz$的速度为$\boldsymbol{v}$，矢径为$\boldsymbol{r}$，则称$\boldsymbol{r}\times m\boldsymbol{v}$为质点$Q$对点$O$的动量矩，记作为$\boldsymbol{M}_O(m\boldsymbol{v})$。

$$\boldsymbol{M}_O(m\boldsymbol{v})=\boldsymbol{r}\times m\boldsymbol{v} \tag{11-1}$$

从图 11-1 可知，$\boldsymbol{M}_O(m\boldsymbol{v})$垂直于矢径$\boldsymbol{r}$和动量$m\boldsymbol{v}$所决定的平面，其指向由右手法则来确定。

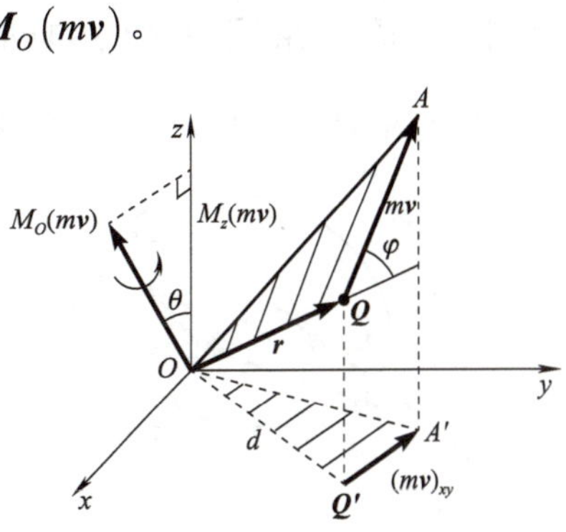


图 11-1

### 11.1.2 质点对轴的动量矩

如图 11-1 所示，设质点$Q$的动量在$xOy$平面上的投影为$m\boldsymbol{v}_{xy}$，点$O$到$m\boldsymbol{v}_{xy}$所在直线的垂直距离为$d$，则称

$$M_z(m\boldsymbol{v})=\pm m v_{xy} d \tag{11-2}$$

为质点$Q$对$z$轴的动量矩。式中的正负号规定与力对轴之

矩的正负号规定相同，即从 $z$ 轴的正端向负端看，若 $m\boldsymbol{v}_{xy}$ 与 $z$ 轴构成的旋转方向是逆时针方向，取正号；反之，取负号。

类似于静力学知识中力对点的矩和力对轴的矩的关系，有质点对某点的动量矩在通过该点的任一轴上的投影等于质点对该轴的动量矩。即

$$\left[\boldsymbol{M}_O\left(m\boldsymbol{v}\right)\right]_z = M_z\left(m\boldsymbol{v}\right) \tag{11-3}$$

其中 $\left[\boldsymbol{M}_O\left(m\boldsymbol{v}\right)\right]_z$ 为 $\boldsymbol{M}_O\left(m\boldsymbol{v}\right)$ 在 $z$ 轴的投影。

在国际单位制中，动量矩的单位是 $\mathrm{kg\cdot m^2/s}$ 或 $\mathrm{N\cdot m\cdot s}$。

### 11.1.3　质点系对点的动量矩

质点系中所有质点对某点 $O$ 的动量矩的矢量和，称为质点系对该点的动量矩，记作 $\boldsymbol{L}_O$，即

$$\boldsymbol{L}_O = \sum_{i=1}^{n}\boldsymbol{M}_O\left(m_i\boldsymbol{v}_i\right) = \sum_{i=1}^{n}\left(\boldsymbol{r}_i \times m_i\boldsymbol{v}_i\right) \tag{11-4}$$

式中，$\boldsymbol{M}_O\left(m_i\boldsymbol{v}_i\right)$ 表示质点系中任一质点对点 $O$ 的动量矩。

### 11.1.4　质点系对轴的动量矩

质点系中所有各质点对某轴 $z$ 的动量矩的代数和称为质点系对该轴的动量矩，记作 $L_z$，即

$$L_z = \sum_{i=1}^{n}M_z\left(m_i\boldsymbol{v}_i\right) \tag{11-5}$$

式中，$M_z\left(m_i\boldsymbol{v}_i\right)$ 表示质点系中任一质点对某轴 $z$ 的动量矩。将式(11-4)沿通过点 $O$ 的 $z$ 轴投影，有

$$\left[\boldsymbol{L}_O\right]_z = \sum_{i=1}^{n}\left[\boldsymbol{M}_O\left(m_i\boldsymbol{v}_i\right)\right]_z = \sum_{i=1}^{n}M_z\left(m_i\boldsymbol{v}_i\right) = L_z \tag{11-6}$$

上式表明，质点系对点的动量矩在通过该点的任一轴上的投影，等于质点系对该轴的动量矩。于是有

$$\boldsymbol{L}_O = L_x\boldsymbol{i} + L_y\boldsymbol{j} + L_z\boldsymbol{k} \tag{11-7}$$

式中，$\boldsymbol{i}$、$\boldsymbol{j}$、$\boldsymbol{k}$ 分别为沿坐标轴 $x$、$y$、$z$ 的单位矢量。

### 11.1.5　质点系相对质心的动量矩

质心在刚体动力学中具有重要地位。下面首先介绍质点系相对于质心 $C$ 的动量矩，并进一步给出质点系对任一点 $O$ 的动量矩与相对于质心 $C$ 的动量矩之间存在的关系。

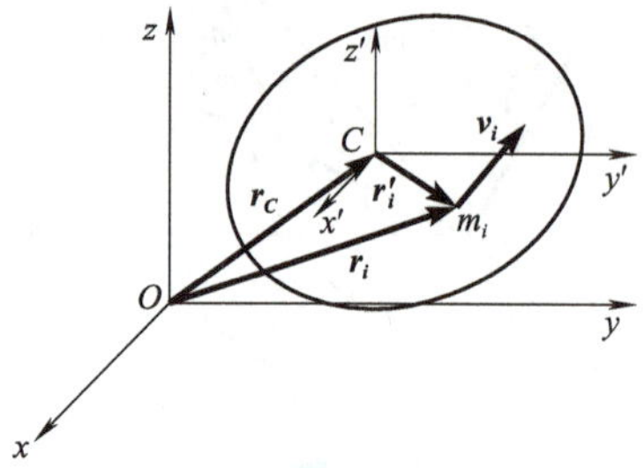


图 11-2

如图 11-2 所示，$Oxyz$ 为固定坐标系，以质心 $C$ 为原点，取一平移参考系 $Cx'y'z'$，质点系内第 $i$ 个质点的质量为 $m_i$，相对位矢为 $\boldsymbol{r}_i'$，相对速度为 $\boldsymbol{v}_{ir}$，绝对速度为 $\boldsymbol{v}_i$。

一般来说，实际应用中质点系对某一点的动量矩是指它在绝对运动中对该点的动量矩，根据动量矩定义，质点系相对质心的动量矩应为

$$\boldsymbol{L}_C=\sum_{i=1}^{n}\boldsymbol{M}_C(m_i\boldsymbol{v}_i)=\sum_{i=1}^{n}(\boldsymbol{r}_i'\times m_i\boldsymbol{v}_i) \tag{11-8}$$

注意 $\boldsymbol{v}_i=\boldsymbol{v}_C+\boldsymbol{v}_{ir}$ 并将其代入式(11-8)，有

$$\boldsymbol{L}_C=\sum_{i=1}^{n}(m_i\boldsymbol{r}_i'\times(\boldsymbol{v}_C+\boldsymbol{v}_{ir}))=\left(\sum_{i=1}^{n}m_i\boldsymbol{r}'_i\right)\times\boldsymbol{v}_C+\sum_{i=1}^{n}(m_i\boldsymbol{r}_i'\times\boldsymbol{v}_{ir}) \tag{11-9}$$

由于 $C$ 为质心，则有 $\sum m_i\boldsymbol{r}'_i=0$，于是上式可简化为

$$\boldsymbol{L}_C=\sum_{i=1}^{n}\boldsymbol{M}_C(m_i\boldsymbol{v}_{ir})=\sum_{i=1}^{n}(\boldsymbol{r}_i'\times m_i\boldsymbol{v}_{ir}) \tag{11-10}$$

式(11-10)表明，计算质点系相对质心的动量矩时，以质点的相对速度或绝对速度求得的结果是相同的。即：质点系相对于质心的动量矩等于质点系内各质点相对于质心平移参考系的动量对质心的矩的矢量和。而对于一般的点，在以该点为基点的平移坐标系中，以相对速度计算得到的质点系动量矩并不等于以绝对速度对该点计算得到的质点系动量矩。

进一步，注意到绝对位矢 $\boldsymbol{r}_i=\boldsymbol{r}_C+\boldsymbol{r}_i'$，质点系相对固定点 $O$ 的动量矩可由质点系相对质心 $C$ 的动量矩表示为

$$\boldsymbol{L}_O=\sum_{i=1}^{n}\boldsymbol{M}_O(m_i\boldsymbol{v}_i)=\sum_{i=1}^{n}(\boldsymbol{r}_i\times m_i\boldsymbol{v}_i)=\boldsymbol{r}_C\times\sum_{i=1}^{n}(m_i\boldsymbol{v}_i)+\sum_{i=1}^{n}(\boldsymbol{r}_i'\times m_i\boldsymbol{v}_i) \tag{11-11}$$

结合式(11-8)，由于 $\sum m_i\boldsymbol{v}_i=m\boldsymbol{v}_C$，式(11-11)可化为

$$\boldsymbol{L}_O=\boldsymbol{r}_C\times m\boldsymbol{v}_C+\boldsymbol{L}_C \tag{11-12}$$

式(11-12)给出了质点系对任一点 $O$ 的动量矩和对质心 $C$ 的动量矩的内在关系，即质点系对于任一点 $O$ 的动量矩，等于质点系随质心平移时对点 $O$ 的动量矩 $(\boldsymbol{r}_C\times m\boldsymbol{v}_C)$ 与质点系相对于质心的动量矩 $\boldsymbol{L}_C$ 的矢量和。

### 11.1.6　刚体的动量矩

刚体是一类特殊的质点系，刚体的动量矩与刚体的运动形式有关。下面给出刚体的运动形式是平移、定轴转动和平面运动情形的动量矩。

**1. 平移运动刚体对点 $O$ 的动量矩**

刚体的总质量为 $m$，当刚体做平移运动时，刚体上的每一点的速度均相等，即 $\boldsymbol{v}_i=\boldsymbol{v}$，根据式(11-4)有

$$\boldsymbol{L}_O=\sum_{i=1}^{n}(\boldsymbol{r}_i\times m_i\boldsymbol{v}_i)=\left(\sum_{i=1}^{n}m_i\boldsymbol{r}_i\right)\times\boldsymbol{v}=m\boldsymbol{r}_C\times\boldsymbol{v}=\boldsymbol{r}_C\times m\boldsymbol{v} \tag{11-13}$$

上式表明，刚体做平移运动其对某点 $O$ 的动量矩可以假想一质量集中在质心处的质点，只要确定刚体质心的矢径 $\boldsymbol{r}_C$，即可应用式(11-13)确定平移刚体对点 $O$ 的动量矩。

**2. 定轴转动刚体对转轴的动量矩**

围绕定轴 $z$ 转动的刚体(图 11-3)，在某一瞬时角速度为 $\omega$，刚体中任一质点的质量为 $m_i$，质点到 $z$ 轴的距离为 $r_i$，则刚体对轴 $z$ 的动量矩为

$$L_z=\sum_{i=1}^{n}M_z(m_i\boldsymbol{v}_i)=\sum_{i=1}^{n}r_i(m_iv_i)=\sum_{i=1}^{n}r_i(m_i\omega r_i)=\left(\sum_{i=1}^{n}m_ir_i^2\right)\omega \tag{11-14}$$

定义

$$J_z=\sum_{i=1}^{n}m_ir_i^2 \tag{11-15}$$

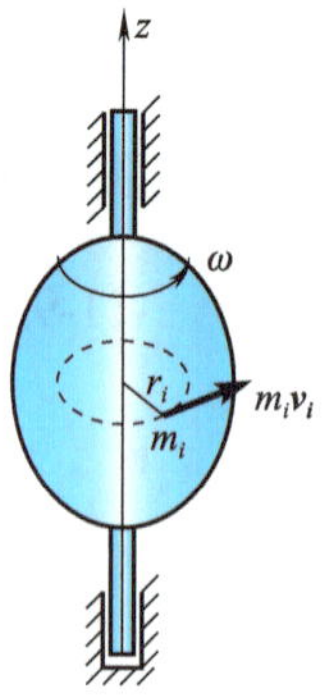


图 11-3

图 11-3 动画

为刚体对轴 $z$ 的转动惯量。

则式(11-14)可以表达为

$$L_z = J_z\omega \tag{11-16}$$

可见定轴转动的刚体对轴的动量矩，等于刚体对转轴的转动惯量与角速度的乘积。

**3. 平面运动刚体对任一点的动量矩**

由 11.1.5 小节可知，刚体平面运动对质心的动量矩或者对于任一点的动量矩可按式(11-10)或者式(11-12)计算。

如对半径为 $R$，质量为 $m$，质心速度为 $\boldsymbol{v}_C$ 的纯滚动均质圆盘，其对于质心的动量矩为

$$L_C = J_C\omega = J_C(v_C / R) \tag{11-17-1}$$

其中，$J_C$ 为相对质心的转动惯量。

对于与地面接触点 $A$ 的动量矩为

$$L_A = R\times mv_C + L_C = mv_CR + J_C(v_C / R) \tag{11-17-2}$$

### 11.1.7 刚体对轴的转动惯量

刚体的转动惯量是度量刚体转动时惯性的物理量，其表达式已经由式(11-15)给出。可以看出，转动惯量的大小不仅与刚体的质量，而且与质量的分布有关。对于简单形状均质物体的转动惯量，可以采用下面的积分方法给出。

**1. 简单形状均质物体的转动惯量**

1)均质细杆

**例 11-1**

如图 11-4 所示，设均质细长杆为 $l$，质量为 $m$，计算其对过质心 $C$ 且与杆的轴线垂直的轴 $z$ 的转动惯量。

**解**：建立如图所示坐标系，取微段 $\mathrm{d}x$，其质量为 $\mathrm{d}m = (m/l)\,\mathrm{d}x$，则此杆对轴 $z$ 的转动惯量为

$$J_z = 2\int_0^{l/2}\left(\frac{m}{l}\right)x^2\mathrm{d}x = \frac{ml^2}{12}$$

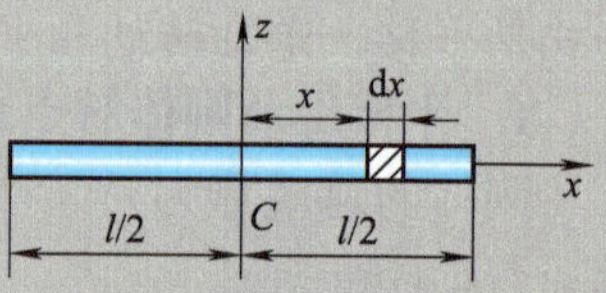


图 11-4

2)均质圆环

**例 11-2**

如图 11-5 所示，设均质细圆环的半径为 $R$，质量为 $m$，求其对于垂直于圆环平面且过中心 $O$ 的轴的转动惯量。

**解**：将圆环沿圆周分为许多微段，设每段的质量为 $m_i$，由于这些微段到中心轴的距离都等于半径 $R$，所以圆环对于中心轴 $z$ 的转动惯量为

$$J_z = \sum_{i=1}^{n} m_iR^2 = mR^2$$

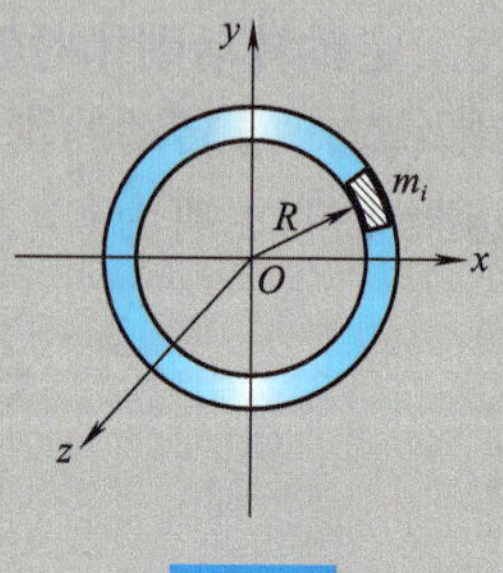


图 11-5

3) 均质圆板

**例 11-3**

如图 11-6 所示，设均质薄圆板的半径为 $R$，质量为 $m$，求对于垂直于板面且过中心 $O$ 的轴 $z$ 的转动惯量。

**解：** 将圆板分成无数同心的细圆环，任一圆环的半径为 $r$，宽度为 $\mathrm{d}r$，质量为

$$\mathrm{d}m = \frac{m}{\pi R^2} \cdot 2\pi r \mathrm{d}r$$

由上题知，此圆环对轴 $z$ 的转动惯量为

$$r^2 \mathrm{d}m = \frac{2m}{R^2} \cdot r^3 \mathrm{d}r$$

于是，整个圆板对于轴 $z$ 的转动惯量为

$$J_z = \int_0^R \frac{2m}{R^2} r^3 \mathrm{d}r = \frac{1}{2} mR^2$$

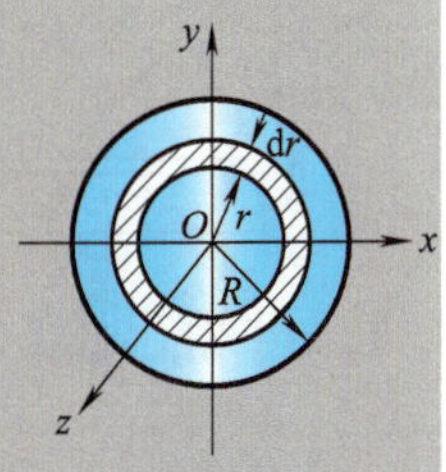

图 11-6

## 2. 平行移轴定理

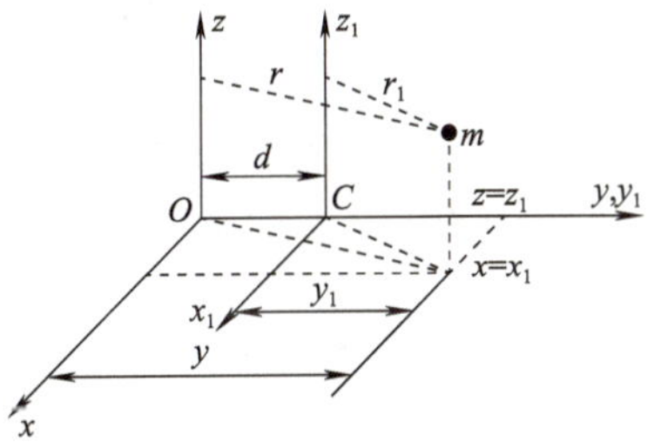

图 11-7

如图 11-7 所示，若已知通过质心轴 $z_C$ 的转动惯量为 $J_{z_C}$，则可以通过下列公式计算其他与质心轴平行的轴 $z$ 的转动惯量 $J_z$，即

$$J_z = J_{z_C} + md^2$$

式中，$m$ 为刚体的质量，$d$ 为平行轴 $z$ 与 $z_C$ 之间的距离。

表达式给出的关系称为平行轴定理，即刚体对任一轴 $z$ 的转动惯量，等于刚体对通过质心并与轴 $z$ 平行的轴 $z_C$ 的转动惯量，加上刚体质量与两轴间距离平方的乘积。

通过平行轴定理，可以计算由一些简单形状均质物体构成的组合体的转动惯量。

**例 11-4**

如图 11-8 所示，已知均质杆的质量为 $m$，对 $z_1$ 轴的转动惯量为 $J_{z_1}$，求杆对 $z_2$ 轴的转动惯量 $J_{z_2}$。

**解：** 由平移轴定理 $J_z = J_{z_C} + md^2$ 可知，对于 $J_{z_1}$ 的转动惯量为

$$J_{z_1} = J_{z_C} + ma^2 \tag{a}$$

对于 $J_{z_2}$ 的转动惯量为

$$J_{z_2} = J_{z_C} + mb^2 \tag{b}$$

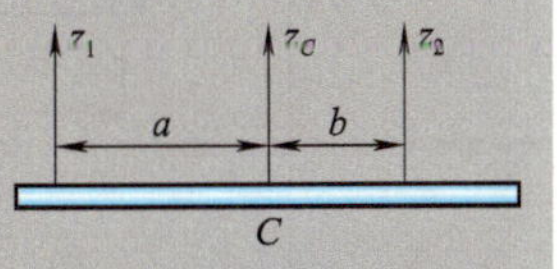

图 11-8

式 (b) 减式 (a) 可得

$$J_{z_2} = J_{z_1} + m(b^2 - a^2)$$

**例 11-5**

均质直角折杆的质量为 $3m$，尺寸如图 11-9 所示，求其对轴 $O$ 的转动惯量。

**解**：均质直角折杆对于水平轴 $O$ 的转动惯量为

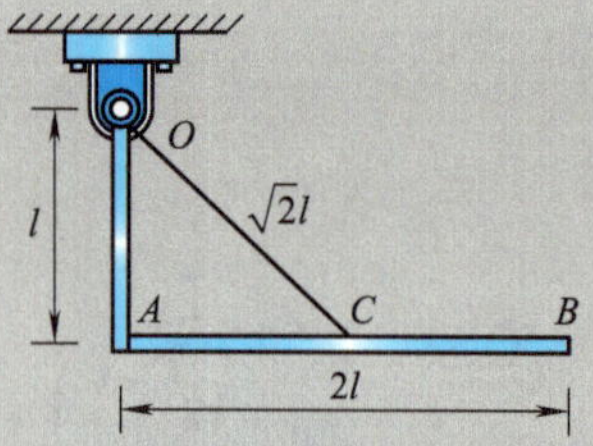

图 11-9

$$J_O = J_{OA} + J_{AB}$$

其中

$$J_{OA} = \frac{1}{3}ml^2$$

设 $J_C$ 为杆 $AB$ 对于中心 $C$ 的转动惯量，则

$$J_{AB} = J_C + (2m)(\sqrt{2}l)^2 = \frac{1}{12}(2m)(2l)^2 + (2m)(\sqrt{2}l)^2 = \frac{14}{3}ml^2$$

于是得

$$J_O = J_{OA} + J_{AB} = \frac{1}{3}ml^2 + \frac{14}{3}ml^2 = 5ml^2$$

## 3. 回转半径

刚体对任一轴 $z$ 的回转半径或惯性半径定义为

$$\rho_z = \sqrt{J_z / m}$$

若已知刚体对某轴 $z$ 的回转半径 $\rho_z$ 和刚体的质量 $m$，则其转动惯量为

$$J_z = m\rho_z^2 \tag{11-18}$$

即物体的转动惯量等于该物体的质量与回转半径平方的乘积。

式(11-18)表明，若将物体的质量全部集中于一点，并令该质点对于 $z$ 轴的转动惯量等于物体的转动惯量，则质点到 $z$ 轴的垂直距离即为回转半径。表 11-1 中给出了一些常见均质物体对指定轴的转动惯量和回转半径。

**表 11-1　均匀物体的转动惯量**

| 物体的形状 | 简图 | 转动惯量 | 转动半径 | 体积 |
|---|---|---|---|---|
| 细直杆 | 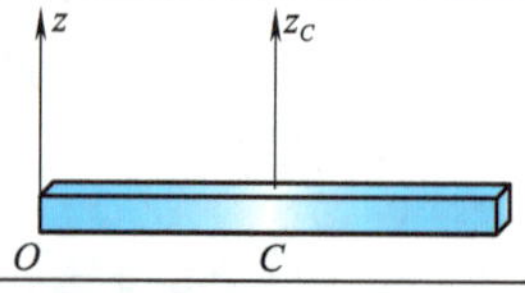 | $J_{z_C} = \frac{m}{12}l^2$<br>$J_z = \frac{m}{3}l^2$ | $\rho_{z_C} = \frac{l}{2\sqrt{3}}$<br>$\rho_z = \frac{l}{\sqrt{3}}$ | — |
| 薄壁圆筒 | 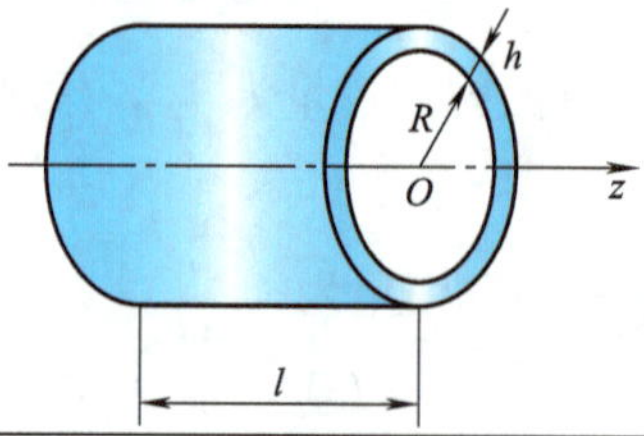 | $J_z = mR^2$ | $\rho_z = R$ | $2\pi Rlh$ |
| 圆柱 | 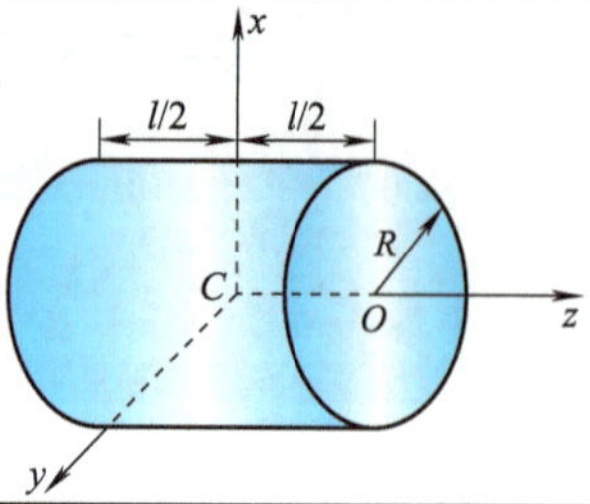 | $J_z = \frac{1}{2}mR^2$<br>$J_x = J_y = \frac{m}{12}(3R^2 + l^2)$ | $\rho_z = \frac{R}{\sqrt{2}}$<br>$\rho_x = \rho_y = \sqrt{\frac{1}{12}(3R^2 + l^2)}$ | $\pi R^2 l$ |

续表

| 物体的形状 | 简图 | 转动惯量 | 转动半径 | 体积 |
|---|---|---|---|---|
| 空心圆柱 | 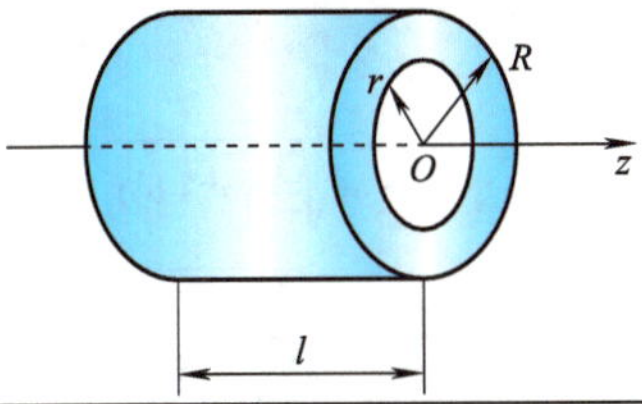 | $J_z=\frac{m}{2}(R^2+r^2)$ | $\rho_z=\sqrt{\frac{1}{2}(R^2+r^2)}$ | $\pi l(R^2-r^2)$ |
| 薄壁空心球 | 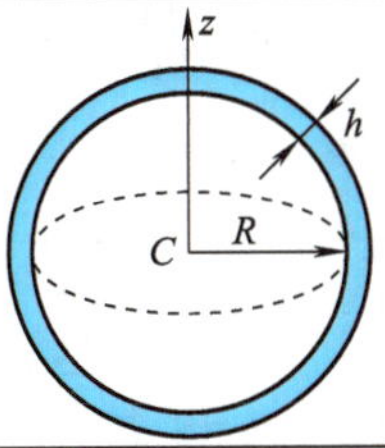 | $J_z=\frac{2}{3}mR^2$ | $\rho_z=\sqrt{\frac{2}{3}}R$ | $\frac{3}{2}\pi Rh$ |
| 实心球 | 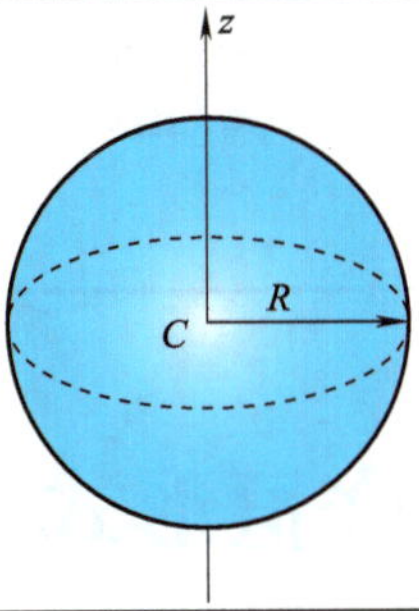 | $J_z=\frac{2}{5}mR^2$ | $\rho_z=\sqrt{\frac{2}{5}}R$ | $\frac{4}{3}\pi R^3$ |
| 圆锥体 | 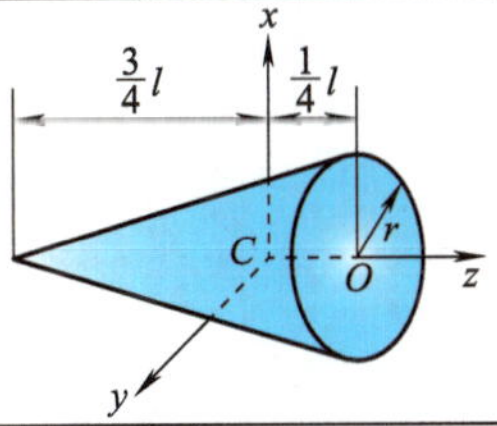 | $J_z=\frac{3}{10}mr^2$<br>$J_x=J_y=\frac{3}{80}(4r^2+l^2)$ | $\rho_z=\sqrt{\frac{3}{10}}r$<br>$\rho_x=\rho_y=\sqrt{\frac{3}{80}(4r^2+l^2)}$ | $\frac{\pi}{3}r^2l$ |
| 圆环 | 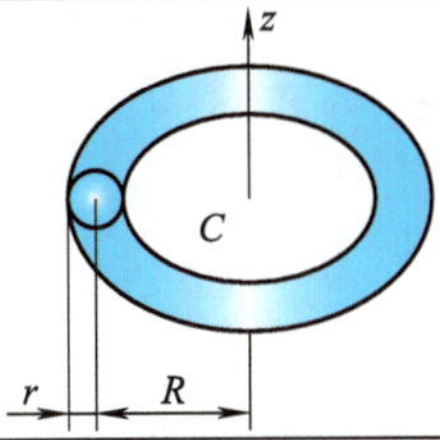 | $J_z=m\left(R^2+\frac{3}{4}r^2\right)$ | $\rho_z=\sqrt{R^2+\frac{3}{4}r^2}$ | $2\pi^2r^2R$ |
| 椭圆形薄板 | 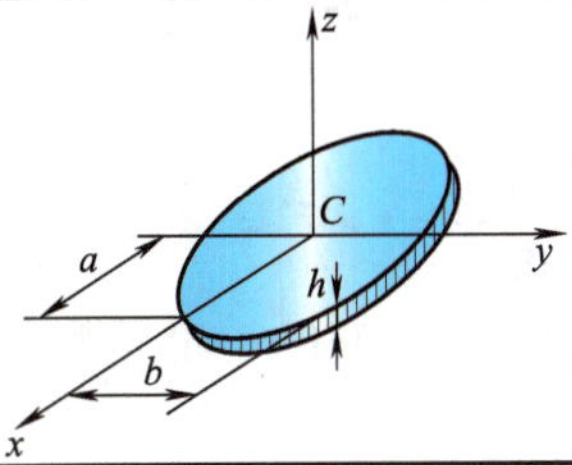 | $J_z=\frac{m}{4}(a^2+b^2)$<br>$J_y=\frac{m}{4}a^2$<br>$J_x=\frac{m}{4}b^2$ | $\rho_z=\frac{1}{2}\sqrt{a^2+b^2}$<br>$\rho_y=\frac{a}{2}$<br>$\rho_x=\frac{b}{2}$ | $\pi abh$ |

续表

| 物体的形状 | 简图 | 转动惯量 | 转动半径 | 体积 |
|---|---|---|---|---|
| 长方体 | 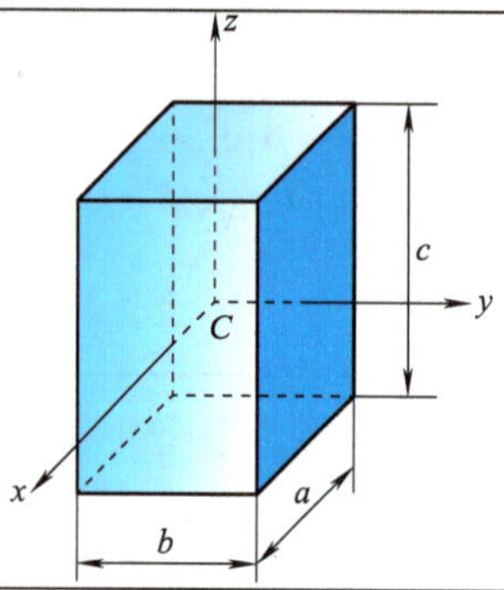 | $J_z=\frac{m}{12}(a^2+b^2)$<br>$J_y=\frac{m}{12}(a^2+c^2)$<br>$J_x=\frac{m}{12}(b^2+c^2)$ | $\rho_z=\sqrt{\frac{1}{12}(a^2+b^2)}$<br>$\rho_y=\sqrt{\frac{1}{12}(a^2+c^2)}$<br>$\rho_x=\sqrt{\frac{1}{12}(b^2+c^2)}$ | $abc$ |
| 矩形<br>薄板 | 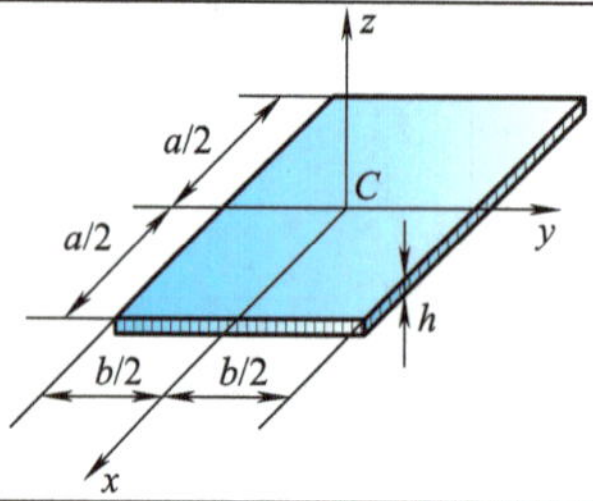 | $J_z=\frac{m}{12}(a^2+b^2)$<br>$J_y=\frac{m}{12}a^2$<br>$J_x=\frac{m}{12}b^2$ | $\rho_z=\sqrt{\frac{1}{12}(a^2+b^2)}$<br>$\rho_y=0.289a$<br>$\rho_x=0.289b$ | $abh$ |

MOOC 视频

# 11.2　动量矩定理及其守恒形式

## 11.2.1　质点的动量矩定理

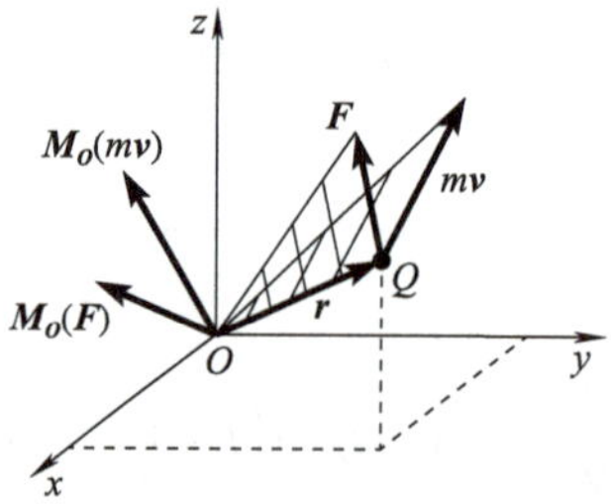


图 11-10

设质点对定点 $O$ 的动量矩为 $\boldsymbol{M}_O(m\boldsymbol{v})$，作用在质点上的力 $\boldsymbol{F}$ 对同一点的矩为 $\boldsymbol{M}_O(\boldsymbol{F})$，如图 11-10 所示。将式(11-1)对时间求导，得

$$\frac{\mathrm{d}}{\mathrm{d}t}\boldsymbol{M}_O(m\boldsymbol{v})=\frac{\mathrm{d}}{\mathrm{d}t}(\boldsymbol{r}\times m\boldsymbol{v})=\frac{\mathrm{d}\boldsymbol{r}}{\mathrm{d}t}\times m\boldsymbol{v}+\boldsymbol{r}\times\frac{\mathrm{d}(m\boldsymbol{v})}{\mathrm{d}t}=\boldsymbol{r}\times\boldsymbol{F}=\boldsymbol{M}_O(\boldsymbol{F}) \tag{11-19}$$

式(11-19)为质点动量矩定理：质点对某定点的动量矩对时间的一阶导数，等于作用力对同一点的矩。

式(11-19)在固定坐标系 $Oxyz$ 各坐标轴上投影，并利用对点的动量矩与对轴的动量矩关系式(11-3)，有

$$\frac{\mathrm{d}}{\mathrm{d}t}M_x(m\boldsymbol{v})=M_x(\boldsymbol{F}),\quad \frac{\mathrm{d}}{\mathrm{d}t}M_y(m\boldsymbol{v})=M_y(\boldsymbol{F}),\quad \frac{\mathrm{d}}{\mathrm{d}t}M_z(m\boldsymbol{v})=M_z(\boldsymbol{F}) \tag{11-20}$$

**例 11-6**

图 11-11 所示为一单摆(数学摆)，摆锤质量为 $m$，摆线长为 $l$，如给摆锤以初位移或初速度(统称初扰动)，它就在经过 $O$ 点的铅垂平面内摆动。求此单摆在微小摆动时的运动规律。

**解：** 以摆锤为研究对象，受力如图 11-11 所示，建立图示坐标系。在任一瞬时，摆锤的速度为 $v$，摆的偏角为 $\varphi$，则

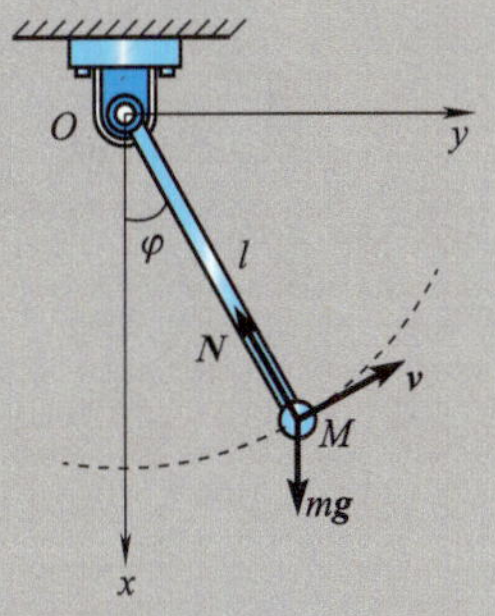

图 11-11

$$M_O(m\boldsymbol{v}) = mvl = ml^2\dot{\varphi}$$

$$M_O(\boldsymbol{F}) = -mgl\sin\varphi$$

式中负号表示力矩的正负号恒与角坐标 $\varphi$ 的正负号相反。它表明力矩总是有使摆锤回到平衡位置的趋势。

由

$$\frac{\mathrm{d}M_O(m\boldsymbol{v})}{\mathrm{d}t} = M_O(\boldsymbol{F})$$

得

$$\frac{\mathrm{d}}{\mathrm{d}t}(ml^2\dot{\varphi}) = -mgl\sin\varphi$$

即

$$\ddot{\varphi} + \frac{g}{l}\sin\varphi = 0$$

这就是单摆的运动微分方程。当 $\varphi$ 很小时摆做微摆动，$\sin\varphi \approx \varphi$，于是上式变为

$$\ddot{\varphi} + \frac{g}{l}\varphi = 0$$

此微分方程的解为

$$\varphi = A\sin(\sqrt{\frac{g}{l}}t + \alpha)$$

其中 $A$ 和 $\alpha$ 为积分常数，也称为振幅和初相位，它们取决于初始条件。

可见单摆的微幅摆动为简谐运动。摆动的周期为

$$T = 2\pi\sqrt{\frac{l}{g}}$$

显然，周期只与 $l$ 有关，而与初始条件无关。

**例 11-7**

如图 11-12(a)所示，水轮机叶轮放在水平面内，叶轮在水流冲击下以匀角速度 $\omega$ 绕 $O_z$ 轴转动，水的总流量为 $Q$，密度为 $\mu$，入口和出口处速度分别为 $\boldsymbol{v}_1$、$\boldsymbol{v}_2$，与叶轮切线的夹角为 $a_1$、$a_2$，水流为定常流动，求水流对水轮机的转动力矩。

**解：** (1) 从图 11-12(a)看出，除了 $O$ 点受约束反力外，无主动力，完全依靠流体速度变化所产生的惯性力偶矩得到转动，因此求水轮机的转动力矩就是求流体的惯性力对 $O$ 点的主矩。流体惯性力主矩可通过对 $O$ 点的动量矩变化得到，惯性力主矩在 $O_z$ 轴上投影得

$$M_{gO} = -\frac{\mathrm{d}L_O}{\mathrm{d}t}$$

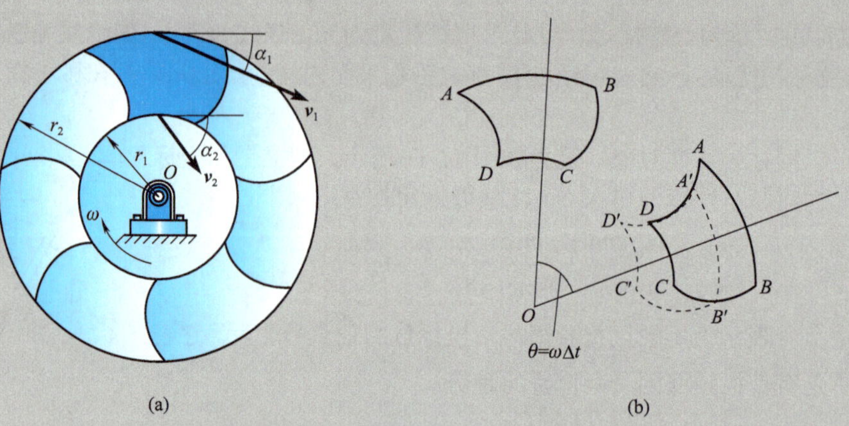


图 11-12

(2)研究 d$t$ 时间内叶轮中流体动量对 $O$ 点之矩的变化，如图 11-12(b)所示。由于水轮机对 $O$ 点为轴对称，所以计算对 $O$ 点的动量矩与叶轮旋转的具体位置无关。$t$ 时刻流体位于 $ABCD$，对 $O$ 点动量矩为 $L_{ABCD}$，d$t$ 后流体位于 $A'B'C'D'$，对 $O$ 点动量矩为 $L_{A'B'C'D}$，计算差值时其共同部分 $A'B'CD$ 可以不计，有

$$\mathrm{d}L_O = L_{DCC'D'} - L_{ABB'A'}$$

动量是沿速度方向的，将速度分解为沿叶轮切线和法向两部分，于是对 $O$ 点动量矩为(此处一律以顺时针为正)

$$\mathrm{d}L_O = \mu Q \mathrm{d}t v_2 \cos a_2 \cdot r_2 - \mu Q \mathrm{d}t v_1 \cos a_1 \cdot r_1$$

得

$$\frac{\mathrm{d}L_O}{\mathrm{d}t} = \mu Q\left(v_2 r_2 \cos a_2 - v_1 r_1 \cos a_1\right)$$

其中 $\mu$ 为流体密度，$Q$ 为流量，得转动力矩 $M$ 为

$$M = M_{gO} = -\frac{\mathrm{d}L_O}{\mathrm{d}t} = \mu Q\left(v_1 r_1 \cos a_1 - v_2 r_2 \cos a_2\right) \tag{a}$$

得正值为顺时针方向，得负值为反时针方向。

如整个水轮机各水道情况相同，则总的转动力矩仍用式(a)计算，只是其中的 $Q$ 为整个水流的流量。式(a)为欧拉涡轮方程。

讨论：

(1)由涡轮方程可以看出，转动力矩(惯性力主矩)只同入口和出口处流速有关，而与中间过程的运动状态无关。

(2)同一问题中动量矩、力矩、惯性力矩的计算取反时针或顺时针为正都可以，但必须彼此一致，计算出来如得负值，表示实际转向与所设相反。公式 $M_{gO} = -\frac{\mathrm{d}L_O}{\mathrm{d}t}$ 表明 $M_{gO}$ 在数值上与 $\frac{\mathrm{d}L_O}{\mathrm{d}t}$ 相等，但转向相反。

**例 11-8**

如图 11-13(a)所示，一质量为$m$的盒子沿着半径为$r$的光滑圆形凹槽向下滑行，当夹角为$\theta$时盒子的速度为$v$。试求此时盒子对圆心$O$的动量矩，以及它的加速度。

图 11-13(a)动画

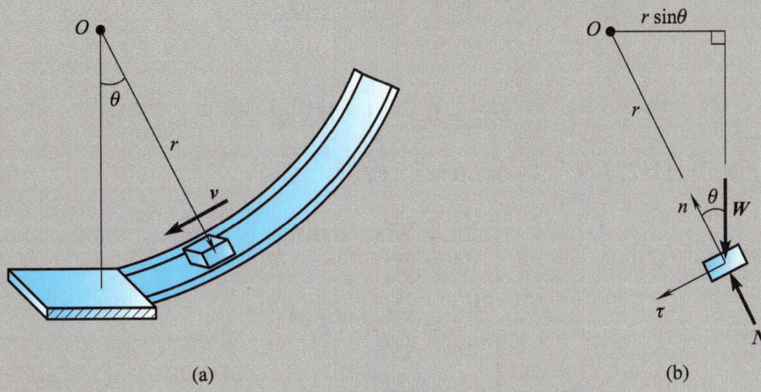


图 11-13

**解：** 由于盒子的速度$\boldsymbol{v}$始终与凹槽相切，那么它对$O$点的动量矩大小为

$$M_O(mv) = rmv$$

如图 11-13(b)所示，支承力$\boldsymbol{N}$对点$O$之矩恒等于零，而动量矩的改变完全取决于重力，由动量矩定理得

$$mg(r\sin\theta) = \frac{\mathrm{d}}{\mathrm{d}t}(rmv)$$

由丁$r$和$m$为常量，故

$$mgr\sin\theta = rm\frac{\mathrm{d}v}{\mathrm{d}t}$$

则

$$a = \frac{\mathrm{d}v}{\mathrm{d}t} = g\sin\theta$$

## 11.2.2　质点系的动量矩定理

设质点系内有$n$个质点，第$i$个质点所受的力分为内力$\boldsymbol{F}_i^{(\mathrm{i})}$和外力$\boldsymbol{F}_i^{(\mathrm{e})}$。动量矩定理式(11-19)可写为

$$\sum_{i=1}^{n}\frac{\mathrm{d}}{\mathrm{d}t}(\boldsymbol{r}_i \times m_i\boldsymbol{v}_i) = \sum_{i=1}^{n}\left(\boldsymbol{r}_i \times \boldsymbol{F}_i^{(\mathrm{i})}\right) + \sum_{i=1}^{n}\left(\boldsymbol{r}_i \times \boldsymbol{F}_i^{(\mathrm{e})}\right) \tag{11-21}$$

由于内力必然成对出现，等号右边第一项等于零。又由于微分与求和可交换，故上式可化为

$$\frac{\mathrm{d}}{\mathrm{d}t}\sum_{i=1}^{n}(\boldsymbol{r}_i \times m_i\boldsymbol{v}_i) = \sum_{i=1}^{n}\left(\boldsymbol{r}_i \times \boldsymbol{F}_i^{(\mathrm{e})}\right) \tag{11-22}$$

或

$$\frac{\mathrm{d}\boldsymbol{L}_O}{\mathrm{d}t} = \sum_{i=1}^{n}\boldsymbol{M}_O\left(\boldsymbol{F}_i^{(\mathrm{e})}\right) \tag{11-23}$$

式(11-22)和式(11-23)为质点系动量矩定理的微分形式，这一结果表明：质点系对某固定点 $O$ 的动量矩对时间的一阶导数，等于作用在该质点系上的外力系对同一点的主矩。将式(11-22)和式(11-23)积分，得

$$\sum_{i=1}^{n}\boldsymbol{r}_i\times m_i\boldsymbol{v}'_i-\sum_{i=1}^{n}\boldsymbol{r}_i\times m_i\boldsymbol{v}_i=\sum_{i=1}^{n}\int_{t_1}^{t_2}\boldsymbol{r}_i\times\boldsymbol{F}_i^{(\mathrm{e})}\mathrm{d}t \tag{11-24}$$

或

$$\boldsymbol{L}_{O2}-\boldsymbol{L}_{O1}=\int_{t_1}^{t_2}\boldsymbol{M}_O^{(\mathrm{e})}\mathrm{d}t \tag{11-25}$$

将式(11-22)或式(11-23)在坐标系 $Oxyz$ 上投影，有

$$\begin{cases}\dfrac{\mathrm{d}L_x}{\mathrm{d}t}=\sum\limits_{i=1}^{n}M_x\left(\boldsymbol{F}_i^{(\mathrm{e})}\right)\\ \dfrac{\mathrm{d}L_y}{\mathrm{d}t}=\sum\limits_{i=1}^{n}M_y\left(\boldsymbol{F}_i^{(\mathrm{e})}\right)\\ \dfrac{\mathrm{d}L_z}{\mathrm{d}t}=\sum\limits_{i=1}^{n}M_z\left(\boldsymbol{F}_i^{(\mathrm{e})}\right)\end{cases} \tag{11-26}$$

需要注意的是，上述动量矩定理表达式只适用于对固定点或固定轴。对于一般的动点或动轴，动量矩定理具有的表达式比较复杂，但相对于质点系的质心或通过质心的轴仍保持式(11-23)的形式，在后文将详细介绍。

**例 11-9**

如图 11-14 所示，质量为 $m$、半径为 $R$ 的均质圆轮绕定轴 $O$ 转动，轮上缠绕细绳，绳端悬挂质量为 $M$ 的物块。试求物块的加速度。

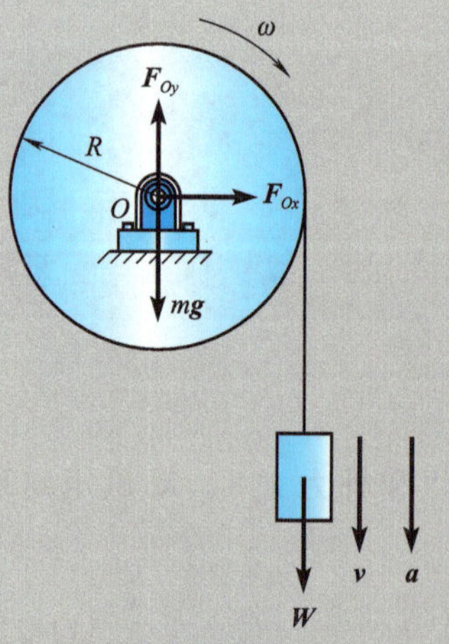


图 11-14

图 11-14 动画

**解**：设物块的速度为 $v$，由于约束力 $\boldsymbol{F}$ 及重力 $mg$ 对系统的力矩为零，系统对 $O$ 点的动量矩为

$$\begin{aligned}L_O&=-(J_O\omega+MvR)\\&=-\left(\frac{1}{2}mR^2\frac{v}{R}+MvR\right)\\&=-(\frac{1}{2}m+M)vR\end{aligned}$$

由动量矩定理得

$$\frac{\mathrm{d}L_O}{\mathrm{d}t}=\sum M_O$$

即

$$\frac{\mathrm{d}\left[-(\frac{1}{2}m+M)vR\right]}{\mathrm{d}t}=-MgR$$

由此得物块的加速度为

$$a=\frac{\mathrm{d}v}{\mathrm{d}t}=\frac{2Mg}{m+2M}$$

### 11.2.3　质点系动量矩定律的守恒形式

在式(11-23)或式(11-25)中，如果质点系对某固定点 $O$ 的外力主矩为零，则质点系对该点的动量矩保持不变。即

$$\sum_{i=1}^{n}\boldsymbol{M}_O\left(\boldsymbol{F}_i^{(e)}\right)=0\text{，则 }\boldsymbol{L}_O=\text{常矢量} \tag{11-27}$$

在式(11-26)中，当外力系对某定轴的主矩和为零时，质点系对该轴的动量矩守恒。即

$$\sum_{i=1}^{n}M_x\left(\boldsymbol{F}_i^{(e)}\right)=0\text{，则 }L_x=\text{常量} \tag{11-28}$$

式(11-27)和式(11-28)称为质点系动量矩守恒定律。

**例 11-10**

如图 11-15 所示，质量为 $m$ 的质点 $M$ 在有心力 $\boldsymbol{F}$ 的作用下运动。已知 $r_1=4r_2$，$M$ 在最远的点的速度为 $v_1=15\mathrm{m/s}$，求 $M$ 在最近点的速度 $v_2$。

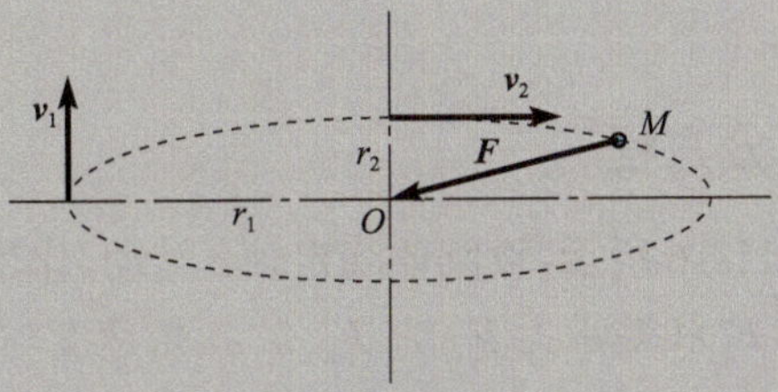


图 11-15

解：有心力 $\boldsymbol{F}$ 始终指向椭圆中心 $O$，由质点的动量矩守恒定律可知，质点 $M$ 对点 $O$ 的动量矩 $\boldsymbol{M}_O(m\boldsymbol{v})$ 保持为常矢量，比较在最远点与最近点的动量矩，得

$$\boldsymbol{M}_O(m\boldsymbol{v})=\boldsymbol{r}_1\times m\boldsymbol{v}_1=\boldsymbol{r}_2\times m\boldsymbol{v}_2=\text{常矢量}$$

由于 $\boldsymbol{r}_1\perp\boldsymbol{v}_1$，$\boldsymbol{r}_2\perp\boldsymbol{v}_2$，上式可化为

$$r_1mv_1=r_2mv_2$$

解得

$$v_2=\frac{r_1v_1}{r_2}=60\ \mathrm{m/s}$$

## 11.3　相对质心的动量矩定理

MOOC 视频

11.2 节阐述的动量矩定理只适用于惯性参考系中的固定点或固定轴，动量也完全由系统的绝对运动所描述。对于一般的动点或动轴，动量矩具有较复杂的形式。为了方便应用，本书只研究质点系相对质心的动量矩定理，这样动量矩定理仍保持了简单的形式。

根据式(11-12)，质点系对于任一点 $O$ 的动量矩定理可写成

$$\frac{\mathrm{d}\boldsymbol{L}_O}{\mathrm{d}t}=\frac{\mathrm{d}}{\mathrm{d}t}\left(\boldsymbol{r}_C\times m\boldsymbol{v}_C+\boldsymbol{L}_C\right)=\sum\left(\boldsymbol{r}_i\times\boldsymbol{F}_i^{(e)}\right) \tag{11-29}$$

展开上式，将 $\boldsymbol{r}_i=\boldsymbol{r}_C+\boldsymbol{r}_i'$ 代入后，上式化为

$$\frac{\mathrm{d}\boldsymbol{r}_C}{\mathrm{d}t}\times m\boldsymbol{v}_C+\boldsymbol{r}_C\times m\frac{\mathrm{d}\boldsymbol{v}_C}{\mathrm{d}t}+\frac{\mathrm{d}\boldsymbol{L}_C}{\mathrm{d}t}=\sum\left(\boldsymbol{r}_C\times\boldsymbol{F}_i^{(\mathrm{e})}\right)+\sum\left(\boldsymbol{r}_i'\times\boldsymbol{F}_i^{(\mathrm{e})}\right) \tag{11-30}$$

由于

$$\frac{\mathrm{d}\boldsymbol{r}_C}{\mathrm{d}t}=\boldsymbol{v}_C,\quad \frac{\mathrm{d}\boldsymbol{v}_C}{\mathrm{d}t}=\boldsymbol{a}_C,\quad \boldsymbol{v}_C\times\boldsymbol{v}_C=0,\quad m\boldsymbol{a}_C=\sum\boldsymbol{F}_i^{(\mathrm{e})}$$

式(11-30)可简化为

$$\frac{\mathrm{d}\boldsymbol{L}_C}{\mathrm{d}t}=\sum\boldsymbol{r}_i'\times\boldsymbol{F}_i^{(\mathrm{e})} \tag{11-31}$$

式(11-31)称为质点系相对质心的动量矩定理，即质点系相对于质心的动量矩对时间的导数，等于作用于质点系的外力对质心的矩。与式(11-23)比较可知，该定理与质点系相对固定点的动量矩定理有一样的形式。

# 11.4 刚体的运动微分方程

## 11.4.1 刚体定轴转动微分方程

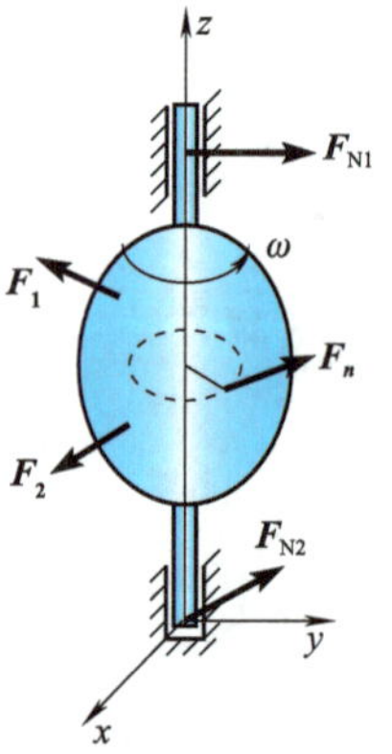

图 11-16

如图 11-16 所示，设刚体绕定轴 $z$ 转动，作用在刚体上的力有主动力 $\boldsymbol{F}_1$，$\boldsymbol{F}_2$，…，$\boldsymbol{F}_n$ 和轴承力 $\boldsymbol{F}_{\mathrm{N}_1}$，$\boldsymbol{F}_{\mathrm{N}_2}$，其角速度与角加速度分别为 $\omega$ 和 $\alpha$。刚体对于 $z$ 轴的转动惯量为 $J_z$，对于 $z$ 轴的动量矩为 $J_z\omega$。

不计轴承中的摩擦，根据质点系对 $z$ 轴的动量矩定理有

$$\frac{\mathrm{d}}{\mathrm{d}t}(J_z\omega)=\sum_{i=1}^{n}M_z(\boldsymbol{F}_i) \tag{11-32}$$

或

$$J_z\alpha=\sum_{i=1}^{n}M_z(\boldsymbol{F}_i) \tag{11-33}$$

式(11-32)和式(11-33)称为刚体定轴转动微分方程，即作用在刚体上的主动力系对该轴之矩，等于刚体对定轴转动的转动惯量与角加速度之积。刚体的转动惯量反映了刚体转动状态改变的难易程度，是刚体转动惯性的度量。

## 11.4.2 刚体平面运动微分方程

如图 11-17 所示，有一平面运动刚体具有质量对称平面，$D$ 为刚体上任一点，$C$ 为质心，$Cx'y'$ 为固连于质心的平移参考系，$CD$ 与 $x$ 轴的夹角为 $\varphi$，刚体的运动可分解为随质心的平移和绕质心的转动两个部分。刚体对质心的动量矩为

$$L_C=J_C\omega \tag{11-34}$$

式中，$J_C$ 为刚体对通过质心 $C$ 且与运动平面垂直的轴的转动惯量，标量 $\omega$ 为角速度。

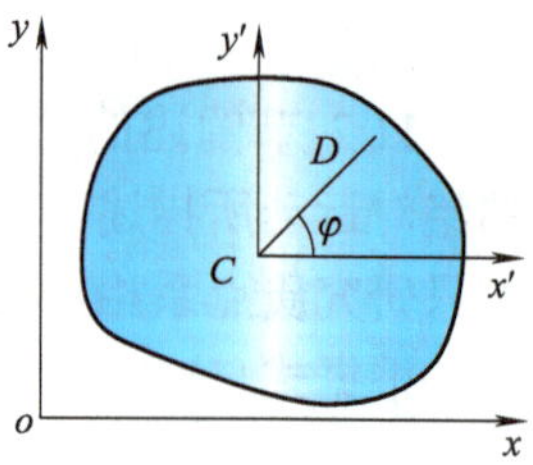

图 11-17

该刚体上外力简化为质心运动平面内的力系 $\boldsymbol{F}_1$，$\boldsymbol{F}_2$，…，$\boldsymbol{F}_n$，

应用质心运动定理和相对于质心的动量矩定理，得

$$ m\boldsymbol{a}_C=\sum_{i=1}^{n}\boldsymbol{F}_i^{(e)},\quad \frac{\mathrm{d}}{\mathrm{d}t}(J_C\omega)=J_C\alpha=\sum_{i=1}^{n}M_C\left(\boldsymbol{F}_i^{(e)}\right) \tag{11-35} $$

或直接写成投影形式

$$ \begin{cases} m\ddot{x}_C=\sum F_x^{(e)} \\ m\ddot{y}_C=\sum F_y^{(e)} \\ J_C\alpha=\sum M_C\left(\boldsymbol{F}_i^{(e)}\right) \end{cases} \tag{11-36} $$

式(11-35)、式(11-36)称为刚体的平面运动微分方程，如果方程式等号左侧各项恒为零，即外力系的主矢和主矩均为零，那么方程退化为平面静力学中平面力系的平衡方程。可见，质点系动量定理与动量矩定理涵盖了刚体平面运动中平衡情形的部分。

**例 11-11**

如图 11-18 所示，飞轮对转轴的转动惯量为 $J$，以初角速度 $\omega_0$ 绕水平轴 $O$ 转动，其阻力矩为 $M=-a\omega$（$a$ 为常数）。求经过多长时间，角速度降至初角速度的一半？在此时间内共转多少转？

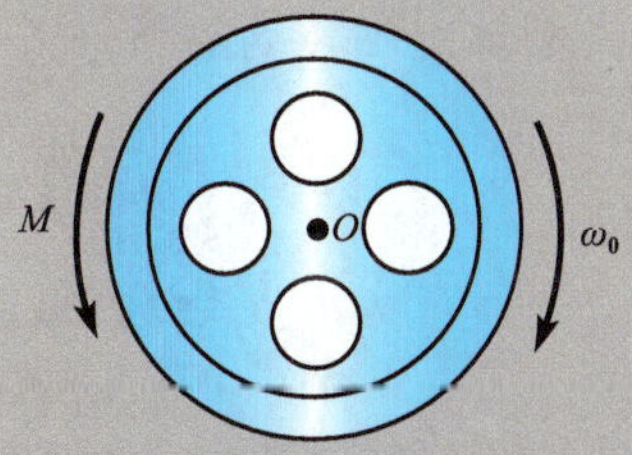


图 11-18

**解：** 以飞轮为研究对象，由刚体定轴转动的微分方程有

$$ J\frac{\mathrm{d}\omega}{\mathrm{d}t}=-a\omega \tag{a} $$

将式(a)变换，有

$$ \frac{J}{a}\frac{\mathrm{d}\omega}{\omega}=-\mathrm{d}t $$

将上式求定积分，得

$$ \int_{\omega_0}^{\frac{\omega_0}{2}}\frac{J}{a}\frac{\mathrm{d}\omega}{\omega}=-\int_0^t\mathrm{d}t $$

$$ t=\frac{J}{a}\ln\frac{\omega_0}{\frac{\omega_0}{2}}=\frac{J}{a}\ln 2 $$

将式(a)改写为

$$ J\frac{\mathrm{d}\omega}{\mathrm{d}t}=-a\frac{\mathrm{d}\varphi}{\mathrm{d}t} $$

即

$$ J\mathrm{d}\omega=-a\mathrm{d}\varphi $$

将上式求定积分，得

$$ \int_{\omega_0}^{\frac{\omega_0}{2}}J\mathrm{d}\omega=-\int_{\varphi_0}^{\varphi}a\mathrm{d}\varphi $$

转过的角度为

$$ \varphi-\varphi_0=\frac{J}{2a}\omega_0 $$

因此，转过的转数为

$$n=\frac{\varphi-\varphi_0}{2\pi}=\frac{J\omega_0}{4\pi a}$$

**例 11-12**

如图 11-19(a)所示，啮合齿轮各绕定轴 $O_1$、$O_2$ 转动，其半径分别为 $r_1$、$r_2$，质量分别为 $m_1$、$m_2$，转动惯量分别为 $J_1$、$J_2$，今在轮 $O_1$ 上作用一力矩 $M$，求其角加速度。

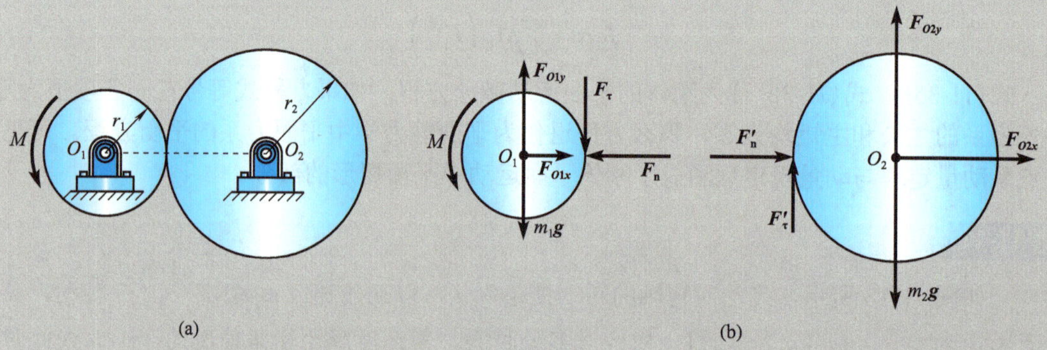


图 11-19

**解**：分别以两轮为研究对象，受力如图 11-19(b)所示，由刚体定轴转动的微分方程有

$$J_1\alpha_1=M-F_\tau r_1,\quad J_2\alpha_2=F'_\tau r_2$$

由运动学关系得

$$\alpha_1 r_1=\alpha_2 r_2$$

图 11-19 动画

注意到 $F_\tau=F'_\tau$，联立求解以上三式得

$$\alpha_1=\frac{Mr_2^2}{J_1r_2^2+J_2r_1^2}$$

**例 11-13**

如图 11-20(a)所示，质量为 $m$ 的均质杆长为 $l$，用绳 $OB$ 吊在铅垂平面内，$A$ 端置于光滑地面上，杆与地面夹角为 $\theta$。求在图示位置，绳 $OB$ 突然断掉时，杆的角加速度和地面的约束力。

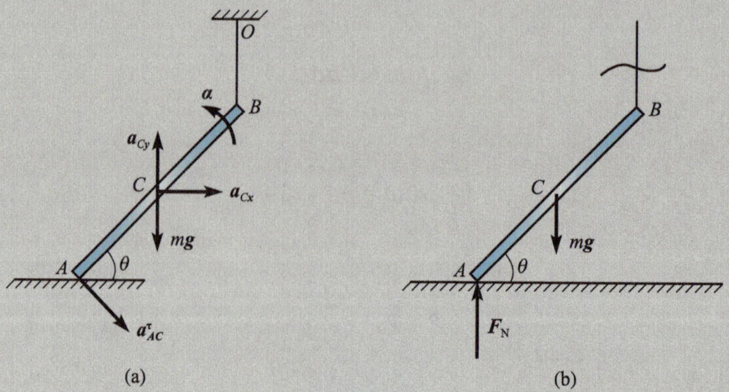


图 11-20 动画

图 11-20

**解：** 绳 $OB$ 突然断时杆 $AB$ 做平面运动，可用平面运动微分方程求解。设 $AB$ 杆的中心为 $C$，杆的角加速度为 $\alpha$ 。

以 $C$ 为基点，可得 $A$ 的加速度为

$$\boldsymbol{a}_A = \boldsymbol{a}_{Cx} + \boldsymbol{a}_{Cy} + \boldsymbol{a}_{AC}^{n} + \boldsymbol{a}_{AC}^{\tau}$$

当绳 $OB$ 断掉时　　$v_B = v_A = 0$ ，$\omega_{AB} = 0$ ，$a_{AC}^{n} = 0$

由于

$$a_{Ay} = a_{Cy} - a_{AC}^{\tau}\cos\theta = 0$$

则

$$a_{Cy} = a_{AC}^{\tau}\cos\theta = \frac{l}{2}\alpha\cos\theta \tag{a}$$

杆 $AB$ 受力如图 11-20(b) 所示，杆 $AB$ 在水平方向不受力，则

$$\sum F_x = ma_{Cx} = 0$$

分析竖直方向合力可得

$$\sum F_y = ma_{Cy}$$

即

$$ma_{Cy} = F_{\mathrm{N}} - mg \tag{b}$$

由动量矩定理得

$$J_C\alpha = \sum M_C(F)$$

即

$$\frac{1}{12}ml^2\alpha = -F_{\mathrm{N}}\frac{l}{2}\cos\theta \tag{c}$$

联立式(a)～式(c)可解得

$$\begin{cases} \alpha = -\dfrac{6g\cos\theta}{\left(1+3\cos^2\theta\right)l} \\ F_{\mathrm{N}} = \dfrac{mg}{\left(1+3\cos^2\theta\right)} \end{cases}$$

**例 11-14**

如图 11-21(a) 所示，均质滑轮 $A$ 可绕轴 $O$ 转动，质量为 $m_A$，半径为 $r_1$；有一绳缠在滑轮 $A$ 上，另一端绕在质量为 $m_B$、半径为 $r_2$ 的滑轮 $B$ 上，不计轴 $O$ 处的摩擦，假设绳重不计且不可伸长，试求：

(1) 滑轮 $B$ 下落时质心的加速度；

(2) 若滑轮 $A$ 和 $B$ 的质量相等，半径也相等，且在滑轮 $A$ 上作用逆时针转向的转矩 $M$ ，试问在什么条件下滑轮 $B$ 将匀速下落。

**解：** 设绳的张力为 $\boldsymbol{T}$ ，滑轮 $A$ 的角加速度为 $\alpha_A$ ，滑轮 $B$ 的角加速度为 $\alpha_B$ 。滑轮 $A$、$B$ 的受力图如图 11-21(b) 所示。

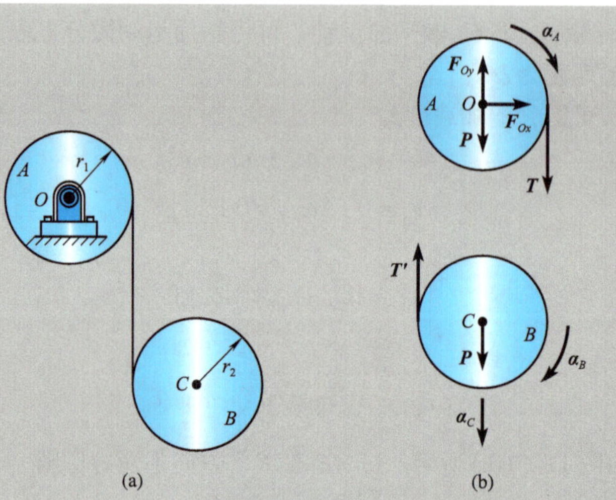


图 11-21 动画

图 11-21

(1)研究滑轮 $A$ 可得

$$\frac{1}{2}m_A r_1^2 \alpha_A = Tr_1 \tag{a}$$

研究滑轮 $B$ 可得

$$\frac{1}{2}m_B r_2^2 \alpha_B = T'r_2 \tag{b}$$

$$m_B a_C = m_B g - T' \tag{c}$$

由运动学关系得

$$a_C = r_1\alpha_A + r_2\alpha_B \tag{d}$$

由式(a)、(b)解得

$$m_A r_1 \alpha_A = m_B r_2 \alpha_B$$

代入式(c)、(d)得

$$\alpha_A = \frac{2m_B g}{(3m_A + 2m_B)r_1}$$

$$\alpha_B = \frac{2m_A g}{(3m_A + 2m_B)r_2}$$

$$a_C = \frac{2(m_A + m_B)g}{3m_A + 2m_B}$$

(2)设滑轮 $A$ 的角速度为 $\omega_A$，滑轮 $B$ 的角速度为 $\omega_B$，质心速度为 $v_C$，取系统为研究对象，其对 $O$ 的动量矩和力矩分别为

$$L_O = \frac{1}{2}m_A r_1^2 \omega_A + m_B(r_1 + r_2)v_C - \frac{1}{2}m_B r_2^2 \omega_B$$

$$\sum M_O^{(e)} = M - m_B g(r_1 + r_2)$$

由动量矩定量可得

$$\frac{\mathrm{d}}{\mathrm{d}t}\left[\frac{1}{2}m_A r_1^2 \omega_A + m_B(r_1 + r_2)v_C - \frac{1}{2}m_B r_2^2 \omega_B\right] = M - m_B g(r_1 + r_2)$$

即

$$\frac{1}{2}m_A r_1^2\alpha_A + m_B(r_1+r_2)a_C - \frac{1}{2}m_B r_2^2\alpha_B = M - m_B g(r_1+r_2) \tag{e}$$

运动学关系

$$a_C = r_1\alpha_A - r_2\alpha_B$$

令 $m_A = m_B = m$， $r_1 = r_2 = r$ 则当 $a_C = 0$ 时滑轮 $B$ 将匀速下落，由此可知 $\alpha_A = \alpha_B$，将其代入式(e)，得

$$M = 2mgr$$

## 习 题

11-1 质量为 $m$ 的质点运动方程为 $x = a\cos 2\omega t$， $y = b\sin\omega t$，求质点对原点 $O$ 的动量矩。

11-2 如图所示，均质细直杆质量为 $m$，长为 $l = 2R$，其 $A$ 端固接在均质圆盘的边缘上。圆盘的质量为 $M$，半径为 $R$，以角速度 $\omega$ 绕定轴 $O$ 转动，求系统对于轴 $O$ 的动量矩。

11-3 质量为 $m_a$ 和 $m_b$ 的两物块分别系在两柔软不可伸长的绳子上，此两绳分别绕在半径为 $R_1$ 和 $R_2$ 并固结在一起的鼓轮上，设鼓轮的质量为 $M$，对转轴 $O$ 的回转半径为 $J$，并以角速度 $\omega$ 转动。求系统对鼓轮转轴的动量矩。

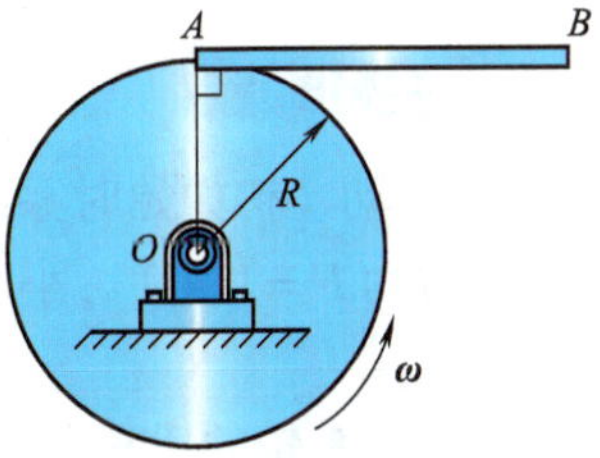


题 11-2 图

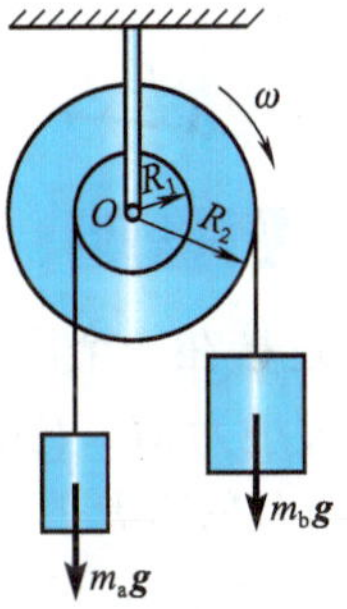


题 11-3 图

11-4 如图所示，夹角为 $\theta$ 的两杆固接在一起，$CD$ 杆两端各固定一小球，质量均为 $m$，大小不计。已知杆长 $CO = OD = l$，系统以角速度 $\omega$ 绕轴转动。求：(1) $CD$ 杆自重不计时系统对 $z$ 轴的动量矩；(2) 均质杆 $CD$ 质量为 $3m$ 时系统对 $z$ 轴的动量矩。

11-5 均质圆盘以转速 60r/min 沿水平面做纯滚动，已知圆盘半径为 $R = 20\text{cm}$，质量为 $M = 40\text{kg}$。求：(1) 圆盘对通过质心且垂直于运动平面之轴的动量矩；(2) 圆盘对瞬时转动轴的动量矩。

11-6 如图所示，行星齿轮传动机构中，曲柄的角速度为 $\omega$，定齿轮 I 和动齿轮III半径均为 $R$，齿轮III质量为 $m_3$，齿轮 II 半径为 $r$，质量为 $m_2$，各齿轮假定为均质圆盘，且不记曲柄质量，求机构对固定 $O$ 轴的动量矩。

11-7 如图所示质量为 $m$、高为 $h$ 的均质三角形薄板，求此薄板对底边的转动惯量 $J$。

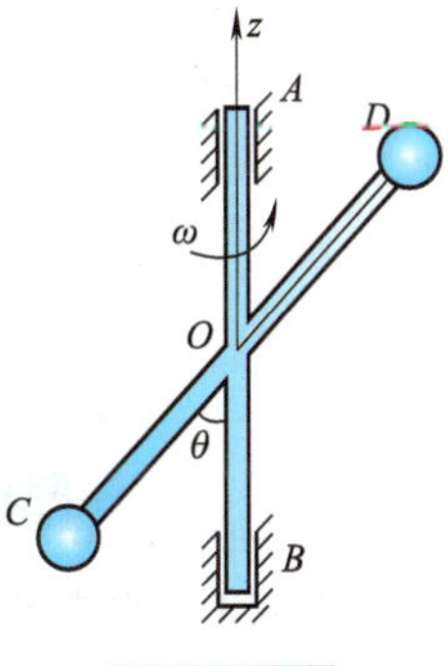


题 11-4 图

11-8 如图所示，质量为 5kg 的物体 $A$ 以初始速度 2m/s 在光滑水平面内绕 $O$ 做圆周运动。现沿切线方向突加一大小为 5N 的力，不计物体的大小，试求 3s 后物体的速度大小。

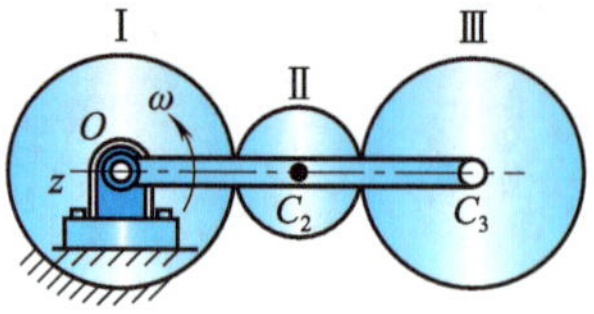


题 11-6 图

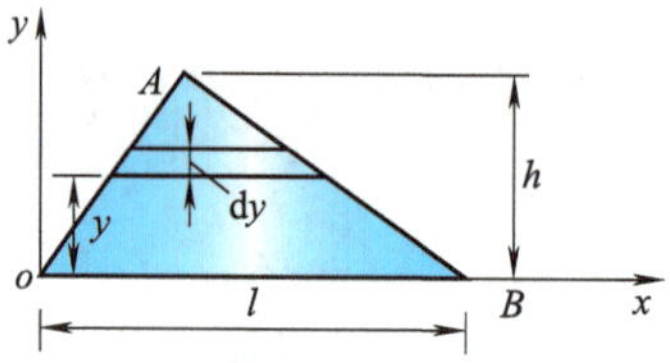


题 11-7 图

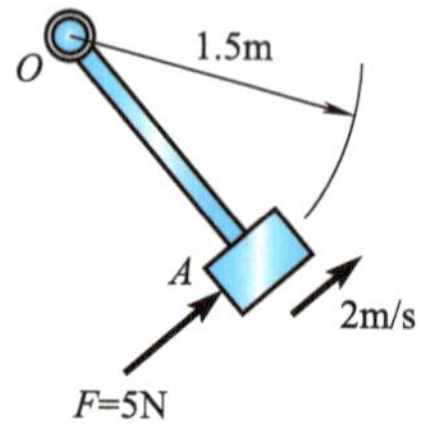


题 11-8 图

11-9　如图所示，质量为 5kg 的物体 $A$ 可在光滑水平面内绕 $O$ 做圆周运动。现对物体加 $F=(10t)\mathrm{N}$ 的力，方向始终与物体运动轨迹的切线方向成 $\theta$（$\sin\theta=0.6$）角，不计物体的大小，试求 4s 后物体的速度。

11-10　两个质量同为10kg 的小球由轻质刚性杆连接，可以在水平面内绕 $O$ 做圆周运动。初始时系统静止，某一时刻系统突受一大小为 10N·m 的力偶，另外系统还受一个 $M=(8t)\mathrm{N\cdot m}$ 的扭矩。不计小球的大小，试求 4s 后物体的速度。

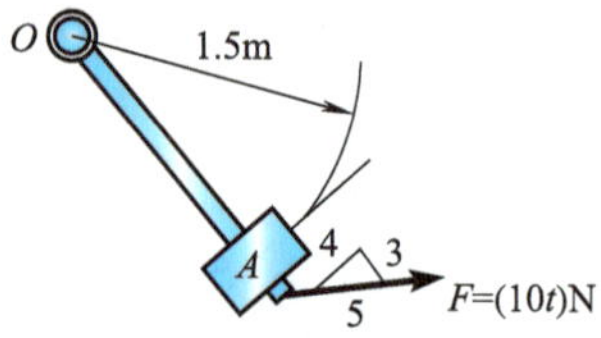


题 11-9 图

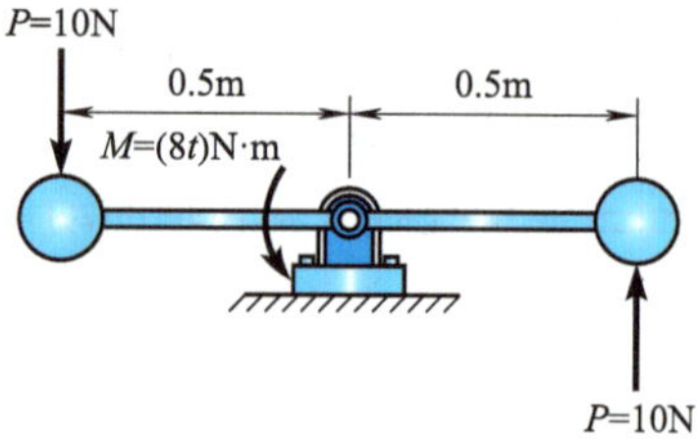


题 11-10 图

11-11　小车连接在一个质量不计的刚性杆上绕桩 $A$ 做圆周运动，初如始时系统静止。某一时刻系统受一大小为 $M=(20t^2)\mathrm{N\cdot m}$ 的力矩，而小车的牵引力为 $F=15\mathrm{kN}$ 。小车和人的质量为150kg，不计小车的大小，试求 5s 后小车的速度。

11-12　质量为 $m_1$、$m_2$ 的重物 $A$、$B$ 通过细绳悬挂在塔轮上，塔轮的质量是 $m_3$，对轴 $O$ 的回转半径为 $\rho$，且质心位于转轴 $O$ 处，求鼓轮的角加速度。

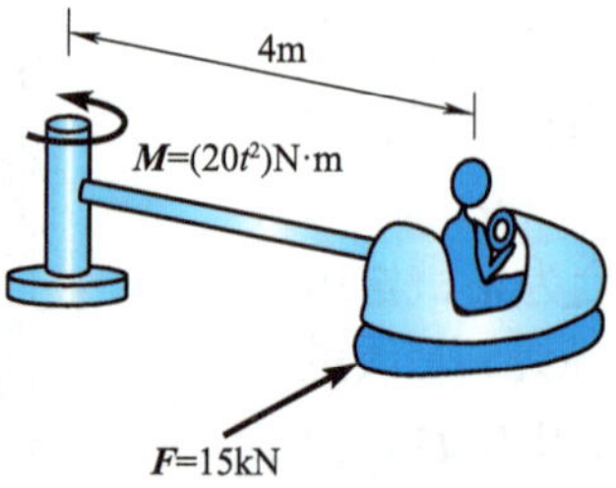


题 11-11 图

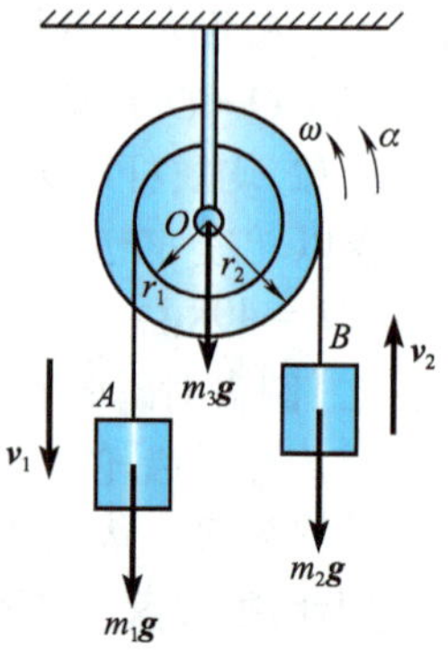


题 11-12 图

11-13　均质鼓轮通过细绳与物块相连，物块与水平面间的动摩擦系数为 $f$ 。已知物块的质量为 $m_1$，鼓轮的半径为 $r$，质量为 $m_2$。试求当手柄 $AB$ 上作用矩为 $M$ 的力偶时，物体 $D$ 的加速度。

11-14　如图所示，飞轮在偶矩 $M_0\sin\omega t$ 作用下绕轴 $O$ 运动，飞轮的辐条上有质量均为 $m$

的两个物体做周期运动，初瞬时 $r=r_0$。试求飞轮以角速度 $\omega$ 转动时，$r$ 应满足的条件。

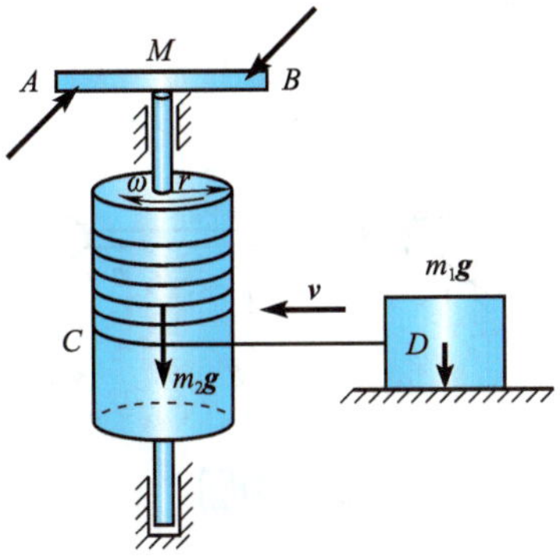


题 11-13 图

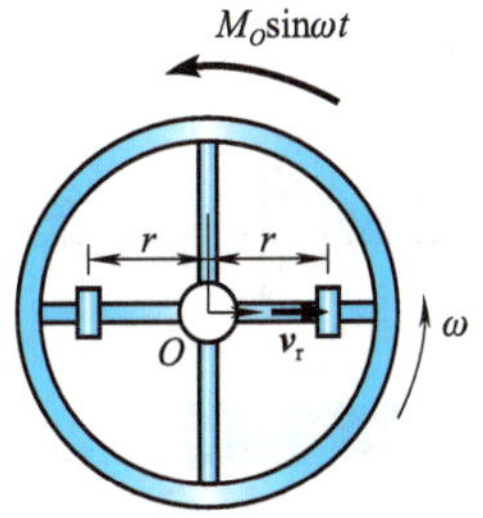


题 11-14 图

11-15　小锤 $M$ 系在不可伸长的线 $MOA$ 一端，线的一端穿过铅垂小管，小锤绕管轴沿半径为 $MC=R$ 的圆周做转速为100r/min 的旋转运动。慢慢拉管内的线段 $OA$，使外面的线段长度缩短到 $OM_1$，此时小锤做半径为 $R/2$ 的圆周运动。求小锤沿圆周运动的转速。

11-16　如图所示水平圆板绕 $z$ 轴转动。质点 $M$ 在圆板上以半径 $r$、常速度 $v_0$ 做圆周运动(圆心距 $z$ 轴距离为 $l$)。$M$ 点在圆板的位置由 $\varphi$ 角确定。圆板的转动惯量为 $J$，并且当 $M$ 点离 $z$ 轴最远点在 $M_0$ 时，圆板角速度为零。忽略轴的摩擦和空气阻力，试求圆板的角速度与 $\varphi$ 的关系。

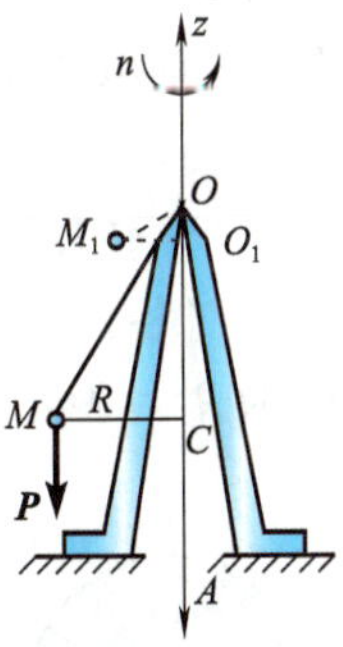


题 11-15 图

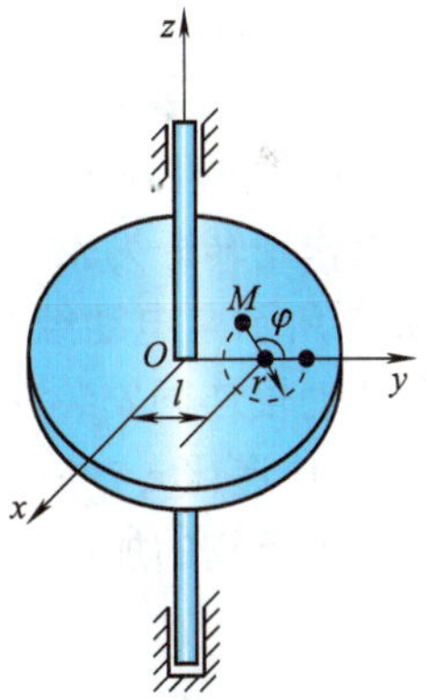


题 11-16 图

11-17　如图所示为离合器模型，轮 I 和轮 II 的转动惯量分别为 $J_1$ 和 $J_2$。初始时刻轮 II 静止，轮 I 具有角速度 $\omega_1$。求：(1)离合器结合后，两轮共有的转动角速度；(2)若经过 $t$ s 后两轮的转速才相同，此时离合器应有的摩擦力矩为多少。

11-18　均质杆 $AB$ 长为 $l$，质量为 $m_1$，$B$ 球尺寸不计，质量为 $m_2$，无质量弹簧刚度系数为 $k$。假定系统在水平位置处于平衡状态。现给球 $B$ 一个铅直向下的微小位移 $\delta_0$，之后无初速地释放，求杆系统做微幅摆动的规律和周期。

11-19　均质圆轮 $A$ 质量为 $m_1$，半径为 $r_1$，以角速度 $\omega$ 绕杆 $OA$ 的 $A$ 端转动，此时将轮 $A$ 放置在均质轮 $B$ 上，杆 $OA$ 重量不计。均质轮 $B$ 质量为 $m_2$、半径为 $r_2$，初始时静止，但可绕其中心自由转动。放置后轮 $A$ 的重量由轮 $B$ 支持，设两轮间的摩擦系数为 $f$，求轮 $A$ 放在轮 $B$ 上到两轮间没有相对滑动时的时刻。

11-20　已知均质圆盘质量 $m = 80\text{kg}$，半径 $R = 1\text{m}$，转速 $n = 100\text{r/min}$，常力 $F$ 作用于杆末端，轮经15s后停止转动，动摩擦系数 $f_d = 0.2$，求力 $F$ 的大小。

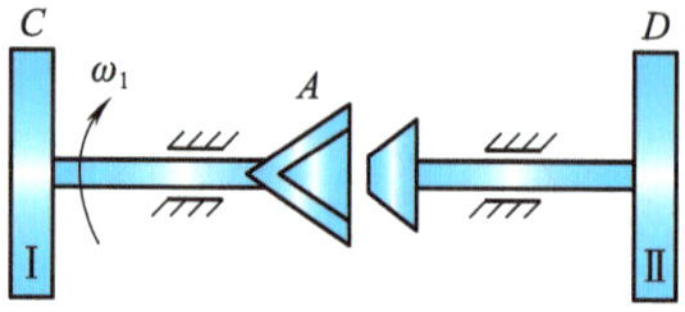

题 11-17 图

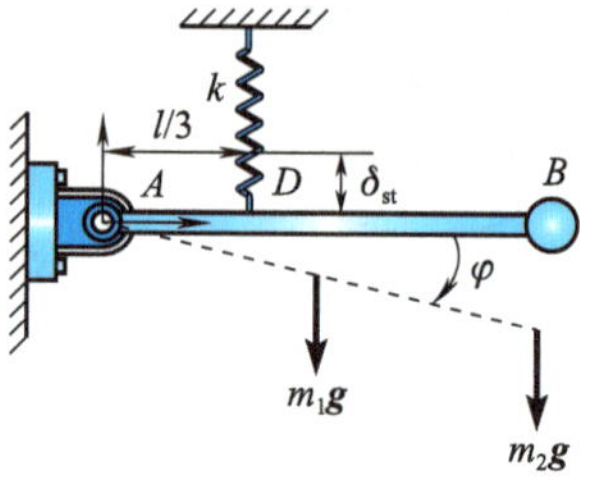

题 11-18 图

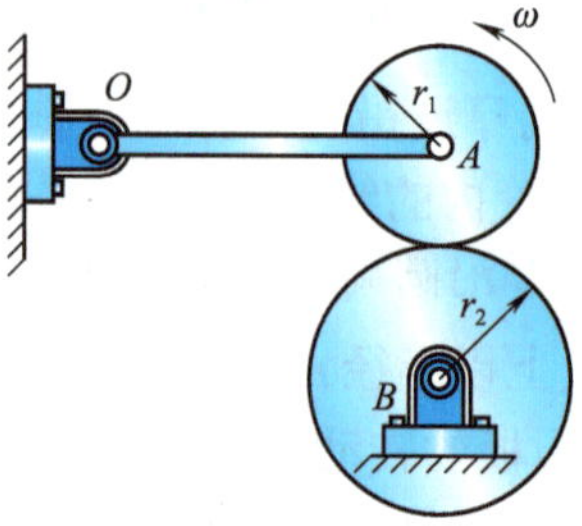

题 11-19 图

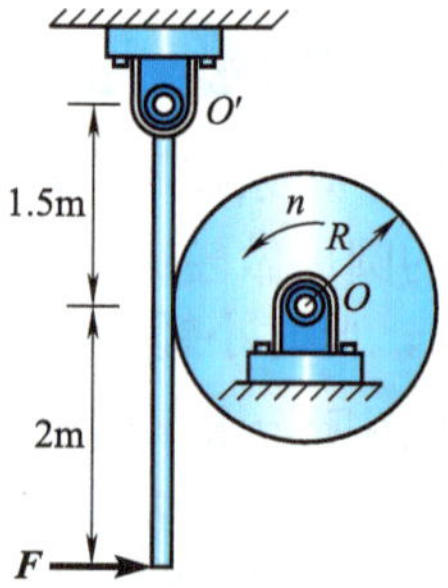

题 11-20 图

11-21　如图所示，电动机及其传动装置由胶带相连。电动机轴和安装其上的滑轮的转动惯量为 $J_1$，传动轴和安装其上的滑轮的转动惯量为 $J_2$。电动机轴滑轮的半径为 $r_1$，传动轴滑轮的半径为 $r_2$。由电动机到传动装置的传递比为 $i$，胶带的质量不计。轴承的摩擦可略去不计，试求电动机轴上作用转矩为 $M$ 时，电动机轴的角加速度。

11-22　如图所示，电动绞车提升质量为 $m$ 的物体，在其主动轴上作用矩为 $M$ 的主动力偶。主动轴和从动轴连同安装在这两轴上的齿轮以及其他附属部件对各自转动轴的转动惯量分别为 $J_1$ 和 $J_2$，传递比 $r_2 : r_1 = i$。吊索缠绕在鼓轮上，此轮半径为 $R$。各处接触摩擦和吊索质量忽略不计，求重物的加速度。

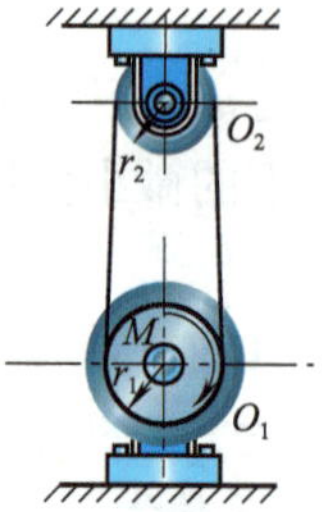

题 11-21 图

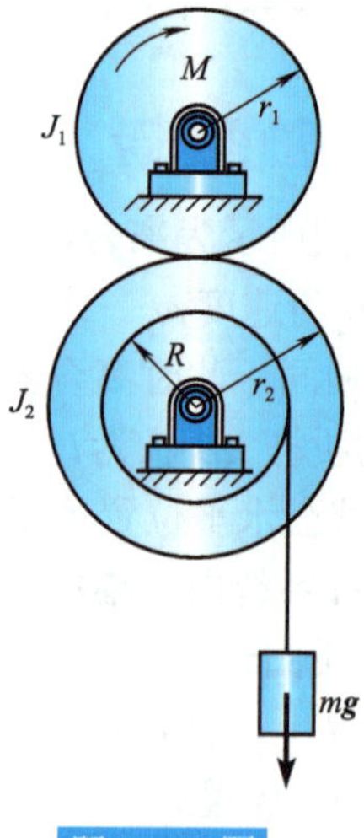

题 11-22 图

11-23　已知直角弯杆的质量 $m=2\text{kg}$，$DE=EA=100\text{mm}$，在 $D$ 点铰接于板上。$A$、$B$ 两点是两个防止杆转动的螺栓，系统位于铅垂面内。求：(1)若板的加速度 $a=2g$，求螺栓 $A$ 或 $B$ 及铰 $D$ 给予弯杆的力；(2)若弯杆在 $A$、$B$ 处均不受力，求板加速度及铰 $D$ 的反力。

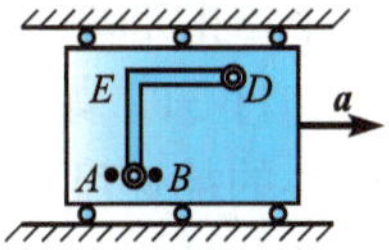

题 11-23 图

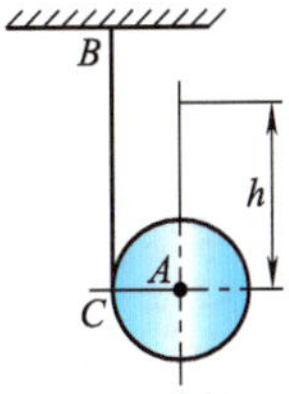

题 11-24 图

11-24　如图所示，均质圆柱体 $A$ 的质量为 $m$，在外圆上绕以细绳，绳的一端 $B$ 固定不动。当 $BC$ 铅垂时圆柱体下降，初速度为零。求当圆柱体的轴心降落了高度 $h$ 时轴心的速度和绳子的张力。

11-25　如图所示，轮轴的直径为 45mm，在倾角 $\theta=25°$ 的轨道上无初速度地做纯滚动，质心 3s 后下移的距离为 $s=3\text{m}$。求轮对轮心的回转半径。

11-26　如图所示，重物 $A$ 的质量为 $m_A$，其下降时，借无重且不可伸长的绳使滚子 $C$ 沿水平轨道做纯滚动。绳子跨过不计重量的定滑轮 $D$ 并绕在滑轮 $B$ 上。滑轮 $B$ 与滚子 $C$ 固结为一体。已知滑轮 $B$ 的半径为 $R$，滚子 $C$ 的半径为 $r$，二者总质量为 $m$，其对与图面垂直的轴 $O$ 的回转半径为 $\rho$。求重物 $A$ 的加速度。

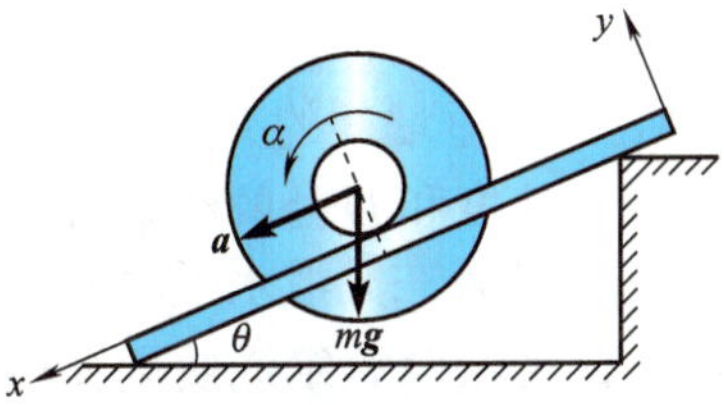

题 11-25 图

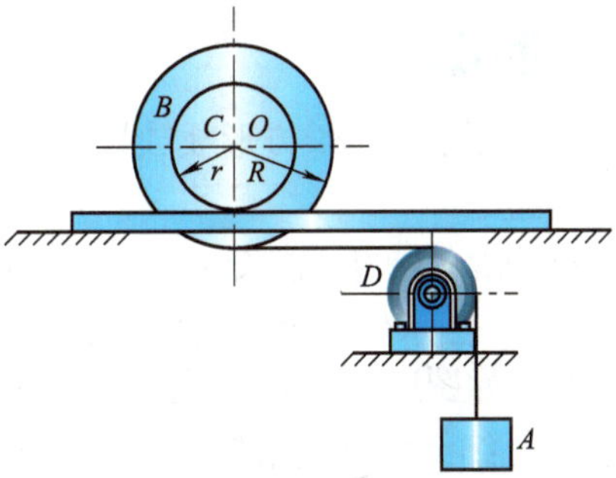

题 11-26 图

11-27　如图所示，两小球质量分别为 $m_A=4\text{kg}$，$m_B=2\text{kg}$，杆 $AB=l=0.6\text{m}$，杆的质量和小球尺寸忽略不计。初始时刻杆在水平位置，$B$ 不动，$A$ 球的速度为 $v_A=0.2\pi\text{m/s}$。求：(1)两小球在重力作用下的运动方程；(2) $t=2\text{s}$ 时，两小球与杆初始位置的距离；(3) $t=2\text{s}$ 时杆轴线方向的内力。

11-28　匀质圆柱体质量为 $m$，半径为 $R$，在常力偶 $M$ 作用下沿水平面做纯滚动。假定滚动阻碍系数为 $\delta$，求圆柱中心 $O$ 的加速度及其与地面的静滑动摩擦力。

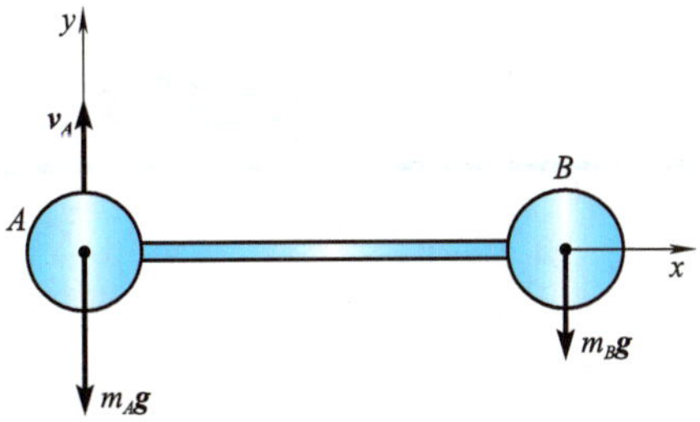

题 11-27 图

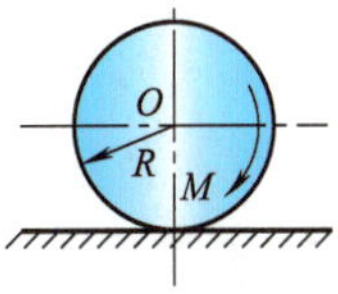

题 11-28 图

11-29　斜面倾角为 $\theta$，均质圆柱体 $A$ 和圆环 $B$ 的质量均为 $m$，半径均为 $r$，在斜面上做纯滚动，$AB$ 杆质量不计。求杆 $AB$ 的加速度及其内力。

11-30　均质圆柱的质量为 $m$，半径为 $r$，与斜面间的摩擦系数为 $f=1/4$。求圆心沿斜面下落的加速度。

11-31　如图所示，均质圆柱 $A$、$B$ 的质量均为 $m$，半径均为 $r$。求：(1)圆柱 $B$ 下落时，质心的加速度；(2)若在圆柱体 $A$ 上作用逆时针的力偶 $M$，给出能使圆柱 $B$ 的质心加速度向上的条件。

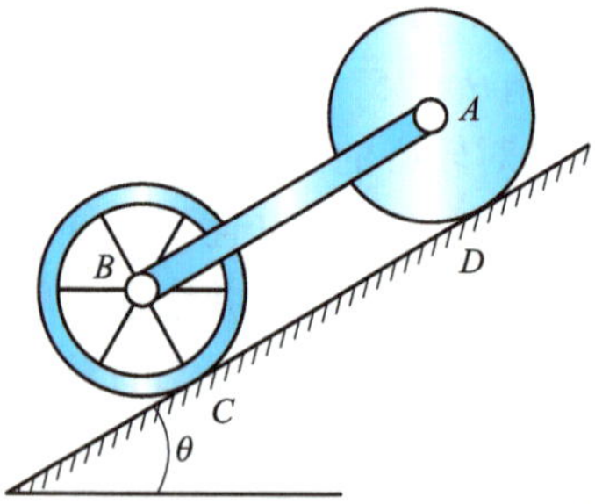

题 11-29 图

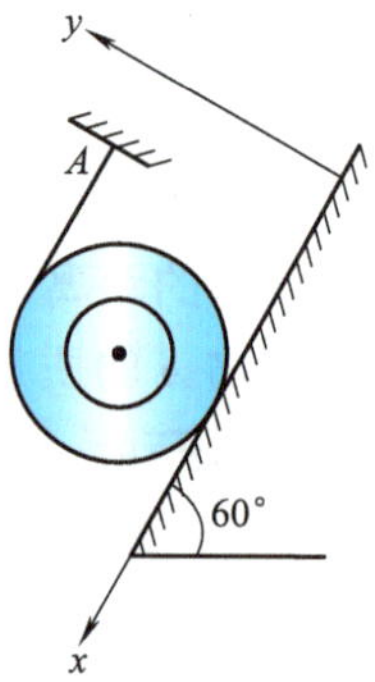

题 11-30 图

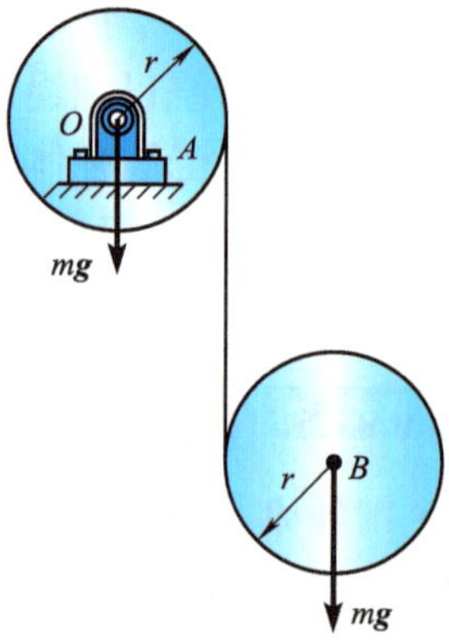

题 11-31 图

11-32　图示匀质长方形板放置在光滑水平面上。若点 $B$ 的支承面突然移开，试求此瞬时点 $A$ 的加速度。

11-33　均匀细杆 $AB$ 长为 $l$，质量为 $m$，$CD$ 长为 $l/4$，与铅垂墙间的夹角为 $\theta$，不计接触处摩擦，在图示位置将杆突然释放，求刚释放时质心 $C$ 的加速度和 $D$ 处的约束力。

11-34　如图所示，均质圆柱体 $A$ 的半径为 $r$，质量为 $m_A$。放置在光滑水平面上的滑块 $B$ 质量为 $m_B$。细绳绕过定滑轮 $D$ 连接圆柱体 $A$ 和滑块 $B$，不计滑轮 $D$、细绳质量及轴承的摩擦。求：(1)物块 $B$ 和圆柱体质心 $C$ 的加速度；(2)细绳的拉力。

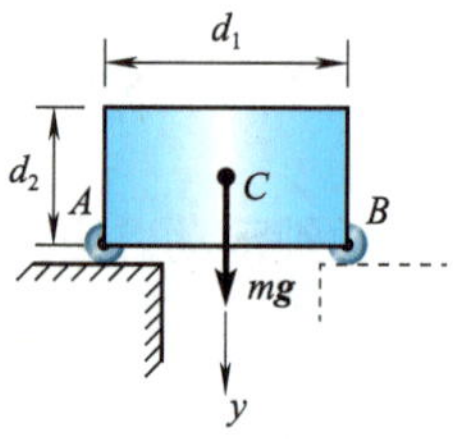

题 11-32 图

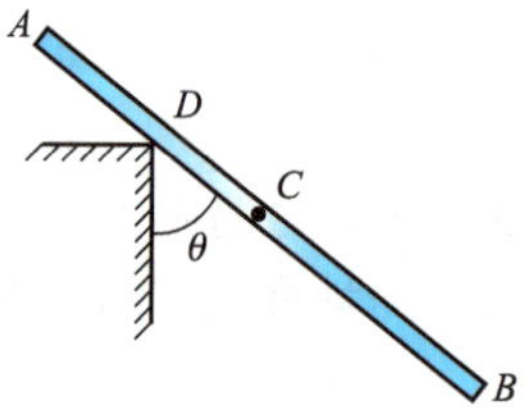

题 11-33 图

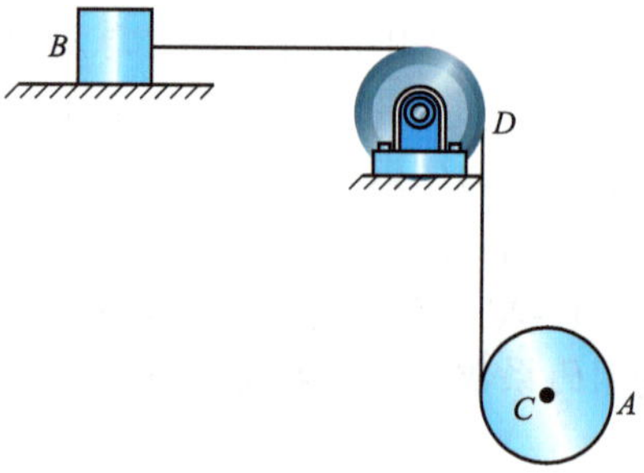

题 11-34 图

第 11 章参考答案

# 第 12 章

# 动 能 定 理

**内容提要**

在前面的学习中，使用动量定理、质心运动定理和动量矩定理来描述质点系机械运动状态的变化规律，这些都属于**动量型定理**。由于这些定理需要考虑质点和质点系的速度和加速度(大小和方向)，及其与作用于质点和质点系的力及作用时间的关系，因此都可以归类为**矢量法**的范畴。

由于动量型定理需要对质点和质点系内所有质点所受到的外力和内力进行分析，在复杂系统的动力学分析中就显得繁琐，而**动能定理**则从功与能的角度来分析质点和质点系的动力学问题，有时这是更为方便和有效的。动能定理是描述物体动能变化与力所做功之间的关系，反映速度大小的改变与力及其运动路程之间的关系，属于**能量型定理**，因此可以归类为**标量法**的范畴。

本章将围绕质点和质点系中力的功、动能和势能等基础概念展开讨论，进而引出动能定理、功率方程和机械能守恒定律等理论力学课程动力学部分的重要定理和定律，并结合前面学习的动量型定理的内容，介绍较复杂的动力学典型例题的解决思路。

MOOC 视频

## 12.1 力 的 功

设质点 $M$ 受到大小和方向均不变的常力 $\boldsymbol{F}$ 的作用，走过一段位移 $s$，如图 12-1 所示。那么力 $\boldsymbol{F}$ 在这段位移内所积累的效应可以用力的功来度量，以 $W$ 表示，定义为

$$W = F\cos\theta \cdot s = \boldsymbol{F}\cdot\boldsymbol{s} \tag{12-1}$$

式中，$\theta$ 为力 $\boldsymbol{F}$ 与直线位移 $\boldsymbol{s}$ 之间的夹角，$s$ 为质点 $M$ 的位移。当 $\theta < 90^\circ$ 时，$W>0$，力 $\boldsymbol{F}$ 做正功；当 $\theta = 90^\circ$ 时，$W=0$，力 $\boldsymbol{F}$ 不做功；当 $\theta > 90^\circ$ 时，$W<0$，力 $\boldsymbol{F}$ 做负功。可见，**力的功是力沿路程的累积效应的度量，功 $W$ 是代数量**。在国际单位制中，功的单位为 J(焦耳)，其物理意义为大小为 1 N 的力在与其同方向、长度为 1 m 的位移上所做的功。

进一步分析，设质点 $M$ 受到大小和方向均变化的力 $\boldsymbol{F}$ 的作用，并做曲线运动，如图 12-2

所示。每一段弧长 d$s$ 可以视为直线位移，力 $\boldsymbol{F}$ 在质点经历微小位移量 d$\boldsymbol{r}$ 所做的功可以看作是常量，所做的功称为元功，于是有

$$\delta W = \boldsymbol{F}\cdot \mathrm{d}\boldsymbol{r} = F\cos\theta\cdot \mathrm{d}s \tag{12-2}$$

$\boldsymbol{F}$ 从 $M_1$ 到 $M_2$ 过程中做的功，等于元功之和，即

$$W_{12} = \int_{r_1}^{r_2}\delta W = \int_{r_1}^{r_2}\boldsymbol{F}\cdot\mathrm{d}\boldsymbol{r} \tag{12-3}$$

取图 12-2 中固结于地面的直角坐标系为质点运动的参考坐标系，$\boldsymbol{i}$、$\boldsymbol{j}$、$\boldsymbol{k}$ 为三坐标轴的单位矢量，则有

$$\boldsymbol{F} = F_x\boldsymbol{i} + F_y\boldsymbol{j} + F_z\boldsymbol{k}$$

$$\mathrm{d}\boldsymbol{r} = \mathrm{d}x\boldsymbol{i} + \mathrm{d}y\boldsymbol{j} + \mathrm{d}z\boldsymbol{k}$$

将以上两式代入式(12-3)中，得到力从 $M_1$ 到 $M_2$ 过程中做的功

$$W_{12} = \int_{M_1}^{M_2}(F_x\mathrm{d}x + F_y\mathrm{d}y + F_z\mathrm{d}z) \tag{12-4}$$

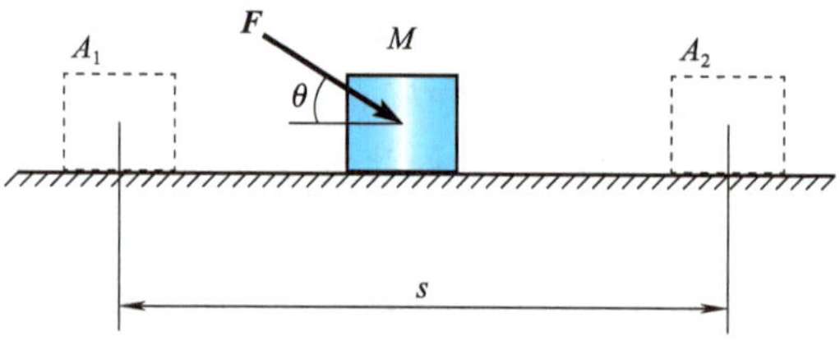

图 12-1

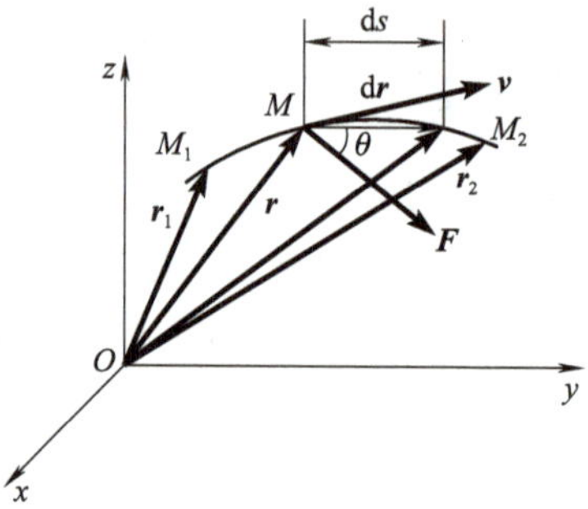

图 12-2

利用上面所得到的力的功的计算公式，下面导出几种常见力所做的功。

**1. 重力的功**

如图 12-3 所示，设质点 $M$ 在 $M_1$ 运动到 $M_2$ 的过程中，只受到重力的作用，其在直角坐标轴上的投影为

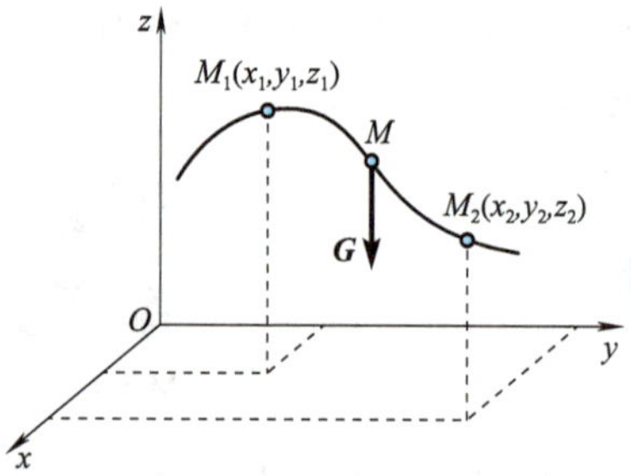

图 12-3

$$F_x = F_y = 0,\quad F_z = -G = -mg$$

代入式(12-4)，$\boldsymbol{G}$ 从 $M_1$ 到 $M_2$ 过程中做的功可以表示为

$$W_{12} = \int_{z_1}^{z_2} -mg\,\mathrm{d}z = mg(z_1 - z_2) \tag{12-5}$$

可见，重力的功与运动轨迹无关，大小等于质点的重量与运动始末高度差的乘积。

再进一步分析，对于处于重力作用下的 $n$ 个质点组成的质点系，设质点 $i$ 的质量为 $m_i$，并结合质心坐标公式，有

$$W_{12} = \sum_{i=1}^{n} W_{12}^{i} = \sum_{i=1}^{n} m_i g(z_{i1} - z_{i2}) = mg(z_{C1} - z_{C2}) \tag{12-6}$$

式中，$m$ 为质点系所有质点质量之和，$(z_{C1} - z_{C2})$ 为运动始末位置质心高度差。可以看到，重力对质点系做功与质心的运动轨迹无关，具体来说，质心下降，则重力对质点系做正功；反之质心上升，重力做负功。

### 2. 弹性力的功

如图 12-4 所示，设物体从 $A_1$ 运动到 $A_2$ 的过程中，受到一端连接于地面的弹簧弹性力作用，则弹簧对运动物体的作用力为

$$F = k\delta$$

式中，$\delta$ 为弹簧的伸长量；$k$ 是弹簧的刚度系数，即弹簧伸长或压缩单位长度所需要的力，国际单位制中其单位为 N/m 或 N/mm。需要指出的是，弹簧对物体作用力的方向始终指向其未变形时的自然位置。

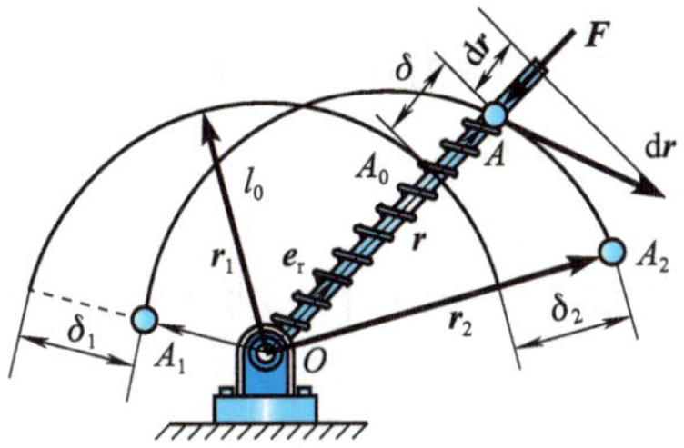

图 12-4

以 $O$ 为原点，物体运动到点 $A$ 的位置，设其矢径为 $\boldsymbol{r}$，长度为 $r$，$\boldsymbol{e}_r$ 为沿矢径方向的单位矢量，弹簧的自然长度(未受到拉伸或挤压的状态)为 $l_0$，则弹簧的弹性力可以表达为

$$W_{12} = \int_{A_1}^{A_2} \boldsymbol{F} \cdot \mathrm{d}\boldsymbol{r} = \int_{A_1}^{A_2} -k(r - l_0)\boldsymbol{e}_r \cdot \mathrm{d}\boldsymbol{r}$$

其中

$$\boldsymbol{e}_r \cdot \mathrm{d}\boldsymbol{r} = \frac{\boldsymbol{r}}{r} \cdot \mathrm{d}\boldsymbol{r} = \frac{\mathrm{d}(\boldsymbol{r} \cdot \boldsymbol{r})}{2r} = \frac{\mathrm{d}(r^2)}{2r} = \mathrm{d}r$$

则有

$$W_{12} = \int_{r_1}^{r_2} -k(r - l_0)\mathrm{d}r = \frac{k}{2}({\delta_1}^2 - {\delta_2}^2) \tag{12-7}$$

其中

$$\delta_1 = r_1 - l_0, \quad \delta_2 = r_2 - l_0$$

由此可见，弹性力的功只与弹簧的始末位置有关，同样与运动轨迹无关。

### 3. 万有引力的功

如图 12-5 所示，设位于点 $O$ 的质量为 $M$ 的物体对质量为 $m$ 的质点的引力为 $\boldsymbol{F}$，而 $\boldsymbol{F}$ 服从牛顿万有引力定律，则有

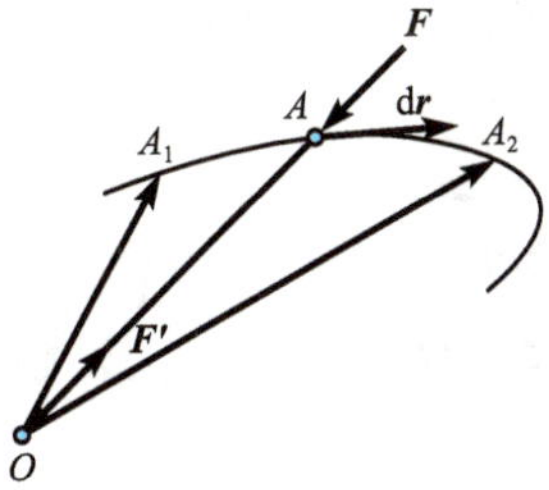

图 12-5

$$F = f\frac{Mm}{r^2}$$

式中，$r$ 是质点与引力中心 $O$ 的距离，$f$ 是引力常数。与质点受弹簧力分析相类似，设以 $O$ 点为原点，质点的位置矢径为 $\boldsymbol{r}$，长度为 $r$，$\boldsymbol{e}_r$ 为沿矢径方向的单位矢量，可以得到

$$\boldsymbol{F} = -f\frac{Mm}{r^2}\boldsymbol{e}_r, \quad \boldsymbol{e}_r = \frac{\boldsymbol{r}}{r}$$

代入式(12-3)，有

$$W_{12} = -\int_{r_1}^{r_2} f\frac{Mm}{r^2}\boldsymbol{e}_r \cdot \mathrm{d}\boldsymbol{r}$$

$$W_{12} = -\int_{r_1}^{r_2} f\frac{Mm}{r^2}\mathrm{d}r = fMm\left(\frac{1}{r_2} - \frac{1}{r_1}\right) \tag{12-8}$$

可以看到，万有引力的功也只与质点的始末位置有关，仍然与运动轨迹无关。

### 4. 定轴转动刚体上作用力的功

下面讨论运动刚体上作用力功的计算方式。如图 12-6 所示，在绕 $z$ 轴转动的刚体上 $A$ 点作用力 $\boldsymbol{F}$，将力 $\boldsymbol{F}$ 分解为三个分力：平行于 $z$ 轴的轴向力 $\boldsymbol{F}_b$，沿点 $A$ 运动路径的切向力 $\boldsymbol{F}_\tau$，

以及垂直于点 $A$ 运动路径的径向力 $\boldsymbol{F}_n$。若刚体转动一微小角度 $d\varphi$，则力 $\boldsymbol{F}$ 对刚体所做的元功为

$$\delta W = \boldsymbol{F}\cdot d\boldsymbol{r} = F_\tau ds = F_\tau R d\varphi$$

式中，$R$ 为力作用点 $A$ 到转动轴的垂直距离。因为 $F_\tau R$ 等于力 $\boldsymbol{F}$ 对转轴 $z$ 的力矩，大小为 $M_z$，进一步得到

$$\delta W = M_z d\varphi$$

假设力 $\boldsymbol{F}$ 作用下，刚体从 $\varphi_1$ 运动到 $\varphi_2$，则力 $\boldsymbol{F}$ 所做的功为

$$W_{12} = \int_{\varphi_1}^{\varphi_2} M_z d\varphi \tag{12-9}$$

若力偶矩 $M_z$ 是常量，则式(12-9)为

$$W_{12} = M_z(\varphi_2 - \varphi_1) \tag{12-10}$$

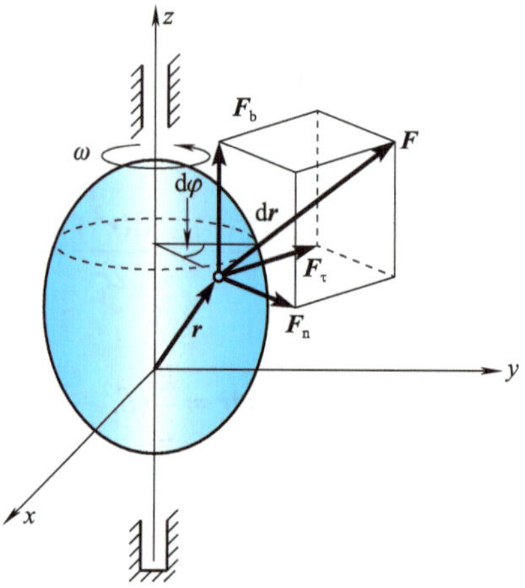


图 12-6

### 5. 平面运动刚体上作用力的功

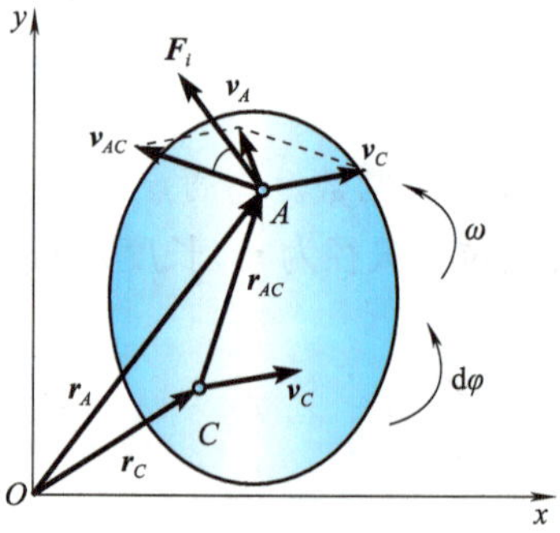


图 12-7

如图 12-7 所示，设作用在平面运动刚体上点 $A$ 的力为 $\boldsymbol{F}_i$，$C$ 为刚体的质心，显然有

$$\boldsymbol{r}_A = \boldsymbol{r}_C + \boldsymbol{r}_{AC}, \quad d\boldsymbol{r}_A = d\boldsymbol{r}_C + d\boldsymbol{r}_{AC}$$

则作用在 $A$ 点上的力 $\boldsymbol{F}_i$ 的元功可以表示为

$$\delta W_i = \boldsymbol{F}_i\cdot d\boldsymbol{r}_A = \boldsymbol{F}_i\cdot d\boldsymbol{r}_C + \boldsymbol{F}_i\cdot d\boldsymbol{r}_{AC}$$

其中

$$\boldsymbol{F}_i\cdot d\boldsymbol{r}_{AC} = F_i\cos\theta\cdot AC\cdot d\varphi = M_C(\boldsymbol{F}_i)d\varphi$$

可以得到整个力系对刚体作用的元功为

$$\begin{aligned}\delta W &= \sum \delta W_i \\ &= \sum \boldsymbol{F}_i\cdot d\boldsymbol{r}_C + \sum M_C(\boldsymbol{F}_i)d\varphi\end{aligned}$$

得到

$$\delta W = \boldsymbol{F}_R'\cdot d\boldsymbol{r}_C + M_C d\varphi \tag{12-11}$$

式中，$\boldsymbol{F}_R'$ 为力系主矢，$M_C$ 为力系对质心的主矩大小。那么，当质心从 $C_1$ 运动到 $C_2$，转角由 $\varphi_1$ 转到 $\varphi_2$ 时，力系的功为

$$W_{12} = \int_{C_1}^{C_2} \boldsymbol{F}_R'\cdot d\boldsymbol{r}_C + \int_{\varphi_1}^{\varphi_2} M_C d\varphi \tag{12-12}$$

即平面运动刚体上力系的功等于刚体上所受各力做功的代数和，也等于力系向质心简化所得的力和力偶做功之和。式(12-12)是分析平面运动刚体力的功的重要计算公式，进一步说明如下：

(1)对任何运动的刚体，式(12-12)都适用；

(2)$C$ 点不是质心，而是刚体上任意一点时，式(12-12)也成立；

(3)计算力系的主矢、主矩时，可以不包含不做功的力、力矩。

**例 12-1**

图 12-8(a)所示均质圆盘质量为 $m$，半径为 $R$，其外沿上缠绕无重细绳，绳头上用常力 $\boldsymbol{F}$ 作用使圆盘沿水平直线纯滚动。求当盘心 $C$ 走过路程 $s$ 时圆盘所受力系做的功。

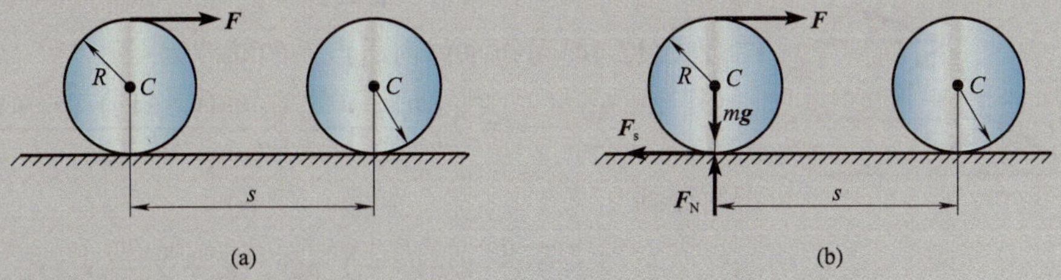


图 12-8

**解**：(1)对圆盘作受力分析

圆盘受力如图 12-8(b)所示，其中重力不做功，而支持力 $\boldsymbol{F}_N$ 和静摩擦力 $\boldsymbol{F}_s$ 都作用在瞬心上，也不做功。因此，圆盘所受力系只有拉力 $\boldsymbol{F}$ 做功，有

$$W = F \cdot 2s = 2Fs$$

另一方面，也可将拉力 $\boldsymbol{F}$ 向质心 $C$ 简化，得到一个力 $\boldsymbol{F}' = \boldsymbol{F}$ 和一个力偶 $M_C = F \cdot R$（顺时针方向），因而总功为

$$\begin{aligned} W &= Fs + FR \cdot \frac{s}{R} \\ &= 2Fs \end{aligned}$$

## 12.2　质点和质点系的动能

MOOC 视频

### 12.2.1　质点的动能

设质量为 $m$ 的质点，在某一时刻的速度为 $v$，质点的动能可以表示为质点的质量与其速度平方的乘积的一半，即

$$T = \frac{1}{2}mv^2 \tag{12-13}$$

国际单位制中，动能的单位为 J(焦耳)。动能和动量都是表征机械运动的物理量，前者与质点速度的平方成正比，是一个标量；后者与质点速度成正比，是一个矢量，它们是机械运动的两种度量。动能与功的量纲相同。

### 12.2.2 质点系的动能

考虑由 $n$ 个质点组成的质点系的运动，其动能可以表示为质点系内所有质点动能的代数和，即

$$T=\sum\frac{1}{2}m_iv_i^2 \tag{12-14}$$

式中，$m_i$ 和 $v_i$ 分别为质点系中任一质点 $M_i$ 的质量和速度的大小。

考虑由质点系组成的刚体在平面内做任意运动，刚体质心 $C$ 从点 $O$ 运动到当前位置 $C$，建立随刚体质心 $C$ 为原点的平移直角坐标系，如图 12-9 所示。

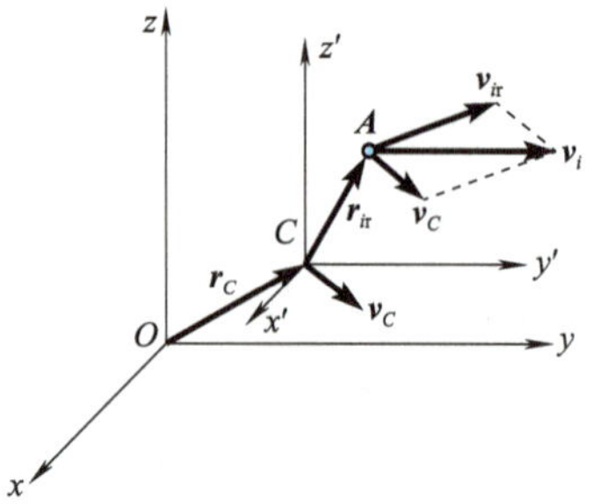

图 12-9

对于刚体上一点 $A$，其速度显然有

$$\boldsymbol{v}_i=\boldsymbol{v}_C+\boldsymbol{v}_{ir}$$

结合式(12-14)可得刚体内质点系的动能为

$$T=\sum\frac{m_iv_i^2}{2}=\sum\frac{m_i\boldsymbol{v}_i\cdot\boldsymbol{v}_i}{2}=\sum\frac{m_i(\boldsymbol{v}_C+\boldsymbol{v}_{ir})\cdot(\boldsymbol{v}_C+\boldsymbol{v}_{ir})}{2}$$

进而得到

$$T=\sum\frac{m_i}{2}\boldsymbol{v}_C\cdot\boldsymbol{v}_C+\sum m_i\boldsymbol{v}_C\cdot\boldsymbol{v}_{ir}+\sum\frac{m_i}{2}\boldsymbol{v}_{ir}\cdot\boldsymbol{v}_{ir} \tag{a}$$

分析式(a)中等式右端各项得

$$\sum\frac{m_i}{2}\boldsymbol{v}_C\cdot\boldsymbol{v}_C=\frac{1}{2}(\sum m_i)v_C^2=\frac{1}{2}mv_C^2$$

$$\sum m_i\boldsymbol{v}_C\cdot\boldsymbol{v}_{ir}=(\sum m_i\boldsymbol{v}_{ir})\cdot\boldsymbol{v}_C=(m\boldsymbol{v}_{Cr})\cdot\boldsymbol{v}_C=0$$

$$T_r=\sum\frac{m_i}{2}\boldsymbol{v}_{ir}\cdot\boldsymbol{v}_{ir}=\sum\frac{1}{2}m_iv_{ir}^2$$

因此，质点系的动能可以表达为

$$T=\frac{mv_C^2}{2}+T_r \tag{12-15}$$

即，**质点系在绝对运动中的动能，等于它随质心一起平动的动能，加上它在以质心速度平动的坐标系中相对运动的动能**。这一关系称为**柯尼希定理**。

刚体是由无数质点组成的质点系，下面分别计算刚体做平动、定轴转动和平面运动时动能的表达方式。

**1. 平移刚体的动能**

如图 12-10 所示，刚体做平移时，刚体内所有质点的速度相等，均等于刚体质心 $C$ 的速度 $\boldsymbol{v}_C$。于是刚体的动能可以由式(12-15)表达为

$$T=\sum\frac{1}{2}m_iv_i^2=\frac{1}{2}v_C^2\sum m_i=\frac{1}{2}mv_C^2 \tag{12-16}$$

式中，$m=\sum m_i$ 是刚体的质量。

**2. 定轴转动刚体的动能**

如图 12-11 所示，刚体绕轴 $z$ 做定轴转动，其中任一质点 $A$ 的速度可以表达为

$$v_i=\omega r_i$$

式中，$\omega$ 是刚体的角速度；$r_i$ 是质点 $A$ 到转轴 $z$ 的垂直距离。于是刚体的动能可以由式(12-15)得到

$$T=\sum\frac{1}{2}m_i v_i^2=\sum\frac{1}{2}m_i\omega^2 r_i^2=\frac{1}{2}\omega^2\sum m_i r_i^2=\frac{1}{2}J_z\omega^2 \tag{12-17}$$

式中，$J_z=\sum m_i r_i^2$ 是刚体对转轴 $z$ 的转动惯量。

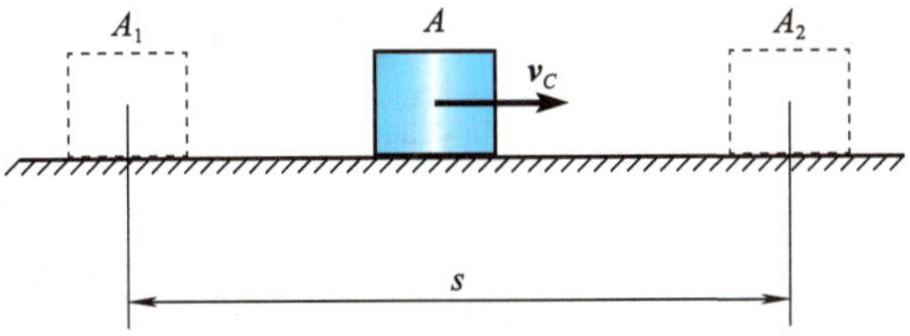


图 12-10

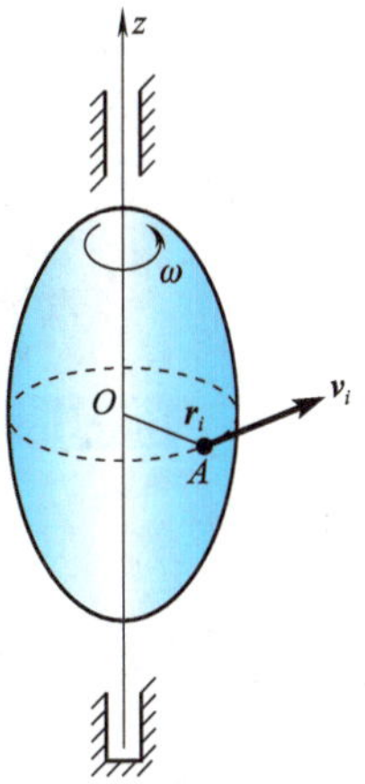


图 12-11

### 3. 平面运动刚体的动能

如图 12-12 所示，刚体做平面运动，刚体质心为 $C$，其在某一时刻的速度瞬心为 $P$，刚体相对速度瞬心转动的角速度为 $\omega$，由质点系动能表达式(12-14)可以得到刚体动能表达为

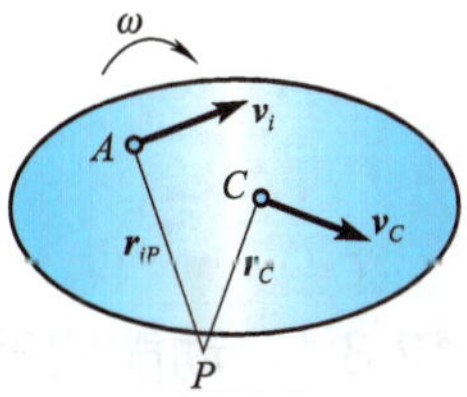


图 12-12

$$T=\sum\frac{1}{2}m_i v_i^2=\sum\frac{1}{2}m_i(r_{iP}\omega)^2=\frac{1}{2}\omega^2\sum m_i r_{iP}^2=\frac{1}{2}J_P\omega^2 \tag{12-18}$$

式中，$J_P$ 是刚体对瞬时转轴的转动惯量。因为在不同时刻，刚体的速度瞬心是变化的，因此用上式计算做平面运动的刚体的动能很不方便。进一步考虑计算转动惯量的平行轴定理，有

$$J_P=J_C+mr_C{}^2$$

式中，$m$ 是刚体的质量，$r_C$ 为速度瞬心与刚体质心的距离。代入式(12-18)可以得到

$$T=\frac{1}{2}(J_C+mr_C^2)\omega^2=\frac{1}{2}J_C\omega^2+\frac{1}{2}mr_C^2\omega^2$$

由于 $r_C{}^2\omega^2=v_C$，刚体做平面运动的动能表达为

$$T=\frac{1}{2}mv_C^2+\frac{1}{2}J_C\omega^2 \tag{12-19}$$

即，**平面运动刚体的动能，等于随质心平移的动能与绕质心转动的动能之和**。

由上述分析可以看到，如果某一系统中包含若干个做平面运动的刚体，那么计算该系统的动能时，可以按照各个刚体的运动形式分别计算出其动能，各个刚体动能的代数和，即为整个系统的动能。

**例 12-2**

如图 12-13 所示，已知滑块 $A$ 的质量为 $m_1$，质点 $B$ 的质量为 $m_2$。$AB$ 杆的长度为 $l$、不计质量，以角速度 $\omega_{AB}$ 绕 $A$ 点转动，滑块的速度为 $\boldsymbol{v}_A$。求系统的动能。

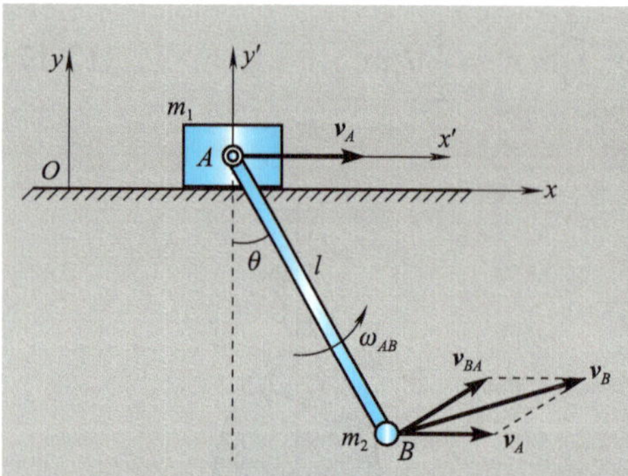


图 12-13

**解**：(1)速度分析。

分析可知，系统的动能由滑块 $A$ 和质点 $B$ 的动能组成。滑块 $A$ 做平移，下面分析质点 $B$ 的速度，有

$$\boldsymbol{v}_B=\boldsymbol{v}_A+\boldsymbol{v}_{BA}$$

其中，$v_{BA}=l\omega_{AB}$。将 $\boldsymbol{v}_{BA}$ 沿着以 $A$ 为原点的直角坐标系 $x'Ay'$，可以分解为

$$v_{BAx'}=l\omega_{AB}\cos\theta \qquad \text{(a)}$$

$$v_{BAy'}=l\omega_{AB}\sin\theta \qquad \text{(b)}$$

(2)系统动能。

显然滑块 $A$ 的动能 $T_1$ 可以表达为

$$T_1=\frac{1}{2}m_1v_A^2$$

图 12-13 动画

结合式(a)和式(b)，质点 $B$ 的动能 $T_2$ 为

$$T_2=\frac{1}{2}m_2v_B^2=\frac{1}{2}m_2\left[(v_A+l\omega_{AB}\cos\theta)^2+(l\omega_{AB}\sin\theta)^2\right]$$

那么系统的总动能为

$$T=T_1+T_2=\frac{1}{2}(m_1+m_2)v_A^2+m_2lv_A\omega_{AB}\cos\theta+m_2l^2\omega_{AB}^2$$

# 12.3 动能定理和功率方程

## 12.3.1 动能定理

### 1. 质点的动能定理

设质点 $M$ 的质量为 $m$，其上有作用力 $\boldsymbol{F}$，如图 12-14 所示。取质点运动微分方程的自然轴投影形式，有

$$m\boldsymbol{a}=\boldsymbol{F}$$

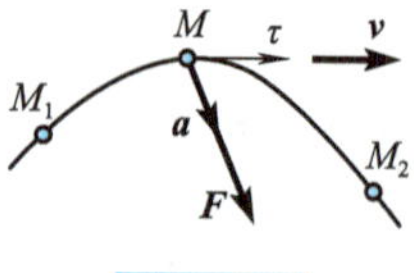


图 12-14

即

$$m\frac{\mathrm{d}\boldsymbol{v}}{\mathrm{d}t}=\boldsymbol{F}$$

将上式两端点乘 $\boldsymbol{v}\mathrm{d}t=\mathrm{d}\boldsymbol{r}$，得到

$$m\boldsymbol{v}\cdot\mathrm{d}\boldsymbol{v}=\boldsymbol{F}\cdot\mathrm{d}\boldsymbol{r}$$

考虑到 $m\boldsymbol{v}\cdot\mathrm{d}\boldsymbol{v}=\mathrm{d}\left(\frac{1}{2}mv^2\right)$，$\boldsymbol{F}\cdot\mathrm{d}\boldsymbol{r}=\delta W$，则有

$$\mathrm{d}\left(\frac{1}{2}mv^2\right)=\delta W \qquad (12\text{-}20)$$

式(12-20)称为质点动能定理的微分形式，即质点动能的增量等于作用在质点上力的元功。

将式(12-20)从 $M_1$ 到 $M_2$ 积分得到

$$\frac{1}{2}mv_2{}^2-\frac{1}{2}mv_1{}^2=W_{12} \qquad (12\text{-}21)$$

式(12-21)称为质点动能定理的积分形式：在质点运动的某个过程中，质点动能的改变量等于作用于质点的力所做的功。可见，力做正功，质点动能增加；力做负功，质点动能减小。功表达了力在质点运动过程中对其作用的累积效果，使得质点的动能发生改变。

### 2. 质点系的动能定理

设质点系内任一质点 $M_i$，质量为 $m_i$，速度为 $\boldsymbol{v}_i$，作用于该质点的力为 $\boldsymbol{F}_i$，由质点动能定理的微分形式，有

$$\mathrm{d}\left(\frac{1}{2}m_i v_i^2\right) = \delta W_i$$

式中，$\delta W_i$ 为力 $\boldsymbol{F}_i$ 所做的元功。

设质点系有 $n$ 个质点组成，对于每个质点都可以列出一个微分形式的动能表达式，则将 $n$ 个方程相加，得到质点系的方程为

$$\sum \mathrm{d}\left(\frac{1}{2}m_i v_i^2\right) = \sum \delta W_i$$

即

$$\mathrm{d}\sum\left(\frac{1}{2}m_i v_i^2\right) = \sum \delta W_i$$

式中，$\sum\left(\frac{1}{2}m_i v_i^2\right)$ 是质点系的动能。于是有

$$\mathrm{d}T = \sum \delta W_i \tag{12-22}$$

式(12-22)称为质点系动能定理的微分形式。质点系动能的增量，等于作用于质点系全部力所做的元功之和。

对式(12-22)两边积分得到

$$T_2 - T_1 = \sum W_i \tag{12-23}$$

式(12-23)称为质点系动能定理的积分形式。质点系在某段运动过程中，起点和终点的动能改变量，等于作用于质点系的全部力在这段过程中所做功的总和。

### 3. 理想约束与内力的功

对于光滑固定面、固定铰支座、光滑铰链、绳索等约束，如图 12-15 所示，其约束力始终与作用点的位移相垂直，即约束力不做功。约束力做功等于零的约束，称为理想约束。对理想约束，在动能定理中只计入主动力的功即可。

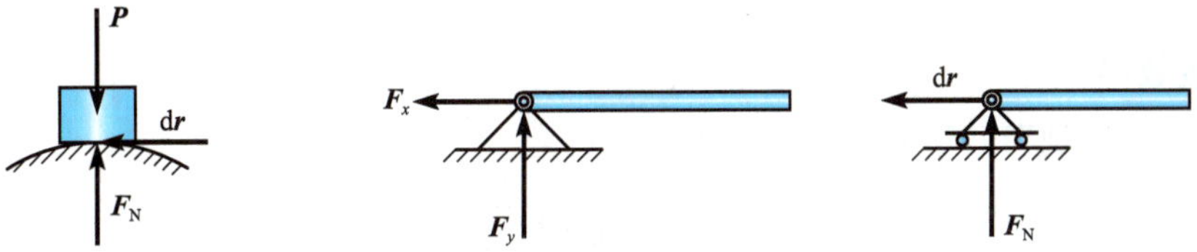


图 12-15

对于由多个质点系组成的系统来说，作用于质点系的力既有内力，也有外力。如图 12-16 所示，质点 $A$、$B$ 之间作用有一对作用力 $\boldsymbol{F}$ 和反作用力 $\boldsymbol{F}'$，两个质点相对于坐标原点 $O$ 的矢径分别为 $\boldsymbol{r}_A$ 和 $\boldsymbol{r}_B$，则 $\boldsymbol{F}$ 和 $\boldsymbol{F}'$ 对系统的做功之和表达为

$$\delta W = \boldsymbol{F}\cdot\mathrm{d}\boldsymbol{r}_A + \boldsymbol{F}'\cdot\mathrm{d}\boldsymbol{r}_B = \boldsymbol{F}\cdot\mathrm{d}\boldsymbol{r}_A - \boldsymbol{F}\cdot\mathrm{d}\boldsymbol{r}_B = \boldsymbol{F}\cdot\mathrm{d}(\boldsymbol{r}_A - \boldsymbol{r}_B) = \boldsymbol{F}\cdot\mathrm{d}(\overrightarrow{BA})$$

可见，只要 $A$、$B$ 两点间距离保持不变，内力的元功和就等于零。因此，不可伸长的柔索、刚体内力做功之和都为零。结合上述分析可见，理想约束的约束力不做功，而质点系内力做功之和则不一定等于零。

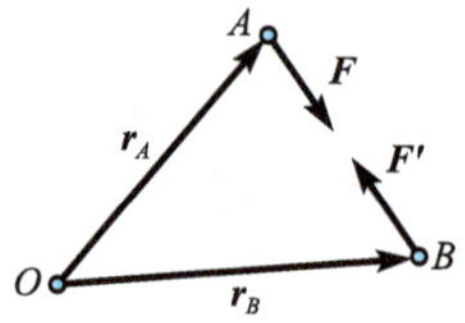


图 12-16

## 12.3.2 功率和功率方程

### 1. 功率

在本章之前的讨论中，只考虑了力做功的多少，没有考虑力做功的效率，即单位时间内做了多少功。在工程中，人们同样会关注一部机器单位时间内能做多少功，即功率，来表示功对时间的变化率，其表达式为

$$P=\frac{\delta W}{\mathrm{d}t} \tag{12-24}$$

功率的单位为W（瓦特），1 W=1 J/s=1 N·m/s。工程上常用kW（千瓦）作为功率的单位，1000 W=1 kW。

进一步的，由

$$\delta W=\boldsymbol{F}\cdot\mathrm{d}\boldsymbol{r}$$

得到

$$P=\boldsymbol{F}\cdot\frac{\mathrm{d}\boldsymbol{r}}{\mathrm{d}t}=\boldsymbol{F}\cdot\boldsymbol{v}=F_{\tau}v \tag{12-25}$$

式中，$\boldsymbol{v}$ 是力 $\boldsymbol{F}$ 作用点的速度。可见功率等于力与速度的点积，即力在速度方向上的投影与速度的乘积。

作用在转动刚体上的力的功率为

$$P=\frac{\delta W}{\mathrm{d}t}=M_z\frac{\mathrm{d}\varphi}{\mathrm{d}t}=M_z\omega \tag{12-26}$$

即作用在转动刚体上力的功率等于该力对转轴的矩与角速度的乘积。

### 2. 功率方程

考虑质点系动能定理的微分形式

$$\mathrm{d}T=\sum\delta W_i$$

两边除以 d$t$，得

$$\frac{\mathrm{d}T}{\mathrm{d}t}=\sum_{i=1}^{n}\frac{\delta W_i}{\mathrm{d}t}=\sum_{i=1}^{n}P_i \tag{12-27}$$

式(12-27)称为功率方程，即质点系动能对时间的一阶导数，等于作用于质点系的所有力的功率的代数和。

### 3. 机械效率

工程中经常用到有效功率的概念，可以表达为

$$P_{有效}=P_{有用}+\frac{\mathrm{d}T}{\mathrm{d}t}$$

即有效功率为系统有用功率与动能变化的代数和，而有效功率与输入功率的比值称为机械效率

$$\eta=\frac{有效功率}{输入功率}=\frac{P_{有效}}{P_{输入}} \tag{12-28}$$

可见，$\eta$ 表示机器对输入功率的有效利用效率，一般情况下 $\eta<1$。

对于由 $n$ 级部件组成的多级传动系统来说，总的机械效率等于各子系统效率的乘积，即

$$\eta = \eta_1\eta_2\cdots\eta_n$$

### 12.3.3　动能定理应用举例

**例 12-3**

如图 12-17 所示，冲击试验机 $m$=18 kg，$l$=840 mm，杆重不计，在$\varphi_1$=70° 时静止释放，冲断试件后摆至$\varphi_2$=29° 。求冲断试件需用的能量。

**解**：取整个系统为研究对象，以摆锤下落前时刻 $t_1$ 和冲断试件后的静止时刻 $t_2$ 为初始和终止状态，如图 12-17 所示，对于系统的动能显然有

$$T_1 = 0\text{，}\quad T_2 = 0$$

研究这一过程中系统所受力做功的情况，发现除了摆锤所受重力 $mg$ 做功外，只有冲断试件所需能量 $W_k$ 会造成系统总能量的耗散，则有

$$W_{12} = mgl(1-\cos\varphi_1) - mgl(1-\cos\varphi_2) - W_k$$

代入质点动能定理

$$W_{12} = T_2 - T_1$$

进一步得到

$$mgl(1-\cos\varphi_1) - mgl(1-\cos\varphi_2) - W_k = 0$$

因而摆锤冲断试件所需的能量为$W_k = 78.92\ \text{J}$ 。

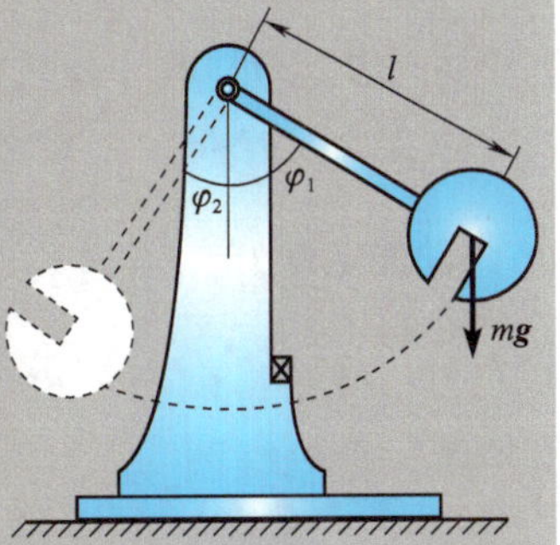


图 12-17

图 12-17 动画

**例 12-4**

如图 12-18(a)所示，均质杆 $AB$ 长为 $l$，放在铅直平面内，杆的一端 $A$ 靠在光滑的铅直墙上，另一端 $B$ 放在光滑的水平地板上，并与水平面成$\varphi_0$ 角。此后，令杆由静止状态倒下。求杆在任意位置时的角速度和角加速度。

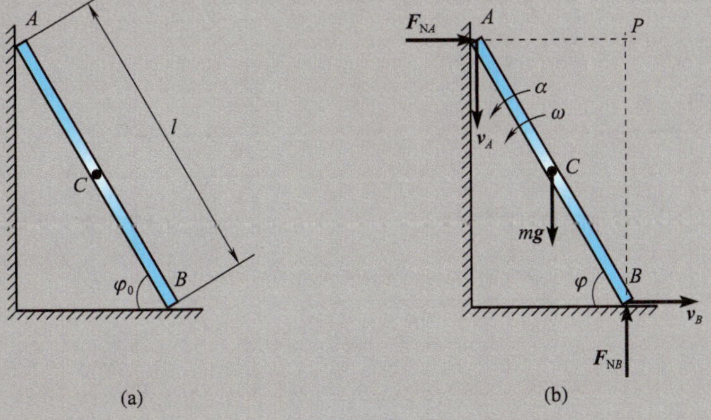


图 12-18

**解**：取杆 $AB$ 为研究对象，考察杆的一端 $B$ 与水平面夹角从$\varphi_0$ 到$\varphi$的过程，杆 $AB$ 的受力分析和运动分析如图 12-18(b)所示，显然杆 $AB$ 做平面运动，设杆 $AB$ 转动的角速度为$\omega$，角加速度为$\alpha$，系统的动能可以表达为

$$T_1 = 0$$

$$T_2 = \frac{1}{2}mv_C^2 + \frac{1}{2}J_C\omega^2$$

式中，$v_C$ 为质心 $C$ 的速度。由于 $v_C = \frac{l}{2}\omega$，有

$$T_2 = \frac{1}{6}ml^2\omega^2$$

而杆 $AB$ 运动过程中，只有重力 $mg$ 做功，则有

$$W_{12} = mg\frac{l}{2}(\sin\varphi_0 - \sin\varphi)$$

由动能定理 $T_2 - T_1 = W_{12}$，得到

$$\frac{1}{6}ml^2\omega^2 - 0 = mg\frac{l}{2}(\sin\varphi_0 - \sin\varphi)$$

得

$$\omega = \sqrt{\frac{3g}{l}(\sin\varphi_0 - \sin\varphi)}$$

上式两端对时间 $t$ 求导，根据图 12-18(b)的 $\omega$、$\alpha$ 方向得

$$\omega = -\frac{\mathrm{d}\varphi}{\mathrm{d}t} = -\dot{\varphi}, \quad \alpha = \frac{\mathrm{d}\omega}{\mathrm{d}t} = -\ddot{\varphi}$$

解得

$$\alpha = \frac{3g}{2l}\cos\varphi$$

**例 12-5**

均质圆盘半径为 $R$，质量为 $m$，外缘上缠绕无重细绳，绳头水平地固定在墙上，如图 12-19(a)所示。盘心上作用一较大的水平力 $\boldsymbol{F}$，使盘心 $C$ 向右加速运动。圆盘与水平地面间动滑动摩擦系数为 $f$，力 $\boldsymbol{F}$ 为常量，初始静止。求当盘心走过路程 $s$ 时，圆盘的角速度、角加速度及盘心 $C$ 的加速度。

图 12-19(a)动画

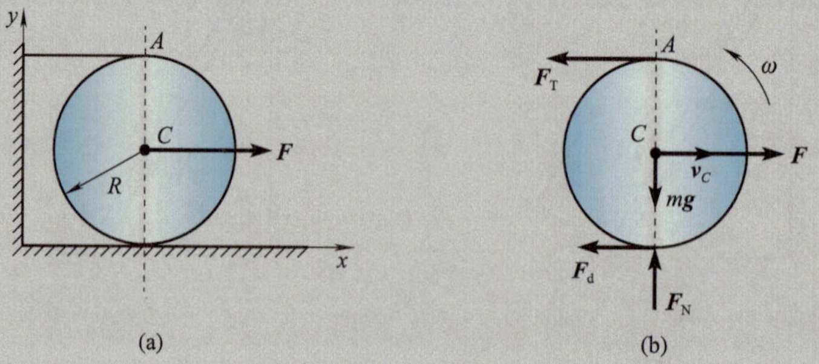


图 12-19(b)动画

图 12-19

**解**：以圆盘为研究对象，其受力分析和运动分析如图 12-19(b)所示。

(1)运动分析。

由于绳不可伸长，因此圆盘实际是沿着水平绳索做纯滚动，点 $A$ 为速度瞬心，

$v_C = \omega R$，系统初始和终止时刻的动能可以表达为

$$T_1 = 0$$

$$T_2 = \frac{1}{2}mv_C{}^2 + \frac{1}{2}(\frac{1}{2}mR^2)\omega^2 = \frac{3}{4}mv_C{}^2$$

(2)受力分析。

下面考察圆盘的受力情况。由于速度瞬心位于 $A$ 点，那么圆盘的重力 $mg$、地面的支持力 $\boldsymbol{F}_\mathrm{N}$、绳索的拉力 $\boldsymbol{F}_\mathrm{T}$ 均过 $A$ 点，因此不做功。水平力 $\boldsymbol{F}$ 作用于圆盘质心 $C$ 点，经过的位移为 $s$，则水平力 $\boldsymbol{F}$ 做功为

$$W_F = Fs$$

动滑动摩擦力 $\boldsymbol{F}_\mathrm{d}$ 大小等于 $mgf$，考虑圆盘绕速度瞬心 $A$ 转动，容易得到滑动摩擦力 $\boldsymbol{F}_\mathrm{d}$ 在圆盘上作用点的位移为 $2s$，同时 $\boldsymbol{F}_\mathrm{d}$ 方向与其作用点运动方向相反，则动滑动摩擦力 $\boldsymbol{F}_\mathrm{d}$ 做功为

$$W_{F_\mathrm{d}} = -mgf \cdot 2s$$

由动能定理 $W_{12} = T_2 - T_1$，得到

$$Fs - 2mgfs = \frac{3}{4}mv_C^2 \tag{a}$$

得

$$v_C = 2\sqrt{\frac{1}{3m}(Fs - 2mgfs)}$$

(3)求角速度、角加速度及质心加速度。

将式(a)两端对时间求导，有质心加速度 $a_C$ 表达为

$$a_C = \frac{2}{3m}(F - 2mgf)$$

考虑角速度 $\omega = \frac{v_C}{R}$，有

$$\omega = \frac{2}{R}\sqrt{\frac{1}{3m}(Fs - 2mgfs)}$$

角加速度 $\alpha = \frac{a_C}{R}$，有

$$\alpha = \frac{2}{3mR}(F - 2mgf)$$

综上所述，可以总结动能定理问题的解题步骤如下：

(1)选取合适的质点系或质点作为研究对象；

(2)选定应用动能定理的一段过程；

(3)分析质点系的运动，计算选定过程起点和终点的动能；

(4)分析作用于质点系的力，计算各力在选定过程中所做的功；

(5)应用动能定理建立方程，求解未知量。

# 12.4 势力场与势能

## 12.4.1 势力场

### 1. 力场

设有一部分空间(有限大或无限大)，物体在该空间所受力的大小和方向完全由其所在位置来确定，则此空间称为力场，即

$$\boldsymbol{F}=\boldsymbol{F}(x,y,z)$$

比如在地球表面的任何位置，都要受到重力的作用，因此地球表面的空间可以称为重力场；进一步，宇宙星球在太阳周围运动时，都要受到太阳的引力的作用，而这种引力的大小和方向也只取决于该星球与太阳的相对位置关系，称太阳周围的空间为万有引力场；受到弹簧约束的质点运动时，质点受到弹性力的作用，而弹性力的大小和方向也由质点的位置决定，因此这部分空间称为弹性力场等。

### 2. 势力场

在力场内，作用于物体的力所做的功只与力作用点的始、末位置有关，与路径无关，该力场称为势力场，或保守力场。在势力场中物体受到的力称为有势力或保守力。常见的重力、弹性力、牛顿万有引力等都是有势力，其对应的力场都是势力场。

## 12.4.2 势能

在势力场中以任意位置 $M_0$ 作为基准位置，称为势能的零位置或者零势能位。在势力场中，质点从点 $M$ 运动到任选的点 $M_0$，有势力做的功称为质点在点 $M$ 相对于点 $M_0$ 的势能，即

$$\begin{aligned}V&=\int_M^{M_0}\boldsymbol{F}\cdot\mathrm{d}\boldsymbol{r}\\&=\int_M^{M_0}\left(F_x\mathrm{d}x+F_y\mathrm{d}y+F_z\mathrm{d}z\right)\end{aligned}$$

需要指出的是，点 $M_0$ 可以任意选取，位置不同可使势能不同。下面讨论几种常见势力场中的势能。

### 1. 重力场中的势能

任取一坐标原点，$z$ 轴铅直向上，由式(12-5)可以得到

$$V=\int_Z^{Z_0}-mg\mathrm{d}z=mg\left(z-z_0\right) \tag{12-29}$$

式中，$z$ 和 $z_0$ 分别为质点在给定位置及零势能位的坐标。

### 2. 弹性力场中的势能

设质点受到一弹簧的约束，弹簧的刚度系数为 $k$，以弹簧变形量 $\delta_0$ 处为零势能点，则弹簧变形量为 $\delta$ 时的弹簧势能为

$$V=\int_r^{r_0}\boldsymbol{F}\cdot\mathrm{d}\boldsymbol{r}=\frac{k}{2}\left(\delta^2-\delta_0^2\right) \tag{12-30}$$

以弹簧自然长度的末端为零势能位，有 $\delta_0=0$，则此时

$$V=\frac{k}{2}\delta^2 \tag{12-31}$$

### 3. 万有引力场中的势能

如图 12-20 所示，以与外力中心相距 $r_1$ 的点 $A_1$ 为零势能位，结合式(12-8)可以得到

$$V=\int_{A}^{A_0}\boldsymbol{F}\cdot \mathrm{d}\boldsymbol{r}=\int_{A}^{A_0}-\frac{fm_1m_2}{r^2}\boldsymbol{e}_r\cdot \mathrm{d}\boldsymbol{r}$$

由于 $\boldsymbol{e}_r\cdot \mathrm{d}\boldsymbol{r}=\mathrm{d}r$，有

$$V=\int_{r}^{r_1}-\frac{fm_1m_2}{r^2}\mathrm{d}r=fm_1m_2\left(\frac{1}{r_1}-\frac{1}{r}\right) \tag{12-32}$$

取零势能点在无穷远，即 $r_1=\infty$，式(12-32)可以推导为

$$V=-\frac{fm_1m_2}{r}$$

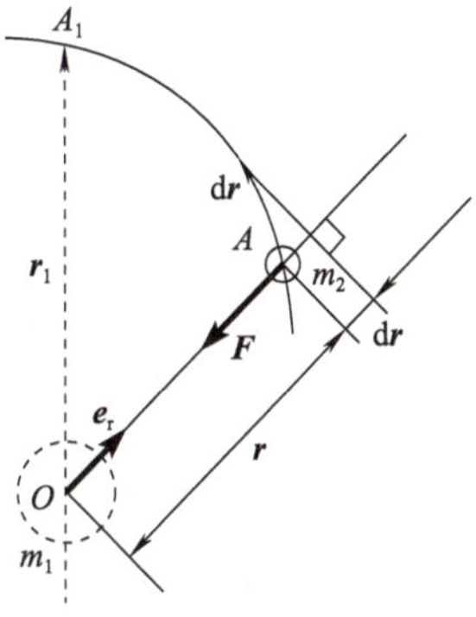


图 12-20

## 12.4.3 质点系的势能

设质点系受到多个有势力的作用，各个有势力可以有其各自的零势能点，质点系零势能点位置为各质点都处于其零势能点的一组位置。那么质点系在某位置的势能可以表达为质点系从某位置到零势能位置的运动过程中，各有势力做功的代数和。例如对于重力场作用下的质点系，有

$$V=\sum\int_{M_i}^{M_{i0}}\boldsymbol{F}\cdot \mathrm{d}\boldsymbol{r}_i=\sum m_ig\left(z_i-z_{i0}\right)=mg\left(z_C-z_{C0}\right)$$

又如图 12-21 所示，对于已知均质杆 $AB$ 长 $l$，质量为 $m$，弹簧刚度为 $k$。$AB$ 水平时平衡，弹簧变形为 $\delta_0$。计算杆有微小摆角 $\varphi$ 时的势能。

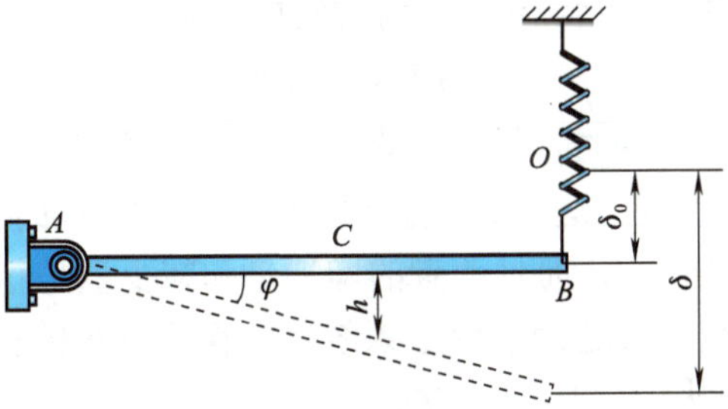


图 12-21

图 12-21 动画

首先分析系统静平衡时的受力情况，由 $\sum M_A(\boldsymbol{F})=0$，可以得到此时弹簧伸长量为

$$\delta_0=\frac{mg}{2k}$$

可以看到，系统所受到的重力和弹簧的弹性力都是有势力。

(1) 以弹簧自然位置 $O$ 为零势能点，而重力以水平位置为零势能位置，可以得到杆于微小摆角 $\varphi$ 处，系统的势能为

$$\begin{aligned}V'&=\frac{1}{2}k\left(\delta_0+\varphi l\right)^2-mg\frac{\varphi l}{2}\\&=\frac{1}{2}k\varphi^2l^2+\frac{m^2g^2}{8k}\end{aligned}$$

(2)取杆平衡位置为系统零势能点，杆于微小摆角 $\varphi$ 处，系统的势能为

$$V=\frac{1}{2}k\left(\delta^2-\delta_0{}^2\right)-mgh$$
$$=\frac{1}{2}k\left(\delta_0{}^2+2\delta_0\varphi l+\varphi^2 l^2-\delta_0{}^2\right)-mg\frac{\varphi l}{2}$$

同时 $\delta_0=\dfrac{mg}{2k}$，则有

$$V=\frac{1}{2}k\varphi^2 l^2$$

可以看到，对于所取的不同零势能位置，所得到的系统势能是不相同的，即系统势能的大小依赖于所取零势能位置。

## 12.5　机械能守恒定律

质点系在某一时刻动能和势能的代数和称为质点系的机械能。设质点系在势力场中运动，当质点系从第一位置运动到第二位置时，由质点系动能定理可以得到

$$T_2-T_1=W_{12} \tag{12-33}$$

式中，$T_1$ 和 $T_2$ 分别为质点系在初始和终了位置的动能，而 $W_{12}$ 则为质点系所受力做的功。由于质点系在势力场中运动，只有有势力做功，则有

$$W_{12}=V_1-V_2 \tag{12-34}$$

式中，$V_1$ 和 $V_2$ 分别为质点系在初始和终了位置的势能。结合式(12-33)和式(12-34)，可以得到

$$T_1+V_1=T_2+V_2$$

即质点系仅在有势力作用下运动时，机械能守恒，这一结论称为机械能守恒定律。根据这一定律可以看到，质点系在势力场中运动时，动能与势能可以相互转换，即动能的增加(或减少)，必然伴随着势能的减少(或增加)，而且两者的增加量和减少量是相等的。

此类系统称为保守系统，反之为非保守系统。非保守系统的机械能是不守恒的，设保守力做功 $W_{12}$，非保守力做功 $W'_{12}$，有

$$T_2-T_1=W_{12}+W'_{12}=V_1-V_2+W'_{12}$$
$$(T_2+V_2)-(T_1+V_1)=W'_{12}$$

可见非保守力做功的存在，使得系统机械能发生了变化。例如运动物体受到摩擦阻力的作用，则系统动能转换成了摩擦产生的热能；又如水流冲击水轮机带动发电机发电，则是动能转换成了电能；相反的，电动机带动机器运转，则是电能转换成了机械能。应该指出的是，凡是机械能守恒定律能解决的题目，则动能定理一定能解，而反之则不成立。可以看到，动能定理为一般，而机械能守恒定律为特殊。

**例 12-6**

均质圆轮半径为 $r$，质量为 $m$，受到轻微扰动后，在半径为 $R$ 的圆弧上往复滚动，如图 12-22(a)所示。设表面足够粗糙，使圆轮在滚动时无滑动。求质心 $C$ 的运动微分方程。

图 12-22(a)动画

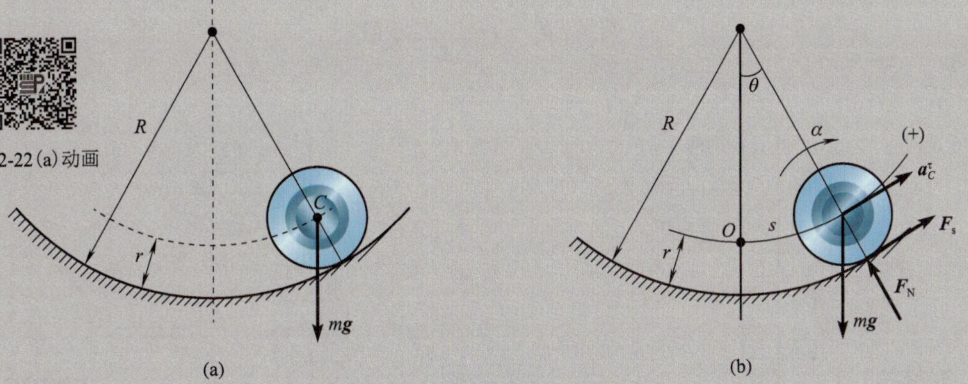


图 12-22

**解**：圆轮的受力分析和运动分析如图 12-22(b)所示，可以看到圆轮受到轻微扰动后的往复滚动过程中，只有重力 $mg$ 做功，即圆轮滚动过程中机械能守恒。

取 $O$ 处为重力零势能点，圆轮在任意时刻与轨道圆心连线在铅直方向的夹角为 $\theta$，系统的势能可以表达为

$$V = mg(R-r)(1-\cos\theta)$$

系统的动能为

$$T = \frac{1}{2}mv_C^2 + \frac{1}{2}J_C\omega^2 = \frac{3}{4}mv_C^2$$

由系统机械能守恒，有

$$\frac{\mathrm{d}}{\mathrm{d}t}(V+T)=0，\quad mg(R-r)\sin\theta\frac{\mathrm{d}\theta}{\mathrm{d}t}+\frac{3}{2}mv_C\frac{\mathrm{d}v_C}{\mathrm{d}t}=0 \tag{a}$$

考虑到 $\dfrac{\mathrm{d}\theta}{\mathrm{d}t}=\dfrac{v_C}{R-r}$，$\dfrac{\mathrm{d}v_C}{\mathrm{d}t}=\ddot{s}$，代入式(a)得到

$$\frac{\mathrm{d}^2 s}{\mathrm{d}t^2}+\frac{2}{3}g\sin\theta=0$$

由于圆轮摆动角度微小，有 $\sin\theta\approx\theta=\dfrac{s}{R-r}$，则有圆轮质心 $C$ 的运动微分方程为

$$\frac{\mathrm{d}^2 s}{\mathrm{d}t^2}+\frac{2g}{3(R-r)}s=0$$

## 例 12-7

如图 12-23(a)所示，鼓轮 $D$ 匀速转动，使绕在轮上钢索下端的重物以 $v$=0.5 m/s 匀速下降，已知重物质量 $m$=250 kg，钢索的刚度系数 $k$=3.35×$10^6$ N/m，求轮 $D$ 突然卡住时，钢索的最大张力。

**解**：首先分析系统的运动。如图 12-23(b)所示，鼓轮匀速转动时，重物处于平衡状态，卡住前瞬时达到位置 I，显然有

$$k\delta_{\mathrm{st}} = mg$$

得

$$\delta_{\mathrm{st}} = \frac{mg}{k} \tag{a}$$

式中，$\delta_{st}$ 为重物处于平衡状态时，钢索的自然伸长量。显然此时钢索内的张力 $F_I$ 大小为

$$F_{I}=k\delta_{st}=mg=2.45\ \text{kN}$$

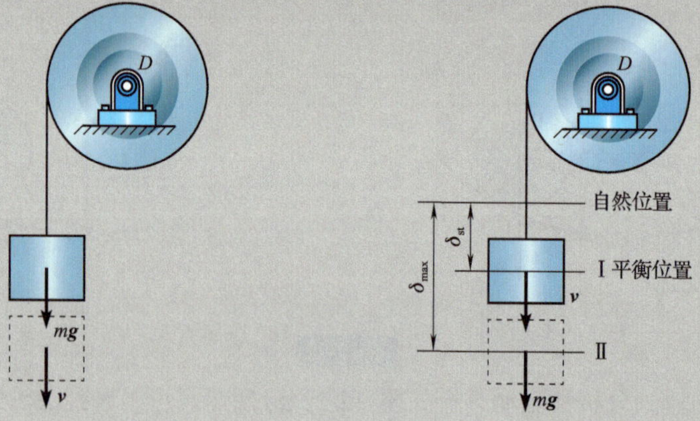


图 12-23(a)动画　(a)　(b)　图 12-23(b)动画

图 12-23

在轮 D 卡住后，重物继续下降至位置 II，此时速度为零，钢索拉力最大。整个过程重物只受重力和弹性力作用，因此机械能守恒。取平衡位置 I 为零势能点，有

$$V_1=0$$

$$V_2=\frac{k}{2}\left(\delta_{max}^2-\delta_{st}^2\right)-mg\left(\delta_{max}-\delta_{st}\right)$$

$$T_1=\frac{1}{2}mv^2,\quad T_2=0$$

由机械能守恒定律 $T_1+V_1=T_2+V_2$，得到

$$\frac{1}{2}mv^2+0=0+\frac{k}{2}\left(\delta_{max}^2-\delta_{st}^2\right)-mg\left(\delta_{max}-\delta_{st}\right)$$

即

$$\delta_{max}^2-2\delta_{st}\delta_{max}+\left(\delta_{st}^2-\frac{v^2}{g}\delta_{st}\right)=0$$

得到

$$\delta_{max}=\delta_{st}\left(1\pm\sqrt{\frac{v^2}{g\delta_{st}}}\right)$$

将式(a)代入，得到钢索的最大张力 $F_{max}$ 为

$$F_{max}=k\delta_{max}=k\delta_{st}\left(1+\sqrt{\frac{v^2}{g\delta_{st}}}\right)=mg\left(1+\frac{v}{g}\sqrt{\frac{k}{m}}\right)=16.9\ \text{kN}$$

综上所述，可以总结**机械能守恒定律问题的解题步骤**如下：

(1)选某质点系或质点作为研究对象，分析其受力，所有做功的力都应为有势力；

(2)确定运动过程的始、末位置；

(3)确定零势能位置，分别计算两位置的机械能；

(4)应用机械能守恒定律建立方程，求解未知量。

# 12.6 动力学普遍定理的综合应用

## 12.6.1 动力学普遍定理小结

本书至此，已经向读者完整介绍了解决质点和质点系动力学问题的动力学普遍定理的两种形式：**动量形式和能量形式**。前者是矢量形式，后者是标量形式。其中，动量形式包括动量定理、质心运动定理、动量矩定理和各守恒定律，能量形式包括动能定理和机械能守恒定律。

需要指出的是，所有动力学定理均由牛顿第二定律 $\boldsymbol{F}=m\boldsymbol{a}$ 作为理论基础与出发点推导而来，指明了机械运动与机械作用的辩证关系。因此，对一般题目，所有定理均适用，但不一定都能解。表 12-1 给出了矢量形式定理(动量定理、动量矩定理)与标量形式定理(动能定理、机械能守恒定律)在应用时的主要区别。

表 12-1 动力学普遍定理应用区别

| 动量、动量矩定理 | 动能定理、机械能守恒定律 |
|---|---|
| 矢量，有大小方向 | 非负的标量，与方向无关 |
| 内力不能使之改变；只有外力能使之改变 | 内力做功时可以改变动能 |
| 约束力是外力时对之有影响；<br>不与能量相互转化，应用时不考虑能量的转化与损失 | 外力只有做功才能改变动能，理想约束不影响动能；<br>可进行动能转化，应用时完全从功与能的观点出发 |
| 当外力主矢为零时，系统动量守恒；<br>当外力对定点 $O$ 或质心的主矩为零时系统对同一点的动量矩守恒 | 在保守系中，机械能守恒 |
| 动量定理描述质心的运动变化；<br>动量矩定理描述绕质心或绕定点的转动变化 | 动能定理描述质心运动及相对质心运动中动能的变化 |

通过上述分析可以看到，动力学普遍定理提供了解决质点和质点系动力学问题的一般方法，而在求解比较复杂的问题时，还需要结合各个定理的特点，巧妙选择，联合运用。

## 12.6.2 综合应用举例

**例 12-8**

如图 12-24(a)所示，已知均质杆 $OA$ 长为 $l$，重为 $P$，在水平位置时，由一根不计质量不可伸长的铅直绳 $AB$ 悬挂，将绳突然剪断，求在剪断那一个瞬时和当 $OA$ 处于铅直位置时，轴 $O$ 的约束反力为多少。

**解：**(1)用动能定理和质心运动定理联合求解。

杆 $OA$ 在水平位置为第 I 位置，转了 $\varphi$ 角任意位置设为 II 位置，则 $T_2-T_1=W_{12}$ 为

$$\frac{1}{2}J_O\dot{\varphi}^2-0=P\frac{l}{2}\sin\varphi$$

即

$$\frac{1}{2}\left(\frac{P}{3g}l^2\right)\dot{\varphi}^2=P\frac{l}{2}\sin\varphi$$

解得

$$\dot{\varphi}^2 = \frac{3g}{l}\sin\varphi \tag{a}$$

即

$$\dot{\varphi} = \sqrt{\frac{3g}{l}\sin\varphi} \tag{b}$$

由式(b)可见，当杆 $OA$ 在水平位置时，$\varphi=0$，$\dot{\varphi}=0$；当杆 $OA$ 在铅直位置(图 12-24(b))时，$\varphi=90°$，$\dot{\varphi}=\sqrt{\frac{3g}{l}}$。将式(a)两边分别对时间 $t$ 求导，得到

$$\frac{\mathrm{d}\dot{\varphi}^2}{\mathrm{d}t} = \frac{\mathrm{d}}{\mathrm{d}t}\left(\frac{3g}{l}\sin\varphi\right)$$

得

$$2\dot{\varphi}\ddot{\varphi} = \frac{3g}{l}\cos\varphi\cdot\dot{\varphi}$$

消去 $\dot{\varphi}$，得

$$\ddot{\varphi} = \frac{3g}{2l}\cos\varphi \tag{c}$$

由式(c)可见，当杆 $OA$ 在水平位置时，$\varphi=0$，$\ddot{\varphi}=\frac{3g}{2l}$；当 $OA$ 杆在铅直位置时，$\varphi=90°$，$\ddot{\varphi}=0$。利用质心运动定理 $m\boldsymbol{a}_C=\boldsymbol{F}_{\mathrm{R}}^{(\mathrm{e})}$ 的投影式。取图 12-24(a)所示 $xOy$ 坐标系。

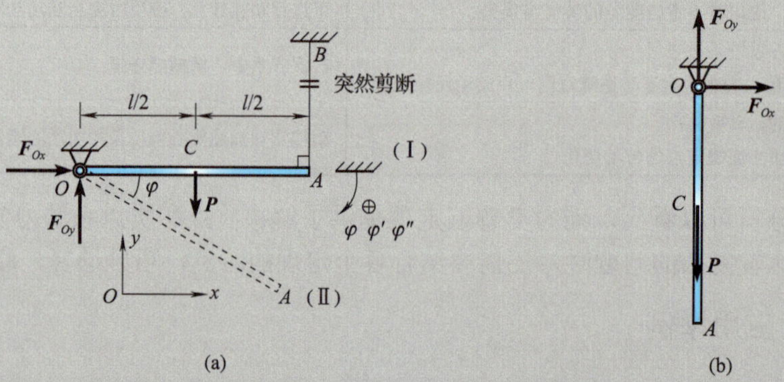


图 12-24

$OA$ 在水平位置时，如图 12-24(a)所示，质心运动定理在 $x$ 轴的投影式为

$$-\frac{P}{g}\left(\frac{l}{2}\dot{\varphi}^2\right) = F_{Ox}$$

因为 $\varphi=0$ 时，$\dot{\varphi}=0$，所以 $F_{Ox}=0$。

在 $y$ 轴的投影式为

$$-\frac{P}{g}\left(\frac{l}{2}\ddot{\varphi}\right) = F_{Oy} - P$$

得 $F_{Oy} = P - \frac{p}{g}\left(\frac{l}{2}\ddot{\varphi}\right) = P - \frac{Pl}{2g}\cdot\frac{3g}{2l} = \frac{P}{4}$，为正值，说明轴 $O$ 反力与假设同向。

$OA$ 在铅直位置时，如图 12-24(b) 所示，质心运动定理在 $x$ 轴的投影式为

$$-\frac{P}{g}\left(\frac{l}{2}\ddot{\varphi}\right)=F_{Ox}$$

因为 $\varphi=90°$ 时，$\ddot{\varphi}=0$，所以 $F_{Ox}=0$。

在 $y$ 轴的投影式为

$$\frac{P}{g}\left(\frac{l}{2}\cdot\dot{\varphi}^2\right)=F_{Oy}-P$$

得

$$F_{Oy}=P+\frac{p}{g}\left(\frac{l}{2}\dot{\varphi}^2\right)=P+\frac{Pl}{2g}\cdot\frac{3g}{l}=P+\frac{3P}{2}=\frac{5}{2}P$$

(2) 用动量矩定理和质心运动定理联合求解。

如图 12-24(a) 所示，转动坐标 $\varphi$ 的正向如图，运用定轴转动微分方程

$$J_O\ddot{\varphi}=\sum M_O(F_i^{(e)})$$

可得

$$\left(\frac{Pl^2}{3g}\right)\ddot{\varphi}=P\frac{l}{2}\cos\varphi$$

得

$$\ddot{\varphi}=\frac{3g}{2l}\cos\varphi$$

即

$$\frac{\mathrm{d}\varphi}{\mathrm{d}\varphi}\frac{\mathrm{d}\dot{\varphi}}{\mathrm{d}t}=\frac{3g}{2l}\cos\varphi$$

$$\dot{\varphi}\mathrm{d}\dot{\varphi}=\frac{3g}{2l}\cos\varphi\mathrm{d}\varphi$$

将上式两边取定积分，积分下限由已知条件可定，得

$$\int_0^{\dot{\varphi}}\dot{\varphi}\mathrm{d}\dot{\varphi}=\int_0^{\varphi}\frac{3g}{2l}\cos\varphi\mathrm{d}\varphi$$

解得

$$\dot{\varphi}=\sqrt{\frac{3g}{l}\sin\varphi}$$

**例 12-9**

如图 12-25(a) 所示，轮 I 半径为 $r$，质量为 $m_1$，受一常力偶 $M$ 作用；轮 II 的半径 $R=2r$，质量为 $m_2$；轮III的半径为 $r$，质量为 $m_3$。轮 I 与轮 II 间的压力角(齿轮间作用力与图中两圆切线间的夹角)为 20°，且两轮间无滑动。物块质量为 $m_A$。摩擦力不计。求 $O_1$ 和 $O_2$ 处的约束力。

**解：**(1) 求物块 $A$ 的加速度及各轮的角加速度。

首先以整体为研究对象，只有物块重力及外力偶做功，其运动分析如图 12-25(b) 所示。

任意时刻系统的动能为

$$T=\frac{1}{2}J_{O_1}\omega_1^2+\frac{1}{2}\left(J_{O_2}+J_{O_3}\right)\omega_2^2+\frac{1}{2}m_Av_A^2 \tag{a}$$

式中，$J_{O1}=\dfrac{1}{2}m_1r^2$，$J_{O2}=\dfrac{1}{2}m_2R^2$，$J_{O3}=\dfrac{1}{2}m_3r^2$ 分别为三个轮的转动惯量，而 $\omega_1=2\omega_2$，$v_A=\omega_2 r=\dfrac{\omega_1 r}{2}$。由功率方程 $\dfrac{\mathrm{d}T}{\mathrm{d}t}=\sum P_i$ 可以得到

$$\frac{\mathrm{d}T}{\mathrm{d}t}=M\omega_1-m_Agv_A \tag{b}$$

将式(a)代入式(b)，得到物块 $A$ 的加速度为

$$a_A=\frac{2(2M-m_Agr)}{(2m_A+4m_1+4m_2+m_3)r}$$

进一步可以由 $\alpha_1=2\dfrac{a_A}{r}$，$\alpha_2=\dfrac{a_A}{r}$，得到轮 I 和轮 II 的角加速度。

图 12-25(a)动画

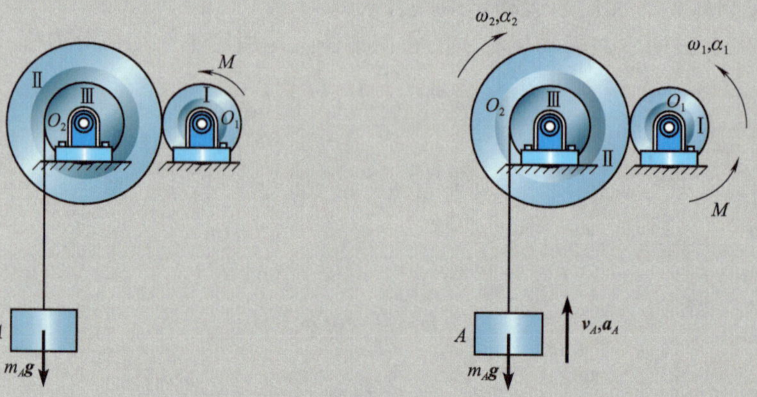


(a) (b)

图 12-25(b)动画

图 12-25

(2)研究 I 轮，求 $O_1$ 处的约束力。

I 轮做定轴转动，受力及运动分析如图 12-26(a)所示。其中，轮 I 和轮 II 之间的作用力分解为切向 $P'_\tau$ 和径向 $P'_\mathrm{n}$ 两个分力。

以 $O_1$ 点为转轴，显然有

$$J_{O_1}\alpha_1=M-P'_\tau r$$

$$P'_\tau=\frac{M-m_1ra_A}{r}$$

由于压力角为 20°，得到

$$P'_\mathrm{n}=\tan 20^\circ\cdot P'_\tau=0.364P'_\tau$$

由于质心 $O_1$ 加速度为零，由质心运动定理可以得到 $O_1$ 点支座沿 $x$ 轴和 $y$ 轴的两个约束力分力。

由 $F_{O_1x}+P'_\mathrm{n}=0$，得　　$F_{O_1x}=0.364\dfrac{M-m_1ra_A}{r}$

由 $F_{O_1y}+P'_\tau-m_1g=0$，得　　$F_{O_1y}=m_1g-\dfrac{M-m_1ra_A}{r}$

(3)以物块 $A$ 为研究对象。

物块 $A$ 的受力情况较为简单，如图 12-26(b)所示。由牛顿第二定律，可以得到绳索的拉力 $F'_\mathrm{T}$ 为

$$F_T' - m_A g = m_A a_A$$

得

$$F_T' = m_A(g + a_A)$$

(4) 研究 II 轮求 $O_2$ 处的约束力。

轮 II 的受力分析如图 12-26(c) 所示。

由于轮 II 的质心 $O_2$ 加速度为 0，根据质心运动定理分别考虑轮 II 在 $x$ 轴和 $y$ 轴方向受力平衡，由 $F_{O_2x} - P_n = 0$，得

$$F_{O_2x} = 0.364\frac{M - m_1 r a_A}{r}$$

由 $F_{O_2y} - P_\tau - (m_2 + m_3)g - F_T = 0$，得

$$F_{O_2y} = (m_2 + m_3 + m_A)g + \frac{M}{r} + (m_A - m_1)a_A$$

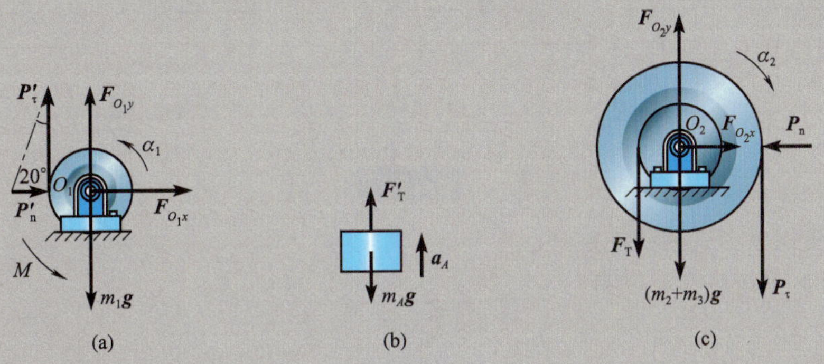


图 12-26

## 例 12-10

如图 12-27(a) 所示，三角柱体 $ABD$ 质量为 $m_1$，置于光滑的水平面上，质量为 $m$，半径为 $R$ 的均质圆柱 $C$ 沿斜面 $AB$ 做纯滚动。$\theta$ 角已知，又知初始瞬时，系统处于静止，求任意瞬时三角柱体和圆柱的加速度各为多少。

**解：** (1) 采用系统在水平方向的动量守恒定律、系统动能定理或机械能守恒定律联合求解。由于系统在水平方向不受力，系统在 $x$ 方向动量守恒，将圆柱的 $C$ 点选为动点，三角柱体 $ABD$ 选为动系，则根据速度合成定理，有

$$\boldsymbol{v}_C = \boldsymbol{v}_e + \boldsymbol{v}_r$$

式中，$\boldsymbol{v}_e = \boldsymbol{v}_{ABD}$，设方向向左；$\boldsymbol{v}_r$ 为点相对于三角柱体的速度，设方向平行于斜面向下。系统初始静止，则

$$p_{0x} = 0$$

系统运动的某瞬时的动量在 $x$ 轴的投影 $p_x$ 为

$$\begin{aligned} p_x &= -m_1 v_e + m v_{Cx} \\ &= -m_1 v_e + m(-v_e + v_r\cos\theta) \\ &= -v_e(m_1 + m) + v_r m\cos\theta \end{aligned}$$

因为 $\sum F_x^{(e)} = 0$，则动量在 $x$ 轴守恒，有

$$p_{0x} = p_x$$

即

$$0 = -v_e(m_1 + m) + v_r m\cos\theta$$

得

$$v_e = \frac{m\cos\theta}{(m_1 + m)} v_r \tag{a}$$

式(a)两边同时对时间 $t$ 求导，得

$$a_e = \frac{m\cos\theta}{(m_1 + m)} a_r \tag{b}$$

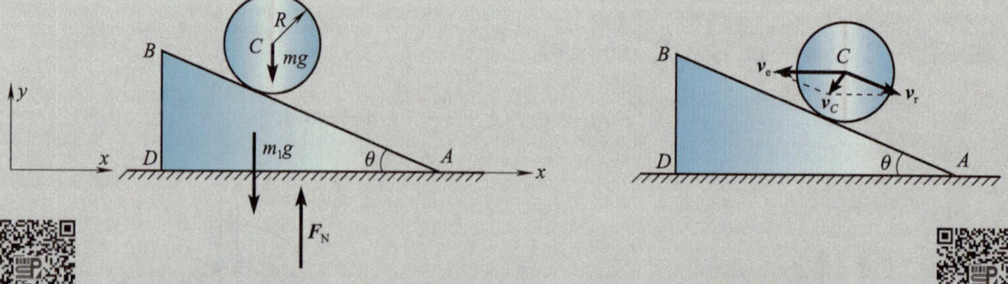


图 12-27(a)动画

图 12-27

图 12-27(b)动画

(2)系统积分形式的动能定理。

初瞬时，系统静止，则有

$$T_1 = 0$$

任意瞬时，系统的动能为

$$\begin{aligned} T_2 &= \frac{1}{2}m_1 v_e^2 + \left[\frac{1}{2}m v_C^2 + \frac{1}{2}J_C\dot{\varphi}^2\right] \\ &= \frac{1}{2}m_1 v_e^2 + \frac{1}{2}m(v_e^2 + v_r^2 - 2v_e v_r\cos\theta) + \frac{1}{2}\left(\frac{1}{2}mR^2\right)\dot{\varphi}^2 \\ &= \frac{1}{2}m_1 v_e^2 + \frac{1}{2}m(v_e^2 + v_r^2 - 2v_e v_r\cos\theta) + \frac{1}{4}mR^2\left(\frac{v_r}{R}\right)^2 \\ &= \frac{1}{2}(m_1 + m)v_e^2 + \frac{3}{4}m v_r^2 - m v_e v_r\cos\theta \end{aligned} \tag{c}$$

将式(a)代入式(c)，得

$$\begin{aligned} T_2 &= \frac{1}{2}(m_1 + m)v_e^2 + \frac{3}{4}\frac{(m_1 + m)^2}{m\cos^2\theta}v_e^2 - (m_1 + m)v_e^2 \\ &= \frac{(m_1 + m)[3(m_1 + m) - 2m\cos^2\theta]}{4m\cos^2\theta}v_e^2 \end{aligned}$$

若从第一位置到第二位置，三角柱体 $ABD$ 左移 $x_e$，$C$ 点沿斜面向下走过 $x_r$，则由式(a)可知

$$x_r = \frac{(m_1 + m)}{m\cos\theta}x_e$$

则

$$W_{12} = mgh = mgx_r\sin\theta = mg\left(\frac{m_1 + m}{m\cos\theta}x_e\right)\sin\theta = (m_1 + m)g\tan\theta\cdot x_e$$

代入动能定理 $T_2 - T_1 = W_{12}$ 中，得

$$\frac{(m_1+m)[3(m_1+m)-2m\cos^2\theta]}{4m\cos^2\theta}v_e^{\ 2} - 0 = (m_1+m)g\cdot\tan\theta\cdot x_e$$

上式两边同时对时间求导，并注意到 $\frac{dv_e^{\ 2}}{dt} = 2v_e a_e$，$\frac{dx_e}{dt} = v_e$，得

$$a_e = \frac{mg\sin 2\theta}{3(m_1+m)-2m\cos^2\theta}$$

**例 12-11**

如图 12-28(a)所示，已知两均质轮质量均为 $m$，半径均为 $R$，分别做纯滚动与定轴转动；物块质量为 $m$；弹簧刚度系数为 $k$，于弹簧原长处无初速释放重物。求重物下降 $h$ 时的速度、加速度及滚轮与地面间的摩擦力。

**解：**(1) 以系统为研究对象。

显然，如果一开始就对系统内各个刚体进行运动和受力分析，会增加问题的复杂性。首先以系统整体为研究对象，系统只有重力和弹簧力做功，其受力和运动分析如图 12-28(b)所示。

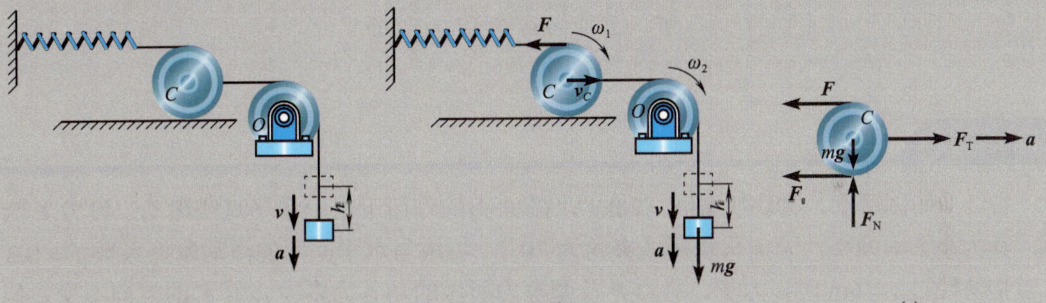


图 12-28

设物块此时下降的速度和加速度分别为 $\boldsymbol{v}$ 和 $\boldsymbol{a}$，可以得到轮 $C$ 的速度 $\boldsymbol{v}_C$ 和角速度 $\omega_1$、轮 $O$ 的角速度 $\omega_2$ 分别为

$$v_C = v,\quad \omega_1 = \omega_2 = \frac{v}{R}$$

图 12-28(a)动画

图 12-28(b)动画

系统初始和终了时刻的动能为

$$T_1 = 0$$

$$T_2 = \frac{1}{2}mv_C^2 + \frac{1}{2}\cdot\frac{1}{2}mR^2\omega_1^2 + \frac{1}{2}\cdot\frac{1}{2}mR^2\omega_2^2 + \frac{1}{2}mv^2 = \frac{3}{2}mv^2$$

考虑这一过程中重力和弹簧力做功，有

$$\sum W = mgh - \frac{1}{2}k(2h)^2 = mgh - 2kh^2$$

由质点系动能定理 $\sum W = T_2 - T_1$，得到

$$mgh - 2kh^2 = \frac{3}{2}mv^2 \tag{a}$$

得

$$v=\sqrt{\frac{2(mg-2kh)h}{3m}}$$

式(a)两端对时间 $t$ 求导，有

$$(mg-4kh)\frac{\mathrm{d}h}{\mathrm{d}t}=3mv\frac{\mathrm{d}v}{\mathrm{d}t}$$

得到物块下降的加速度为

$$a=\frac{g}{3}-\frac{4kh}{3m}$$

(2)求滚轮与地面间的摩擦力。

此时需要以滚轮 $C$ 为研究对象，其受力分析如图 12-28(c)所示。

对质心 $C$ 应用动量矩定理，有

$$\frac{1}{2}mR^2\cdot\frac{a}{R}=(F_s-F)R$$

其中，$a=\frac{g}{3}-\frac{4kh}{3m}$，而弹簧的拉力 $F=2kh$（弹簧作用点的位移为轮心 $C$ 位移的两倍），得到

$$F_s=F+\frac{1}{2}ma=\frac{mg}{6}+\frac{4}{3}kh$$

## 习　题

12-1　如图所示，物块质量 $m=20\mathrm{kg}$，在 $\boldsymbol{F}$ 力的作用下沿一水平直线运动。设力 $\boldsymbol{F}$ 为常力，其大小 $F=98\mathrm{N}$，方向与水平线夹角为 $30°$，物块与水平面间的滑动摩擦系数 $f=0.2$。求当物块经过 $s=6\mathrm{m}$ 时，力 $\boldsymbol{F}$、重力 $\boldsymbol{P}$ 及摩擦力所做的功各为多少。若 $\boldsymbol{F}$ 的方向不变，但其大小按 $F=4s$（$F$ 单位为 N，$s$ 单位为 m）的规律变化，它所做的功又为多少。

12-2　如图所示，重量为 $\boldsymbol{P}_1$，半径为 $r$ 的卷筒作用一力偶矩 $M=a\varphi+b\varphi^2$，其中 $\varphi$ 为转角，$a$ 与 $b$ 为常数。卷筒上的绳索拉动水平面上的重物 $B$。设重物的重量为 $\boldsymbol{P}$，它与水平面之间的滑动摩擦系数为 $f$。绳索的重量不计。当圆筒转过两圈时，求作用于系统上的所有力的功。

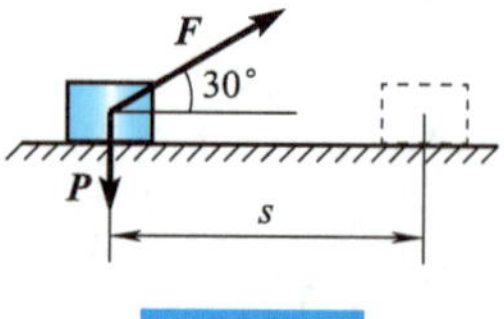


题 12-1 图

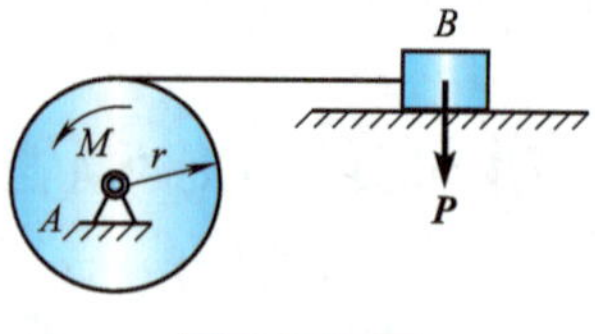


题 12-2 图

12-3　如图所示，已知重物 $M$ 的重量为 $\boldsymbol{P}$，重物 $M$ 在与水平成 $\theta$ 角高为 $h$ 的斜面上无初速度自由释放，重物 $M$ 与斜面和水平面的动摩擦系数均为 $f$，在水平面 $M'$ 处停止运动，$OM'=s$。试求重物 $M$ 自 $M$ 到 $M'$ 动摩擦力所做的功为多少。

12-4　如图所示，一弹簧的刚度系数为 $k$，弹簧原长为 $l_0=a$，弹簧端点沿正方形轨迹运动，求由 $A$ 到 $B$、由 $B$ 到 $D$ 弹性力做的功 $W_{AB}$ 与 $W_{BD}$ 各为多少。

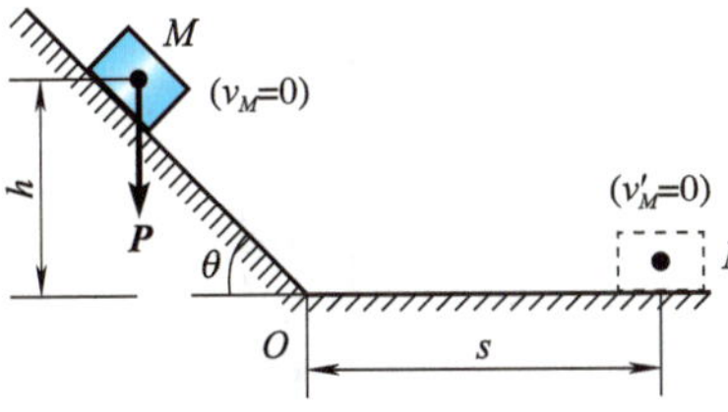


题 12-3 图

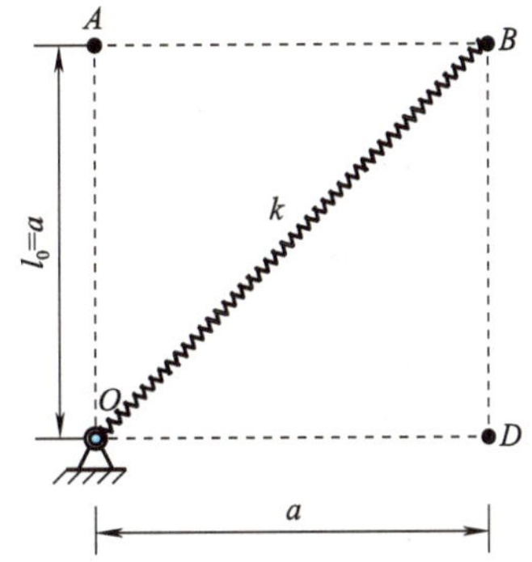


题 12-4 图

12-5　如图所示，一同心圆轮，重为 $\boldsymbol{P}$，外半径为 $R$，内半径为 $r$，在内鼓轮下缘通过绳水平作用常力 $\boldsymbol{F}$，已知轮与水平面间滚动摩阻系数为 $\delta$，轮沿水平面做纯滚动，求轮心由 $A$ 到 $B$ 位移为 $s$ 时，作用在同心圆轮上所有力做功的总和。

12-6　如图所示，均质圆盘 $O$ 重为 $\boldsymbol{P}$，半径为 $R$，绳一端挂重物 $A$，重为 $\boldsymbol{P}_1$，另一端 $B$ 作用一铅直长拉力 $\boldsymbol{F}$，绳与轮间无相对滑动，已知在图示瞬时，轮 $O$ 角速度为 $\omega$，转向如图所示，求系统动能 $T$。

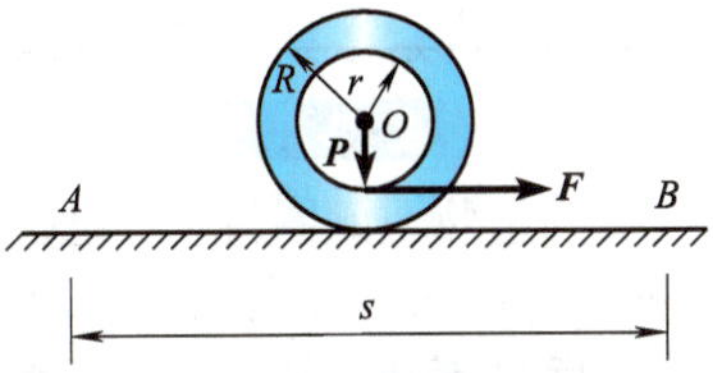


题 12-5 图

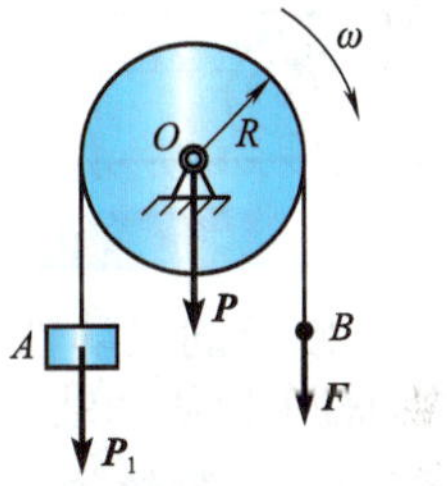


题 12-6 图

12-7　如图所示，系统绕 $z$ 轴转动，图示瞬时转动角速度为 $\omega$，均质折杆 $OA$ 长为 $l$，重为 $\boldsymbol{P}$，$OA$ 与 $z$ 轴垂直，$AB$ 杆长为 $l$，重为 $\boldsymbol{P}$，$AB$ 与 $OA$ 垂直。试求图示系统的动能 $T$。

12-8　如图所示，均质圆盘 $A$ 重 $\boldsymbol{P}_1$，半径为 $R$，图示瞬时角速度为 $\omega$，转向如图所示。均质圆盘 $B$ 重为 $\boldsymbol{P}_2$，半径 $r = R/2$；重物 $C$ 重 $\boldsymbol{P}$。$A$、$B$、$C$ 由不计质量的绳连接。求图示瞬时系统的动能 $T$。

12-9　如图所示，汽车上装有一可翻转的车箱。内装有 $5\text{m}^3$ 的砂石，砂石的容重为 $23\text{kN/m}^3$，车箱装砂石后重心 $C$ 与翻转轴 $A$ 之间水平距离为 1m，如想使车箱绕轴 $A$ 翻转的角速度为 0.05rad/s，求所需的最大功率。

12-10　平板闸门重 $P = 60\text{ kN}$，最大水压力 $F = 460\ \text{kN}$，门槽动摩擦系数 $f = 0.2$。设闸门的提升速度 $v = 0.2\text{ m/s}$，卷扬机的机械总效率为 0.8。求卷扬机的电动机应有的功率。

12-11　两均质杆 $AC$ 和 $BC$ 各重 $\boldsymbol{P}$，长均为 $l$，在点 $C$ 由铰链相连接，放在光滑的水平面上，如图所示。由于 $A$ 和 $B$ 端的滑动，杆系在其铅直面内落下，求铰链 $C$ 与地面相碰时的速度 $\boldsymbol{v}$。点 $C$ 的初始高度为 $h$，开始时杆系静止。

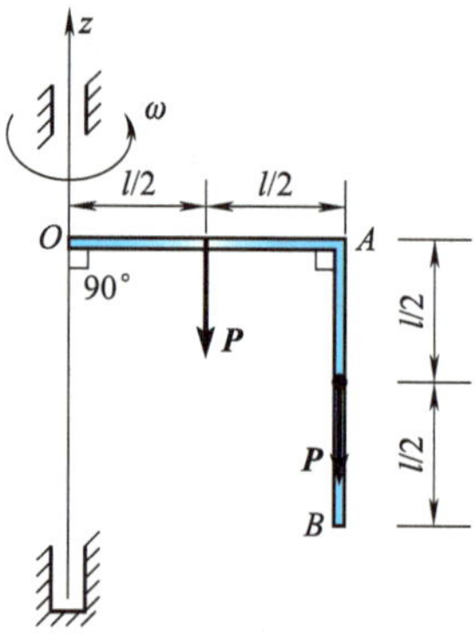

题 12-7 图

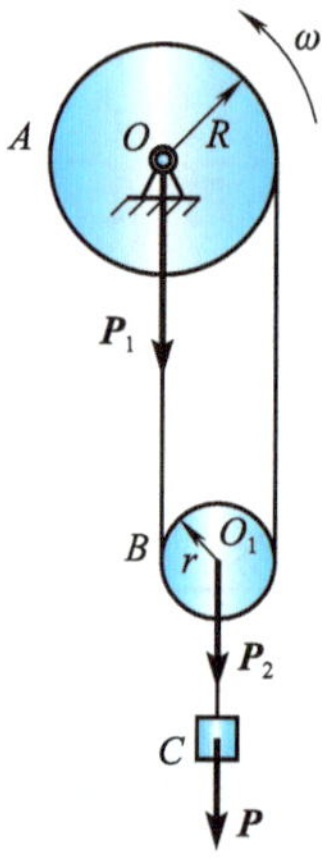

题 12-8 图

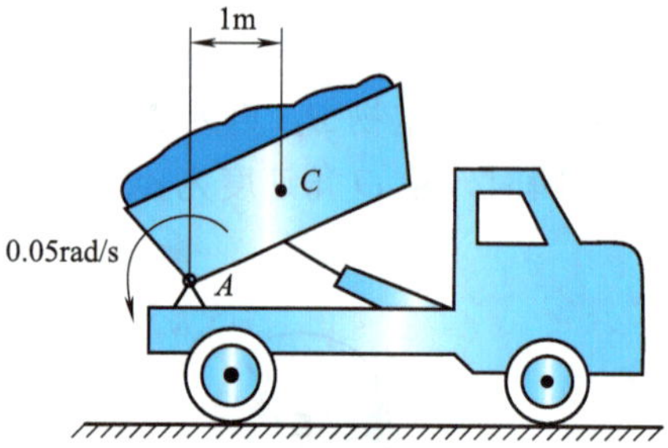

题 12-9 图

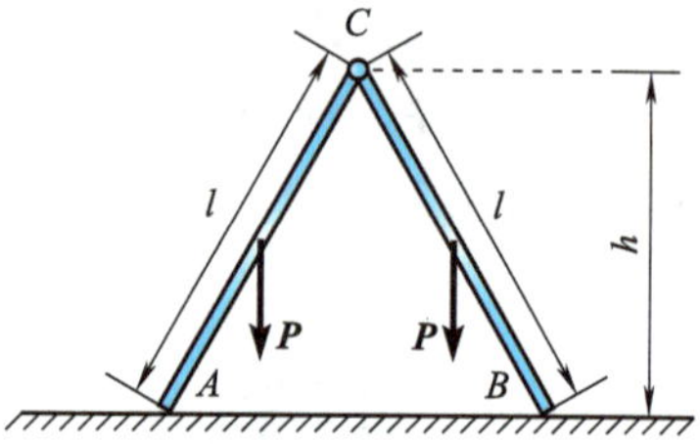

题 12-11 图

12-12　在绞车的主动轴 I 上作用一常用力偶矩 $M$ 以提升重物，如图所示。已知重物的重量为 $\boldsymbol{P}$；主动轴 I 和从动轴 II 连同安装在这两轴上的齿轮等附件的转动惯量分别为 $J_1$ 和 $J_2$，传动比 $i_{12}=\omega_1/\omega_2$；鼓轮的半径为 $R$。轴承的摩擦和吊索的质量不计。绞车开始时静止，求当重物上升的距离为 $h$ 时的速度和加速度。

12-13　如图所示，当 $M$ 离地面 $h$ 时，系统处于平衡。现在给 $M$ 以向下的初速度 $\boldsymbol{v}_0$，使其恰能到达地面处，问 $\boldsymbol{v}_0$ 应为多少？已知物体 $M$ 和轮滑 $A$、$B$ 的重均为 $\boldsymbol{P}$，且可看成为均质圆盘。弹簧的刚度常数为 $k$，绳重不计，绳与轮之间无滑动。

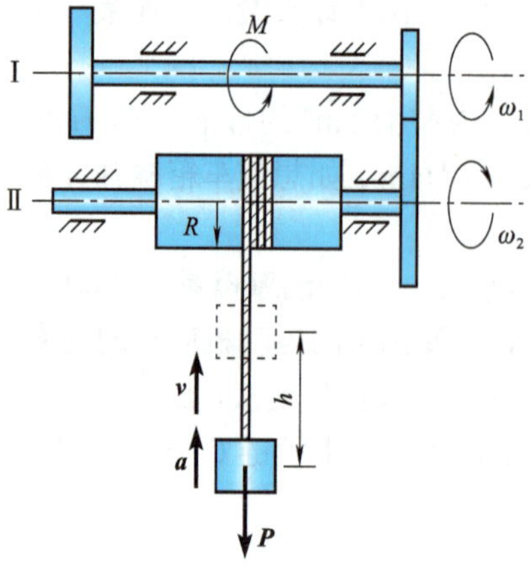

题 12-12 图

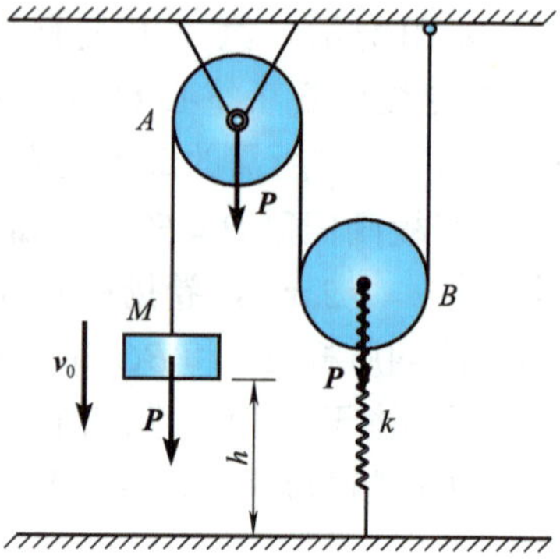

题 12-13 图

12-14　如图所示，均质杆 $AB$ 长 $l$，重 $\boldsymbol{P}$，点 $B$ 刚连一重为 $\boldsymbol{P}_1$ 的均质圆盘，半径为 $R$。在 $AB$ 中点 $D$ 连一刚度系数为 $k$ 的弹簧，使杆在水平位置保持平衡。设在 $t=0$ 瞬时，给杆一微小的角位移 $\varphi_0$，而 $\omega_0=\dot{\varphi}_0=0$，试求杆的运动规律。

12-15　质量为 $m$，长为 $l$ 的均质杆 $AB$，用两根绳索 $OA$ 与 $OB$ 吊于 $O$ 点，使杆 $AB$ 在水平位置，如图所示。已知 $\theta_1=\theta_2=45°$，试求当 $OB$ 绳突然剪断时，$AB$ 杆质心 $C$ 的加速度及绳索 $OA$ 的张力。

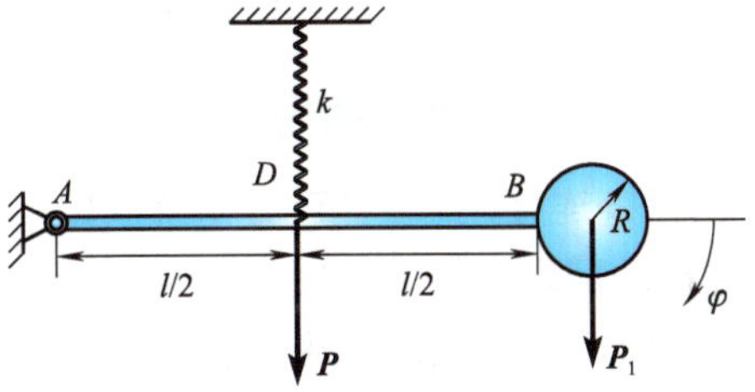

题 12-14 图

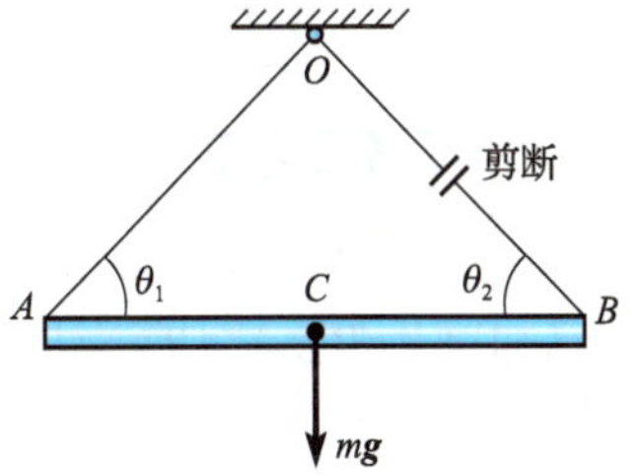

题 12-15 图

12-16　如图所示，$EB$ 与 $AB$ 杆重不计，均质杆 $BD$ 重 $\boldsymbol{P}$，长为 $l$，$AB$ 长也为 $l$。$BD$ 杆在水平位置，在 $D$ 端用铅直绳 $DF$ 吊起，因此，绳 $DF$ 突然断开，试求：(1)在断开那一瞬间，$AB$ 与 $EB$ 杆受力为多少；(2)当 $BD$ 杆转到铅直位置时，$AB$ 与 $EB$ 杆受力又是多少。

12-17　如图所示，一质量为 30 kg，半径为 0.5 m 的均质圆盘与一质量为 18 kg，长为 1 m 的均质直杆用理想铰链连接，在铅垂平面内绕杆的一端转动。系统自图示位置无初速度地开始运动，求当杆 $OA$ 处于铅垂位置时点 $A$ 的速度。

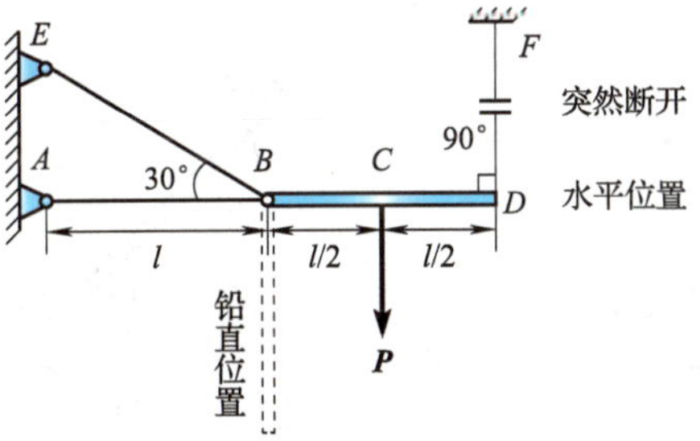

题 12-16 图

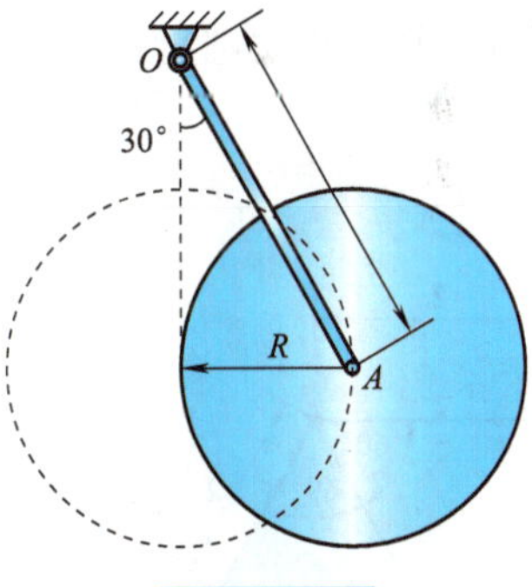

题 12-17 图

12-18　如图所示，长为 1 m，质量为 2 kg 的两均质杆 $AB$ 和 $BC$ 在点 $B$ 用铰链连接。杆 $AB$ 的 $A$ 端和固定铰链支座相连，杆 $BC$ 在 $C$ 处用铰链与一均质圆柱体连接。圆柱的质量为 4 kg，半径为 250 mm，在水平面上做纯滚动。在两杆的中点 $D$、$E$ 处有一弹簧连接，弹簧刚度系数 $k=50\text{N/m}$，原长为 1 m。在点 $B$ 作用一铅垂力 $F=60\text{N}$。初始时系统静止不动，点 $A$ 与 $C$ 处于同一水平线上，$\theta=60°$。求系统运动到两杆均处于水平位置时，杆 $AB$ 的角速度 $\omega$。

12-19　如图所示，一质量为 $m$ 的质点固结在质量为 $M$、半径为 $r$ 的均质圆盘的边缘点 $A$。$M=2m$。圆盘在一粗糙的水平面上滚动。初始圆盘的点 $A$ 在水平位置，无初速滚动到点 $A$ 位于最低位置，求此瞬时圆盘的角速度和中心 $O$ 的速度。

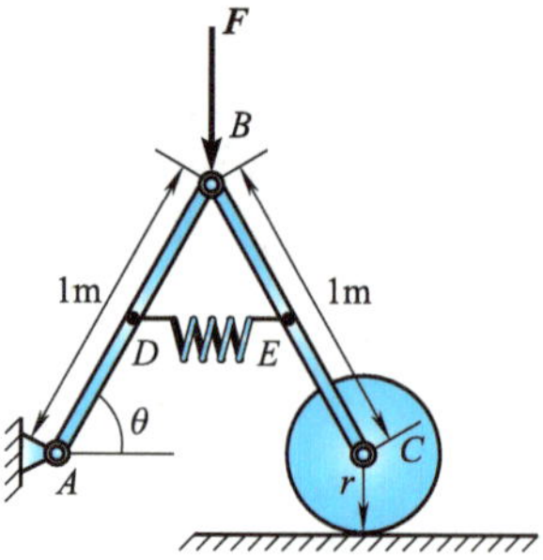


题 12-18 图

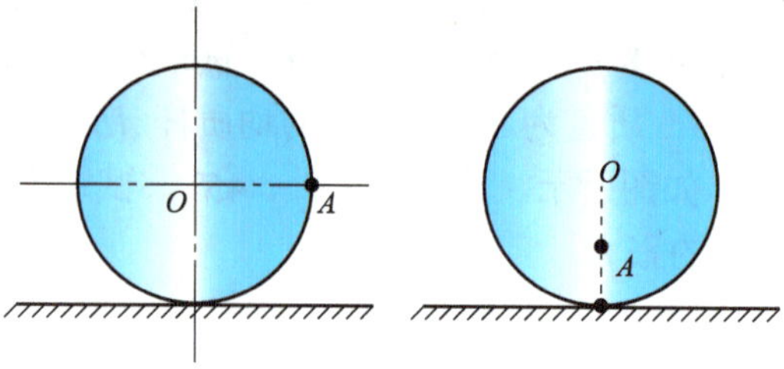


题 12-19 图

12-20　已知菱形薄板 $ABED$ 与杆 $A_1A$ 和 $B_1B$ 由铰链连接，此二杆可分别绕固定轴 $A_1$ 和 $B_1$ 旋转。已知 $A_1A=B_1B=AB=AD=2a$；薄板对质心 $C$ 的回转半径 $\rho=2a$，质量为 $m$。某瞬时杆 $A_1A$ 的角速度为 $\omega$，杆 $A_1A$ 和 $B_1B$ 相互垂直，如图所示。求此瞬时薄板的动能。

12-21　计算图示各系统的动能：

(1) 偏心圆盘的质量为 $m$，偏心距 $OC=e$，对质心的回转半径为 $\rho_C$，绕轴 $O$ 以角速度 $\omega_0$ 转动(图 a)；

(2) 长为 $l$，质量为 $m$ 的均质杆，其端部固结半径为 $r$，质量为 $m$ 的均质圆盘，杆绕轴 $O$ 以角速度 $\omega_0$ 转动(图 b)；

(3) 滑块 $A$ 沿水平面以速度 $\boldsymbol{v}_1$ 移动，重块 $B$ 沿滑块以相对速度 $\boldsymbol{v}_2$ 下滑，已知滑块 $A$ 的质量为 $m_1$，重块 $B$ 的质量为 $m_2$ (图 c)；

(4) 汽车以速度 $\boldsymbol{v}_0$ 沿平直道路行驶，已知汽车的总质量为 $M$，轮子的质量为 $m$，半径为 $R$，轮子可近似视为均质圆盘(共有 4 个轮子)(图 d)。

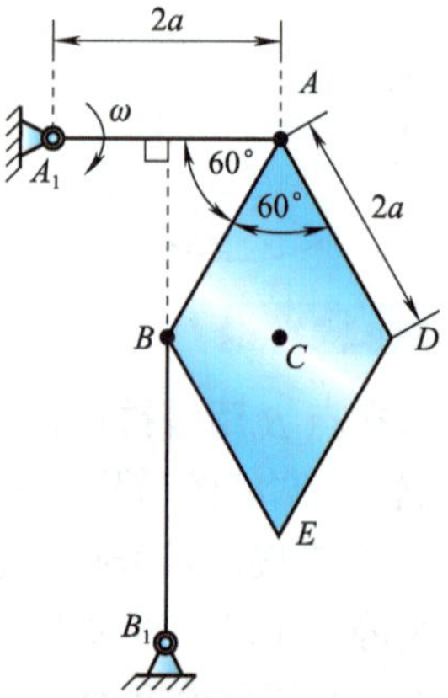


题 12-20 图

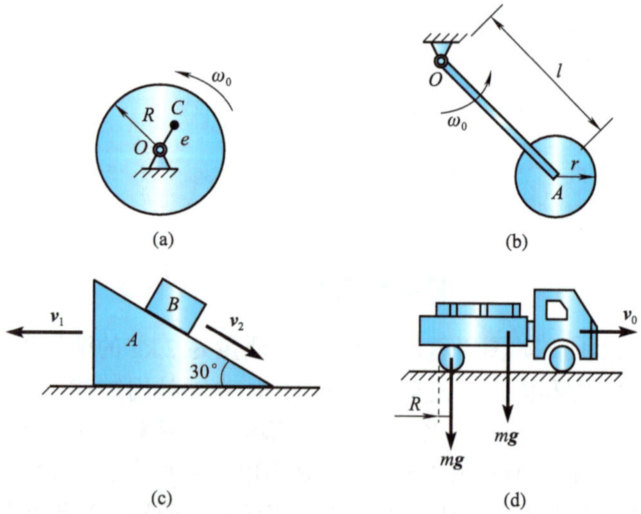


题 12-21 图

12-22　一常力矩 $M$ 作用在绞车的鼓轮上，轮的半径为 $r$，质量为 $m_1$，缠在鼓轮上的绳索的末端 $A$ 系一质量为 $m_2$ 的重物，沿着与水平倾斜角为 $\alpha$ 的斜面上升。如图所示，重物与斜面间的滑动摩擦系数为 $f$。绳索的质量不计，鼓轮可以看成均质圆柱体，开始时系统静止。求鼓轮转过 $\varphi$ 角时的角速度。

12-23 绞车提升一质量为 $m$ 的重物 $P$，如图所示。绞车在主动轴上作用一不变的转动力矩 $M$。已知主动轴和从动轴连同安装在这两轴上的齿轮以及其他附属零件的转动惯量分别为 $J_1$ 和 $J_2$，传动比 $z_2/z_1=i$。吊索缠绕在鼓轮上，鼓轮的半径为 $R$。设轴承的摩擦以及吊索的质量均可略去不计。试求重物的加速度。

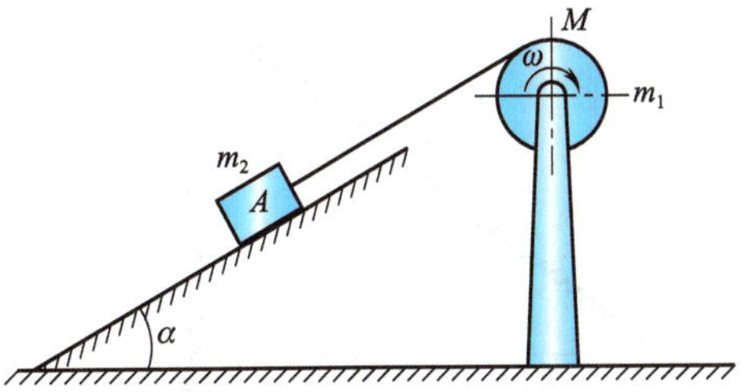

题 12-22 图

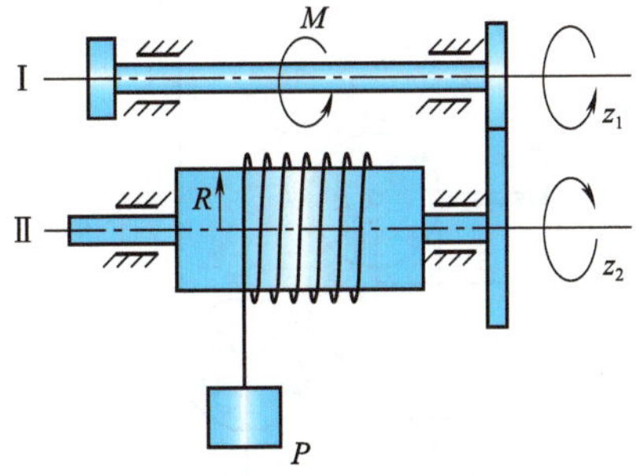

题 12-23 图

12-24 匀质细杆 $OA$ 可绕水平轴 $O$ 转动，另一端有一均质圆盘，圆盘可绕 $A$ 在铅直面内自由旋转，如图所示。已知杆 $OA$ 长 $l$，质量为 $m_1$；圆盘半径为 $R$，质量为 $m_2$。摩擦不计，初始时杆 $OA$ 水平，杆和圆盘静止。求杆与水平线成 $\theta$ 角的瞬时，杆的角速度和角加速度。

12-25 均质杆 $AC$、$BC$ 均重 $W$，长 $l$，由理想铰链 $C$ 铰接，在各杆中点连接一刚度系数为 $k$ 的弹簧，置于光滑水平面上，在铅垂平面内运动，如图所示。设开始时，$\theta=60^\circ$，速度为零，弹簧未变形。求当 $\theta=30^\circ$ 时 $C$ 点的速度。设 $k=W/\left(\sqrt{3}-1\right)l$。

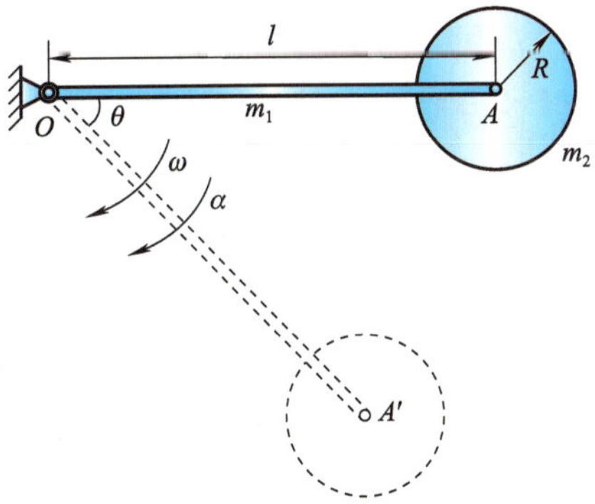

题 12-24 图

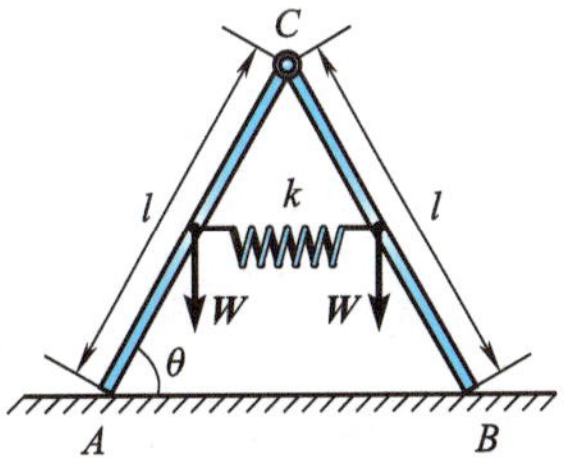

题 12-25 图

12-26 图示机构中，物块 $A$、$B$ 的质量均为 $m$，两均质圆轮 $C$、$D$ 的质量均为 $2m$，半径均为 $R$。$C$ 轮铰接于无重悬臂梁 $CK$ 上，$D$ 为动滑轮，梁的长度为 $3R$，绳与轮间无滑动。系统由静止开始运动，求：(1) $A$ 物块上升的加速度；(2) $HE$ 段绳的拉力；(3) 固定端 $K$ 处的约束反力。

12-27 均质杆 $OA$ 长 $l$，质量为 $m$，弹簧刚度系数为 $k$，弹簧原长为 $l$，系统由图示位置无初速度释放，求杆运动至水平位置时，(1) 杆 $OA$ 的角速度；(2) 铰 $O$ 的约束力。

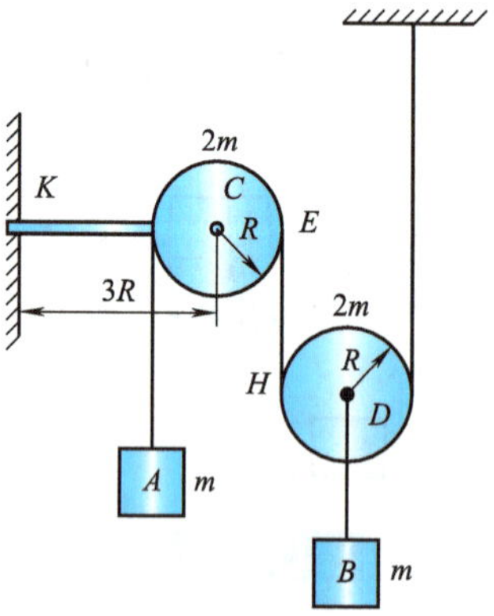


题 12-26 图

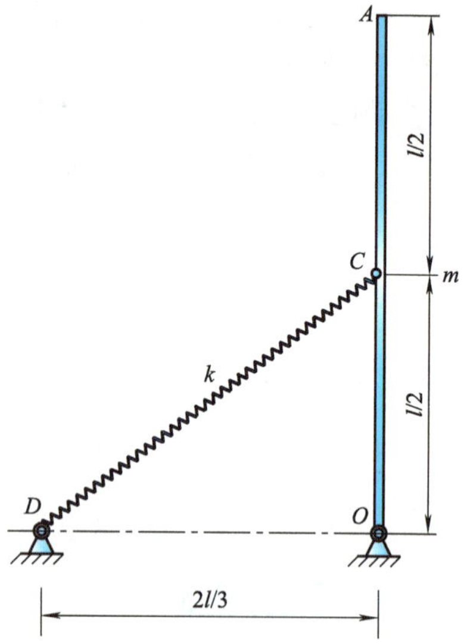


题 12-27 图

第 12 章参考答案

# 第13章 碰 撞

内容提要

在机械制造、航空航天、土木结构等工程领域中，为了满足机构运动的轨迹设计、传动结构需求或加工制造中必须的间隙冗余等条件，各类结构在运动中经常会因某个间隙而出现相互碰撞或受到冲击的作用。这种瞬间发生的物体间的相互作用，会导致物体的运动状态发生突变，可见碰撞问题实质上是一类特殊的动力学问题。为了对这类特殊的动力学问题进行分析，需要先从其力学特征出发，建立若干假设条件后，再根据前面所学的动力学定理来研究物体碰撞前后的运动状态关系。因此，本章从介绍碰撞问题的特征和基本假定入手，介绍针对碰撞问题需要用到的各个动力学原理，如动量定理、动量矩定理和动能定理等；而后，再针对理论力学中的主要研究对象——质点和刚体，分别介绍其常见碰撞问题的基本解法。

## 13.1 碰撞问题的特征、基本假定与分类

碰撞是物体的运动状态在一个非常短暂的时间内发生突然改变的现象。发生碰撞时，必然有两个物体在相互作用；如果将研究目标仅放到其中一个物体上时，那么问题变为物体的冲击问题。现实工程中的碰撞问题极为常见，例如飞船对接时引起的碰撞会同时改变空间站与飞船的运动状态，大型太阳能帆板因机构关节内部的缝隙产生碰撞振动，武装直升机的稳瞄系统由于外露旋轴部件的非光滑性而在工作时发生碰撞抖振，北方海域的石油钻井平台立桩支腿也经常受到海面浮冰的随浪冲击，工业流水线上的机械手也经常会在工作中对产品形成碰撞和冲击，而各类冲击机械更是利用碰撞作用来冲击路面或矿石来完成破碎作业。

### 13.1.1 碰撞问题的主要特征

碰撞作为一种复杂的力学现象，由于其过程持续时间非常短暂，受撞击的物体速度会发生急剧变化，意味着在很短的时间内产生很大的速度变化，即被撞的物体会突然具有极大的加速度。力是令物体产生加速度的原因，那么碰撞过程中，物体必然在这一瞬时会受到远远

超出平常力的巨大作用力，即碰撞力。实际上，在很大的碰撞力作用下，一般理论力学问题中的刚体假设已经不再成立，即物体的变形一定会发生。这意味着如果从物理上解释碰撞过程，问题的研究对象就需要变成弹性体或弹塑性体，这样相撞物体之间的相互作用，才能以接触点受力后的弹性波形式逐渐传递到物体内而引发其变形，同时弹性变形部分能量转化为变形能，而塑性变形部分能量则变为热能而消耗掉了。但是这种分析方式对研究物体碰撞前后的运动状态变化来说，其流程过于复杂，因此从动力学角度出发，可以通过引入若干的基本假设来简化问题，这样可以突出所要研究的主要问题，即重新着眼于碰撞对物体运动状态的影响上来。

### 13.1.2　碰撞问题的基本假定

由于动力学问题中关注的要点主要围绕力(或加速度)、速度、功和能几个物理量，因此对于碰撞问题的基本假定也是针对这些物理量而提出的，具体如下。

**1. 对碰撞力的假设**

因为碰撞力的数值极大，比一般情况下的重力、弹性力等主动力高出千百倍，因此在碰撞过程中力的作用效果几乎都是由碰撞力所贡献的，同时需要注意的是，如果碰撞中的物体本身有约束作用其上，那么由于约束力是被动力，在主动的碰撞力作用下，瞬时约束力也可能达到碰撞力一样的量级，因而需要同时被考虑。

**2. 对碰撞冲量的假设**

碰撞过程的持续时间都是很短暂的，这意味着很大的碰撞力的持续时间很短(往往在千分之一秒到万分之一秒之间)，其作用效果可以用一个有限的冲量来描述，称为碰撞冲量，其定义为

$$\boldsymbol{I}=\int_0^{\Delta t}\boldsymbol{F}\mathrm{d}t \tag{13-1}$$

此外，重力、弹性力等其他主动力因为大小有限，而由于碰撞持续时间极为短暂，这些主动力引起的碰撞过程中的冲量可以忽略不计，而某些瞬时约束力的量级与碰撞力接近，因此其产生的约束冲量仍需考虑。

**3. 对碰撞过程中速度变化的假设**

除了碰撞的持续时间很短之外，由于巨大的碰撞力直接带来的仅是很大的加速度，而速度的改变则会受到碰撞时间长短的影响，因此碰撞前后的速度大小变化也是有限的，意味着动量变化是有限的，这和上一条假设中的碰撞冲量有限相符。

**4. 对碰撞力做功的假设**

当速度大小变化有限时，很短的碰撞持续时间内，组成物体的各质点都不足以发生明显的位移，即碰撞过程中的物体位移很小，但由于很大的碰撞力与微小的位移相乘后的结果是一个不能忽略的有限值，所以碰撞力的功是有限的。

**5. 对碰撞过程的假设**

碰撞时物体的变形范围一般仅仅局限在接触点附近的很小区域内，由于这个区域外的部分占比显著，那么可以假设组成物体的各个质点几乎在同时实现了一致的速度变化，这种简化称为局部变形的刚体碰撞假设。在此假设基础上，整个碰撞的过程可以分为两个阶段，即变形阶段和恢复阶段。引用此假设后，就无需直接按照弹性体碰撞的方式进行分析了。如果碰撞物体的表面光滑，那么变形阶段的碰撞冲量 $\boldsymbol{I}$ 和恢复阶段的碰撞冲量 $\boldsymbol{I}'$的方向都会沿着

接触面的法向。由于变形阶段中，除了弹性变形外，还会存在塑性变形，但仅有弹性变形对恢复阶段的速度变化有所贡献，因此恢复阶段的冲量 $\boldsymbol{I}'$往往小于变形阶段的冲量 $\boldsymbol{I}$。如果碰撞物体的接触表面有摩擦力存在，则碰撞瞬间除了接触面法向的冲量作用外，接触面上还会有因摩擦而引起的切向冲量。由于在法向压缩变形和切向摩擦两种受力方式下需要考虑的物体材料性质并不一样，因此当有摩擦存在时，碰撞物体的变形阶段与恢复阶段的冲量一般也不会一致。为了避免摩擦带来的影响，一般对碰撞问题的实验研究中，往往针对光滑表面的物体来进行研究。

现已由实验发现，恢复阶段冲量与变形阶段冲量的比值受到构成物体的材料影响。因此，当给定发生碰撞的两个光滑表面物体的材料构成后，每个物体的恢复阶段冲量 $\boldsymbol{I}'$与变形阶段冲量 $\boldsymbol{I}$ 的比值可以近似为一个常数，一般记作 $e$，即

$$e = \frac{I'}{I} \tag{13-2}$$

称为碰撞的恢复系数。显然，恢复系数的取值一般介于 0 和 1 之间(参见表 13-1)。

**表 13-1　部分材料的碰撞恢复系数**

| 碰撞物体材料 | 铁和铅 | 木和木 | 铁和铁 | 木和橡皮 | 玻璃和玻璃 |
|---|---|---|---|---|---|
| 碰撞恢复系数 $e$ | 0.14 | 0.50 | 0.56 | 0.26 | 0.94 |

### 13.1.3　碰撞问题的分类

为了便于分析求解碰撞问题，需要根据不同的力学特征对其进行分类。

(1) 根据碰撞物体的运动关系分类。

如果发生碰撞的两个物体，在碰撞发生前的瞬间，二者速度方向都与碰撞接触面的法线所共线，那么称之为正碰撞；否则称为斜碰撞。若碰撞发生时，两个碰撞物体的质心都在碰撞接触面的法线上，那么称之为对心碰撞；否则称为偏心碰撞。如图 13-1 所示，图(a) 中两物体速度共线，且都在接触面法线上，因此为正碰撞，而二者质心 $C_1$ 和 $C_2$ 亦在接触面法线上，因此为对心碰撞；图(b) 两物体速度不共线，因此为斜碰撞，但二者质心仍在接触面法线上，故仍为对心碰撞。

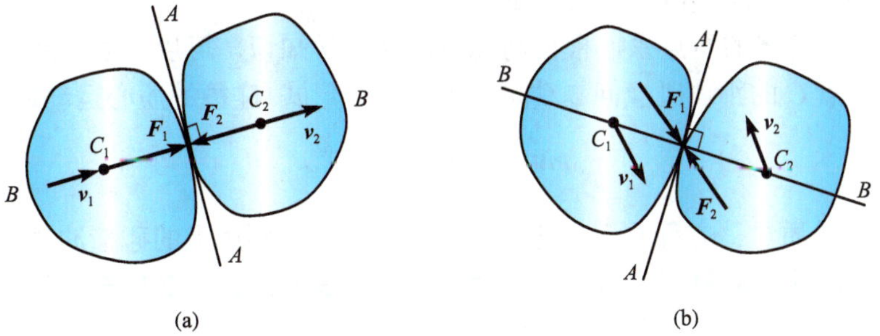


图 13-1

(2) 根据碰撞恢复系数的大小分类。

在极端情况下，若碰撞恢复系数 $e$ =0，则意味着物体的变形都为塑性变形，即物体的碰撞过程没有恢复阶段，称为完全塑性碰撞，这时碰撞结束后，两个碰撞物体会在接触点完全粘合到一起运动；而若碰撞恢复系数 $e$ =1，那么在碰撞过程中没有任何塑性变形，因此变形

阶段出现的变形都会在恢复阶段完全恢复，这类碰撞过程称为完全弹性碰撞；而当碰撞恢复系数满足 $0<e<1$ 时，碰撞变形只有一部分会在恢复阶段复原，故称为部分弹性碰撞(或称为部分塑性碰撞)。

(3)此外，根据碰撞发生后物体所受的约束是否被保留，Papastavrids 还在 1989 年提出可以将碰撞问题分为持久碰撞和非持久碰撞两种类型。

# 13.2 碰撞问题的动力学定理

鉴于物体在碰撞过程中的受力变化、碰撞力做功过程与物体变形规律都极为复杂，通常碰撞问题中只研究物体在碰撞前后的运动状态变化和能量变化，即忽略了碰撞中的物体状态演化，而聚焦于碰撞前与碰撞后的物体状态。这时，可仅用动力学基本定理对碰撞前后的物体运动状态进行描述。根据上一节的基本假设可知，为了方便分析碰撞问题，碰撞力的作用是以碰撞冲量的形式出现在相关定理中的。由于理论力学的研究对象主要为质点和刚体，因此本节给出的碰撞问题的动力学定理也将针对这两类对象分别给出。

## 13.2.1 碰撞问题的动量定理

虽然碰撞过程是两个物体之间的相互作用，但是只要将二者的相互作用以碰撞冲量来描述，就可以把观察对象放到其中一个物体上。比如，分析一个质量为 $m$ 的质点受到冲量作用的情形时，其动量定理的积分形式为

$$m\boldsymbol{v}-m\boldsymbol{v}_0=\boldsymbol{I} \tag{13-3}$$

式中，$\boldsymbol{v}_0$ 和 $\boldsymbol{v}$ 分别是碰撞前后的质点速度，$\boldsymbol{I}$ 是质点所受到的碰撞冲量。此方程表明质点在碰撞前后的动量改变与所受的碰撞冲量相等。由单个质点的动量定理积分形式出发，借助牛顿第三定律，可以得到质点系的动量定理的积分形式为

$$\sum_{i=1}^{n}m_i\boldsymbol{v}_i-\sum_{i=1}^{n}m_i\boldsymbol{v}_{i0}=\sum_{i=1}^{n}\boldsymbol{I}_i^{(\mathrm{e})} \tag{13-4}$$

式中，$\boldsymbol{I}_i^{(\mathrm{e})}$ 是作用在系统内第 $i$ 个质点上的外碰撞力冲量。

刚体作为一类特殊的质点系，根据前几章的动力学知识，可以从质点系的动量定理积分形式得到质心在点 $C$ 的刚体碰撞问题动量定理的积分形式(碰撞的质心运动定理)为

$$m\boldsymbol{v}_C-m\boldsymbol{v}_{C0}=\sum_{i=1}^{n}\boldsymbol{I}_i^{(\mathrm{e})} \tag{13-5}$$

式中，$m$ 为刚体总质量，方程右端描述了所有作用在这一刚体上的碰撞冲量的矢量和。此方程表明碰撞前后刚体的动量变化可以用其质心速度来表征，且此变化与其所受外碰撞冲量的矢量和相等。

## 13.2.2 碰撞问题的动量矩定理

对于碰撞问题的动量矩定理，可以利用前述动量定理积分形式，将其方程中的各个矢量对一个定点求矩而得到。比如，分析一个质量为 $m$ 的质点受到冲量作用的情形时，其对定点 $O$ 的动量矩定理的方程形式为

$$\boldsymbol{M}_O(m\boldsymbol{v})-\boldsymbol{M}_O(m\boldsymbol{v}_0)=\boldsymbol{M}_O(\boldsymbol{I}) \tag{13-6}$$

此方程表明，质点在碰撞前后其动量对任意固定点 $O$ 之矩的变化与其所受碰撞冲量对同一点的矩相等。同理，可得到质点系对定点 $O$ 的动量矩定理方程的形式为

$$\sum_{i=1}^{n}\boldsymbol{M}_O(m_i\boldsymbol{v}_i)-\sum_{i=1}^{n}\boldsymbol{M}_O(m_i\boldsymbol{v}_{i0})=\sum_{i=1}^{n}\boldsymbol{M}_O(\boldsymbol{I}_i^{(e)}) \tag{13-7}$$

此方程表明，质点系在碰撞前后其各个质点动量对任意固定点 $O$ 之矩的变化之和与其整个系统所受的外碰撞冲量对同一点的矩之矢量和相等。

而作为特殊的质点系，刚体的碰撞动量矩定理可以推导为如下形式的方程

$$\boldsymbol{L}_O'-\boldsymbol{L}_O=\sum_{i=1}^{n}\boldsymbol{M}_O(\boldsymbol{I}_i^{(e)}) \tag{13-8}$$

式中，$\boldsymbol{L}_O$ 和 $\boldsymbol{L}'_O$ 分别为刚体在碰撞前后对固定点 $O$ 的动量矩。若以刚体质心 $C$ 作为求矩的点，则有

$$\boldsymbol{L}_C'-\boldsymbol{L}_C=\sum_{i=1}^{n}\boldsymbol{M}_C(\boldsymbol{I}_i^{(e)}) \tag{13-9}$$

上述两式表明，刚体在碰撞前后对固定点 $O$ 或质心 $C$ 的动量矩变化与其所受外碰撞冲量对同一点的矩之矢量和相等。

### 13.2.3 碰撞问题的动能定理

根据碰撞问题的基本假设，物体在碰撞过程中的位移极小，仅有碰撞力的功是有限大小，而其他非碰撞力的功近似可以忽略。因此，针对碰撞问题，质点系的动能定理可表述为

$$T-T_0=\sum_{i=1}^{n}W_{\mathrm{I}i} \tag{13-10}$$

式中，$T_0$ 和 $T$ 分别代表碰撞前后的系统总动能，$W_{\mathrm{I}i}(i=1,2,\cdots,n)$ 为第 $i$ 个质点所受碰撞力做的功。此方程表明，质点系在碰撞前后动能的改变等于所有碰撞力的功。同样，作为特殊的质点系，刚体的碰撞问题也满足这一动能定理。

由于碰撞过程复杂，无法直接计算出碰撞力的功的大小，因此可以利用碰撞问题的动能定理来进行碰撞力做功大小的分析，对于质点系而言，由碰撞的动能定理得

$$\sum_{i=1}^{n}W_{\mathrm{I}i}=\sum_{i=1}^{n}\frac{1}{2}m_i(\boldsymbol{v}_i\cdot\boldsymbol{v}_i-\boldsymbol{v}_{i0}\cdot\boldsymbol{v}_{i0})=\sum_{i=1}^{n}\frac{1}{2}(\boldsymbol{v}_i+\boldsymbol{v}_{i0})\cdot m_i(\boldsymbol{v}_i-\boldsymbol{v}_{i0})$$

根据碰撞的动量定理，有

$$m_i(\boldsymbol{v}_i-\boldsymbol{v}_{i0})=\boldsymbol{I}_i$$

可知碰撞力的功能够依照下式求出。

$$\sum_{i=1}^{n}W_{\mathrm{I}i}=\sum_{i=1}^{n}\frac{1}{2}(\boldsymbol{v}_i+\boldsymbol{v}_{i0})\cdot\boldsymbol{I}_i \tag{13-11}$$

换言之，质点系的碰撞力的功等于所有质点各自受到的碰撞冲量与此质点在碰撞过程中的平均速度的点积之和。此外，需要注意的是，质点系内任意单个质点所受的冲量不仅包含来自外部碰撞冲量，还含质点之间的内碰撞冲量。

# 13.3　质点的碰撞问题

一般情况下，在动力学问题中无法回避物体几何尺寸与形状的影响，但针对一些特殊的问题，也可以利用质点作为物体的理想模型来研究其碰撞问题。

## 13.3.1　两个质点间的碰撞

由于质点本身没有几何形状和尺寸大小的概念，因此在能够用质点模型来描述的动力学问题中，也应该可以近似忽略物体的几何形状和尺寸大小。下面以两个平动刚性球的正碰撞为例，说明应用两质点碰撞模型来描述此类问题时的分析流程，以便加深对本章相关概念的理解。

如图 13-2 所示，两个平动中的刚性球以不同的初速度相互接触，然后开始进入变形阶段，直到二者具有共同的速度 $\boldsymbol{u}$ 时，即二者相对速度为零时，变形达到最大，接着开始进入恢复阶段。整个碰撞历程中，两球始终受到大小相等、方向相反的冲量作用，由于变形可能包含不可恢复的塑性变形，因此一般恢复阶段的最大冲量要小于变形阶段的最大冲量。这时可以将刚性球用质点描述，系统由两个质点组成，由于整个系统不受外碰撞冲量影响，因此系统的动量守恒，即质点 $m_1$ 和 $m_2$ 在碰撞发生前的瞬间速度分别为 $\boldsymbol{v}_{10}$ 和 $\boldsymbol{v}_{20}$，且碰撞发生后的瞬间速度分别为 $\boldsymbol{v}_1$ 和 $\boldsymbol{v}_2$，那么它们应满足如下关系：

$$m_1\boldsymbol{v}_{10}+m_2\boldsymbol{v}_{20}=(m_1+m_2)\boldsymbol{u}=m_1\boldsymbol{v}_1+m_2\boldsymbol{v}_2$$

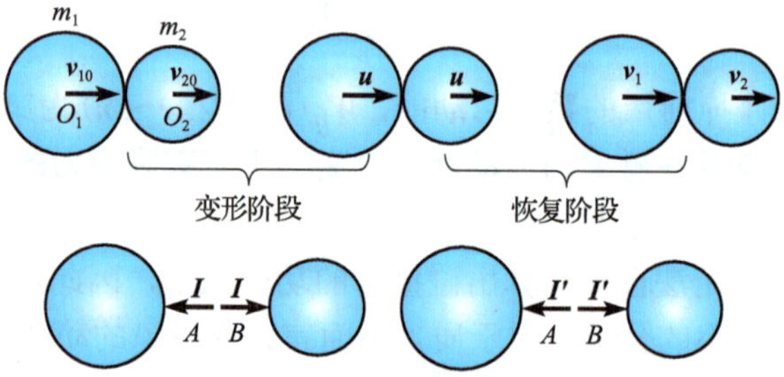


图 13-2

对两个质点分别单独进行分析时，在变形阶段和恢复阶段，每个质点都应满足动量定理，考虑到两个质点都在同一直线上运动，因此

$$m_1(u-v_{10})=-I,\quad m_2(u-v_{20})=I,\quad m_1(v_1-u)=-I',\quad m_2(v_2-u)=I'$$

前两式描述了变形阶段的冲量作用，后两式则描述恢复阶段的冲量作用。若碰撞发生前的瞬间速度已知，那么根据前两式可以求出

$$u=\frac{m_1v_{10}+m_2v_{20}}{m_1+m_2},\quad I=\frac{m_1m_2(v_{10}-v_{20})}{m_1+m_2} \tag{13-12}$$

考虑到变形可能含塑性变形，引入碰撞恢复系数 $e$，那么恢复阶段的冲量与变形阶段的冲量之间满足关系 $I'=eI$，利用此关系式，并根据前面计算出的 $\boldsymbol{u}$ 和 $\boldsymbol{I}$，可由恢复阶段的动量定理得到碰撞后的速度为

$$\begin{cases} v_1 = v_{10} - (1+e)(v_{10} - v_{20})\dfrac{m_2}{m_1 + m_2} \\ v_2 = v_{20} + (1+e)(v_{10} - v_{20})\dfrac{m_1}{m_1 + m_2} \end{cases} \tag{13-13}$$

由此可以看出，两个物体相互碰撞的过程中，质量大的物体速度变化较少，而质量小的物体速度变化较大。若碰撞后的速度已知，那么由式(13-13)可以计算出恢复系数 $e$ 为

$$e = -\frac{v_1 - v_2}{v_{10} - v_{20}} = \left|\frac{v_1 - v_2}{v_{10} - v_{20}}\right| \tag{13-14}$$

上述结论虽然是在质点模型基础上分析而得的，但实际上只要是对心正碰撞问题，计算出的恢复系数就与碰撞物体的形状无关，注意到此时物体都在平动，且速度方向都是沿着接触面的法向，因此可以说**恢复系数等于碰撞前后两个物体在接触点的法向相对速度绝对值之比**。

接下来继续分析两质点碰撞的总动能变化，由上一节给出的质点系碰撞问题的动能定理以及碰撞力做功大小的计算表达式可知，系统总动能的变化等于碰撞力对物体做功之和，注意到本例中碰撞力对 $m_1$ 做负功，而对 $m_2$ 做正功，因此

$$\begin{aligned} T - T_0 &= \frac{v_2 + v_{20}}{2}(I + I') - \frac{v_1 + v_{10}}{2}(I + I') \\ &= \left(\frac{v_2 + v_{20}}{2} - \frac{v_1 + v_{10}}{2}\right)(1+e)I \end{aligned}$$

将前面已求得的 $I$ 与 $e$ 代入此式后，得到

$$T - T_0 = -\frac{1}{2}\frac{m_1 m_2}{m_1 + m_2}(1 - e^2)(v_{10} - v_{20})^2 \tag{13-15}$$

### 13.3.2　质点与固定平面间的碰撞

在上一节所讨论的两个质点碰撞问题中，质点 $m_2$ 假定为属于一个绝对静止的刚性平面时，那么利用前面所得到的结论可以很容易地获得一个质量为 $m$ 的质点与固定平面正碰撞的分析结果。仅需要将原来质点 $m_2$ 碰撞前后的速度都用零来代替，并令质点 $m_1$ 的质量大小为 $m$，代入到前面的方程即可，故不再详述。

为了针对更具有普适性的问题，本节进一步研究质点与固定刚性面之间斜碰撞的问题，这里假定刚性面为完全光滑，如图 13-3 所示，质点在碰撞前后的速度矢量 $\boldsymbol{v}_0$ 和 $\boldsymbol{v}$ 都在接触点处按接触面法向和切向进行了分解，由于切向没有相互作用的摩擦力，因此这一方向上质点受到的冲量为零，故质点的切向动量守恒，即

$$mv_\tau - mv_{0\tau} = 0$$

注意在此式中，切向速度与质点速度之间的关系为

$$v_{0t} = v_0 \sin\alpha, \quad v_\tau = v \sin\beta$$

而质点在接触面的法向上由于与此固定刚性平面发生碰撞，会产生相互作用的冲量，变形阶段质点减速到静止，恢复阶段质点从静止加速反弹，因此其法向碰撞的动量定理方程同样可按照变形阶段和恢复阶段分别表述，由其法向速度表示为

$$0 - mv_{0n} = I, \quad mv_n - 0 = I'$$

进一步参考图 13-3，考察质点碰撞前后速度的矢量方向，可知

$$v_{0n} = v_0 \cos\alpha, \quad v_n = v \cos\beta$$

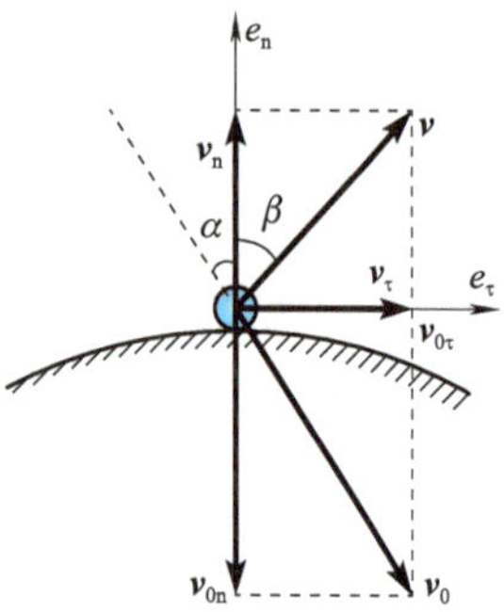

图 13-3

图 13-3 动画

由此可计算出碰撞恢复系数 $e$ 为

$$e=\frac{I'}{I}=-\frac{v_n}{v_{0n}}=\left|\frac{v_n}{v_{0n}}\right| \tag{13-16}$$

这说明，恢复系数等于质点在碰撞前后相对于刚性面的法向速度绝对值之比。而根据本节前面五个方程，可以求出质点与刚性面碰撞后的速度大小与方向分别为

$$v=v_0\sqrt{1-(1-e^2)\cos^2\alpha},\quad \beta=\arctan\left(\frac{\tan\alpha}{e}\right) \tag{13-17}$$

依此结果发现，对于极端条件下，若此碰撞为完全弹性碰撞，那么因为 $e$=1，故有 $v=v_0$，$\beta=\alpha$；而随着 $e$ 减小，则 $\beta$ 增大但 $v$ 减小；而当 $e$ =0 且 $\alpha$ =0 时，这类完全塑性碰撞发生后，$v$ =0，即质点完全附着在刚性面上。

另外，质点对刚性壁面的碰撞也可视为是直线运动中的质点受到突加约束的影响而出现的碰撞问题，碰撞冲量来自突然出现的约束力。下面将用一道例题来对这一类碰撞问题的流程加以介绍。

**例 13-1**

图 13-4 所示有三个质量均为 $m$ 的小球 $A$、$B$ 和 $C$，其中 $B$ 球和 $C$ 球如图 13-4(a)所示用长为 $l$ 的不可伸长的软绳连接，小球 $B$ 放在光滑桌面上，而小球 $C$ 被放在光滑桌面的一个光滑直槽内，并可在槽中自由滑动。最初此二球处于静止且软绳松弛，$BC$ 连线垂直于直槽，二球间距离为 0.5$l$。另一光滑小球 $A$ 则以速度 $\boldsymbol{v}_A$ 在平行于直槽的方向上与小球 $B$ 正碰撞，设碰撞恢复系数 $e$ =0.5。试求小球 $C$ 开始运动时的速度，以及这时软绳所受冲量和直槽的约束冲量。

图 13-4 动画

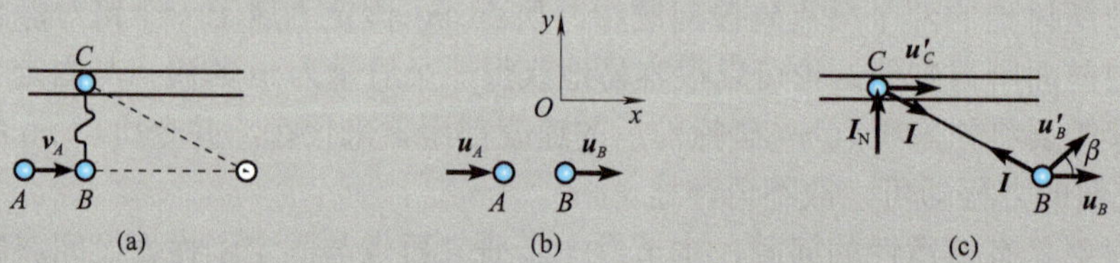

图 13-4

**解**：按照碰撞发生的次序，首先以球 $A$ 和 $B$ 为研究对象，将两球看作一个质点系。显然它们构成的质点系在碰撞过程中动量守恒。若设球 $A$ 和 $B$ 碰撞后的速度分别为 $\boldsymbol{u}_A$ 和 $\boldsymbol{u}_B$，如图 13-4(b)所示，根据动量守恒关系可知

$$m\boldsymbol{v}_A=m\boldsymbol{u}_A+m\boldsymbol{u}_B$$

由于在碰撞过程中沿 $y$ 轴方向没有任何力的作用，因此两球速度方向都沿 $x$ 轴方向，根据上式可得

$$v_A=u_A+u_B \tag{a}$$

利用两质点间碰撞恢复系数的计算公式(13-14)，可以得到

$$e=0.5=-\frac{u_A-u_B}{v_A-0} \tag{b}$$

联立式(a)和(b)求解，可得到

$$u_B = 3v_A / 4, \quad u_A = v_A / 4$$

且碰撞后两球分别以速度 $u_A$ 和 $u_B$ 继续沿直线运动。

接下来，当球 $B$ 运动到图 13-4(c)的位置时，原来松弛的绳子突然拉紧，并产生冲击力，分别作用于直线运动的球 $B$ 和静止的球 $C$ 上。因球 $C$ 已被约束在槽内运动，故在这一瞬间，光滑槽壁也会对小球 $C$ 产生冲击力。选取球 $B$ 和 $C$ 组成的质点系为研究对象，可知这次碰撞前后，球 $B$ 和 $C$ 的速度将突变，不妨设碰撞后球 $B$ 和 $C$ 的速度分别为 $\boldsymbol{u}_B'$ 和 $\boldsymbol{u}_C'$，鉴于绳不可伸长且此时处于紧绷状态，根据速度投影定理，这一瞬时两球速度在 $BC$ 上的投影应相等，即

$$u_B' \cos(\beta + 30^\circ) = u_C' \cos 30^\circ \tag{c}$$

由于球 $B$ 和 $C$ 组成的质点系在沿 $x$ 轴方向的外碰撞力冲量为零，所以这一方向上动量守恒，即

$$m u_B = m u_B' \cos\beta + m u_C' \tag{d}$$

当单独以球 $B$ 为研究对象，此球仅受绳的突加约束力作用，设这一约束冲量为 $\boldsymbol{I}$，由动量定理可知

$$m\boldsymbol{u}_B' - m\boldsymbol{u}_B = \boldsymbol{I}$$

将上式在与 $\boldsymbol{I}$ 垂直的方向上投影，得到

$$m u_B' \sin(\beta + 30^\circ) - m u_B \sin 30^\circ = 0 \tag{e}$$

联立式(c)、(d)、(e)求解，得到

$$\tan\beta = \sqrt{3}/4, \quad u_C' = 3u_B / 7 = 9v_A / 28$$

当单独以球 $C$ 为研究对象时，球在碰撞过程中所受冲量如图 13-4(c)所示，$\boldsymbol{I}$ 为绳子的约束冲量，$\boldsymbol{I}_{\mathrm{N}}$ 为直槽的约束冲量，根据动量定理有

$$m\boldsymbol{u}_C' - 0 = \boldsymbol{I}_{\mathrm{N}} + \boldsymbol{I}$$

将其在 $x$ 轴和 $y$ 轴上分别投影，可求得

$$I = m u_C' / \cos 30^\circ = 3\sqrt{3} m v_A / 14, \quad I_{\mathrm{N}} = I \sin 30^\circ = 3\sqrt{3} m v_A / 28$$

# 13.4　刚体的碰撞问题

与动力学部分的前面几章一样，针对刚体的碰撞问题分析时，仍围绕一般平面运动和定轴转动的刚体分别介绍。

## 13.4.1　平面运动刚体的碰撞问题

### 1. 平面运动刚体在碰撞冲量作用下的动力学方程

对于平面运动刚体，为了描述其任意瞬时的运动状态，一般需要了解其质心速度和角速度的状态变化。因此，如果以 $v_{Cx0}$、$v_{Cy0}$、$\omega_0$ 和 $v_{Cx}$、$v_{Cy}$、$\omega$ 分别表示平面运动刚体在碰撞前后的质心速度的 $x$ 轴分量、$y$ 轴分量和刚体角速度时，可以利用 13.2 节中的刚体碰撞问题的动量定理方程式(13-5)和动量矩定理方程式(13-9)得到投影形式的方程为

$$\begin{cases} mv_{Cx} - mv_{Cx0} = \sum_{i=1}^{n} I_{ix} \\ mv_{Cy} - mv_{Cy0} = \sum_{i=1}^{n} I_{iy} \\ J_C\omega - J_C\omega_0 = \sum_{i=1}^{n} M_C(\boldsymbol{I}_i) \end{cases} \tag{13-18}$$

此方程中的各个冲量既包含刚体与其他物体发生碰撞的冲量，也包含刚体在运动中突然受到约束力作用时的约束冲量。

**2. 关于刚体突加约束与斜碰撞的讨论**

在实际生活中，经常会出现运动中的物体突然被某种约束物体所阻挡而出现运动状态迅速改变的情况。这类由突然出现的约束带来的物体碰撞问题，碰撞冲量是由约束点的突加约束力导致的。需要注意的，突加约束力本身是被动力，它是由碰撞过程引起的，只要不是完全塑性碰撞，那么碰撞结束后，物体会脱离约束，那么突加约束将会消失。而如果是完全塑性碰撞，那么碰撞发生后约束仍然存在，物体在此约束影响下继续运动。前面单个质点与刚性壁的碰撞问题就是突加约束问题，而由于质点本身没有角速度，刚体运动分析中一般不能忽略其转动效果，因此对于刚体的突加约束问题，除了应用动量定理之外，往往还需要增添动量矩定理方程来求解。

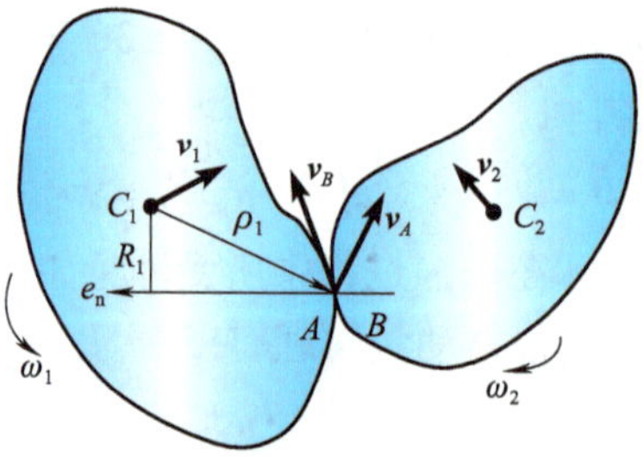


图 13-5

此外，需要注意的是，**刚体与刚性光滑平面的碰撞过程中，由于考虑转动的影响，同一刚体上各点速度可能不同，而鉴于碰撞冲量作用在接触点，作为恢复阶段冲量与变形阶段冲量比值的碰撞恢复系数，其计算公式中的速度项应根据刚体的碰撞接触点的速度来计算**。比如图 13-5 中的两个物体，各自的碰撞接触点分别为 $A$ 和 $B$，那么将其视作刚体时，考虑到有可能出现的旋转，质心速度在碰撞恢复系数公式中不可直接应用，而要考虑碰撞前后的接触点速度 $\boldsymbol{v}_{A0}$、$\boldsymbol{v}_{B0}$ 和 $\boldsymbol{v}_A$、$\boldsymbol{v}_B$。假设二者表面光滑，那么只有接触面法向有相互冲量作用，于是碰撞恢复系数为

$$e = -\frac{(v_A)_n - (v_B)_n}{(v_{A0})_n - (v_{B0})_n} = \left|\frac{(v_A)_n - (v_B)_n}{(v_{A0})_n - (v_{B0})_n}\right| \tag{13-19}$$

**例 13-2**

如图 13-6 所示，质量为 $m$、长为 $l$ 的均质杆放在光滑水平面上，当此杆在面上以速度 $\boldsymbol{v}$ 向着与杆垂直的方向进行平动时，突然在杆的 $B$ 端上与质量为 $m$ 的静止泥团相撞，已知碰撞发生后，泥团将粘合于 $B$ 点随杆一起进行运动。试求：(1)碰撞发生后，对杆与

泥团组成的整体而言，其角速度和质心处的速度各为多少？(2)碰撞前后，杆与泥团组成的整体系统的动能变化是多少？

**解**：由于杆和泥团组成的系统没有外冲量作用，因此系统动量守恒且和对质心的动量矩守恒。注意到泥团与杆粘合后，质心将移动到如图 13-5 的点 $C$ 处，即

$$BC=\frac{m\times\frac{l}{2}}{2m}=\frac{l}{4}$$

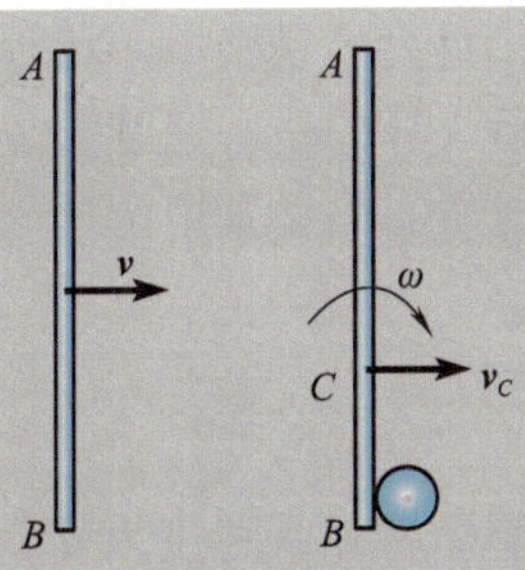


图 13-6

图 13-6 动画

那么应用碰撞时的动量守恒和相对质心的动量矩守恒可列出如下方程。

$$2mv_C-mv=0$$

$$J_C\omega-mv\frac{l}{4}=0$$

考虑到粘合后整个系统的绕质心转动惯量为

$$J_C=\frac{1}{12}ml^2+m\left(\frac{l}{4}\right)^2+m\left(\frac{l}{4}\right)^2=\frac{5}{24}ml^2$$

上述方程可以解出

$$v_C=\frac{v}{2},\quad \omega=\frac{6v}{5l}$$

于是系统的动能变化为

$$\Delta T=T-T_0=\frac{1}{2}J_C\omega^2+\frac{1}{2}(2m)v_C^2-\frac{1}{2}mv^2=-\frac{1}{10}mv^2$$

结果中的负号代表动能减少，显然这一部分动能的损失是来源于完全塑性碰撞的结果。

## 例 13-3

如图 13-7 所示，质量为 $m$、长为 $l$ 的均质杆以零初速度从距地面高 $h$ 处自由下落，已知杆与水平方向夹角 $\theta$，在落地瞬间，杆 $A$ 端与光滑地面碰撞，且碰撞恢复系数 $e$ =0.5。试求出杆在碰撞后的角速度和质心速度。

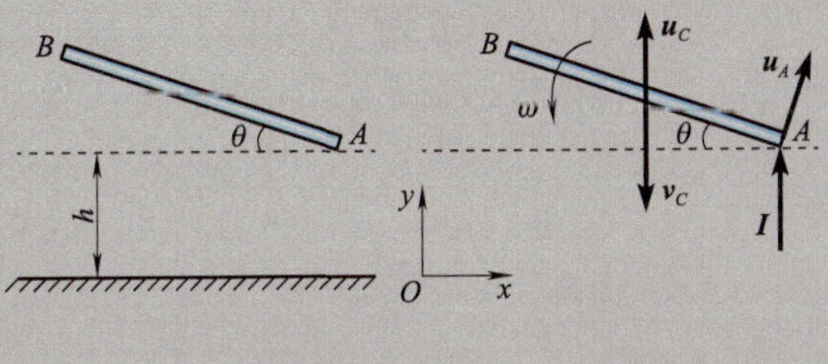

图 13-7 动画

图 13-7

**解**：当杆仅在重力作用下从静止开始下落时，杆显然做平动，设杆的质心在 $C$ 点，根据下落高度可知，与地面发生碰撞前一瞬间的速度 $v_C=v_A=\sqrt{2gh}$ 。

注意到在水平方向上没有外力作用于杆上，而重力大小恒定，极小的碰撞持续时间

内，重力冲量极小，相较于杆所受地面约束冲量 $\boldsymbol{I}$ 而言，重力冲量可以忽略。而假设碰撞后，杆的质心速度为 $\boldsymbol{u}_C$ 且角速度为 $\omega$，如图 13-7(b)所示。应用碰撞时的动量定理和相对质心的动量矩定理，可以建立如下方程：

$$m\boldsymbol{u}_C - m\boldsymbol{v}_C = \boldsymbol{I}$$

$$\frac{1}{12}ml^2\omega - 0 = \frac{l}{2}I\cos\theta$$

设碰撞后 $A$ 端速度为 $\boldsymbol{u}_A$，由基点法可知

$$\boldsymbol{u}_A = \boldsymbol{u}_C + \boldsymbol{u}_{AC}$$

$\boldsymbol{u}_A$ 在图 13-7 所示 $y$ 轴上的投影方程，可得

$$u_{Ay} = u_C + \frac{l}{2}\omega\cos\theta$$

注意碰撞接触点在 $A$ 点，下面利用碰撞恢复系数公式，得到

$$0.5 = -\frac{u_{Ay}}{v_{Ay}} = -\frac{u_C + \frac{l}{2}\omega\cos\theta}{-\sqrt{2gh}}$$

根据质心运动定理可知，杆的质心速度在 $x$ 轴上投影为零，那么此杆的动量定理方程在 $y$ 轴的投影为

$$mu_C + mv_C = I$$

注意到 $v_C = \sqrt{2gh}$，联立上述方程可得

$$\omega = \frac{9\sqrt{2gh}\cos\theta}{1+3\cos^2\theta},\quad u_C = \frac{\sqrt{2gh}\left(1-6\cos^2\theta\right)}{2\left(1+3\cos^2\theta\right)},\quad I = \frac{3m\sqrt{2gh}}{2\left(1+3\cos^2\theta\right)}$$

**例 13-4**

图 13-8 中质量为 $m$、半径为 $r$ 的均质圆轮以角速度 $\omega_0$ 和质心速度 $\boldsymbol{v}_{C0}$(速度方向与垂线夹角为 $\alpha$)斜向撞在光滑地面上，设碰撞恢复系数为 $e$ =0.8。求碰撞后的圆轮运动状态及碰撞冲量的大小。

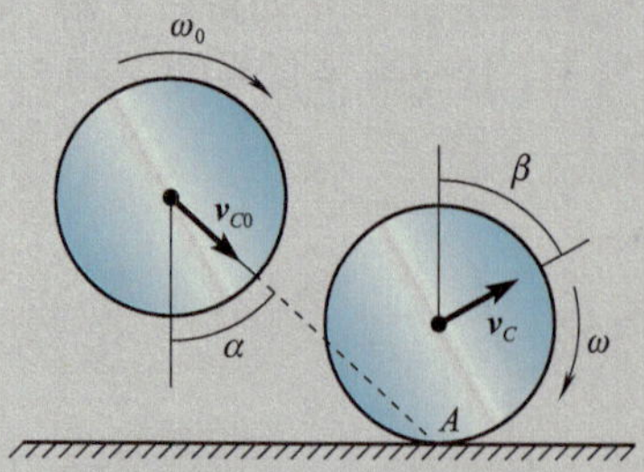


图 13-8

**解：** 此题中圆轮与刚性光滑地面做斜碰撞，不妨假设碰撞后其质心速度为 $\boldsymbol{v}_C$，速度方向与垂线夹角为 $\beta$，圆轮角速度为 $\omega$。如图 13-8 所示，碰撞接触点在 $A$ 点处，那么根据碰撞恢复系数公式，有

$$e = -\frac{(v_A)_y - 0}{(v_{A0})_y - 0} = \frac{v_C\cos\beta}{v_{C0}\cos\alpha} = 0.8$$

图 13-8 动画

解得

$$v_C\cos\beta = 0.8v_{C0}\cos\alpha$$

以圆轮为分析对象，可以列出其碰撞过程的动量定理方程为

$$mv_C\sin\beta - mv_{C0}\sin\alpha = 0$$

$$mv_C\cos\beta - (-mv_{C0}\cos\alpha) = I$$

对上述方程联立求解，可得

$$v_C = v_{C0}\cos\alpha\sqrt{0.64+\tan^2\alpha}$$
$$\tan\beta = 1.25\tan\alpha$$
$$I = m(v_C\cos\beta + v_{C0}\cos\alpha) = 1.8mv_{C0}\cos\alpha$$

由于没有摩擦作用，圆轮质心的外部冲量矩为零，因此由质心的动量矩守恒有

$$J_C\omega = J_C\omega_0 \text{ 即 } \omega=\omega_0$$

**例 13-5**

如图 13-9 所示，有一个质量为 $m$、半径为 $r$ 的均质圆盘在水平地面上纯滚动。其质心 $C$ 以匀速 $\boldsymbol{v}$ 前进时，突然与高度 $h$ 小于圆盘半径 $r$ 的凸台发生图示碰撞。假设此碰撞是完全塑性的，试求圆盘碰撞后的角速度及碰撞冲量大小。

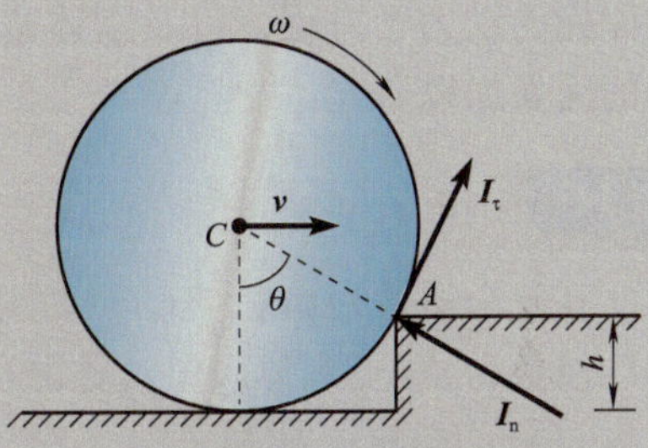


图 13-9

图 13-9 动画

**解**：由于圆盘在点 $A$ 处受突加约束，且碰撞为完全塑性，所以圆盘由平面运动突变为绕棱角 $A$ 点的定轴转动。约束碰撞冲量仅来源于点 $A$，设此冲量在接触面切向和法向的分量分别为 $I_\tau$ 和 $I_n$，显然碰撞前后圆盘对 $A$ 点的动量矩守恒。

若设碰撞后圆盘角速度为 $\omega$，则碰撞前后圆盘对点 $A$ 的动量矩 $L_{A0}$ 和 $L_A$ 分别为

$$L_{A0} = mv(r-h) + J_C\frac{v}{r} = mv\left(\frac{3}{2}r-h\right)$$

$$L_A = J_A\omega = \frac{3}{2}mr^2\omega$$

利用动量矩守恒关系，即 $L_{A0}=L_A$，可解出

$$\omega = \left(1-\frac{2h}{3r}\right)\frac{v}{r}$$

从图 13-9 中可看出碰撞前后质心 $C$ 的速度沿法向 $e_n$ 和切向 $e_\tau$ 的分量分别为

$$v_{Cn0} = -v\sin\theta,\quad v_{C\tau0} = v\cos\theta,\quad v_{Cn}=0,\quad v_{C\tau}=\omega r$$

其中

$$\cos\theta = \frac{r-h}{r},\quad \sin\theta = \sqrt{\frac{h}{r^2}(2r-h)}$$

代入碰撞问题的质心运动方程，可解出碰撞冲量为

$$I_n = mv_{Cn} - mv_{Cn0} = mv\sqrt{\frac{h}{r^2}(2r-h)}$$

$$I_\tau = mv_{C\tau} - mv_{C\tau0} = \frac{mvh}{3r}$$

## 13.4.2 定轴转动刚体的碰撞问题

### 1. 定轴转动刚体在碰撞冲量作用下的动力学方程

对于定轴转动的刚体，在碰撞冲量作用下，角速度由 $\omega_0$ 突变为 $\omega$，若其转动惯量为 $J_z$，

则根据碰撞的动量矩定理可知，此刚体的运动满足如下动力学方程：

$$J_z(\omega-\omega_0)=\sum_{i=1}^{n}M_z(\boldsymbol{I}_i) \tag{13-20}$$

作用在此定轴转动刚体上的外碰撞冲量包含两类：一为主动力的碰撞冲量；二为 $z$ 轴约束力的碰撞冲量。由于这一方程右端项是对 $z$ 轴取矩，因此 $z$ 轴约束力冲量不会出现在上式之中。如需分析 $z$ 轴约束力的碰撞冲量，需要再建立碰撞的质心运动定理方程来加以求解。

### 2. 定轴转动刚体的撞击中心

正如前面所述，定轴转动刚体在其转轴处也会受到约束力冲量的影响。那么面对巨大的约束力冲量可能引发的轴承部件损坏，有什么办法来避免呢？下面利用前面介绍的定轴转动刚体碰撞的动力学方程，以及刚体碰撞的动量定理，通过一道例题来对影响轴承处约束冲量大小的因素加以研究。

**例 13-6**

有一个质量为 $m$ 的定轴转动刚体可绕 $O$ 轴转动，如图 13-10(a)所示，若其对 $O$ 轴的转动惯量为 $J$，且刚体质量对称面在图示的平面之内，当受到外碰撞力冲量 $\boldsymbol{I}$ 作用时，试分析 $O$ 轴的约束冲量 $\boldsymbol{I}_O$。

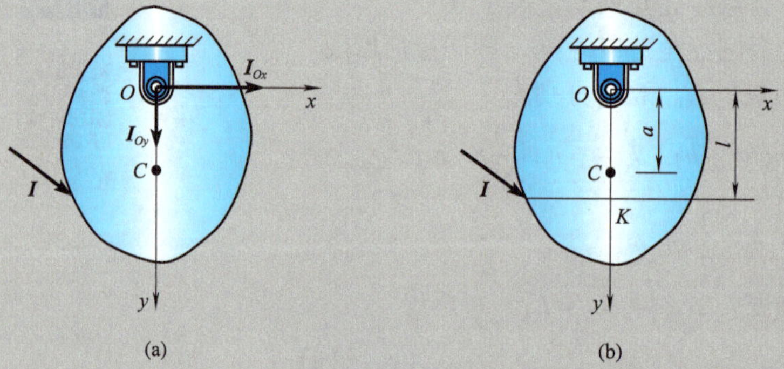

图 13-10

**解：** 首先建立直角坐标系，取 $O$ 轴与质心 $C$ 的连线为 $y$ 轴，并令 $x$ 轴垂直于 $y$ 轴，如图 13-10(b)所示，对此刚体应用碰撞的动量定理可知

$$mu_{Cx}-mv_{Cx}=I_x+I_{Ox}$$
$$mu_{Cy}-m_{Cy}=I_y+I_{Oy}$$

其中，$v_{Cx}$、$u_{Cx}$、$v_{Cy}$、$u_{Cy}$ 分别为碰撞前后刚体质心速度矢量在 $x$ 轴和 $y$ 轴上的投影。若碰撞发生在图 13-10(b)所示位置时，则因 $OC$ 连线竖直，质心 $C$ 的速度方向为水平方向，且竖直方向上没有主动力冲量，亦无约束力冲量，于是有 $v_{Cy}=u_{Cy}=0$，于是上式可写为

$$I_{Ox}=m(u_{Cx}-v_{Cx})-I_x$$
$$I_{Oy}=-I_y$$

由此方程可知，一般情况下在 $O$ 轴处将出现约束力冲量。那么若约束力的冲量为零，则有

$$I_x=m(u_{Cx}-v_{Cx})=ma(\omega_2-\omega_1)$$
$$I_y=0$$

其中，$a$ 为质心到 $O$ 点的距离，而 $\omega_1$ 和 $\omega_2$ 分别为碰撞前后的角速度大小。由上述方程中的第二式可知，外碰撞力冲量 $\boldsymbol{I}$ 应垂直于 $y$ 轴，即 $\boldsymbol{I}$ 必须垂直于 $OC$ 连线。应用定轴转动刚体碰撞的动力学方程，有

$$J_O(\omega_2-\omega_1)=Il$$

其中，$l$ 为外碰撞力冲量作用线与 $OC$ 线的交点 $K$ 到点 $O$ 的距离。上述方程联立求解可知

$$l=\frac{J_O}{ma}$$

满足上式的 $K$ 点称为撞击中心。由此可得：当外碰撞力冲量作用于物体质量对称面的撞击中心，且垂直于轴承与质心的连线时，轴承处不引起碰撞冲量。

**例 13-7**

如图 13-11 所示，质量为 $m$、半径为 $r$ 的均质圆轮 $D$ 的边缘和质量为 $m$、长度为 $2r$ 的均质杆 $AB$ 在点 $A$ 处铰接，$AB$ 杆在点 $B$ 处与一个质量不计的滑块铰接，滑块置于光滑水平槽内。若有一水平冲量 $\boldsymbol{I}$ 作用在图示位置 $E$ 点处，试求冲击之后圆轮 $D$ 及杆 $AB$ 的角速度各为多少？

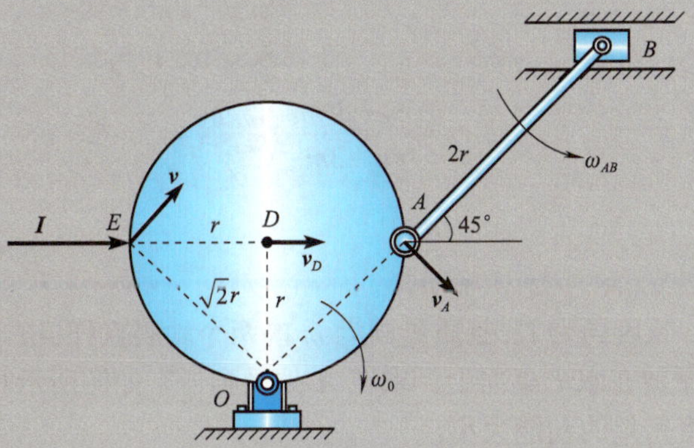


图 13-11

图 13-11 动画

**解**：轮 $D$ 为定轴转动刚体，$AB$ 杆为平面运动刚体。设冲击后的 $E$ 点速度为 $\boldsymbol{v}$，$B$ 点为杆 $AB$ 的速度瞬心，根据碰撞的动能定理和碰撞力做功的关系式，可知

$$\frac{1}{2}J_O\omega_D^2+\frac{1}{2}J_{AB}\omega_{AB}^2=\frac{I}{2}\left(\frac{v}{\sqrt{2}}+0\right) \tag{a}$$

其中，轮 $D$ 对点 $O$ 及杆 $AB$ 对点 $B$ 的转动惯量分别为

$$J_O=\frac{3}{2}mr^2,\quad J_{AB}=\frac{1}{3}m(2r)^2 \tag{b}$$

由于 $E$ 点速度 $\boldsymbol{v}$、$A$ 点速度 $\boldsymbol{v}_A$、圆轮角速度 $\omega_D$ 和杆 $AB$ 角速度 $\omega_{AB}$ 的关系为

$$v=\omega_D\sqrt{2}r,\quad v_A=\omega_D\sqrt{2}r=\omega_{AB}2r \tag{c}$$

可导出 $\omega_{AB}=\omega_D/\sqrt{2}$。将式(b)、(c)代入式(a)中，可求出

$$\omega_D=\frac{6I}{13mr},\quad \omega_{AB}=\frac{3\sqrt{2}I}{13mr}$$

## 例 13-8

如图 13-12 所示，质量为 $m_1$、长为 $l$ 且一端由铰链 $O$ 固定的均质杆 $OA$ 从水平位置无初速度地落下，到铅垂位置与质量为 $m_2$ 的物块 $B$ 碰撞。设杆与物块间的碰撞恢复系数为 $e$，试求出碰撞后杆的角速度及物块的速度大小。

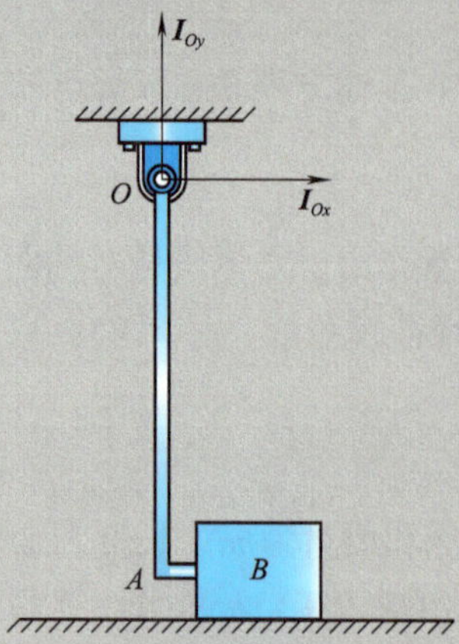

图 13-12

图 13-12 动画

**解**：碰撞前，由动能定理求得杆到达铅垂位置时的角速度为

$$\omega_0 = \sqrt{\frac{3g}{l}} \tag{a}$$

设杆在碰撞时角速度由 $\omega_0$ 突变为 $\omega$，而滑块 $B$ 的速度由零突变为 $\boldsymbol{v}_B$。根据刚体碰撞恢复系数公式可知

$$e = -\frac{v_B - l\omega}{0 - l\omega_0} \tag{b}$$

若以整个系统为分析对象，由于系统对点 $O$ 的外冲量矩为零，故系统对点 $O$ 的动量矩守恒，有

$$m_2 v_B l + J_O \omega = J_O \omega_0 \tag{c}$$

将 $J_O = m_1 l^2/3$ 代入式(c)并与式(a)、(b)联立求解，得到

$$\omega = \frac{m_1 - 3em_2}{m_1 + 3m_2}\sqrt{\frac{3g}{l}}, \quad v_B = (1+e)\frac{m_1}{m_1 + 3m_2}\sqrt{3gl}$$

## 习　题

13-1　如图图示，长度同为 $l$，且质量同为 $m$ 的两个均质直杆 $AB$ 与 $BC$，在 $B$ 处固定连接成直角尺，并自然平放在水平桌面上。求在 $A$ 处受到一个如图所示与 $BC$ 平行的水平碰撞冲量 $\boldsymbol{I}$ 作用后，这个直角尺的动能大小。

13-2　图示地面上有一个半径为 $r$ 的均质球，若受到一个水平方向碰撞冲量 $\boldsymbol{I}$ 作用时，令球与地面间不发生相对滑动，那么这个水平冲量的作用点距离地面应该多高？

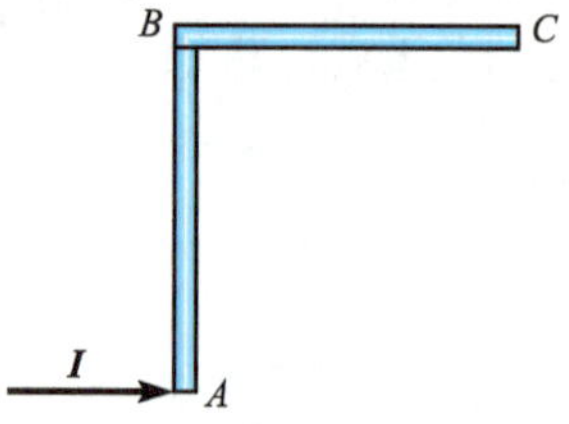

题 13-1 图

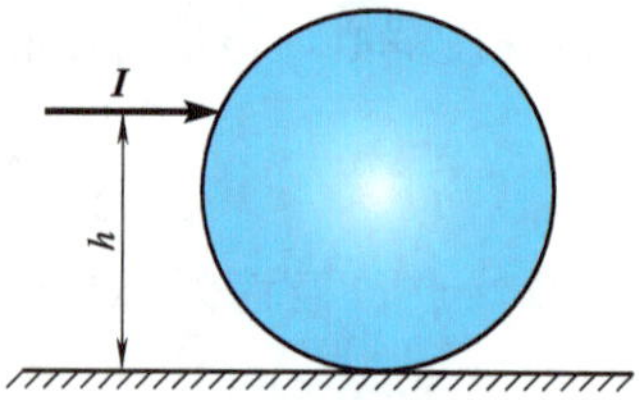

题 13-2 图

13-3　如图所示，以速度 $v_1$=6m/s 做直线运动的球 1，运动方向恰好与静止不动的另一个同样大小同质量的球 2 相切，不计二者接触的摩擦时，若已知碰撞恢复系数 $e$=0.6，试求出碰撞后两球速度大小。

13-4　图示半径为 $R$ 的均质圆轮 $O$ 与长度同为 $3R$ 的均质细杆 $AB$ 和 $BD$ 通过无摩擦的理想铰链连接到一起，如果 $AB$ 水平而 $BD$ 和 $AE$ 垂直，此时在图示位置上施加一个水平碰撞冲量 $\boldsymbol{I}$，求当三者质量均为 $m$ 时轮 $O$ 的角速度大小。

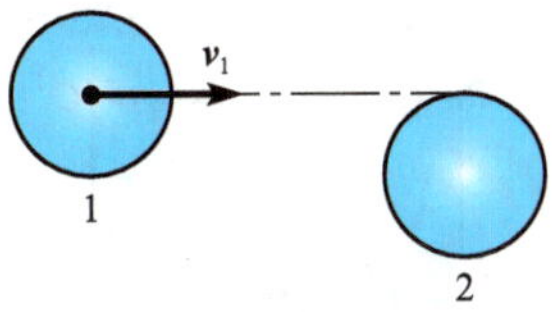


题 13-3 图

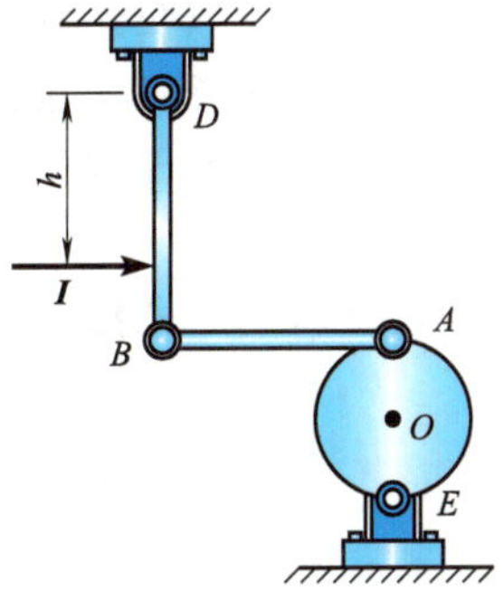


题 13-4 图

13-5　重为 200g 的小球以 $v$=13.33m/s 的水平速度撞击一个重 2400g 的均质木棒时，撞击位置如图所示，长度单位为 mm，当木棒一端以轻细绳悬于顶棚，而碰撞恢复系数为 0.5 时，试求碰撞后木棒两个端点 $A$ 和 $B$ 的速度大小。

13-6　图示有三根均质细杆铰接到一起，其中杆 $AB$ 和 $BD$ 长度都为 $l$ 且质量同为 $m$，而另一杆 $CD$ 的长度为 $0.5l$，质量为 $0.5m$，如果有一个距离 $A$ 点为 $h$ 的水平碰撞冲量 $\boldsymbol{I}$ 作用于 $AB$ 杆上，试求：(1) 碰撞后 $AB$ 的角速度大小；(2) 令支座 $A$ 处约束冲量为零时，$h$ 的取值大小以及此时支座 $C$ 处的约束冲量大小。

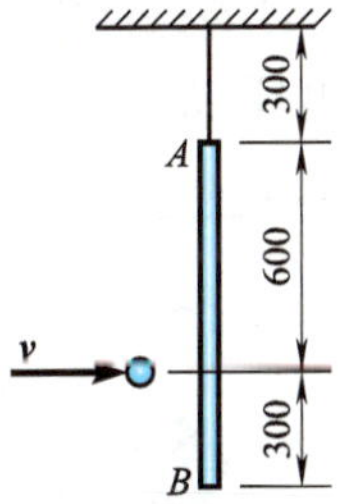


题 13-5 图

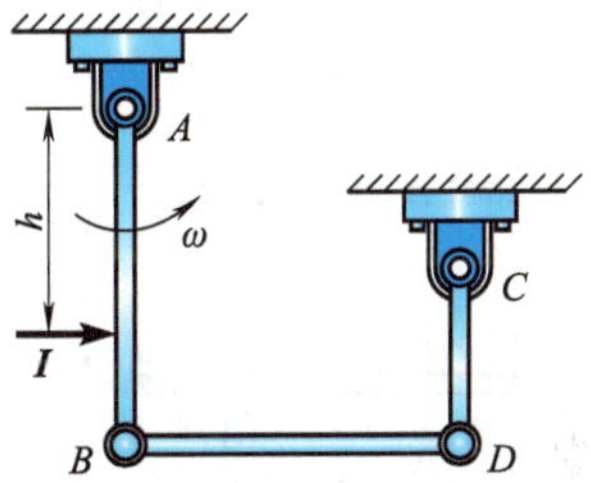


题 13-6 图

13-7　如图所示质量分别为 $m_1$ 和 $m_2$ 的两球，分别用长度为 $l_1$ 和 $l_2$ 的不可伸长的绳子挂起，自然悬挂状态下此两绳平行，调整悬挂高度使两个球的中心点处于同一水平面上且贴紧。提升 $m_1$ 小球至与铅垂线夹角 $\theta$ 的高度，无初速度地释放，两球的碰撞恢复系数为 $e$。求碰撞发生后，球 $m_2$ 与铅垂线间的最大夹角 $\alpha$。

13-8　由质量不同的均质细直杆和均质圆盘组成的复摆如图所示。若圆盘半径为 $r$，而杆的长度为 $l=4r$。试求此复摆撞击中心正好与圆盘重心位置相同时须满足的杆与圆盘的质量之比。

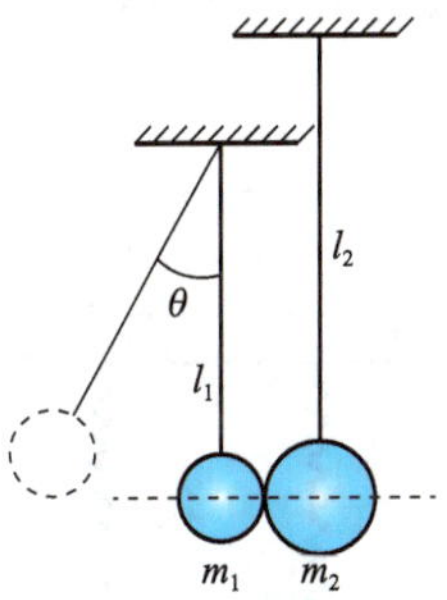


题 13-7 图

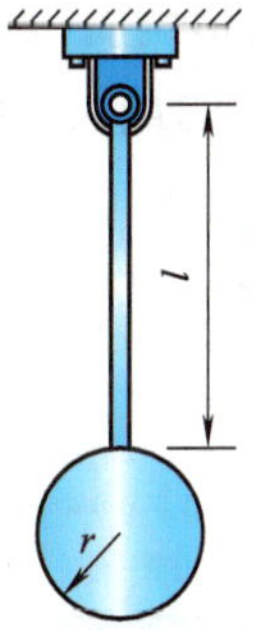


题 13-8 图

13-9　图示长度为 $2a$、质量为 $2m$ 的均质杆 $AB$ 和长度为 $2b$、质量为 $m$ 的均质杆 $BC$ 在

光滑铰点 $B$ 处连接，平放在光滑地面上的两杆刚好相互垂直，若在 $A$ 点沿 $BC$ 方向施加冲量 $\boldsymbol{I}$，试求出撞击发生后系统总动能的大小。

13-10　图示有一平放于光滑地面且边长为 $l$ 的正方形均质薄板，已知其角速度为 $\omega$，中心点速度为 $v=l\omega$。在方板一边与其中心点速度方向平行的某瞬间，(1)将角点 $A$ 突然固定，而后令方板绕点 $A$ 转动，试求转动的角速度；(2)若将角点 $B$ 固定，则转动角速度又会如何？

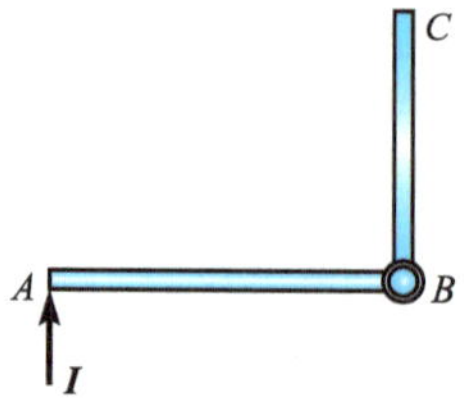


题 13-9 图

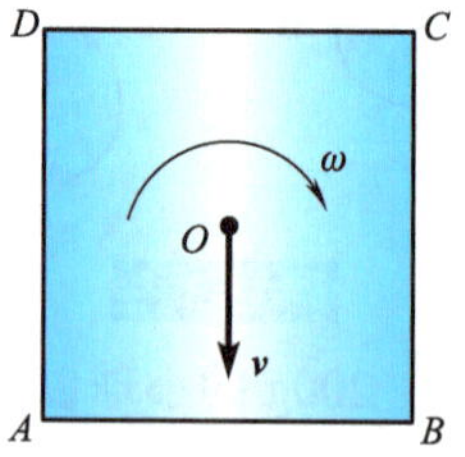


题 13-10 图

13-11　如图所示，长度 $l$、质量 $m$ 的均质杆 $AB$ 以水平姿态开始自由下落，当落下高度 $h$ 时与支座 $D$ 发生碰撞，已知 $BD=l/4$。若碰撞是完全塑性的，即碰撞恢复系数 $e=0$，求碰撞后杆的角速度和碰撞冲量大小。

13-12　图示由完全同样的四根长度为 $l$ 的均质细直杆光滑铰接而组成一个正方形框，将其平放到光滑地面，令其绕对角线交点 $E$ 以角速度 $\omega_0$ 转动时，(1)若突然将铰点 $A$ 处固定，求各个杆角速度的大小；(2)若突然将整根 $AB$ 杆都固定，试求出杆 $CD$ 的速度大小。

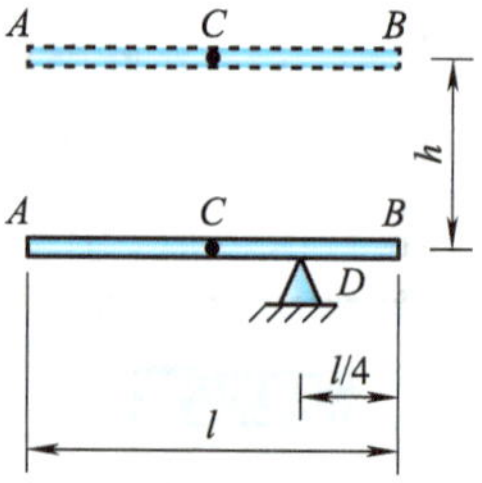


题 13-11 图

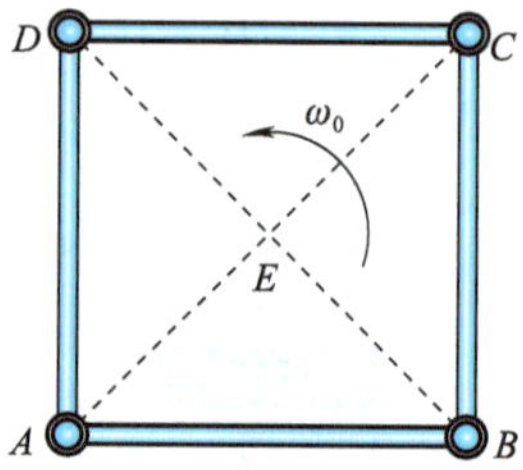


题 13-12 图

13-13　三个质量都为 $m$、长度都为 $l$ 的均质细直杆如图所示光滑铰接到一起，静止时 $O_1A$、$O_2B$ 在重力作用下自由铅垂，同时 $AB$ 水平。若在铰点 $A$ 处施加一个水平冲量 $\boldsymbol{I}$，试求碰撞后杆 $O_1A$ 的最大偏角。

13-14　如图所示由相同的两个弹簧支承着的重 200N 的物体 $B$ 受到其上 $h=70\text{mm}$ 处零初速度下落物体 $A$ 的冲击，若弹簧的刚度系数都为 25N/mm，物体 $A$ 重 500N，当碰撞恢复系数 $e=0$ 时，试求弹簧的最大压缩量。

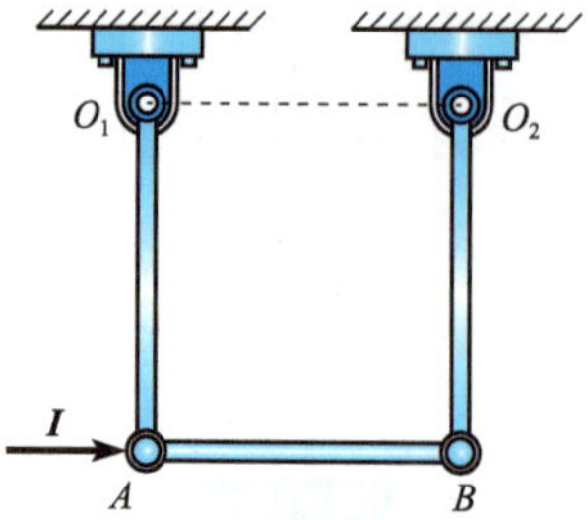


题 13-13 图

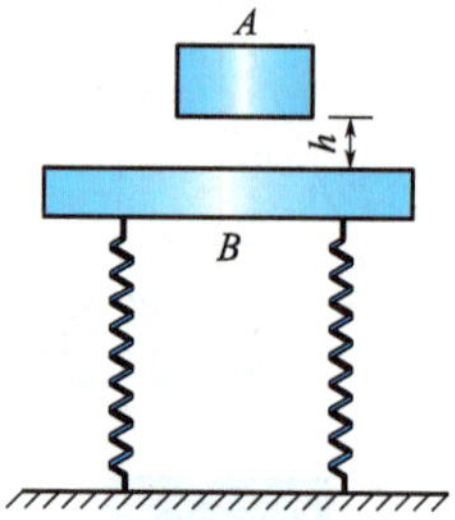


题 13-14 图

13-15 图示有一放置在光滑水平面上质量 $m$ 的滑块与质量为 $0.5m$、长为 $l$ 的均质杆铰接，静止状态下杆处于铅垂，当有一冲量 $\boldsymbol{I}$ 水平作用于 $B$ 点，试求碰撞后滑块的速度大小。

13-16 图示长度为 $l$ 的均质杆绕靠在光滑墙角的一端 $A$ 倒下，当运动水平位置时与支座 $C$ 碰撞，设碰撞恢复系数 $e=1$，试求点 $C$ 到墙角 $A$ 点的距离应为多大时，才能令杆在碰撞后的角速度为零。

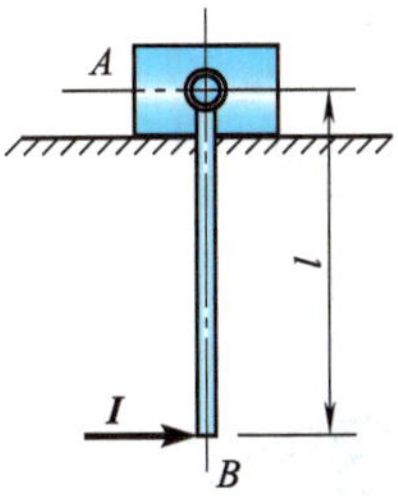


题 13-15 图

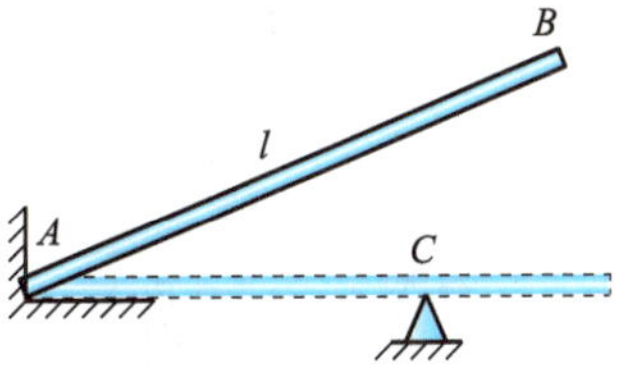


题 13-16 图

13-17 图示质量均为 $m$ 的两块刚性板用刚度系数为 $k$ 的弹簧相连放在地面上。若在其上方落下质量同样为 $m$ 的软泥块。试求泥块至上板的高度 $h$ 至少为多少，才能让上面的板跳起时可以同时带起下面的板。

13-18 图示半径为 0.3m 的均质圆盘纯滚动时遇宽度同样为 $d$=0.3m 的坑，设接触之处摩擦力足够大，且碰撞均为完全塑性，求盘中心的速度至少为多大时才能滚过凹坑。

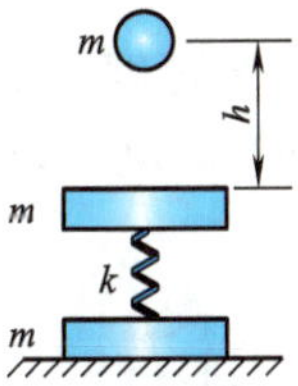


题 13-17 图

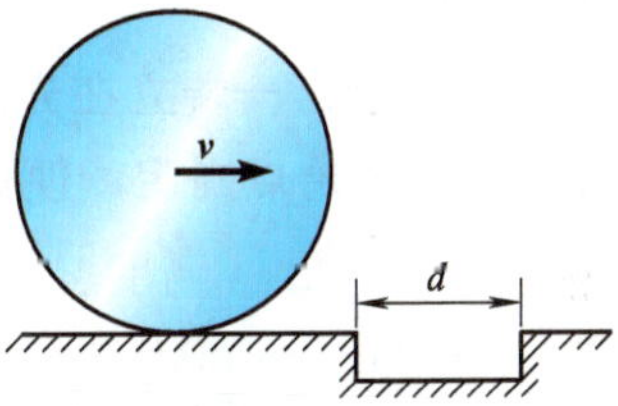


题 13-18 图

13-19 图示有一长度为 400mm、重 40N 的水平均质杆，从距离凸台 $C$ 点 120mm 的高度掉下，杆的 $A$ 端与凸台 $C$ 点发生完全弹性碰撞后，试求杆继续运动到 $B$ 端与凸台 $D$ 点发生碰撞所需的时间。

13-20 如图所示，在 $B$ 点铰接于地面的竖直均质杆无初速度地倒下，当其到达水平位置时会与地面上的 $A$ 点发生碰撞，设碰撞恢复系数 $e$=0.5，试求：(1)碰撞后杆件回弹所能达到的与水平方向的最大夹角；(2)碰撞导致的动能损失与原系统动能之比。

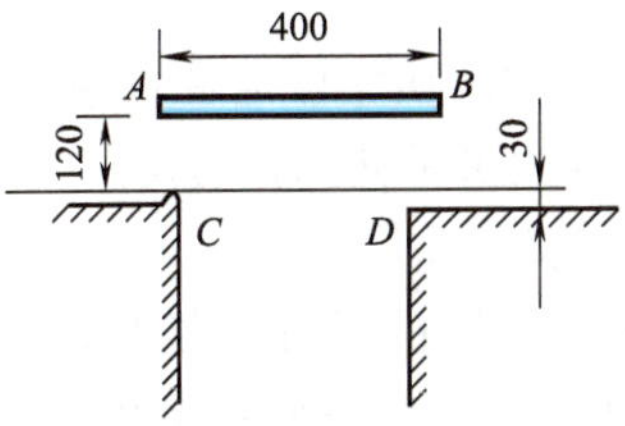


题 13-19 图

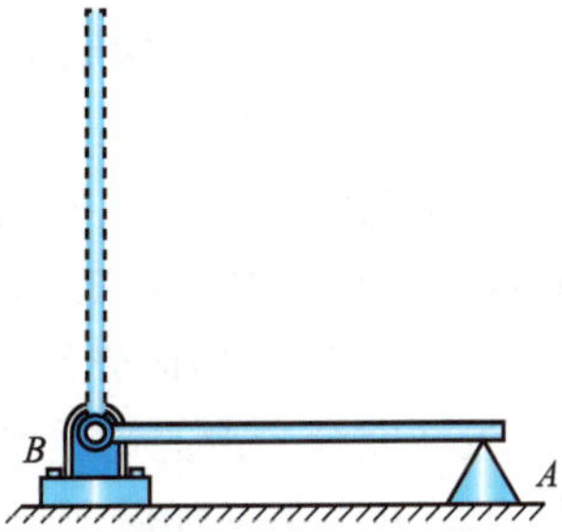


题 13-20 图

13-21　图示边长为 1m 的均质正方形板落下 20m 后与坡度为 60° 的光滑斜面发生碰撞，设碰撞恢复系数 $e$=0.7，且平板重为 400N，试求出碰撞后其质心速度是多少。

13-22　如图所示，在点 $O$ 与地面铰接的竖直均质杆无初速倒下，直到杆上一点 $M$ 碰撞到固定支座 $D$ 点后，杆会回弹到水平位置，求：(1)碰撞恢复系数 $e$；(2)欲使铰点 $O$ 不受碰撞冲量作用，$D$ 点到 $O$ 点的距离应该是多少。

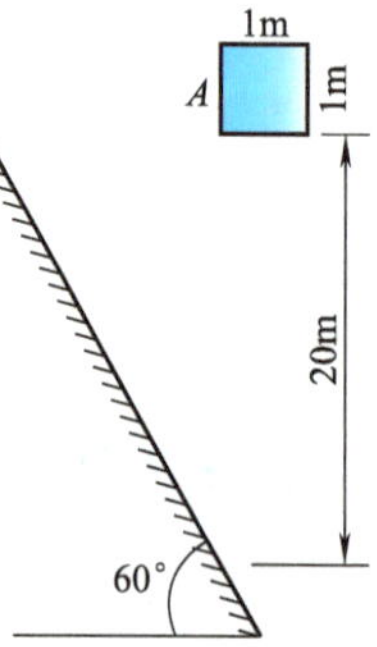

题 13-21 图

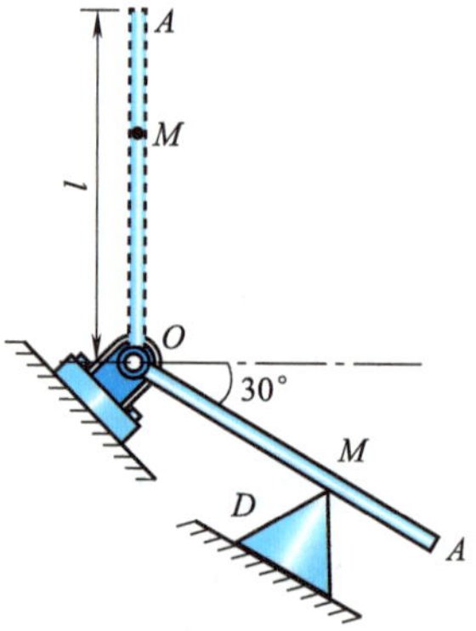

题 13-22 图

13-23　边长为 100mm、重 10N 的正方形板在距离 $AB$ 杆 100mm 处落下，$AB$ 杆重 20N。方板的一个端点与杆的 $B$ 端发生碰撞且碰撞恢复系数 $e$ =0.7，已知杆可绕中点转动。试求出碰撞后杆的角速度。

13-24　如图所示，一端立在光滑地面上的正方形均质板，以角速度 $\omega$ 绕铅垂对角线 $AC$ 旋转，突然将板的 $B$ 角点固定，使板以点 $B$ 为中心，绕铅垂轴 $EF$ 转动，求此瞬时方板的角速度大小。

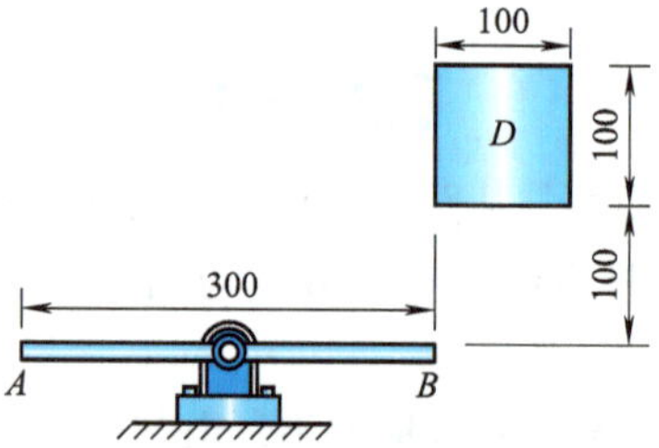

题 13-23 图

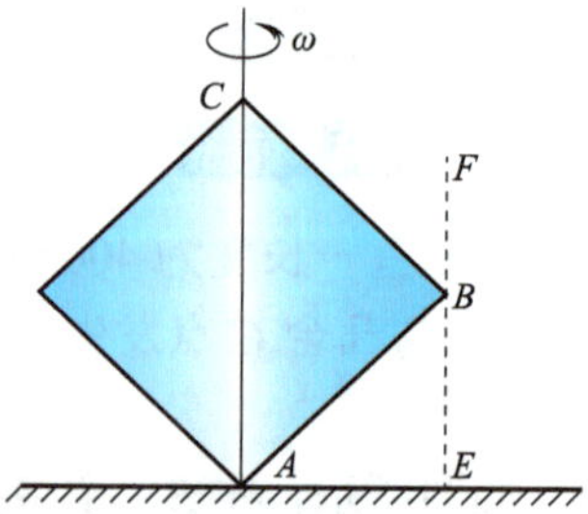

题 13-24 图

13-25　半径为 $r$ 的均质实心球沿斜面滚下，如图所示，当角速度为 $\omega_0$ 时，空心球碰撞到水平地面后连滚带滑，而后变成地面上的纯滚动。如果碰撞时球没有出现回跳，试求出球在地面上纯滚动时的角速度大小。

13-26　图示与铅垂方向成 $\theta$ 角的均质杆以平动速度 $v$ 撞击到地面，若碰撞恢复系数 $e$=0，且地面有足够大的摩擦力使杆的 $B$ 端无法滑动，试求：(1)此瞬时杆的角速度；(2)此瞬时地面对 $B$ 端的冲量；(3)若地面光滑，那么此瞬间杆的角速度又会是多少？

13-27　表面完全光滑的均质实心球 $B$ 用软绳悬挂，另有相同的球 $A$ 紧切竖直的软绳自然落下，击打到球 $B$ 之上，如图所示，设碰撞前球 $A$ 的速度是 $v_0$，碰撞恢复系数 $e$ =1。试求：(1)碰撞后两球心的速度；(2)若将软绳用质量为小球一半的均质杆代替，其上、下两端都用光滑铰链连接，在其他条件完全一样时，碰撞后两球心速度又是多少？

13-28 如图所示有一个由长为 $r$ 的定轴转动曲柄、长为 $l$ 的平面运动连杆以及滑块组成的机构，假设曲柄、连杆和滑块质量都为 $m$，在此机构处于静止时于滑块上施加向左的冲量 $\boldsymbol{I}$，试求曲柄 $OA$ 的角速度大小。

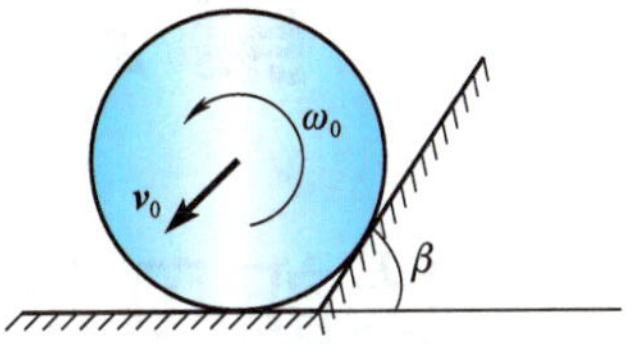


题 13-25 图

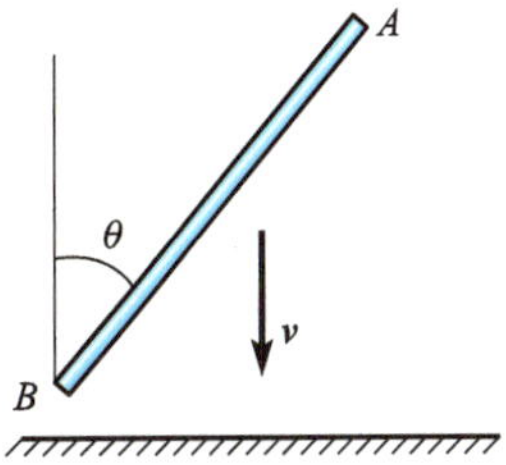


题 13-26 图

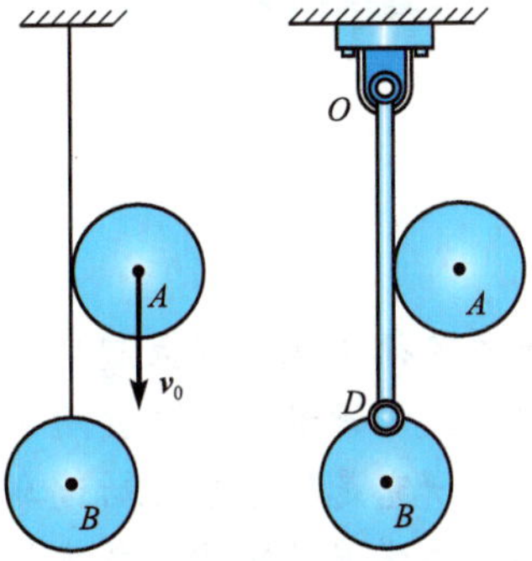


题 13-27 图

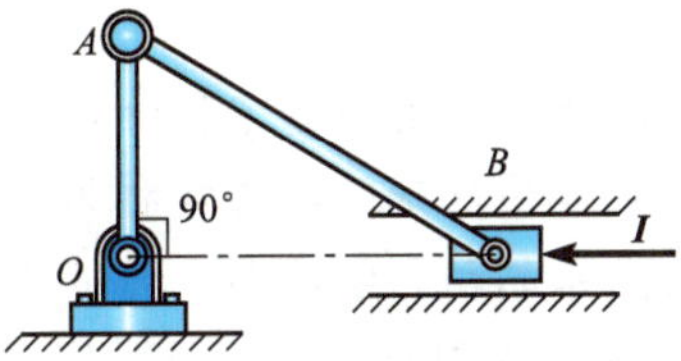


题 13-28 图

13-29 质量为 $m$、长度为 $l$ 的两根相同均质杆成一条直线铰接到一起，水平静置到光滑桌面上，并用铰链在 $A$ 端连接于桌面，如图所示，小球 $D$ 以速度 $v$ 水平撞击 $E$ 点，设碰撞恢复系数 $e$=0.5，小球质量为 $m/2$，试求碰撞后两杆各自的角速度大小。

13-30 如图所示质量为 $m$ 的均质杆与放在光滑桌面上质量为 $5m$ 的均质半轮在轮心处铰接，若杆长等于半轮的直径，二者都处于静止状态时，在杆的 $A$ 端施加一个水平冲量 $\boldsymbol{I}$。求此时杆的角速度。（已知均质半轮质心偏离轮心的距离为 $0.4r$，其绕质心的回转半径满足 $\rho^2 = 0.32r^2$）

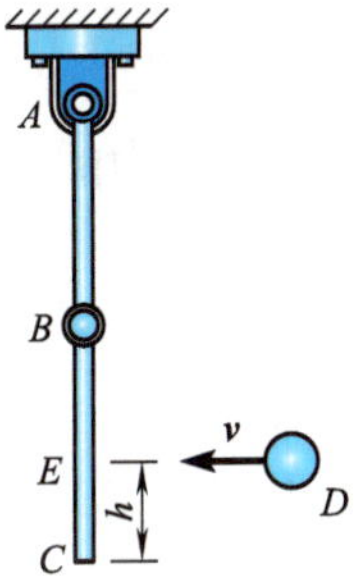


题 13-29 图

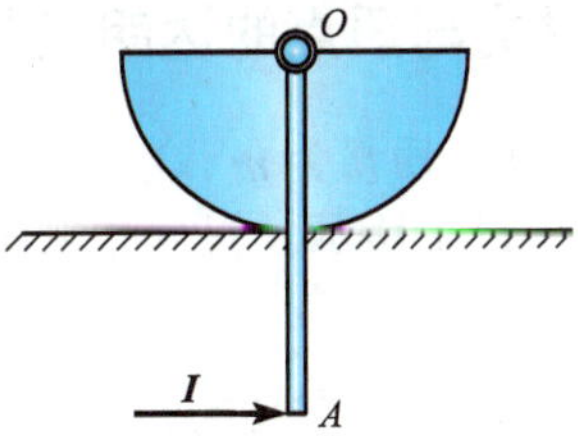


题 13-30 图

第 13 章参考答案

# 第 14 章

# 达朗贝尔原理

内容提要

动力学中的质点运动微分方程和动力学普遍定理，是以牛顿定律为基础建立起来的理论。这种以牛顿定律为基础的动力学称为牛顿动力学或古典动力学。牛顿动力学主要用于解决自由质点和质点系的动力学问题，对非自由质点系动力学问题的研究是从牛顿之后逐渐形成和发展的。1743 年法国哲学家、数学家达朗贝尔在他的著作《动力学专论》中，首先提出了解决非自由质点系动力学问题的原理——达朗贝尔原理。之后盖尔曼和欧拉引入了惯性力这一术语，1856 年德芬奈将达朗贝尔原理归结为求解非自由质点系的普遍方法。

动静法就是把动力学问题从形式上转化成静力学问题，用静力学的方法来解决。实现这种转化，需要在质点上加惯性力。所以，如何加惯性力就是本章的重点。

## 14.1 惯性力与达朗贝尔原理

### 14.1.1 惯性力与质点的达朗贝尔原理

设一质点 $M$，质量为 $m$，加速度为 $\boldsymbol{a}$，作用于质点的力有主动力的合力 $\boldsymbol{F}$ 与约束反力的合力 $\boldsymbol{F}_N$，如图 14-1 所示。根据牛顿第二定律，有

$$m\boldsymbol{a} = \boldsymbol{F} + \boldsymbol{F}_N$$

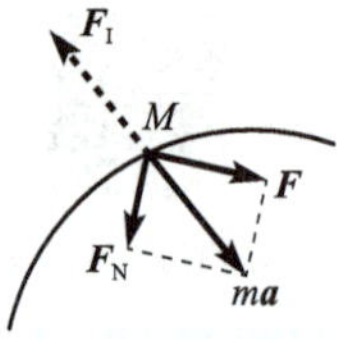

图 14-1

将等式左端的 $m\boldsymbol{a}$ 移到等号的右端，有

$$\boldsymbol{F} + \boldsymbol{F}_N - m\boldsymbol{a} = 0$$

令

$$\boldsymbol{F}_I = -m\boldsymbol{a} \tag{14-1}$$

则有

$$\boldsymbol{F} + \boldsymbol{F}_N + \boldsymbol{F}_I = 0 \tag{14-2}$$

式(14-2)在形式上是一个静力平衡方程。假想 $\boldsymbol{F}_I$ 是一个力，它的大小等

于质点的质量与加速度的乘积，它的方向与质点的加速度方向相反。因为这个力与质点 $M$ 的质量 $m$ 有关，也就是说与质点的惯性有关，所以称其为质点的惯性力。

式(14-2)可以这样理解：**除了作用在质点上的主动力和约束反力外，还假想地加上惯性力，那么这些力在形式上组成了一个平衡力系。这就是质点的达朗贝尔原理**。

**例 14-1**

图 14-2 所示离心调速器的轴以匀角速度 $\omega$ 绕 $z$ 轴转动，重锤 $D$ 的质量为 $m_1$，飞球 $A$、$B$ 的质量为 $m_2$，杆长 $O_1A=O_2B=AD_1=BD_2=l$，杆重不计，求调速臂杆的张角 $\theta$。

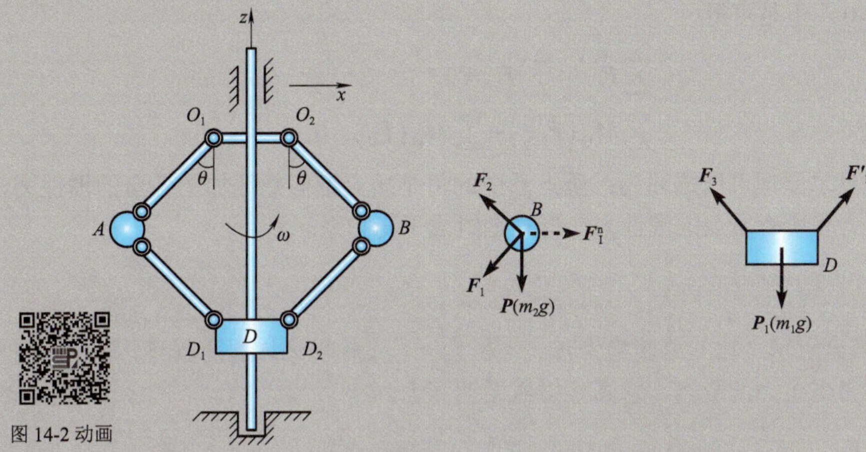


图 14-2

**解**：选球 $B$ 与锤 $D$ 为研究对象。调速器转动时，球 $A$ 和 $B$ 在水平面内做匀速圆周运动，其加速度 $a_n=l\sin\theta\cdot\omega^2$，方向指向转轴 $z$，锤 $D$ 处于相对静止状态。

如图 14-2 所示，球 $B$ 受到的作用力有重力 $\boldsymbol{P}$，$BD_2$ 杆的反力 $\boldsymbol{F}_1$，$O_2B$ 杆的反力 $\boldsymbol{F}_2$，惯性力 $F_I^n=m_2l\omega^2\sin\theta$，方向向外。锤 $D$ 受到的作用力有重力 $\boldsymbol{P}_1$，杆 $BD_2$、$AD_1$ 的拉力 $\boldsymbol{F}_1'$ 与 $\boldsymbol{F}_3$。

对球 $B$，有

$$\begin{cases}\sum F_x=0, & m_2l\omega^2\sin\theta-(F_1+F_2)\sin\theta=0\\ \sum F_z=0, & -m_2g+(F_2-F_1)\cos\theta=0\end{cases} \tag{a}$$

对锤 $D$，有

$$\begin{cases}\sum F_x=0, & F_1\sin\theta-F_3\sin\theta=0\\ \sum F_z=0, & F_1\cos\theta+F_3\cos\theta-m_1g=0\end{cases} \tag{b}$$

由式(b)，得 $F_1=F_3=\dfrac{m_1g}{2\cos\theta}$，再将 $F_1$ 代入式(a)，得 $\cos\theta=\dfrac{(m_1+m_2)g}{m_2l\omega^2}$。

## 14.1.2 质点系的达朗贝尔原理

若质点系由 $n$ 个质点组成，设第 $i$ 个质点的质量为 $m_i$，加速度为 $\boldsymbol{a}_i$，作用在第 $i$ 个质点上的外力为 $\boldsymbol{F}_i^{(e)}$，内力为 $\boldsymbol{F}_i^{(i)}$。这个质点的惯性力为 $\boldsymbol{F}_{Ii}=-m_i\boldsymbol{a}_i$，加上惯性力，则力系形式上为平衡力系，该质点的平衡方程为

$$\boldsymbol{F}_i^{(e)} + \boldsymbol{F}_i^{(i)} + \boldsymbol{F}_{Ii} = 0 \tag{14-3}$$

所有 $n$ 个质点上都加上各自的惯性力，因为每个质点的作用力与惯性力均组成平衡力系，所以作用于质点系上的所有外力、内力与惯性力也必然组成平衡力系。任意力系的平衡条件是力系的主矢和对任意点的主矩分别等于零，即

$$\boldsymbol{F}_R' = \sum \boldsymbol{F}_i^{(e)} + \sum \boldsymbol{F}_i^{(i)} + \sum \boldsymbol{F}_{Ii} = 0$$

$$\boldsymbol{M}_O = \sum \boldsymbol{M}_O\left(\boldsymbol{F}_i^{(e)}\right) + \sum \boldsymbol{M}_O\left(\boldsymbol{F}_i^{(i)}\right) + \sum \boldsymbol{M}_O\left(\boldsymbol{F}_{Ii}\right) = 0$$

质点系的内力总是成对出现的，并且大小相等，方向相反，所以 $\sum \boldsymbol{F}_i^{(i)} = 0$，$\sum \boldsymbol{M}_O\left(\boldsymbol{F}_i^{(i)}\right) = 0$。于是可得

$$\begin{aligned} &\sum \boldsymbol{F}_i^{(e)} + \sum \boldsymbol{F}_{Ii} = 0 \\ &\sum \boldsymbol{M}_O\left(\boldsymbol{F}_i^{(e)}\right) + \sum \boldsymbol{M}_O\left(\boldsymbol{F}_{Ii}\right) = 0 \end{aligned} \tag{14-4}$$

质点系的达朗贝尔原理可以描述为：质点系中的每个质点都假想地加上各自的惯性力，则质点系的所有外力和所有质点的惯性力在形式上组成平衡力系。

**例 14-2**

图 14-3(a)所示飞轮的总质量为 $m$，半径为 $R$，飞轮视为均质薄圆环。飞轮以匀角速 $\omega$ 转动。不考虑重力的影响，求圆环横截面的张力。

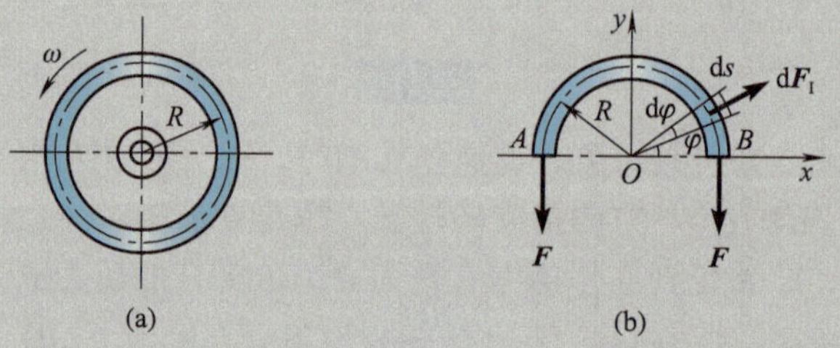


图 14-3

**解：** 选取圆环的一半为研究对象，如图 14-3(b)所示。圆环做匀角速转动，环上任一点的加速度的大小均为 $a_n = R\omega^2$，指向圆心 $O$。$A$、$B$ 横截面均受拉力，根据对称性可知两个拉力相等，设为 $\boldsymbol{F}$。

取半径与 $x$ 轴夹角为 $\varphi$ 处的一小微段 $\mathrm{d}s = R\mathrm{d}\varphi$，这一小段的质量为 $\mathrm{d}m = \dfrac{m}{2\pi}\mathrm{d}\varphi$，所以这一小段惯性力的大小为 $\mathrm{d}F_I = R\omega^2 \cdot \mathrm{d}m = \dfrac{m}{2\pi}R\omega^2\mathrm{d}\varphi$，方向沿该处的半径，背离轮心 $O$。根据对称性，可知惯性力系的合力沿 $y$ 方向，有

$$F_{Iy} = \int \mathrm{d}F_{Iy} = \int_0^{\pi} \frac{m}{2\pi} R\omega^2 \sin\varphi \mathrm{d}\varphi = \frac{mR\omega^2}{\pi}$$

由 $\sum F_y = F_{Iy} - 2F = 0$，得 $F = \dfrac{F_{Iy}}{2} = \dfrac{mR\omega^2}{2\pi}$。可见圆轮的拉力 $\boldsymbol{F}$ 与角速度 $\omega$ 的平方成正比，即转速增大 1 倍则拉力将增大 4 倍。当飞轮的转速超过额定转速很多时，将造成轮缘的破裂。

# 14.2　刚体惯性力系的简化

应用达朗贝尔原理求刚体动力学问题时，需要在刚体的每一个质点上加上惯性力，这些惯性力组成一个惯性力系。应用静力学中力系简化的方法将刚体的惯性力系进行简化，得到惯性力的主矢和主矩。下面分别对刚体做平动、定轴转动和平面运动时的惯性力系进行简化。

## 14.2.1　刚体平动

当刚体做平动时，每一瞬时刚体内各质点的加速度均相同，等于刚体质心 $C$ 的加速度 $\boldsymbol{a}_C$，即 $\boldsymbol{a}_i=\boldsymbol{a}_C$。

将平动刚体内各点都加上惯性力，任意质点 $M_i$ 的惯性力为 $\boldsymbol{F}_{\mathrm{I}i}=-m_i\boldsymbol{a}_i=-m_i\boldsymbol{a}_C$。各质点惯性力方向均相同，得到一个同向平行力系。以质心 $C$ 为简化中心，这个力系主矢为

$$\boldsymbol{F}_{\mathrm{I}}=\sum\boldsymbol{F}_{\mathrm{I}i}=\sum-m_i\boldsymbol{a}_i=-\boldsymbol{a}_C\sum m_i=-m\boldsymbol{a}_C \tag{14-5}$$

这里 $m=\sum m_i$ 是刚体的总质量。

这个力系向简化中心 $C$ 简化的主矩为

$$\begin{aligned}\boldsymbol{M}_{\mathrm{I}C}&=\sum\boldsymbol{M}_C\left(\boldsymbol{F}_{\mathrm{I}i}\right)=\sum\boldsymbol{r}_i\times\boldsymbol{F}_{\mathrm{I}i}=\sum\boldsymbol{r}_i\times\left(-m_i\boldsymbol{a}_i\right)\\&=-\left(\sum m_i\boldsymbol{r}_i\right)\times\boldsymbol{a}_C=-m\boldsymbol{r}_C\times\boldsymbol{a}_C\end{aligned}$$

式中 $\boldsymbol{r}_C$ 为质心 $C$ 对简化中心 $C$ 的矢径，所以有 $\boldsymbol{r}_C=0$。于是

$$\boldsymbol{M}_{\mathrm{I}C}=\sum\boldsymbol{M}_C\left(\boldsymbol{F}_{\mathrm{I}i}\right)=0 \tag{14-6}$$

刚体做平动时，惯性力系简化成通过质心 $C$ 的合力 $\boldsymbol{F}_{\mathrm{I}}$，方向与质心 $C$ 的加速度方向相反，大小等于刚体的质量与质心加速度大小的乘积。

## 14.2.2　刚体定轴转动

设刚体绕定轴 $z$ 转动，某瞬时有角速度 $\omega$，角加速度 $\alpha$，质心在点 $C$。在刚体上任取质点 $M_i$，质量为 $m_i$，与转轴 $z$ 的距离为 $r_i$，在直角坐标系内的位置坐标为 $x_i$、$y_i$、$z_i$，$M_i$ 的切向与法向惯性力的大小分别为 $F_{\mathrm{I}i}^{(\tau)}=m_ir_i\alpha$，$F_{\mathrm{I}i}^{(\mathrm{n})}=m_ir_i\omega^2$，方向如图 14-4 所示。惯性力在各坐标轴上的投影为

$$\begin{aligned}&F_{\mathrm{I}x_i}=F_{\mathrm{I}i}^{(\tau)}\sin\theta_i+F_{\mathrm{I}i}^{(\mathrm{n})}\cos\theta_i=m_ir_i\alpha\sin\theta_i+m_ir_i\omega^2\cos\theta_i=m_iy_i\alpha+m_ix_i\omega^2\\&F_{\mathrm{I}y_i}=-F_{\mathrm{I}i}^{(\tau)}\cos\theta_i+F_{\mathrm{I}i}^{(\mathrm{n})}\sin\theta_i=-m_ir_i\alpha\cos\theta_i+m_ir_i\omega^2\sin\theta_i=-m_ix_i\alpha+m_iy_i\omega^2\\&F_{\mathrm{I}z_i}=0\end{aligned}$$

质点 $M_i$ 的惯性力对各坐标轴的矩为

$$\begin{aligned}&M_{\mathrm{I}x_i}=M_x\left(F_{\mathrm{I}i}^{(\tau)}\right)+M_x\left(F_{\mathrm{I}i}^{(\mathrm{n})}\right)=\left(m_ir_i\alpha\cos\theta_i\right)z_i-\left(m_ir_i\omega^2\sin\theta_i\right)z_i=m_iz_ix_i\alpha-m_iz_iy_i\omega^2\\&M_{\mathrm{I}y_i}=M_y\left(F_{\mathrm{I}i}^{(\tau)}\right)+M_y\left(F_{\mathrm{I}i}^{(\mathrm{n})}\right)=\left(m_ir_i\alpha\sin\theta_i\right)z_i+\left(m_ir_i\omega^2\cos\theta_i\right)z_i=m_iz_iy_i\alpha+m_iz_ix_i\omega^2\\&M_{\mathrm{I}z_i}=M_z\left(F_{\mathrm{I}i}^{(\tau)}\right)+M_z\left(F_{\mathrm{I}i}^{(\mathrm{n})}\right)=-m_ir_i^2\alpha=-m_i\left(x_i^2+y_i^2\right)\alpha\end{aligned}$$

刚体由 $n$ 个质点组成，则所有质点的惯性力组成的惯性力系的主矢 $\boldsymbol{F}_{\mathrm{I}}'$ 在 $x$、$y$、$z$ 轴上的投

影为

$$F'_{\mathrm{I}x}=\sum F_{\mathrm{I}x_i}=\sum m_iy_i\alpha+\sum m_ix_i\omega^2=\alpha\sum m_iy_i+\omega^2\sum m_ix_i=my_C\alpha+mx_C\omega^2$$
$$F'_{\mathrm{I}y}=\sum F_{\mathrm{I}y_i}=-\sum m_ix_i\alpha+\sum m_iy_i\omega^2=-\alpha\sum m_ix_i+\omega^2\sum m_iy_i=-mx_C\alpha+my_C\omega^2 \qquad (14\text{-}7)$$
$$F'_{\mathrm{I}z_i}=0$$

式中，$m=\sum m_i$ 是整个刚体的质量，$C$ 为质心，$x_C$、$y_C$ 为质心 $C$ 的坐标。

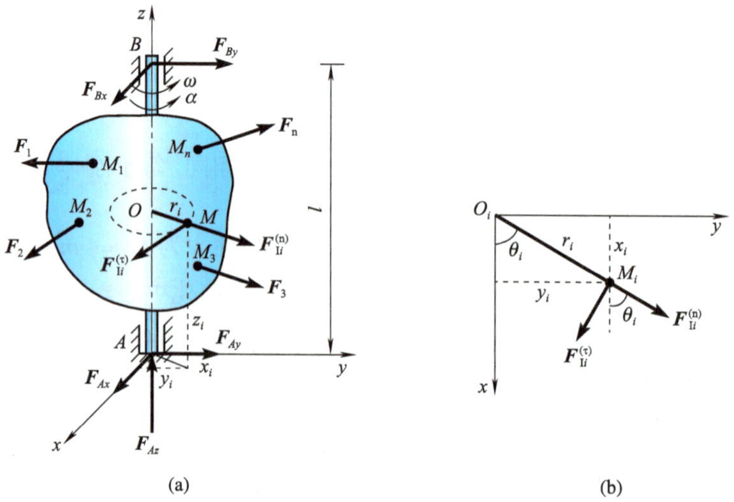


图 14-4

所有质点组成的惯性力系的主矩在 $x$、$y$、$z$ 轴投影分别为

$$M_{\mathrm{I}x}=\sum M_{\mathrm{I}x_i}=\left(\sum m_iz_ix_i\right)\alpha-\left(\sum m_iz_iy_i\right)\omega^2=J_{zx}\alpha-J_{yz}\omega^2$$
$$M_{\mathrm{I}y}=\sum M_{\mathrm{I}y_i}=\left(\sum m_iy_iz_i\right)\alpha+\left(\sum m_iz_ix_i\right)\omega^2=J_{yz}\alpha+J_{zx}\omega^2 \qquad (14\text{-}8)$$
$$M_{\mathrm{I}z}=-\left[\sum m_i\left(x_i^2+y_i^2\right)\right]\alpha=-J_z\alpha$$

式中，$J_z=\sum m_i\left(x_i^2+y_i^2\right)=\sum m_ir_i^2$ 是刚体对转轴 $z$ 的转动惯量；$J_{zx}=\sum m_iz_ix_i$ 是刚体对 $z$、$x$ 轴的惯性积；$J_{yz}=\sum m_iy_iz_i$ 是刚体对 $y$、$z$ 轴的惯性积。转动惯量 $J_z$ 永远是正值，而惯性积 $J_{zx}$ 与 $J_{yz}$ 可正、可负，也可以为零。当刚体有质量对称面，且与 $z$ 轴垂直时，简化中心 $O$ 取为此平面与转轴 $z$ 的交点，则 $J_{zx}=J_{yz}=0$。

### 1. 简化中心选在轴 $z$

具有转轴垂直于对称平面的均质转动刚体的惯性力系，向轴 $z$ 的简化结果为主矢和主矩。主矢的大小等于刚体的质量与质心加速度的乘积，方向与质心的加速度相反，$\boldsymbol{F}'_{\mathrm{I}}=-m\boldsymbol{a}_C$；主矩的大小为刚体对轴 $z$ 的转动惯量与角加速度的乘积，方向与角加速度相反，$M_{\mathrm{I}z}=-J_z\alpha$，$J_z$ 为刚体对转轴 $z$ 的转动惯量。

### 2. 简化中心选在质心 $C$

因惯性力系的主矢与简化中心选择无关，$\boldsymbol{F}'_{\mathrm{I}}=-m\boldsymbol{a}_C$，主矩为 $M_{\mathrm{I}C}=-J_C\alpha$，$J_C$ 为刚体对质心 $C$ 轴的转动惯量。

当然，两种惯性力系合力的简化结果是等价的，读者可自行证明。

### 14.2.3 刚体平面运动

这里只讨论具有对称平面的刚体，而且对称平面在质心运动平面内的情况。同刚体绕定轴转动类似，刚体平面运动也可以简化为平面的运动；刚体的空间惯性力系可以简化为对称平面内的平面惯性力系。

选质心 $C$ 为简化中心，对刚体惯性力系向点 $C$ 简化，得到惯性力系的主矢和主矩。主矢为

$$\boldsymbol{F}_{\mathrm{I}}' = -m\boldsymbol{a}_C \tag{14-9}$$

主矩为

$$M_{\mathrm{I}C} = -J_C\alpha \tag{14-10}$$

主矩的转向与角加速度转向相反。式中 $J_C$ 为刚体对轴 $C$ 的转动惯量，轴 $C$ 过质心且垂直于平面形。

具有对称平面且对称平面在质心运动平面的刚体作平面运动时，刚体的惯性力系可以简化为对称平面内的一个力和一个力偶。这个力通过质心，其大小等于刚体的质量与质心加速度的乘积，其方向与质心的加速度方向相反；这个力偶的矩等于对过质心且垂直于对称面的轴的转动惯量与角加速度的乘积，其转向与角加速度的方向相反。

## 14.3 达朗贝尔原理的应用

刚体运动形式不同，惯性力系简化的结果也不同。用动静法解决刚体动力学问题时，首先需要区分刚体的运动，根据刚体不同的运动形式，给出惯性力系的简化结果。然后建立由主动力、约束反力、惯性力系组成的形式上的平衡力系，最后列方程求解未知量。

**例 14-3**

重 $\boldsymbol{P}$ 的汽车，重心到地面的距离为 $h$，重心到前轴和后轴的水平距离分别为 $l_1$ 和 $l_2$，如图 14-5 所示。在公路上行驶，遇红灯紧急刹车，刹车时汽车的加速度为 $\boldsymbol{a}$，求刹车过程中地面对前后轮的法向反力。

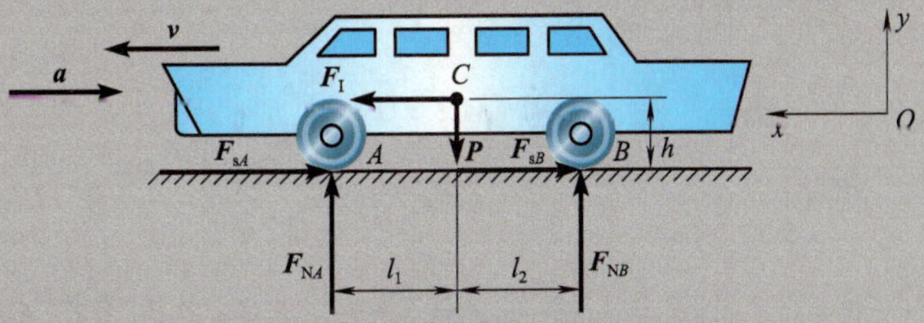


图 14-5

**解：** 以汽车为研究对象。汽车做匀减速直线运动。作用在汽车上的主动力有重力 $\boldsymbol{P}$，约束反力有前后轮的法向反力 $\boldsymbol{F}_{\mathrm{N}A}$、$\boldsymbol{F}_{\mathrm{N}B}$ 及摩擦力 $\boldsymbol{F}_{\mathrm{s}A}$、$\boldsymbol{F}_{\mathrm{s}B}$。刹车时车轮向前滑动，前后轮的摩擦力都向后。惯性力的合力 $\boldsymbol{F}_{\mathrm{I}}$ 方向向前，大小为 $F_{\mathrm{I}} = \dfrac{P}{g}a$。

根据达朗贝尔原理，有

$$\sum F_x = 0,\ F_1 - F_{sA} - F_{sB} = 0$$

$$\sum F_y = 0,\ F_{NA} + F_{NB} - P = 0$$

$$\sum M_B = 0,\ F_{NA}(l_1 + l_2) - Pl_2 - F_1 h = 0$$

可以求得

$$F_{NA} = \frac{P}{l_1 + l_2}\left(l_2 + \frac{a}{g}h\right),\quad F_{NB} = \frac{P}{l_1 + l_2}\left(l_1 - \frac{a}{g}h\right)$$

轿车匀速直线运动或静止时前后轮法向反力为

$$F_{NA} = \frac{P}{l_1 + l_2}l_2,\quad F_{NB} = \frac{P}{l_1 + l_2}l_1$$

紧急刹车时，前轮反力增大，而后轮反力减小，车头将有下倾的现象。

## 例 14-4

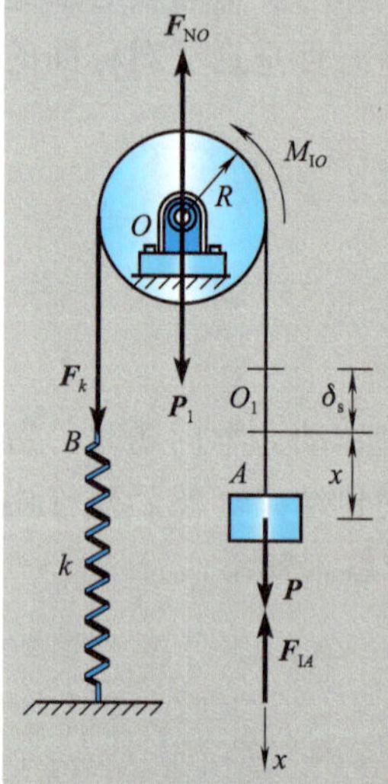


图 14-6

图 14-6 动画

图 14-6 所示系统，一绳绕过重为 $\boldsymbol{P}_1$，半径为 $R$ 的均质圆盘 $O$，绳与圆盘间没有相对滑动。绳的一端 $A$ 挂有重物 $\boldsymbol{P}$，另一端 $B$ 与一个刚度系数为 $k$ 的弹簧相连，弹簧铅直固定在地上。不计绳与弹簧的重量，求 $A$ 的振动微分方程。

**解：** 以绳、盘 $O$ 和重物 $A$ 组成的系统作为研究对象。系统做振动，重物 $A$ 在平衡位置往复振动，盘 $O$ 做往复转动。设 $A$ 在 $x$ 处的加速度为 $\ddot{x}$，则圆盘 $O$ 的角加速度 $\ddot{\varphi} = \dfrac{\ddot{x}}{R}$。

$A$ 的重力为 $\boldsymbol{P}$，盘 $O$ 重为 $\boldsymbol{P}_1$，除此之外还有 $O$ 轴的反力 $\boldsymbol{F}_{NO}$ 与弹簧的弹性力 $\boldsymbol{F}_k$。

$$F_k = k(\delta_s + x) = k\left(\frac{P}{k} + x\right) = P + kx$$

重物 $A$ 的惯性力为 $F_{IA} = \dfrac{P}{g}\ddot{x}$，圆盘惯性力主矢为零，主矩 $M_{IO} = J_O\ddot{\varphi} = \dfrac{P_1}{2g}R^2\dfrac{\ddot{x}}{R} = \dfrac{RP_1}{2g}\ddot{x}$。

由
$$\sum M_O = 0,\quad F_k R + M_{IO} + F_{IA}R - PR = 0$$

可得
$$(P + kx)R + \frac{RP_1}{2g}\ddot{x} + \frac{P}{g}\ddot{x}R - PR = 0$$

上式化为 $\ddot{x} + \dfrac{2gk}{P_1 + 2P}x = 0$，设 $\omega^2 = \dfrac{2gk}{P_1 + 2P}$，有 $\ddot{x} + \omega^2 x = 0$，此即重物 $A$ 的运动微分方程，可见重物 $A$ 在平衡位置附近作简谐振动。

## 例 14-5

如图 14-7(a) 所示，均质杆长为 $l$，放在铅直的平面内，杆的一端 $A$ 靠在光滑的铅直墙上，另一端 $B$ 放在光滑的水平地面上。初始时杆处于静止状态，并与水平面成 $\varphi_0$ 角，求杆在任意位置时的角速度与角加速度。

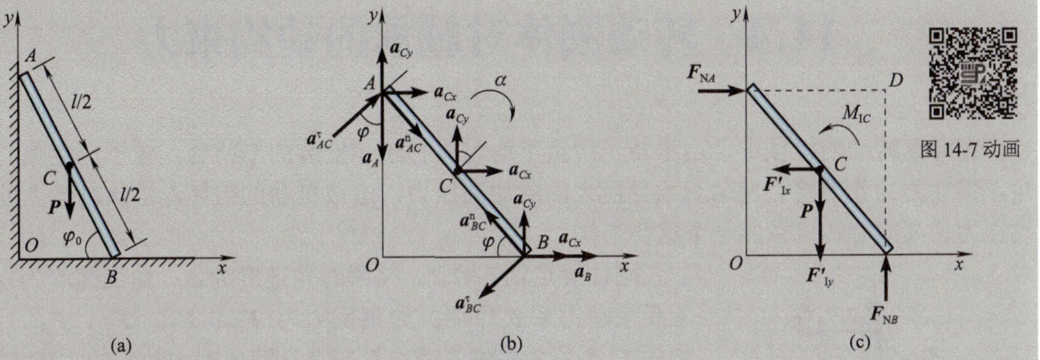

图 14-7

解：杆 $AB$ 做平面运动。如图 14-7(b)所示，设质心的加速度为 $\boldsymbol{a}_{Cx}$、$\boldsymbol{a}_{Cy}$，以质心 $C$ 为基点，$A$ 与 $B$ 为动点，有

$$\boldsymbol{a}_A=\boldsymbol{a}_C+\boldsymbol{a}_{AC}^{\tau}+\boldsymbol{a}_{AC}^{n} \tag{a}$$

$$\boldsymbol{a}_B=\boldsymbol{a}_C+\boldsymbol{a}_{BC}^{\tau}+\boldsymbol{a}_{BC}^{n} \tag{b}$$

式(a)中 $a_{AC}^{\tau}=a_{BC}^{\tau}=\dfrac{l}{2}\alpha=\dfrac{l}{2}\ddot{\varphi}$，$a_{AC}^{n}=a_{BC}^{n}=\dfrac{l}{2}\omega^2=\dfrac{l}{2}\dot{\varphi}^2$，方向如图所示。将式(a)在 $x$ 轴上投影，将式(b)在 $y$ 轴上投影，得

$$0=a_{Cx}+a_{AC}^{\tau}\sin\varphi+a_{AC}^{n}\cos\varphi=a_{Cx}+\frac{l}{2}\ddot{\varphi}\sin\varphi+\frac{l}{2}\dot{\varphi}^2\cos\varphi$$

$$0=a_{Cy}-a_{BC}^{\tau}\cos\varphi+a_{BC}^{n}\sin\varphi=a_{Cy}-\frac{l}{2}\ddot{\varphi}\cos\varphi+\frac{l}{2}\dot{\varphi}^2\sin\varphi$$

得到 $a_{Cx}$，$a_{Cy}$ 与 $\varphi$ 的关系为

$$a_{Cx}=-\frac{l}{2}\ddot{\varphi}\sin\varphi-\frac{l}{2}\dot{\varphi}^2\cos\varphi$$

$$a_{Cy}=\frac{l}{2}\ddot{\varphi}\cos\varphi-\frac{l}{2}\dot{\varphi}^2\sin\varphi$$

当杆转到位置 $\varphi$ 时，杆 $AB$ 上有重力 $\boldsymbol{P}$，反力 $\boldsymbol{F}_{\mathrm{N}A}$、$\boldsymbol{F}_{\mathrm{N}B}$，惯性力的主矢为

$$F_{\mathrm{I}x}'=-\frac{Pl}{2g}\left(\ddot{\varphi}\sin\varphi+\dot{\varphi}^2\cos\varphi\right),\quad F_{\mathrm{I}y}'=\frac{Pl}{2g}\left(\ddot{\varphi}\cos\varphi-\dot{\varphi}^2\sin\varphi\right)$$

惯性力系的主矩为

$$M_{\mathrm{I}C}=\frac{P}{12g}l^2\ddot{\varphi}$$

对 $D$ 点取矩有

$$M_{\mathrm{I}C}+F_{\mathrm{I}y}'\frac{l}{2}\cos\varphi-F_{\mathrm{I}x}'\frac{l}{2}\sin\varphi+P\frac{l}{2}\cos\varphi=0$$

化简得 $\ddot{\varphi}=-\dfrac{3g}{2l}\cos\varphi$，积分后，可得 $\dot{\varphi}^2=\dfrac{3g}{l}\left(\sin\varphi_0-\sin\varphi\right)$。

列 $x$ 和 $y$ 方向力的平衡方程，可以求出墙壁和地面的支持力，读者可自行求解。

# 14.4 转动刚体对轴承的动约束力

在高速转动的机械中，由于转子质量不均匀或制造和安装的不精确，转子产生偏心或偏角，惯性力的作用将会使轴承承受巨大的附加动压力，造成机器的破坏。消除轴承上的附加动压力是高速旋转机械的一个重要工作。

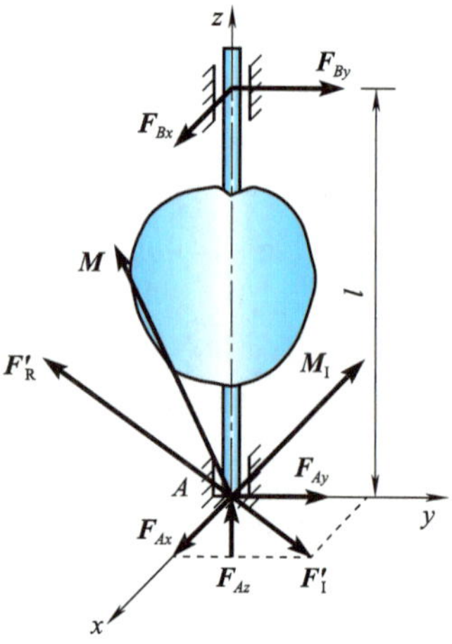

图 14-8

刚体绕定轴 $z$ 转动，某瞬时角速度为 $\omega$，角加速度为 $\alpha$，其上受主动力系 $\boldsymbol{F}_i$ 作用；约束反力为 $\boldsymbol{F}_{Ax}$，$\boldsymbol{F}_{Ay}$，$\boldsymbol{F}_{Az}$，$\boldsymbol{F}_{Bx}$，$\boldsymbol{F}_{By}$。如图 14-8 所示，将主动力系向点 $A$ 简化得主动力的主矢 $\boldsymbol{F}_{\mathrm{R}}'$，主矩 $\boldsymbol{M}$ 。主动力系、约束反力系和惯性力系形式上组成平衡力系，有

$$
\begin{aligned}
&\sum F_x = 0,\ \sum F_{xi} + F_{Ax} + F_{Bx} + F_{\mathrm{I}x}' = 0\\
&\sum F_y = 0,\ \sum F_{yi} + F_{Ay} + F_{By} + F_{\mathrm{I}y}' = 0\\
&\sum F_z = 0,\ \sum F_{zi} + F_{Az} + F_{\mathrm{I}z}' = 0\\
&\sum M_x = 0,\ \sum M_x(F_i) + M_x(F_{By}) + M_{\mathrm{I}x} = 0\\
&\sum M_y = 0,\ \sum M_y(F_i) + M_y(F_{Bx}) + M_{\mathrm{I}y} = 0\\
&\sum M_z = 0,\ \sum M_z(F_i) + M_{\mathrm{I}z} = 0
\end{aligned}
$$

由上式可得轴承的约束反力为

$$
\begin{aligned}
F_{Bx} &= -\frac{1}{l}\left[\sum M_y(F_i) + J_{yz}\alpha + J_{zx}\omega^2\right]\\
F_{By} &= \frac{1}{l}\left[\sum M_x(F_i) + J_{zx}\alpha - J_{yz}\omega^2\right]\\
F_{Ax} &= -\sum F_{xi} + \frac{1}{l}\left[\sum M_y(F_i) + J_{yz}\alpha + J_{zx}\omega^2\right] - my_C\alpha - mx_C\omega^2\\
F_{Ay} &= -\sum F_{yi} - \frac{1}{l}\left[\sum M_x(F_i) + J_{zx}\alpha - J_{yz}\omega^2\right] + mx_C\alpha - my_C\omega^2\\
F_{Az} &= -\sum F_{zi}
\end{aligned}
\tag{14-11}
$$

由上式可见，$A$ 处沿 $z$ 轴的约束反力 $\boldsymbol{F}_{Az}$ 与惯性力无关；约束反力 $\boldsymbol{F}_{Ax}$、$\boldsymbol{F}_{Ay}$、$\boldsymbol{F}_{Bx}$ 和 $\boldsymbol{F}_{By}$ 都由两部分组成，一部分称为静反力，由惯性力引起的部分称为附加动反力。消除附加动反力，必须有

$$
x_C = 0,\quad y_C = 0,\quad J_{zx} = 0,\quad J_{yz} = 0 \tag{14-12}
$$

如果刚体对通过点 $A$ 的 $z$ 轴的惯性积 $J_{zx} = 0$，$J_{yz} = 0$，则 $z$ 轴称为过 $A$ 点的惯性主轴，如果惯性主轴又通过质心 $C$，称为中心惯性主轴。也就是说，当刚体以中心惯性主轴为转轴时，轴承上将不会产生附加动约束反力。

如果刚体的转轴通过质心，并且刚体只受到重力作用，则刚体可以在任意位置静止不动，这种现象称为**静平衡**。转动刚体实现静平衡不能保证消除轴承的附加动反力。如果刚体做定轴转动时轴承上不产生附加动反力，则称为刚体处于**动平衡**。由上面的结论可知，当刚体绕

中心惯性主轴（$x_C=0$，$y_C=0$；$J_{zx}=J_{yz}=0$）转动时，刚体处于动平衡状态。

## 习　题

14-1　如图所示，人重为 $\boldsymbol{P}$，站在电梯上，电梯以 $\boldsymbol{a}$ 的匀加速度上升，求人给电梯地板的压力。

14-2　如图所示，重为 $P$ 的小球 $M$，以长为 $l$ 的绳子悬挂于固定点 $O$，开始时绳与铅垂线的夹角为 30°。若小球由初始位置点 $M$ 静止下落，当落到铅垂位置点 $B$ 时，绳 $OM$ 与一铁钉 $O_1$ 相碰，铁钉的方向与重物运动的平面垂直，其位置由 $OO_1=l/2$ 决定。求：小球达到点 $B$ 时，在碰到铁钉前、后绳子的拉力；小球达到最右位置点 $C$ 时，绳子的拉力。

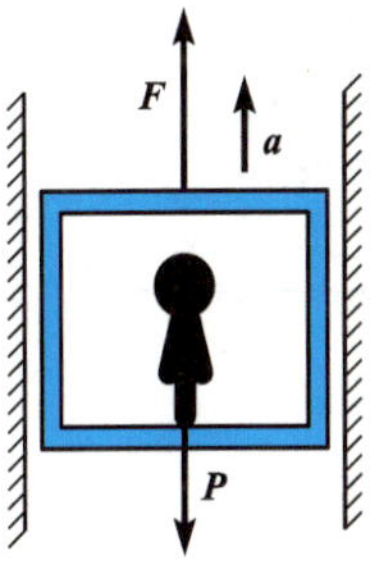


题 14-1 图

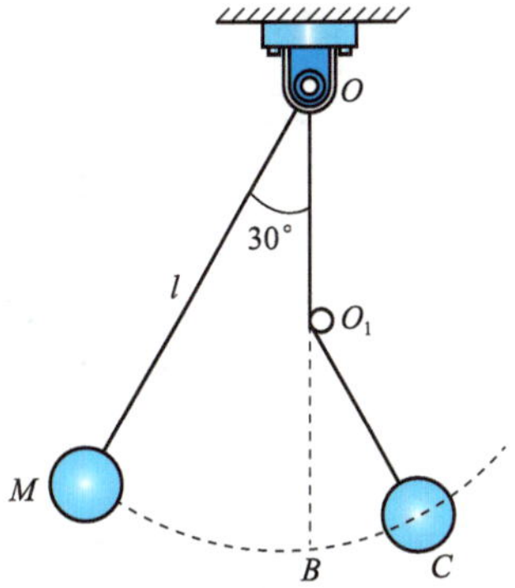


题 14-2 图

14-3　如图所示，重为 $\boldsymbol{P}$ 的汽车以加速度 $\boldsymbol{a}$ 做直线运动，如汽车重心 $C$ 距地面的高度为 $h$，求其前轮的铅直压力。汽车的前后轴到重心垂线的距离分别等于 $l_1$ 和 $l_2$。问汽车以多大的加速度行驶，才能使前后轮的压力相等。

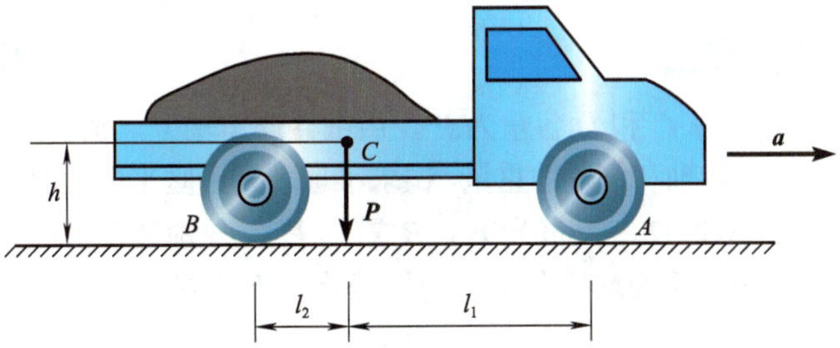


题 14-3 图

14-4　如图所示，机车连杆 $AB$ 重 $\boldsymbol{P}$，两端用铰链连接于主动轮上，铰链到轮心的距离为 $r$，主动轮的半径为 $R$。求当机车以匀速 $\boldsymbol{v}$ 直线前时时，铰链对连杆的反作用力。

14-5　如图所示，在行驶的载重汽车上，放置一个高 $h=2\text{m}$，宽 $b=1.5\text{m}$ 的柜子，柜子的重心在其中点 $C$，问要使刹车时柜子不至于倾到，汽车的最大刹车加速度不应超过多大？假定柜子不会在车上滑动。

14-6　如图所示，起重机以加速度 $\boldsymbol{a}$ 吊起一均质等截面直杆，已知杆长为 $l$，横截面积为 $S$，单位体积的重量为 $\gamma$，试用截面法计算直杆任意截面 $x$ 处的应力（单位面积内力的大小）。

14-7　如图所示，重为 $\boldsymbol{P}_1$ 的电动机，安装在水平基础上，转子的重心 $C$ 到转轴 $O$ 的偏心距为$e$，设转子重为$\boldsymbol{P}_2$，并以匀角速度$\omega$转动，试求电动机对基础的最大压力和最小压力。

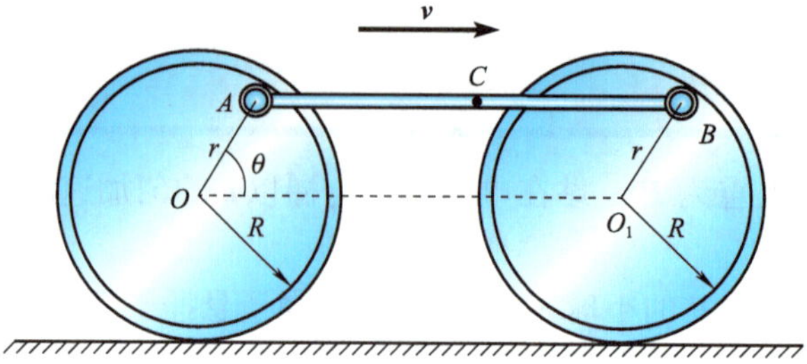


题 14-4 图

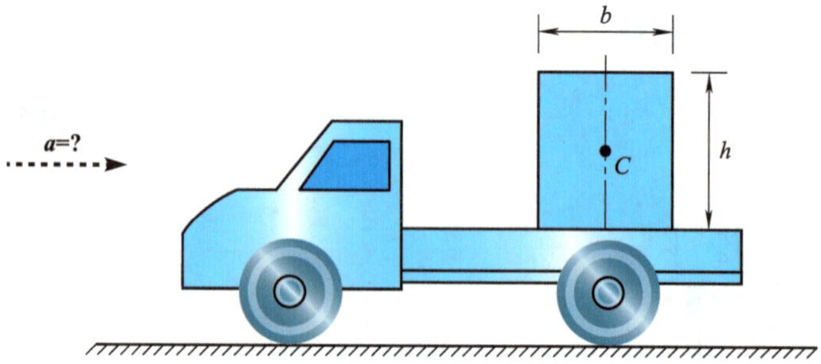


题 14-5 图

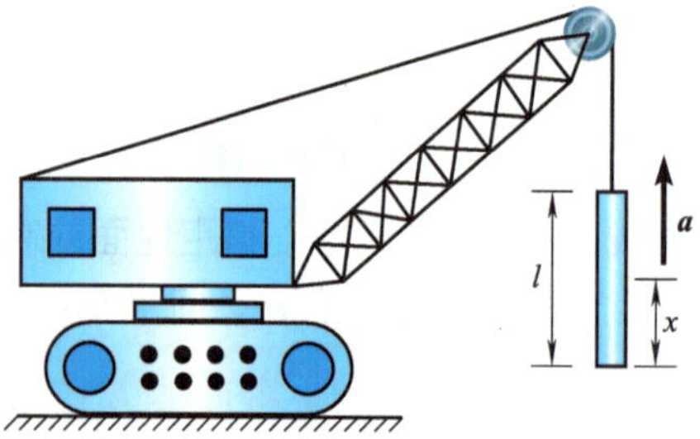


题 14-6 图

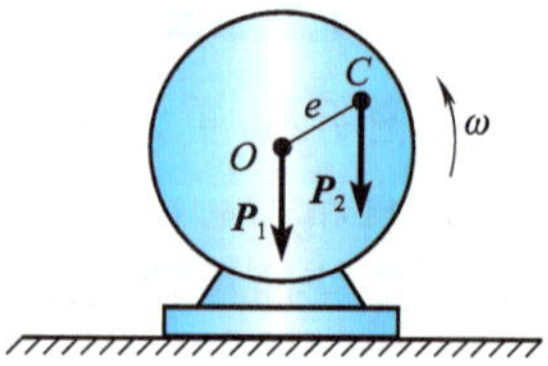


题 14-7 图

14-8　如图所示，两小球$C$和$D$各重为$\boldsymbol{P}$，用细柱连于轴上，轴以匀角速度$\omega$转动，两小球与轴在同一平面内，略去转轴和细柱的重量，试求小球转到铅垂平面内时，轴承$A$与$B$的反力。

14-9　如图所示，有两重物，$A$重为$\boldsymbol{P}_1$，$B$重为$\boldsymbol{P}_2$，分别挂在柔软不可伸长绳的两端，鼓轮$O$重为$\boldsymbol{P}$，半径为$R$，视为均质圆盘。初始静止，不计绳子质量与轴$O$的摩擦，求鼓轮$O$的角加速度与轴$O$的约束反力。

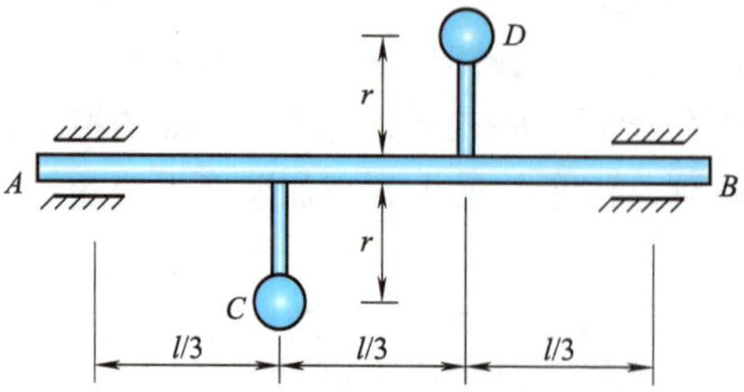


题 14-8 图

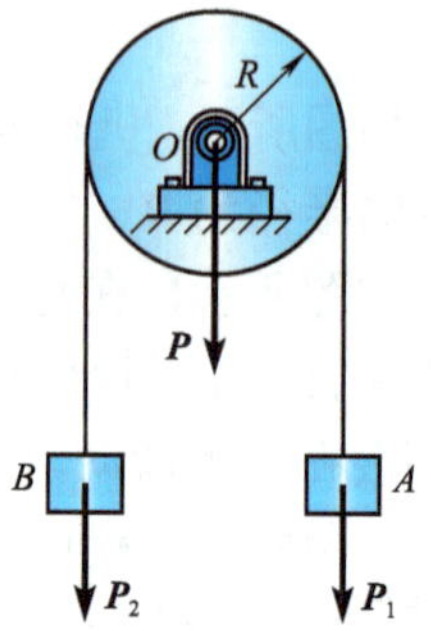


题 14-9 图

14-10　曲柄滑道机构如图所示，已知圆轮半径为 $R$，对转轴的转动惯量为 $J$，轮上作用一常力偶矩 $M$，杆 $AB$ 的质量为 $m$，与滑道的摩擦系数为 $f_s$；销钉 $C$ 与铅直滑槽 $DE$ 的摩擦不计。求圆轮的转动微分方程。

14-11　如图所示平面系统中，初始静止，物块 $A$ 重为 $\boldsymbol{P}$，物块 $A$ 与水平面的动滑动摩擦系数为 $f$；$B$ 为均质圆盘，其半径为 $2r$，重 $2\boldsymbol{P}$；轮 $C$ 为均质圆盘，半径为 $r$，重为 $\boldsymbol{P}$；块 $D$ 重为 $\boldsymbol{P}$，试求块 $D$ 下降时加速度 $\boldsymbol{a}$ 应为多少。

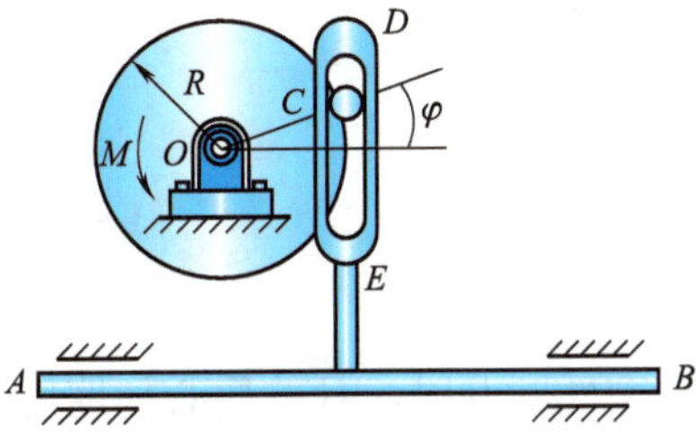

题 14-10 图

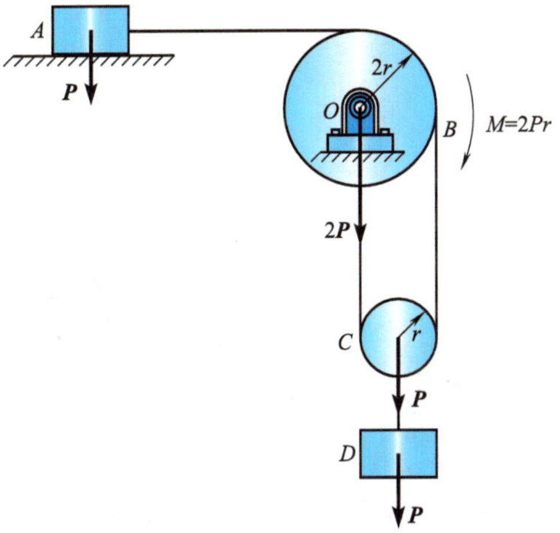

题 14-11 图

14-12　如图所示，已知物块 $A$ 重为 $\boldsymbol{P}_1$，与水平面光滑接触，物块 $B$ 重为 $\boldsymbol{P}_2$，轮 $O$ 的转动惯量为 $J_O$，轮外缘半径为 $R$，内鼓轮半径为 $r$，物块 $B$ 由静止开始下落。求轮 $O$ 转动的角加速度及 $A$ 所受的拉力。

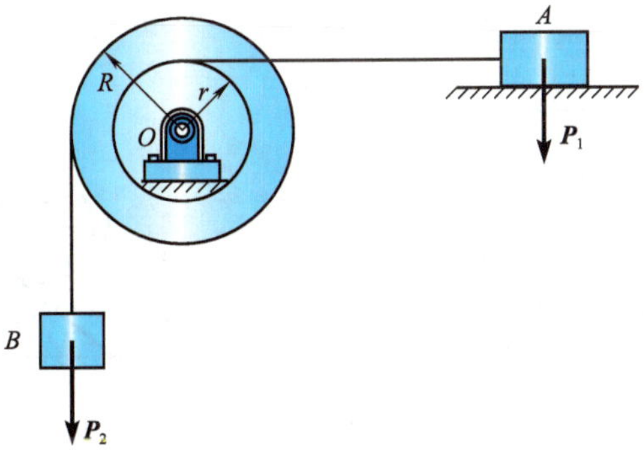

题 14-12 图

14-13　如图所示，均质圆盘重为 $\boldsymbol{P}$，半径为 $R$，盘心 $A$ 用一铰与刚度系数为 $k$ 的弹簧相连，弹簧原长为 $l_0$，坐标原点设在静伸长端点处 $O-O$ 位置，$x$ 坐标沿斜面向下。初瞬时，经扰动后，盘沿斜面纯滚动，不计滚动摩阻。求圆盘的运动微分方程及圆盘在平衡位置时，圆盘与斜面间的摩擦力。

14-14　如图所示，均质刚杆 $AB$ 长为 $l$，重为 $\boldsymbol{P}$，在 $A$ 端固结一小球(质点 $A$)重 $P_1 = P/2$，点 $B$ 悬挂在刚度系数为 $k$ 的弹簧上，已知在水平位置系统处于平衡。初瞬时，经扰动，系统绕 $O$ 微幅振动，求微幅振动微分方程。

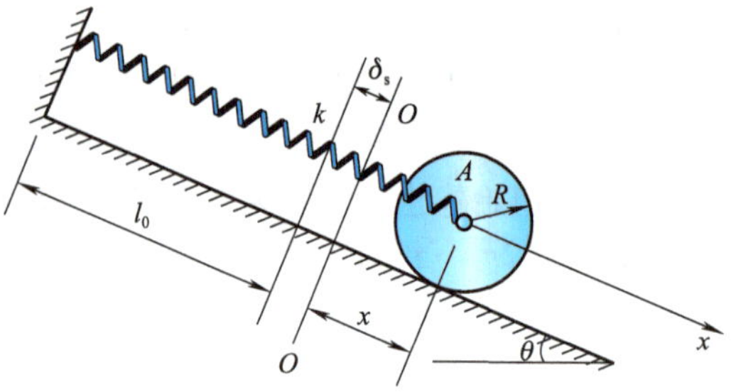


题 14-13 图

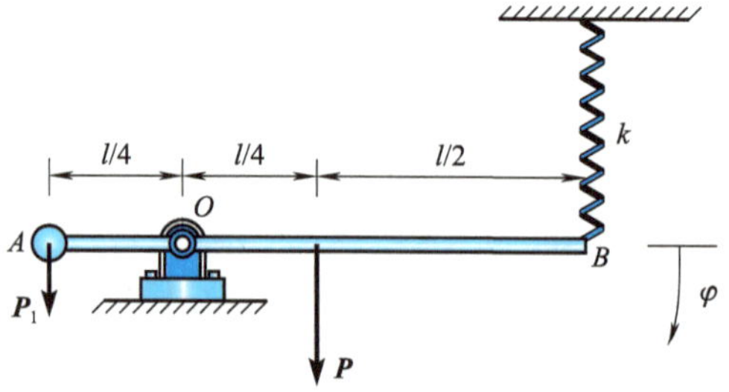


题 14-14 图

14-15　如图所示，均质杆重为 $\boldsymbol{P}$，长为 $l$，求一绳突然断开时，杆的质心加速度及另一绳的拉力。

14-16　如图所示，滚子 $A$ 重为 $\boldsymbol{P}_1$，沿倾角为 $\theta$ 的斜面纯滚动。轮 $B$ 与滚子 $A$ 有相同的重量和半径，且均可视为均质圆盘。物体 $C$ 重 $\boldsymbol{P}$。求滚子中心的加速度。设绳子不可伸长，其重量可略而不计，绳与滑轮 $B$ 之间无相对滑动，三角块也不动。

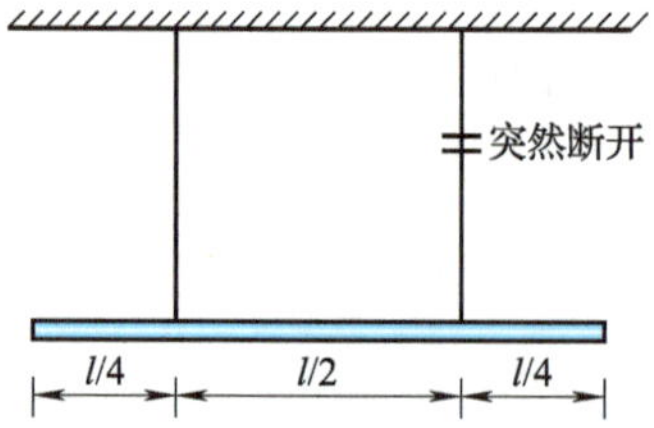


题 14-15 图

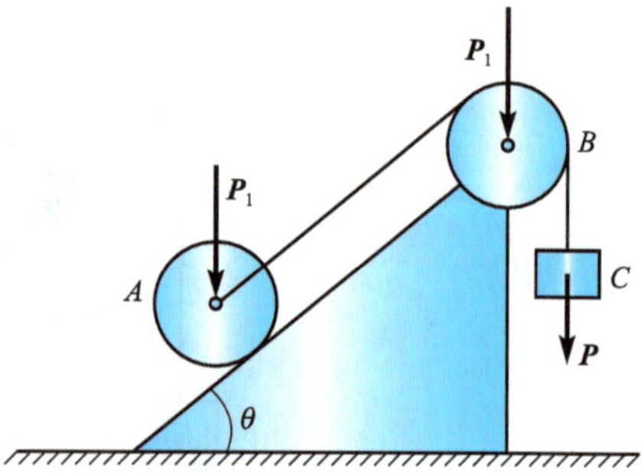


题 14-16 图

14-17　如图所示，一塔轮由三个圆轮组成，其质量分别为 $m_1 = 20\text{kg}$，$m_2 = 16\text{kg}$，$m_3 = 10\text{kg}$，其中两轮的重心偏离转轴的转线距离为 $e_1 = 0.1\text{cm}$，$e_3 = 0.1\text{cm}$，三轮重心 $C_1$、$C_2$、$C_3$ 与转轴均在同一平面内。塔轮转速为 $n = 2400\text{r/min}$，求轴承处的附加动反力。

14-18　如图所示均质杆长为 $2l$，重为 $\boldsymbol{P}$，以匀角速度 $\omega$ 绕沿竖直轴转动，杆与轴夹角为 $\theta$，求轴承 $A$、$B$ 的附加动反力。

14-19　如图所示水平刚杆 $OA = a$，不计重量，固连于转轴 $z$ 上，点 $A$ 铰接一重为 $\boldsymbol{P}$ 的均质杆 $AB$，$AB = l$，当轴匀速转动时，杆 $AB$ 与 $z$ 轴夹角为 $\varphi$，试求角速度 $\omega$ 应为多少。

14-20　如图所示，长方形薄板 $ABCD$ 重 $\boldsymbol{P}$，支在 $AC$ 轴上。当板在静止水平位置时，其轴上作用一力偶，力偶矩为 $M$，求板的角加速度和支座 $A$ 和 $C$ 的支反力。

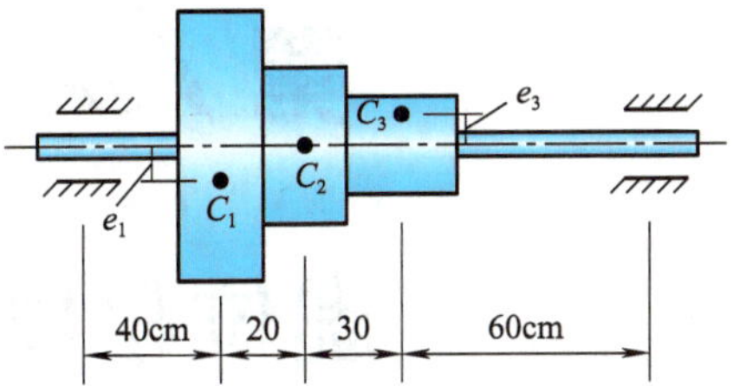


题 14-17 图

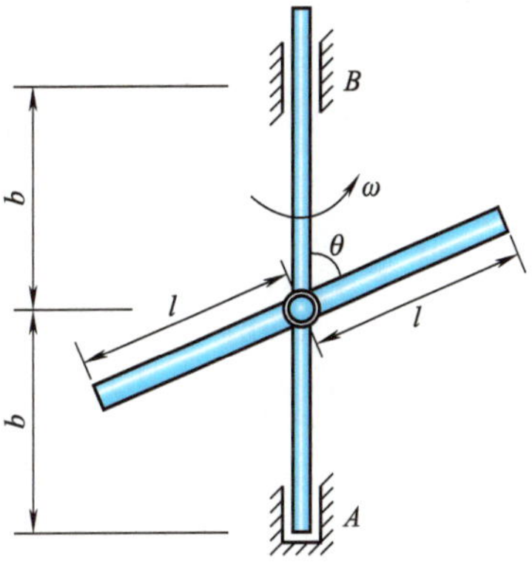


题 14-18 图

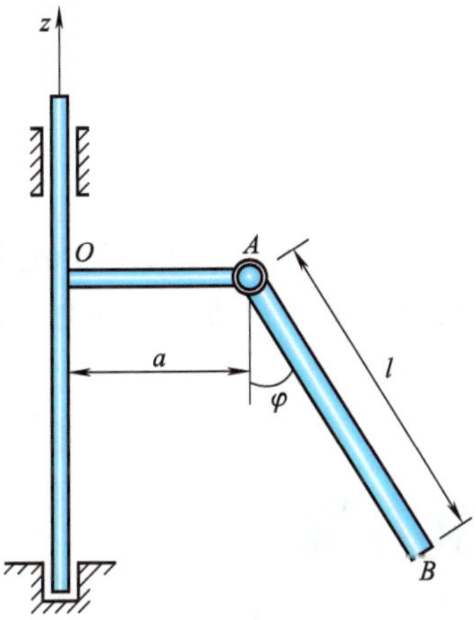


题 14-19 图

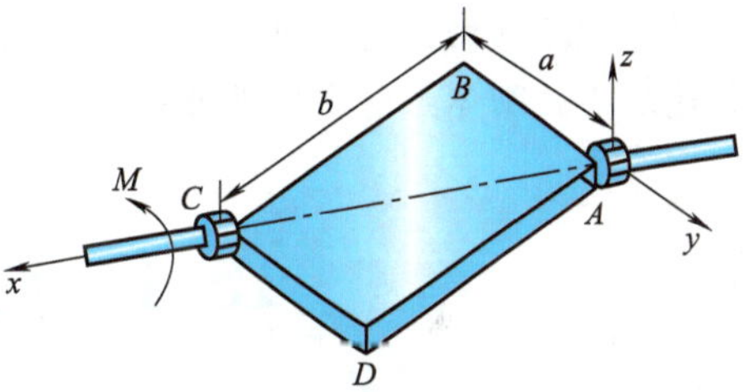


题 14-20 图

第 14 章参考答案

# 第 15 章

# 虚位移原理

**内容提要**

本章所介绍的虚位移原理，是用分析的方法，将平衡问题归结为一个普遍公式。它通过力在虚位移上做虚功的概念，使得未知约束反力不出现在虚功方程之中。为求解非自由质点系，特别是复杂的刚体系静定问题开辟了一个新的途径。

## 15.1 约束与约束方程

一质点系，当它的运动不受限制时，称为自由质点系。当它的运动受到限制时，它是非自由的，称非自由质点系。在非自由质点系中，加在质点系中各质点的限制条件称为约束，表示这种限制条件的数学方程称为约束方程。

根据约束的性质，可将约束分为以下几类。

### 15.1.1 几何约束和运动约束

只限制质点或质点系在空间几何位置的约束称为几何约束，对应的约束方程表征质点或质点系中质点位置坐标所受的限制，称几何约束方程。

图 15-1 中的小球 $A$ 受刚杆 $OA$ 的约束，被限制在竖直平面内绕定轴 $O$ 做圆周运动，$OA=l$，其约束方程为 $x^2+y^2=l^2$。

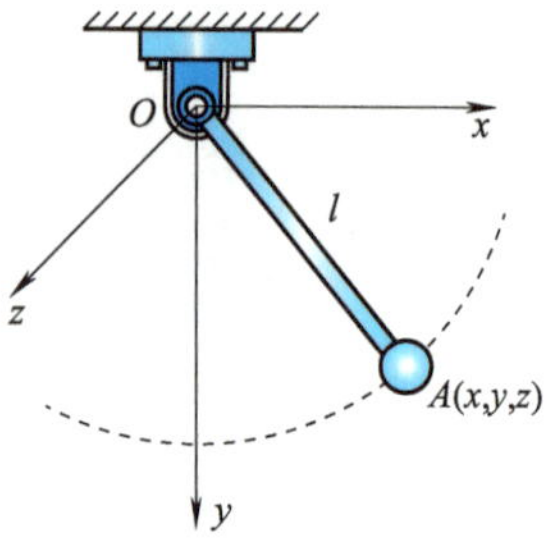

图 15-1

图 15-2 是一个曲柄连杆机构，曲柄 $OA$ 和连杆 $AB$ 与滑槽加上滑块 $B$ 的约束，其约束方程可写为 $x_1^2+y_1^2=r^2$，$(x_2-x_1)^2+(y_2-y_1)^2=l^2$，$y_2=0$。上述约束方程只约束质点或质点系的空间位置，这种约束称为几何约束。

如果质点系所受的约束不仅限制质点系在空间的几何位置，而且还限制质点系各质点的运动，那么这种约束称为运动约束。图 15-3 中轮 $A$ 在水平面沿直线做纯滚动，轮心 $A$ 距地面高度始终为

$R$，其约束方程为 $y_A = R$。因为轮做纯滚动，$C$ 点为速度瞬心，所以，运动约束方程为 $v_A - \omega R = 0$。这个约束就是运动约束。

图 15-2 动画

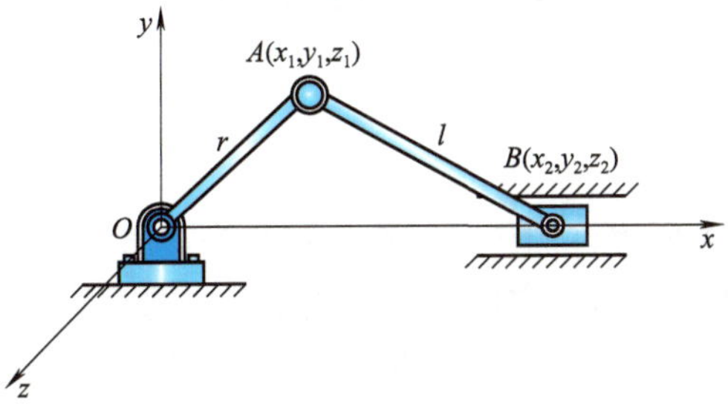


图 15-2

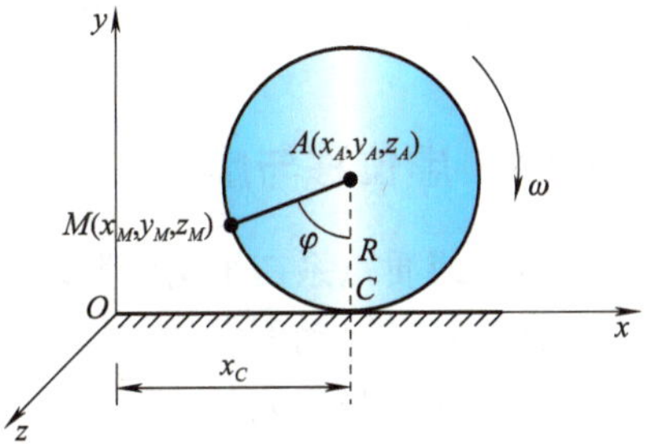


图 15-3

## 15.1.2 定常约束和非定常约束

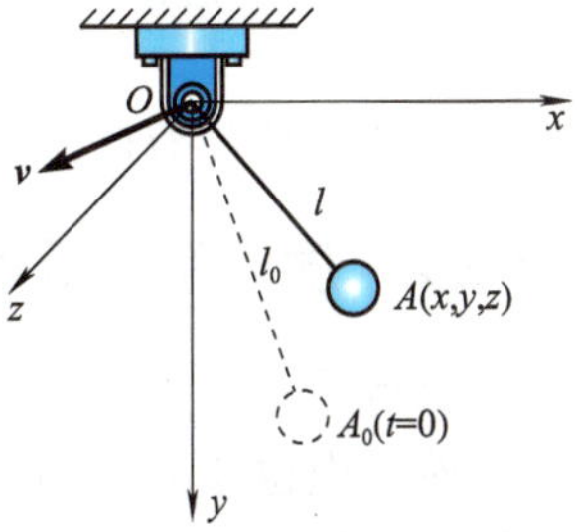


图 15-4

图 15-4 动画

不随时间而变的，即约束方程中不显含时间 $t$ 的几何约束称为**定常约束**。图 15-1 的单摆与图 15-2 的曲柄连杆机构中，$A$ 与 $B$ 所受的约束都属于定常约束。

如果约束随着时间发生变化，约束方程中显含时间 $t$，这种约束称为**非定常约束**。例如，图 15-4 中绳子的上端穿过固定点 $O$，下端系一个小球。初始时小球与固定点的距离为 $l_0$，然后以匀速 $\boldsymbol{v}$ 拉动绳子，则在任意时刻 $t$，小球与固定点的距离 $l = l_0 - vt$，于是约束方程可以写为 $x^2 + y^2 + z^2 = (l_0 - vt)^2$。约束方程中显含时间 $t$，所以这个约束是非定常约束。

## 15.1.3 双面约束和单面约束

在任何时刻都存在的约束称为**双面约束**。双面约束的约束方程是等式形式。图 15-1 中的小球 $A$ 所到刚杆的约束为 $x^2 + y^2 = l^2$。图 15-2 中曲柄连杆机构中的曲柄销 $A$ 与滑块 $B$ 所受的约束为，$x_1^2 + y_1^2 = r^2$，$(x_2 - x_1)^2 + (y_2 - y_1)^2 = l^2$。这些约束都是双面约束。

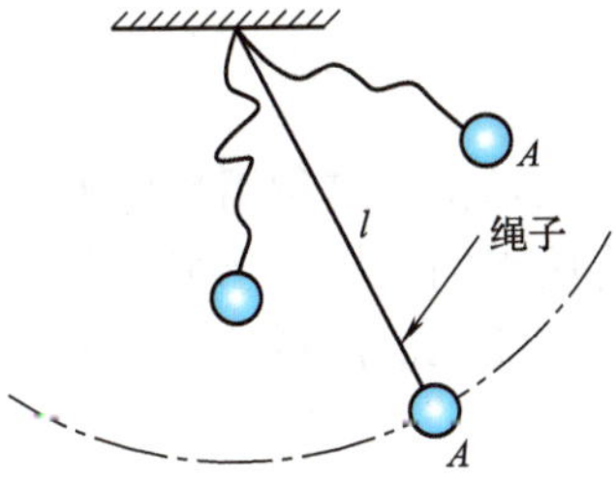


图 15-5

如果约束有可能失效，则称为**单面约束**。如图 15-5 中，绳子 $OA$ 是球 $A$ 的约束，当绳子拉紧时，小球就受到约束，将在半径为 $l$ 的圆周上运动；当绳子松弛时，小球受到的约束就会消失。所以绳子对小球的约束为单面约束，其约束条件为 $x^2 + y^2 \leqslant l^2$。单面约束的约束方程是以不等式形式表示的。

## 15.1.4 完整约束和非完整约束

如果约束方程中包含坐标对时间的导数，而且约束方程无法通过积分而消去导数项，这类约束称为**非完整约束**。反之，如果约束方程中不包含坐标对时间的导数，或者虽然有导数项但是可以进行积分消除掉，这类约束称为**完整约束**。图 15-3 中的运动约束方程中包含导数项，但是能够积分化为几何约束，所以这个约束方程是完整约束。

本章只研究完整、双面约束的质点系问题。

# 15.2 虚位移的基本概念

## 15.2.1 虚位移与虚功

质点或质点系在平衡位置时，约束所容许的任何微小位移称为该质点或质点系的虚位移。虚位移与真实运动所发生的实位移是不同的。实位移是系统在一定的时间间隔内实际发生的位移。它除了与约束条件有关外，还与时间、主动力以及运动的初始条件有关；而虚位移是约束所容许的条件下可能发生的位移，也就是说虚位移并不会真的发生，与载荷和初始条件无关。实位移具有确定的方向，可能是微小量，也可能是有限值；但虚位移则是微小位移。

力在虚位移上所做的功称为虚功。力 $\boldsymbol{F}$ 在虚位移 $\delta\boldsymbol{r}$ 上所做的虚功为

$$\delta W = \boldsymbol{F}\cdot\delta\boldsymbol{r} \tag{15-1}$$

虚功也是代数量，可正可负也可为零。

## 15.2.2 质点系各质点虚位移之间的关系

质点系中各质点的虚位移需要满足约束条件的限制，因此它们之间存在一定的关系。确定各质点虚位移之间的关系是应用虚位移原理的关键。几何法与解析法是确定不同质点虚位移间关系的两种主要方法。

几何法是指用几何学或运动学的知识求各点虚位移之间的关系。

图 15-6 所示为一曲柄连杆机构，若曲柄 $OA$ 顺时针转过一个微小的角度 $\delta\varphi$，则点 $A$ 的虚位移的大小为 $\delta r_A = r\delta\varphi$，方向垂直于 $OA$，指向由 $\delta\varphi$ 的转向确定。滑块 $B$ 的虚位移 $\delta\boldsymbol{r}_B$ 沿水平方向。连杆 $AB$ 上 $A$、$B$ 两点的速度方向与虚位移方向相同，因此可确定 $AB$ 杆的瞬心点 $C$，可认为三角形 $ABC$ 绕瞬心转动了 $\delta\varphi$。将各点的虚位移间用线连起来，可以很清晰地看出各点虚位移间的关系，有

$$\frac{\delta r_A}{\delta r_B} = \frac{AC}{BC}$$

对于一般的质点系，各质点的虚位移可以通过广义坐标的变分来求得。这种用数学方法求各质点虚位移关系的方法称为解析法。解析法的基本过程，是将质点的坐标表示成某些参数的函数(参见第 15.4 节广义坐标)，然后对坐标的函数进行变分，则质点的虚位移表示成参数变分的函数，从而求得各点虚位移之间的关系。

图 15-7 所示的单摆，$x$、$y$ 可表示为 $\varphi$ (广义坐标)的函数，有

$$\begin{cases} x = a\sin\varphi \\ y = a\cos\varphi \end{cases}$$

变分得

$$\begin{cases} \delta x = \dfrac{\partial x}{\partial\varphi}\delta\varphi = a\cos\varphi\delta\varphi \\ \delta y = \dfrac{\partial y}{\partial\varphi}\delta\varphi = -a\sin\varphi\delta\varphi \end{cases}$$

从而得到虚位移之间的关系。

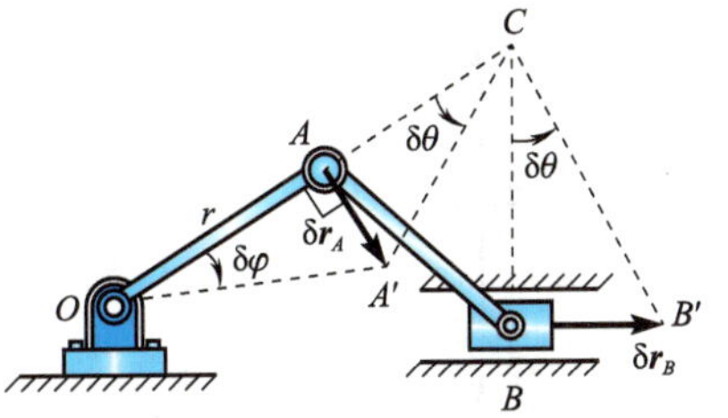

图 15-6

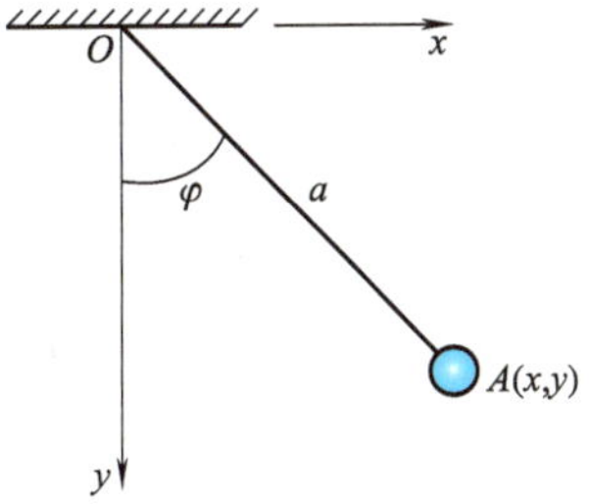

图 15-7

### 15.2.3　理想约束

如果约束反力在质点系的任何虚位移中所做虚功之和等于零，则这种约束称为理想约束。设 $\boldsymbol{F}_{Ni}$ 为质点系中质点 $M_i$ 的约束反力，$\delta\boldsymbol{r}_i$ 表示该点的虚位移，如果 $\sum\limits_{i=1}^{n}\boldsymbol{F}_{Ni}\cdot\delta\boldsymbol{r}_i=0$，则称此约束为理想约束。

静力学里介绍的光滑接触面、固支约束、光滑铰链、无重刚杆、不可伸长的绳索，还有做纯滚动的圆盘等，约束力在任意虚位移上所做的功均为零，因此这些约束都是理想约束。

## 15.3　虚位移原理及其应用

### 15.3.1　虚位移原理

假设一具有理想约束的质点系，将作用在此质点系上的力分为主动力和约束反力。则虚位移原理可叙述如下：**具有理想约束的质点系，其平衡的必要与充分条件是所有作用于该质点系的主动力在任何虚位移中所做的虚功之和等于零。**

设由 $n$ 个质点组成的质点系，$\boldsymbol{F}_i$ 表示作用于质点 $M_i$ 的主动力的合力，$\delta\boldsymbol{r}_i$ 表示该质点的虚位移，则虚位移原理的表达式为

$$\sum\delta W_{Fi}=\sum_{i=1}^{n}\boldsymbol{F}_i\cdot\delta\boldsymbol{r}_i=0 \tag{15-2}$$

杠杆 $AB$ 如图 15-8 所示，其支点为 $O$，两端各挂重物 $\boldsymbol{P}$ 与 $\boldsymbol{P}_1$，在水平位置平衡，点 $A$ 与点 $B$ 到 $O$ 点距离为 $a$ 与 $b$。给杠杆 $AB$ 一个虚位移 $\delta\varphi$，主动力 $\boldsymbol{P}$ 与 $\boldsymbol{P}_1$ 在虚位移上所做的虚功之和为

$$\sum\delta W_F=\boldsymbol{P}\cdot\delta\boldsymbol{r}_A+\boldsymbol{P}_1\cdot\delta\boldsymbol{r}_B=-Pa\delta\varphi+P_1b\delta\varphi=\left(P_1b-Pa\right)\delta\varphi$$

杠杆在水平位置平衡，有 $P_1b=Pa$，因此 $\sum\delta W_F=0$。即杠杆上主动力在虚位移上所做虚功之和为零。

虚位移原理是解决平衡问题的一般性原理，对于受理想约束的复杂系统的平衡问题，因为不考虑约束反力，应用虚位移原理求解更为方便。当有非理想约束(如摩擦、弹簧)存在时，可以把摩擦力或弹性力当成主动力看待，虚位移原理仍然适用。虚位移原理还可以求解理想约束的约束反力，这时应把相应的约束解除掉，代以要求的约束反力，将该约束反力当成主

动力来看待。

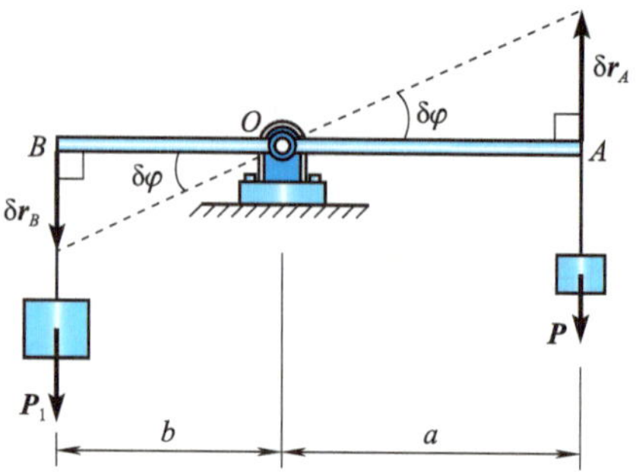


图 15-8

图 15-8 动画

## 15.3.2 单自由度机构的平衡问题

单自由度机构要处于平衡，需要满足虚位移原理。这类问题主要求平衡时的主动力关系或机构平衡位置。

**例 15-1**

机构如图 15-9 所示，已知 $l$、$d$ 和 $\theta$，求机构平衡时力 $\boldsymbol{F}$ 与力 $\boldsymbol{F}_1$ 的关系。

**解**：选整个系统为研究对象，系统具有理想约束。给 $OC$ 一个虚位移 $\delta\theta$，$A$、$C$ 点的虚位移 $\delta\boldsymbol{r}_A$ 与 $\delta\boldsymbol{r}_C$ 可用 $\delta\theta$ 表示出来。

图 15-9 动画

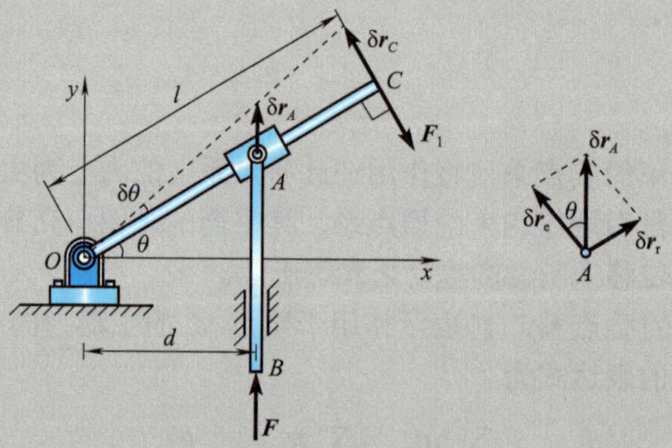


图 15-9

(1) 几何法。

以 $BA$ 上的点 $A$ 为动点，杆 $OC$ 为动坐标系，则点 $A$ 的绝对虚速度等于牵连虚速度与相对虚速度的矢量和。虚位移也有类似的关系，$\delta\boldsymbol{r}_A=\delta\boldsymbol{r}_e+\delta\boldsymbol{r}_r$，则

$$\delta r_e=\frac{d}{\cos\theta}\delta\theta,\quad \delta r_A=\frac{\delta r_e}{\cos\theta}=\frac{d}{\cos^2\theta}\delta\theta$$

由 $\delta r_C=l\delta\theta$，代入上式得

$$\sum\delta W_F=\boldsymbol{F}\cdot\delta\boldsymbol{r}_A+\boldsymbol{F}_1\cdot\delta\boldsymbol{r}_C=F\frac{d}{\cos^2\theta}\delta\theta-F_1 l\delta\theta=0$$

因 $\delta\theta\neq0$，所以有

$$\frac{F}{F_1}=\frac{l}{d}\cos^2\theta$$

(2)解析法。

选$\theta$为广义坐标。把$A$、$C$两点的坐标写成$\theta$的函数。

对点$A$有

$$\begin{cases}x_A=d\\ y_A=d\tan\theta\end{cases}$$

对点$C$有

$$\begin{cases}x_C=l\cos\theta\\ y_C=l\sin\theta\end{cases}$$

对点$A$求变分得

$$\begin{cases}\delta x_A=0\\ \delta y_A=\delta r_A=d\sec^2\theta\,\delta\theta\end{cases}$$

对点$C$求变分得

$$\begin{cases}\delta x_C=-l\sin\theta\,\delta\theta\\ \delta y_C=l\cos\theta\,\delta\theta\end{cases}$$

主动力的分量有$F_x=0$，$F_y=F$，$F_{1x}=F_1\sin\theta$，$F_{1y}=-F_1\cos\theta$，得

$$\begin{aligned}\sum\delta W_F&=F_y\delta y_A+F_{1x}\delta x_C+F_{1y}\delta y_C\\&=Fd\sec^2\theta\,\delta\theta+F_1\sin\theta\cdot(-l\sin\theta\,\delta\theta)+(-F_1\cos\theta)\cdot(l\cos\theta\,\delta\theta)=0\end{aligned}$$

因$\delta\theta\neq0$，有

$$\frac{F}{F_1}=\frac{l}{d}\cos^2\theta$$

用虚位移原理求解刚体系的平衡问题时，不需要考虑约束反力。相比于静力学中拆刚体、解除约束、画受力图、求解方程的做法，虚位移显得相当简捷，但是一次只能求一个未知量。

### 15.3.3 非理想约束系统的平衡问题

当有非理想约束如弹簧或摩擦存在时，只要把弹性力或摩擦力当成主动力看待即可。

例 15-2

如图 15-10 所示一平面机构。已知四根杆长度均为$l$，弹簧的原长也为$l$，弹簧的刚度系数为$k$，重量、摩擦不计。求机构平衡时力$\boldsymbol{F}$的大小与角$\theta$之间的关系。

**解**：因为弹簧不是理想约束，机构上的作用力除主动力$\boldsymbol{F}$外，还要考虑弹性力$\boldsymbol{F}_k$与$\boldsymbol{F}'_k$。

设在平衡位置，弹簧的伸长为$\Delta$，则$\Delta=2l\cos\theta-l=l(2\cos\theta-1)$，有

$$F_k=F'_k=k\Delta=kl(2\cos\theta-1)$$

应用虚位移原理有

$$\sum\delta W_F=-F\delta y_A-F_k\delta x_B+F'_k\delta x_D=0$$

这里

$$y_A = 2l\sin\theta,\ x_B = l\cos\theta,\ x_D = -l\cos\theta$$

变分后有

$$\delta y_A = 2l\cos\theta\,\delta\theta,\ \delta x_B = -l\sin\theta\,\delta\theta,\ \delta x_D = l\sin\theta\,\delta\theta$$

代入虚位移原理等式，得

$$\sum \delta W_F = -F\cdot 2l\cos\theta\,\delta\theta - kl(2\cos\theta-1)\cdot(-l\sin\theta\,\delta\theta) + kl(2\cos\theta-1)\cdot(l\sin\theta\,\delta\theta) = 0$$

因 $\delta\theta \neq 0$，有

$$F = kl(2\sin\theta - \tan\theta)$$

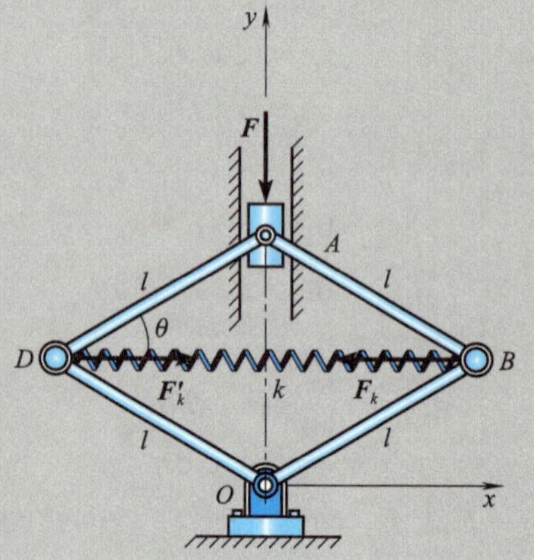


图 15-10 动画

图 15-10

## 15.3.4 多自由度系统的平衡问题

**例 15-3**

如图 15-11 所示，重物 $A$ 和 $B$ 用绳子连接，重物 $A$ 放在粗糙的水平面上，重为 $2\boldsymbol{P}$，$B$ 重为 $\boldsymbol{P}$。求系统平衡时，重物 $C$ 的重量 $\boldsymbol{P}_1$ 及重物 $A$ 与水平面间的摩擦系数 $f_s$ 为多少。

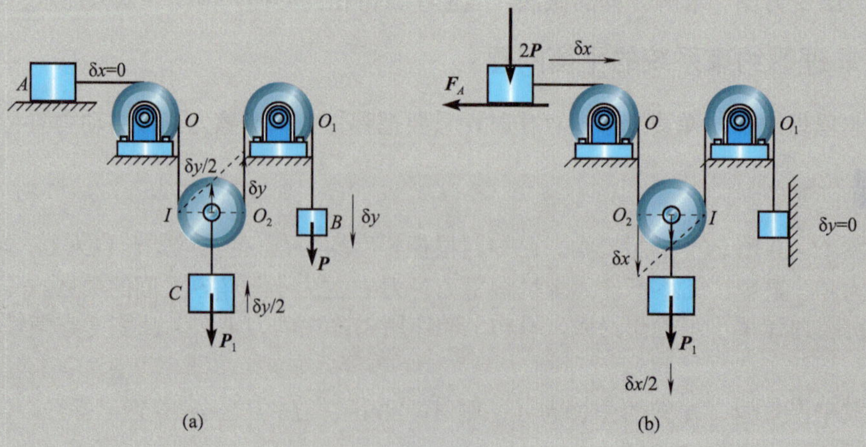


图 15-11

**解**：设 $A$ 的横坐标为 $x$，向右为正，$B$ 的纵坐标为 $y$，向下为正，以 $x$ 和 $y$ 作为参数。

(1) 令 $\delta x = 0$，$\delta y \neq 0$

系统虚位移图如图 15-11(a) 所示，根据虚位移原理有

$$\sum \delta W_{F_y} = -P_1\frac{\delta y}{2} + P\delta y = 0$$

因 $\delta y \neq 0$，有 $P_1 = 2P$。

(2) 令 $\delta x \neq 0$，$\delta y = 0$

系统虚位移如图 15-11(b) 所示，把摩擦力 $\boldsymbol{F}_A$ 当成主动力看待，$F_A = 2Pf_s$，由虚位移原理，有

$$\sum \delta W_{F_x} = -F_A\delta x + P_1\frac{\delta x}{2} = -2Pf_s\delta x + P_1\frac{\delta x}{2} = 0$$

因 $\delta x \neq 0$，有 $f_s = \dfrac{P_1}{4P} = 0.5$。

因此，要保持系统平衡，要满足 $f_s \geqslant 0.5$，$P_1 = 2P$。

### 15.3.5 静定结构的约束反力和内力

使用虚位移原理求解具有理想约束质点系的平衡问题时，方程中不出现约束反力，使问题的求解大为简化。反过来，虚位移原理也可以用来求解约束反力。要求质点系的约束反力，需要解除相应的约束，代以约束反力，把约束反力当作主动力来处理，就可以应用虚位移原理进行求解。这个方法也可以进行内力的求解。

**例 15-4**

组合梁受力如图 15-12(a) 所示，求 $A$ 与 $B$ 的约束反力。

**解：** (1) 求 $\boldsymbol{F}_{Ax}$

解除固支约束 $A$ 的 $x$ 方向约束，加上相应的约束反力 $\boldsymbol{F}_{Ax}$，虚位移如图 15-12(b) 所示，由虚位移原理，有

$$\sum \delta W_F = F_{Ax}\Delta = 0$$

得约束反力 $F_{Ax} = 0$。

(2) 求 $\boldsymbol{F}_{Ay}$

解除固支约束 $A$ 的 $y$ 方向约束，加上相应的约束反力 $\boldsymbol{F}_{Ay}$，虚位移如图 15-12(c) 所示，由虚位移原理，有

$$\sum \delta W_F = F_{Ay}\Delta - (2qa)\Delta - (qa)\Delta + \left(2qa^2\right)\frac{\Delta}{2a} = 0$$

因 $\Delta \neq 0$，得 $F_{Ay} = 2qa$。

(3) 求 $M_A$

解除固支约束 $A$ 限制转动的约束，加上相应的约束反力偶 $M_A$。虚位移如图 15-12(d) 所示，由虚位移原理，有

$$\sum \delta W_F = M_A\delta\theta - (2qa)(a\delta\theta) - (qa)(3a\delta\theta) + \left(2qa^2\right)(2\delta\theta) = 0$$

因 $\delta\theta \neq 0$，得 $M_A = qa^2$。

(4) 求 $\boldsymbol{F}_B$

虚位移如图 15-12(e) 所示，由虚位移原理，有

$$\sum \delta W_F = F_B \varDelta - \left(2qa^2\right)\frac{\varDelta}{2a} = 0$$

因 $\varDelta \neq 0$，得 $F_B = qa$ 。

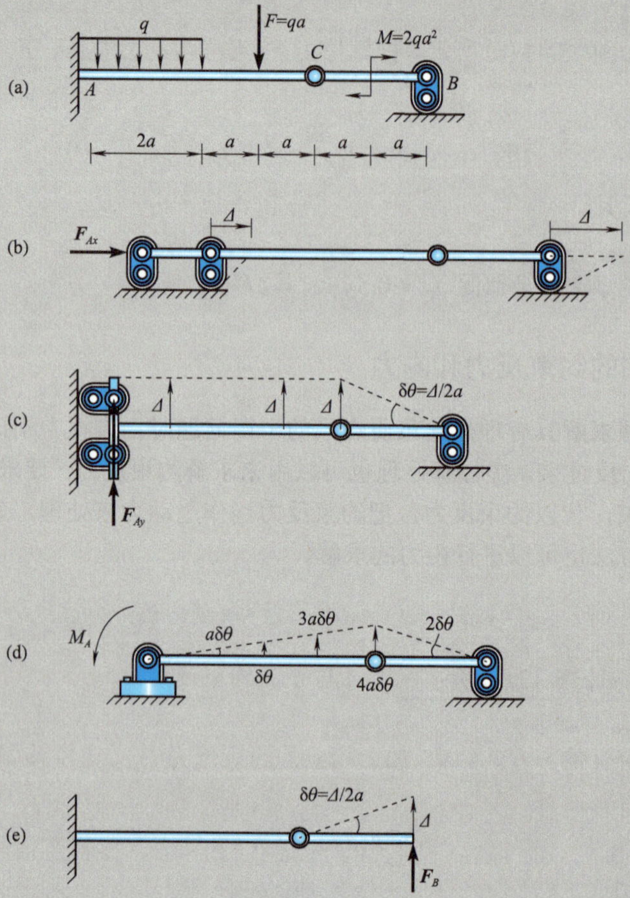


图 15-12

## 例 15-5

一桁架如图 15-13 所示，求杆 $CD$ 的内力。

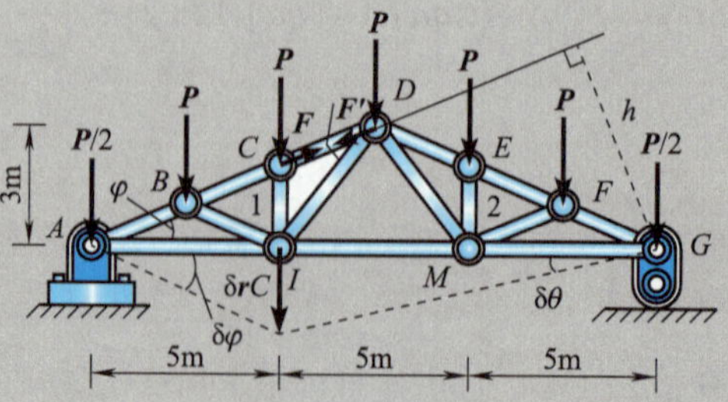


图 15-13

**解**：桁架中所有杆均为二力杆。求杆 $CD$ 的内力，就将杆 $CD$ 解除，加上内力 $\boldsymbol{F}$ 与 $\boldsymbol{F}'$，设为拉力。$\triangle ACI$ 与 $\triangle IDG$ 两部分仍为刚体。给桁架一个虚位移，设刚体 1 绕 $A$ 转动 $\delta\varphi$ 角。则刚体 2 绕瞬心 $G$ 做瞬时定轴转动。设刚体 2 绕瞬心 $G$ 转动 $\delta\theta$ 角，显然有 $\delta\varphi = 2\delta\theta$ 。

作用在桁架上的主动力除了给定的载荷，还要加上杆 $CD$ 的内力 $\boldsymbol{F}$ 与 $\boldsymbol{F}'$。根据虚位移原理，有

$$\sum\delta W_F = P\times2.5\delta\varphi + P\times5\delta\varphi + P\times7.5\delta\theta + P\times5\delta\theta + P\times2.5\delta\theta + F'\times h\delta\theta = 0$$

即

$$\sum\delta W_F = 7.5P\delta\varphi + (15P + F'h)\delta\theta = 0$$

这里 $h$ 是瞬心 $G$ 到内力 $\boldsymbol{F}'$ 作用线的垂直距离。由几何关系得

$$h = AG\cdot\sin\varphi = 15\cdot\frac{3}{\sqrt{7.5^2+3^2}} = 5.57\text{m}$$

将 $h$ 和 $\delta\varphi = 2\delta\theta$ 代入，又因为 $\delta\varphi\neq0$，得 $F' = -\dfrac{30P}{5.57} = -5.39P$，负号表示杆 $CD$ 为压杆。

# 15.4 广义坐标与广义力

## 15.4.1 广义坐标

前面使用解析法求不同质点虚位移关系时，将质点坐标表示成参数的函数。这种用来确定质点系各质点位置的独立参变量，称为广义坐标。用来确定质点系在空间位置所需独立参变量的个数，称为质点系的自由度。

图 15-14 所示曲柄连杆机构中，取一个参变量 $\varphi$ 就能确定机构的位置。$A$、$B$ 两点位置可用广义坐标 $\varphi$ 表示成

$$\begin{cases} x_1 = r\cos\varphi \\ y_1 = r\sin\varphi \end{cases}$$

$$\begin{cases} x_2 = r\cos\varphi + \sqrt{l^2 - r^2\sin^2\varphi} \\ y_2 = 0 \end{cases}$$

图 15-15 所示双摆，摆长 $OA = a$，$AB = b$，取独立参变量 $\varphi$ 与 $\psi$，则 $A$、$B$ 两点的坐标可表示成

$$\begin{cases} x_1 = a\sin\varphi \\ y_1 = a\cos\varphi \end{cases}$$

$$\begin{cases} x_2 = a\sin\varphi + b\sin\psi \\ y_2 = a\cos\varphi + b\cos\psi \end{cases}$$

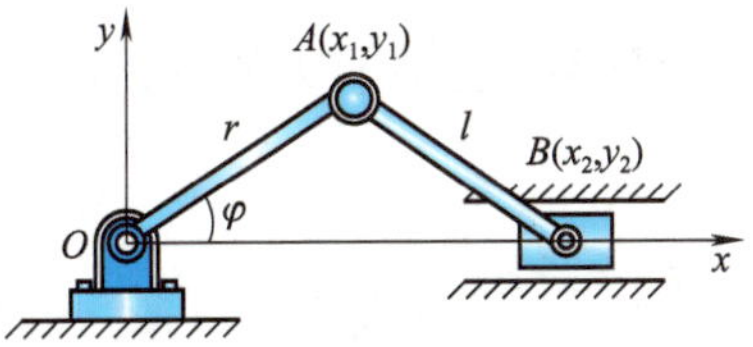

图 15-14

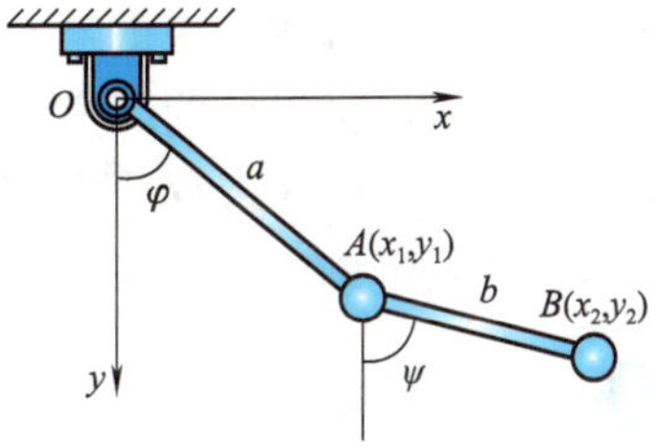

图 15-15

### 15.4.2 广义力

设用广义坐标$(q_1,q_2,\cdots,q_p)$来描述质点的空间位置时，质点系中任一质点$M_i$的位置可表示为广义坐标的函数，即

$$\begin{cases} x_i = x_i(q_1,q_2,\cdots,q_p) \\ y_i = y_i(q_1,q_2,\cdots,q_p) \\ z_i = z_i(q_1,q_2,\cdots,q_p) \end{cases}$$

变分后可得

$$\begin{cases} \delta x_i = \sum_{k=1}^{p}\dfrac{\partial x_i}{\partial q_k}\delta q_k \\ \delta y_i = \sum_{k=1}^{p}\dfrac{\partial y_i}{\partial q_k}\delta q_k \\ \delta z_i = \sum_{k=1}^{p}\dfrac{\partial z_i}{\partial q_k}\delta q_k \end{cases}$$

代入虚位移原理，得

$$\begin{aligned} \sum \delta W_F &= \sum_{i=1}^{n}(F_{ix}\cdot\delta x_i + F_{iy}\cdot\delta y_i + F_{iz}\cdot\delta z_i) \\ &= \sum_{i=1}^{n}\left[F_{ix}\left(\sum_{k=1}^{p}\frac{\partial x_i}{\partial q_k}\delta q_k\right) + F_{iy}\left(\sum_{k=1}^{p}\frac{\partial y_i}{\partial q_k}\delta q_k\right) + F_{iz}\left(\sum_{k=1}^{p}\frac{\partial z_i}{\partial q_k}\delta q_k\right)\right] \\ &= \sum_{k=1}^{p}\left(\sum_{i=1}^{n}F_{ix}\frac{\partial x_i}{\partial q_k} + \sum_{i=1}^{n}F_{iy}\frac{\partial y_i}{\partial q_k} + \sum_{i=1}^{n}F_{iz}\frac{\partial z_i}{\partial q_k}\right)\delta q_k = 0 \end{aligned}$$

令

$$Q_k = \sum_{i=1}^{n}F_{ix}\frac{\partial x_i}{\partial q_k} + \sum_{i=1}^{n}F_{iy}\frac{\partial y_i}{\partial q_k} + \sum_{i=1}^{n}F_{iz}\frac{\partial z_i}{\partial q_k}$$

则简化为

$$\sum \delta W_F = \sum_{k=1}^{p} Q_k \delta q_k = 0 \tag{15-3}$$

式中，$Q_k$称为广义坐标$q_k$相应的广义力；$\delta q_k$称为广义坐标的虚位移。

因为$\delta q_1,\delta q_2,\cdots,\delta q_p$都是彼此独立的任意小量，虚位移原理均成立，所以必然有

$$Q_1 = Q_2 = \cdots = Q_p = 0 \tag{15-4}$$

也就是说，具有理想约束的质点系，在某一位置处于平衡状态的必要和充分条件是：在该位置上，对应于广义坐标的广义力全都等于零。

需要注意的是，广义力$Q_k$是代数量，而不是矢量，而且不一定具有力的量纲，广义力量纲由广义坐标的量纲确定。

**例 15-6**

图 15-16 所示的双摆系统，杆长$OA=a$，$AB=b$，$A$重$\boldsymbol{P}_1$，$B$重$\boldsymbol{P}_2$，求广义坐标$\varphi$

和$\psi$所对应的广义力$Q_\varphi$与$Q_\psi$。

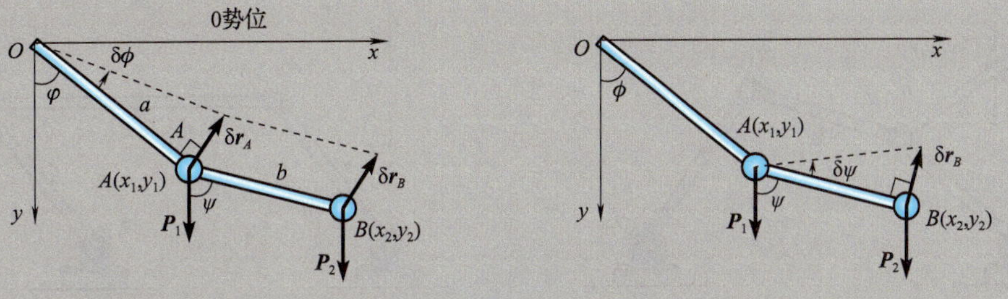


图 15-16

**解**：广义坐标为$\varphi$和$\psi$，即$q_1=\varphi$，$q_2=\psi$，主动力的分量为$F_{1y}=P_1$，$F_{2y}=P_2$。主动力作用点的坐标可以用广义坐标表示为

$$y_1 = a\cos\varphi$$

$$y_2 = a\cos\varphi + b\cos\psi$$

对广义坐标作偏导数有

$$\frac{\partial y_1}{\partial \varphi}=-a\sin\varphi,\quad \frac{\partial y_2}{\partial \varphi}=-a\sin\varphi$$

$$\frac{\partial y_1}{\partial \psi}=0,\quad \frac{\partial y_2}{\partial \psi}=-b\sin\psi$$

根据广义力的定义，有

$$Q_1=Q_\varphi=F_{1y}\frac{\partial y_1}{\partial \varphi}+F_{2y}\frac{\partial y_2}{\partial \varphi}=-(P_1+P_2)a\sin\varphi$$

$$Q_2=Q_\psi=F_{1y}\frac{\partial y_1}{\partial \psi}+F_{2y}\frac{\partial y_2}{\partial \psi}=-P_2 b\sin\psi$$

## 习 题

15-1 如图所示平面“三摆”，试写出约束方程并计算自由度。

15-2 如图所示平面桁架，试计算自由度。

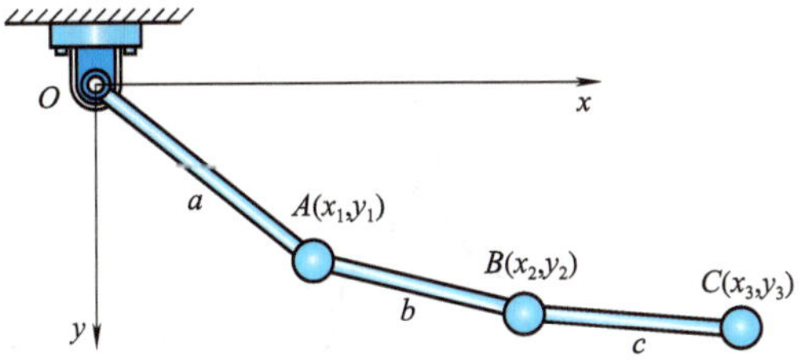


题 15-1 图

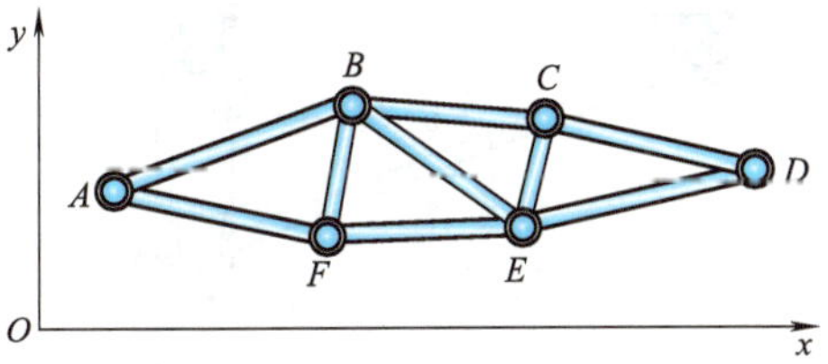


题 15-2 图

15-3 如图所示平面机构，杆长$OA=l_1$，$AB=l_2$，$BO_1=l_3$，$AC=l_4$，$A$、$B$、$C$为质点，试写出约束方程并判断自由度。

15-4 如图所示一平面平行四边形形状的四连杆机构，自由度$k=1$，选$\theta$为广义坐标，试把$A$、$B$两点的位置坐标$(x_1,y_1)$、$(x_2,y_2)$写成广义坐标$\theta$的函数，并求$\delta x_1$、$\delta y_1$、$\delta x_2$、$\delta y_2$。

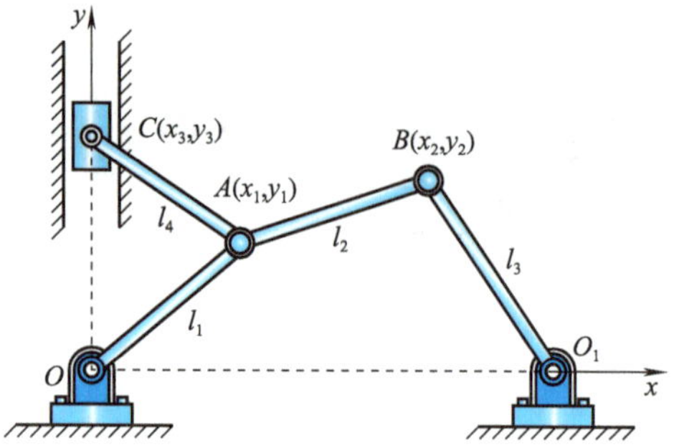


题 15-3 图

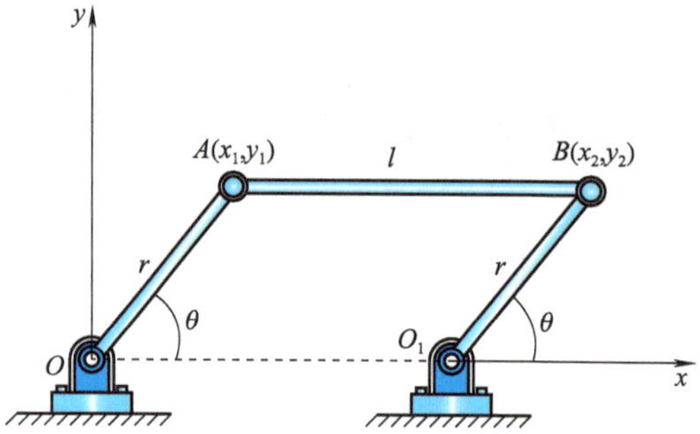


题 15-4 图

15-5　如图所示一平面“三摆”有 3 个自由度，选 $\varphi$、$\psi$、$\theta$ 为广义坐标，试把 $A$、$B$、$C$ 三点的位置坐标 $(x_1,y_1)$、$(x_2,y_2)$、$(x_3,y_3)$ 写成广义坐标 $\varphi$、$\psi$、$\theta$ 的表示式，并求 $\delta x_1$、$\delta y_1$、$\delta x_2$、$\delta y_2$、$\delta x_3$、$\delta y_3$。

15-6　设图示机构保持平衡，求力 $\boldsymbol{P}_1$ 与力 $\boldsymbol{P}$ 之间的关系。

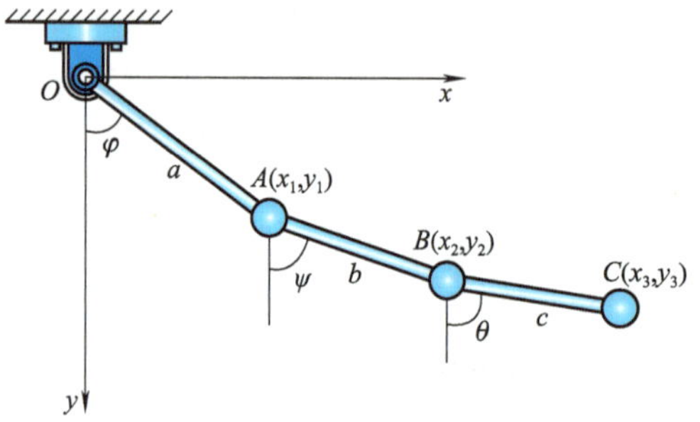


题 15-5 图

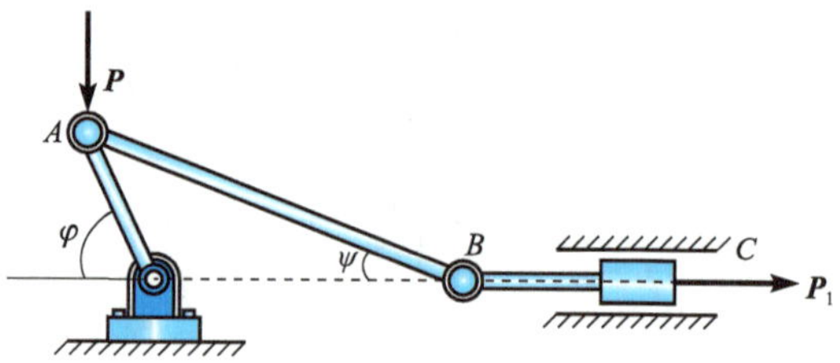


题 15-6 图

15-7　如图所示平面机构，曲柄 $OA$ 绕轴 $O$ 转动，滑块 $A$ 沿滑槽自由滑动，从而带动 $O_1B$ 摇杆绕轴 $O_1$ 摆动。已知 $OA=O_1B=l$，$OA$ 上作用力偶矩 $M$，在图示位置，$O_1B$ 垂直于 $OO_1$，求平衡时力 $\boldsymbol{F}$ 的大小。

15-8　机构如图所示，不计杆重和摩擦，系统在图示位置处于平衡状态，求主动力偶矩 $M$ 和主动力 $\boldsymbol{F}$ 的关系。

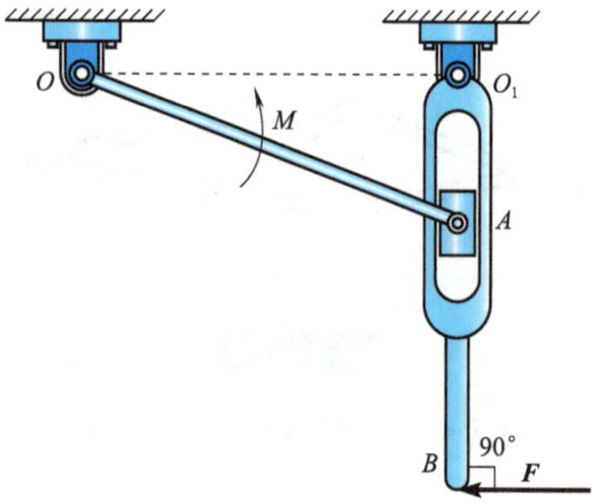


题 15-7 图

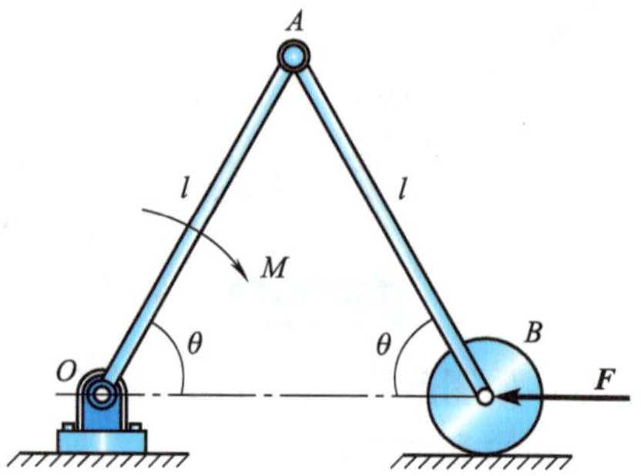


题 15-8 图

15-9　伸缩仪如图所示，各杆用光滑铰链连接，$OA=OB=l$，$AD=BC=2l$，不计杆重。

已知 $F_1 = F_2 = F$，又知 $E$ 点作用铅直力 $\boldsymbol{F}$，求平衡时 $\theta$ 角等于多少。

15-10　四连杆机构如图所示，杆 $AB$ 和杆 $BD$ 的倾角均为 45°，杆 $DE$ 与 $AE$ 垂直。设在杆 $DE$ 上作用一力偶矩 $M$；在销钉 $B$ 上作用一铅直力 $\boldsymbol{P}$。机构在图示位置平衡，求力 $\boldsymbol{P}$ 与力偶矩 $M$ 之间的关系。

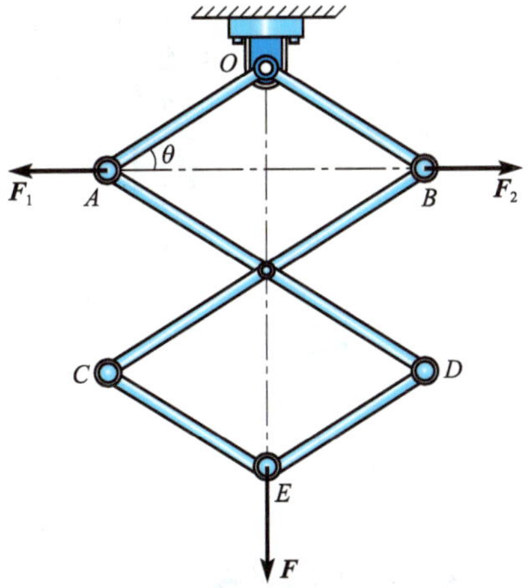


题 15-9 图

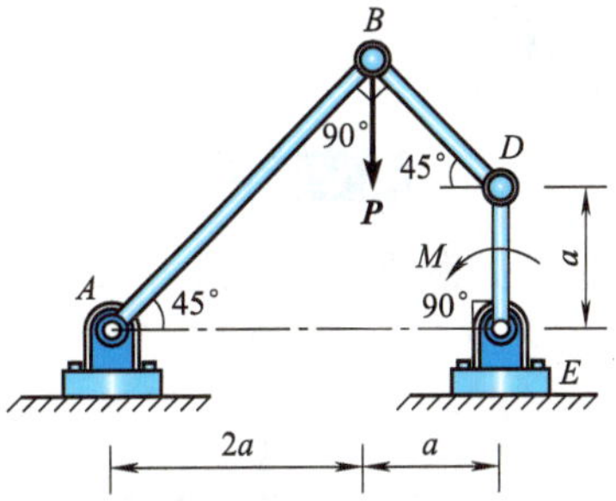


题 15-10 图

15-11　如图所示水压机，已知杠杆 $OA = a, OB = b$，在 $A$ 端加一垂直于 $OA$ 的力 $\boldsymbol{F}$。已知活塞 $C$ 的面积为 $S_1$，$D$ 的面积为 $S_2$。求物体 $M$ 所受到的压力 $\boldsymbol{F}_{\mathrm{N}}$。

15-12　如图所示机构，曲柄 $OA$ 上作用一力偶，其矩为 $M$，另在滑块 $D$ 上作用水平力 $\boldsymbol{F}$，求平衡时力 $\boldsymbol{F}$ 的大小与力偶矩 $M$ 的关系。

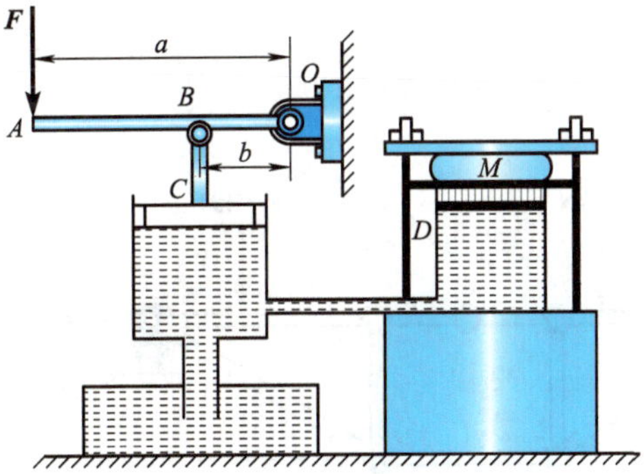


题 15-11 图

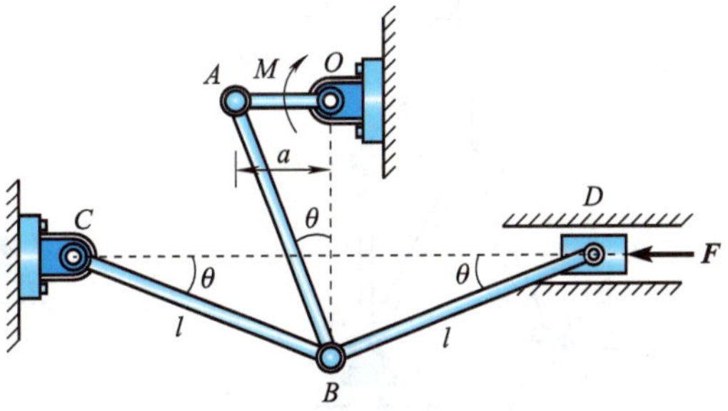


题 15-12 图

15-13　平面机构如图所示，两杆的长度相等。$A$ 为铰支座，$F$ 为光滑小滚轮。在点 $B$ 挂重为 $\boldsymbol{P}$ 的重物。$D$、$E$ 两点用弹簧连接。已知弹簧原长为 $l$，弹簧的刚度系数为 $k$，其他尺寸如图，不计各杆自重。求机构的平衡条件。

15-14　如图所示，两重量相等的重物 $A$ 与 $B$ 分别系于一绳的两端，此绳由重物 $A$ 沿水平方向延伸，绕过定滑轮 $C$、动滑轮 $D$ 最后绕过定滑轮 $E$ 在绳的一端挂上重物 $B$。动滑轮 $D$ 在轴上挂有重为 $\boldsymbol{P}_1$ 的重物 $K$，求平衡时重物 $A$ 和 $B$ 的重量 $\boldsymbol{P}$，以及重物 $A$ 与水平面之间的滑动摩擦系数 $f_s$。

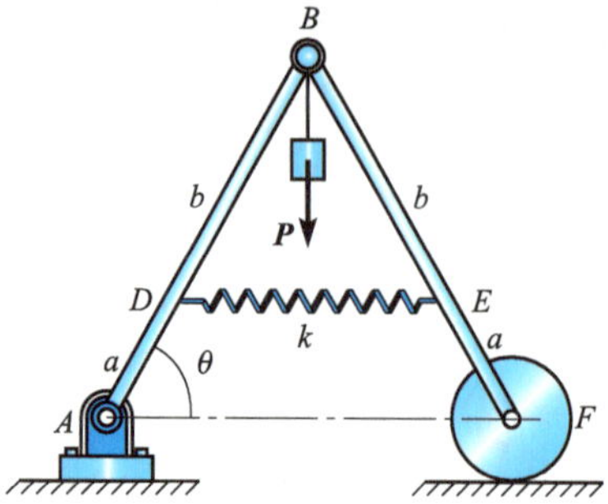


题 15-13 图

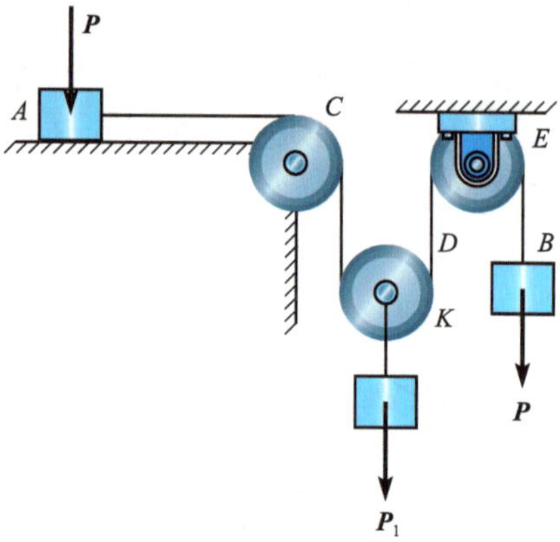


题 15-14 图

15-15　如图所示组合梁，求固定端 $A$ 的约束反力。

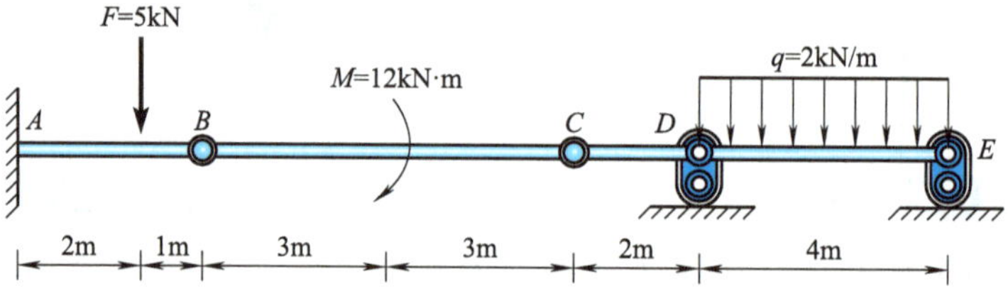


题 15-15 图

15-16　如图所示平面桁架，求 1、2 杆的内力。

15-17　组合结构如图所示，求 1 杆的内力。

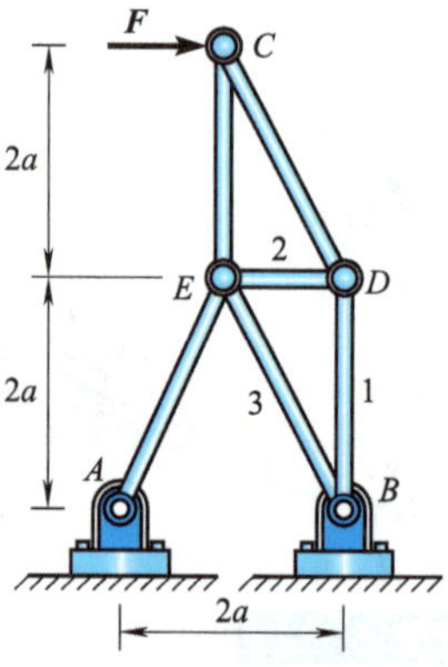


题 15-16 图

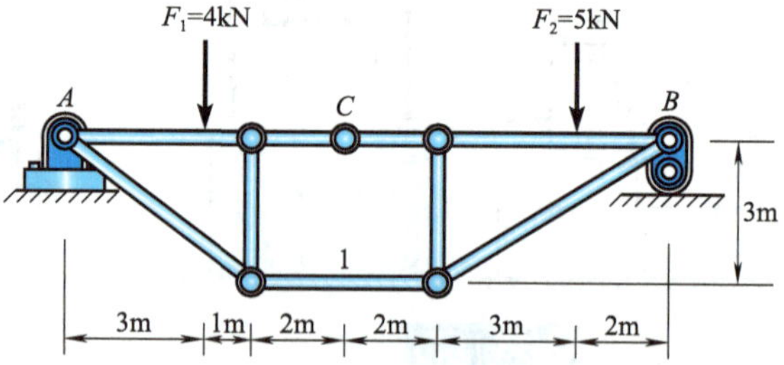


题 15-17 图

15-18　提升设备如图所示，各齿轮半径分别为 $r_1$、$r_2$、$r_3$、$r_4$，取 $\varphi$ 为广义坐标，试求对应于广义坐标 $\varphi$ 的广义力 $Q_\varphi$。

15-19　三根长为 $l$ 的杆件 $OA$、$AB$、$BC$ 连接如图所示，各杆质量不计，杆 $OA$ 上作用一力偶矩 $M$，在 $A$、$B$ 两点分别作用一向下的力 $\boldsymbol{F}_1$ 和 $\boldsymbol{F}_2$，试求对应于广义坐标 $\varphi$ 和 $\psi$ 的广义力 $Q_\varphi$ 与 $Q_\psi$。

15-20　两物体 $A$、$B$，重量分别为 $\boldsymbol{P}_1$、$\boldsymbol{P}_2$，用绳相连，绳跨过两定滑轮与一动滑轮，滑轮质量不计，动滑轮上挂有重物 $C$，其重量为 $\boldsymbol{P}_3$。物块 $A$ 上作用一与水平线夹角为 $\theta$ 的力 $\boldsymbol{F}$，

试求系统的广义力(广义坐标为 $s_A$、$s_B$)。

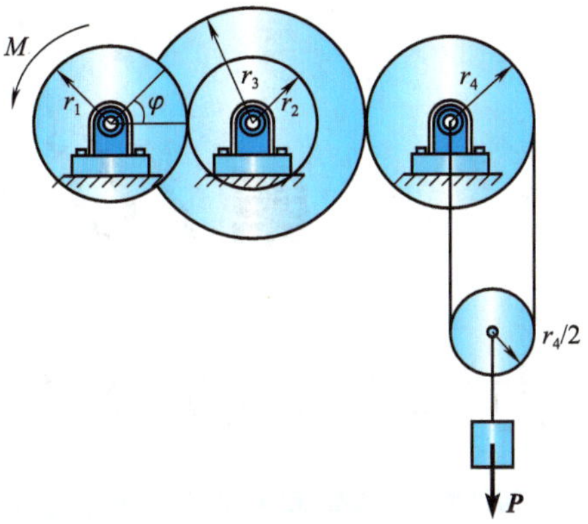


题 15-18 图

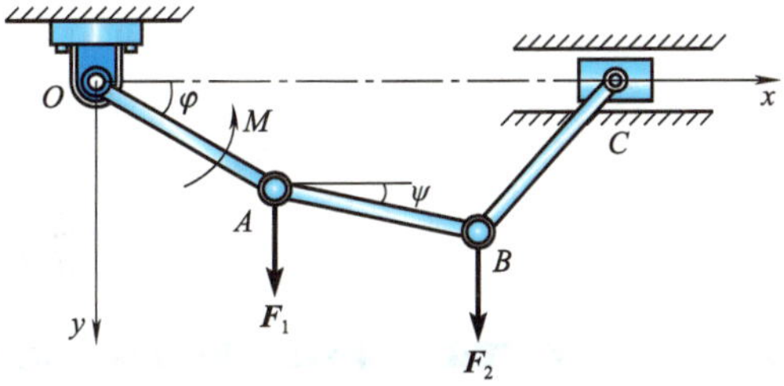


题 15-19 图

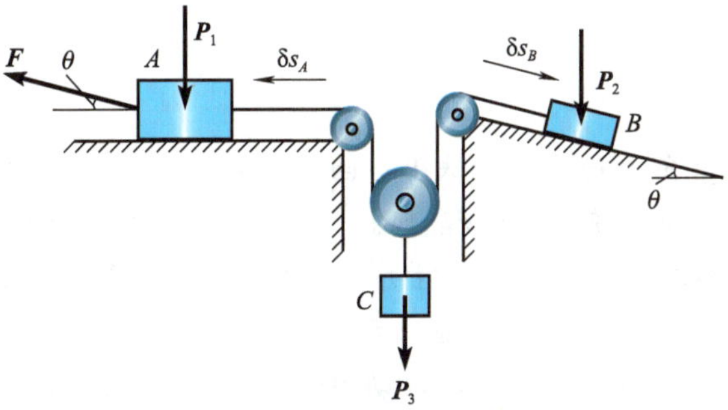


题 15-20 图

15-21　图示机构中 $OC = AC = BC = l$，已知在 $A$、$B$ 滑块上分别作用力 $\boldsymbol{F}_1$、$\boldsymbol{F}_2$，欲使机构在图示位置平衡，试用广义力表示的平衡条件求作用在曲柄 $OC$ 上的力偶矩 $M$。

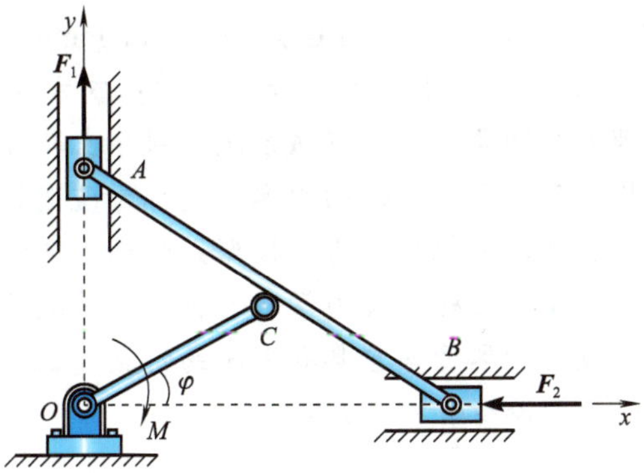


题 15-21 图

第 15 章参考答案

# 第 16 章

# 分析动力学与辛数学初步

内容提要

由运动学内容可知，在直角坐标系或特殊正交曲线坐标系下，描述空间中一个自由质点的运动需要 3 个变量，对应 3 个二阶微分方程。由 $n$ 个自由质点组成的质点系就需要 $3n$ 个方程。实际问题中，质点系中各质点在运动时往往并不是自由的，会受到一些约束(位置和速度的限制)，即有约束力作用在质点上。这样的质点系被称为受约束质点系或非自由质点系，描述它们就不需要那么多变量和方程。在之前学习动力学的内容中，通常以牛顿力学为基础处理问题，即以向量形式的力、速度和加速度作为基本量，分析问题时具有较强的几何直观性。然而，牛顿力学在处理质点系，尤其是非自由质点系问题时，分析过程复杂、繁琐。而在第 12 章中以非向量形式的能量与功作为基本量处理问题时表现出较好的效果，因此。本章将讨论非向量分析方法——分析力学。

分析力学的两位代表性人物——拉格朗日(Josph Louis Lagrange)和哈密顿(William Rowan Hamilton)分别从两种不同的理论框架下建立了分析力学基本方程。拉格朗日根据虚位移原理，用严格的分析方法处理力学问题，通过机械系统，推导出具有普遍意义的拉格朗日形式的动力学方程。这种以拉格朗日方程为基础的力学可简称为拉格朗日力学。哈密顿提出可以作为力学基本原理的哈密顿原理，并推导出哈密顿形式的动力学方程。因此，以哈密顿方程为基础的力学简称为哈密顿力学。拉格朗日力学和哈密顿力学统称为分析力学。本章中介绍的分析力学与之前学习的牛顿力学尽管各自具有不同的特点，但并非独立无关，它们具有相同的适用范围，基本原理以及理论结果相互关联。

## 16.1 动力学普遍方程

对于动力学问题，根据达朗贝尔原理，在系统上施加假想的惯性力可以得到“平衡”力系，由此可利用虚位移原理进行求解。

考虑一个由 $n$ 个质点构成的质点系时，令各质点的质量为 $m_i$，矢径为 $\boldsymbol{r}_i$，惯性力为

$\boldsymbol{F}_{\mathrm{I}i}=-m_i\ddot{\boldsymbol{r}}_i$，则它与作用在质点上的主动力 $\boldsymbol{F}_i$、约束力 $\boldsymbol{F}_{\mathrm{N}i}$ 共同构成一个形式上的“平衡”力系。若系统仅受到理想约束作用，应用虚位移原理有

$$\sum_{i=1}^{n}\left(\boldsymbol{F}_i+\boldsymbol{F}_{\mathrm{N}i}+\boldsymbol{F}_{\mathrm{I}i}\right)\cdot\delta\boldsymbol{r}_i=\sum_{i=1}^{n}\left(\boldsymbol{F}_i-m_i\ddot{\boldsymbol{r}}_i\right)\cdot\delta\boldsymbol{r}_i=0 \tag{16-1}$$

其中 $\delta\boldsymbol{r}_i$ 为质点 $i$ 的虚位移。式(16-1)为**动力学普遍方程**，即在理想约束下，系统的主动力与惯性力虚功之和为零。这里还需要特别说明，刚体组成的动力学系统是质点系的一个特例。在应用动力学普遍方程解决刚体系统的动力学问题时，可以直接按照达朗贝尔原理在各刚体上施加惯性力系的主矢和主矩，使刚体系统处于形式上的“平衡”状态，再利用虚位移原理求解。

在直角坐标系下，方程(16-1)可以进一步表示为

$$\sum_{i=1}^{n}\left[\left(F_{ix}-m_i\ddot{x}_i\right)\cdot\delta x_i+\left(F_{iy}-m_i\ddot{y}_i\right)\cdot\delta y_i+\left(F_{iz}-m_i\ddot{z}_i\right)\cdot\delta z_i\right]=0 \tag{16-2}$$

式中，$F_{ix}$、$F_{iy}$、$F_{iz}$ 分别为主动力 $\boldsymbol{F}_i$ 在直角坐标轴上的投影；$\ddot{x}_i$、$\ddot{y}_i$、$\ddot{z}_i$ 分别为质点 $i$ 的加速度 $\ddot{\boldsymbol{r}}_i$ 在坐标轴上的投影；$\delta x_i$、$\delta y_i$、$\delta z_i$ 分别为质点 $i$ 虚位移 $\delta\boldsymbol{r}_i$ 在坐标轴上的投影。

采用动力学普遍方程处理动力学问题时，由于主动力总是有限数量的，而惯性力可能有无限数量，因此求解关键在于惯性力做功的计算。下面举例说明。

**例 16-1**

图 16-1 所示均质滚子质量为 $m$，半径为 $R$，在滚子的鼓轮上绕以绳索。已知水平力 $\boldsymbol{S}$ 沿绳子作用，使滚子在粗糙水平面上滚动，如图 16-1 所示。鼓轮的半径为 $r$，滚子对质心轴 $C$ 的回转半径为 $\rho$，试求滚子质心的加速度 $a_C$。

**解**：如只求运动，用动力学普遍方程比较方便。受力图如图 16-2 所示。系统所受的主动力为 $S$，惯性力为

$$F_{\mathrm{I}}=-ma_C,\quad M_{\mathrm{I}}=-J_C\alpha$$

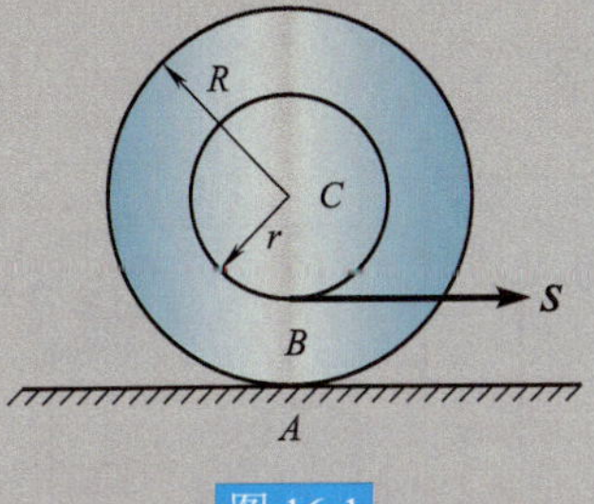


图 16-1

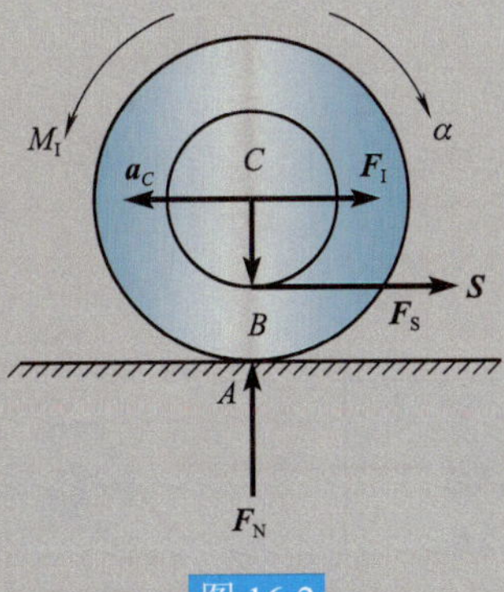


图 16-2

由运动分析可知，$\alpha=\dfrac{a_C}{R}$，$J_C=m\rho^2$。$C$ 点虚位移为 $\delta r_C$，滚子虚位移为 $\delta\varphi$，$B$ 点虚位移为 $\delta r_B$。根据动力学普遍方程有

$$S\delta r_B-ma_C\delta r_C-J_C\alpha\delta\varphi=0$$

又有虚位移之间关系 $\delta\varphi=\dfrac{\delta r_C}{R}$，$\delta r_B=(R-r)\mathrm{d}\varphi=\dfrac{R-r}{R}\delta r_C$，代入上式得

$$S\frac{R-r}{R}\delta r_C - ma_C\delta r_C - m\frac{\rho^2}{R}a_C\delta r_C = 0$$

消去 $\delta r_C$，得

$$a_C = \frac{SR(R-r)}{m(R^2+\rho^2)}$$

**例 16-2**

如图 16-3 所示，系统在铅垂面内运动，各物体的质量为 $m$，圆盘的半径为 $R$，绳索与圆盘间无相对滑动。求滑块的加速度和圆盘 $C$ 的角加速度。

**解**：本题求解滑块与圆盘的运动，用动力学普遍方程比较方便。受力图如图 16-4 所示。系统所受的主动力为作用在 $C$ 点的重力 $mg$，惯性力为

$$F_{IA} = -ma_A,\quad F_{IC} = -ma_C$$
$$M_{IB} = -J_B\alpha_B,\quad M_{IC} = -J_C\alpha_C$$

由运动分析可知，$\alpha_B = \dfrac{a_A}{R}$，$a_C = a_A + \alpha_C R$。系统的虚位移如图 16-5 所示，$A$ 点的虚位移为 $\delta x$，$C$ 点的虚位移为 $\delta r_C$，圆盘 $B$ 和 $C$ 的虚位移为 $\delta\varphi$ 和 $\delta\theta$。根据动力学普遍方程有

$$-F_{IA}\delta x - M_{IB}\delta\varphi - F_{IC}\delta r_C - M_{IC}\delta\theta + mg\delta r_C = 0$$

虚位移之间的关系为 $\delta\varphi = \dfrac{\delta x}{R}$，$\delta r_C = \delta x + R\delta\theta$，代入上式得

$$\left(-\frac{5}{2}a_A - Ra_C + g\right)m\delta x + \left(-a_A - \frac{3}{2}Ra_C + g\right)mR\delta\theta = 0$$

由上式得

$$\begin{cases} -\dfrac{5}{2}a_A - Ra_C + g = 0 \\ -a_A - \dfrac{3}{2}Ra_C + g = 0 \end{cases}$$

解得

$$a_A = \frac{2}{11}g,\qquad a_C = \frac{6}{11}\frac{g}{R}$$

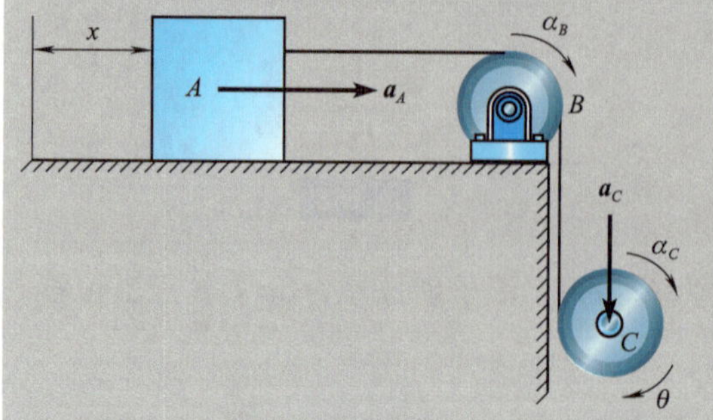


图 16-3

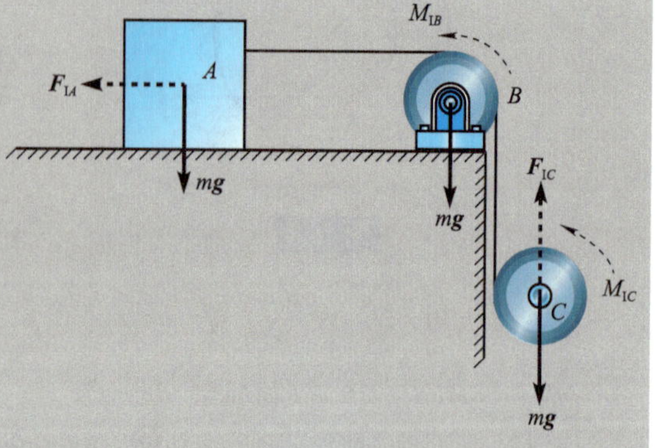


图 16-4

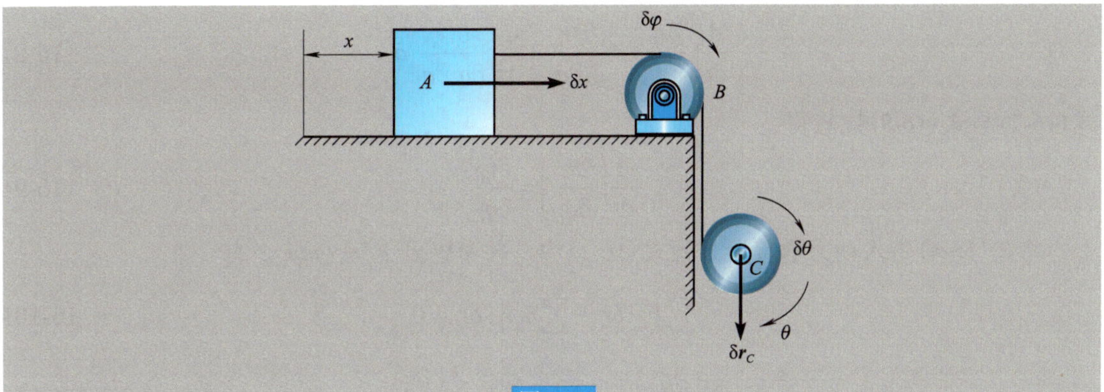


图 16-5

# 16.2　第二类拉格朗日方程

拉格朗日方程是 1788 年在拉格朗日所著的《分析力学》中首次提出的。在书中，拉格朗日引入广义坐标，运用达朗贝尔原理，得到与动力学第二定律(牛顿第二定律)等价的拉格朗日方程。与动力学第二定律相比，拉格朗日方程具有更普遍的意义，适用范围更广泛。并且，选取恰当的广义坐标，可以使拉格朗日方程的求解大大简化。

## 16.2.1　第二类拉格朗日方程

系统中任一点的坐标，在运动过程中总可以用广义坐标表示，即

$$\boldsymbol{r}_i=\boldsymbol{r}_i(q_1,q_2,\cdots,q_k,t)\quad(i=1,2,\cdots,n)\tag{16-3}$$

其中 $r_i$ 表示第 $i$ 点的矢径，$q_1,q_2,\cdots,q_k$ 表示 $k$ 个广义坐标。$n$ 表示系统的总质点数，对于 $s$ 个完整理想约束，$k$ 即为自由度数，$k=3n-s$。对式(16-3)求变分得

$$\delta\boldsymbol{r}_i=\sum_{j=1}^{k}\frac{\partial\boldsymbol{r}_i}{\partial q_j}\delta q_j\tag{16-4}$$

为方便推导，先导出以下两个关系式，将(16-3)对 $t$ 求导得

$$\boldsymbol{v}_i=\dot{\boldsymbol{r}}_i=\frac{\partial\boldsymbol{r}_i}{\partial t}+\sum_{j=1}^{k}\frac{\partial\boldsymbol{r}_i}{\partial q_j}\dot{q}_j\tag{16-5}$$

因为 $\boldsymbol{r}_i$ 为 $q$ 及 $t$ 的函数，所以 $\dfrac{\partial\boldsymbol{r}_i}{\partial t}$ 及 $\dfrac{\partial\boldsymbol{r}_i}{\partial q_j}$ 也为 $q$ 及 $t$ 的函数，与 $\dot{q}_j$ 无关。将式(16-5)两边对 $\dot{q}_j$ 求导得

$$\frac{\partial\boldsymbol{v}_i}{\partial\dot{q}_j}=\frac{\partial\boldsymbol{r}_i}{\partial q_j}\tag{16-6}$$

再将式(16-5)对 $q_l$ 求导，有

$$\frac{\partial\boldsymbol{v}_i}{\partial q_l}=\frac{\partial^2\boldsymbol{r}_i}{\partial q_l\partial t}+\sum_{j=1}^{k}\frac{\partial^2\boldsymbol{r}_i}{\partial q_l\partial q_j}\dot{q}_j\tag{16-7}$$

另一方面，$\dfrac{\partial\boldsymbol{r}_i}{\partial q_l}$ 是 $q$ 及 $t$ 的函数，故有

$$\frac{\mathrm{d}}{\mathrm{d}t}\left(\frac{\partial \boldsymbol{r}_i}{\partial q_l}\right)=\frac{\partial^2 \boldsymbol{r}_i}{\partial t\partial q_l}+\sum_{j=1}^{k}\frac{\partial^2 \boldsymbol{r}_i}{\partial q_j\partial q_l}\dot{q}_j \tag{16-8}$$

式(16-7)与式(16-8)比较得

$$\frac{\mathrm{d}}{\mathrm{d}t}\left(\frac{\partial \boldsymbol{r}_i}{\partial q_l}\right)=\frac{\partial \boldsymbol{v}_i}{\partial q_l} \tag{16-9}$$

将式(16-4)带入动力学普遍方程式(16-1)中，并考虑到 $\boldsymbol{F}_{\mathrm{I}i}=-m_i\ddot{\boldsymbol{r}}_i$，有

$$\sum_{i=1}^{n}\boldsymbol{F}_i\cdot\delta\boldsymbol{r}_i-\sum_{i=1}^{n}m_i\ddot{\boldsymbol{r}}_i\cdot\delta\boldsymbol{r}_i=0 \tag{16-10}$$

$$\sum_{i=1}^{n}\boldsymbol{F}_i\cdot\sum_{j=1}\frac{\partial \boldsymbol{r}_i}{\partial q_j}\delta q_j-\sum_{i=1}^{n}m_i\frac{\mathrm{d}\boldsymbol{v}_i}{\mathrm{d}t}\cdot\sum_{j=1}^{k}\frac{\partial \boldsymbol{r}_i}{\partial q_j}\delta q_j=0 \tag{16-11}$$

即

$$\sum_{j=1}^{k}\left(\sum_{i=1}^{n}\boldsymbol{F}_i\cdot\frac{\partial \boldsymbol{r}_i}{\partial q_j}-\sum_{i=1}^{n}m_i\frac{\mathrm{d}\boldsymbol{v}_i}{\mathrm{d}t}\cdot\frac{\partial \boldsymbol{r}_i}{\partial q_j}\right)\delta q_j=0 \tag{16-12}$$

因 $\delta q_j$ 是相互独立的，要满足此式，必须每个 $\delta q_j$ 的系数为零，即

$$\sum_{i=1}^{n}\boldsymbol{F}_i\cdot\frac{\partial \boldsymbol{r}_i}{\partial q_j}-\sum_{i=1}^{n}m_i\frac{\mathrm{d}\boldsymbol{v}_i}{\mathrm{d}t}\cdot\frac{\partial \boldsymbol{r}_i}{\partial q_j}=0\quad(j=1,2,\cdots,k) \tag{16-13}$$

令主动力总功项为

$$\sum_{i=1}^{n}\boldsymbol{F}_i\cdot\frac{\partial \boldsymbol{r}_i}{\partial q_j}=Q_j \tag{16-14}$$

其中 $\frac{\partial \boldsymbol{r}_i}{\partial q_j}$ 表示各点矢径随广义坐标变化的变化率。主动力与作用点矢径变换率点积之和为对应于 $q_j$ 的广义力 $Q_j$。

令惯性力总功项为

$$-\sum_{i=1}^{n}m_i\frac{\mathrm{d}\boldsymbol{v}_i}{\mathrm{d}t}\cdot\frac{\partial \boldsymbol{r}_i}{\partial q_j}=S_j \tag{16-15}$$

称式(16-15)对应于 $q_j$ 的广义惯性力 $S_j$。进一步推导得

$$-S_j=\sum_{i=1}^{n}\frac{\mathrm{d}}{\mathrm{d}t}\left(m_i\boldsymbol{v}_i\cdot\frac{\partial \boldsymbol{r}_i}{\partial q_j}\right)-\sum_{i=1}^{n}m_i\boldsymbol{v}_i\frac{\mathrm{d}}{\mathrm{d}t}\left(\frac{\partial \boldsymbol{r}_i}{\partial q_j}\right) \tag{16-16}$$

将关系式(16-6)及式(16-7)代入得

$$\begin{aligned}-S_j&=\sum_{i=1}^{n}\frac{\mathrm{d}}{\mathrm{d}t}\left(m_i\boldsymbol{v}_i\cdot\frac{\partial \boldsymbol{v}_i}{\partial \dot{q}_j}\right)-\sum_{i=1}^{n}m_i\boldsymbol{v}_i\cdot\frac{\partial \boldsymbol{v}_i}{\partial q_j}\\&=\sum_{i=1}^{n}\frac{\mathrm{d}}{\mathrm{d}t}\frac{\partial}{\partial \dot{q}_j}\left(\frac{m_i\boldsymbol{v}_i\cdot\boldsymbol{v}_i}{2}\right)-\sum_{i=1}^{n}\frac{\partial}{\partial q_j}\left(\frac{m_i\boldsymbol{v}_i\cdot\boldsymbol{v}_i}{2}\right)\end{aligned} \tag{16-17}$$

其中 $\sum_{i=1}^{n}\frac{m_iv_i^2}{2}=T$ 为系统动能，因此得

$$S_j=-\frac{\mathrm{d}}{\mathrm{d}t}\left(\frac{\partial T}{\partial \dot{q}_j}\right)+\frac{\partial T}{\partial q_j} \tag{16-18}$$

式(16-18)回代至式(16-13)得

$$\frac{\mathrm{d}}{\mathrm{d}t}\left(\frac{\partial T}{\partial \dot{q}_j}\right)-\frac{\partial T}{\partial q_j}-Q_j=0 \quad (j=1,2,\cdots,k) \tag{16-19}$$

上式称为第二类拉格朗日方程，简称拉格朗日方程。该方程为 $k$ 个广义坐标的二阶微分方程组，加上 $2k$ 个初始条件，可求解各广义坐标的运动方程式。

拉格朗日方程是从功能法推导出来的，得到的方程却不再是功的形式而是力的形式。从概念上说它是对应于独立广义虚位移 $q_j$ 的广义力 $Q_j$ 与广义惯性力 $S_j$ 的在形式上的“平衡”方程，是标量方程，其中广义惯性力又是通过动能求导得到。

当主动力均为有势力时，根据定义可将势函数 $V$ 写成广义坐标的函数，即

$$V=V(q_1,q_2,\cdots,q_k) \tag{16-20}$$

可得

$$\delta V=\sum_{j=1}^{k}\frac{\partial V}{\partial q_j}\delta q_j \tag{16-21}$$

由式(16-12)及式(16-14)得出系统主动力的虚功可表示为

$$\delta W=\sum_{i}^{n}\boldsymbol{F}_i\cdot\delta\boldsymbol{r}_i=\sum_{j}^{k}Q_j\delta q_j \tag{16-22}$$

而由 $\boldsymbol{F}\cdot\mathrm{d}\boldsymbol{r}=-\mathrm{d}V$ 推知

$$\delta W=\sum_{j}^{k}Q_j\delta q_j=-\delta V=-\sum_{j}^{k}\frac{\partial V}{\partial q_j}\delta q_j \tag{16-23}$$

两相比较得

$$Q_j=-\frac{\partial V}{\partial q_j} \tag{16-24}$$

当主动力有势时，势函数对某个广义坐标的偏导数加负号就是对某个广义坐标的广义力。将式(16-24)代入拉格朗日方程式(16-19)得

$$\frac{\mathrm{d}}{\mathrm{d}t}\left(\frac{\partial T}{\partial \dot{q}_j}\right)-\frac{\partial T}{\partial q_j}+\frac{\partial V}{\partial q_j}=0 \quad (j=1,2,\cdots,k) \tag{16-25}$$

进一步引入拉格朗日函数 $L$ 得

$$L=T-V \tag{16-26}$$

注意到 $V$ 仅为广义坐标的函数，有 $\frac{\partial V}{\partial \dot{q}_j}=0$，可把式(16-25)改写为

$$\frac{\mathrm{d}}{\mathrm{d}t}\left(\frac{\partial L}{\partial \dot{q}_j}\right)-\frac{\partial L}{\partial q_j}=0 \quad (j=1,2,\cdots,k) \tag{16-27a}$$

上式为主动力有势时的拉格朗日方程。此外，当主动力既存在有势力，又存在非有势力时，拉格朗日方程也可以写成类似形式，即

$$\frac{\mathrm{d}}{\mathrm{d}t}\left(\frac{\partial L}{\partial \dot{q}_j}\right)-\frac{\partial L}{\partial q_j}=Q_j' \quad (j=1,2,\cdots,k) \tag{16-27b}$$

其中 $Q_j'=Q_j+\frac{\partial V}{\partial q_j}$。式(16-27b)为既存在有势力，又存在非有势力的主动力的拉格朗日方程。

拉格朗日方程既然属于功能法，自然具有不计约束反力的好处，求运动十分方便，但求约束反力则不方便。运用拉格朗日方程分析问题的思路如下：

(1)选取适当的广义坐标；

(2)运动分析，写出系统动能；

(3)分析主动力，计算广义力；

(4)确定拉格朗日方程并求解。

### 16.2.2　拉格朗日方程的首次积分

求解拉格朗方程需要对方程式(16-27)进行积分，下面讨论拉格朗日函数的首次积分。对于保守系统，若系统所受到的约束均为定常约束，则

$$T+V=\text{常数} \tag{16-28}$$

上式为保守系统的机械能守恒定律，也称为保守系统中拉格朗日方程的**能量积分**。

若拉格朗日函数 $L$ 中不显含某一广义坐标 $q_l$，即 $\partial L/\partial q_l=0$，则称该坐标为循环坐标，有

$$\frac{\partial L}{\partial \dot{q}_j}=\text{常数} \tag{16-29}$$

式(16-29)称为拉格朗日方程的**循环积分**。由于 $\partial L/\partial \dot{q}_j$ 为广义动量，故循环积分的物理意义为对应循环坐标的**广义动量守恒**。

能量积分和循环积分都是由原来的二阶微分方程积分一次得到，称为原方程的初积分。它们都是比原方程低一阶的微分方程。因此，在应用拉格朗日方程时，首先应分析有无初积分存在。若存在上述积分，在对系统进行速度分析时，初积分给出的是它们的代数方程，分析工作变得方便。

**例 16-3**

图 16-6(a)为两自由度的杆系，杆重不计，受 $\boldsymbol{P}$、$\boldsymbol{Q}$ 作用。今以 $\varphi$、$\theta$ 为广义坐标，求相应的广义力。

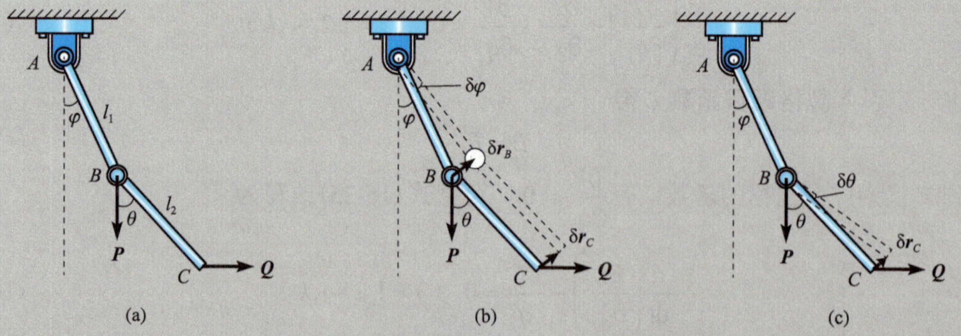


图 16-6

**解**：(1)求广义力 $Q_\varphi$ 时仅需变动 $\varphi$ 而保持其他广义坐标($\theta$)不变，在此情况下得到各点位移(即随 $\varphi$ 的变化率)，找出 $\boldsymbol{P}$、$\boldsymbol{Q}$ 在其上做功之和。

由图 16-6(b)看出，当 $\varphi$ 有变动 $\delta\varphi$ 时，$B$ 点虚位移为 $\delta r_B$，$C$ 点虚位移 $\delta r_C$ 也等于 $\delta r_B$，主动力做功为

$$P\delta r_B\cos(90°+\varphi)+Q\delta r_C\cos\varphi=(Q\cos\varphi-P\sin\varphi)l_1\delta\varphi$$

$\delta\varphi$ 前系数即为 $Q_\varphi$，有

$$Q_\varphi = (Q\cos\varphi - P\sin\varphi)l_1$$

(2) 求 $Q_\theta$ 时，仅变化 $\theta$ 而保持 $\varphi$ 不变，找出 $\boldsymbol{P}$、$\boldsymbol{Q}$ 做功之和。

由图 16-6(c) 看出，当 $\varphi$ 不变仅 $\theta$ 变动 $\delta\theta$ 时，$B$ 不动，$C$ 点位移为 $\delta r_C = l_2\delta\theta$，主动力做功为

$$Q\delta r_C \cos\theta = Ql_2\cos\theta\delta\theta$$

得

$$Q_\theta = Ql_2\cos\theta$$

**讨论：**

广义为也可以通过建立坐标方程求偏导得到，有

$$\begin{cases} x_B = l_1\cos\varphi \\ y_B = l_1\sin\varphi \end{cases}$$

$$\begin{cases} x_C = l_1\cos\varphi + l_2\cos\theta \\ y_C = l_1\sin\varphi + l_2\sin\theta \end{cases}$$

$$\begin{cases} \dfrac{\partial x_B}{\partial\varphi} = -l_1\sin\varphi \\ \dfrac{\partial y_B}{\partial\varphi} = l_1\cos\varphi \end{cases} \qquad \begin{cases} \dfrac{\partial x_B}{\partial\theta} = 0 \\ \dfrac{\partial y_B}{\partial\theta} = 0 \end{cases}$$

$$\begin{cases} \dfrac{\partial x_C}{\partial\varphi} = -l_1\sin\varphi \\ \dfrac{\partial y_C}{\partial\varphi} = l_1\cos\varphi \end{cases} \qquad \begin{cases} \dfrac{\partial x_C}{\partial\theta} = -l_2\sin\theta \\ \dfrac{\partial y_C}{\partial\theta} = l_2\cos\theta \end{cases}$$

而主动力的投影为

$$P_x = P,\quad P_y = 0,\quad Q_x = 0,\quad Q_y = Q$$

代入广义力定义得

$$Q_i = \sum_i^2 \boldsymbol{F}_i \cdot \frac{\partial \boldsymbol{r}_i}{\partial q_j} = \sum_i^2 \left( F_{ix}\frac{\partial x_i}{\partial q_j} + F_{iy}\frac{\partial y_i}{\partial q_j} \right)$$

依次令 $q_j = \varphi$ 及 $\theta$ 可得到

$$\begin{aligned} Q_\varphi &= P_x\frac{\partial x_B}{\partial\varphi} + P_y\frac{\partial y_B}{\partial\varphi} + Q_x\frac{\partial x_C}{\partial\varphi} + Q_y\frac{\partial y_C}{\partial\varphi} \\ &= -Pl_1\sin\varphi + Ql_1\cos\varphi = (Q\cos\varphi - P\sin\varphi)l_1 \end{aligned}$$

$$\begin{aligned} Q_\theta &= P_x\frac{\partial x_B}{\partial\theta} + P_y\frac{\partial y_B}{\partial\theta} + Q_x\frac{\partial x_C}{\partial\theta} + Q_y\frac{\partial y_C}{\partial\theta} \\ &= Ql_2\cos\theta \end{aligned}$$

用这个方法做起来比较规范，但是较为繁琐。用上一种方法概念清楚比较形象，但做功正负要判断清楚。

**例 16-4**

图 16-7 表示水平放置的行星齿轮机构。$OA$ 杆绕 $O$ 转动，带动连结在 $A$ 点的行星齿轮 1 在定齿轮 2 上滚动，已知 1 轮半径为 $r_1$，质量为 $m_1$，可看作均匀圆盘；2 轮半径为 $r_2$；$OA$ 杆为均质杆，质量为 $m_0$。今在 $OA$ 杆上逆时针方向作用力偶矩 $M$，求系统的运动。

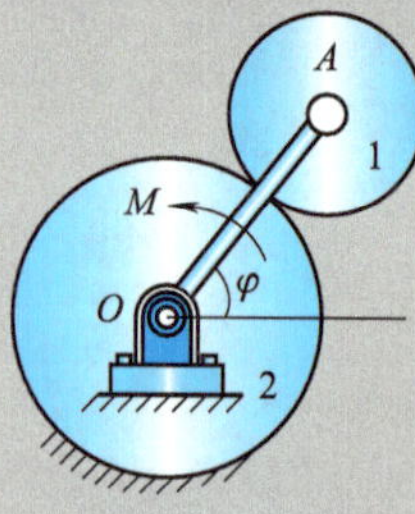

图 16-7

**解：**(1)系统受理想约束，用拉格朗日方程需建立系统的动能及广义力(或在有势力情况下的势能)。

(2)系统为一个自由度，选 $AB$ 杆与水平夹角 $\varphi$ 为广义坐标，得系统总动能为

$$T=T_{OA}+T_1=\frac{1}{2}J_O\dot{\varphi}^2+\frac{1}{2}m_1v_A^2+\frac{1}{2}J_A\omega^2$$

其中 $\omega$ 为齿轮 1 的转动角速度；$J_O=\frac{1}{3}m_0\left(r_1+r_2\right)^2$；$J_A=\frac{1}{2}m_1r_1^2$，并由运动学关系找到

$v_A=\overline{OA}\cdot\dot{\varphi}=\left(r_1+r_2\right)\dot{\varphi}$，$\omega=\frac{v_A}{r_1}=\frac{r_1+r_2}{r_1}\dot{\varphi}$，代入上式得

$$\begin{aligned}T&=\frac{1}{2}\left[\frac{1}{3}m_0\left(r_1+r_2\right)^2+m_1\left(r_1+r_2\right)^2+\frac{1}{2}m_1r_1^2\frac{\left(r_1+r_2\right)^2}{r_1^2}\right]\dot{\varphi}^2\\&=\frac{1}{2}\left(\frac{1}{3}m_0+\frac{3}{2}m_1\right)\left(r_1+r_2\right)^2\dot{\varphi}^2\end{aligned}\tag{a}$$

系统上只有力偶矩 $M$ 在转动中做功，显然

$$\delta W=M\delta\varphi$$

即

$$Q=M\tag{b}$$

(3)将式(a)和式(b)代入拉格朗日方程，有

$$\frac{\partial T}{\partial\dot{\varphi}}=\left(\frac{1}{3}m_0+\frac{3}{2}m_1\right)\left(r_1+r_2\right)^2\dot{\varphi}，\quad\frac{\partial T}{\partial\varphi}=0$$

$$\frac{\mathrm{d}}{\mathrm{d}t}\left(\frac{\partial T}{\partial\dot{\varphi}}\right)=\left(\frac{1}{3}m_0+\frac{3}{2}m_1\right)\left(r_1+r_2\right)^2\ddot{\varphi}$$

故得

$$\left(\frac{1}{3}m_0+\frac{3}{2}m_1\right)\left(r_1+r_2\right)^2\ddot{\varphi}=M$$

$$\ddot{\varphi}=\frac{6M}{\left(2m_0+9m_1\right)\left(r_1+r_2\right)^2}$$

**讨论：**

(1)本系统为一个自由度。因为两齿轮啮合点的瞬间速度为零，只要 $\varphi$ 角确定，整个系统位置便确定了。对于一个自由度 $k=1$，拉格朗日方程只有一个。

(2)$M$ 力偶矩是常数，也可视为有势力，可用势函数表达，即

$$\mathrm{d}V=-M\mathrm{d}\varphi$$

广义力为

$$Q=-\frac{\mathrm{d}V}{\mathrm{d}\varphi}=M$$

**例 16-5**

绳子一端与刚度系数为 $k$ 的垂直放置的弹簧相连，另一端跨过滑轮后悬重物 $A$，如图 16-8 所示。已知滑轮可绕定轴 $B$ 转动，半径为 $R$，质量为 $M$，集中分布在轮缘，$A$ 物块质量为 $m$，设绳与滑轮间由于有足够的摩擦力而没有相对滑动，求系统的运动微分方程及运动周期。

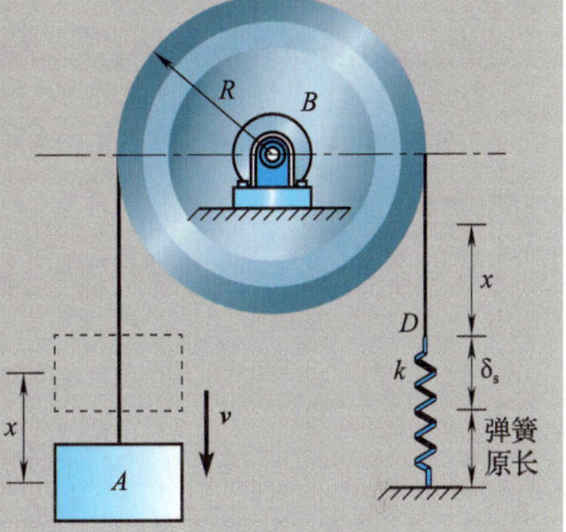


图 16-8

**解**：(1)本系统受理想约束(弹簧力视为主动力)。系统包含绕定轴转动的滑轮及平动的重物 $A$。选系统静平衡时 $A$ 的位置为坐标原点 $O$，$Ox$ 向下，由于绳索不可伸长，所以 $A$ 物体向下的速度和距离与滑轮右边 $D$ 点向上的速度及距离相等。在任意位置 $x$ 处，系统动能为

$$T=\frac{1}{2}mv^2+\frac{1}{2}J_B\omega^2$$

而 $\omega=\dfrac{v}{R}$，$J_B=MR^2$，故

$$T=\frac{1}{2}mv^2+\frac{1}{2}Mv^2$$

其中 $v=\dot{x}$。

(2)系统只有 $A$ 物体重力及弹簧力做功，它们都是有势力，可写出势函数。选弹簧原长位置为弹性势零势位，$O$ 点为重力势零势位，于是在任意位置 $x$ 处的势能为

$$V=\frac{1}{2}k(x+\delta_s)^2-mgx \tag{a}$$

根据静平衡条件 $k\delta_s=mg$ 代入得

$$V=\frac{1}{2}kx^2+\frac{1}{2}k\delta_s^2$$

于是有拉格朗日函数

$$L=T-V=\frac{1}{2}(M+m)\dot{x}^2-\frac{1}{2}kx^2-\frac{1}{2}k\delta_s^2$$

(3)代入拉格朗日方程。

因

$$\frac{\partial L}{\partial \dot{x}}=(M+m)\dot{x},\quad \frac{\partial L}{\partial x}=-kx$$

由 $\dfrac{\mathrm{d}}{\mathrm{d}t}\left(\dfrac{\partial L}{\partial \dot{x}}\right)=\dfrac{\partial L}{\partial x}$ 得

$$(M+m)\ddot{x}+kx=0$$

运动微分方程为

$$\ddot{x}+\frac{k}{M+m}x=0 \tag{b}$$

上式为振动方程，其周期为

$$\tau = \frac{2\pi}{\omega} = 2\pi\sqrt{\frac{M+m}{k}}$$

**讨论：**

(1)如果弹簧力势的零位置不选在弹簧原长处而是选在静平衡位置 $D$ 处，则

$$V_{弹} = \frac{1}{2}k[(x+\delta_s)^2 - \delta_s^2] = \frac{1}{2}k(x^2 + 2x\delta_s)$$

与式(a)中的弹性势相比只少了个常数 $\frac{1}{2}k\delta_s^2$，不影响运算。

(2)如果弹簧力势与重力势的零位置都选在相当于弹簧没有悬重的原长位置上，则势能写成

$$\begin{aligned} V &= \frac{1}{2}k(x+\delta_s)^2 - mg(x+\delta_s) \\ &= \frac{1}{2}kx^2 + \frac{1}{2}k\delta_s^2 + kx\delta_s - mgx - mg\delta_s \\ &= \frac{1}{2}kx^2 + \frac{1}{2}k\delta_s^2 - mg\delta_s = \frac{1}{2}kx^2 + 常数 \end{aligned}$$

仍不影响运算。

## 例 16-6

如图 16-9 所示机构在铅垂面内运动，主动力为 $\boldsymbol{F}(t)$，质量为 $m_2$ 的均质杆 $AB$ 用光滑铰链与质量为 $m_1$ 的滑块连接，并有 $AB=2l$，杆与滑块用刚度系数为 $k$ 的扭簧连接，$\theta=\pi$ 时扭簧无变形，求系统的运动微分方程。

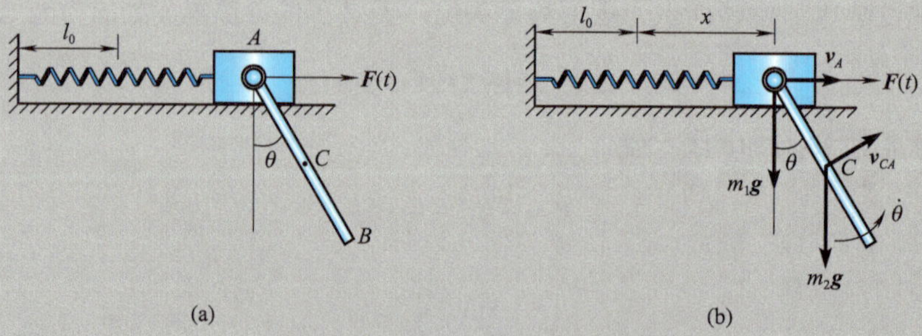


图 16-9

**解**：取系统的广义坐标为 $x$ 和 $\theta$，系统的动能和势能分别为

$$T = \frac{1}{2}m_1v_A^2 + \frac{1}{2}m_2v_C^2 + \frac{1}{2}J_C\dot{\theta}^2$$

$$V = m_2gl(1-\cos\theta) + \frac{1}{2}kx^2$$

由运动分析，$\boldsymbol{v}_C = \boldsymbol{v}_A + \boldsymbol{v}_{CA}$，并有 $v_A = \dot{x}$，故可得

$$v_{Cx} = \dot{x} + l\cos\theta\cdot\dot{\theta}，\quad v_{Cy} = l\sin\theta\cdot\dot{\theta}$$

代入动能表达式得

$$T = \left(\frac{1}{2}m_1 + m_2\right)\dot{x}^2 + m_2\dot{x}l\dot{\theta}\cos\theta + \frac{2}{3}m_2l^2\dot{\theta}^2$$

则拉格朗日函数可以表示为

$$L = T - V$$

$$= \left(\frac{1}{2}m_1 + m_2\right)\dot{x}^2 + m_2\dot{x}l\dot{\theta}\cos\theta + \frac{2}{3}m_2l^2\dot{\theta}^2 - m_2gl(1-\cos\theta) - \frac{1}{2}kx^2$$

再求非有势力的广义力为

$$Q_x'\delta x + Q_\theta'\delta\theta = \sum_{i=1}^{k}\delta W(F_i)$$

解得 $Q_x' = F(t)$，$Q_\theta' = 0$。由拉格朗日方程 $\frac{\mathrm{d}}{\mathrm{d}t}\left(\frac{\partial L}{\partial \dot{q}_j}\right) - \frac{\partial L}{\partial q_j} = Q_j'$，得运动方程为

$$(m_1 + m_2)\ddot{x} + m_2l\ddot{\theta}\cos\theta - m_2l\dot{\theta}^2\sin\theta + kx = F(t)$$

$$\frac{1}{3}m_2(2l)^2\ddot{\theta} + m_2l\ddot{x}\cos\theta + m_2gl\sin\theta = 0$$

# 16.3　哈密顿正则方程

哈密顿型正则方程式是哈密顿于 1834 年正式引入的。在此之前法国数学家泊松、拉格朗日、普法夫、柯西等对此都有贡献。哈密顿型的用处是在物理学的多领域发展中提供了一种体系框架，而在分析力学中它成为哈密顿-雅克比理论、正则变换、摄动理论等方面的基础，在统计力学、量子力学、电动力学中都有根本性重要意义。

## 16.3.1　勒让德变换

在拉格朗日体系中，未知量是由广义坐标 $\boldsymbol{r}_i = \boldsymbol{r}_i(q_1, q_2, \cdots, t)$ 表示的，它代表空间中的一个点。这种描述点的位移空间称为位形空间，其动力方程称为拉格朗日方程。描述完整系统在有势力场中运动的第二类拉格朗日方程中的函数 $L$ 依赖于变量 $q_i, \dot{q}_i, t$ $(i = 1, 2, \cdots, k)$。这些变量确定系统的运动状态，即各质点的位置和速度，变量 $q_i, \dot{q}_i, t$ 称为拉格朗日变量。

系统的状态也可以利用其他参数确定。取 $q_i, p_i, t$ 为基本参数，其中 $p_i$ 为广义动量

$$p_i = \frac{\partial L(q_i, \dot{q}_i, t)}{\partial \dot{q}_i} \quad (i = 1, 2, \cdots, k) \tag{16-30}$$

变量 $q_i, p_i, t$ 称为哈密顿变量。从方程式(16-30)中可以反解出广义速度，它是广义坐标和广义动量的函数，即

$$\dot{q}_i = \dot{q}_i(q_1, \cdots, q_k; p_1, \cdots, p_k; t) \tag{16-31}$$

因此，拉格朗日方程可以用哈密顿变量表示。

在哈密顿体系中，动力学方程利用变量 $q_i, p_i, t$ 描述，为 $2n$ 个具有对称形式的对于导数可解的一阶方程。在引入哈密顿方程之前，需引入辅助定义。设给定函数 $\boldsymbol{X} = (x_1, \cdots, x_k)$，从变量 $\boldsymbol{X} = (x_1, \cdots, x_k)$ 到变量 $\boldsymbol{Y} = (y_1, \cdots, y_k)$ 的变换为

$$y_i = \frac{\partial \boldsymbol{X}}{\partial x_i} \quad (i = 1, 2, \cdots, k) \tag{16-32}$$

函数 $\boldsymbol{X} = (x_1, \cdots, x_k)$ 的勒让德变换是指下面等式确定的新变量的函数 $\boldsymbol{Y} = (y_1, \cdots, y_k)$，即

$$\boldsymbol{Y}=\sum_{i=1}^{k} y_i x_i-\boldsymbol{X} \tag{16-33}$$

该等式右端的新变量 $x_i$ 需要借助方程式(16-32)用新变量表示出来。数学运算表明勒让德变换有逆变换，并且如果在勒让德变换下 $X$ 变为 $Y$，则勒让德变换将 $Y$ 重新变为 $X$。

函数 $L(q_i,\dot{q}_i,t)$ 对变量 $\dot{q}_i$ 的勒让德变换为

$$H(q_i,p_i,\mathrm{t})=\sum_{i=1}^{k} p_i\dot{q}_i(q_i,p_i,t)-L(q_i,\dot{q}_i(q_i,p_i,t),t) \tag{16-34}$$

其中变量 $\dot{q}_i$ 需要借助方程式(16-30)用 $q_i,p_i,t$ 表示出来，在这个变换中，变量 $q_i,t$ 看作参数，函数 $H$ 称为哈密顿函数。

## 16.3.2 哈密顿方程

对哈密顿函数 $H$ 全微分得

$$\mathrm{d}H=\sum_{i=1}^{k}\frac{\partial H}{\partial q_i}\mathrm{d}q_i+\sum_{i=1}^{k}\frac{\partial H}{\partial p_i}\mathrm{d}p_i+\frac{\partial H}{\partial t}\mathrm{d}t \tag{16-35}$$

对式(16-34)右边的全微分得

$$\mathrm{d}H=\sum_{i=1}^{k}\dot{q}_i\mathrm{d}p_i-\sum_{i=1}^{k}\dot{p}_i\mathrm{d}q_i-\frac{\partial L}{\partial t}\mathrm{d}t \tag{16-36}$$

对比式(16-35)和式(16-36)得

$$\dot{q}_i=\frac{\partial H}{\partial p_i} \tag{16-37a}$$

$$\dot{p}_i=-\frac{\partial H}{\partial q_i} \tag{16-37b}$$

$$-\frac{\partial L}{\partial t}=\frac{\partial H}{\partial t} \tag{16-37c}$$

式(16-37a)和式(16-37b)称为哈密顿正则方程。注意到，哈密顿正则方程对于对偶变量 $(q, p)$ 并不完全对称，因为方程式(16-37b)有一个负号。定义状态向量为

$$\boldsymbol{v}=\{\boldsymbol{q}\ \boldsymbol{p}\}^{\mathrm{T}} \tag{16-38}$$

其中 $\boldsymbol{q}=\{q_1,q_2,\cdots,q_k\}^{\mathrm{T}}$， $\boldsymbol{p}=\{p_1,p_2,\cdots,p_k\}^{\mathrm{T}}$。于是写成

$$\left(\frac{\partial H}{\partial \boldsymbol{v}}\right)_i=\frac{\partial H}{\partial q_i},\quad \left(\frac{\partial H}{\partial \boldsymbol{v}}\right)_{k+i}=\frac{\partial H}{\partial p_i}\quad (i\leqslant k) \tag{16-39}$$

为将正则方程写成一个，引入矩阵 $\boldsymbol{J}=\begin{bmatrix}\boldsymbol{0} & \boldsymbol{I}_n\\ -\boldsymbol{I}_n & \boldsymbol{0}\end{bmatrix}$，于是哈密顿正则方程可以改写为

$$\dot{\boldsymbol{v}}=\boldsymbol{J}\left(\frac{\partial H}{\partial \boldsymbol{v}}\right) \tag{16-40}$$

这种对正则方程的表示可称为哈密顿正则方程的辛描述。哈密顿正则方程的几何意义可以表示为，某一瞬间，系统的状态用 $2k$ 维空间中的一个点表示，这个空间的坐标是由 $k$ 个广义坐标和 $k$ 个广义动量组成的，这个空间叫作相空间，其中的点叫作相点。当 $k=1$ 时，相空间就是一个二维的相平面。

## 16.3.3 哈密顿方程的首次积分

若哈密顿函数不显含某个广义坐标 $q_l$，即 $\dfrac{\partial H}{\partial q_l}=0$，则由哈密顿方程式(16-37b)可得到广

义动量积分

$$p_l = 常数 \tag{16-41}$$

若哈密顿函数 $H$ 中不显含时间 $t$，即 $\frac{\mathrm{d}H}{\mathrm{d}t}=0$，则

$$H = 常数 \tag{16-42}$$

上式表明哈密顿函数的物理意义是广义能量，在定常约束情况中它就是总机械能，但应注意数学形式上它必须是用广义坐标和广义动量表示的函数。

因此，与拉格朗日方程首次积分类似，哈密顿方程的首次积分可表述为：

(1) 如果哈密顿函数 $H$ 中不显含某个广义坐标 $q_l$，则相应的广义动量 $p_l$ 守恒；

(2) 如果哈密顿函数 $H$ 中不显含时间 $t$（定常系统），则广义能量 $H$ 守恒。

**例 16-7**

半径为 $a$ 的圆环以匀角速度绕 $O$ 轴在水平面内转动，环上有一质量为 $m$ 的质点，如图 16-10 所示。求质点的哈密顿正则方程。

**解**：拉格朗日函数为

$$L=\frac{1}{2}ma^2\dot{\theta}^2+ma^2\omega\left(\dot{\theta}+\omega\right)\left(1+\cos\theta\right)$$

求得广义动量为

$$p_\theta=\frac{\partial L}{\partial\dot{\theta}}=ma^2\left[\dot{\theta}+\omega\left(1+\cos\theta\right)\right]$$

解出

$$\dot{\theta}=\frac{p_\theta}{ma^2}-\omega\left(1+\cos\theta\right)$$

由此得出哈密顿方程为

$$\begin{cases}\dot{\theta}=\dfrac{p_\theta}{ma^2}-\omega\left(1+\cos\theta\right)\\ \dot{p}_\theta=\omega\sin\theta\left(-p_\theta+ma^2\omega\cos\theta\right)\end{cases}$$

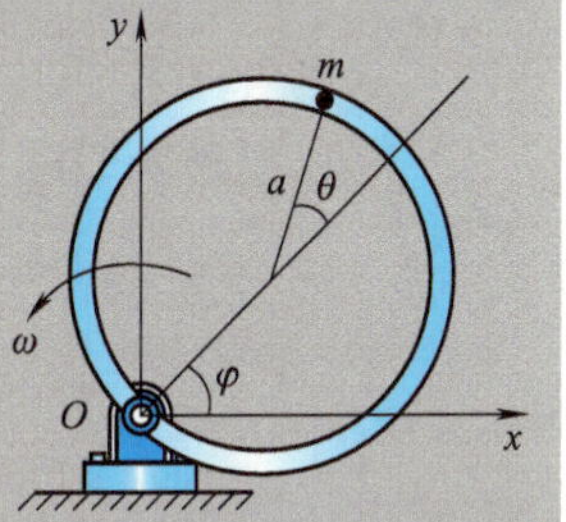


图 16-10

**例 16-8**

求质点在万有引力作用下的运动轨道问题，称为开普勒问题。它对于研究行星、彗星以及人造地球卫星等运动意义重大。试写出平面开普勒问题的哈密顿正则方程。

**解**：运动轨道是平面曲线，取极坐标 $(\rho,\varphi)$ 作为广义坐标，则势能为

$$V=-\frac{k}{\rho}$$

拉格朗日函数为

$$L=\frac{m}{2}\left(\dot{\rho}^2+\rho^2\dot{\varphi}^2\right)+\frac{k}{\rho}$$

广义动量为

$$\begin{cases}p_\rho=m\dot{\rho}\\ p_\varphi=m\rho^2\dot{\varphi}\end{cases}$$

解得

$$\dot{\rho}=\frac{p_\rho}{m},\quad \dot{\varphi}=\frac{p_\varphi}{m\rho^2}$$

哈密顿函数为

$$H=\frac{p_\rho^{\ 2}}{2m}+\frac{p_\varphi^{\ 2}}{2m\rho^2}-\frac{k}{\rho}$$

由此得出正则方程为

$$\dot{\rho}=\frac{p_\rho}{m},\quad \dot{p}_\rho=-\frac{k}{\rho^2}+\frac{p_\varphi^{\ 2}}{m\rho^3}$$

$$\dot{\varphi}=\frac{p_\varphi}{m\rho^2},\quad \dot{p}_\varphi=0$$

**例 16-9**

求例 16-6 中机构的哈密顿方程。

**解：** 取系统的广义坐标为 $x$ 和 $\theta$，系统的动能和势能为

$$T=\left(\frac{1}{2}m_1+m_2\right)\dot{x}^2+m_2\dot{x}l\dot{\theta}\cos\theta+\frac{2}{3}m_2l^2\dot{\theta}^2$$

$$V=m_2gl(1-\cos\theta)+\frac{1}{2}kx^2+\frac{1}{2}k(\theta-\pi)^2$$

系统的拉格朗日函数为

$$\begin{aligned}L&=T-V\\&=\left(\frac{1}{2}m_1+m_2\right)\dot{x}^2+m_2\dot{x}l\dot{\theta}\cos\theta+\frac{2}{3}m_2l^2\dot{\theta}^2-m_2gl(1-\cos\theta)-\frac{1}{2}kx^2-\frac{1}{2}k(\theta-\pi)^2\end{aligned}$$

拉格朗日函数可以改写为

$$L=\frac{1}{2}\{\dot{x},\dot{\theta}\}\begin{bmatrix}m_1+2m_2 & m_2l\cos\theta\\ m_2l\cos\theta & \frac{4}{3}m_2l^2\end{bmatrix}\begin{Bmatrix}\dot{x}\\ \dot{\theta}\end{Bmatrix}-m_2gl(1-\cos\theta)-\frac{1}{2}kx^2-\frac{1}{2}k(\theta-\pi)^2$$

令 $\boldsymbol{q}=\{x,\theta\}^{\mathrm{T}}$，则上式又可以改写为

$$L=\frac{1}{2}\dot{\boldsymbol{q}}^{\mathrm{T}}\boldsymbol{M}\dot{\boldsymbol{q}}-m_2gl(1-\cos\theta)-\frac{1}{2}kx^2-\frac{1}{2}k(\theta-\pi)^2$$

其中 $\boldsymbol{M}=\begin{bmatrix}m_1+2m_2 & m_2l\cos\theta\\ m_2l\cos\theta & \frac{4}{3}m_2l^2\end{bmatrix}$。广义动量为

$$\boldsymbol{p}=\frac{\partial T}{\partial\dot{\boldsymbol{q}}}=\begin{Bmatrix}(m_1+2m_2)\dot{x}+m_2l\dot{\theta}\cos\theta\\ m_2\dot{x}l\cos\theta+\frac{4}{3}m_2l^2\dot{\theta}\end{Bmatrix}=\boldsymbol{M}\dot{\boldsymbol{q}}$$

则可以反解出

$$\dot{\boldsymbol{q}}=\boldsymbol{M}^{-1}\boldsymbol{p}$$

系统的哈密顿函数为

$$H=T+V=\frac{1}{2}\boldsymbol{p}^{\mathrm{T}}\boldsymbol{M}^{-1}\boldsymbol{p}+m_2gl(1-\cos\theta)+\frac{1}{2}kx^2+\frac{1}{2}k(\theta-\pi)^2$$

则哈密顿方程为

$$\dot{\boldsymbol{q}}=\frac{\partial H}{\partial \boldsymbol{p}}=\boldsymbol{M}^{-1}\boldsymbol{p}$$

$$\dot{\boldsymbol{p}}=-\frac{\partial H}{\partial \boldsymbol{q}}=-\begin{bmatrix} kx & 0 \\ 0 & m_2gl\sin\theta+k^2(\theta-\pi) \end{bmatrix}$$

# 16.4　单自由度动力系统的辛描述

哈密顿方程在应用力学中的重要意义并不只限于分析力学，对于最优控制、弹性力学、振动、波动理论、多体动力学等方面都是其基础。因此，虽然哈密顿方程是在分析力学的范围内加以引入的，但它在理论上的意义绝不仅仅限于分析力学。振动是日常生活和工程中普遍存在的现象，机械振动是物体围绕其平衡位置的往复运动。由于机械系统振动一般较为复杂，通常简化为单自由度、多自由度系统等物理模型。本小节从最简单的单自由度系统的自由振动出发，引入辛描述。

## 16.4.1　单自由度系统的自由振动

考虑图 16-11 所示的弹簧-质量系统，$m$ 代表滑块的质量，$k$ 代表弹簧常数，滑块只可在 $x$ 方向滑动。用 $x(t)$ 代表滑块振动的位移坐标，并令线性弹簧的力为 $k\cdot x(t)$。根据牛顿第二定律，滑块的运动方程为

$$m\ddot{x}(t)=-kx(t) \tag{16-43}$$

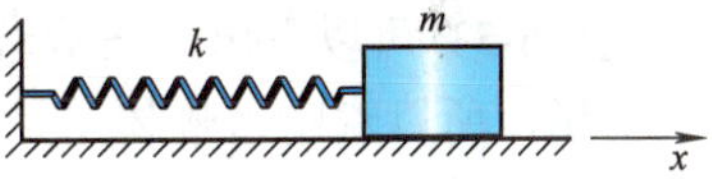

图 16-11

其中 $\ddot{x}(t)$ 为滑块的加速度。将式(16-43)两端除以质量 $m$，并记 $\omega^2=k/m$，移项得

$$\ddot{x}(t)+\omega^2x(t)=0 \tag{16-44}$$

上式为无阻尼自由振动微分方程的标准形式。式(16-44)是一个二阶常微分方程，其解的形式为 $x(t)=\mathrm{e}^{\xi t}$，其中 $\xi$ 为待定系数。将其带入方程式(16-44)，可得本征方程为

$$\xi^2+\omega^2=0 \tag{16-45}$$

对应的方程的根为 $\xi_1=\mathrm{i}\omega$ 和 $\xi_2=-\mathrm{i}\omega$。这样，微分方程式(16-44)的解可以表示为

$$x(t)=C_1\cos\omega t+C_2\sin\omega t \tag{16-46}$$

其中 $C_1$ 和 $C_2$ 为微积分常数，由两个初始条 $x(0)$ 和 $\dot{x}(0)$ 确定。

## 16.4.2　拉格朗日体系的表述

现在用拉格朗日方程表示上述单自由度系统的振动问题。从物理概念看，自由振动是两种能量之间的互相交换。系统的动能和势能分别为

$$T=m\dot{x}^2/2,\quad U=kx^2/2 \tag{16-47}$$

其中 $\dot{x}(t)$ 为滑块速度。拉格朗日函数 $L(x,\dot{x})$ 可以写为

$$L(x,\dot{x})=T-U=m\dot{x}^2/2-kx^2/2 \tag{16-48}$$

将式(16-48)代入式(16-27a)得

$$\frac{\mathrm{d}}{\mathrm{d}t}\left(\frac{\partial L}{\partial \dot{x}}\right)-\frac{\partial L}{\partial x}=m\ddot{x}(t)+kx(t)=0 \tag{16-49}$$

上式中偏微商 $\partial L/\partial \dot{x}=m\dot{x}$ 意味着只有 $\dot{x}$ 变化而 $x$ 不变。这表明，已经将 $\dot{x}$ 与 $x$ 之间的关系，即时间微商关系解除，即将 $\dot{x}$ 与 $x$ 看成互相独立的变量。这样又可得 $\partial L/\partial x=kx$ 。此外，通过观察发现，在拉格朗日函数 $L(x,\dot{x},t)$ 中只出现位移 $x$ 的一类变量，所以称拉格朗日体系是一类基本变量的体系。

## 16.4.3 哈密顿体系的表述

方程式(16-49)是二阶微分方程，单自由度系统求解较为方便。但实际问题中往往要考虑多自由度系统的振动问题，此时拉格朗日方程给出的是二阶联立常微分方程。然而，现有常微分方程的基本理论是针对其标准型联立一阶微分方程组的。为解决该问题，下面引入哈密顿体系。定义广义动量为

$$p=\partial L/\partial \dot{x}=m\dot{x} \tag{16-50}$$

引入哈密顿函数为

$$H(x,p,t)=p\dot{x}-L(x,\dot{x},t) \tag{16-51}$$

其中的 $\dot{x}$ 应当用式(16-50)解出的表达式 $\dot{x}=p/m$ 代入消去。给出

$$H(x,p,t)=p\dot{x}-L(x,\dot{x},t)=p^2/2m+kx^2/2 \tag{16-52}$$

其中 $x,p$ 是两类独立变分的函数，可得到哈密顿正则方程为

$$\dot{x}=\partial H/\partial p=\frac{p}{m} \tag{16-53a}$$

$$\dot{p}=-\partial H/\partial x=kx \tag{16-53b}$$

从式(16-53)可以看出，在哈密顿体系的表述中，出现了互为对偶的位移 $x$ 与动量 $p$ 的二类基本变量，所以说哈密顿体系是对偶变量的体系，有二类独立变量。虽然上述哈密顿体系的表述是基于动力学系统，但哈密顿体系是一类数学框架，适用范围很广，自变量也并不限于时间 $t$。

## 16.4.4 哈密顿正则方程的辛表述

辛对称的概念是韦尔(Hermann Weyl)在 1939 年研究一般对称性时，注意到分析力学哈密顿正则方程的对称特点而提出的。它不像普通的螺旋对称、镜像对称等，具有明显的几何意义。这里通过单自由度系统的振动问题引入辛的概念。

定义状态向量为

$$\boldsymbol{v}=\{x,\ p\}^{\mathrm{T}} \tag{16-54}$$

对偶方程式(16-54)可以合并写成联立的一阶微分方程

$$\dot{\boldsymbol{v}}(t)=\boldsymbol{J}\cdot\partial H/\partial\boldsymbol{v} \tag{16-55}$$

其中有纯量函数 $H(x,p)=H(\boldsymbol{v})$ 对向量 $\boldsymbol{v}$ 的微商，仍给出向量

$$\partial H(x,\ p)/\partial\boldsymbol{v}=\{\partial H/\partial x,\partial H/\partial p\}^{\mathrm{T}} \tag{16-56}$$

将式(16-52)写成矩阵/向量的形式为

$$\dot{\boldsymbol{v}}(t)=\boldsymbol{H}\boldsymbol{v} \tag{16-57}$$

其中 $\boldsymbol{H}$ 是哈密顿矩阵。

$$\boldsymbol{H}=\begin{bmatrix}0 & 1/m\\ -k & 0\end{bmatrix}=\begin{bmatrix}0 & 1\\ -\omega^2 & 0\end{bmatrix}\Big/m,\quad \boldsymbol{J}=\begin{bmatrix}0 & 1\\ -1 & 0\end{bmatrix},\quad (\boldsymbol{JH})^{\mathrm{T}}=\boldsymbol{JH} \tag{16-58}$$

哈密顿矩阵 $\boldsymbol{H}$ 的特点是 **$\boldsymbol{JH}$ 为对称矩阵**。

求解对偶方程组(16-57)可以采用精细积分法，或分离变量法，后者给出本征问题。令

$$\boldsymbol{v}(x,t)=g(t)\,\boldsymbol{\psi}(x) \tag{16-59}$$

将其带入式(16-57)，可以得到

$$g(t)=\mathrm{e}^{\mu t} \tag{16-60}$$

本征方程为

$$\boldsymbol{H\psi}=\mu\boldsymbol{\psi} \tag{16-61}$$

其中 $\boldsymbol{\psi}$ 是本征向量。这里需要特别说明，哈密顿矩阵 $\boldsymbol{H}$ 的本征值 $\mu$ 和本征解 $\boldsymbol{\psi}$ 具有以下特点。

(1) 如果 $\mu_j$ 是哈密顿算子矩阵 $\boldsymbol{H}$ 的本征值，则 $-\mu_j$ 也一定是其本征值。因此，本征值可以分为两类。

(+)：$\mu_j^{(\alpha)}$，$i=1,2,\cdots$，$\mathrm{Re}(\mu_j^{(\alpha)})>0$ 或者 $\mathrm{Re}(\mu_j^{(\alpha)})=0$ 及 $\mathrm{Im}(\mu_j^{(\alpha)})>0$。

(−)：$\mu_j^{(\beta)}$，$i=1,2,\cdots$，$\mu_j^{(\beta)}=-\mu_j^{(\alpha)}$。

(2) 本征值对应的本征解也可以对应分为两类，即 $\boldsymbol{\psi}_j^{(+)}$ 和 $\boldsymbol{\psi}_j^{(-)}$。定义任意两个本征解的内积为 $\langle\boldsymbol{\psi}_m,\boldsymbol{J},\boldsymbol{\psi}_n\rangle=\boldsymbol{q}_m\boldsymbol{p}_n-\boldsymbol{q}_n\boldsymbol{p}_m$，本征解之间的辛共轭正交归一关系为

$$\langle\boldsymbol{\psi}_m^{(+)},\boldsymbol{J},\boldsymbol{\psi}_n^{(+)}\rangle=\langle\boldsymbol{\psi}_m^{(-)},\boldsymbol{J},\boldsymbol{\psi}_n^{(-)}\rangle=0,\ \langle\boldsymbol{\psi}_m^{(+)},\boldsymbol{J},\boldsymbol{\psi}_n^{(-)}\rangle=-\langle\boldsymbol{\psi}_m^{(-)},\boldsymbol{J},\boldsymbol{\psi}_n^{(+)}\rangle=\delta_{mn} \tag{16-62}$$

方程式(16-61)的本征值方程为

$$\det(\boldsymbol{H}-\mu\boldsymbol{I})=\mu^2+k/m=0 \tag{16-63}$$

对上式求解得到本征值为

$$\mu=\pm\mathrm{i}\omega,\quad \omega=\sqrt{k/m} \tag{16-64}$$

本征向量为

$$\mu_1=\mathrm{i}\omega,\quad \boldsymbol{\psi}_1=\begin{Bmatrix}1\\ \mathrm{i}\omega m\end{Bmatrix},\quad \mu_2=-\mathrm{i}\omega,\quad \boldsymbol{\psi}_2=\begin{Bmatrix}\mathrm{i}\omega/k\\ 1\end{Bmatrix} \tag{16-65}$$

并有

$$\boldsymbol{\psi}_1^{\mathrm{T}}\boldsymbol{J\psi}_2=1+m\omega^2/k=2 \tag{16-66}$$

两个本征向量 $\boldsymbol{\psi}_1/\sqrt{2}$ 与 $\boldsymbol{\psi}_2/\sqrt{2}$ 相互间成辛对偶归一。该系统只有一个自由度，所以没有辛正交。因此，方程式(16-57)的解可以表示为

$$\boldsymbol{v}=C_1\begin{Bmatrix}1\\ \mathrm{i}\omega m\end{Bmatrix}\mathrm{e}^{\mathrm{i}\omega}+C_2\begin{Bmatrix}\mathrm{i}\omega/k\\ 1\end{Bmatrix}\mathrm{e}^{-\mathrm{i}\omega} \tag{16-67}$$

与传统解法的结果(式(16-46))一致，其中 $C_1$ 和 $C_2$ 为待定常数。

## 习　题

16-1　如图所示，系统在铅垂面内运动，各物体的质量为 $m$，圆盘的半径为 $R$，圆盘在地面上纯滚动，若板上作用一个力 $F$，求板的加速度。

16-2　已知 $OA=l$，绕 $O$ 轴以匀角速度 $\omega$ 转动，$AB=2l$，$\theta=90^\circ$，$\varphi=30^\circ$。求系统在图

示位置时，力偶矩 $M$ 的大小和方向(不计摩擦)。

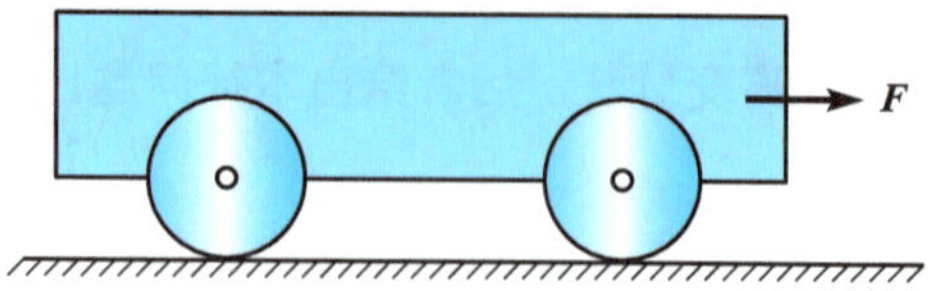


题 16-1 图

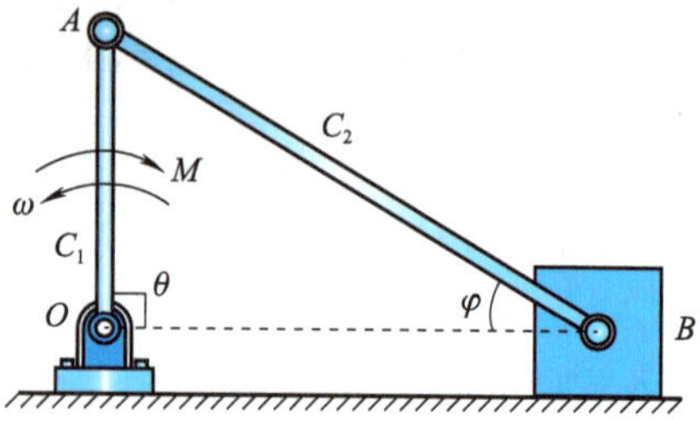


题 16-2 图

16-3 两个半径为 $r$ 的均质轮质量皆为 $m_1$，对轮心的转动惯量各为 $J$。连杆的质量为 $m_2$，其两端与两轮的轮心以铰链相连。设圆轮在倾角为$\theta$的斜面上纯滚动，求轮心的加速度。

16-4 图中质量皆为 $m$ 的均质圆盘和均质杆用铰链连接，并由绳索 $AB$ 悬挂于天花板上，在图示位置平衡，已知圆盘半径为 $R$，杆长为 $l$，若绳索被剪断的瞬时圆盘与地面间不会产生滑动，求圆盘和杆的角加速度。

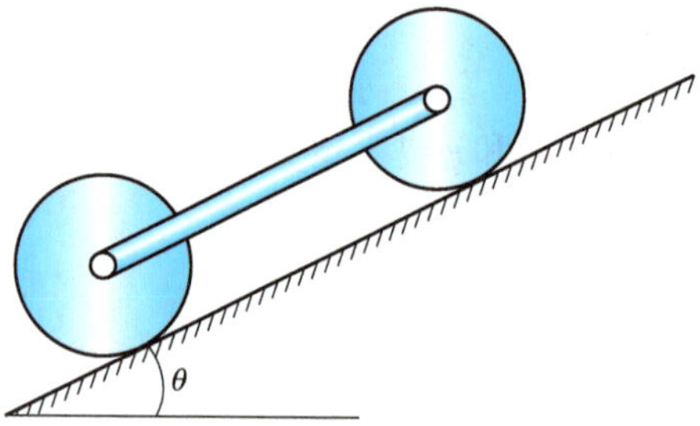


题 16-3 图

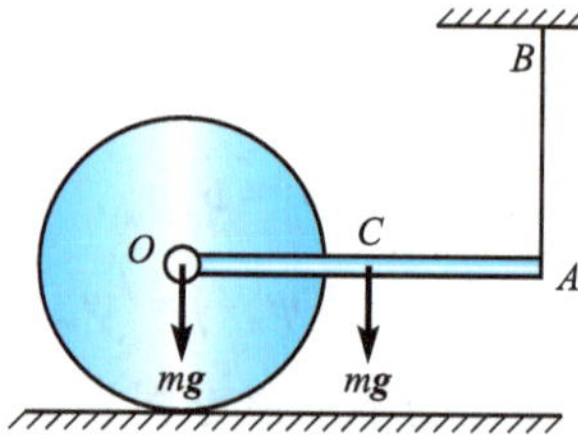


题 16-4 图

16-5 图中均质圆柱轮质量皆为 $m$，半径皆为 $r$。轮 I 绕 $O$ 轴转动，轮 II 上绕有细绳且细绳缠于轮 I 上。二轮在同一平面内运动。若细绳的直线部分为铅垂时，求轮 II 的中心 $C$ 的加速度。

16-6 滑块 $A$ 重 $P_1$，滑块 $B$ 重 $P_2$，分别限制在垂直和水平滑槽中运动。$A$、$B$ 两滑块间用重 $Q$、长 $l$ 的细长杆连结，如图所示。求系统运动时的微分方程。

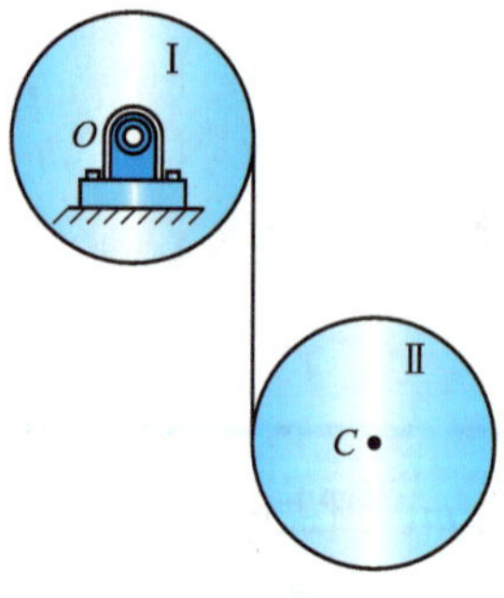


题 16-5 图

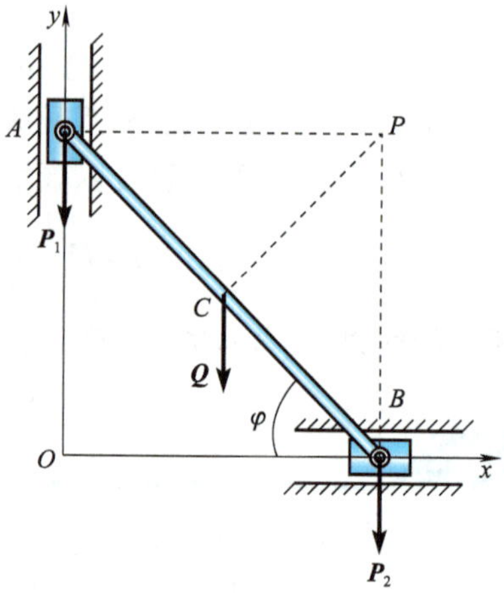


题 16-6 图

16-7 图示均质圆柱半径为 $r$，重为 $\boldsymbol{Q}$，三角块倾角为 $\alpha$，重为 $\boldsymbol{P}$，圆柱由静止沿斜面滚下，滚而不滑，水平地面为光滑，求三角块的加速度。

16-8 图示为双物理摆。已知摆 1 质量为 $m_1$，其重心在 $C_1$，$O_1C_1 = l$，绕 $O_1$ 的转动惯量为 $J_{O1}$；摆 2 质量为 $m_2$，其重心在 $C_2$，$O_2C_2 = b$，绕 $C_2$ 的转动惯量为 $J_{C2}$；$O_1O_2 = a$。求此双摆的运动微分方程式，并写出系统微振时的微分方程式。

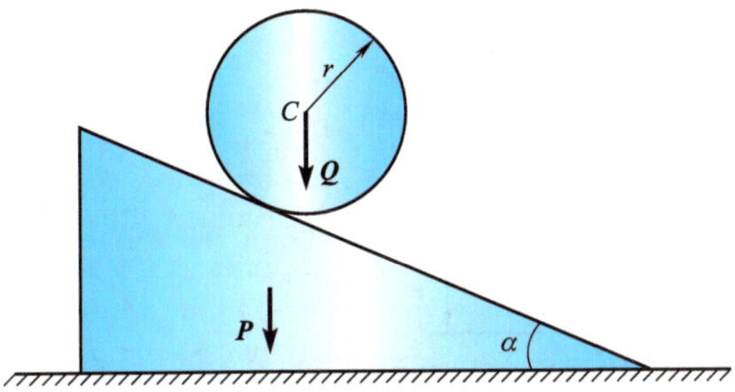


题 16-7 图

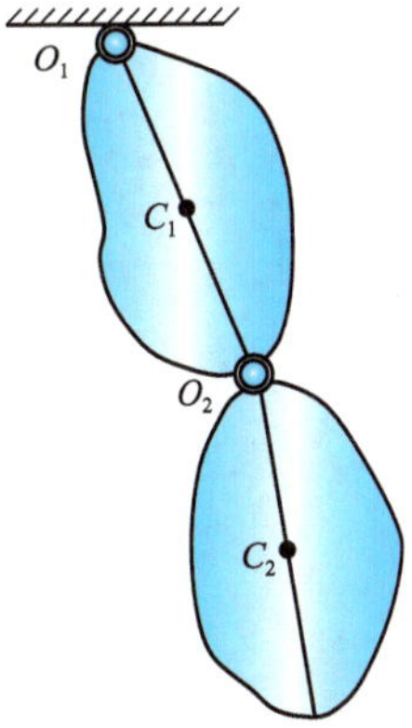


题 16-8 图

16-9 均质圆环的半径为 $R$，质量为 $m$，可在水平面上只滚不滑。有一质点 $A$ 固结在轮缘上，质量也是 $m$。初始平衡静止。求：受初干扰后系统的运动微分方程。

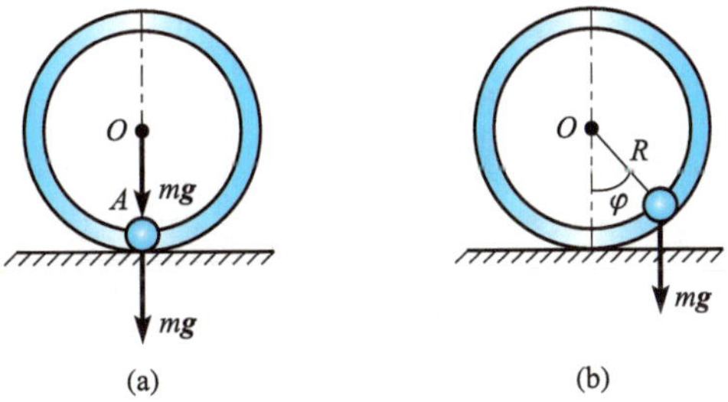


题 16-9 图

16-10 三个齿轮的质量分别为 $m_1$、$m_2$、$m_3$，相互啮合。各轮可视为均质圆盘，其半径分别为 $r_1$、$r_2$、$r_3$。三个齿轮上分别作用力偶 $M_1$、$M_2$、$M_3$，其转向如图所示。求齿轮 1 的角加速度。

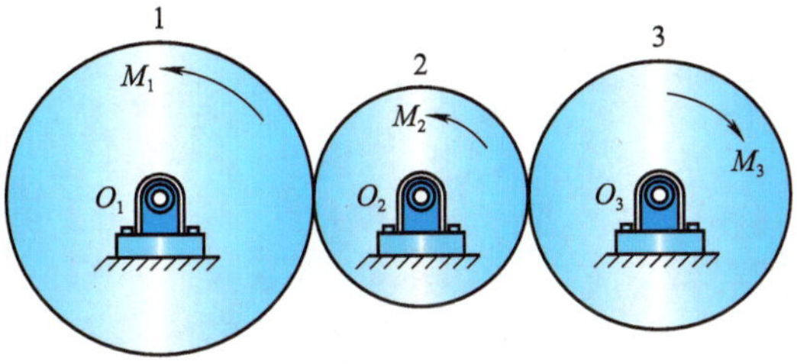


题 16-10 图

16-11 考虑在水平面上不受外力作用的自由质点，写出它的哈密顿函数。

16-12 用哈密顿正则方程解单自由度线性振动问题。

16-13 提升重物系统中，钢丝绳的横截面积 $A=2.89\times10^{-4}\mathrm{m}^2$，材料的弹性模量 $E$=200GPa。

重物的质量 $m$=6000kg，以匀速 $v=0.25$m/s 下降。当重物下降到 $l$=25m 时，钢丝绳上端突然被卡住。用单自由度系统的辛描述求解：(1)重物的振动规律；(2)钢丝绳承受的最大张力。

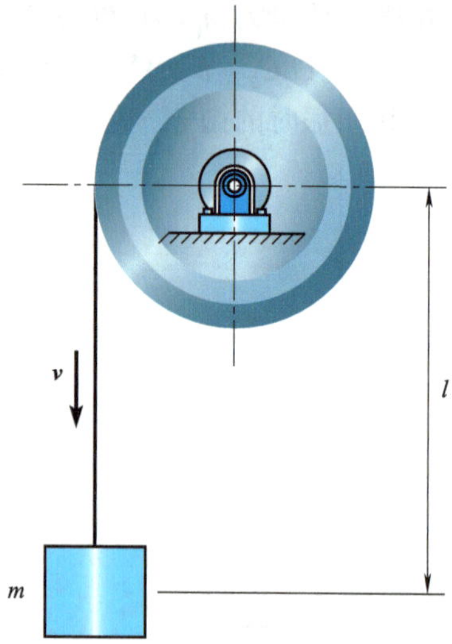


题 16-13 图

第 16 章参考答案

# 参 考 文 献


高云峰，李俊峰，2003．理论力学辅导与习题集[M]．北京：清华大学出版社．

哈尔滨工业大学理论力学教研室，2016．理论力学(I、II)[M]．8 版．北京：高等教育出版社．

李心宏，2008．理论力学[M]．5 版．大连：大连理工大学出版社．

清华大学理论力学教研室，1994．理论力学[M]．4 版．北京：高等教育出版社．

王爱勤，2009．理论力学[M]．西安：西北工业大学出版社．

王铎，程靳，2010．理论力学解题指导及习题集[M]．3 版．北京：高等教育出版社．

浙江大学理论力学教研室，1997．理论力学[M]．3 版．北京：高等教育出版社．

朱照宣，周起钊，殷金生，1982．理论力学(上、下册)[M]．北京：北京大学出版社．

SINGER F L, 1975. Engineering Mechanics, Statics and Dynamics[M]. 3rd ed. New York: Harper & Row.